문학 이후

지은이 **이경돈**(李庚燉, Lee, Kyeong-Don)은 1970년 서울 안국동에서 대가족의 장손으로 태어났다. 고서화를 다루던 가업 때문에 인사동 일대의 화랑과 서점 골목을 주유하며 유년기를 보냈다. 경복국민학교를 시작으로 선린중학교, 중앙고등학교 등 유서 깊은 학교를 차례로 돌아 성균관대학교 국어국문학과에서 수학했다. 같은 학교에서 비교문학으로 석사학위를 받았고, 근대의 문학이념과 이야기의 관습을 조명하여 박사학위를 취득했다. 지금은 성균관대학교 동아시아학술원 연구교수로 일하며, 성균관대학교와 세명대학교 등 몇몇 대학에서 문학과 소설을 놓고 학생들과 나누는 강담을 즐기고 있다. 상허학회, 민족문학사학회, 현대소설학회, 반교어문학회 등에서 교유하며 「朝鮮文壇의 재인식」, 「기록서사와 근대소설」, 「근대문학의 이념과 문학의 관습」, 「別乾坤과 근대 취미독물」 등의 논문을 발표했고, 『근대전환기 동아시아 삼국과 한국』, 『개벽에 비친 식민지 조선』 등을 통해 의견을 개진했다. 최근, 소설을 앞세워 다양한 읽을거리의 저변을 살피고, 텍스트의 유전적 형식으로부터 근대적 사유양식을 읽어내는 작업에 주력하고 있다.

문학 이후

초판인쇄 2009년 8월 10일 **초판발행** 2009년 8월 15일
지은이 이경돈 **펴낸이** 박성모 **펴낸곳** 소명출판 **출판등록** 제13-522호
주소 서울시 서초구 서초동 1621-18 란빌딩 1층
전화 02-585-7840 **팩스** 02-585-7848 **전자우편** somyong@korea.com

값 29,000원

ISBN 978-89-5626-382-3 93810

문학 이후

After the Moonhak : Modern Literature in Korea

이경돈

소명출판

책머리에

흔히 사람이 된다는 것은 직립 보행과 언어의 구사로 환유된다. 나 역시 걷기 시작하면서 이야기도 듣기 시작했다. 문자가 점차 뇌를 잠식하면서부터는 이야기를 읽으며 자랐다. 주위를 둘러보면 보이는 것 대부분이, 들리는 것 거의 다가 이야기였다. 손끝에 느끼는 것들도 이야기였다고 하면 과장이 심한 것일까? 경험하는 것, 살아가는 것은 이야기 자체이거나 적어도 유사 이야기였다. 걷기를 계속하는 동안 이야기도 끝나지 않았고, 걷기를 의식하지 않는 것처럼, 나는 스스로를 이야기의 세계 속에 자폐하고 있었다.

그래서였을까? 소설을 연구하며 소설로부터 버림받지 않기 위해 애써왔다. 당연 역도 성립했다. 소설을 배신하지 않기 위해 우격다짐과 개똥철학, 때로는 침묵으로, 도대체 길이라 할 수 없는 길에 서성이고 있지 않은가?

그러나 막무가내의 사랑은 오래 가지 못하는 법인 모양이다. 소설이 나에게 등을 돌린 것인지, 내가 소설을 배반한 것인지는 알 수 없지만, 소설은 더 이상 희열과 환희의 세계에 머무르길 허용하지 않았다. 무엇이었을까? 감당하지 못할 변화는 나를 당황하게 했다. 짧지 않았던 소설과의 로맨스가 종말을 예고하고 있었으니.

그리고 오랫동안 몸이 아팠다.

길이 본디 있는 것이 아니고 사람들이 다님으로써 생겨난 것이라면 나는 물어야 했다. 문학을. 소설을. 그리고 세계의 변방에서 소설을 연구해 자신을 구원해 보겠다는 이 가망 없는 행위를. 지재차산중只在此山中 운심부지처雲深不知處라 했던가. 아무 것도 분명한 것은 없었다. 그리하여 그곳이 출발점이 되었고 이 책으로 남았다.

우리 시대를 텍스트의 시대라 부른다고 해서 탓할 사람은 아마도 없을 것이다. 텍스트에 바깥에 머무는 사람보다 텍스트 속에서 삶을 영위하는 사람들이 많아진 것은 분명 이 시대의 특징이기 때문이다. 말 그대로 우리는 호모 텍스트쿠스로 태어났다.

대량 인쇄로 시작된 텍스트의 시대는 방송과 인터넷으로 확장되며 온갖 텍스트를 생산해냈다. 극히 개인적인 사생활의 고백에서부터 세계사적 변화를 예고하는 뉴스에 이르기까지 그 종류와 양은 상상을 초월한다. 심지어 현실적 텍스트와 텍스트적 현실의 구분이 모호해지고, 현실과 현실, 텍스트와 텍스트의 구분도 의미를 잃어가고 있다.

텍스트의 시대에 그 총아로 태어나 오히려 힘을 잃어가는 문학의 존재와 소설의 자리는 질문을 요구한다. 이 글은 그러한 질문에 대한 첫 번째 모색이다. 그렇다고 무슨 심오한 형이상학을 다루지는 않는다. 그저 문학의 성장기에 관한 에세이이자 재인식을 위한 실험이라면 적절할 것이다. 에세이라 하면서 어불성설 실험이라고 우기는 이유는 백여 년을 이어온 기억에 대한 반성적 사유가 또 다른 상상으로 이어질 수 있다고 믿기 때문이다. 문학에 대한 통념의 존엄사와 그 영혼의 부활이 한 몸임을 믿기 때문이다.

그렇게 출발하여 얻은 것은 사실 보잘 것이 없다. 문학이라 불리던 미디어, 잡지라는 이름의 이야기, 텍스트로서의 신문이 그나마 낚아 올린 언어들이다. 이들은 소설의 실존적 환경이자 권력이면서, 동시에 그 자체로 문학이기도 했다. 문학의 이념과 양식과 감각, 그것들을 둘러싼 변화의 소용돌이가, 독자의 눈이 지나가는 지면 위에서 꿈틀대며 새로운 세계상의 영역으로 번져나갔다. 숱한 폭력과 저항, 타협과 굴복의 결과가 지금 우리 앞에 놓인 문학이었다. 그 가닥을 잡기 위해 이미 백년의 시간을 낡아온 녹슨 종이 속에서 현재를 사는 우리의 뇌가 인쇄된 활자들을 헤집었다.

현명한 독자들은 이미 눈치 채셨겠지만, 이 책은 박사논문에 더하기와 빼기 그리고 고치기와 덧칠하기를 반복한 결과이다. 문학이 처음 선을 뵈던 1910년경에서 시작해 미디어텍스트가 지금의 형태로 안착된 1930년경까지를 다루었다. 문학이라는 커다란 주제를 이야기하기에 20여 년은 무척 짧은 시간이다. 그러나 분명한 것은, 지금 우리가 알고 있는 문학과 텍스트에 대한 생각 대부분이 이 시기에 이미 결정되었다는 것이다. 감당하기가 쉽지는 않았지만 이 책에서 다루는 문제들은 그리하여 지금 여기에 소급될 수 있다고 감히 단언해 본다.

감각은 인식보다 훨씬 정교하고 복잡하고 그리고 명쾌하다. 그래서 여러 사람과 나누기 위해 학위논문의 논리적 연쇄를 감각의 연쇄와 잇대는 것은 난해한 연산 작업이었고 그만큼 더디고 힘들었다. 더 많은 독자들을 만나고 싶다는 열망과 이미 낳아놓은 자식을 때리고 깎는 고통이 번갈아 찾아올 때면 오히려 손을 놓는 것이 옳지 않을까를 고민했다. 숱한 타협이 이뤄졌으니 그 끝을 만족할 수는 없는 노릇이다. 필자가 만족하지 못하는데 어찌 독자가 만족하길 기대할 수 있을까. 난삽한 이야기를 모두 읽어달라고 부탁하자니 당연히 따라올 민망함을 견딜 수 없어, 군데군데 호흡이 다른 언어들을 섞어 놓았다. 불편한 언어들은 그냥 넘겨도 좋다.

고백해야겠다. 미진한 이 책조차도 나만의 것이 아니다. 선학들의 오랜 수고와 동학들의 비판이 이 책의 주인이라 해도 괴이할 것은 없다. 내 안의 님들께 삼가 존경과 감사를 드린다. 책의 저자로 나의 이름을 적은 것과 너무 많은 고마움을 하나하나 기록하지 못함은 그래서 송구하다. 출판의 고마움도 그렇게 대신하고자 한다.

그렇다고 치기어린 제목에 대한 변명거리로 삼고자 함은 아니다. 하고 싶었던 것이라 여겨주기를 기대하고 더 찰진 목소리를 들려줄 후학들을 염원하는 것이라 읽어주길 바란다. 대신에 비판과 충고에 귀를 열 준비는 되어 있다.

……

그래도 이 책을 가장 소중히 여겨주실 노영희님, 원영미씨에게는 물론이거니와 못난 아비를 견디는 건과 린에게도 고맙다는 말 꼭 전하고 싶다.

2009년 4월, 삼각산 바람 내려 좋은 청수장에서

이경돈

차례

책머리에 3

1 문학을 묻다

지금—여기 문학은 있는가 13
자명한 문학, 사라지는 문학 17
문학을 둘러싼 괴물들 19
상상되어야 할 문학 이야기 22

2 문학의 지형도

문학의 이념과 관습 27
1. 조선에 문학은 없었다 30
2. 문학의 역사를 구성하는 방법 49

문학의 주체는 누구인가 70
1. 1920s—텍스트 장의 개막 73
2. 근대열近代熱과 환멸의 논리 88
3. 민족열民族熱과 조선민시朝鮮民是의 표상 98
4. 식민지의 주체 전쟁 123

3 문학 밖의 문학

텍스트의 시대 141
1. 범람하는 이야기 145
2. 근대의 이야기들 154

기록의 욕망과 허구의 매혹 182
1. 기록서사 185
2. 소설 아닌 소설, 문학 아닌 문학 214

4 미디어의 권위와 문학의 지평

문학의 대중시대 245
1. 통속에 적응하는 문학의 방법 248
2. 독자와 작가의 상호 호환 272

취미라는 텍스트의 정치학 302
1. 1926, 미디어의 격변과 취미라는 '대중'의 자궁 305
2. 취미의 설계와 제국의 책략 342

취미독물趣味讀物 356
1. 『별건곤』의 텍스트, 이야기의 별천지 359
2. 기記 · 화話 · 담談 371

5 문학 아닌 문학들 439

/부록/ 문학의 외부와 작가들

이광수와 근대 우화의 소설적 전유 451

「천안기千眼記」와 「사회풍자 은銀파리」 451

1. 이광수 소설의 계보와 「천안기千眼記」 451
2. 천 개의 눈으로 볼 수 있는 세계 454
3. 1920년대 풍자우화와 「사회풍자 은銀파리」 461
4. 소설 「천안기」와 비소설 「사회풍자 은파리」 467
5. 대중의 등장과 소설의 도전 472

최서해와 기록된 소설 475

1. 동인지 소설과 기록서사 475
2. 기록서사로서의 「탈출기」 480
3. 작품의 개작과 문학의 경계 484
4. 장르표지라는 보호막 488
5. 최서해와 기록서사 492

채만식과 사소설의 연원 496

1. 채만식과 사소설 496
2. 신변잡기라는 이야기의 실제 499
3. 스스로를 관찰하는 작가의 시선 508
4. 사소설, 잡문, 그리고 기록서사 513

참고문헌 521

찾아보기 539

읽을거리 차례

이광수, 「문학이란 하오」(『매일신보』, 11.10) 47

안확, 「조선의 문학」(『학지광』 6호, 1915.7) 66

「모색에서 발견까지—조선민시론(1)」(『동명』 1922.9.3) 116

설태희, 「영겁에 긍하야 변함업슬 조선은 오즉 조선인의 조선」(『동명』, 1922.9.10) 120

「은파리」(『별건곤』 제5호, 1927.3.1) 177

일기자, 「상오구시로 하오십시까지」 상(『개벽』 제21호, 1922.3) 203

김기전, 「피의 「공하신년」」(『개벽』 제19호, 1922.1) 206

「기자 총출동 대경성백주암행기, (제1회) 1시간 사회탐방」(『별건곤』 제2호, 1926.12.1) 233

「조선문단 합평회」(『조선문단』 6호, 1925.6) 290

쌍S생, 「대경성 광무곡」(『별건곤』, 1929.1) 329

일기자, 「빈민은행 전당포 이약이, 전당물로 본 북촌의 생활상, 손님은 누구, 물건은 무엇?」(『별건곤』, 1927.3.1) 352

쌍S생, 「처녀 혼자 잉태할 수 잇는가[천하괴사실], 남자 모르는 처녀가 아기를 배어 자살하기까지」—너머도 그짓말가튼 사실비화(『별건곤』, 1929.8) 378

「대대풍자 사회성공비술」(『별건곤』, 1930.1) 403

「드면록!! 그때에 이리햇드면 지금 조선은 엇지 되엿슬가」(『별건곤』 제7호, 1927.7) 423

「연애헌법」(『별건곤』, 1929.1) 432

1
문학을 묻다

지금—여기 문학은 있는가

자명한 문학, 사라지는 문학

문학을 둘러싼 괴물들

상상되어야 할 문학 이야기

지금-여기 문학은 있는가

문학이란 무엇인가?

아주 오래된 물음이다. 일백 년 하고도 십 년이 더 지났다. 기원이 되어 버린 물음의 제명은 「文學이란 何오」였고, 물은 이는 이광수라는 신화 속 인물이었다. 지금에 생각해 보면, '何오'와 '무엇인가'는 같은 뜻을 지녔으면서도 참 다른 말이다. 둘은 모두 'what is'로 번역될 수 있지만, 그 시간의 격차는 일백 년이다. 일백 년 전, 문학은 탄생했고, 다시 백 년 후, 문학은 죽음으로 회자되고 있다. 일백 년이라는 시간은 그토록 길었다.

그러나 일백 년은 그리 긴 시간이 아니기도 하다. 할아버지와 손자가 다른 언어를 쓴다는 것이 쉽게 이해될 수 있을까. 할아버지에게 문학은 문명의 꽃이었고, 고상한 아름다움이었으며 즐거운 사유였다. 지금 그의 손자에게 문학은 국어 교과서에서나 보는 지루하고 괴팍한 활자들의 연속에 불과하다. 단지 일백 년이다. 그 짧은 시간에 문학이 생겨나고 죽어 간다.

문학은 있는가?

얼마 전까지만 해도 우리시대의 누구에게나 문학을 꿈꾸던 시절이 있었다.

문학은 낭만이자 현실이었으며 과거이자 미래이기도 했다. 자라고 사랑하고 살다가 죽는 사람들의 이야기와, 순간순간 번뜩이는 섬광같은 언어들. 문학은 고상한 삶의 징표였고, 또 신성한 예술이었다.

누가 부정할 수 있었을까? 일상에는 존재하지 않는 숭고한 정신의 세계를.

그리하여 문학은 세계제국의 언어 지배가 횡행하는 시대에도 국민 교과서의 제일 앞자리를 차지하고 있고, 지식과 사유와 정서를 지배하는 첨탑 위에 서게 되었다. 문학은 스스로 명백함을 증명해 왔다.

그러나 다시 문학은 있는가?

문학은 이제 문학하는 사람들만이 그들만의 리그에서 펼치는 은어隱語가 되었다. 보편어로서의 지위가 박탈된 지는 이미 오래. 읽을거리는 소설도 시도 아닌, 경제적 생존을 암시하는 실용서와 손쉽게 들출 수 있는 취미서들로 채워졌다. 한때 문학소녀, 문학청년이라는 매혹에 빠져 구입한 문학전집은 잡다한 생활용품의 받침대로 사용되기 일쑤다.

대형서점에 진열된 허다한 책의 대다수는 이미 문학이 아니며, 한 구석의 문학서들은 먼지를 맞고 있거나 아니면 국어시험을 위한 참고서가 되었다. 우리 생활의 어디를 둘러봐도 예전의 그 문학은 없다.

그러나 우리는 읽고 듣고 쓰고 말하는 속에서 웃고, 슬퍼하고, 분노하고, 즐거워하고, 그렇게 함께 울 수 있는 날선 언어와 함께 살아가고 있기도 하다.

문학은 있다.

문학이 전문 작가가 만든 시나 소설 등을 뜻하는 것이 아닐 수 있다면, 역사서에서도 뉴스에서도 이웃 아주머니의 수다에서도 만날 수 있는 전율의 말덩어리와 글뭉치라면, 문학은 있다. 만약 문학이 지도 위에 경계 그어진 영토가 아니라면, 그리하여 말과 글로 축조된 빛나는 언어들이라면, 문학은 있다.

유년시절 우리의 웃음과 눈물을 장악했던 만화 속의 그 수많은 명대사와 스토리. 하교 후 컴컴한 골방에서 탐독하던 초절정 고수들의 빛나는 활약을 그린 무협지들. 열광의 문화를 주도하는 유행가요의 시어들과 출근시간의 필독물인 일간신문과 시사잡지를 장식한 기자들의 촌철살인.

문학은 끝이 없다.

자본의 전성시대를 이끈 광고 카피들, 주부들의 눈물을 양식으로 삼넌 그 명작 드라마들, 개그라는 새로운 장르를 개척했던 맛깔나는 유행어들,

권위주의 권력을 지탱해주던 강렬한 표어들, 시위현장을 달구는 구호와 노래들, 인터넷을 떠돌아다니는 그 수많은 유령들, 괴물들…….

그들은 독특한 어법과 구성과 미학을 가지고 있고 그래서 사람들의 마음을 움직이고 생각을 바꾸어 놓는다. 그래도 그들은, 소위 문학이 아니다. 문학이 아닌 그들은 국어교과서의 끝머리에도 그림자조차 들일 수 없다. 문학이 아닌 문학인 셈이다. 문학은 없지만 또 문학은 그렇게 항상 함께 있다.

자명한 문학, 사라지는 문학

왜 문학은 확실한 듯 자명하지 않으며, 또 존재하는 가운데 사라져야 하는가?

멀리 물을 필요도 없다. 정확히 일백 년이다. 이광수와 최남선에서 김동인 · 염상섭 · 나도향 · 최서해와 채만식 · 임화와 이태준까지 식민지를 가로지르는 문학사는 곧 문학제국사이다. 제국 일본과 식민지 조선의 관계를 말하는 것이 아니다. 제국과 식민의 근대적 상상력은 식민지의 정신사에서도 여지없이 자신을 복사한다. 식민지 조선에서 식민화의 도정에 있던 문학도 자신의 식민지를 필요로 했다. 이미 태어난 수많은 작문作文과 화법話法, 탄생을 순비하는 글과 말은, 근내라는 권력에 유착된 문학 앞에 제압되고 배제되었다. 문학의 식민지는 넓고도 광대했다.

여러 지식인들이 서로 다른 문학을 상상했지만, 근대열近代熱이 끓어오르던 시대는 Literature와 그 주창자들의 편이었다. 상상들은 투쟁하고 타협하고 섞어들었고 커다란 혼돈의 유동물질이 되었음에도 결국에는 Literature에 포섭되었다. 그리하여 명백한 묵시와 암묵적 전제가 되어 버린 문학은 이율배반에 대한 질문을 금지하는 성역이자 자연임을 자처했다.

질문을 포기하는 것은 곧 성찰의 포기였으며 이는 생명의 화석화를 의미한다. 묵계의 문학은 인문의 한 경로가 아닌, 특정한 규범을 가진 대상으로 극히 한정되었다. 시와 소설, 수필과 희곡이라는 지금 우리 앞에 있는 문학이다.

과학과 대등하게 비교되는 자, 철학이나 역사와도 다른 자로서 문학—Literature라는 새로운 사유의 단초가 열리자, 문학은 자신의 정체를 증명할 역사의 알리바이가 필요했다. 문文의 전통은 사라지고 문학의 역사가 만들어졌다. 고전의 탄생이라고 지적된 그 대목이다. 그 글과 그 말은 있었으되 그것이 문학이 된 것은 문학이 호출하여 구성된 문학의 역사 덕택이다. 문학사라는 입증의 도구는 충분한 역할을 수행했고 문학은 면면히 이어온 유전자를 가진 실체임을 확인시켰다.

다양한 문학에의 상상을 제압하고 역산된 역사를 구성한 문학은 곧이어 자신이 머물 진지를 구축했다. 그리고 문단文壇이라 이름 붙였다. 이로서 문학 생산의 주체를 한정하는 제도가 확립되자 수용자의 역할만이 허락된 대중이 등장했다. 생산자인 작가와 소비자인 독자가 구분되고 그 사이에는 신인 발굴의 권력을 지닌 문단이 위치하는 구도이다. 이로서 문단의 주모자들이 선택의 권위를 업고 시대정신의 대변자로서 입지를 굳히는 문단 이면의 풍경이 연출된다.

문학을 둘러싼 괴물들

이 구도의 배후에 대중미디어가 있었다. 잡지와 신문을 필두로 한 미디어는 지식인들의 집합소였고 자연스러운 네트워크의 발원지였다. 지식과 정서의 교환이 성립되었던 것이다. 새로운 이념과 세계관이 유통되었고 시대의 감각과 언어의 질서도 공유되었다. 근대문학의 기획이 미디어라는 조건에서 자유로울 수 없었음은 물론, 미디어 역시 문학의 신화를 등에 업은 산파이기도 했다. 그들은 문학이 자신을 실현할 장을 열었고 그 대가로 그들을 선별하고 배치했다.

문학만이 아니었다. 수많은 이야기가 실험되고 유통되었다. 경험담經驗談과 정탐기偵探記, 수기手記와 실화實話 등 미디어의 동시대성과 사실성이 결합된 이야기, 사화史話와 야담野談, 설화說話와 신강담新講談으로 대표되는 역사이야기, 대화對話와 풍자諷刺, 애화哀話와 우화寓話 등의 세태이야기, 기담奇談과 괴담怪談, 만담漫談과 한화閑話 등의 흥밋거리 등 열거하기도 어렵다. 서사만이 아니다. 대담對談, 방문기訪問記, 해설解說, 지상논쟁誌上論爭, 설문說問, 품평品評 등 근 백 년 전에 미디어가 개발하고 확산시킨 글의 종류는 지금의 그것과 별 차이가 없을 정도다.

그러나 이들의 성격과 종류를 나누는 것은 그리 중요하지 않다. 각각의 글이 가진 독창적 가치에도 불구하고 이들은 모두 소설이 아닌 저급의 이야기, 문학이 아닌 잡문이었기 때문이다. 예술로서의 입지를 다졌던 문학은 당대의 정신을 반영하며 태어난 이들 모두를 천한 것으로 만들었다.

그러면서도 문학은 자신을 성장시킬 탯줄을 저 저급한 잡문에 잇대고 있었다. 정탐기를 모방하는 추리소설과 사화를 본뜬 역사소설을 필두로 풍자소설, 공포소설 등은 물론, 한국소설을 한국소설답게 하는 뿌리 깊은 리얼리티의 전통도 경험담을 비롯한 기록서사와 연관되어 있다. 문학은 문학이 아닌 존재와 살을 섞었지만, 여전히 문학과 잡문은 딴 살림을 살고 있다.

문학과 '문학 아닌 문학'의 관계가 이렇게 복잡하게 얽힌 것은 미디어가 다양한 독물에 목적성을 부여했기 때문이다. 근대열近代熱의 광풍이 몰아치며 새로운 습속習俗의 전파를 시도하던 시기, 신문을 장식한 글들은 한결같이 계몽독물啓蒙讀物로서의 역할에 충실했다. 근대의 정착이 두드러지며 또 다른 근대의 도전이 거세지자 잡지를 채운 것은 취미독물趣味讀物이었다. 문학은 자신의 존재감을 증명하기 위해 경쟁하고 싸워야 했으며 그 경로는 고급예술로서 스스로를 협애화시키는 것이었다. 문학의 자율自律과 독보獨步는 다른 독물讀物들을 폄훼함으로써 유지되었던 위태로운 전략이었던 셈이다.

따라서 계몽이 요구되던 시기의 문학은, 계몽독물과 투쟁하는 계몽독물이었고, 대중의 등장과 함께 취미독물이 번창하자, 다시 문학은 취미독물과 경쟁하는 취미독물이 되었다. 문학은 미디어와 전략을 공유하는 한편 미디어의 독물들과 경쟁하는 위치에 있었다고 할 수 있다.

미디어 역시 문학과의 공모를 원했다. 문학은 신성성을 강화하며 고급독물로 입지를 굳혔고, 이는 미디어의 권위를 확인시키는 중요한 자산이 되었다. 거개의 신문과 잡지는 상당한 분량을 문학에 내주었으며 동시에 문단 권력의 상당부분이 미디어에 할양되었다. 신춘문예를 비롯한 각종의 신인 등단이 미디어를 통해 구현되는 것은 우연의 소산이 아니다. 미디어가 한편으로는 자본시장에, 다른 한편으로는 근대권력에 발을 딛고 있다면, 나아가 식민적 정신의 첨병이라면 문학도 그 숭고함에 비례하는 비속함을 드러낸다.

문학은 스스로에 내장된 근대의 폭력과 식민의 속성, 정체의 조작과 권력에의 욕망에 의해 고아한 예술이 되었으며, 또한 그 유력한 무기로 인해 끊임없이 발을 절어야 했다. 그리하여 문학은 항상 위기에 봉착해 있었으나 죽지 않았고, 언제나 죽음의 문턱에 서 있지만 사라지지 않았다.

문학의 임종을 지켜보며 문학을 다시 묻는 이유는 이제 자못 자명하다.

상상되어야 할 문학 이야기

숱한 질문이 있었던 것처럼 보인다.

문학이란 무엇인가?

「文學이란 何오」에서 시작된 기원으로부터의 질문은 어느 시대에나 화두였다. 그러나 그 대답은 항상 문학의 신성성을 증명하기 위한 수사修辭로 귀결되었다. 문학의 고결함은 시대에 따라 배제의 대상과 주요 타격 방향을 수정해가며 논리를 개발했다. 야만과 문명, 개인과 민족, 순수와 참여, 자유와 평등, 미학과 대중……. 대립의 각이 첨예해질 때마다 문학은 스스로를 질문했지만 그 질문은 항상 문학을 견고하게 했고, 조장된 위기는 자양분이 되었다.

백 년 후인 오늘에 『무정無情』을 읽고 동시대적 공감을 느낄 수 있는 사람은 없다고 확언한다. 적어도 문학의 근대는 이미 황혼을 맞고 있다. 성장의 동력은 바닥났으며 관성의 힘만이 문학을 지탱하고 있다. 지금,

문학으로부터 문학의 존엄을 지키는 길을 찾는 것이 필요하다. 이인직이 그러했고 최남선과 이광수와 안확이 그러했듯이 또 임화와 홍명희가 그러했듯이, 새로운 문학에 대한 상상이 필요하다.

상상의 길이 어디로 열릴지는 모를 일이다. 그러나 문학이 지나온 길을 돌이키건대, 세상의 어떤 글도 비루할 수 없으며 어떤 말도 천박할 수 없다는 것은 분명하다. 어느 삶이라고 존엄치 않겠으며 어느 글이라고 읽혀지기도 전에 팽개쳐질 수 있을까. 소설이라서 문학이며 문학이어서 예술이 될 수는 없는 법이다.

문학은 형식의 범주에서 가둘 수 있는 것이 아니다. 경계를 짓고 영토를 표시하는 것은 문학의 본령이 아니다. 문학은 사람과 삶과 세계에 대해 묻는 태도이다. 철학이 그러하고 역사가 그러하듯, 문학도 하나의 시각視覺이다. 문학이 나와 인간과 인간관계를 보는 태도이자 시각이고 또 실천일진대, 문학이 문학의 감옥에 스스로를 감금하고서 어떻게 인문人問이 가능하다고 할까.

문학을 문학이라 부르지 않아도 좋다.
지금
문학에의 상상이 필요하다.

2
문학의 지형도

문학의 이념과 관습

문학의 주체는 누구인가

문학의 이념과 관습

우리는 문학을 알고 있다. 사전적으로 볼 때, '사상이나 감정을 언어로 표현한 예술. 또는 그런 작품. 시·소설·희곡·수필·평론 따위'를 지칭한다. 감이 잘 오지 않는 분들은 중등 교육과정의 국어교과서를 다시 들춰 보라. 알고 있지만 잊고 있었던, 문학이라고 하는 관념의 감각을 다시 살릴 수 있을 것이다. 김소월·정지용의 시와 이효석·황순원의 소설, 그리고 몇몇 물 건너온 번역물들. 가끔은 정비석의 수필이나 몇 편의 희곡도 여기에 끼어들곤 한다.

오해가 없길. 국어 교과서에는 그 명칭에서 유추할 수 있듯, 문학도 있지만 문학 아닌 것도 상당수 포함되어 있으므로. 교과서의 수많은 글들 속에서 우리는 명쾌하게 구분할 수 있다. 문학 작품과는 달리, 말 그대로 국어를 가르치기 위한 글들을. 적어도 '철수야 놀자. 영희야 놀자'가 문학이 아니라는 것쯤은.

하지만 우리는 문학을 모르기도 한다. 사전의 언어에는 표현되어 있지 않은 까다로운 제한 조건들 속에서만 문학은 문학이기 때문이다. 몇몇 열거해 보면, 우선 문학이 되려면 일상적 언어들과는 벽을 쌓아야 한다. 뭔가 특별한 언어의 조직을 갖추고 그래서 '예술'이라는 관념을 통과할 수 있어야 한다. 그것을 결정하는 것은 평론가들의 몫이다. 또 문학은 소정의 시험을 통과한 전문 작가들에 의해서 생산된 것이라야 한다. 작가가 되기 위해서는 추천이라든가 신춘문예 등에 당선되어 기존 작가들의 카르텔에 입성할 수 있어야 한다. 한국공업표준처럼 한국문학표준의 마크를 부착하지 않으면 문학으로 대접받기는 그른 셈이다.

더 있다. 이미 정해진 장르적 틀에 부합하지 못하면 그도 문학이 되지 못한다. 사전에서 문학을 정의하며 시 · 소설 · 희곡 · 수필 · 평론이라는 한정적 양식들을 일일이 거론하는 것은 이 때문이다. 다큐멘터리도, 신문 기사도, 광고 카피도, 유머도 문학에는 미달이다. 단적으로 지금 여기 이 글을 두고 문학이라고 할 사람은 많지 않다. 만약 그런 사람이 있다면 그는 문학에 통달했거나 아니면 문학을 아예 모르는 사람일 것이다. 그런 의미에서 우리가 모르는 문학을 우리의 몸은 오히려 잘 알고 있다. 그래서 이 시대를 살아가는 우리는 문학을 하지 않는다.

누가 언제 어디서 문학을 어떻게 왜 그랬을까? 그러니까, 백여 년 전의 일이었다. 그러한 문학을 시작한 것은. 근대의 도래는 온통 새로움의 시대를 열었다. 그 시대감각은 '낯섦의 익숙함'이었으며 그 신기함과 불편함 사이로 문학이라는 물품도 한반도에 정착했다. 이때, 문학은 이전의 숱한 문학적 유산과 결별을 선언한다. 과거를 부정함으로써 자신의 새로움을 내세울 수 있었고 그 힘은 지금 여기에 이른다.

반도의 항구와 역驛은 문학이라는 한 시대의 정신사가 모이고 흩어지는 관문이었다. 현해탄을 건너 온, 혹은 상해에서 여객선을 타고 온 문학은 또 다른 신세기적 산물들과 함께 항구에 부려졌고, 다시 철로를 따라 경성역에 당도했다. 소금과 철의 냄새가 깃들지 않았다면 낯선 박래품들이 부여받았던 촉각적 권위도 그리 선명하지는 않았을 것이다. 문명의 섞임이 우리시대만의 특징은 아니겠지만, 이 시기만큼 빠르고, 방대하고, 지배적인 적은 일찍이 없었다. 부산항과 인천항, 그리고 경성역으로 모이고 흩어지는 철로는 신문물로서의 문학이 확산되었던 실제적 거점이었다.

그 항로와 철로 위에 숱한 중개인들이 있었다. 동경과 경성을 오가고 경성과 상해를 나들던 지식과 감각의 번역자들. 문학을 놓고 볼 때, 아무래도 일순위에 꼽히는 것은 이광수일 것이다. 그는 문학이라는 최신 문물을 여기에서 재현히여 『무정』이라 이름 지었으며 나아가 누구나 널리 쓸 수 있게끔 자세한 설계도까지 제공했다. 일련의 문학 제작 도구들이 그에게서 완성되었다. 그러나 무정하게도 그의 뜻은 그리 손쉽게 얻어지지 않았다. 문명적 결절이 불러온 혼란은 다양한 상상의 분출과 동의어이기 때문이다. 그가 가져온 신문물로서의 문학은 또 다른 문학적 상상들과 경쟁하며 커다란 혼류 속에 휩싸였다. 안확 · 홍명희 · 최남선 · 임화 등 이미 문학사에 자리를 굳힌 이들도 있을 것이지만, 그들 외에도 수많은 젊은 상상들이 그 혼류 속에서 이광수의 문학 설계도와 공존했다.

지금에 돌이키면 이광수의 계보가 승리자였음은 명백해 보인다. 하지만 그 결과로 남은 문학은 안확의 문학이기도 하고, 홍명희의 것이기도 하며, 또 임화 등 또 다른 상상들과 섞어든 문학이기도 하다. 그러니 이광수로부터 문학의 지금 여기를 살피는 일이 당연지사인 만큼 그의 설계와 함께 다른 설계도를 겹쳐보는 것도 괴이한 일은 아닐 것이다.

1. 조선에 문학은 없었다

1) 문학이라는 박래품의 설계도

지금으로부터 일백 년 전, 한반도는 격변의 신열을 앓고 있었다. 국가는 물론 의복과 주택에서부터 생활양식과 생각의 방식까지, 모든 것이 변하고 있었다. 그리고 그 모든 것은 이국異國에서 들어온 새로운 것이었다. 마치 철도가 그러하고 안경이 그러하고 신문이 그러했던 것처럼. 이른바 근대라는 한 시대의 도래였다. 그리고 그 변화의 결과는 지금 여기에서도 실현되고 있다.

신기하고 놀라운 물품들의 목록 중에는 '문학'도 있었다. 외래의 박래품들은 다만 사물이나 상품만이 아닌, 새로운 눈과 귀와 뇌도 포함하고 있었던 것이다. 보고 듣는 방법, 느끼고 생각하는 방법도 이미 이전의 것과는 달라지고 있었던 것이다. 문학은 그 중에서도 으뜸가는 것이었다. 도래할 다음 시대에는 '문화'가 중심이 될 것이라고 믿었던 사람들에게, 문학은 숭고한 정신세계를 가장 잘 드러내는 표식이었기 때문이다. 꼭 그렇지 않더라도, 서구 열강이나 일본을 따라가기 위해서라도 그들이 가진 것들에 가치를 부여하며 조속히 닮아가는 것은 반드시 달성해야 할 목표였다.

문학에 있어서 그 선구자는 역시 『무정』의 저자로 청년들의 우상이 되었던 춘원 이광수였다. 그의 등장은 곧 '문학'이라는 신문물의 운행을 예고하는 안내 방송이라 해도 좋을 것이다. 그리고 그 출발선에서 발표된 작품이 장편소설 『무정』이었다. 『무정』 이전, 이미 이인직과 이해조 등의 작품도 있었고 서구와 일본의 소설들이 다수 번역, 번안되기도 했다.

하지만 변화하는 사회적 윤리를 소개한 시대의 연애담이자, 변화를 종용하는 웅변이기도 했던 『무정』처럼 큰 조류潮流를 만들지는 못했다. 나날의 새로운 지식을 전해주던 『동아일보』, 『조선일보』 양대 신문과 당대의 나침반을 자임했던 시사종합지 『개벽』과 함께, 『무정』을 앞세운 문학은 조선의 미래상이자 길잡이로서 당대 청년 지식인의 필수품이 되었다. 더구나 『무정』은 울고 웃을 뿐 아니라 모방할 수 있는 삶의 묘사였다는 점에서 신문이나 잡지를 넘어서는 효과를 발휘하고 있었다.

문학이라는 새로운 텍스트의 유행을 만들었던 『무정』이 탄생할 수 있었던 것은 '문학'이라는 신기한 박래품에 대한 설계도를 얻을 수 있었기 때문이다. 근대문학론의 기원이자 『무정』의 바탕이 된 이광수의 비평 「문학文學이란 하何오」[1]가 그것이다. 문학 설계도 「문학이란 하오」는 문학의 개념과 범주, 가치와 용도는 물론 그 역사와 실현 방법까지 망라하여, 『무정』은 물론 『무정』 이후 문학의 진로를 지시할 위치를 점했다. 「문학이란 하오」 없는 『무정』은 신소설일 뿐이고 『무정』 없는 「문학이란 하오」는 확인될 수 없는 예언이거나 실현될 수 없는 몽상에 불과했을 것이다. 그만큼 「문학이란 하오」는 지금에 우리가 말하는 바로 그 문학이 생겨나 여기에 이르는 과정을 집약하고 있다. 다시 말해 『무정』의 설계도가 「문학이란 하오」이고 보면 「문학이란 하오」를 이해하는 것은 바로 근대문학의 근원을 이해하는 것이라 해도 좋을 것이다.

글의 제목 「문학이란 하오」의 현대적 표기는 「문학이란 무엇인가」이다. 알지 못하는 '무엇'에 대한 질문에 답하는 글이다. 경험되지 못한 물건들이 먼 곳으로부터 도래할 때 가장 먼저 제기되는 질문이 아마도 '무엇인

1) 이광수, 「文學이란 何오」, 『매일신보』, 1916.11.10~23.

가'일 것이다. 「문학이란 하오」도 예외가 아니다. 따라서 「문학이란 하오」의 목적은 선명하다. 문학의 정초定礎를 목적으로 하는 것이다.

제목에 붙여진 이 물음은 몇 가지 단서를 제공한다. 1916년 즈음 문학은 이광수의 생각, 나아가 지금 우리의 생각과는 아주 딴판이었다는 것이 그 하나이고, 그 문학을 널리 알려야 할 절실한 필요가 있었다는 것이 그 두 번째 실마리이다. 물론 지금에 인간을 이해하는 데 있어 필수적 존재로 여겨지는 문학이 역사적 어느 시대에는 낯선 개념이었다는 사실은 무척 의아한 일이다. 그러나 도래의 시대, 전혀 알지 못했던 세계로부터 새로운 문물이 속속 상륙하던 시절, 낯설다는 것은 오히려 익숙한 느낌이었을 것이다. 이 낯선 것들의 익숙함이 오래 전부터 익숙한 문文의 관념 일체를 낯선 것으로 돌려세우고, 문학이라는 전혀 새로운 문물의 상륙을 가능하게 했던 동력이 되었다.

문학이라는 박래품의 제작과 사용을 위해 준비된 설계도, 「문학이란 하오」는 총 12장으로 구성되어 있다. 순서대로 보면 「신구新舊 의의意義의 상이相異」를 시작으로 하여 「문학의 정의」, 「문학과 감정」, 「문학과 재료」, 「문학과 도덕」, 「문학의 실효實效」, 「문학과 민족성」, 「문학의 종류」, 「문학과 문文」, 「문학과 문학자」, 「대문학大文學」, 「조선문학」으로 맺었다. 문학의 이모저모를 빠짐없이 두로 포괄하는 목차이다. 수상한 것은 이 글의 목적이자 흔히 개론서의 서두를 장식하는 「문학의 정의」에 앞서 「신구新舊 의의意義의 상이相異」라는 제목을 앞세웠다는 점이다. '무엇인가'를 설명하기에 앞서 '다르다'고 강변하는 태도는 상당히 이중적이다. 이광수의 말 그대로 새로운 '문학'을 설명하고자 하는 의지의 천명이기도 하지만, 다르지 않다고 인식할 수밖에 없는 문화적 지형에 놓여있음을 말해주는 것이기도 하다. 차이가 자명하고 그에 따라 인식도 다를 수밖에 없다면 굳이 다름을 강조해야 할 이유도 없기 때문이다. 옛것과 새것이 다름을 강조해야 했던 절박감이 느껴지는 구성이다.

이광수가 드러낸 이 구별에의 강박은 다만 첫 장에 한정되지 않고 「문학이란 하오」 전편에 걸쳐 일관성 있게 관철된다. 「문학이란 하오」가 옛 것과 구별되는 문학[2)]을 설정하고 문학의 개념에서 갈래에 이르기까지 그 틀을 제시하자, 거대한 인식론적 격차가 발생하게 되었다. 그 격차란 「문학이란 하오」가 다만 문학의 개설서나 설명서에 머무르지 않고 '문학' 이후와 '문학' 이전을 가르는 기준점으로서의 의미를 획득하게 되었음을 두고 하는 말이다. 시대를 나누는 기준점 곧 「문학이란 하오」라는 근대문학의 기원은, '문학' 이후를 들여다 볼 수 있는 관문이 되었던 것이다. 이로써 『무정』은 근대소설의 신화가 될 수 있었다. 그 뒤에 「문학이란 하오」가 있었기 때문에.

시야를 확장하면, 「문학이란 하오」를 보는 시각에 따라 근대문학에 대한 이해도 완연히 달라질 수 있다. 현 시점에서는 자명해 보이는 문학의 범주 설정과 민족문학의 기준 확립, 문학사를 서술하는 방법 등 근대문학을 구성하는 구체적 규범들이, 이 시기에는 '문학'을 정의하는 방법과 연동하며 다양한 가능성으로 존재하고 있었다.

대개의 문학사를 찾아보면 이광수의 문학 개념이 선 자리에 근대문학의

---

2) 이 글 전체에서 '문학'은 두 가지 의미를 동시에 함의한다. 하나는 이광수의 「문학이란 하오」에서 주장된 'Literature'에 상응하는 의미로서의 문학 즉 1910년대 이후 지금까지 이어져 온 100여 년의 문학 관념이며, 또 다른 하나는 전근대적 문학을 포함하여 다양하게 상상되고 재구성될 수 있는 소통 정신의 표현물을 의미한다. 문학 개념을 이중적으로 살피는 이유는, 서구적 경험으로서의 지역성이 강조되어 조선의 관습적 문학에 대해 배타적이고, 근대문학의 특성에 집착하여 문학사의 구성에 있어 난항을 겪을 수밖에 없는 성격에 주목한다는 뜻이다. 그의 '문학'을 기준으로 소급하면, 조선의 문학은 '문학 진前 문학'에 불과하고, 당대의 향유물들은 '문학 외外 문학'일 뿐이다.

이광수

기원도 위치한 것으로 파악된다. 언뜻 이광수가 주창한 '문학'은 역사의 필연적 결과에 가깝게 보이기도 한다. 그러나 이광수가 「문학이란 하오」와 『무정』을 내놓았을 무렵, 문학에 대한 또 다른 상상이 있었다. 자산自山 안확의 「조선의 문학」과 『조선문학사』는 그 대표적 예라고 할 수 있다.

'조선'의 역사적 경험이 중시된 안확의 견해는 이광수에게서 배제된 다양한 문학적 경험들이 문학사적 주체로 등장하고 있으며, 이에는 사전史傳, 일기日記, 수록隨錄, 교술적敎述的 문류文類 등 근대적 분류 체계의 바깥에 놓인 글들을 포괄하고 있다. 글의 목적이 사史적 서술에 맞추어진 점이 포괄의 범위를 확장시킨 일차적인 이유이겠지만 그보다 앞서 '문학'을 상상하는 방법을 달리한 데 그 연유가 있다.

언뜻 볼 때, '문학'을 상상하는 다양한 방법 중 선택, 확정된 것은 단연 이광수의 것인 듯 보인다. 그러나 안확 등이 상상한 근대문학의 구도가 사라진 것은 아니다. 고전문학이라는 한정적 틀 내에서도 살아남았고, 문학에서는 배제되었지만 끊임없이 생산되는 하위문화의 글쓰기를 통해서도 맥을 이어오고 있다. 다만 '문학'을 상상하는 방법이 이광수의 것으로 고정되고 강화됨으로써 더 이상 우리에게 '문학'일 수 없는 듯 보일 뿐이다.

2) 유기遺棄로써 얻은 문학

서구적 경험을 빌어 조선에서 근대문학을 창출하고자 한 이광수의 시도는 한편으로 명쾌해 보이면서도 상당히 이질적 요소도 끌어안고 있었다. 예컨대 그가 논했던 '소설'은 '이야기'와 '재담才談'을 배제하는 것이었지만, 다른 한편으로 '조선문학'을 설명하면서는 『춘향전』, 『심청전』 등을 부족하나마 문학의 범주로 용인하였고, 또 결론에 가서는 '조선 문학은 오직 장래가 유有할 쌘이요 과거는 무無하다 함이 합당'하다고 단언하며 앞선 언급을 재차 부정하였다. 개념의 정립과정에서는 이야기의 배제를 통해 완전히 새로운 근대적 소설의 창출을 기획하고 그에 걸맞게 재래의 이야기 일체를 부정하고 있지만, 다른 측면에서는 'Literature'에 한정된 '문학'으로 조선문학사를 어떻게 평가하고 구성할 것인가의 문제에 난감해 했음을 볼 수 있다.[3)]

3) 임화는 「신문학사의 방법」(『문학의 논리』, 학예사, 1940, 827면)에서 '吏讀文學과 諺文文學만을 連結하야 朝鮮文學史를 생각한다면 우리는 約千年에 亘하야 朝鮮人이 營爲한 文學的 作品을 自己의 歷史로부터 抛棄해야 한다. 이 結果, 文學史는 거의 中斷되다시피 한다'고 하여 이광수의 견해를 비판하였다.

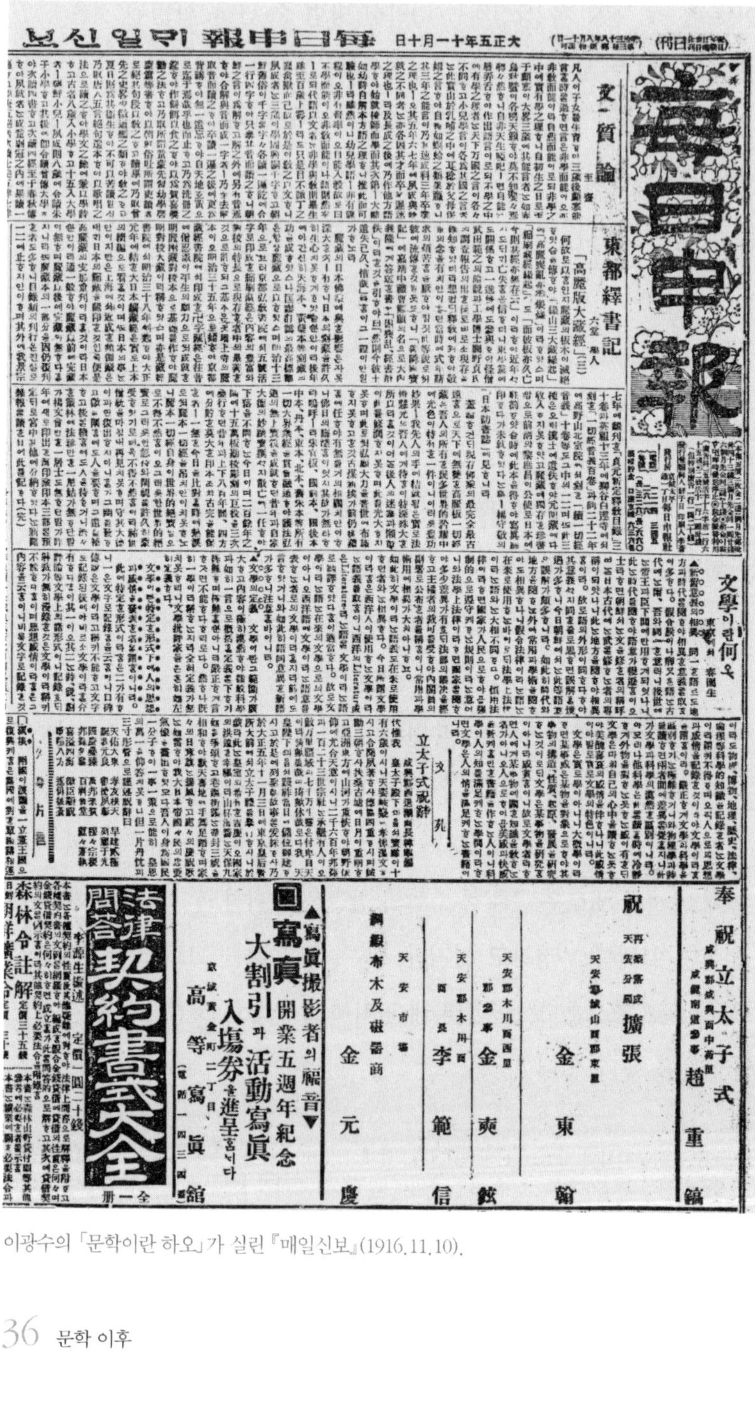

每日申報

文學이란何오

이광수의 「문학이란 하오」가 실린 『매일신보』(1916.11.10).

그렇다고 이광수가 문학사 자체를 부정했던 것은 아니다. 오히려 그는 문학사를 구성되어야 할 당위로 생각하고 있었음은 분명해 보인다.[4] 그러나 재래의 문학적 존재들을 배제하고 새로운 문학을 창출하기 위해서 도입한 「문학이란 하오」의 '문학'은 문학사를 구성하기에는 지나치게 협애한 것이었다. 「문학이란 하오」의 '문학'은 재래의 것을 배제하고 새로운 것을 창출하기 위해 의도하지 않았던 문학사의 배제를 감수할 수밖에 없었던 것이다. 그 결과가 조선문학에 대한 계속된 폄하로 나타났으며 연이어 문학의 과거를 거의 전면적으로 부정하는 데에 이르렀다고 할 수 있다.

일반적인 의미에서 어의語義를 재창시하는 것은, 당연히 개념의 지시 대상을 확보했다는 의미를 포함한다. 그리고 그 보편적 방법은 역사로부터 자신의 존재를 증명하는 것이다. 그러나 이광수는 오히려 그것을 포기하는 방법을 선택한다. 개념상으로는 이광수 역시 역사적 소급의 가능성을 열어 놓은 듯 보이지만, 그 가능성에 실체를 대입시키지는 못한다. 이 소급 적용의 포기는, '문학'을 'Literature'로 확정함으로써 개념의 재창시를 통해 인식의 틀을 조정하는 의도를 넘어서는 문제를 담게 된다. 지시 대상의 재조정을 포기함으로써 '문학'의 지시 대상은 과거나 현재의 존재가 아니게 되었으며 또 지역적으로는 조선에 있지도 않았다. 'Literature'로서의 문학은 다만 번역된 개념일 뿐 아니라, 끊임없이 근접하길 갈구하는 이상화된 모델의 지위도 포함하고 있었던 것이다. 따라서 'Literature'

4) 이광수는 「문학강화」에서 문학사와 문학개론을 '문학의 입문'으로 설정했거니와, 「문학에 뜻을 두는 이에게」에서는 '문학자'의 역할을 크게 4가지로 분류(문학사가, 장르 연구자, 작가 · 작품 연구자, 민족문학 연구자)하고 문학사가를 맨 앞자리에 서술한 바 있다. 이어 문학사의 모범으로 스보우치 쇼요[坪內逍遙]의 『英文學史』와 이가라시 치카라[五十嵐力]의 『日本文學史』를 제시하여 문학사 기술의 당위성을 드러내었다.

에 미달하는 것으로 판단되는 재래적인 혹은 전통적인 그래서 전근대적인 글들은 '문학'에서 배제된다. 이러할 때, 'Literature'로서의 '문학'은 먼 곳에서 가져 온 미래의 가능성으로만 현현하게 된다.

단절을 강조하기 위해 문학사의 구성을 훼손할 수밖에 없었던 이광수의 '문학'은, 표면적으로 속문주의屬文主義 즉, 문자중심주의와 속어주의를 이유로 내세웠다.[5] 「문학이란 하오」의 한 장을 이루고 있는 '조선문학'은, 기록이 아닌 구전에 의했다는 점에서 문제시되어 '문학'에서 배제되고, 문자로 기록되었다 하더라도 그 문자가 중국의 한자였다는 점을 이유로 부정된다. 따라서 이러한 조건을 만족시킬 수 있었던 '문학'은 향가 몇 수와 『용비어천가』 정도에 불과할 수밖에 없었다. 민요와 전설 등은 그 구술성을, 시조와 소설 등은 문자의 외래성을 이유로 밀어냈던 것이다. '문학'과 유사한 것이 있었으나, '조선문학'이라고 말하기에는 부족한 미달태에 불과하다는 그의 판단을 드러내는 것이다.

「문학이란 하오」에 앞서 이광수는 「문학의 가치」를 써 문학의 필요성을 역설한 적이 있었다. 6년의 시차를 두고 쓰인 「문학의 가치」와 「문학이란 하오」는 약간의 차이가 있다. 두 논문의 차이를 비교해 보면, 표현수단의 구술성과 문자의 외래성 등을 통해 민족문학의 범위를 극히 제한하는 이유가, 'Literature'로의 기원 확정에 기인한 문학 판정 기준의 이탈, 즉

5) 황종연의 경우, 이광수의 배타적 민족문학론을 두고 민족문학을 설정하기 위한 '중화적 보편주의로부터의 해방'이라는 목적의식에서 원인을 찾고 있지만, 다른 측면에서 'literature'로서도 '문학'이 서구적 보편주의를 추종하고 있다는 점과, 전설과 민요 등 한문학 이외의 문학적 유산도 동시에 부정하고 있다는 점에서 일반화하기 어렵다고 판단된다. 나아가 안확의 「조선의 문학」과 비교해 '빈곤'한 '조선문학의 지식'을 배타성의 일 측면으로 지적한 부분은, 당대 민족문학을 상상하는 방법을 이광수의 그것에만 한정시켰을 때 가능한 서열화에 다름 아니다. 앞서 말하자면, 안확의 「조선의 문학」(『조선문학사』)은 민족문학을 상상하는 또 다른 하나의 방법이었다고 할 수 있으며, 「조선의 문학」의 비교 우위를 논하는 것은 안확에 대한 오해에서 비롯된 것이라 생각된다.

선행된 모델 설정에 내재한 배제의 원리에 의한 것임을 확인할 수 있다.

전체적으로 일견하면, 「문학의 가치」에서의 '문학' 이념도 「문학이란 하오」에서의 그것과 크게 다르지 않다. 「문학의 가치」에서도 '문학'은 'Literature'와 유사한 것으로 평가되었으며 "정적情的 분자分子를 포함한 문장"이다. 그러나 '문학'이 조선에 이미 존재하고 있던 역사적 실체로서 인정되고 있다는 점, 그리고 그 '문학'이 'Literature'와 동등한 지위에서 비교되고 있다는 점에 주목하면 사정이 달라진다.

> 「문학」도 차차 독립이 되어 기其 의의가 명료히 되어 시가 소설 등 정情의 분자分子를 포함한 문장을 문학이라 칭하게 지至하였으며(이상은 동양), 영어에 「Literature」(문학)이라는 자字도 또한 전자와 약동略同한 역사를 유有한 자者[6)]

「문학이란 하오」의 '문학'과 비교해 볼 때, 번역어의 주객이 전도된 형태를 취하고 있다. '전자前者', 즉 재래의 조선문학 혹은 동양의 문학에 기원이 먼저 설정되고 그 서구적 대응물에 'Literature'를 위치시켰다. 동양에도 문학이란 것이 있고 서양에도 'Literature'이란 것이 있는데 둘이 서로 유사한 것을 지칭한다는 것이다. 「문학의 가치」에서 선보인 이 대조는, 「문학이란 하오」가 조선의 기원과 경험을 배제하고 'Literature'로부터 '문학'의 기원을 상정한 것과는 상이한 태도임을 보여준다.

자세히 보면, 「문학의 가치」가 보여준 '문학' 담론 역시 그 범주의 한계를 결정하는 권한은 'Literature'에 부여하고 있다. '문학'과 'Literature'가

6) 이광수, 「文學의 價値」, 『大韓興學報』 제11호, 1910.3.

유사어, 즉 '약동略同한 역사를 유有한 자'로 이해될 수 있는 것은, 'Literature'를 준거로 삼고 그에 상응하는 개념으로 '문학'이 선택되었음을 뜻한다. 그리고 그 하위에 예속시킬 수 있는 조선의 문학적 실체가 대입되는 방법인 것이다. 다만 '문학'이라는 개념을 선택한 기준인 'Literature'를 생략시킴으로써, 조선의 역사적 기원과 경험으로서의 '문학'이 독립적으로 설정되고, 'Literature'와 동등한 지위에서 비교될 수 있는 것처럼 보일 뿐이다. 조선의 '문학'을 상정하고 'Literature'를 대입하는 것은 전도된 논리에 불과하다는 것이다. 「문학의 가치」에서의 '문학'도, 그 범주의 한계가 'Literature'로부터 추출된 이상 「문학이란 하오」의 '문학'과 개념상으로는 동일하다고 말할 수 있다. 동양적 기원을 설정한 「문학의 가치」가 'Literature'로 선회한 「문학이란 하오」로 전환되었던 것은 한편으로 필연적이었다.

그러나 「문학의 가치」에서 재래의 문학과 'Literature'라는 서로 다른 기원을 상정하는 것에는 민족문학을 구축하는 방법에 대한 상이한 견해가 포함되어 있다. 개념을 도입한다는 것과 개념을 적용한다는 것은 엄연히 구별되는 문제라는 점에서, 「문학의 가치」가 보여주는 '문학'은 조선의 '문학'을 긍정함으로써 조선문학의 역사를 기획할 수 있는 가능성을 담고 있었기 때문이다.

문제는 「문학의 가치」의 '문학'이, 「문학이란 하오」에서 말한 바 '신구新舊 의의意義의 상이相異'와 역사로서의 조선문학을 통일적으로 인식할 수 있는 수단을 가지지 못했다는 점이다. '문학'에 대한 인식론적 단절을 최우선의 과제로 제시하면서 동시에 그 단절을 스스로 파기하는 연속성을 담아내는 것은, 신新과 구舊, 즉 근대와 전근대의 구별 외에는 다른 분류법을 갖지 못했던 「문학의 가치」로서는 쉬운 일이 아니었다. 근대문학과 전근대 문학의 단절을 논하면서도 문학사를 구성하기 위해서는 동일성 속의 비동일성에 대한 인식, 즉 보편성과 개성을 동일 지평에서 인식할 수 있는 방법론이 필요했지만, 적어도 이광수에게 이 방법은 수용되지 않았다. 그 결과가 「문학이란 하오」였다.

따라서 「문학의 가치」에서 조선을 포함한 동양의 문학적 기원이 독립적으로 존재한다고 언명할 때, 「문학이란 하오」가 강조한 표현 수단의 구술성이나 문자의 외래성 등 배제를 위한 기제의 설정은 불필요한 일이 된다. 「문학의 가치」에서 근대문학의 모델은 이미 재조정되었음에도 재래의 문학을 적극적으로 배제하지 않았던 것은 이 때문이다. 다만, 'Literature'가 '문학'의 명료한 기원으로 언명되었을 때, 조선의 '문학'적 기원을 소거시킬 수 있는 방안으로 '문학'을 문자중심주의나 속어주의와 결탁시키는 선택이 이뤄졌던 것이다. 결국 이광수는 「문학의 가치」가 가지고 있던 독립적이고 역사적인 문학의 이념을 「문학이란 하오」의 종속적이고 반역사적인 문학 이념으로 전환시키면서 표현 수단의 구술성과 문자의 외래성 등을 수단으로 하여 조선문학의 역사를 부정하는 방법을 취하게 되었다.7)

7) 속문주의에 입각한 이광수의 협애한 민족문학관은 이후로도 상당기간 지속되었고 또 적지 않은 지지를 얻고 있었다. 「조선문학의 개념」(이광수, 『삼천리』, 1936.8, 83면)과 연이은 설문에서 그 경향을 읽을 수 있다. 여기서 이광수는 'literature'로서의 '문학'에 대한 일체의 논의를 삼가고 대신 속문주의를 중심으로 하여 「문학이란 하오」에서 주장한 조선문학론을 다시 제기한다. 그러나 1916년 그가 겨냥했던 '문학' 설정은 이미 1930년대 중반에 이르러 형성의 단계를 넘어 안정적 궤도에 진입한 상태였다는 점에서 논의의 층위가 달라진다. 속문주의는 이미 민족문학 구상의 일 문제가 아니라 하나의 독립된 원리로 모습을 바꾸었던 것이다. 이 글의 뒤에는 이태준 · 김기림 등 당대 문인들의 '조선문학'에 대한 견해를 묻는 설문과 답변이 있는데, 이 글에서 적지 않은 논자들이 이광수와 유사한 속문주의적 의견을 제시했다. 이에 대해 임화만이 '조선문학이란 조선사람이 한 개 공용된 사회적 · 역사적 운명 하에 결부되어 있는 동안에 존재하는 것이고, 그

「문학의 가치」에서 「문학이란 하오」로의 변모는, 과거 및 동시대의 문학적 산물에 대한 배제를 통해 근대문학이 형성되는 과정과 문학사 구성에 장애를 남기는 과정을 동시에 보여주는 예이다. 이에 따라 이광수에게는 문학적 유산의 '과거는 무無하다 함이 합당'할 수 있었다. 근대 초기의 대표적 문학론인 「문학의 가치」와 「문학이란 하오」의 근원적 선회는 속문주의로 대표되는 협애한 민족문학관의 원천, 즉 전통적인 '문文'에서 'Literature'로 재배치된 기원에서 기인했음을 확인시켜 준다. 결과적으로 근대문학의 원형질을 만든 대표적 문학론인 「문학이란 하오」의 '문학'은, 다만 과거 문학론과의 결별이었을 뿐 아니라, 문학적 가능성을 함유한 전 시대의 다양한 가능성과 연속성을 배제하는 내적 원리를 배태하고 있었다.

3) 이념형 문학의 자가운동

「문학이란 하오」에서의 '문학'이 문학의 과거를 역사로서 구성하기 어려운 것이었다는 사실은 또 다른 궁금증을 유발한다. 이념이 이념만으로 실제적 존재가 될 수는 없기 때문이다. 「문학이란 하오」와 관계하는 근대성의 해명은 이념의 맥락에 고립되어 있다. 문학에 대한 토착적 이념의 부재, 엄밀히 말해 근대적 갱신이 지연된 재래의 문학적 담론들은 이광수의 문학론에 제어되지 않는 권력을 용인했지만, 이광수의 문학론이 만약

관계가 폐기될 때에는 스스로 방기될 개념이다'라고 민족이 역사적인 존재임을 전제하고 조선문학 역시 같은 운명임을 지적했다. 그 직후에는 『조선문학』(1936.9)에 「조선문학의 개념 규정에 반하는 소감」을 기고하면서 선험적 민족의 설정과 그에 기반한 민족문학의 개념 규정에 반대한다는 뜻을 분명히 했다. 이광수와 안확뿐 아니라, 임화 역시 또다른 측면에서 근대문학을 상상하는 방법을 달리했던 것이다.

실체를 생성시키지 못했다면 그 귀결 또한 명백했을 것이다. 이념이 이념으로서의 의미를 구축하기 위해서는 동일한 형식으로 인식될 수 있는 문학적 실체로서의 작품을 지속적으로 산출해야만 하는 것이다. 이광수의 문학론을 지탱시켜 줄 작품의 부재 상태는, 이광수의 문학론이 귀납적 소급력을 가지지 못했음을 말한다. 따라서 「문학이란 하오」에서 귀납적 실체는 서구의 문학 작품에 한정될 수밖에 없었으며, 조선에서의 그것은 당대에는 없던 하나의 가능성일 뿐이었다.

그는 「문학이란 하오」의 첫머리에 '문학비평가들은 흔히 여좌如左히 정의한다'고 했지만, 몇 년 후 「문학에 뜻을 두는 이에게」에서는 반대로 조선에 비평가가 없음을 지적했다.[8] 그가 말한 '문학비평가'란 조선의 문학비평가들이 아니라 서구와 일본의 비평가들이었던 셈이다. 또 '압운'이 일본문과 조선문에 불편하다고 언급하는 것이나, 문학의 종류를 예시하면서 '국민문학', '향토문학', '도시문학', '전원문학' 혹은 '산문극', '시극' 등 당대 조선에서 그 실체를 찾을 수 없는 개념을 거론한 것도 그러하다.

조선의 현실에서 실체를 찾을 수 없는 '문학'을 문학론의 대상으로 삼았다는 점에서, 이광수의 문학론은 과거뿐 아니라 당대의 다양한 문학적 가능성도 동시에 부정하게 된다. 당대 경험되고 향유될 수 있었던 문학적 실체들은 근대적 이념은 물론 개념조차 분명하지 못했지만, 반대로 서구의 경험이 귀납적으로 정리된 이념은 작품으로서의 실체를 가지지 못했던 것이다. 따라서 일본을 통해 중역된 서구적 문학론을 도입[9]했던 이광수의

8) 京西學人, 「文學에 뜻을 두는 이에게」, 『개벽』 21호, 1922.3, 문예면 7면.

9) 「문학이란 하오」를 비롯한 1910년대 이광수의 문학론에 대해서는 김윤식의 「초창기의 문학론과 비평의 양상」(『근대 한국문학 연구』, 일지사, 1973), 신동욱의 「이광수의 문학비평」(『한국현대문학론』, 박영사, 1972), 구인환의 「이광수의 문학사상」(『이광수 소설연구』, 삼영사, 1983),

「문학이란 하오」는 실체가 없는 한정적 기원이었으며, 엄격하게 말한다면 '문학'은 'Literature'의 역어譯語가 아니라 'Literature' 혹은 '분가쿠文學' 그 자체였다.

'문학'을 역어라고 언명하는 것, 즉 'Literature'가 거느린 역사성과 지역성 등의 함의를 조선의 그것으로 치환시키는 것은, 시도된 후 폐기된 「문학의 가치」의 방식이었다. 이광수를 중심으로 한 당대의 문학론은, '서양의 문학이라는 어의語義를 표表하는 자者로의 문학'만을 '문학'으로 인정하였으며, '신구新舊의 의의意義가 상이相異'했던 것처럼 '문학'과 동시대를 구가하던 다른 문학적 양식들도 '어동의이語同義異'한 것이다. '문학'은 이제 새롭게 창출되어야만 했던 미래의 존재이었다고 할 수 있다. 따라서 이광수에게 민족문학의 과거는 없을 수밖에 없었던 것이며, '문학' 이전의 문학을 '조선문학의 범주 안에서 축출하라'[10]고 외쳤던 것은 오히려 당연하다고 할 것이다. 이광수의 '문학'이 배태하고 있던 배제의 원리는 '문학'의 비실체성으로 인해 더욱 견고한 형태를 취할 수 있었던 것이다.

이런 맥락에서 볼 때, 「문학이란 하오」 이전부터 당대에까지 향유되던

권영민의 「이광수의 계몽문학론」(『한국근대소설연구』, 서울대 박사논문, 1984), 김태준의 「이광수의 문학론—'문학이란 하오'를 중심으로」(『춘원 이광수 문학연구』(연세대 국학연구원 편), 국학자료원, 1994), 황종연의 「문학이라는 역어」(『한국문학과 계몽담론』(문학사와비평연구회 편), 새미, 1999), 스즈키 사다미[鈴木貞美]의 『일본의 문학개념』(보고사, 2001) 등을 참조.

10) 삼천리사에서 각 방면 문학자에게 질문하고 그에 답변된 것과, 구인회 강좌 등에서 조선문학관을 발표했을 때, 또 『문장』의 좌담회에서 되풀이한 이광수의 견해를 임화가 비판한 것이다. 이때, 임화는 '라틴어로 씌어진 중세문학을 자기의 국민문학사에서 제외한 서구의 약간 국國의 예'를 들어 이광수의 견해에 일리가 있음을 인정하지만, 이두와 한글만으로 문학사의 범주를 획정하게 되면 '약 천년에 긍亘하여 조선인이 영위한 문학적 작품을 자기의 역사로부터 포기해야 한다'는 점을 지적한다. 이광수와 임화가 대립하는 지점은 표기수단의 문제가 아니라 이념의 구획을 나누는 것이었고, 문학 이념의 차이로 인해 문학사의 범위와 표기수단까지 다르게 판단하는 것으로 보아야 한다. 임화, 「조선문학 연구의 일 과제」, 『임화 신문학사』(임규찬 · 한진일 편), 1993, 373~374면.

문학적인 실체는 사실상 '문학'이라기보다 '문학 전前 문학'이라 함이 적당하고, 근대적 변모의 요구에 맞추어 질적 갱신에 성공한 새로운 양식의 경우에는 '문학 외外 문학'[11]이라 함이 더 온당해 보인다. 번역된 'Literature'에 기반한 '문학'은 '폐허'에서 '창조'되어야만 했던 것이다. 그리고 그 결과, 'Literature'의 자기실현으로 간주되는 근대문학은 관습으로서 면면히 지속되어 온 문학적 존재들을 억압하고 은폐하는 이념으로 귀결될 수밖에 없었다. 임화가 말한 바, '서구적 문학의 이식'[12] 과정은 이렇듯 '문학' 이념의 생성 과정에 내재한 기원과 모델의 설정에 의한 것이었다.

「문학이란 하오」에서 선택된 배제의 원리와 '문학'의 비실체성은 근대문학이 정착하는 전 과정에 걸쳐 지속되었다. 『개벽』의 창간호에서 9호까지 소설과 희곡의 개론을 실었던 현철은 당시 소설을 비롯한 문학의 이념형을 더욱 선명하게 보여준다. 그는 「소설개요」[13]의 첫머리에서 '이에 강술講述하는 소설개요는 필자가 동경예술좌연극학교에서 수업한 필기를 근저根底하야 증왕曾往에 연예강습소의 속성교과서로 가장 간단히 편술한 바'라고 언급했다. 더불어 신문과 잡지에 소설이나 희곡이 게재되고 있으나 그 필자들은 소설이나 희곡이 무엇인지도 모르고 있을 뿐 아니라 오역

---

11) 「문학이란 하오」로부터 'Literature'에 한정된 '문학'이 출현했고 이로부터 적지 않은 문학적 양식들이 '문학'에 포괄되지 못하고 밀려났다면, '문학'의 바깥으로 밀려나 문학이라고 할 수도 없고 문학이 아니라고 할 수도 없는 모호한 위치에 서게 된 양식들을 일컬을 용어가 필요하다는 판단에서 '문학 외外 문학', '문학 전前 문학'이라는 명칭을 사용했다. '문학' 외 문학은 근대 초기의 '문학'이 이념형으로 존재함으로써 오히려 지배적이던 양식들이 '문학'이 되지 못했던 상황을 드러내기 위한 것이고, '문학' 전 문학은 전통적 문학이 배제됨으로써 문학사의 구성이 여의치 않았음을 드러내기 위한 것이다. 주변적 양식이나 전통적 양식이라는 용어로도 대체될 수 있지만, 「문학이란 하오」를 비롯한 문학론이 이념을 선점함으로써 발생시킨 근대 초기의 독특한 단면을 부각시키기 위해 생소함을 무릅썼다.

12) 임화, 「개설 신문학사」, 『조선일보』, 1939.9.7; 임규찬 · 한진일 편, 『임화 신문학사』, 한길사, 1993, 16면.

13) 曉鍾, 「小說概要」, 『開闢』 창간~2호, 1920.6~7.

이 심하여 「소설개요」를 쓰게 되었다고 집필 동기를 언급한다.

이광수가 「문학에 뜻을 두는 이에게」에서 밝힌 바, 문학 연구의 두 축인 문학개론과 문학사 중 소설과 희곡에 한정된 이념 교과서가 마련된 것이다. 실제 현철의 이 개론은 상당히 자세한 부분에까지 일목요연한 체계를 갖추었다. 그러나 이 「소설개요」와 그 연장선상에서 기술된 「현당독폐」[14] 역시 스스로 밝힌 바와 같이 당시 조선에 실체로서 존재하던 서사들을 인정하지 않고 있으며 이에는 소설이나 희곡으로 발표된 작품들도 포함되는 것이다. 따라서 '문학'이란 당대로서는 실현 여부를 가늠할 수 없는 하나의 가능성, 그렇게 만들어야 하는 이념형으로만 존재하고 있다고 볼 수 있다. 현철의 소설과 희곡도 'Literature'에 한정된 셈이다. 이광수와 현철이 말했던 문학은 학습된 '문학'이었으며, 당대 조선에는 그들의 이념에 부합되는 문학 및 소설이 없었음은 분명해 보인다.

서구 문학의 소개를 목적으로 한 『태서문예신보』는 물론, 『개벽』에 현철의 뒤를 이어 「근대문예」[15]를 게재한 김억 역시 이 같은 경우라 할 수 있고 『창조』와 『폐허』를 필두로 한 동인지들이 끊임없이 서구의 작품과 작가를 소개했던 것도 같은 맥락에서 해석할 수 있다. 「문학이란 하오」로 출발한 '문학'의 이념적 자가운동이 장르론과 작가, 작품론까지 파급되기 시작한 것이다.

---

14) 曉鍾生, 「玄堂獨吠」, 『개벽』 3~9호, 1920.8~1921.3(출판일 변경으로 월차 발생).
15) 김억, 「近代文藝」, 『개벽』 13~21호, 1921.7~1922.3.

읽을거리

이광수, 「문학이란 하何오」

(『매일신보』, 11.10)

▲ 신구 의의意義의 상이 동일훈 어語로도 지방과 시대를 수隨ᄒᆞ야 상이훈 의의를 취取홈이 다多ᄒᆞ다. 가령 짐朕이나 경卿 ᄀᆞ흔 어語는 고대에는 이爾, 오吾와 동일훈 의意러니, 후세에는 제왕과 신하 간에만 용用ᄒᆞ게 되엇나니, 차此는 시대를 수隨ᄒᆞ여 어의가 변천홈이오 사士라 ᄒᆞ면 조선셔는 문文을 수修훈 자의 칭호여늘 일본 고대에는 무武를 수ᄒᆞ는 자의 전칭이 되얏나니, 차는 지방을 수隨ᄒᆞ야 상이홈이라. 고로 어語의 외형이 동일ᄒᆞ다 ᄒᆞ야 기其 의의意義ᄁᆞ지 동同훈 줄로 사思ᄒᆞ면 오해홀 경우가 다多ᄒᆞ니 금일 조선에셔는 차등此等 어의의 오해가 파다頗多ᄒᆞ니라. 여차히 시대와 지방을 수隨ᄒᆞ는 외에 상용과 학술을 수ᄒᆞ야도 상이ᄒᆞ나니 가령 법률이라는 어語는 재래로 사용ᄒᆞ는 바이로듸 법학상 법률이라는 어語와는 대상부동大相不同ᄒᆞ다. 항용 법률이라 ᄒᆞ면, 국가가 인민으로 ᄒᆞ야곰 강제적으로 준수케ᄒᆞ는 규칙이라는 의意어니와, 법학상 법률이라 ᄒᆞ면 국가를 수ᄒᆞ야 다소 차이가 유ᄒᆞ듸 법부의 의결을 경經ᄒᆞ고, 주권자의 재가를 수受ᄒᆞ야 내각원의 부서副署로 공포훈 자를 칭홈이니 상용과 학술용에 상이가 대大치 아니ᄒᆞ뇨.

여차히 문학이라는 어의도 재래로 사용ᄒᆞ던 자와는 상이ᄒᆞ다. 금일 소위 문학이라 홈은 서양인이 사용ᄒᆞ는 문학이라는 어의를 취홈이니, 서양의 Literatur 혹은 Literature라는 어語를 문학이라는 어語로 번역ᄒᆞ얏다 홈이 적당ᄒᆞ다. 고로 문학이라는 어語는 재래의 문학으로서의 문학이 아니오 서양어에 문학이라는 어의를 표ᄒᆞ는 자로의 문학이라 홀지라 전에도 언言ᄒᆞ얏거니와 여차히 어동의이語同意異훈 신어가 다多ᄒᆞ니 주의홀 바이니라.

▲ 문학의 정의 문학이란 그 범위가 광대ᄒᆞ고 내용이 극히 막연ᄒᆞ야 제반 과학과 여如히 일언으로 개괄훈 정의를 하下ᄒᆞ기 극난極難ᄒᆞ며, 지난홀 쁜 아니라 엄정ᄒᆞ게 언言ᄒᆞ자면 불능不能ᄒᆞ다 ᄒᆞ리로다. 연然ᄒᆞ나 기旣히 일학一學이라 칭ᄒᆞᄂᆞᆫ지라, 전혀 정의가 無치 못ᄒᆞ리니 문학비평가들은 흔히 여좌如左히 정의ᄒᆞ다.

문학이란 특정훈 형식 하에 인人의 사상과 감정을 발표훈 자를 위홈이니라.

차에 특정훈 형식이라 홈은 이二가 유有ᄒᆞ니 일一은 문자로 기록홈을 云홈이니,

구비전설은 문학이라고 칭키 불능不能ᄒᆞ고 문자로 기록된 후에야 비로소 문학이라 ᄒᆞᆯ 슈 유有ᄒᆞ다 ᄒᆞᆷ이 기일其一이오 기이其二ᄂᆞᆫ 시, 설說, 극劇, 평론 등 문학 상의 제형식이니 기록ᄒᆞᄃᆡ 체제가 무無히 만록漫錄ᄒᆞᆫ 것은 문학이라 칭키 불능ᄒᆞ다 ᄒᆞᆷ이며 사상감정이라 ᄒᆞᆷ은 그 내용을 운云ᄒᆞᆷ이니 비록 문자로 기록ᄒᆞᆫ 것이라도 물리, 박물, 지리, 역사, 법률, 윤리 등 과학적 지식을 기록ᄒᆞᆫ 자ᄂᆞᆫ 문학이라 위謂키 부득不得ᄒᆞ며 오직 인人으로의 사상과 감정을 기록ᄒᆞᆫ 것이라야 문학이라 ᄒᆞᆷ을 위謂ᄒᆞᆷ이라. 엄정ᄒᆞ게 문학과 과학을 구별ᄒᆞ기ᄂᆞᆫ 극난ᄒᆞ거니와 물리학과 시를 독讀ᄒᆞ면 양자 간에 차이ᄅᆞᆯ 각覺ᄒᆞᆯ지니 차此가 문학과 과학의 막연ᄒᆞᆫ 구별이 니라. 아모러나 타 과학은 차此를 독讀할 시에 냉정ᄒᆞ게 외물을 대ᄒᆞᄂᆞᆫ 듯ᄒᆞᄂᆞᆫ 감感이 유有ᄒᆞᆫᄃᆡ 문학은 마치 자기의 심중을 독讀ᄒᆞᄂᆞᆫ 듯ᄒᆞ야 미추희애美醜喜哀의 감정을 반伴ᄒᆞ나니 차此 감정이야말로 실로 문학의 특색이니라.

문학은 실로 학學이 아니니 대개 학學이라 ᄒᆞ면 모사某事 혹은 모물某物을 대상으로 ᄒᆞ야 기其 사물의 구조, 성질, 기원, 발전을 연구ᄒᆞᄂᆞᆫ 것이로ᄃᆡ 문학은 모某 사물을 연구ᄒᆞᆷ이 아니라 감각ᄒᆞᆷ이니 고로 문학자라 ᄒᆞ면 인人에게 모사물某事物에 관한 지식을 교敎ᄒᆞᄂᆞᆫ 자가 아니요 인人으로 ᄒᆞ야곰 미감과 쾌감을 발發케 ᄒᆞᆯ만ᄒᆞᆫ 서적을 작作ᄒᆞᄂᆞᆫ 인人이니 과학이 인人의 지知를 만족케 ᄒᆞᄂᆞᆫ 학문이라 ᄒᆞ면 문학은 인人의 정情을 만족케 ᄒᆞᄂᆞᆫ 서적이니라.

(…하략…)

---

2. 문학의 역사를 구성하는 방법

1) 역사적 문학의 상상

「문학이란 하오」와 비슷한 시기, 이와는 상당한 차이를 드러내는 또 다른 흐름이 있었다. '조선문학'을 상상하는 상이한 태도라는 점에서 주목되는 이들은 배제의 원리에 바탕한 이광수의 '문학' 이념과 구별된다. 고조선의 작품에서부터 신소설에 이르기까지의 작품들을 아우르는 안확의 「조선의 문학」[16)]과 『조선문학사』[17)]가 그 대표적 경우이다. 이 흐름은 근대문학의 창출을 기도한다는 측면에서 「문학이란 하오」와 동일한 맥락을 유지한다고 할 수 있다. 문학을 정의하는 방법도 크게 다르지는 않다. 그럼에도 이들이 「문학이란 하오」의 'Literature'와 구별되는 이유는, 언명된 개념을 폭넓게 해석하여 '문학'을 하나의 관습적 양식으로 인식함으로써 '문학'에 대한 시각의 차이를 드러내기 때문이다.

안확

안확의 『조선문학사』는 고조선에 대한 문헌의 고찰로 시작한다. 상고上古 문학에서 신소설로 이어지

16) 안확, 「朝鮮의 文學」, 『學之光』 6호, 1915.7.
17) 원저는 1922년 한일서점에서 간행했으나, 여기서는 최원식 역, 『조선문학사』(을유문화사, 1984)에서 인용하였다.

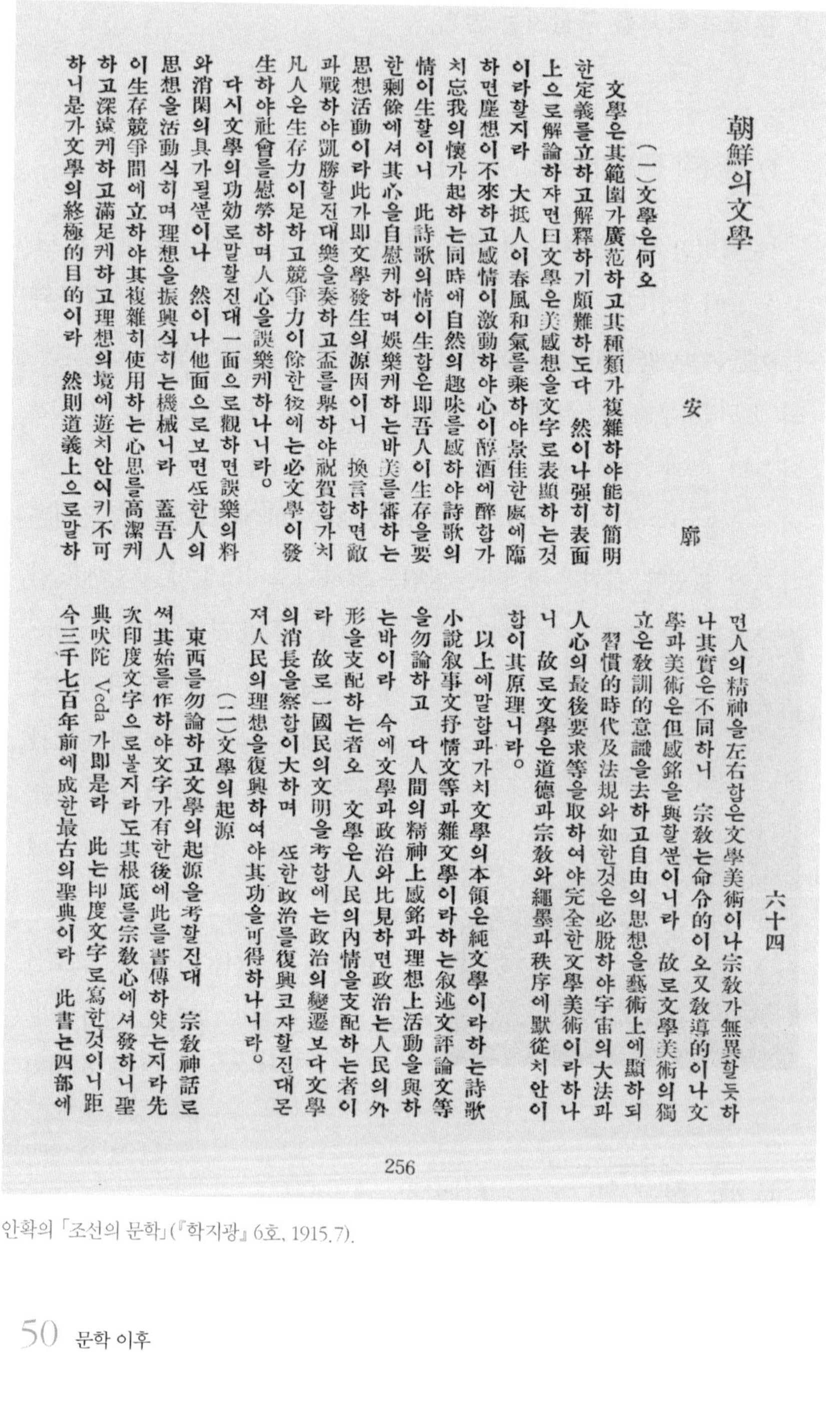

六十四

朝鮮의文學

安 廓

(一)文學은何오

文學은其範圍가廣范하고其種類가複雜하야能히簡明한定義를立하고解釋하기頗難하도다　然이나强히表面上으로解論하쟈면曰文學은美感想을文字로表顯하는것이라할지라　大抵人이春風和氣를乘하야景佳한處에臨하면塵想이不來하고感情이激動하야心이醇酒에醉함가치忘我의懷가起하는同時에自然의趣味를感하야詩歌의情이生할이니　此詩歌의情이生함은即吾人이生存을要한剩餘에셔其心을自慰케하며娛樂케하는바美를審하는思想活動이라此가即文學發生의源因이니　換言하면敵과戰하야凱勝할진대樂을奏하고盃를擧하야祝賀함가치凡人은生存力이足하고競爭力이餘한後에는必文學이發生하야社會를慰勞하며人心을誤樂케하나니라。

다시文學의功效로말할진대一面으로觀하면誤樂의料와消閑의具가될뿐이나　然이나他面으로보면또한人의思想을活動식히며理想을振興식히는機械니라　蓋吾人이生存競爭間에立하야其複雜히使用하는心思를高潔케하고深遠케하고滿足케하고理想의境에遊치안이키不可하니是가文學의終極的目的이라　然則道義上으로말하면人의精神을左右함은文學美術이나宗教가無異할듯하나其實은不同하니　宗教는命令的이오又教導的이나文學과美術은但感銘을與할뿐이니라　故로文學美術의獨立은教訓的意識을去하고自由의思想을藝術上에顯하되習慣的時代及法規와如한것은必脫하야宇宙의大法과人心의最後要求等을取하여야完全한文學美術이라하나니　故로文學은道德과宗教와繩墨과秩序에默從치안이함이其原理니라。

以上에말함과가치文學의本領은純文學이라하는詩歌小說敍事文抒情文等과雜文學이라하는敍述文評論文等을勿論하고　다人間의精神上感銘과理想上活動을與하는바이라　今에文學과政治와比見하면政治는人民의外形을支配하는者오　文學은人民의內情을支配하는者이라　故로一國民의文明을考함에는政治의變遷보다文學의消長을察함이大하며　또한政治를復興코쟈할진대몬져人民의理想을復興하여야其功을可得하나니라。

(二)文學의起源

東西를勿論하고文學의起源을考할진대　宗教神話로써其始를作하야文字가有한後에此를書傳하얏는지라先次印度文字으로볼지라도其根底를宗教心에서發하니聖典吠陀 Veda 가即是라　此는印度文字로寫한것이니距今三千七百年前에成한最古의聖典이라　此書는四部에

256

안확의 「조선의 문학」(『학지광』 6호, 1915.7).

는 그의 문학사가 주목되는 이유는 먼저 민족문학을 사史적으로 계열화하는데 성공했다는 점에서 찾을 수 있다. 물론 민족문학사의 기획이 이미 일본을 통해 예고된 것이었다고는[18] 해도, 정치 · 사회적 변화에 주목한 시대구분과 서술방식은 이후 한국문학사의 뼈대를 구성하는데 중요한 구실을 하게 된다.

그러나 안확의 「조선의 문학」과 『조선문학사』를 통해 주목해야 할 것은, 문학사의 기원이 아닌 '문학'의 기원과 관련된 문제, 즉 '문학'이 생성되는 시점에서 안확이 설정한 문학 이념이 이광수의 '문학' 그러니까 'Literature'와 상당한 이질성을 보인다는 점이다.

> '문학이라는 것은 미적 감정에 바탕한 언어 또는 문자에 의하여 사람의 감정을 표현한 것'이라고 정의하노라. 그런즉 시가 · 소설과 같이 상상력을 위주로 한 것은 물론이요, 다소 사상성을 더한 사전史傳 · 일기日記 · 수록隨錄 또 교술적敎述的인 문류文類라도 실로 미적 감상感想에 바탕한 저작인 이상은 다 이를 문학 중에 포괄하는 것이라.[19]

안확에 의해 정의된 문학도 언표상으로 이광수의 그것과 별반 차이를 갖지 않는다. 양자 모두 '정의 분자'와 '미적 감정'이 문학의 의의로 간주되고 있다. 문학을 정의하는 방법에 있어서도, 이광수가 "문학비평가들은

---

18) 이광수는 「문학에 뜻을 두는 이에게」(『개벽』 21호, 1922.3, 부에면 7면)에서 문학자의 성격을 크게 4가지로 (문학사가, 장르 연구자, 작가 · 작품 연구자, 민족문학 연구자) 나누고 문학사의 모범으로 쓰보우치 쇼요[坪内逍遙]의 『英文學史』와 이가라시 치카라[五十嵐力]의 『日本文學史』를 제시한 바 있고, 또 「文學講話」(『조선문단』 창간호, 1924.10)에서는 문학의 기초지식을 얻기 위해 문학개론과 문학사가 꼭 필요하다고 강조하며 특히 문학사에 비중을 두어 설명했다.

19) 安自山, 『朝鮮文學史』, 한일서점, 1922; 최원식 역, 『朝鮮文學史』, 을유문화사, 1984, 1면.

흔히 여좌如左히 정의한다"라고 말하여 서구의 개념을 옮겨온 과정을 드러내는 것과 안확이 인용을 사용한 것은, 동일한 차용의 절차로 판단된다. 따라서 안확이 '문학'이라고 부를 때, 그것 역시 이광수가 '문학'이라 지칭한 'Literature'와 동일한 것이라고 할 수 있다. 이렇게 보면, 이광수와 안확을 가르는 두드러진 표면적 차이는, '문학이란 무엇인가'로 질문을 시작하는 개론의 형식[20]과 '문학은 어떻게 변해 왔는가'를 묻는 문학사의 차이, 즉 서술 목적의 구별에 있는 것으로 보인다. 「문학이란 하오」와 『조선문학사』라는 제명의 차이는 이를 선명히 드러내고 있다.

그러나 『조선문학사』 이전, 안확은 「조선의 문학」을 통해 『조선문학사』의 기본적 틀을 이미 발표한 바 있다는 점에 주목해 볼 필요가 있다. 『조선문학사』의 초고라 할 수 있는 「조선의 문학」의 제명은 사적 기획만을 서술 목적으로 삼지 않았음을 드러내는 것이고, 실제로 그 첫 절은 「문학은 하오」로 시작하고 있음을 확인할 수 있다. 서로 다른 영역에 주안을 두었지만, 「문학이란 하오」나 「조선의 문학」 모두 근대 민족문학의 기획 하에 '문학'을 규정하려 한 시도였다.

이에 비해 『조선문학사』의 첫 번째 절과 두 번째 절은 각각 「문학과 문학사」, 「문학사의 시대 구분」으로 채워져 있어 문학사의 서술체계를 분명히 했다. 이러한 사정은 「문학이란 하오」와 「조선의 문학」에 있어, 문학개론과 문학사의 서술체계가 그 자체로 목적이었던 것은 아니며, 오히려 민족문학의 기획이라는 서술 목적에 의해 민족문학을 상상하는 방법

20) 「문학강화」(『조선문단』 창간호)에서 이광수는 「문학이란 하오」와 「문사와 수양」, 「문학에 뜻을 두는 이에게」 등을 '槪論에 또 槪論이라 할 만한 것'이라 하여 스스로 문학개론에 속하는 글로 여겼음을 드러냈다.

의 차원에서 선택적으로 적용되었다고 봄이 합당하다. 따라서 이들의 변별점 속에는 개론의 형식과 문학사라는 서술체계상의 상이성과 함께 서술목적상의 차이, 즉 민족문학을 어떻게 성립시킬 것인가에 따른 '문학'에 대한 관념의 차이도 내재한다.

이렇게 볼 때, 문학개론과 문학사의 차이에 가려져 있던 '문학'에 대한 이광수와 안확의 질적 차이가 모습을 드러낸다. 이들은 모두 '문학'을 'Literature'로부터 차용하고 있지만, 다른 한편으로는 배제의 원칙을 어떻게 적용하는가의 문제를 두고 갈라진다. 안확은 '정情'의 범주에서 향유되어 온 작품들을 역사적 실체로서 대입시키고 있고 또 '사전史傳, 일기日記, 수록隨錄, 교술적敎述的 문류文類' 등까지도 폭넓게 '문학'으로 간주했다. 실제로 그는 단군신화와 신가神歌, 그리고 공후인 및 한문학, 전설과 가요 및 시조, 심지어 한화閑話와 배해俳諧 등에 이르기까지 이광수가 부정했던 양식과 작품들을 고루 제시하였고 이 민족문학사적 계보는 신소설에까지 이른다.

"오인吾人은 오인吾人의 선조의 귀중한 유산을 수受할 행복이 무無하였도다"고 단언한 이광수와 대조를 이룬다. 이광수가 속문주의에 입각해 문학적 유산의 대부분을 포기했던 데 반해, 표기수단과 구비적 전통을 폭넓게 인정한 것이다. 표기수단으로서의 한자가 불가피했음을 인정하고, 기록되지 않더라도 문학으로 간주하는 것은 이광수와 안확을 갈라놓는 기준이 된다. 이 차이는 '문학'의 변동과 구별 가능성을 어떻게 인식하고 있는가에 기인한다.

이광수가 '문학'을 정의하는 방법은 여타의 과학과의 차별성에 근거를 두었다. 이광수는 "문학이란 그 범위가 광대하고 내용이 극히 막연하여 제반 과학과 가可히 일언一言으로 개괄할 정의를 하下하기 극난極難하며, 극난極難할 뿐만 아니라 엄정하게 언言하자면 불능하다 하리로다"고 하여 근대 과학과의 비교를 통해 일 분과로서의 문학을 논했다. 이때, 과학과의 차이를 통해 문학을 인식하게 되면서 시간의 변화에 따른 '문학'의 변모 가능성도, 또 민족적 차별성도 차단된다.21) 과학과의 차이를 언급하기 위해서 문학은 고정된 개념을 가져야 하고 그것은 다시 내적 동일성을 전제하게 되었기 때문이다. 문학은 애초부터 그러했던 원형질의 단독자로서 지위를 부여받게 되며, 문학의 내적 차별은 그 의미가 격하되는 것이다. 이에 따라 '문학'은 최소화될 수밖에 없었으며, 「문학이란 하오」의 '조선문학'으로 논해질 수 있었던 작품도 극히 협소해진다.

이에 비해 안확은 "이 문학이라는 말이 때와 곳의 다름을 따라 그 형질을 달리 하므로 일정한 뜻을 가지게 하기가 불가능에 이른 것이라"고 했다. 이광수와 마찬가지로 문학을 정의하는데 따르는 어려움을 토로하면서도, 그 이유를 시대와 지역의 차이에 의한 문학의 변화 가능성과 형질의 불일치에서 찾았다. 이 때문에 안확은 'Literature'를 차용하면서도 전근대적 문학을 문학 속에 수용할 수 있었고, 또 사전史傳, 일기日記, 수록隨錄, 교술적敎述的 문류文類도 "미적 감정에 바탕한 저작"22)이면 문학으로 간주할 수 있었다. 이광수와 안확이 민족문학을 상상하는 방법 중 가장

---

21) 「문학이란 하오」의 도입부는 "同一한 語로도 地方과 時代를 隨하여 相異한 意義를 取함이 多하다"고 말하여 지역과 시대에 따른 '語義의 變遷'에 대해 논하고 있다. 이 부분에 한정시켰을 때, 이광수 역시 문학 개념의 변동 가능성을 언급했다고 볼 수도 있을 것이다. 그러나 이 '語義의 變遷'에 대한 수사는 舊로부터 신新을 구별해내기 위해 용례 차원의 변화를 용인하는 것일 뿐, 구舊 문학을 '문학'과 동일 지평에서 평가하는 것은 아니다. 결과적으로 신 / 구 '어의의 변천'은 문학의 변화 가능성에의 인정이 아니라, 동음이의어의 생성으로 인식되는 것이다.

22) 安自山, 『朝鮮文學史』, 한일서점, 1922; 최원식 역, 『朝鮮文學史』, 을유문화사, 1984, 17면.

두드러지는 변별점은 문학의 역사적 변동 혹은 지역적 상이相異의 가능성에 대한 입장의 차이로부터 기인했다.

2) 문학사의 방법론

비슷한 시기 조선문학에 대한 서로 다른 입장을 포유한 견해가 산출되었다는 사실은, 이념으로서의 문학이 형성되고 또 관습화되는 과정이 그리 단선적이고 일원적이지 않았다는 점을 드러낸다. 민족문학사를 구성한다는 것은 'Literature'의 개념이 포유한—근대 서구에 한정된—지역적, 역사적 제한을 넘어서는 것을 뜻한다. 민족문학사의 기획을 가능하게 한 것은, 'Literature'를 인정하면서도 조선이라는 지역의 고유성과 시대적 특성을 고루 용인했기 때문이다.

이광수와 안확의 언명을 통해 감지할 수 있는 이 변별점이 가장 분명하게 드러나는 것은 안확의 시대구분론이다. 『조선문학사』의 2절인 「문학사의 시대 구분」에는 이렇게 설명되고 있다.

> 때에 성쇠盛衰가 있고 물物의 흥망이 있으니 문학은 다소 파란이 없지 않다. 어떤 때는 가요가 발달하고 산문이 행行치 않은 때도 있고 어떤 때는 한시만 발달한 때도 있었으며, 사상으로 말하여도 정조적情調的 경향으로 흐른 때도 있고 인과因果 관념이 깅한 때도 있었는지라. 이러한 시세時勢는 물론 정치상의 시대와 서로 다른지라.

시대에 따라 문학도 달라진다는 인식에 바탕한 그의 시대구분론은 "난

군부터 오늘에 이르기 망망 5천년"을 5단계로 나누고 각 시대마다 상황의 변동에 의한 문학의 차이를 설명했다. 예컨대, 상고문학을 논하면서는 "고로 당시는 말로 문학을 전하고 문학으로 충효 도덕을 가르치니 그 문학은 정성스런 마음과 진솔한 느낌을 토로하여 구비口碑로 아름다운 글을 지은 줄로 생각하노라"라 하고, 중고문학에서는 "이 사상의 변천은 즉, 남방불교의 사상과 서방의 중국사상을 수입하여 고대 고유의 종倧의 사상을 협화協和한 바, 하나의 신사상을 만든 것이라"고 하는 등 각 시대가 특징적 문학을 산출할 수 있었던 정치사상적 근거와 시세時勢를 먼저 논구하였다.

이 시대구분은 문학을 시대에 따라 항상 새로움과 낡음을 반복하는 것으로 인식한 결과이다. 이광수에게 '문학'의 창시 혹은 생성이었던 것이, 안확에게는 5차례 이상 반복된 역사적 경험의 일부였던 것이다. 이 결절의 하나로서 「최근문학」 즉, 근대문학도 자리를 잡고 있다. '신구新舊 의의意義의 상이相異'로부터 '문학'을 논했던 이광수의 경우와 같이 신新은 'Literature'이고 구舊는 'Literature'에 못 미치는 것이라면, 구舊 문학은 모두 '문학' 이전의 미달태로 여겨지겠지만, 시대구분론을 앞세운 안확의 경우처럼 각 시대마다 다른 기준을 적용할 수 있게 되면 'Literature'에 비추어 모자란 전근대 문학도 문학으로서의 지위를 획득하게 된다. 시대구분이 문학사를 구성하는 주요 기제가 된 지금에는 시대구분론의 유무에 의미를 부여하는 것이 무의미해 보일 수 있지만 민족문학사를 처음 구성해야 했던 당대로서는 시대구분론의 존재 자체가 거대한 의미망의 일 벼리였다고 할 수 있다.

다른 한편, 안확의 기획은 순/잡문학의 이원론을 통해서도 이광수와 구별된다. 「조선의 문학」에 따르면, '문학의 본령은 순문학이라 하는 시가 · 소설 · 서사문 · 서정문 등과 잡문학이라 하는 서술문 · 평론문 등을 물론하고 다 인간의 정신상 감명과 이상상 활동을 여與하는 바이라'고 하여 장르에 대한 견해를 약술하고 있다. 이광수와 비교할 때, 희곡이 빠져 있고[23] 서사문 · 서정문 · 서술문 등이 보태어진 모양새를 취했다.

짧은 언급만으로 그의 장르론 전체를 논하기 어렵다는 점에서 몇몇 양식이 가감되는 것이나 명료한 구분 기준의 부재를 문제 삼는 것은 곤란하다. 그럼에도 이 언급은 당대까지의 다양한 글쓰기 속에서 '문학'의 범주를 어떻게 다루고 있는지에 대해 의미 있는 단서를 제공한다. 주목해야 할 것은 안확이 제시한 순문학이나 잡문학의 실내용이라기보다는, 순/잡문학으로 나눈 분류법 자체이며, 이를 통해 서사문 · 서정문 · 서술문 등의 산문이 비중 있게 다루어졌다는 점일 것이다.

실제로 안확은 『조선문학사』에서 『삼국사기』의 '제개국왕호諸改國王號', '화왕계花王戒' 등으로 시작해 『역옹패설』, 『삼국유사』, 『동국여지승람』, 『파한집』 등의 산문 다수, 『계서야담』, 『해동잡록』, 『용재총화』, 『서유견문』에 이르기까지 적지 않은 '잡문학'을 소개하였다. 이에 기반해 안확의 문학사는 포괄 범위를 상당히 넓힐 수 있었다. 잡문학이 적지 않은 비중을 차지할 수 있었던 것은, 순문학과 잡문학의 구분을 통해 문文과 '문학' 즉 전근대 문학과 근대문학을 가르는 범주의 격차를 좁히는 것과 관계가 있다.

---

23) 「조선의 문학」의 언급에는 극이나 희곡이 포함되지 않았으나, 『조선문학사』에는 일정한 비중으로 소개되었다. 중고문학의 「舞樂의 방면」에서는 '五伎'와 '劍舞', '處容歌舞', '象審', '無㝵' 등을 무용극의 범주에서 설명했고 근고문학의 「劇界의 수식」에서는 '獻仙桃', '壽延長', '抛球樂', '蓮花臺', '擊球馳馬' 등을 소개했다. 이어 근세문학의 「희곡」에서는 판소리를 정리하고 근대 초기의 '혁신단', '문수성', '유일단' 등 신파극단의 활동과 '소인극' 운동을 소개하는 등, 극이나 희곡의 문학적 위상을 부정한 것은 아니었던 것으로 보인다.

역사 · 수필 이외의 잡문학이라 할 잠(箴 : 경계하는 뜻을 붙인 文體의 하나—역주), 찬(讚 : 사물의 아름다움을 칭찬하는 문체의 하나—역주), 서(序 : 사적의 요지를 적은 문체의 하나—역주), 기(記 : 사적과 경치를 적은 문체의 하나—역주), 묘갈(墓碣 : 비석에 새겨 넣는 글—역주) 등이 있으니 이는 각 문집에 편입한지라.

『파한집』을 논하면서 안확은 전통적 산문의 문체를 통해 양식적 차이를 언급하고 있다. 사史와 필筆은 물론 잠箴, 찬讚, 서序, 기記, 묘갈墓碣 등은 모두 고전 산문 문체의 일부이다.[24] 이를 통해 볼 때, 순 / 잡문학의 구분, 엄밀히 말해 잡문학의 포섭은 단순히 '문학'의 대상을 넓히는 수준이 아니라, 근대문학의 '문학' 개념을 부정하지 않으면서 문학사를 상상하는 방법의 하나였다고 할 수 있다.

이광수의 문학 이념과 안확은 그렇게 구분된다. 이광수는 문학의 정의와 개론을 설정하면서 서구적 경험에 한정된 문학의 이념을 제시하고, 안확은 '문학 전前 문학'으로 문학사를 구상하면서 '문학 외外 문학'을 폭넓게 인정하는 문학 이념을 등장시키는 것이다. 안확이 이광수와 다른 근대문학을 기획했던 저간에는, 동일한 개념을 차용하면서도 지역적 분할을 거부하고 문학을 인류 전체의 보편적 가치로 격상시켰다는 점과, 시대구분론과 순 / 잡문학 이원론 등의 기제를 통해 동일성 내 비동일성 즉, 보편성과 개성을 동일 지평에서 이해함으로써 근대문학과 전근대문학을 통일적으로 인식할 수 있었다는 데서 비롯된다.

그리하여 안확에 의해 지역성을 탈피한 보편적 문학 이념이 제시됨으

24) 陳必祥, 심경호 역, 『한문문체론』, 이회, 1995, 40~51면 참조.

로써 문학사라는 문학 이념의 한 자가운동이 가능해진다. 'Literature'의 탄생이라는 시대적으로 또 지역적으로 유일한 경험을, 어느 민족이나 소유할 수 있는 다수의 반복된 경험으로 간주함으로써 조선문학에 대한 사적 고찰은 비로소 가능해진 것이다. 따라서 이광수에게 '도시문학', '시극'이 있던 자리에 '전설'과 '시조'가 위치할 수 있었고, 이광수에게는 '문학' 이전의 어떤 것이었던 전근대 문학이 문학으로 인식되어 근대문학과의 연속선상에서 논의될 수 있었다고 할 수 있다. 안확에게 근대문학은 '문학'의 탄생이 아니라 문학의 변화였을 뿐이다.

이때, 『조선문학사』의 시대구분과 순 / 잡문학론은 근대소설의 이념적 자기 완결성을 완충하는 작용을 하게 된다. 시대적 분류가 근대소설의 특수성을 용인하게 하고 그에 따라 근대문학은 타 시대의 문학과 분할되지만, 한편으로 문학사의 면면한 연속성도 인정되는 원리이다. 즉 시대 구분을 통해 동일성 속의 비동일성을 성립시킴으로써, 근대 이전 시기의 문학에 대해 근대문학의 조건을 적용하지 않으면서도 문학의 범주로 흡인하는 데 성공하는 것이다.

주의해야 할 것은, 조선의 문학적 경험에 대한 추인이 이념적 지향까지 바꿀 수 있었다는 점이다. 민족문학사의 구성은, 여전히 'Literature'를 지향하면서도 그 범주의 확장을 통해 조선의 문학적 경험을 삽입시키는 형태를 취했다. 인류의 보편적 경험으로서의 문학이 탄생하고 이에 따라 조선의 문학사적 경험이 선택적으로 배치된다. 조선의 문학이 서구적 앎의를 빚어났다는 것은 다른 한편으로 그 규범에 의해 조선의 문학사가 통제되고 선택적으로 수용되었음을 뜻하는 것이기도 하다. 문학사 서술이라고 하는 문학 이념의 확장은, 결과적으로 서구의 문학적 경험에 한정된 문학 이념을 서구의 문학적 선택 기준에 의거한 문학 이념으로 대체하는 것에 불과했다. 즉 대상을 확장하는 대신 시각의 종속을 유지하는 것이다.

그 결과, 안확의 『조선문학사』에서 근대문학을 논하는 장인 '최근문학'에는 순 / 잡문학 이분론이 적용되지 못하고 순문학만이 문학으로 간주되었다. 이렇게 안확의 『조선문학사』는 이광수의 「문학文學이란 하何오」와 함께 갈라지고 잇닿으며 문학 이념의 연원과 확장의 과정을 보여준다. 문학 개론과 함께 문학사는 민족문학 이념의 동반자가 되었다.

3) 문학의 개념 vs 문학의 역사

「조선의 문학」이나 『조선문학사』가 서술 대상의 교체를 통해 이광수와 갈라진다면, 「문학의 본체」[25]와 「개성과 예술」[26]은 이를 언명言明으로서 구분할 수 있게 해주는 글이다. 『개벽』의 대표적 논객 중 하나인 신식은 "나는 여러 방면으로 그러한 여러 형제자매의 모든 작품을 대하는 기회가 만하짐을 무한히 감사하며 쌀아서 건전한 대발전을 성취하야 완전한 문단이 건설되기를 빌고 바란다"[27]는 언급으로 글을 열었다. 여기서 신식과 이광수 간의 입각점이 갈라지고 있다. 이광수와 달리 신식은 1920년대 초반을 걸쳐 산출되는 '문학'의 실체를 목도할 수 있었고 또 그것이 조선에 있어서도 시대의 추세로 굳어지고 있음을 확인하고 있었다.[28]

---

25) 江戶學人, 「文學의 本體」, 『개벽』 24호, 1922.6.

26) 염상섭, 「個性과 藝術」, 『개벽』 22호, 1922.4.

27) 강호학인, 「문학의 본체」, 『개벽』 24호, 1922.6, 문예면 1면.

28) "近來 우리나라에도 時代의 趨勢를 쌀아 思想의 潮流를 조차 哲學과 文學 가튼 精神的 科學 方面에 뜻을 두시는 분이 만케 된 모양이다. 갑작이 부른 듯한 現狀이다"(강호학인, 「문학의 본체」, 『개벽』 24호, 1922.6, 문예면 1면).

이 실체의 확인은 서구의 근대문학과 식민지 조선의 근대문학, 그리고 근대 이전의 문학을 어떻게 배치할 것인가의 문제로 전환됨을 뜻한다. 근대성의 일부로서 민족 문제가 전면에 나서게 된 것이다. 따라서 문학의 이념 역시 독존적이고 고립적인 형태에서 벗어나 동일성 속의 비동일성을 찾아내야 했던 것이다.

신식이 제시한 동일성의 척도는 신성神性으로서의 보편성이다. 그 반대편에 인간성으로서의 개성이 위치하고 있다. 그리고 이 보편성과 개성을 축으로 하는 동일성 속의 비동일성이라는 틀은 객관성과 주관성의 대칭과 상응하는 것으로 설명된다. 그는 '폭포'에의 비유를 통해 신성과 인간성, 보편성과 개성, 그리고 객관성과 주관성을 이렇게 설명한다.

> 그러면 문학의 본체는 무엇인가 할 때에 (…중략…) 주관적 세계는 업고 오즉 객관적 세계가 잇슬 뿐일 것이다. 고인古人이 본 것이나 금인今人이 본 것이나 또는 동양인이 보나 서양인이 보나 다 일반일 것이다. 무슨 차별이 업슬 것이다. 이것이 즉 말하자면 문학에 대한 신성이나 가튼가 한다. 그러나 그 폭포를 보고 다시 주관적 나로 돌아오는 그 때에는 인간적 색채를 씌고 비롯오 나올 것이다. (…중략…) 가지각색의 사람이 생길 것이다. 말하자면 이것이 문학상에 대한 인간성이오 창작품인가 한다. 거기서 시가 생기고 문이 되고 극이 된다. 짤아서 중국문학이니 인도문학이니 노문학이니 불문학이니 또는 고전주의이니 낭만주의이니 현실수의이니 신비주의이니 하는 천파만랑千波萬浪이 일어날 것이다. (…중략…) 천고불후의 명저걸작이 영원성을 갓게 됨은 인간적 작품에 신성적 문학이 포함되고 작가의 개성 안에 일반적 보편성이 잇는 까닭이다. 문학은

신성인 동시에 또 인간성을 띄고 잇다. 그럼으로 작가는 반듯이 신성에서 감득感得한 영적靈的 이해를 가진 동시에 실생활로부터 어더은 정신적 경험을 갓고 그를 열렬한 감정의 용로鎔爐에 들어부어 그를 融合시키고 그를 조화시켜야만 될 것이다. 거긔서야말로 찔르면 피가 나올 만한 생기 잇는 문학이 형성될 것이다.

신식은 이 글을 통해 개성과 보편성을 동일 지평 위에서 인식한다. 전 인류의 공통된 가치에서부터 개개인의 독특한 가치가 통일적 인식 틀 안에서 융화되고 있다. 이 점은 비슷한 시기 게재된 염상섭의 「개성과 예술」에서도 나타난다. 염상섭이 개개인의 독이적 생명을 주장하면서도 한편으로는 "자아의 각성이 일반적 인간성의 자각인 동시에 독이적獨異的 개성의 발견이라 함은 결국 지류支流는 공통共通한 사령司命과 동일한 수요 가치 즉 공통共通한 생명이 있는 동시에 개적個的 특성이 있다 함과 이곡동음異曲同音"라고 말하는 것이 신식의 견해에 상응하는 것이다. 물론 염상섭이 개성을 강조하는 반면, 신식이 보편성을 중시한다는 차이는 있지만, 보편성과 개성을 일정한 변증적 인식, 즉 '이곡동음異曲同音'으로 인식한다는 점에서 본질적으로는 동일 맥락을 형성한다고 보겠다.

근대문학의 형성기, 문학을 상상하는 방법이라는 측면에서 염상섭과 신식의 견해는 안확의 연장선상에 있었다. 다만 안확의 견해가 민족문학사를 상상하는 방법에 한정된 방법론이었다면, 염상섭과 신식은 이를 '문학이란 무엇인가'를 묻는 개론의 범주, 즉 이광수의 범주에서 논했다고 할 수 있다. 이때, 보편성과 개성이 동시에 용인되고 그 관계가 동일성 속의 비동일성으로 정리될 수 있다는 것은 개론의 범주에서도 'Literature'의 개념이 함유한 문화적 지역성, 다시 말해 모델의 한정을 일정 해체하고 있음을 뜻한다. 즉 서구적 경험이 이념으로 추상화되면서 지역적 고유성이 탈각되었고 조선의 경험에도 적용될 수 있었다. 따라서 'Literature'의 이념에서 일탈하여 조선의 경험으로서의 '문학'이 승인되는 것이다.

그렇다고 이 문학 이념의 확장—생성된 문학의 범주에 조선의 '전前 문학'적 경험을 포함시키는 사史적 기획—이념의 자가운동으로부터 벗어남을 뜻하지는 않는다. 이들이 문학의 이념을 퇴행(이광수의 견지에서) 또는 확대시킨 것은 이념을 지탱할 수 있는 실체를 가질 수 있었기 때문이 아니라, 이념이 스스로 확산과 제어의 재생산을 지속하기 위한 방편으로 채택된 것이기 때문이다. 안확이나 신식, 염상섭에게 있어 보편과 특수, 일반성과 개성이 동일 시평 위의 비동일성으로 이해될 수 있었던 것은, 이미 배제의 원리를 내장한 'Literature'를 보편으로 인정한 가운데 비로소 도달할 수 있었던 인식이다. 'Literature'를 통해 배제의 대상이 되었던 '문학 전前 문학', '문학 외外 문학' 중 그 일부만이 '문학'에 포섭되었다.

이광수가 말한 바대로 문학개론과 함께 문학사는 근대문학의 성립을 위해 반드시 필요한 것이었다. 그러나 이광수의 '문학'만으로는 문학사를 구성할 수 없었다. 쓰보우치 쇼요[坪内逍遙]의 『영문학사』나 이가라시 치카라[五十嵐力]의 『일본문학사』[29]를 모방하는 사적 계열체로서의 문학사

29) 이광수는 「문학에 뜻을 두는 이에게」(『개벽』 21호, 1922.3)에서 윈체스터의 『文藝批評論』, 나쓰메 소세키[夏目漱石]의 『文學論』, 혼마 마사오[本間久雄]의 『文學概論』과 함께 이들의 지시를 소개하여, 일본문학개론과 일본문학사가 조선문학개론과 조선문학사를 완성하는 데 모델이 되었음을 암시한다. 실제로 김윤식은 『근대한국문학연구』(일지사, 1973)에서 쓰보우치 쇼요가 지은 『小說神髓』와의 유사성을 논했고, 김열규는 「이광수의 문학론」(『한국근대문학연구』, 서강대 출판부, 1969)에서 혼마 히사오의 『文學概論』, 나쓰메 소세키의 『文學論』을 정육론의 측면에서 비교했다.

는, 재래의 문학에 전면적인 문학적 해석을 요청하는 것이었고, 이는 근원적으로 이광수의 'Literature'와 충돌할 수밖에 없었다.

그러나 이 충돌은 문학 이념이 자기 완결성을 얻기 위한 내적 불안 요소의 제어일 뿐이지 그것만으로 실체를 포함하는 전체로서의 완결성을 이루지는 못한다. 신식의 「문학의 본체」, 또 염상섭의 「개성과 예술」이 모두 근대문학에 대한 귀납적 준거를 갖추지 못한 이념의 자기 확인으로만 존속되고 있다는 사실이 이를 확인시켜 준다. 사실상 이 이념의 자가운동이 동력을 상실하고 고정되는 것은, 임화의 「개설신문학사」[30]를 비롯한 근대문학에 대한 일련의 사적 고찰[31]들이 등장하면서부터라 할 수 있다.

「문학이란 하오」에서 '문학'이 'Literature'라는 생소한 기원의 설정을 통해 배제의 원리를 산출했다는 사실, 그 '문학'이 '조선문학'에 지시 대상을 지니지 않았다는 사실, 그리고 민족문학을 포괄해 보편성과 개성의 일정한 변증적 해석이 등장하면서도 여전히 이념형으로서의 '문학'을 유지했다는 사실은, 향유 가능한 문학적 실체의 창출과정에 대한 위치의 재조정을, 그리고 여전히 건재하던—오히려 전면적이었던—'전前 문학'적, '외外 문학'적 실체들과의 관계성에 대한 고찰을 요구한다.

『무정』과 동인지소설로 이어지는 이념의 자기실현으로서의 실체 창출

30) 임화, 「개설신문학사」(『조선일보』, 1939.9.2~10.31, 총 43회 연재), 「신문학사」(『조선일보』, 1939.12.8~27, 총 11회 연재), 「속신문학사」(『조선일보』, 1940.2.2~5.10, 총 48회 연재), 「개설조선신문학사」(『인문평론』, 1940.11~1941.4)를 총괄적으로 지칭했음. 임화, 『임화 신문학사』(임규찬 · 한진일 편, 한길사, 1993) 참조.

31) 임화, 「조선신문학사론 서설」, 「조선문학 연구의 일 과제」, 「소설문학의 20년」, 「조선 민족문학 건설의 기본 과제에 관한 일반보고」, 「조선소설에 관한 보고」 등을 총칭한다. 임화, 『임화 신문학사』(임규찬 · 한진일 편, 한길사, 1993) 참조.

과정, 다른 말로 이념의 정착 과정은 물론, 배제된 문학 바깥의 영역에 관습적 양식[32]으로 존재했던 서사들의 근대화 과정, 또 이들이 서로 반목, 갈등하고 삼투, 차용하는 일련의 과정이 전제될 때야만 문학의 이념 창출로서의 「문학이란 하오」 역시 온전한 자리를 잡을 수 있는 것이다. 이렇게 볼 때, 선험성을 전제한 문학 이념이 '문학' 외의 문학적 관습과 괴리, 반목할 수밖에 없음은 우리 근대문학사의 필연적 귀결이었다고 하겠다.

32) 양식이나 관습의 개념은 규정하기 쉽지 않다. 이미 그 논쟁의 방대함과 개념의 어긋남을 살핀 논의(박헌호, 『식민지 근대성과 소설의 양식』, 소명출판, 2004)가 있었지만, 여기서 양식이라 함은 아놀드 하우저가 『문학과 예술의 사회사』(창작과비평사, 1974)와 『예술과 사회』(홍성사, 1981)에서 주장한 관습으로서의 양식, 즉 표현과 형식이 개개인의 사적 의미 영역으로부터 인간관계의 영역으로 확장되어 역사성을 획득하게 된 것을 지칭하는 개념으로 사용했으며, 임화가 「조선문학 연구의 일과제」(『동아일보』, 1940.1.19)에서 제기했던 양식의 개념, 즉 시대가 연구의 단위가 될 때 개성이 시대의 특색으로 들어가 그 시대인의 고유한 체험과 생활에서 형성된 시대정신이 자기를 표현하는 형식의 의미와도 공배수를 갖는다. 부연하면 N. 하르트만이 『미학』(전원배 역, 을유문화사, 1983)에서 객관적 정신의 성격적 특징을 포함하는 미적 취향의 형식적 측면이라고 말한 것과도 상통한다고 본다. 물론 양식이 미학적 상대주의의 견지에서 작품을 억압할 수 있음(아도르노, 홍승용 역, 『미학이론』, 문학과지성사, 1985)을 인정하지만, 변증적 시각을 유지하는 한에서 우리 근대 문학사 연구의 양식 개념은 여전히 유효하다고 판단했다. 다만 근대계몽기 연구들이 하위 장르를 양식이라 지칭해 온 것을 빌미로 종종 근대적 장르와 대립되는 '전前 문학'의 유적 분류를 양식이라 부르기도 했다.

읽을거리

안확, 「조선의 문학」

(『학지광』 6호, 1915.7)

(1) 문학은 하何오

문학은 기其 범위가 광범하고 기其 종류가 복잡하야 능히 간명한 정의를 입立하고 해석하기 파난頗難하도다 연然이나 강强히 표면상으로 해론解論하자면 왈 문학은 미감상美感想을 문자로 표현表顯하는 것이라 할지라 대저 인人이 춘풍화기를 승乘하야 경가景佳한 처處에 임臨하면 진상塵想이 불래不來하고 감정이 격동하야 심心이 순주醇酒에 취醉함가치 망아忘我의 회懷가 기起하는 동시에 자연의 취미를 감感하야 시가의 정情이 생生할이니 차此 시가의 정이 생生함은 즉 오인吾人이 생존을 요要한 잉여에서 기其 심心을 자위自慰케 하며 오락케 하는 바 미美를 심審하는 사상활동이라 차此가 즉 문학발생의 원인이니 환언換言하면 적敵과 전戰하야 개승凱勝할진대 낙樂을 주奏하고 배盃를 거擧하야 축하함가치 범인凡人은 생존력이 족足하고 경쟁력이 여餘한 후에는 필必 문학이 발생하야 사회를 위로하며 인심人心을 오락케 하나니라.

다시 문학의 공효功效로 말할진대 일면으로 관觀하면 오락의 료料와 소한消閑의 구具가 될 뿐이나 연然이나 타면他面으로 보면 또한 인人의 사상을 활동식히며 이상을 진흥식히는 기계機械니라 합蓋 오인吾人이 생존경쟁 간에 입立하야 기其 복잡히 사용하는 심사心思를 고결케 하고 심원케 하고 만족케 하고 이상의 경境에 유遊치 안이키 불가不可하니 시是가 문학의 종극終極적 목적이라 연칙도의然則道義 상으로 말하면 인人의 정신을 좌우함은 문학미술이나 종교가 무이無異할듯하나 기실其實은 부동不同하니 종교는 명령적이오 우又 교도敎導적이나 문학과 미술은 단但 감명感銘을 여與할 뿐이니라 고故로 문학미술의 독립은 교훈적 의식을 거去하고 자유의 사상을 예술상에 현顯하되

습관적 시대 급及 법규와 여如한 것은 필탈必脫하야 우주의 대법大法과 인심人心의 최후요구 등을 취하여야 완전한 문학미술이라 하나니 고故로 문학은 도덕과 종교와 승묵繩墨과 질서에 묵종黙從치 안이함이 기其 원리니라.

이상에 말함과 가치 문학의 본령은 순문학이라 하는 시가 소설 서사문 서정문 등과 잡문학이라 하는 서술문 평론문 등을 물론하고 다 인간의 정신상 감명感銘과

이상理想상 활동을 여與하는 바이라 금今에 문학과 정치와 비견하면 정치는 인민의 외형을 지배하는 자者오 문학은 인민의 내정內情을 지배하는 자者이라 고故로 일국민의 문명을 고考함에는 정치의 변천變遷보다 문학의 소장消長을 찰察함이 대大하며 또한 정치를 부흥코쟈 할진대 몬져 인민의 이상을 부흥하여야 기其 공功을 가득可得하나니라.

(2) 문학의 기원

동서를 물론하고 문학의 기원을 고할진대 종교신화로써 기其 시始를 작作하야 문자가 유한 후에 차此를 서전書傳하얏는지라 선차先次 인도문자으로 볼지라도 기其 근저를 종교심에서 발發하니 성전폐타聖典吠陀 Veda가 즉 시是라 차此는 인도문자로 사寫한 것이니 거금距今 삼천칠백년 전에 성成한 최고最古의 성전이라 차此 서書는 사부四部에 분分하야 신가神歌제전祭典 송영頌詠 등을 집集한 자者니 차此는 신화에 장匠한 자者오 기其 후에 인도종교가 분열하야 셔로 경쟁의 이상理想을 발휘하다가 마화바아라다라마아야나 이대二大 편篇의 서사시가 출出한 후로브터 희곡연극 등이 점차 발달하얏고 구주문학으로 보드래도 거금距今 이천팔백년 전에 희랍 호머 Homer가 출出하야 일늬아느 Illiad 급及 오딋세 Odyssey 의 이대二大 서사시를 성成한 후로브터 점차 발달하고 파사波斯에는 사라스드라교의 경전 벤듸쌰드 Vendidad 로 시始하고 희부래希夫來의 문학은 피彼 구약성서로 시始하고 애급의 문학은 피彼 사인死人의 서書 Book of the dead로 시始하니 차등此等 문학의 시始가 다 종교 신화 신가神歌로브터 기본이 되니라 유惟 지나支那는 차此와 반反하야 기其 건국이 종교가 안이오 소위 성현이 상종相踵하야 차此가 군君 차此가 사師가 되야 민民을 통어統御하매 기其 민民이 고복안도鼓腹安堵에 태평을 구가한 고故로 상고시上古詩에 풍아風雅가 다多하고 신화 신가가 무無한지라 시是 이以로 지나 한문학은 세계중 제일 유치幼稚타 하는 원인이 차此에 인因함이니라.

아我 조선의 문학도 구주 급及 인도와 가치 종교의 신화가가 선기先起하고 기其 차次에 사시史詩가 생生하며 기其 후에 원遠히 희곡 소설 등이 차々 발달한지라 신화는 아我 조선 최고最古의 문학이라 조선祖先이 서기棲居하든 바 기연이 상태를 회話하며 왕고인문往古人文이 서적書蹟을 구비로 전래하다가 문자가 생生한 이후에 차此를 기記한 자者니 고조선비사대변설동천목동시록신사비사古朝鮮秘詞大辯說動天錄通地錄神事秘詞 등이 차此라 차등此等 서書로 말하면 본래 단군 시時에 신지神誌씨가 국문을 제정하야 목각자로 기記한 자者러니 상고 중기로브터 한문이 수입된 이후 고구려 세世에 지至하야 한문으로 역번譯繙 간행한 자者니라 또한 아我 조선은 단군이 종교를 시施하야 삼신三神의 도道로써 국國을 건建하신 고故로 종교가 발달되매 성경聖經으로는 삼성밀기三聖密記 삼훈유고도증기三訓喩誥道證記 등이 유有하니 기其 중 삼훈유고三訓喩誥은 최선最先 산출한 자者라 시是 역亦 아我 조선고유문으로 기記하얏다가 거금距今 이천삼십여년 전에 왕수긍王授兢이 한역漢譯한 자者이니 차此는 세계 제일 최고最古한 서書라 하기 가可하고 우又 시가詩歌로는 표훈천사영고락무천곡동맹가表訓天詞迎鼓樂舞天曲東盟歌 등이 유有하니 차此는 역대로 제전祭典에 창唱하던 찬미가讚美歌오 기외其外 신가우수곡래원가神歌牛首曲來援歌 등의 산조散調가 유有하니 차此 중 신가神歌는 고구려대에 외정시外征時 군가로 창唱하던 자者라 기其 사詞가 여좌如左.

어아어아 나리한배금가미고이 배달나라나리다모
곧잘너나도가오소 어아어아 차마무가한나라다시
거마무니셜데다리나리골잘 다모한라두리은챠마
무 구설하니다마무온다 어아어아 나리골잘다모한
라하니 무리설데아부리아마이온다 차마무나하니
쥬모지마무나 어아어아 나리골잘다모한라고비온
마무 배달나라다리하소 골잘너나가미고이 나리
한배금나리한배금.

차등此等 시詩로 말하면 즉 상고인지上古人智가 종교에 위委한 고故로 화복경앙禍福慶殃을 신명神明에 탁託하야 구도희가懼禱喜歌하던 자者니라 기其 후에 세운世運이 점개漸開하고 인사人事가 다단多端하매 경쟁과 외란外亂이 수기數起하니 흥폐존망의 기명機命이 일주장방촌一主將方寸에 재在한지라 차시此時를 당하야 아我 조선祖先의 공업功業을 앙仰하고 아我 영웅의 전략을 찬讚하야 전승섬구戰勝殲寇하던 상狀을 사寫하고 휘모작적揮矛斫敵하된 세勢를 기記하니 차此 즉 사시史詩의 기원이라 연然이나 차此 사시史詩는 이爾래來 병화兵禍에 분焚하기 수삼차에 지至하야 다 오유烏有에 귀歸하고 유唯 한문으로 저著한 자者이 유有하니 즉 해동악부와 동국악부가 시是라 해동악부는 광해光海 시時에 심광세心光世가 저著한 바 유명한 자者니 신라 고려 이조 삼세三世의 역사사실을 흥미잇는 제목 사십 여餘로 해설하야 영시詠詩한 자者오 동국악부는 영조 시時에 이도보李道甫가 자自 단군으로 지至 고려까지 수십 조條의 제목으로 영가詠歌한 자者니 차此는 기其 시서詩序가 해동악부에 불급不及하나 문학상 가치가 유有한 자者오 또 세종 당시에 정인지 등이 이조초 시時 수대數代의 성덕을 찬讚한 용비어천가가 유有하니 차此는 사적史蹟이 불다

不多하야 명저라 하기 불능不能하나 조선문으로 기記하야 전래한 자者는 이 책 십권 쁜이니라.

(…하략…)

문학의 주체는 누구인가

1922년, 이광수는 『개벽』에 「민족개조론」을 발표했다. 『무정』을 비롯한 소설을 통해 청년들의 우상으로 급부상한 이광수, 그리고 당대의 언론을 좌우하던 최대의 시사종합지 『개벽』. 이 두 주체를 놓고 볼 때, 「민족개조론」은 민족주의를 논하는 데 있어 최우선적인 검토의 대상이라 할 수 있다. 더구나 그들의 막후에 있는 안창호와 기독교, 손병희와 천도교 등 3·1운동의 주도 세력까지도 염두에 두어야 하기에 더욱 그러하다.

그러나 「민족개조론」은 발표되자마자 극렬한 비판을 받게 된다. 『동아일보』나 『신생활』 등에 비판 논설이 실렸음은 물론 어떤 청년들은 개벽사에 난입하여 기물을 부수기까지 했다. 이 사건 뒤 여론에 민감한 광고주들은 한동안 『개벽』을 외면하는데, 창간 이후 증가 일로에 있던 상업광고가 급감하는 것과 청년들의 난동은 동일한 맥락으로 읽혀진다. 이때의 사건을 두고 이광수는 '나와 같이 비난 많은 인물', '나는 이에 대해서 분개했으나 당연히 받을 벌인가 하였다' 등의 수사를 사용하였으니, 청년의 우상에게는 적지 않은 타격이었을 것이다. '문학'으로 우상이 된 이광수의 「민족개조론」과 이에 대한 극렬한 비판 여론은 1920년대 초반 '민족은 무엇인가?'를 묻는 민족 정체성 인식의 문제가 대두되는 시점의 매우 상징적인 사건이었다.

조선인에게 있어 근대적 정체政體 획득의 실패는 한편으로 민족성과 민족사에 대한 자괴와 환멸을 부추기고 반대로 서구 문명에 대한 동경을 자극했다. 정체正體는 조선인이되 주체가 되지 못한 식민지의 근대지상주의 지식인들에게는 서구를 모방하는 것이 유일한 가치로 부상했으며 민족은 개조의 대상 이외의 무엇도 아니었다. 집단적 자아 상실의 시대, 이른바 근대열近代熱의 확산 국면이다.

3·1운동 이후 민족은 재발견된다. 위대한 민족사가 강조되고 조선 각 지방의 문화가 소개되었다. 식민의 과정에서 유포된 부정적 민족의 표상들은 소수 권력계급의 책임에 국한되었으며 다수의 조선민중은 자부와 긍정의 대상으로 재인식되었다. 이러한 국면 전환의 중심에 『개벽』, 『동명』 등의 잡지가 자리하고 있다. 이들은 민족문화운동을 일으키며 다양한 민족의 표상을 개발하고 위대성을 증명할 논리를 찾아냈을 뿐 아니라 미디어를 통해 광범위하게 유포시켰다. 근대열의 확산 국면과 대비하자면 민족열民族熱의 팽창 국면이라고 할 수 있다.

3·1운동 직후 이 서로 모순적인 두 흐름이 동시에 불거질 수 있었던 이유는 무엇일까? 그리고 거기에서 생성된 동력은 근대의 문학을 어떤 모양으로 만들었을까?

근대화담론의 쌍생아로 회자되는 민족담론은 3·1운동을 전후한 역사적 국면에서 근대화담론과 충돌하고 착종하는 관계를 형성하고 있었다. 한편으로는 근대적 문물과 정신에 대한 숭배가 고조되고 다른 한편에서는 민족의 형상이 그려지고 민족 존엄의 논리가 개발되었다. 근대열의 확산 국면에서 톨스토이의 위대한 예술혼이 찬양되었고 민족열의 팽창 국면에서 단군이라는 민족 시조의 신화가 웅장한 자태를 드러냈다.

문학에 대해 질문하면서 민족담론을 살피고자 하는 것은 식민화된 주체의 문제와 문학이라는 근대적 이념이 결부되는 바 적지 않기 때문이다. 이광수와 안확이 보여준 문학을 상상하는 방법에 대한 차이도 식민지에서의 역사적 주체에 대한 인식의 균열과 동궤에 있었다. 아직 사회주의 계열에서의 역사주체인 인민이나 또 다른 측면에서의 시민 혹은 대중이 보편적으로 인식되지 못했던 시기, 민족은 근대 국가 건설의 의심할 수 없는 주체였다. 그러나 식민의 상황은 주체에 대한 상이한 태도를 형성한다. 환멸이냐, 존엄이냐.

환멸의 민족 인식은 도래한 근대에 대한 맹신으로 귀결되고, 존엄의 민족 인식은 관습과 민족사의 발굴로 이어진다. 문학을 상상함에 있어서도 근대의 총아였던 'Literature'와 조선문학이 충돌할 수밖에 없는 조건이 구비되는 것이다. 복귀하면 이광수와 안확이 균열하는 대목이다.

그러나 이러한 대립도 그리 오래가지 않는다. 사회주의가 본격적으로 조선사회에 등장하면서 역사주체, 문화주체를 둘러싼 전쟁이 벌어지기 때문이다. 계급적 시각을 내장한 무산자, 프롤레타리아 혹은 인민이 담론의 전면에 포진하고, 다른 한편에서는 이를 무력화시키는 새로운 역사적, 문화적 주체인 대중이 등장하기 시작한다.

이제 막 자체적 시스템을 확보한 '문학'은 새롭게 재편되는 문화적, 사회적 지형에 적응해야만 했다. 문화주체를 설정하는 문제에서부터 주체의 성격에 어울리는 새로운 감수성과 감각, 형식과 주제, 논리와 언어를 찾아내야 했다. 뒤집어 보면 계몽시대를 경과하며 생산되고 있던 몇몇 작품들은 이미 문화주체를 조성한 창시자이기도 했다. 역설적이지만 문학은 새로운 역사적 문화적 주체의 생산자이기도 했고, 반대로 독자들의 향유물이기도 했다는 이중적 성격 규정이 가능하다. 시스템의 창출은 그 시스템의 창시자들마저 포섭하기 때문이다.

그리하여 '문학'의 창출 이후, '문학'은 문화주체를 조성하고 관리하면서 동시에 그 주체에 복무하는 진화적 시스템을 장착하게 된다. 어떤 문화주체에도 적응할 수 있게 된 '문학'은 잠시 명멸하는 문명화의 도구가 아니라 인간계 본연의 존재로 승격된다.

1. 1920s — 텍스트 장의 개막

1) 텍스트 장 속의 자율적 문학

새롭게 등장한 '문학'이라는 박래의 신문물이 확장 운동을 펼쳐나가는 과정은 그리 단순치 않았다. 수많은 근대적 물품과 사유양식이 밀려들었으며 이들이 식민지 조선에 안착하기 위해서는 시세時勢에 따라 다양한 경로를 거쳐야 했다. 문학도 예외는 아니었다. 특별히 1919년의 3·1운동은 문학에 있어서 중요한 의미를 갖는다. 수많은 미디어가 삽시간에 봇물 터지듯 넘쳐났다. 이 시기를 기점으로 기존의 관보적官報的 『매일신보』 외에 『동아일보』, 『조선일보』, 『시사신문』이 창간되었고 『개벽』, 『조선지광』 등 시사잡지는 물론 문학동인지도 다수 출현했다. 창간호가 곧 종간호가 되어버린 잡지까지 포함하면 그야말로 미디어의 범람 시대였다.

신문과 잡지의 급격한 증가는 또한 텍스트의 시대가 열렸음을 뜻하기도 한다. 미디어 없는 텍스트는 공허하고 텍스트 없는 미디어는 의미를 상실한다. 미디어가 그 자체로 텍스트인 것처럼 텍스트 역시 그 자체로 미디어이기도 하다. 미디어의 범람은 텍스트의 활황이기도 한 것이다. 이때부터 온갖 종류의 활자가 인쇄된 텍스트들이 자연 경험적 인식체계로부터 텍스트 해석적 인식체계로 조선인들의 뇌를 재구성하기 시작했다. 1919년 이후, 인식의 헤게모니는 경험에서 텍스트로 옮겨졌다. 텍스트를 통해 경험하고 텍스트로써 세계를 이해하고 텍스트로써 정체성이 형성됨으로써 문학은 꽃으로 은유되며 텍스트 시대의 핵심적 지위를 얻게 되었다. 그런 점에서 문학을 이야기함에 있어서도 1920년대가 중요한 것은 말할 나위가 없다.

텍스트의 시대와 함께 시작한 문학은 독특한 전략을 구사하는데, 스스로를 그들과 다른 텍스트로서 규정하는 것이다. 다른 텍스트들과의 결별을 선언하는 근거는 소위 예술로서의 문학, 미적 자율성에 근거를 두었다. 이때를 가리켜 동인지 시대라고 부른다. 1919년 『창조』, 1920년 『폐허』, 1922년 『백조』로 이어지는 새로운 국면이 연출되면서, 계몽의 시대가 마감되고 본격적 근대 문학이 시작되었다고 회자된다.

예술로서의 문학을 연 첫 발자국으로 평가받는 동인지 시대의 개막은 계몽의 역할이 종료되었음을 뜻하는 것이고, 이 소멸과 생성의 이분법에 따라 계몽과 문학의 관련성도 대개 1910년대까지로 제한되었다. 문학적 자율성의 형성을 논하기 위해서 계몽이 담지한 문학 외적 목적이 거세되어야 했고, 이 논리는 계몽의 역할이 끝났음을 전제로 할 수밖에 없었던 것이다. 김동인의 문학론을 필두로 한 동인지의 '문학을 위한 문학'은 그 지표로서 지목된다. 계몽적 의도의 작품 내 주입을 거부하는 예술로서의 '문학'이 출현했다는 의미에서 이러한 의견은 부정하기 어렵다.

그러나 계몽 미학을 거부하는 자율적 문학관과 그에 근접한 작품은 말 그대로 생성되었을 뿐, 계몽 미학에 의거한 문학이 폐기되었음을 뜻하지는 않는다. 계몽 미학을 견지한 문학적 글쓰기는 여전히 지속되었고 그 중에는 영향력을 오히려 확대해가던 양식도 있었다. 계몽 미학이 사라지지 않았음은, 1920년대 초반 신소설을 포함한 다양한 비자율적 문학이 향유되었던 바에 비해 동인지 문학이 차지한 비중이 상당히 왜소했다는 점을 고려한다면 더욱 분명해진다.[1] 문학은 미적 자율성을 근거로 독자적 질서에 의해 운용되는 장을 형성했지만, 그것은 여전히 자율과 관계없이 생성되었던 텍스트들을 문학의 바깥으로 밀어낸 이후에나 가능한 논리였다. 근대는 계몽의 시대이며 자율적 문학은 그저 출현했을 뿐이다.

더 긴 안목에서 본다면, 문학의 자율성 혹은 독립성조차도 오히려 위장술에 가깝다. 자율적 영역들의 짜깁기로 창출된 근대적 세계에 접속하는 역발상적 전략과 전형적인 아이러니의 방법론에 기반을 두고 있기 때문

1) 구소설과 신소설의 향유 규모나 성격의 변화 양상에 대해서는 「1910년대 활자본 고소설 연구」(권순긍, 성균관대 박사논문, 1990), 『구활자본 고전소설 연구』(이주영, 월인, 1998), 『신작 구소설 연구』(이은숙, 국학자료원, 2000), 「한국 근대소설 독자와 소설 수용 양상에 대한 연구」(천정환, 서울대 박사논문, 2002) 등 참조. 이수영에 따르면 위세를 누리던 구활자본 소설 발간이 쇠퇴의 계기를 맞는 해가 1927년이었으며 1931년을 기점으로 이 경향은 더욱 뚜렷해졌다고 한다.

이다. 어느 것도 자체로 자율적일 수 없는 세계 속에서 자율을 통해 위상을 인정받는 메커니즘, 자율은 통합적 세계에 진입하는 우회로일 뿐이다. 따라서 문제는 문학의 자율성이 아니라, 자율성을 필요로 했던 근대 문학과 예술의 존재 조건이다.

김동인이 회고한 바, '정치운동은 그 방면 사람에게 맡기고 우리는 문학으로'[2)]의 구호는, 계몽과 문학이 분리되어 자율적 문학이 형성되는 지점을 명쾌하게 드러낸다. 그러나 정치와 대조되어야만 하는 문학의 위치를 고려하고, '정치운동'이 얻고자 했던 바와 동일하게 '문학으로' 결국 무엇을 얻고자 했는지에 대해 주목한다면, 이 시기 문학에 있어 계몽의식이 생각만큼 무의미하지 않다는 점을 유추할 수 있다. 김동인의 주장에는 은폐된 계몽적 목적성이 존재한다. 이러한 정황은 근대문학의 출발이 계몽 의지에 의해 추동되었음을 말해주는 것은 물론, 계몽이 퇴조되는 과정에서 동력의 이동이 불러올 변화도 적지 않은 파장이었음을 추측할 수 있다.[3)]

2) 김동인, 「문단 30년의 자취」, 『김동인평론전집』(김치홍 편), 삼영사, 1984, 422면.

3) 1900년대 문학에 대한 논의에서 계몽을 제외할 수 없다는 것은 쉽게 공감할 수 있는 바이겠으나, 1910년대에 대해서는 이론이 있을 수 있다. 1910년대 신지식인의 단편소설에 관심이 모아지면서 여러 연구들이 계몽으로부터 분리되는 과정을 추적하기도 했으나, 대상을 한정하는 방법에 의거하고 있어 전체적 의미를 획득했다고 보기는 어렵다. 신소설 작가들의 친일 행적을 문제 삼아 논의에서 배제하거나 아예 논의의 전제로 『청춘』, 『학지광』 등 일본 유학생들의 소규모 잡지에 국한된 작품만을 논하는 것은 그 자체로 1910년대 전체를 아울렀다고 할 수 없기 때문이다. 더욱이 이들 연구의 대부분이 1900년대나 1920년대와 다른 변별점을 내세우기 위해 계몽성의 존속과 소멸을 동시에 고려하고 있다는 사실은 역설적으로 이 시기 근대문학의 형성과정이 계몽에서 자유롭지 못함을 드러내주는 것이라 할 수 있다. 1910년대 문학에 대한 대표적 연구로는 김복순의 『1910년대 한국문학과 근대성』(소명출판, 1999), 한점돌의 「1910년대 한국소설의 정신사적 연구」(서울대 박사논문, 1992), 김현실, 「1910년대 단편소설연구」(이화여대 박사논문, 1989) 등을 들 수 있다. 또 최근 1910년대의 문학을 계몽주의로부터 분리하려는 시도는 (대표적 예로 손정수, 「1910년대 문학에 나타난 계몽성의 변모양상에 대한 고찰」(『한국문학과 계몽담론』, 문학사와비평연구회, 1999) 등의 경우) 계몽성 밖으로 문학을 끌어내는 것이라기보다는 그 내부에서 차이점을 지적하는 데 머물고 있다는 점에서 1910년대 문학과 계몽의 관계는 여전히 성격 규명의 토대가 되고 있다고 할 수 있다.

자율적 문학이 등장하여 조금씩 그 폭을 확장하던 시기, 여전히 계몽적 문학이 더 넓은 영역을 차지하고 있었다는 것과 계몽 담론이 점차 문학적 의미를 상실하면서 '문학'의 범주와 영역에 영향을 끼쳤다는 것은 연이어 새로운 문제에 주목할 것을 요구한다. 1920년대 문학을 이해한다는 것이 곧 창출된 '문학'이 배제했던 다양한 문학적 글쓰기 양식을 재조명할 때, 그리고 배제된 양식들이 '문학'에 삼투하는 과정과 '문학'의 바깥에서 미달의 문학으로 '문학'과 공존하게 되는 과정도 해명될 때야 비로소 가능함을 뜻하기 때문이다. 이를 위해 먼저 '문학'의 이념성 및 그 '이념'의 자가운동이 전개되었던 것과 이념에 근거한 실체의 창출, 그리고 '전前 문학', '외外 문학'에 대한 통제의 배후에 선 우리 근대형성기 계몽의 성격을 분석해야 한 필요가 제기된다. 따라서 1920년대를 논하면서 계몽에 대해 다시 언급하는 것은, 모방과 미달로 귀착되는 계몽 담론의 문학적 해석 결과를 재삼 확인하기 위해서가 아니다. 1920년대 문학에서 계몽의 존재가 차지하고 있는 영역을 다시 살핌으로써 앞서 말한 초기 근대문학의 이념성이 그려내는 자가운동의 연원을 고찰하고, 그 이면에 소거된 문학의 실체와 관계성을 재론하기 위한 것이다.

2) 담론의 텍스트들

계몽담론의 변화와 퇴조 과정에서 특히 주목할 것은, 계몽이 지향했던 근대성이 식민지라는 상황에서 내적 모순을 양산하고 있었다는 점이다. 일반적 의미에서 식민지시대의 계몽 운동이 나아가고자 했던 포괄적 목표 즉 '민족의 근대화'는 두 가지 지향을 포함한다고 볼 수 있다. 그 하나가 주어로서의 '조선 민족'이고 다른 하나가 술어로서의 '근대화'라 할 때, 민족이라는 주어가 제어와 통제 속에 놓여 있음으로 해서 '근대화'라는 술어도 그 자체로 민족의 번영에 종속될 수 밖에 없었다는 데 있다. 타율에 의해 한정되는 근대화는 궁극적으로 조선 민족 혹은 민중이 아닌 제국 일본에 귀속되는 것이며, 식민지 모국에 이익이 되지 않는 식민지민의 이익을 용인하지 않기 때문이다.[4] 그것은 문화통치의 시대라 해도 달라지지 않는다. 정체政體의 최종 심급이 부재하다는 것은 결국 타율을 내면화하는 전략에 불과하다는 것이 그 이유이다.[5]

나아가 민족이 단일하고 균질적이며 영구한 존재임을 부정하는 사유방식의 등장과 함께 대중성 혹은 민중성이 화두로 등장하고 이는 계몽 담론의 붕괴로 이어진다. 여기서 민중 혹은 대중이라는 새로운 주체가 발견되었다는 것은 그것이 다시 '문학'을 재조정하는 힘으로 작용한다는 점에

---

4) 이러한 귀결은 이미 1930년대부터 논란이 되었다. 이광수의 「우리의 이상」 등으로 볼 때, 문화주의가 애초부터 정치적 · 물질적 번영을 체념하고 있었음이 드러나거니와, 『동광』(1932.3)이 실시한 설문조사의 경우에는 실력주의도 이 범주에서 벗어나지 못했음을 보여준다. 설문 내용은 조선인의 경제적 자활 가능성을 묻는 것이었는데, 그 대답은 둘로 나뉜다. 자활 가능성을 부정하는 이유는 정치적 종속 하에서는 경제적 자활도 없다는 것이다. 자활 가능성을 긍정하는 경우에도 '대단히 곤란하지만 최선의 노력을 다하면 아주 불가능하지는 않다'고 하여 가능성이 적음을 인정하고 있다.

5) 김우창이 말한 바, '문화와 같은 보다 무형적인 분야에서, 식민주의는 지배문화의 점진적인 침투와 피지배문화의 내적인 붕괴와 부패라는 형태를 띤다. 그것은 외부적인 강압보다는 내적인 괴멸을 통하여 작용한다. 극단적인 경우, 피지배인이 스스로 그러한 점을 의식하기도 전에 식민주의는 그의 마음에 깊이 자리잡고, 정복된 문화에 대한 은밀한 경멸과 지배자들의 승리한 문화에 대한 은근한 부러움과 찬양의 심리를 조성해 놓는다'(김우창, 「일제하의 작가의 상황」, 『궁핍한 시대의 시인』, 민음사, 1977, 14면)의 경우가 식민지 조선에만 해당되는 것은 아니었다. 아시스 낸디에 따르면 '영국의 통치자들은 인도인을 더욱 문명화되어야 할 숨은 야만인으로 여겼던 반면에 스스로를 진보의 요원이자 사명자라고 인식하였다. 그 반대로, 많은 인도인은 더욱 영국인처럼 되고 보다 영국인과 친밀하고 우호적인 관계를 유지하는 일에 인도의 구원이 있다고 생각하였다'고 말하면서 '제국주의가 식민지민에게 부과한 인식론'은 식민지를 규율하는 권력이 타율뿐 아니라 자율에 의해 유지될 수 있도록 하는 '공유된 문화'라고 파악한다(Ashis Nandy, 이옥순 역, 『친밀한 적』, 신구문화사, 1993).

서 의미를 갖는다.[6] 이렇게 보면, 민족에 대한 관념의 변화에 연동하는 계몽의 변화와 굴곡에 따라 근대문학도 그 범주와 영역이 재조정되었을 수 있다.[7]

다른 측면에서 문학의 조건에 접근해보자. 1920년대 초반의 계몽담론의 성격을 총체적으로 드러내주는 매체는 『개벽』[8] 등의 시사종합지이다. 당대를 함께 구가하던 『동아일보』, 『조선일보』와는 다르게 『개벽』, 『동명』, 『동광』 등은 시사 종합지라는 매체의 특성상 일간지와는 다른

---

6) 「조선문학의 개념」(이광수, 『삼천리』, 1936.8, 83면)과 연이은 설문에서 이광수는 'Literature'로서의 '문학'에 대한 일절의 논의를 삼가고 대신 속문주의를 중심으로 하여 「문학이란 하오」에서 주장한 조선문학론을 다시 제기한다. 이 글에서 그의 논지가 전제로 하는 바는 민족의 절대성이다. 이 글의 뒤에는 이태준 · 김기림 등도 이광수와 동일한 민족론에 기반하여 의견을 제시했다. 이에 대해 임화만이 '조선문학이란 조선사람이 한 개 공용된 사회적 · 역사적 운명 하에 결부되어 있는 동안에 존재하는 것이고, 그 관계가 폐기될 때에는 스스로 방기될 개념이다'라고 민족이 역사적인 존재임을 전제하고 조선문학 역시 같은 운명임을 지적했다. 그 직후에는 『조선문학』(1936.9)에 「조선문학의 개념 규정에 반하는 소감」을 기고하면서 선험적 민족의 설정과 그에 기반한 민족문학의 개념 규정에 반대한다는 뜻을 분명히 했다. 임화는 이광수와 민족을 상상하는 방법을 달리했던 것이다. 민족문학을 상상하는 방법으로서 임화의 저작을 이해하는 데 대해서는 와타나베 나오키의 「'조선문학'이란 무엇인가」(『韓中人文學硏究』 9집, 한중인문학회, 2002) 참조.

7) 최근 식민지시대 근대성의 형성과정에 접근하기 위해서는 근대성뿐 아니라 식민주의와 민족주의까지를 동시에 고려해야 한다는 3자 상호 작용론의 견해가 제기되어 주목을 요한다. 이 주장에 의하면 식민주의와 민족주의, 민족주의와 사회주의, 전통과 근대 등의 이분법적 분할 구도는 식민지의 근대성을 해명하는데 한계를 갖는다. 식민주의의 복합성, 민족주의를 비롯한 식민 사회의 다양성, 근대성의 경험이 가진 양면성 등에 대한 이해가 식민지 사회의 성격과 그 변동의 규명에 있어 불가결한 요소로 지목된 것이다. 이에 대한 반론도 적지 않고 아직 검증 단계에 불과한 모델이지만 이분법적 분할 구조를 재고한다는 점에서 주목할 만한 의견이다. 신기욱, 「식민지의 사회운동과 역사운동」, 『현대 한국 사회의 성격 논쟁』(석현호 · 유석춘 편), 전통과현대, 2001 참조.

8) 1920년, 이돈화 · 김기전 · 박달성 · 민영순 · 현철 등 천도교 청년당을 중심으로 한 계몽담론이 전개된다. 이들은 종합지 성격의 『개벽』을 발간하며 당대 조선 최고의 영향력을 행사하는 계몽 전파자의 위상을 얻게 된다. 『개벽』은 비록 천도교 기관지로서 출발했지만 그 종교적 성격은 특히 미미했으며, 민족 계몽지로서의 역할에 무게를 실었던 당대 최대의 매체였다고 할 수 있다. 『개벽』을 중심으로 한 1920년대의 계몽담론에 대해서는 이미 적지 않은 연구 성과가 있었다. 최근의 예로 문학적 측면에서 『개벽』의 심층적 분석을 시도한 최수일의 「1920년대 문학과 『개벽』의 위상」(성균관대 박사논문, 2001)이 있고 사상사적 측면으로는 박찬승의 『한국근대정치사상사연구』(역사비평사, 1992)와 김정인의 「1910~1925년간 천도교세력의 동향과 민족운동」(『한국사론』 32, 1994) 등을 꼽을 수 있다.

영역을 점유하게 된다. 『한성순보』와 『독립신문』 등으로 이어지는 신문 매체의 경험 축적은 1920년대 신문에 신속성을 생명으로 하는 정보 전달 기능을 강화토록 했고 이는 『매일신보』를 통해 정착시킨 일본 군국주의의 의도이기도 했다. 이미 양 신문은 1900년대의 『독립신문』, 『제국신문』, 『황성신문』 등이 담지했던 적극적 계몽의 역할을 일정 제어할 수밖에 없었다.

그러나 정보 전달의 신속성이 떨어질 수밖에 없는 월간 잡지는 정보의 신속성이 아니라 정보를 재처리하는 해설에 의존하게 된다. 같은 사건이라도 얼마만큼 풍부한 설명과 해석을 내려줄 수 있는가의 여부가 곧 성공의 열쇠가 되었던 셈이다. 시사 종합지가 1920년대 계몽담론의 본산으로 자리잡을 수 있었던 이유는 여기에 있다.[9] 더구나 『개벽』과 『동명』 등 1920년대 초기의 잡지 중 일부는 엄격한 사전검열을 강요했던 출판법이 아닌 신문지법에 의해 간행되었다는 점에서 비교적 직필을 유지할 수 있었다. 근대계몽기의 신문이 포괄했던 기능, 즉 정보성과 계몽성이 이 시기에 이르러 분화됨에 따라서 『개벽』을 비롯한 시사종합지는 당대의 계몽주의를 이해하는 첩경이 된다.

『개벽』, 『동명』, 『동광』 등의 시사종합지에는, 사조적 측면에서 근본

---

9) 이러한 신문과 잡지의 역할에 대한 구분은 상당히 일찍부터 인식되었던 것으로 보인다. 『개벽』의 「現下 新聞雜誌에 對한 批判」(XY생, 『개벽』 63호, 1925.11, 53면)에서는 신문과 다른 월간 잡지의 역할을 지적하는 다음과 같은 언급이 있다. "新聞이 報道와 輿論指導로써 社會的 機能을 가젓스나 雜誌는 一定한 長時日을 隔하야 發行되는 것임으로 報道의 任務는 가질 수 업스나 그 대신 輿論이 될 만한 時事와 政治에 對하야 理論的 指導의 機能을 갓는 同時에 硏究紹介와 啓蒙運動의 任務를 갓게 된다" 실제로 신문에서 계몽적 논의를 지속시킨 것은 논설란에 국한되었지만, 『개벽』의 경우는 적지 않은 분량을 논설에 할당하고 있었다. 총 72회 동안 실린 논설은 332편이었고 논설이라고 할 수는 없지만 계몽적 논조를 유지하는 잡문을 합하면 그 수는 배에 가깝다. 잡문의 성격을 대별하여 수필이나 야담과 같은 문학적 글과 짧은 논설로 나눈다면, 사실상 『개벽』은 문학 관련 기사와 논설이 두 축을 이룬다고 할 수 있다.

적 차이를 드러내는 경향들의 복합되어 있었다.10) '평화니 인도니 함은 약자를 위안하는 고식어姑息語에 불과한 줄 안다. 강자선强者善 약자악弱者惡은 만고萬古의 철안鐵案이요, 생물의 원칙'11)이라고 주장하며 약육강식, 우승열패라는 사회진화론의 시각을 전제하고 니체의 강력주의에 사상적 기반을 둔 실력양성론, 쿠와키 겐요쿠[桑木嚴翼]와 소우다 키이치로[左右田喜一郎] 등이 주장한 '문화가치'와 '인격가치'에 기반을 두고 인격의 발현을 통해 세계의 개조가 가능하다고 주장한 문화주의,12) '소유 충동'을 개조하여 '창조적 충동'을 해방시키고 정의와 인도, 평등과 자유 등 인류의 이상을 실현시키자는 개조론 등이 그 대표적 흐름이었다.13)

실천적 측면에서 실력양성론이 산업과 경제를 부흥시키고 전문가를 육성하는 등 실력을 양성하여 제국주의 열강을 넘어서자는 주장을 폈다면, 이후의 세계는 문화의 시대라는 판단에 기대어 개인의 도덕적 인격 수양과 예술의 부흥 등에 주안을 둔 것을 이 시기 조선의 문화주의라 할 수 있다. 그리고 개조론은 당면했던 현실의 부정을 통한 의식의 갱신을 주장하여 실력양성론과 문화주의 양자를 두루 포괄하는 형국이었다.14)

10) 박찬승, 『한국근대 정치사상사 연구』, 역사비평사, 1992, 3장 참조.

11) 박달성, 「東西文化史上에 現하는 古今의 思想을 一瞥하고」, 『개벽』 9호, 1921.3.

12) 白頭山人(이돈화)의 「문화주의와 인격상 평등」(『개벽』 6호, 1920.12.1)은 문화주의의 원론을 자세히 소개했다. 이외에도 天淵生의 「민중문화운동과 오인의 사명 5」(『매일신보』, 1921.7.15)은 조선에서 문화주의가 갖는 의미를 보여주는 대표적 글이라 할 수 있다.

13) 1920년대 개조론과 문화주의, 실력양성론의 성격에 대해서는 박찬승, 『한국근대정치사상사연구』(역사비평사, 1992, 3장) 참조.

14) 최수일은 「1920년대 문학과 『개벽』의 위상」(성균관대 박사논문, 2001, 96면)에서 세계 사상의 흐름이나 국내 정치 정세에 근거한 기간의 논의를 비판하며, 『개벽』의 논설을 면밀히 검토한 결과를 '실제로 문화운동은 1910년대의 실력양성론이 1차대전과 3·1운동을 통해 구체화된 것으로 그 기저에는 개조주의라는 시대정신이 자리하고 있었다. 문화운동이란 사실상 개조운동이었던 셈이다. 문화주의가 개조운동의 한 축을, 경제적 실력양성론과 경제적 사회주의가 다른 한 축을 구성했음은 물론이다. 따라서 문화주의란 좀더 상위의 시대정신인 개조주의의 일부이자, 개조주의가 이끈 문화운동의 한 지류로서 자리매김되는 것이 좀더 체계적이고 객관성이 있다고 할

1910년대 중반에서 1920년대 초반에 이르기까지, 근본적인 세계 인식과 주장의 차원에서 크게 어긋나는 적자생존의 사회진화론에 기반을 둔 실력양성론과 호혜평등사상과 인격수양론에 바탕한 문화주의의 상이한 견해가 특별한 마찰을 빚지 않는다는 점[15]은, 특별한 주목을 요하는 사실이다. 예컨대, 천도교청년당의 이론적 지주였던 이돈화는 당대 사상을 크게 두 갈래로 나누고 그 대표자로 니체와 톨스토이를 지목한다.[16] 니체가 '강자선強者善 약자악弱者惡'을 주장하며 강력주의를 제창한 것으로, 톨스토이는 만민 평등과 평화를 기반으로 문화주의에 가까운 것으로 평가되고 있다. 그리고 이 두 견해는 조화를 이뤄야 할 대상으로 간주된다. 니체와 톨스토이에 의해 이분된 세계 사상의 경향은 각각 실력양성론과 문화주의의 흐름에 상응하는 것으로 인식되고 있으며 양자의 관계를 선택적이기보다는 절충과 타협의 대상으로 인식하는 것이다.

양 경향이 당시 조선에서 대립적이지 않았음은 한 논자의 견해가 논설마다 달라지는 혼합적 양상에서도 드러난다. 특히 이돈화와 김기전의 경우, 각각 문화주의와 실력양성론에 무게를 두면서도 다른 견해를 서슴없이 수용하는 모습이 단적인 예이다.[17] 실력주의와 문화주의를 조선 사회

수 있다'고 논한 바 있다. 또 박찬승도 『한국근대 정치사상사 연구』(역사비평사, 1992, 197면)에서, 1920년대 초반의 '문화운동은 신문화 건설 · 실력양성론과 정신개조 · 민족개조론을 두 이론적 기둥으로 삼고 있었다'는 견해를 제시하고 그 면면을 분석한 바 있다.

15) 이광수가 「우리의 이상」(『학지광』 14호, 1917.12)에서 드러낸 문화주의적 경사에 대해 현상윤이 비판을 한 경우(「이광수군의 「우리의 이상」을 독함」, 『학지광』 15호, 1918.3) 등 실력양성론과 문화주의론이 상호 견제하는 경우가 드물게 눈에 띄기도 하지만, 이러한 글들도 반박이라기보다는 당부와 우려라 함이 적절하다. 현상윤은 이광수가 고려 이후 없었던 '우리'를 고창하고 사명을 제창한 것에 대해 찬사를 보내면서 다만 타협적, 문화지상주의적 견해에 우려를 보이는 수준이었다. 위에서 예로 든 박달성의 「東西文化史上에 現하는 古今의 思想을 一瞥하고」도 문화주의의 의미를 훼손시키지 않는 범위에서 사회진화론을 옹호하는 정도에 머물고 있다.

16) 白頭山人, 「現代倫理思想의 概觀」, 『開闢』 16호, 1921.10.

17) 하나의 글에서 상반된 두 견해가 공존하는 대표적 경우로 이돈화의 「조선인의 민족성을 논하

에 대한 진단에서 나아갈 목표에 이르기까지 일련의 화해하기 힘든 뿌리를 가지고 있으면서도 조화를 이뤄야 할 것으로 간주했던 것, 한 논자가 타협하기 어려운 원칙적 부분까지도 쉽게 수용하는 모습을 보여주는 것은, 이 시기의 실제적 접점이 실력양성론이나 문화주의 등의 표면적인 차이와 함께 발본적 층위에서 다시 고찰되어야 할 이유가 된다. 다시 말해, 문화주의나 실력주의로 가를 수 있는 근대화 담론의 방법론적 차이가 아니라, 그보다 더 저층에서 갈라지고 있는 민족 담론과 근대화 담론의 착종을 인식해야할 필요를 말해주는 것이다. 왜냐하면 이 공존의 상태는 1922년을 전후하여 이광수의 「민족개조론」이 발표되고, 민족주의를 표방한 『동명』이 창간되면서 민족에 대한 인식의 문제, 즉 민족의 정체성과 주체성 문제를 두고 크게 분열되는 양상을 띠기 때문이다.

3) 저울에 매달린 민족과 근대

그리하야 마츰내는 조선민족으로 하여곰 참되고, 부즈런하고, 신의 잇고, 용기 잇고, 사회적 단결력 잇고, 평균하게 부유한 민족이 되게 하자 함이외다. 불행히 현재의 조선인은 이와 반대외다. 허위虛僞되고, 공상과 공론만 즐겨 나태하고 서로 신의와 충성이 업고 임사臨事에 용기가 업고 이기적이어서 사회봉사심과 단결력이 업고 극히 빈궁하고, 이런 의미로 보아 이 개조는 조선민족의 성격을 현재의 상태에서 정반대 방향으로 방

노라」(『개벽』 5호, 1929.11)와 김기전의 「계명이기하야」(『개벽』 7호, 1921.1)를 들 수 있다. 이 두 글은 모두 적자생존의 법칙이 지배하는 세계를 인정하고 언론과 교육, 전문가 육성 등을 주장하여 실력주의적 견해를 보인다. 동시에 인격 수양과 문화의 힘을 역설하여 문화주의를 제창하기도 한다.

면을 변환하는 것이라 할 수 잇습니다. 개조주의자가 생각하기에 현재의 조선민족성을 그냥두면 개인으로나 민족으로나 열패자劣敗者가 될 수밧게 업스니 이를 구원하는 것은 오즉 그 반대방향을 가르치는 개조가 잇슬 쑨이라 합니다.18)

— 이광수, 「민족개조론」 중 일부

우리는 존재영달存在榮達을 도圖함에나, 오즉 우리는 민족단위. 이것의 충실에 일체의 기관을 이용하고 일체의 정력을 집주集注치 아니치 못할 것이다. 그럼으로 우리는 지식을 세계에 구하여 향응向應을 대세에 추趨하되 오즉 조선인인 사업을 조선에서 실현하여야 할 것이오, 우리는 세계문화에 공헌을 여與코저 하되, 조선민족적으로의 공헌을 위하려 하며, 인군평화人群平和에 성력誠力을 진盡코저 하되 조선인적으로의 성력을 비費하려 할 것이다. 우리는 조선을 위하야 세계를 위함임으로 세계보다도 조선이며, 우리는 조선인을 위하야 인군人群을 위함임으로 인군보다도 조선인이다. 조선이 업스면 조선인이 업고 조선인이 업스면 내가 업나니, 내가 업스면 천지만물이 모도다 공空이 아닌가. 형제자매여. 새로운 음식물을 만나면 고시高矢를 기억하는 풍속은 아리사俄羅斯나 영, 미인의 가지可知할 바ㅣ 아니며, 대공大空의 총체摠體를 지칭하야 하눌桓因이라 함은 조선인의 독용獨用하는 말이 아닌가.19)

— 설태희, 「조선은 오즉 조선인의 조선」 중 일부

18) 이광수, 「民族改造論」, 『개벽』 23호, 1922.5, 56면.
19) 설태희, 「朝鮮은 오즉 朝鮮人의 朝鮮」, 『동명』 2호, 1922.9.10, 12면.

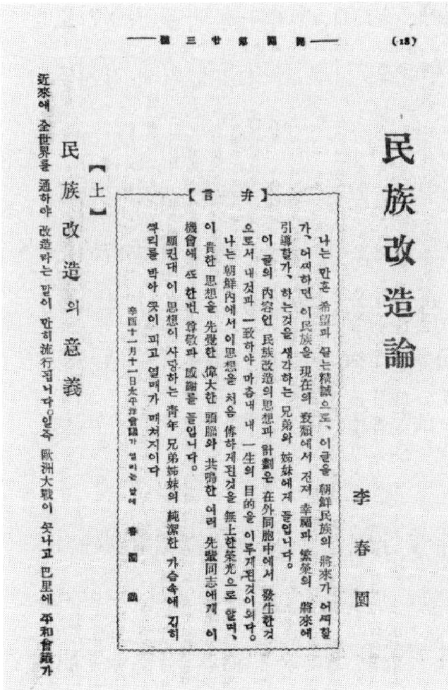
開闢 第廿三號 (18)

民族改造論

李春園

【弁言】

나는 만흔 希望과 끗는 精誠으로, 이글을 朝鮮民族의 將來가 어찌할가, 어찌하면 이民族을 現在의 衰頹에서 건저 幸福과 繁榮의 將來에 引導할가, 하는것을 생각하는 兄弟와 姉妹에게 드립니다.

이 글의 內容인 民族改造의 思想과 計劃은 在外同胞中에서 發生한것으로서 내것과 一致하야 마츰내 내 一生의 目的을 이루게된것이외다.

나는 朝鮮內에서 이思想을 처음 傳하게된것을 無上한榮光으로 알며, 이 貴한 思想을 先覺한 偉大한 頭腦와 共鳴한 여러 先覺同志에게 이 機會에 또 한번 尊敬과 感謝를 드립니다.

願컨대 이 思想이 사랑하는 靑年 兄弟姉妹의 純潔한 가슴속에 깁히 뿌리를 박아 꼿이 피고 열매가 매처지이다

辛酉十一月十一日太平洋會議가 열리는 날에 春園

【上】

民族改造의 意義

近來에 全世界를 通하야 改造라는 말이 만히 流行됩니다 일즉 歐洲大戰이 끗나고 巴里에 平和會議가

이광수의 「민족개조론」(『개벽』, 1922.5).

최남선이 주관한 『동명』의 표지.

두 글을 비교해 보면 민족의 정체를 둘러싼 시각에 있어 큰 차이가 있음을 쉽게 간파할 수 있다. 이광수의 「민족개조론」은 현재의 민족성에 대한 부정과 근대적 개조를 역설하고 있는 반면, 설태희의 「조선은 오즉 조선인의 조선」은 현재의 민족성에 대한 긍정을 통해 문화운동의 시발과 귀결이 민족에 귀속되어야 한다는 주상을 드러내 대립 지점을 선명히 보여준다. 유행하던 당대의 논리에 이 양자를 대입시키면 전자는 '문화주의적 개조론'으로, 후자는 실력양성론의 일부로 규정할 수도 있을 것이다. 그러나 엄밀히 말해 이들의 견해는 민족 정체성을 개조하여 근대화를 이

룰 것인가, 아니면 민족에 대한 긍정에 기초해 근대화를 이룰 것인가로 파악해야 한다. 민족 담론과 근대화 담론의 상호 규정력에 의해 가치의 우열관계가 성립되고 있는 것이다.

당시로서 민족과 근대화 모두 포기할 수 있는 것은 아니나, 어느 한쪽에 가치의 중심을 두게 되면 상대적으로 다른 하나는 그 가치에 종속되는 형태를 취하게 된다. 민족이 중심에 서게 되면 근대화는 민족의 술어로 종속되고, 근대를 중심에 두게 되면 민족은 주어가 아닌 목적어의 지위로 격하된다. 이러한 현상은 문화주의가 대두되는 1910년대 중반에서 1920년대 초반까지 지속되는 현상이다.

1922년을 전후한 시기, 문화주의에 중심을 둔 개조론과 실력양성론의 차이는 표면적으로 근대화의 방법을 둘러싼 대립으로 보이지만, 전자가 당대 현실의 부정성이 민족성으로부터 기인한 것으로 바라보고 총체적 민족개조를 요구하는 반면, 후자는 민족의 개념을 소수의 지배계급과 다수 민중으로 분할하여 민족의 중심을 다수 민중으로 설정함으로써[20] 조선민족의 가치를 긍정하고 이를 근거로 민족의 일치단결과 실력양성을 주장하게 된다. 이들의 실제적 대립은 실력양성론이나 문화주의의 원론에 기인했다기보다, 오히려 민족성에 대한 긍정을 근간으로 근대화를 모색했던 민족 중심 담론과 근대적 척도를 기준으로 민족성을 부정하고 민족적 관습 일체를 변화시키려 했던 근대 중심 담론의 분열에 의한 것이다.

엄밀히 따지면, 1910년대 후반에서 1920년대 초반에 이르는 시기에 나타나는 민족 중심 담론과 근대 중심 담론은 시기적으로도 약간의 격차를 보인다. 문화주의가 대두되던 1918년 이후 1922년 경까지와, 다시 민족

20) 「摸索에서 發見까지－朝鮮民是論(1)」, 『동명』 창간호, 1922.9.3.

일치론을 고창하며 실력양성론이 부상하는 1923년 이후는 민족 정체성에 대한 가치 부여의 차이에 있어 상당한 격차를 갖는다. 문화주의를 중심으로 근대화 담론이 우세하던 1920년 전후까지는 민족 중심 담론이 뒤로 물러났고, 1922년 전후 다시 실력양성론의 부흥과 함께 민족 담론이 거세지면 근대화 중심 담론이 잠잠해지는 형국이었다.

그러나 세밀한 시기적 격차보다 더 중요한 것은 분열적 공존의 상태이다. 문학을 상상하는 이광수와 안확의 격차가 앞선 두 글에서 보는 것처럼 민족국가를 구상하는 격차와도 맞물려 있기 때문이다. 근대 중심 담론이 이념으로서의 '문학'과 '소설'을 생성시키고 실체를 구현하기 시작했을 때, 유사한 시기에 민족 중심 담론이 등장하는 것은, 관습적 문학, 다시 말해 '문학'에 의해 배제되었던 존재들이 생존의 기반을 얻게 되었음을 말하는 것이기도 하다. 앞서 이광수와 안확이 갈라지는 것과 동일한 층위에서 해석된다. 이 시기 민족 담론은 다만 민족에 대한 인식의 전환이었을 뿐 아니라, 지금에 소설이라고 부르게 된 글쓰기를 비롯한 문학의 제반 영역과 범주를 재조정하게 되는 계기를 제공하는 토대가 형성되었음을 말하는 것이다.

민족 중심 담론과 근대 중심 담론을 둘러싼 각축에서 주목해야 할 또 다른 변수는 사회주의의 대두와 궤를 같이 하는 계몽성의 약화와 대중성의 등장이다. 문학과의 관련성을 놓고 볼 때, 초기 사회주의 이론의 역할은 그 자체보다도 민족에 대한 인식 내지 민족성의 가치에 대한 인식을 둘러싼 변화에 있어 더 큰 의미가 있다. 사회주의로부터 파급된 계급적 인식이 민족의 내적 분리를 가능하게 함으로써 민족 담론에 적지 않은 변화를 초래하는 것이다. 특히 민족을 단일한 단위로 인정한 바탕 위에 제기된 '천재론' 등은 그 토대를 상실하게 되고 엘리트에 대한 부정은 곧 계몽주의의 해체를 뜻하는 것이기도 하기 때문이다.

특히 계몽이 해체되는 과정은 실사實寫정신의 등장과 동일 맥락을 형성하고 있다는 점에서 더욱 주목된다. 엘리트에 대한 부정과 민중에 대한 긍정은 당대 조선의 현실에 대한 면밀한 재인식을 요구하는 것이었다. 따라서 훈육적 방법 대신 실사實査와 실사實寫의 방법이 제기되었고 이는 다시 계몽의 해체를 촉진하는 순환적 구조를 형성하게 된다.

1910년대 후반에서 1930년대에 이르는 계몽 담론의 변화는 주로 민족에 대한 인식 태도의 변화에 중심이 있었다. 거부할 수 없는 근대화의 흐름을 맞는 과정은 때로 민족과 민족성을 부정하기도 하고 때로 국수주의적 태도로 민족을 옹호하기도 한다. 그에 대한 정치적 평가는 이 글의 목적에서 벗어나는 것이지만, 민족의식의 부침浮沈이 근대문학의 형성과정에 미친 영향은 적지 않았다.

2. 근대열近代熱과 환멸의 논리

1) 우열優劣의 준거점

1910년대 중반에서 1920년대 초반에 걸쳐 지식인들의 눈에 비친 조선 민족은 총체적 부정의 대상이었다. 근대적 제도는 물론 신체와 생활까지도 조선의 것은 모두 외국인에게 부끄러운 것일 뿐이었다. 예컨대 문명개화에 눈감고 귀 막은 완고頑固, 상투 튼 머리, 팔짱 낀 손, 구부정한 허리, 늦은 걸음걸이까지 신체의 각 부분이 근대적 규범에 빗대어지며 비판된다.[21] 신체와 생활의 습관만이 아니다. '무생기적無生氣的 무능력주의'를 배격하고 정신과 신체의 위생에 주의를 기울이라는 비판이 제기되고 이를 실천하기 위한 방안으로 의복의 통일, 머리 모양의 통일이 제안된다.[22]

생활양식의 기본이 되는 의식주도 개조의 대상이 된다. 백의白衣는 오염되기 쉽고 염증厭症도 나기 쉬우니 서양과 일본처럼 흑색 의복제를 도입하자, 서양인은 빵만으로도 살고 중국인은 만두만으로도 살 수 있지만 조선의 음식은 종류가 많고 상차림도 번거로워 신체도 복잡해졌으므로 음식제도를 개량하자, 조선 농촌의 주택을 둘러 본 외국인이 하나같이 경악하므로 "조선인의 주택은 개량치 아니하면 남북의 토인에게 돌이어 열등"하게 될 것이다.[23] '바꾸자'를 모토로 한 수많은 글들이 쏟아졌다(이러한 글들의 공통점은 민족 재래의 관습이 근대적이지 못하고 그러하기에 부정되어야 할 대상으로 간주된다는 것을 드러내고 있다). 이른바 정신 개조이자 신체 개조이다.

민족적인 것이 환멸의 대상으로 간주되는 예는 그리 유별난 것이 아니었다. 『개벽』뿐 아니라, 동인지 작가들의 경우도 조선의 현실에 대한 강한 불만을 토로한 바가 적지 않다는 점에서 이는 당대 지식인들의 대체적 견해였다. 예컨대, 「고향의 길」에서 열차를 탔던 『창조』 동인 김환이 초가집을 가리켜 무엇이냐고 묻는 일본인을 대하며 "나는 넛너게 내답을 하

21) 大喝生, 「좀, 그러지 말아 주서요」, 『개벽』 창간호, 1920.6.25, 58~60면.
22) 朴春坡, 「社會裏面의縱橫記」, 『개벽』 3호, 1920.8.25, 36~40면.
23) 박달성, 「新年改良의 第一着으로 朝鮮의 衣食住를 擧하노라」, 『개벽』 7호, 1921.1, 23~28면.

여야 죠을넌지 생각이 아득하고 얼골이 활근 달엇다. 한참 잇다가 겨우 입을 열어 고것은 부모나 친척이 도모지 없고 혼자 고립적 생활을 하는 사람들이 자기 손으로 집을 그러케 짓고 산다고 대답을 하엿으나 얼골은 그냥 활근활근 달고 니마에는 땀방울이 배침을 깨닷지 못하엿섯다"[24]고 술회한 것은 문명의 대표성을 띤 일본인에 대한 야만적 조선인의 자괴감을 보여주는 예라 할 수 있다. 염상섭의 소설 『만세전萬歲前』에 등장하는 추악하고 가련한 조선인들의 표상은 '만세 전'뿐만 아니라 '만세 후'에도 한동안 지식인들의 두뇌 속을 돌아다니고 있었다.

민족 및 민족성에 대한 부정적 평가는 몇 가지 공통된 특징을 보인다. 대개 개조의 모델 혹은 표준이 민족 내적 모순의 인식이 아닌 대타적 열등감으로부터 형성된다는 점과, 부정확한 정보에 기대고 있다는 점 등을 공유하는 것이다. 이는 판단의 기준, 즉 가치의 준거점 이동과 관계가 깊다. 마치 그리니치 천문대의 평균시를 기준으로 세계의 모든 시간이 종속되는 것과 같은 원리이다.

일본 기행문인 「현해玄海의 서西로 현해玄海의 동東에」[25]는 그 가치의 준거점이 어디에 위치하고 있는지를 명확히 보여주는 글이다. 개벽사 기자인 박달성은 경성에서 부산, 다시 시모노세키[下關]를 거쳐 동경에 이르는 여정을 통해 식민지의 열등민족으로서 선진 일본을 방문하는 감격과 애수를 표현한다. 보이는 풍광마다 조선과 일본은 비교되고 그 결과는 매번 "일본은 과연 문명국답다"는 찬탄과 자민족에 대한 자괴감으로 이어진다. 동경에 가까워질수록 규모에 압도된 숭배가 모습을 드러낸다. 일본의

24) 백악, 「故鄕의 길」, 『창조』 2호, 1919.3, 53면.
25) 박춘파, 「玄海의 西로 玄海의 東에(日記中)」, 『개벽』 8호, 1921.2.

기후와 자연도 부러움의 대상이 된다. 심지어 "일복日服을 사서 몸에 걸고 화로를 끼고 한창寒窓을 대하고 안즈니 이면裏面은 여하턴지 일인日人이 된 듯 십다"고 하여, 자신의 정체성마저 부정하고 싶어 한다. 동경으로 가는 과정과 가치의 준거점이 전환되는 과정이 일치하는 것이다.

이렇게 보면, 제목에서부터 조선과 일본이 아닌, 현해탄의 동과 서라는 지리적 구분으로 민족적 차이를 중화시키는 심중이 무엇인지를 짐작할 수 있다. 타율적 제도가 자율화되는 과정과 동궤를 이루는 것이며 염상섭이 『만세전』을 통해 이동했던 경로를 역으로 되짚어 간 것이다. 여로를 통해 드러나는 조선의 부정성과 일본의 긍정성은 가치의 준거점이 이미 민족적 주체성으로부터 점차 멀어져 가고 있음을 드러내는 것이다.

이러한 예들은 당대 지식인들의 시각이—일본을 포함한—서구적 근대라는 모델에 기초했음을 확인시켜 준다. 지향으로서의 근대가 서구 또는 서구화된 일본의 그것을 모델로 하는 것이므로 이 모델의 기준에 합당치 않은 관습은 제거되어야 할 악습이 되고, 외국인의 시선은 두려움의 대상이 되는 반면, 기준을 만족시키는 일본의 풍광은 부러움의 대상이 되는 것이다. 근대를 열망했던 조선인 엘리트들은 일본인이고 싶어 했으며 조선인으로 명명된 자신의 정체를 혐오했다. 정체는 조선인이되 주체는 되지 못했다.

일반적으로 근대화의 모델이 서구 혹은 서구화된 일본으로 성립되는 과정에는 사회진화론과 생물학에 연원을 둔 문명과 야만의 이분법이 지대한 역할을 담당했다고 알려져 있다. 적절한 지적이다. 그러나 주목해야 할 것은, 사회진화론이라는 다만 특정 시기에 유행했던 세계관의 문제가 아니라, 근대적 공동체의 인식과 주체성 형성의 문제가 사회진화론에 결부되어 있다는 점이다(주체성로부터 이탈해 가는 주체와 주체성을 형성해 가는 주체의 이율배반적 공존이 가능할 수 있었다는 점은 매우 특별한 조건을 만들어낸다). 사회진화론이 각별히 다뤄져야 하는 이유는 그것이 근대적 주체를 상상하는 방법이 다양했음을 보여주는 것임은 물론 대립적 세계 인식을 불러올 수 있는 격발장치이기 때문이다.

1920년대 초반, 각종의 논설과 기사가 진화론을 배경으로 사회현상을 설명한다. 그 중에서도 당위적인 상식의 범주에서 이를 드러내는 「각各 민족의 안면顔面 각도角度」[26]는 이 문제를 설명해 줄 중요한 단서를 제공한다. 이 기사는 지구상에 존재하는 각 민족의 생김새를 기준으로 문명과 야만을 나누었고 그 기준은 안면 골격의 구조였다. "보통으로 안면顔面의 각도角度는 문명인일사록 직각에 근近하고 야만인일사록 각도角度가 적다"고 단언하면서 카나리아 주민, 오스트레일리아 토인, 지나인 등의 안면 각도를 제시했다.

이 상식 기사는 인종과 지역에 따라 문명인과 야만인을 나누는 기준이 유전적, 생물학적 분류에 의해 애초부터 결정되어 있었음을 주장의 배경으로 한다. 근대화에 성공한 민족은 그렇지 못한 민족에 비해 인종적 측면에서 구별되고, 불변의 유전적 특질은 우열관계의 가변성을 부정한다. 다시 말해, 역사적 경험과 그 결과의 차이가 인종적 차이로 치환됨으로써 민족적·인종적 우열관계가 불변의 필연성을 획득하게 된 것이다.

진화론에 기반한 인종적 우열의 필연성은 실력양성론과 문화주의를 모두 제어하게 된다. 실력양성론은 진화론에 기초하여 부단히 준비할 것을 주장했지만, 실력 양성을 통해 일본을 포함한 서구 열강을 넘어설 수

26) 「各 民族의 顔面 角度」, 『개벽』 5호, 1920.11, 10면.

있다는 희망을 내적으로 부정하는 논리, 즉 우승열패의 원칙에 의한 강자의 지배 논리 또한 포함하고 있었다는 점에서 불가능의 회로에 갇혀 있었다. 또 문화주의가 애초부터 물질적 번영과 강자의 지위에 대한 희망을 포기하는 것에서부터 출발[27]하는 것도 이 불가능성의 논리와 연관된 것이다.[28]

1920년대 초반 근대화를 지상과제로 삼은 지식인들이 지칭하는 '세계'는 동등한 가치를 지니는 전체로서의 균질적 세계가 아니라, 인종적 필연에 의해 문명과 야만으로 구분된 세계이며, 동시대의 조선은 "남북의 토인에게 돌이어 열등"[29]할 수 있는 야만의 일부로 표상되는 것이다.

지향으로서의 모델이 일본을 포함한 서구로 선택되고 과학을 앞세운 서구의 이데올로기가 근대적 지향을 내부에서부터 붕괴시키는 과정은 결국 가치의 준거 자체를 변형시킴에 따라, 민족적 정체성은 즉자적 형태에 머물거나 타자화된다. 서구인의 시선을 두려워하는 것도 일본인이 되고 싶어하는 것도, 가치 준거의 전환이 가져온 내면의 타자화 과정이었다고 할 수 있다. 이 과정에서 술어인 '근대화'는 '서구화'와 동일시되고, 주어

27) 이광수는 「우리의 理想」(『학지광』 14호, 1917.12, 3~4면)에서 "만일 朝鮮民族이 存在의 價値를 엇을 餘望이 잇다하면 그것은 自今으로 世界文化史上에 榮光스러운 地位를 獲得함인가합니다. 世上 일은 모를 것이라, 혹 朝鮮族이 成吉思汗 時節의 蒙古族이 되고 二千年前의 로마族이 되어 政治的으로 世界에 覇를 稱할 날이 잇슬지는 모르되 現在에 處하야 그런 것을 想像하는 것은 一種의 妄想이라 하겟고 朝鮮族이 存在의 價値를 엇을 길은 하나이오 또 오직 하나이니 즉 朝鮮族의 것이라 일컬을 新文化를 創造함이외다"라고 주장한 바 있고, 이 견해는 이돈화의 「文化主義와 人格上 平等」(『개벽』 6호)과 「民族的 體面을 維持하라」(『개벽』 8호) 등에서도 동일하게 나타난다

28) 1920년대 민족주의 계열이 선시한 실력주의(실력양성론)는 후일 자본주의 근대화론에 기초하여 결국 민족개량주의로 귀결된다. 이에 대해서는 서중석의 「한말 일제침략하의 자본주의 근대화론의 성격－도산 안창호 사상을 중심으로」(『한국 근현대의 민족문제연구』, 지식산업사, 1989)와 박찬승의 『한국근대정치사상사연구－민족주의 우파의 실력양성운동론』(역사비평사, 1992) 참조.

29) 바담성, 「新年改良의 第一着으로 朝鮮의 衣食住를 擧하노라」, 『개벽』 7호, 1921.1, 23~28면.

인 조선민족은 그 위상을 잃게 된다. 계몽의 지향점이었던 민족의 근대화는 적어도 민족에 체념의 굴레를 뒤집어씌운다.

동일한 기사가 최남선이 만든 근대 초기의 대표적 잡지인 『청춘』에도 실려 있다. 그런데 흥미로운 것은 『청춘』에서의 기사는 오히려 민족별 신체적 특성이 문명과 야만을 가르는 기준이 아니라고 명시해 놓고 있다.

> 얼골 각도角度는 문명한 사람일스록 직각에 갓갑고 야만사람일스록 각수角數가 적다 함은 사람들이 흔이 말하는 바이지마는 세계의 인류를 두로 보니 반드시 그러치 아니함을 알지로다[30]

『청춘』의 예는 동일한 지식을 두고 정반대의 판단이 가능함을 보여줘 주목된다. 얼굴의 각도가 직각에 가까운 서구인을 문명의 이상으로 설정하고 이에 부합하지 않는 것들을 야만으로 치부하는 논리가 필연적 결과는 아니라는 것이다. 이로서 가치 준거를 서구 및 일본에 고정시키는 것은 특정한 메커니즘에 의해 형성된 것임이 확인된다.

2) 맹신의 메커니즘

엄밀히 보면 근대의 모델과 가치의 준거가 그 자체로 완결적인 정당성을 생산해낸 것이라고 볼 수는 없다. 즉자적이고 당위적인 수준이라고 하더라도 민족에 대한 지향은 계몽의 목적을 이루는 축이었다. 따라서 돌출적이기는 하지만 식민 지배를 내면화시키는 일련의 질서에 혼란을 초래

30) 三一學人, 「널니 人類를 보라」, 『청춘』 8호, 1917.6, 35면.

하기도 한다. 그럼에도 모델의 정당성은 지속적으로 강화되는데, 이는 정보의 부정확성과 맹신의 메커니즘을 통해 성립된다.

앞서 예를 든 언급, "서양인은 빵만으로도 능히 살며 지나인은 만두만으로도 능히 산다"에서 엿본 바와 같이, 근대화 모델로서의 선택된 서구가 부정확한 정보에 의해 신비화되었다는 것은 적지 않은 글에서 발견된다. 우선 상당히 객관적인 태도를 취하는 것으로 파악되는 자연과학 지식의 전달에 초점을 맞추어 볼 필요가 있다. 이들의 객관적 지식, 즉 진실로 받아들이고 있는 틀은 과학적 검증과정에 대한 이해에 기반한 것이 아니라 어느 정도의 논증적 포즈만 갖추어지면 바로 지식에 대한 맹신으로 이어지는 맥락을 갖고 있다.

천도교의 시도적 인물이자, 개벽사의 인쇄인으로 이름을 올렸던 민영순은 흥미로운 기사를 소개한다. 그가 쓴 「화성火星에 서식하는 칠七동물」[31]은 미국의 천문학자 '로우엘'의 견해를 옮긴 것으로 『개벽』에서는 과학적 지식을 전달하려는 취지를 띤 글이다. 그의 글은 화성에서 운하가 발견되었으며 생물이 존재할 가능성도 있다고 주장한다. 그러나 이 글에서 원저자에 의해 확인된 사실은 운하와 비슷한 것이 관측되었다는 것뿐이다. 동식물이 존재할 가능성이 있다고 말하는 것이나, 화성인의 존재와 생김새를 상상하는 부분, 나아가 화성인이 지구인과 통신을 원하고 있고, 만약 살의를 가진 화성인이 온다면 중력의 차이로 인해 사멸할 것이라는 주장 등은 소개자인 민영순이 첨가한 것이다.

과학적 지식에 대한 당대 지식인의 태도를 잘 보여주는 대목이다. 문제가 되는 것은 과학 지식의 일천함에 기인한 오해가 아니라, 화성에서 운하

---

31) 石溪, 「火星에 棲息하는 七動物」, 『개벽』 4호, 1920.9.25.

로 보이는 물체를 관찰했다는 사실로부터 추론되는 모든 가능성을 진실로 인식하는 태도이다. 그에게 검증과정이나 논증의 적합성 등은 과학적 진실을 말하는데 중요한 지표로 기능하지 못하고 있다. 오히려 과학적 검증보다는 서구 과학자의 논문이기 때문에 진실과 등치되는 것으로 인식하고 있다. 즉 가설이 가설로서 검증의 과정을 거치지 않고 진실 그 자체로 인정되는 것은 과학에 대한 신뢰가 다만 사실의 증명만으로 이뤄지지 않는다는 것을 의미한다. 가설과 진실 사이에는 서구적 근대에 대한 맹신이 권력으로 자리를 잡고 있는 것이다. 천도교의 이론가이던 이돈화의 「아불리가주亞弗利可洲는 제이第二의 월月」[32] 역시 동일한 문맥으로 해석된다.

> 독일의 어떤 학자가 아불리가(아프리카)의 성립에 취就하야 일 논문을 공포한 일이 잇섯다. 그 주의主意는 "아불리가주는 타의 제 대륙의 성립과 달라 비상히 상원相遠한 점이 잇다하엿나니 그는 말하되 아불리가주는 일즉 지구의 위성의 일一인 즉 제이第二의 월月이 지구에 낙래落來하엿던 것이라"

이돈화의 글도 민영순의 글과 마찬가지로 서구에서 흘러 들어온 자연과학의 지식을 전달하려는 목적으로 게재되었다. 그러나 아프리카의 동물이 타 대륙의 동물과 다르다는 점과 지구의 대륙 분포를 이유로 들면서 이질적 발생설을 주장한다. 아프리카는 지구의 위성인 달이었다가 지구와 충돌하여 대륙이 되었다는 것이다. '어떤 학자'에서 드러나듯 출처조차 분명치 않은 서구 과학자의 글이 사실의 층위에서 확신될 수 있었던

---

32) 猪巖, 「亞弗利可洲는 第二의 月」, 『개벽』 8호, 1921.2.

것은 과학적 포즈를 취한 서구의 시각이 객관적이고 보편적인 시각으로 치환되었고 이에 대한 맹신의 메커니즘이 존재하기 때문이다. 과학적 진실은 실험과 검증으로 구성되는 것이 아니라 서구적 근대에 대한 맹신에 의해 생성되었다.

앞서 살핀 바처럼, 민족의 근대화라는 계몽 담론의 지향은 그 자체로 내적 이율배반을 포유하고 있다. 근대화의 모델이 일본을 포함한 서구로 설정되는 순간, 식민지에서의 근대화론은 내적 모순을 양산하는 것이다. 문명과 야만의 이분법에 근거한 세계인식은 서구적 근대의 모델화를 정당화하고, 부정확한 정보의 유입은 끊임없이 서구를 신비화함으로써 다시 모델의 적정성을 강화한다.

이 이념의 자가운동은 결코 미미하지 않았던 정체성에 대한 질문과 그것에 의지하고 있는 주어의 자리를 부인한다. 그리고 당위적 가치가 된 서구적 근대는 정치적 최종 심급의 부재 속에서 모델의 수준을 넘어 준거 시각 자체의 전도를 초래하게 된다. 따라서 서구적 기준에 부합하지 않는 주체의 모든 행위와 관습은 부정의 대상이 되고 민족의 정체성은 훼손을 입게 되는 것이다. 결국 미래와 결부되지 않은 과거와 현재의 조선민족은 의미를 잃게 된다.

이 일련의 과정이 야기하는 문제의 중심은, 준거 시각의 전도가 민족의 근대화라는 애초의 목표에서 술어로서의 근대화만 남기고 주어인 민족을 소거시키는 과정으로 치환된다는 것에 있다. 근대화에는 성공할 수 있을지 몰라도 그 근대화의 주어가 조선 민족이 될 수는 없었다. 민족의 근대화는 근원적인 불가능성의 회로 안에 유폐되는 것이다.

근대의 식민 메커니즘이 이와 같다면, 이광수의 'Literature'가 계몽 담론의 이율배반으로부터 자유롭지 못함은 이미 자명하다. 문학을 'Literature'로 상상하는 방법은 근대적 서구의 모델화와 준거시각의 전환, 그리고 맹신의 메커니즘이 합작한 근대성의 한 축인 것이다.

3. 민족열民族熱과 조선민시朝鮮民是의 표상

1) 환멸에의 환멸

3·1운동 전후의 계몽 담론을 통해 확인되는 것은, 계몽기를 벗어난 것으로 간주되었던 이 시기에도 문학의 형성과정과 계몽의 전개과정이 동일한 인식의 틀로 이해될 수 있다는 것이다. 문학의 이념이 창출되고 자가운동과 자기실현이 시작되면서 '전前 문학'적 실체들이 소멸되는 과정은, 서구적 근대화의 전개 속에 민족이라는 주어가 소실되어 가는 과정과 동일 맥락을 형성한다. 그러나 계몽 담론의 전개과정은 원점에서 재확인해야 할 문제를 남기고 있다. 그리고 그 문제는 문학의 형성 과정에 대한 재질문의 성격을 포함하게 된다.

『개벽』지의 이름을 만든 장본인이며, 후에 『신여성』과 『별건곤』의 편집장을 맡았던 박달성은 앞에 소개한 글과 반대되는 흥미로운 일화를 내놓는다. 경성의 한 성적품전람회(졸업전시회－필자 주)를 방문했을 때, 그는 별 의미 없이 한복을 착용했다. 이에 비해 동행했던 『개벽』의 편집장인 이돈화는 양복을 입었고 양복과 한복의 선택은 무의식중에 이뤄진 것이었다. 양복을 입은 이돈화는 저지 없이 들어갈 수 있었지만 자신은 한복을 입었다는 이유로 못 들어간다 하여 결국 개벽사의 기자 직함을 팔고서야 입장할 수 있었다고 한다. 그는 이 사건을 두고 "양洋코가 놉다니까 양복까지 놉히함은 실로 애석한 일이다"라고 개탄한다.[33]

박달성은 이 사건에 앞서 조선의 의복을 서구와 일본처럼 흑색 복장으로 통일하자고 주장했었고 당대 지식인 누구보다도 근대에 대한 강한 열망을 드러낸 바 있었던 인물이다. 박달성이 서구적 근대를 이상적 모델로 인식했으며, 특정 순간에는 조선인으로서의 민족적 정체성을 버리고 싶어 했음은 이미 일본 기행문 「현해玄海의 서西로 현해玄海의 동東에」에서 확인한 바 있다. 그러나 여기서의 박달성은 다시 열렬한 민족주의자가 되었다.

이와 같이 1910년대 후반과 1920년대 초반, 민족성을 긍정하는 예나 일본과 서구를 부정적으로 평가하는 발언[34]은 예외적이지만 지속적으로 나타난다. 근대에 대한 열망에 휩싸일 때, 민족은 야만적이고 비루해져 환멸의 대상으로 전락하지만, 반대로 자기 정체에 대한 자각이 일어나면 근대의 폭력성과 식민성이 경험되기도 했던 것이다.

물론 개조론을 위시한 문화주의나 실력양성론의 대부분은 그 주어를 조선민족으로 하고 있다. 하지만 민족을 주어로 놓는 논설은 정체성의 부정 위에서 출발한다. 즉 조선민족은 정체성의 존엄을 인정받을 수 있는 주어가 아닌, 개조와 근대화의 대상으로서 오히려 목적어의 지위에 있었

33) 박달성, 「天地玄黃」, 『개벽』 17호, 1921.11.1, 33~34면.
34) "아츰에는 「오이켄」의 생각을 쏫고 저녁에는 「톨스토이」에게 쏠리며 甚至於 「싸부링」(채플린—필자 주) 式의 滑稽的 「노릇바치」에게 쏠리나니 참 寒心하기 그지없다"(「自我를 開闢하라」, 『개벽』 장간호, 1920.6, 52면)는 권덕규의 발언이나, '佛蘭西의 人口增殖策'과 시사상식에 무시한 일본 경관을 조소하는 기사(「社會의 聲」, 『개벽』 8호, 1921.2, 80면)는 즉자적 민족의식에 상응한다.

다고 할 것이다. 조선민족은 총체적 부정의 대상이었으며, 변화에 관계없이 유지될 수 있는 동일성, 즉 전통과 역사는 아직 형성되는 과정에 있었다. 다시 말해 민족이라는 주어는 당위의 차원에서만 주어로서의 의미를 유지할 수 있었던 것이다. 따라서 조선민족을 주어로 성취하고자 했던 근대화는 '이상적 도안圖案'[35]에 불과할 수밖에 없었던 것이다. 민족의 정체성에 대한 인식 역시 즉자적 수준을 벗어나지 못했다.

1920년대 초반까지만 해도 근대열近代熱은 거스를 수 없는 대세인 듯 보였다. 따라서 민족의 존엄은 땅에 떨어졌다. 그러나 1922,3년을 경과하며 전혀 다른 경향이 대두된다. 당위에 한정된 민족의 위상이 역사와 조우하며 민족 정체성과 역사적 관습을 긍정적으로 인식하는 계기를 생성하게 되는 국면이 형성되는 것이다.

현상윤에 의해 포착된 일본 유학생들의 망년회 장면은 주체성을 상실하고 환멸의 대상이자 개조의 대상으로 전락한 조선민족이 재인식될 수 있는 단초가 어디서 마련되었는지를 드러낸다. 존재하되 개념화되지 못한 민족의 관습과 정서가 민족의 가치와 존엄에 대한 인식의 경로를 뒤바꾸는 계기를 만드는 장면이다.

『학지광』을 발행하던 동경의 조선유학생학우회는 일 년간의 학우회 활동을 평가하고 자축하는 망년회를 열었다. 김영수의 사회로 진행된 이날의 식순은 안확과 송진우의 망년사, 김찬영의 바이올린 연주, 김정식의 연설로 이어졌고 김종복을 비롯해 한껏 고무된 학생들은 저마다 연설을 하겠다고 신청하지만 제지되었다. 여흥에 들어가서는 김억이 각색한 「on the eve」와 「우스운 人生」이 공연되었다. 여기까지 학우회 망년회

35) 「貴重한 經驗과 高潔한 犧牲－開闢의 新使命과 開闢의 新活動」, 『개벽』 28호, 1922.10, 2면.

는 조선민족을 선도할 엘리트답게 근대적인 풍경을 보여준다. 연설이라는 행위 자체가 근대 계몽과 뗄 수 없는 관계를 가지고 있을 뿐 아니라, 바이올린과 서구의 연극을 각색한 무대도 풍부한 근대적 이미지를 자아낸다. 그러나 이들의 여흥이 깊어감에 따라 현상윤의 시야에 포착된 장면은 그때까지의 분위기와는 사뭇 다른 모습을 보여준다.

> 덩글덩글 우는 장구소리에 이구석 져구석 억개를 수굿하고 나도너도 하고 나오는 풍류남자들! "저건너, 갈미봉"하는 육자백이와, "에잉 에헤요오"하는 방아타령과, "약산동대 야즈라진 봉"하는 수심가를 사고여 부르는 셔슬에 억깨춤 추는 이도 잇고 궁둥춤 추는 이도 잇어서, 사백여 명 전 회원이 다 각기 고향 산수를 대하야 안즌 듯 한 흥을 늣기다가[36]

민족의 근대화를 지상과제로 여기던 당대 최고의 엘리트 유학생들의 망년회장에 육자배기와 방아타령, 수심가가가 울려 퍼지며 사백여 명의 전 참석자들이 어깨춤을 추었다는 것은 바이올린 연주나 연설회, 연극공연과 그리 잘 어울리는 장면이라 하기 어렵다. 1914년 연말 행사였던 성탄축하회나 연시 행사였던 웅변대회, 명사 연설회, 학우회 총회 등의 행사[37]를 보더라도 이러한 행동은 상당히 이질적이다. 이 시기 유학생 지식인들이 주장한 계몽의 핵심이 "관습의 권위를 타파ᄒᆞ며 도덕의 노예를 해방"[38]하는 데 있었다고 보면, 타파되어야 할 관습이 이성적 규범의 외

36) 小星, 「學友會忘年會스켓취」, 『학지광』 4호, 1915.2, 53~54면.
37) 「우리 消息」, 『학지광』 4호, 1915.2, 55면.
38) 송진우, 「思想改革論」, 『학지광』 5호, 1915.5, 2면.

곽에서 여전히 건재했음을 보여주는 예라 할 수 있다. 즉 근대 이념을 선취한 일본 유학생들마저도 오랜 시간 동안 몸에 밴 관습은, 제도화된 규칙을 벗어난 생활의 범주에서는 오히려 더 강력한 힘을 발휘하고 있었음을 보여주는 사건이라고 할 수 있다. 문학의 방면에서 논하자면, 신시와 함께 다수의 한시가 게재[39]되는 것이나, 양백화를 중심으로 중국 고전 작품을 번역하는 것도, 역시 서구적 모델이 잠식하지 못했던 미의식의 한 층위를 보여주는 예가 될 것이다.

의식의 반대편에 분명히 존재하고 있었으나 그 의미를 부여받지 못하고 부정의 대상으로 치부되었던 관습은, 역설적으로 근대 이념의 확장과 더불어 재인식된다. 1922년에서 1923년 경 『시대일보』의 전신이라 할 수 있는 시사주간지 『동명』이 창간되어 민족사의 형상과 논리가 적극적으로 개발, 전파되면서 국면의 전환이 일어난다. 이른바 민족열의 확산 국면이다. 민족사의 근대적 재구성은 재래의 관습과 현재의 민족성에 대한 긍정으로 이어지는 토대가 되었다.

2) 조선 민시民是의 발견

최남선이 발행한 시사주간지 『동명』에 총 11회에 걸쳐 연재된 「조선 민시론朝鮮民是論」[40]은 제목에서 드러나듯이 조선인을 긍정하기 위한 목

39) 노자영은 '번쩍하면 藝術의 理想으로 力의 充實과 感情의 徹底를 말하는 西洋人의 視察로는 支那人의 詩境은 매우 閑漫하다고 할 것이다. 그러나 閑漫하다고 支那人의 詩境을 否定한다 하면 나는 그의 反抗者의 第一人이 되고저 한다. 高尙한 文學은 專혀 西人의 所有라 하는 者는 西洋崇拜熱에 醉하야 東西를 不辨하는 者이다'라고 주장해 한문학의 예술성을 높이 평가하고 세간의 서양숭배열을 비판하기도 한다(노자영, 「漢文學의 니야기」, 『개벽』 3호, 1920.8, 85면).

40) 「摸索에서 發見까지—朝鮮民是論」, 『東明』 창간호~13호(총 11회 연재), 1922.9.3~11.26. 시

적으로 씌어졌다. 이 글이 주목되는 이유는 민족의 부정적 현실에 대한 책임을 권력 계급에 제한함으로써 반대급부로 조선 민중의 자긍과 자부를 부각시켰다는 점에 있다.

> 조선 급及 조선인으로 하야금 기골업고 능력업고 염치업고 생명의 창조가 업게 보이기는 그 본질적 실상實相이 아니라 부패 타락한 대표 계급에 한限하는 특유 현상임을 입증하기 위하야 의식 우又 무의식한 가운대 기다幾多의 숭고한 행위가 생겻습니다. 일 맛겻든 이의 불충으로 말미암아 일허바린 그것을 민중 자신의 힘으로써 회복하려하는 운동이 과연 경탄할만치 깁흔 근원과 넓은 범위로써 진행되엇습니다.[41]

여기서 '기골'과 '능력', '염치'와 '창조'가 없다고 자평해 온 조선인의 모습은 부정된다. 그 책임은 '부패 타락한 대표계급'에 한정된다. 타락한 소수의 권력계급을 민족에서 분리해냄으로써 다수 민중으로 중심이 이동한 민족은 다시 긍정의 대상이 될 수 있게 된다.[42]

조선과 조선적인 것에 대한 부정과 혐오를 정면에서 반박한 이 글은, 나아가 "적설積雪과 층빙層冰이 실상은 양춘陽春을 회태懷胎한 잉부孕婦임과

사주보 형식으로 발행되었던 『동명』은 권두 사설로 「조선민시론」을 게재했고, 이후 권두사설은 「조선적 신년의 대계」로 이어져 동일 논조를 지속했다.

41) 「摸索에서 發見까지—朝鮮民是論(1)」, 『동명』 창간호, 1922.9.3.

42) 『동명』의 사회주의 관련 기사는 도마쓰 커컵의 「社會主義 要領」(삼민초 역, 『동명』 6~15호, 1922.10.8~12.10)과 아베 이소오[安部磯雄]의 논문을 번역한 「社會主義의 實行可能方面」(『동명』 16~17호, 1922.12.17~24) 등이 있다. 그러니 민족의 계급적 구분을 통해 민족적 자긍을 실현했다고 해서 「조선민시론」이 사회주의적 계급 구분을 하고 있다고 보기는 어렵다. 위 글들은 사회주의의 대강을 번역하여 소개하는데 머물고 있고 「조선민시론」의 전체적 논지가 전 민족의 일치단결을 주장하는 내용이기 때문이다. 다만 사회주의의 계급적 사회인식이 영향을 주었다고 할 수는 있을 것으로 본다.

摸索에서 發見까지

‖朝鮮民是論（1）‖

—(一致아니고는될일이업소)—

「조선민시론」(『동명』, 1922.9.3).

생기를 축적한 창고임을 알아야 한다"면서 오히려 "그 덕에 색채가 가장 광선光鮮"할 수 있었고 '민족의식 상의 최고 가치를 조성'할 수 있었다고 주장한다.[43] 조선민족의 낙후한 현실에 대한 비관을 뒤집는 역발상으로 긍정의 시발점을 삼은 것이다. '발견'과 '모색'이라는 제목에 걸맞지 않게 결론적으로는 추상적 대안의 설정에 머물렀고 계급적 이해의 차이와 이념의 분별이 없는 단결은 허언에 불과하다는 비판을 면하지 못하지만, '민족의 발견'을 통해 민족의 일치단결을 조선의 민시로 제시하는 과정은 '술 한잔을 가치 난후고 한 연극장에 드러가 그림 한 편을 가티 봄으로써 대동일치'[44]에 이를 수 있던 즉자적 민족의식이나 자기혐오에 빠져있던 전대의 계몽주의와는 사뭇 다른 모습을 보여주었다는 점에서 의미가 있다.

「조선민시론」이 지향했던 바는 앞서 예시한 설태희의 논설 「조선은 오즉 조선인의 조선」과 짝을 맞추어 새로운 역사적, 문화적 주체를 구성하려는 적극적 노력의 산물이다. 「조선민시론」이나 「조선은 오직 조선인의 조선」 등의 논설이 민족의 자존을 외칠 수 있었던 것은 역사의 구성을 통해 민족에 대한 재인식이 가능해지고, 다시 동시대 조선민족의 정서와 관습을 자신의 정체성으로 인식하고자 하는 시도가 있음을 보여주는 경우라 할 것이다.

「조선민시론」의 시각에 입각하게 될 때, 더 이상 민족적인 것, 재래의 것은 부정되어야 할 대상에서 벗어난다. 오히려 다양한 가능성을 지닌 가치의 영역에 재배치되는 것이다. 이를 증명하듯, 『동명』에는 민족 재래의 문화에 대한 자긍을 드러내는 다수의 글이 게재된다. 권덕규의 「조선

43) 「아아 貴重한 發見－朝鮮民是論(2)」, 『동명』 2호, 1922.9.10.
44) 「民族一致, 大同團結을 云爲하는 이에게」, 『개벽』 35호, 1923.5, 18면.

어문의 연원淵源과 그 성립」, 최남선의 「조선역사통속강화」와 「외국으로서 귀화한 조선 고담」, 야나기 무네요시[柳宗悅]의 「조선 도자기의 특질」, 아사카와 노리다카[淺川伯敎]의 「이조 도기의 사적 고찰」, 문일평의 「조선 과거의 혁명운동」 등 『동명』의 기사는 한결같이 민족적인 것의 재인식에 초점을 맞추고 있다.

민족사의 소환을 통해 민족적 단결을 시도한 예는 이미 신채호나 박은식 등의 국학자들에게서 볼 수 있는 것이다. 하지만 『동명』의 시도에 비중을 두는 이유는 미디어의 확산적 기능에 주목했기 때문이다. 주간지였던 『동명』은 창간 즉시 『동아일보』와 『조선일보』를 위협할 만큼 돌풍을 일으키며 창간호 2만 부가 2~3일 만에 동났고, 그 후신인 『시대일보』도 『중외일보』, 『중앙일보』, 『조선중앙일보』 등으로 명칭을 변경해가며 식민지시대 일간지 시장을 삼분할 정도로 큰 세를 점하고 있었다.[45] 따라서 『동명』의 민족사 창출 기획은 이전 국학자들의 그것에 비교할 수 없는 강력한 영향력을 가질 수 있었다.

『동명』의 민족사 창출 기획은 각각 다양한 측면에서 민족사의 형상을 그려내었고, 또 민족 존엄의 논리를 개발함으로써 기존의 민족 인식을 재구성하는데 기여했다. 이를 '문학'의 문제로 환언하면, 더 이상 '문학'은 서구적 준거 시각 내에 한정되지 않으며, 'Literature'의 범주 밖에 있던 '문학 전前 문학'이나 '문학 외外 문학'도 가치를 인정받을 수 있게 됨을 뜻한다.

민족 인식의 문제와 밀접히 관계된 이 글들이 대부분 역사적 범주에서 다뤄졌다는 점은 안확의 「조선의 문학」이나 『조선문학사』 등의 사적 기획이 갖는 의미를 동궤에서 이해할 수 있게 한다. 민족사의 구축에 따라

45) 조용만, 『육당 최남선』, 삼중당, 1964.1, 188면.

조선어를 비롯한 전설과 고담 등 전래의 유산들이 가진 가치가 재해석되고 있는 것과 마찬가지로 문학사의 구축에 따라 재래의 다양한 문학적 유산들이 문학의 범주로 포용되는 것이다.

1920년대 초반에 재발견된 민족은 1910년대 『학지광』 등을 통해 볼 수 있는 '민족'과는 차이가 있다. 예컨대 1910년대의 민족은, "오인吾人의 생명은 태백산 단목하檀木下에서 신성神聖 출현ᄒᆞ신 대황조大皇祖께서 창조ᄒᆞ셧ᄂᆞ니, 께옵서ᄂᆞᆫ, 영토 가옥을 개창開倉ᄒᆞ셧스며 예악 문물을 제정ᄒᆞ셧스며 혈육 정령을 분포分布ᄒᆞ셧스니 오인吾人의 생명을 집합ᄒᆞ면 사천년 전의 혼전渾全ᄒᆞᆫ 일체一體가 될지요 분포分布ᄒᆞ면 이천만 족族의 분파된 지류가 될지로다"[46]의 주장처럼 유기체적 전체로서의 민족이며, 분할할 수 없는 영구불변의 신성 공동체로 인식되었다. 여기서 차이와 분열을 상상하기는 어렵다. 상상된 '민족'의 형태를 놓고 볼 때, 「천재야! 천재야!」[47]와 「우리의 이상」[48] 등 이광수의 글에서 보이는 천재론과 중추계급론 역시 운명공동체 내에서 역할분담을 강조한 것에 지나지 않는다. 이때 민족사의 모든 부정적 측면은 민족 전체의 책임이며, 일본을 비롯한 근대의 제국들과 비교되어 벗어날 수 없는 열등과 야만의 환멸을 느낄 수밖에 없었다. 그러나 「조선민시론」에서 제기된 '민족'은 '민족'의 일부였던 타락한 권력 계급을 제거했고 비로소 민족은 긍정할 수 있는 존엄한 존재로 인식되는 양상을 보인다.

『동명』의 민족사 창출 기획은 환멸적 민족인식에 기반한 근대열을 일

46) 송진우, 「思想改革論」, 『학지광』 5호, 1915.5, 4면.
47) 이광수, 「天才야! 天才야!」, 『학지광』 12호, 1917.4.
48) 이광수, 「우리의 理想」, 『학지광』 14호, 1917.11.

偉人投票發表

本誌五月號에發表한偉人投票는甚히內外讀者의興味를惹起하야豫想以上의成績을博得하얏다이제多點과次點에當한偉人을發表하면如下(但百點未滿의次點은此에略함)

部門	多點	票數	次點	票數
思想	李滉	一、四九二		
政治	李珥	九八九	乙巴素	九二〇
軍事	李舜臣	一、一〇〇	乙支文德	一、〇〇二
文學	崔致遠	九七八	朴趾源	六五一
美術	率居	一、三二〇	曇徵	九八五
宗敎	崔濟愚	一、二三九	元曉	五六三
科學	徐敬德	八九二	丁若鏞	八八三
産業	文益漸	六九七	屹干	五三四
敎育	崔冲	一、三二一		
社會改善	兪吉濬	三六〇		

當選十大偉人

【思想】……李滉
【政治】……李珥
【軍事】……李舜臣
【文學】……崔致遠
【美術】……率居
【宗敎】……崔濟愚
【科學】……徐敬德
【産業】……文益漸
【敎育】……崔冲
【社會改善】……兪吉濬

위인투표 발표(『개벽』, 1921.7).

정 제어하며 민족열의 시대를 열었다고 평가할 수 있다. 그런데 같은 시기, 『동명』의 민족사 창출 기획과 유사하면서도 또 상당한 차이도 가지는 기획이 공존하고 있어 주목된다. 그 주인공은 『개벽』이었다.

3) 투표로 결정된 역사적 위인들

당대 최대의 발행부수와 유통망을 가진 잡지 『개벽』은 독자들의 의견을 물어 그 결과로서 민족 주체성을 구성하고 다시 확산시키는 기획을 도모했다. 「위인투표偉人投票」[49]로 명명된 이 기획은 민족사의 영웅과 호걸을 미디어의 장에 불러내 민족적 자긍심을 고취할 것을 목적으로 했다. 이 기획이 특별할 수 있는 이유는 위로부터의 계몽이 아닌 아래로부터의 동력 창출 방식을 채택했고 이를 다시 잡지의 기사로 재생산했기 때문이다. 『동명』의 민족사 창출 기획이 선각자적 지위의 엘리트들이 생산한 논리와 형상을 독자들에게 전파하는 방식이었다면, 『개벽』의 방식은 독자 스스로가 논리와 형상의 생산 주체로 등장하는 방식이라고 할 수 있다.

「위인투표」는 총 10항목에서 각각 "조선 상하 사천 년간의 역사에 나타난" 인물 중 "조선민족의 발전에 대한 최대 공헌자"를 한 명씩을 추천하도록 하는 것이다. 이에 따라 1921년 5월 1일부터 6월 10일까지 엽서로 투표를 접수하고 그 결과를 발표했다.[50] 1,500명 이상이 이 투표에 참여[51]했고 당선된 10대 위인은 이황(사상), 이이(정치), 이순신(군사), 최치원(문

49) 「偉人投票」, 『개벽』 11호, 1921.5, 85면.

50) 「偉人投票發表」, 『개벽』 13호, 1921.7, 148면.

51) "但 百點 未滿의 人點은 此에 略함"이라는 규정으로 볼 때, 실제 투표에 참여한 사람은 이보다 훨씬 많았을 것으로 보인다. 다만 최고점수를 얻은 사상 분야의 이황이 1,492점을 획득한 것과

학), 솔거(미술), 최제우(종교), 서경덕(과학), 문익점(산업), 최충(교육), 유길준(사회개선) 등이었으며, 그 외로도 을파소, 을지문덕, 박지원, 담징, 원효, 정약용, 흘간 등이 차점자로 소개되었다.

『개벽』은 다만 그 집계된 결과를 발표하는데 그치지 않는다. 이황과 이이의 사상을 소개[52]한 것도 이 기획의 일환이었거니와, 연이어 16호부터 10대 위인의 평전이나 사상을 자세히 소개해 역사적 사실로부터 민족적 자긍심을 고취시키는 방향으로 전개된다. 이 기획도 『동명』의 기획과 마찬가지로 환멸의 대상 이외에는 아무것도 아니었던, 재래의 보편적 가치를 긍정하고 민족의 존엄을 불러 일으켰다는 의미를 획득한다. 과거의 전全 시대가 민족사의 구성을 통해 가치를 인정받고, 다시 당대 조선의 보편적 인식과 가치도 긍정되기 시작하는 것이다. 근대 이념의 요구와는 관계치 않는 당대의 보편적 인식을 민족의 정체성으로 인정함으로써 민족은 일방적 부정의 대상에서 벗어나게 되었다고 할 수 있다.

미디어는 이미 아래로부터의 동력 창출 방식을 갖추고 있었다. 최남선의 잡지 『청춘』의 「현상문예」[53]로 시작하여 『개벽』의 「현상문대모집」,[54] 「고래동화모집에 관하야」,[55] 『동아일보』와 『조선일보』의 현상문예 등은 그 실례들이다. 이 시기의 현상문예는, 문학이라는 근대적 제도와 문체를 확립하기 위해, 다른 한편으로는 문학과 잡지의 독자층을 확보하기 위한 수단으로 기획되었다.

총 10항의 점수 합산이 15,926점인 것으로 보아 최소 1,500명 이상인 것으로 판단했다.

52) 一記者, 「退溪 先生의 宇宙觀과 人生觀」, 『개벽』 16호, 1921.10; 일기자, 「栗谷 先生의 政治理想과 哲學思想」, 『개벽』 17호, 1921.11.

53) 「懸賞文藝」, 『청춘』 7호, 1917.5.

54) 「懸賞文大募集」, 『개벽』 11호, 1921.5, 86면.

55) 社告, 「古來童話募集에 關하야」, 『개벽』 27호, 1922.9.1, 1면.

현상문예를 보면, 시와 소설 등의 장르를 중심으로 서구적 문학 양식이 지배적이었음이 확연하다. 시와 소설, 논문 등은 이미 '문학' 이념에 의해 구획된 산물이기 때문이다. 그러나 다른 한편으로는 '소품문小品文'(『개벽』), '시조', '한시', '동요', '동화'(『동아일보』)는 물론 '자기 근황을 보지報知하는 문文'이라거나 '고향의 사정을 녹송錄送하는 문文'(『청춘』) 등 근대적 장르 구분에 귀속될 수 없는 '문학' 외적 양식 개념이 삽입되어 있다는 사실이 증명하듯, 문학 이념으로 포괄할 수 없는 문학 대중들의 관습과 정서가 공존하고 있는 것이다.

이때 관습은 서구 모델의 대응물로서의 의미나, 민족적 형식의 부활이라는 의미 외에도, 당대 조선인의 주체성이라는 의미를 획득한다. 즉 소설과 시, 논문이 이광수식 근대 서구 모델이라면, 시조와 한시는 안확의 민족사적 모델이고, '동요', '동화', '자기 근황을 보지報知하는 문文'이라거나 '고향의 사정을 녹송錄送하는 문文'은 이광수나 안확의 문학 개념으로는 포괄할 수 없는 또 다른 당대의 문학적 관습이었다.

문학을 필두로 근대열의 확산 국면을 주도한 '현상모집', '투표' 등의 방법이, 역설적으로 민족사에 대한 인식을 구성, 확산시키면서 민족열의 확산 국면을 창출하는 데에도 적용되었다. 근대열과 민족열이라는 두 국면이 동일 전술에 의해 조성되었다는 것은 현상문예와 「위인투표」가 전략적 목표를 공유하고 있었음을 보여준다. 그 하나는 아래로부터의 근대적 문학, 역사 인식이라는 담론적 층위의 전략이고, 다른 하나는 안정적 독자층 확보라는 시장적 층위의 전략이다. 달리 말하면, 현상모집과 위인투표는 모두 근대에서 식민으로 이어지는 제도를 확립하기 위한 시도였다고 할 수 있다.

서로 상충되는 듯 보이는 두 국면의 조성 방법이 동일하다는 것은 시사적이다. 민족주의의 근대성과 식민성이 고스란히 드러나는 지점이기 때문이다. 분명 1920년대 초반까지의 근대열은 민족을 환멸의 대상으로 치부하도록 몰아갔고, 반대로 민족열의 열기가 뜨거워지면서부터 서구의 근대적 모델은 상대화되었다. 이렇게만 보면 근대열과 민족열은 서로의 적으로 현상된다. 그러나 근대열과 민족열은 샴쌍둥이다. 이들은 동일한 근대의 질서에서 배태되었고 식민지라고 해서 그 어미가 달라지지는 않는다. 식민지의 조건은 다만 민족과 근대의 갈등을 강조하는 환경일 뿐이다.

이런 견지에서 「위인투표」를 보면, 사상 · 정치 · 교육 등 10개 항목으로 구성된 「위인투표」의 분류 체계는 근대적 분과를 옮겨놓은 것과 같다는 것을 발견할 수 있다. 위인이 된 영웅은 이미 근대적 필요에 의해 선택되고 재평가된 민족사의 영웅이며, 투표라는 균등화된 평가 방식도 근대적 질서에 의해서만 작동한다. 「위인투표」의 틀은 민족의 역사를 재구성하려는 근대 이념의 구속력에 충실히 복무한다고 볼 수 있는 것이다.

선각자들, 엘리트들은 이미 독자들로부터의 의견을 예견하고 있었고 실제로도 그들의 예상을 크게 벗어나지 않았다. 투표라는 근대적 방법은 아래로부터라는 명분과 실효적인 결과를 동시에 얻을 수 있다는 엘리트들의 설계에 의해 통어되고 있었다고 보면 틀리지 않는다. 그럼에도 이 아래로부터의 민족사 창출 기획은 근대열과 민족열에 들뜬 계몽주의를 벗어나 또 다른 국면으로 치닫게 되는 계기가 된다. 아래로부터의 기획은 전략적 목표를 뒤흔드는 우발적 폭발력을 가지고 있었기 때문이다.

앞서 언급한 바처럼 '현상모집'과 '위인투표'의 기획은 각각 새로운 문학의 확산, 그리고 근대적 민족 인식의 확산을 목적으로 했고 두 기획이 모두 출판 시장의 근대적 성장을 기도했다고 할 수 있다. 뒤에 자세히 살피겠지만 아래로부터의 기획은 선각자들의 계몽 이념을 송두리째 의혹 속으로 몰아넣고, 계몽과 훈육의 태도에서 실사實査와 실사實寫의 태도로 변화하는 전면적 방향전환의 계기를 추동한다. 『개벽』의 후속 기획 「조선문화의 기본조사」는 그러한 상황을 잘 보여준다. 그리고 이 기획은 역사와 문화의 주체를 묻는 새로운 국면을 개척한다. 논쟁의 중심에 민족이 아닌 대중과 인민(민중)이 등장하는 것이다.

4) 조선의 자랑

『동명』과 『개벽』의 민족사 창출 기획은 근대에 도래한 대부분의 이념이 그러하듯이 자가운동 단계에 접어든다.

참, 알다가도 몰을 일이지, 근래의 우리 사람들은 함부로 자기 종족을 매罵하는 경향이 잇것다. 툭하면 가로되 망국 인종이니, 해볼 수 업는 종자이니 하며, 심한 자는 강연회에 '야지'를 한번 당하고도 조선 민성民性 전체를 시비하며, 유행 회합의 유회流會 한번을 보고도 조선 장래의 일반을 비관한다. 이뿐이냐, 당파싸움은 조선사람에게만 전유한 것으로 알며, 시근종태始勤終怠는 조선사람의 제이第二 천성으로 녁이것다.

이것은 민성民性 그것에 대한 질매叱罵이거니와, 이로 이후以後의 조선 전정前程에 대해서도 역시 그 모양(갓추어 말하지 안커니와)이다. 그린 중에서도 제일 괴악怪惡한 것은 아주 아모것도 모르는 동포보다도, 무엇을 조곰 알고 또 생각한다는 축에서 제일 심한 그것이며, 속俗 소위 온건파나 실력

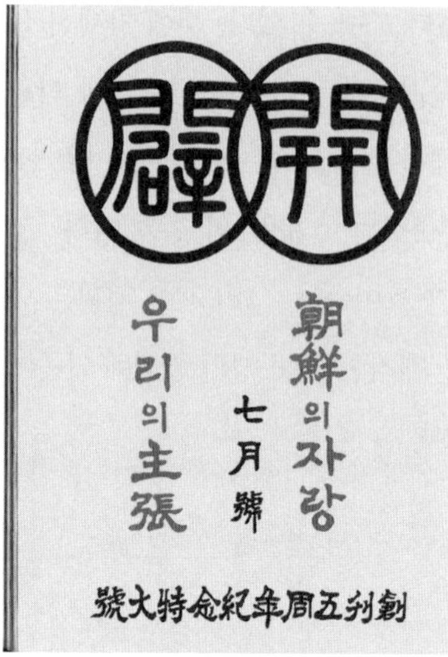

「조선자랑호」 표지(『개벽』, 1925.7).

양성파류의 일부는, 아조 그러하는 것으로써 우국우민의 행세꺼리를 삼는 혐嫌도 업지 않타.[56]

「조선민족만이 가진 우월성」을 필두로 『개벽』 61호는 창간 5주년 기념 「조선의 자랑」을 특집으로 게재했는데, 조선민족의 민족성 및 역사 · 지리 · 산업 · 예술 · 예의 · 자연 · 인정 · 건강 · 윤리 · 문자 · 음식 등의 우수성을 소개했다. 외국인의 글이 다수 포함되어 있다는 점에서 더욱 주목되는 이 특집 기사는 민족에 대한 계급적 이해가 확산된 이후에도 민족 긍정론이 위축되지 않았음을 보여주는 예이다.

『별건곤』 3권 2호 「조선자랑호」[57]나 최남선의 국토기행과 불함문화론, 이능화와 손진태의 민속론, 권덕규 · 안재홍 · 문일평 · 장도빈 · 황의돈으로 이어지는 역사서술 역시 동일한 맥락에서 이해된다. 대표적 경우를 예시한 것이지만, 이러한 흐름은 「조선민시론」에서 사회주의적 계급론에 이르는 '민족'에 대한 이해, 역사와 문화의 주체에 대한 인식의 변화

56) 김기전, 「朝鮮民族만이 가진 優越性」, 『개벽』 61호, 1925.7.

57) 이 특집호에는 「乙支公의 薩水大捷」을 비롯한 전쟁 사화史話 3편, 「朝鮮始祖 檀君 硏究」를 앞세우고, 학술 · 문학 · 발명 · 교육 · 미술 · 음악 등을 비롯해 전설 · 민요 · 주택 · 의복 · 음식에 이르기까지 근대화 담론에 의해 부정되었던 다양한 재래의 민족적 가치들이 긍정되고 있다. 『별건곤』 3권 2호, 1928.5.

에도 불구하고 민족에 대한 자부를 지속적으로 확장시켰다.

『동명』의 논설과 『개벽』의 기획기사들에서 확인되듯이, 민족의 일부를 제거함으로써 민족과 민족성에 대한 긍정이 가능해지자 재래의 것, 전통적인 것, 민족적인 것 일체에 대한 평가도 전환의 계기가 마련된다. 1910년대 후반에서 1920년대 초반을 경과하며 민족이 부정의 대상, 극복의 대상으로서만 여겨지던 모습과는 다른 토대를 형성하는 것이다.

이로서 외국인에 대한 조선 지식인들의 감정이었던 굴욕과 수치, 그리고 타인화의 욕망은, 조선 사람을 신기한 듯 카메라에 담는 서양 사람에 대한 강한 분노를 드러낼 수 있는 수준[58]으로 이동하게 된다. 외국인의 시선을 비평하고 그 공정함을 논할 수 있는 기반이 만들어진다. 이때, 수치감은 불쾌감과 분노로 뒤바뀔 수 있었다.

3·1운동을 경험한 직후의 시기, 민족의 형상이 창출되고 민족 구성의 논리가 확보됨에 따라 근대의 미달태로서의 조선민족과 역사적 자긍이 가능한 조선민족이 공존하는 모습을 드러낸다. 그리고 1920년대 중반부터 민족에 대한 긍정과 자부는 더욱 강력한 영향력을 갖게 된다. 문학 역시 예외는 아닐 것이다. 이광수에 의해 극구 부정되던 일체의 문학적 유산, '문학'에 의해 배제되었던 '문학' 이전의 문학, '문학' 바깥의 문학들이 '문학' 안으로 침투할 수 있는 가능성도 열리게 되는 것이다.

다만 그것이 독자적 양식으로서 문학의 범주에 귀속되었는가의 문제는 조금 다른 층위에 해당한다. 민족 문화에 대한 긍정이 민족사의 구성과 관련됨은 이미 논했거니와 문학사의 구성과 관련해 영향을 받는 '문학'의 범주와 영역이 주로 과거에 한정되는 산물임에 반해 문학 이념은 오히

58) 김석, 「西洋사람이 朝鮮사람 寫眞 찍는 것을 보고서」, 『개벽』 35호, 1923.5.

려 미래에 더 깊이 관여하기 때문이다. 즉 민족의 역사와 관습에서 찾을 수 있는 문학적 어떤 것을 미래에 대입하는 것은 즉각적 형식을 취하기 어렵다. 여기서 관습과 이념이 충돌하고 삼투하는 관계의 양상은 문화적·역사적 주체에 대한 질문을 동반하게 된다.

읽을거리

「모색에서 발견까지 – 조선민시론(1)」(『동명』, 1922.9.3)

추풍이 책상머리를 시쳐 사람으로 하야곰 생각하게 하는 철이 되엇습니다. 혜음惠音을 밧자와 근절近節을 아옵고 매오 든든하오며 더욱 시세에 대한 절우실려切憂實慮가 전가티 측측側側하심을 못내 감격하엿습니다. 형님 과연 감격하엿습니다. 세상에 드러찬 이상가 애국자들과 갓지 아니하야, 형님의 우려는 항상 절실하심에 감격하엿습니다. 바늘 끗츠로 시치기만 하야도 선혈이 용소슴할 듯한 절실에 감격하엿습니다. 그럼으로 형님의 우려는 언제든지 문제의 골자를 쏙 붓드셔 그것을 바로 해명함이 그대로 곳 시대의 추향趨嚮을 판정하는 일대 준적準的이 되심에 못내 감격합니다. 아아 사려론 조하하고, 환영 쏘차다니고, 개념의 유희나 일삼고, 특수하고 복잡한 내쑬림을 남의 새 문자 몃개만 가지면 청초하게 피일 줄 아는 일미도도一味滔滔한 가운데 형님가티 절실한 지사를 벗으로 뫼시게 됨이 이 무슨 □력이오니까!

형님! 형님 말슴과 가티 오늘날 우리 당면의 대문제는 민시民是를 일정一定함입니다. 민족정신을 집주集注할 일초점이 무엇임과, 민족능력을 경도傾倒할 일대사가 무엇임을 쉽히고 쌔단하고 깁깁히 인식함이, 시하時下 오인吾人의 막긴막급莫緊莫及한 중대문제외다. 첫재 우리의 처지가 결코 결코 심상평순尋常平順하지 아니한데, 거긔다가 우리의 역량이 결코 결코 넉넉한 것이 업습니다. 더 적절하게 말슴하면, 우리의 소조所遭는 긔막히게 간험艱險한데, 우리에게는 이를 손쉽게 배제할만한 역량이 그다지 잇지 아니합니다. 그러면, 넉넉지 못할스록 우리의 다소 역량을 한데로 뭉쳐서, 가장 요긴하고 가장 근본되는 일에 모가서 씀이 당연한 일이 아닙니까. 도저히 한꺼번에 이 일 저 일을 경기經紀할 만한 힘이 업는 바에야, 한가지식, 한 겹식, 한 토막식, 전력적 해결을 얼러가는 밧게 아모 다른 수가 잇슬 리 업지 아니합니까. 형님- 시운의 추향趨嚮을 집허보건대, 우리가 잘만 하면 우리의 갈구하는 그것이 머지 아니하야 안전眼前에 실현할 섯을 서슴지 인코 단정할만하지 안습니까. 그러나 우리 자신의 실정을 살히건대, 잘못하다가는 긔막힌 함정이 바로 발 압헤 생길까 저허합니다. 그런데 잘 한다는 것은 무엇이며 잘못 한다는 것은 무엇인고 하면, 요要하건대 민족적 일치로써 하는 갱생적 노력이, 잇는가 업는가-생길가 말가-될가 안될가 함입니다. 금일이 오인이 참으로 일치하야, 자기의 입지를 정각正覺하고, 자기의 전로前路를 정관正觀하고, 자기의 방침을 정결正決하고, 자기의 노력을 정용正用하는 여하가 우리의 운명을 심판하는 근본조건입니다. 살아날 일조로條路가 잇는데, 능히 차자서 곳장 가는 여하가 우리로 하야곰 신지信地로 도달케 하는 여부를 결정할 것입니다. 이 길을 쏙 가는 것이 민시를 행함이오, 이 길로 감으로 하야 우리 최후 소망이 자연 성취됨이 민시民是의 확립과 밋 그 일치로 말미아마 당연히 결취되는 과보果報외다.

형님! 한 개인에게도 그러하지요마는, 한 민족의 생활전개상에도 각금 사활의 관문이 잇습니다. 이 관문을 잘 알아보고 쏙바로 몸을 소소처 투과하면 그의 생명에 약진적 개화가 생기지마는, 그 대신 어릿어릿하거나 머뭇머뭇하거나 갈팡질팡하거나 배슷배슷하면, 시썸어코 차듸찬 악마의 손이 어느덧 이 법 새를 움켜다가, 긔막히는 굴헝에 집어던저 허덕어리는 꼴을 손벽치며 구경하는 것입니다. 형님, 우리 조선사람이 최근에 이 두 가지 실지實地를 깁히 체험하고, 또 바야흐로 대가만흔 곱백이 온蘊을 싸는 것을 짐작하시겟습니다. 병인년도 그 한아이오, 임오년도 그 한아이오, 갑신·갑오·갑진년이 다 그 한아이엇습니다. 이 여러 토막 사변이 그 인록因綠이야 무엇일런지 그 형태야 어써하얏든지, 그 모든 사건을 일관한 역사철학적 의미는 요要하건대 세계가 조선을 부른 것입니다. 쌘 세계가 자는 조선을 불러 니르킨 것, 탁 트고 사자는 세계가 쏙 닷고 안잣는 조선을 불러내는 섯입니다. 그리하야 정신을 차리나 못차리나, 제 복세 낸 섯을 세가 거느리니 못 거느리나, 세계 대세에 순응하야 자기의 소임을 감당하나 못하나를 시험하고 또 판단하려 한 것입니다 가능하게 되면 신시대의 혼인 잔치에 꼿방석 한아를 주고, 그러치 못하면 성연盛筵을 준비하는 한 녑헤 게거픔 흘리고 단코를 부는 체면 모르는 이를 미러내던지려 한 것입니다. 다시 이것을 이면으로서 보건대 조선민족의 본질적 가치를 얼마만치나 세계적으로 현양顯揚하겟는가를 실지實地에 증명하라 함입니다. 그런데 우리가 여긔 대하야 얼마나 표적을 내엇습니까. 얼마나 내재적 능력을 표현하얏습니까. 얼마나 감수력의 예민함과 탄발력의 강인함과 창조력의 후대함을 사실의 우에 드러내엇습니까. 그리하야 세계를 자기의 안에 섭수攝收하고 또 자기를 세계의 우에 □장하얏습니까. 아아 형님! 이 점에 관하야 넘어 원통하고 억□하고 또 넘어 허무하고 염치업슴은, 혀가 써러지도록 말슴도 하든 것이오 눈이 붓도록 울기도 하든 일이니까, 이제 새삼스럽게 □□지 아니하겟습니다마는, 과연이지 야속하게 무심하고 야멸치게 무능한 것을 보엿습니다. 그리한 결과로 최후의 시련이 우리의 두상頭上에 낙래落來하얏습니다.

과연 최후입니다. 관후寬厚한 생존원리와 포용성 만흔 문화법칙도 게르고 무용한 조선인에게는 그만 정이 써러저서, 인제는 더 참을 수 업다는 듯키 최후의 시련을 나린 것이 조선민족의 가사假死적 시험입니다. 참다 참다 못하야 한 째 그 민족적 생명·국가적 생활기능을 끈허가지고 엇지하는지를 보려한 것이 경술년 불벼락입니다. "주사注射한 독기를 익이면 살아날 것이오, 그러치 못하면 그 밥이 되어도 나는 모른다"한 것이 역사의 법칙이 이 째 우리에게 마조막 선고한 것입니다. 그러나 어찌할 수 업는듯하든 조선인도 째가 되엇습니다 용긔될 째·셈속일 째·정신차릴 째가 되엇습니다. 이 째까지는 참앗지마는 이제부터는 더 견듸지 못하겟다는 기개를 보엿습니다. 기다리든 째가 왓다하는 듯키 별안간 움직이기 시작하얏습니다. 아연히 자아에 □□쓰고 자기의 처지에 눈을 쓴 조선인은 무서운 형세로 자기옹호를 운동하기 시작하얏습니다. 미상불 무서운 형세로써 분기하얏고 노력하얏습니다. 압헤 노힌 희생 우에 자기를 덧 희생으로 올리기도 사양하지 아니하얏습니다. 물가치 심이지 아니하는 구석이 업슨 뒤에 말려하고, 불가치 온갓 것을 다 사르고야 말려 하얏습니다. 그러케 위축침폐萎縮沈廢하얏든 사회의식도 이 일건사를 인하야 붓적붓적 소사낫스며 그러케 지리멸렬하든 민족행위도 이 일단사一段事를 위하야 차직차직 뭉키엇습니다. 가르치는 이 업시 민족적 자각이 골고로 생기고 니끄는 이 업시 민족적 일치가 저절로 니루엇습니다. 닥치는 것이 간험할수록 그대로 이 자각과 이 일치가 줄기차지고 덤지르는 것이 흉악할스록 그대로 이 자각과 이 일치가 긔숭스러워젓습니다. 이 째까지 무룡한 듯 하기는 실상 오늘날을 위하야 정력을 양축養蓄하자고 그리된 것이오 오늘날 와서 이만한 탄발력을 낼 수 잇기는 실상 두고두고 싸핫든 것을 한써번에 내어씀인 줄을 사실의 우에 보엿습니다. 나라일은 내가 다 한다는 계급보담 니른바 무지위한 사람들에게와 세상일은 내가 다 아노라 하는 사회보담 니른 바 무지식한 사람들에게 이 색채가 더욱 농후하며 이 주선周旋이 더욱 성근誠勤하얏습니다. 권력□롱계급으로 말미암아 □폐되고 □□되고 방해되고 고폐錮閉되엇든 조선민족의 생명력이 권력계급자체의 타락 무신용이 폭로되자마자 민중 자신의 자조적 활동으로 말미암아 새싹이 나고 고개를 쳐들고 팔뚝을 뽐내엇습니다. 진작부터 이러한 민중의 이러한 자조와 이러한 일치로써 조선이 지대支待되엇든들 어쩌케 일즉이 세계적 시□의 민족적 통과를 완전히 성취하얏슬는지 모를 번 하얏습니다.

조선 급及 조선인으로 하야금 기골업고 능력업고 염치업고 생명의 창조가 업게 보이기는 그 본질적 실상이 아니라 부패타락한 대표계급에 한하는 특유현상임을 입증하기 위하야 □□우又무의식한 가운데 기다幾多의 숭고한 생위가 생겻습니다. 일 맛겻든 이의 불충不忠으로 말미암아 일허바린 그것을 민중 자신의 힘으로써 회복恢復하려 하는 운동이 과연 독탄篤嘆할만치 깁흔 근원과 넓은 범위로써 진행되엇습니다. 이론상으로 지극히 어려운 그것을 실지상으로 지극히 쉽게 할만한 귀중한 노력이 쉬울 틈 업시 각 방면에 계속하얏습니다. 불충不忠한 유사有司에게 유도된 가사상태는 순성純誠한 민중의 실지 각성을 말미암아 근본적 개화가 생기게 되엇습니다. “인제는 모르겟다”하는 의미로써 역사가 부과하는 최후시련을 “다시는 밧지 아니하겟다”는 별개의 의미로써 이 최후시련을 역사에게 환납하기를 결심하얏습니다. 온갓 편의를 박탈되고 온갓 장애에 뇌롱牢籠되엇건마는 민족전체의 무의식적 일치는 참으로 위대한 능력을 발휘하야 잠묵潛默 한가운대 쌔리가 점점 깁히 박이고 기회가 점점 넓어젓습니다. 한썻 팽창된 열력은 다만 분화구 될 곳을 차질 썐이엇습니다. 밀리고 밀리다가 탁 터진 것이 그 선언이란 것이외다. 견대다 못하야 쌕 지른 이 소리는 어수선한 체험으로서 어든, 갓가지 자각의 종합적 표현이외다 그런데 그 중심사실된 것은 완전한 의미상으로 ‘민족’이란 것을 추구하는 ‘생활의지’(Wille Zum Leben)외다. 온갓 민족적 결□감이 이 선언을 통하야 방산형으로 표상된 것이 삼일사건의 역사적 의미외다 몰랏든 ‘민족’을 알려하는— 일헛든 ‘민족’을 차지려 하는—부서진 ‘민족’을 반축하려 하는—지질린 ‘민족’을 닐으키려 하는—파무친 ‘민족’을 쓰집어내려 하는 조선인의 생생열이 다른 방도기 모조리 두새杜塞되엇기 때문에 겨오 터저잇는 구멍을 쑬코 발표된 것이 그것이외다. 가사적 시험의 마당에서 아긋아긋하게 ‘민족’을 발견하고— 생맥生脈이 그 속에 쒸고 활기가 그 가에 서렷슴을 발견하고서 부활의 송가를 구□에 사모치게 부르지진 것이 그것이외다. 발견의 깃븜이 탄솔坦率하게 나타날 적에 '내 이러케 살겟다'하는 선언이 뭇득 나왓습니다. 살겟다—갈겟다—여긔 '민족'이 잇고나 하얏습니다.

읽을거리

설태희, 「영겁에 긍亘하야 변함업슬 조선은 오즉 조선인의 조선」

(『동명』, 1922.9.10)

외외巍巍한 훈업勳業을 더욱 외외히
황황皇皇한 예술을 더욱 황황히

흑수黑水의 남南 광막한 요동대륙을 배背에 부負하고 천주天柱가티 흘립屹立한 장백산—

그 주맥主脈은
우리시조단군한배
의 발상發祥하신 영산靈山이니 이를 척주脊柱로 한 금수의 반도강산이 곳 우리 조선이다.

악랑鍔浪, 경파鯨波—산을 회懷하고, 능陵을 양襄한다 하더라도 우리의 척주脊柱인, 이, 장백산은 어찌하지 못할 것이니, 이를 엇지하지 못하면 우리 금수반도의 침륙沈陸은 될 줄이 업스리라.

아—이 근역槿域에, 일□의 토土와 일 권拳의 석石이 그 어느 것이 우리 조선祖先의
피방울과땀구슬의
흘러 물들미 아님이 잇스랴. 우리의 조선祖先을, 아니, 우리의 자신을 잇지못할 우리는, 우리 조선의 반만년 청전유업靑氈遺業인, 우리 자손의 억만대 삶의 터전인, 이 조선을 잇지 못하리로다.

우리는 일즉 강한强悍으로써 인인隣人의 외숭畏崇을 수受하든 민족이며, 선인善人이라 하야, 경모景慕를 수受하며, 군자라 하야, 찬송을 수受하든 민족이라, 그리하야 종교, 철학, 정치, 경제의

모든문화의창작으로써 내예來裔에 혜惠한 선배가 허다한 그 중에도 우리에게 가장 심각한 기억을 여與케 된 것은 한산도의 역役, 살수의 전戰에, 웅위雄偉를 발휘한 을지문덕, 이순신, 제공의 실사적實事蹟이엇나니, 이래爾來민중의 사이에서 이로써 구전심수口傳心授를 일삼는 것은, 이곳 우리 조상의 유업을 극수克守한 공로에 느낌이 깁흔 까닭이니라

형제자매여, 서인西人의 부富와 강强을 흠앙欽仰하려 하거든 이것을 아화我化하려하라, 동인東人의 기技와 능能을 효칙效則하려 하거든 이것을 아화하려하라, 남에와 북의 인人이 여하히 참신한 사상과 기발한 주의를 가지어 천지를 풍미하며, 시세를 변역變易한다 하드라도 우리는 오즉 **조선으로의정신과** 주의로써, 차此를 아화치 안하서는 안 될 것이다. 만일 아화로 하지 못하고 맹종만 한다하면 이는 노예화거나 우마牛馬화를 면치 못하야 모든 압박과 모든 고통이 다시 우리의 몸에 □면되리니, 이는 과거 오백년간, 맹종화적 사대주의에 민족적 본능을 희생하야 마츰내 오인의 금일을 인치引致한 전감前鑑에 거據하야 알 바이니라. 목하目下의 통봉痛棒으로 말하드라도, 우리가 남과 가티한다는 풍기風氣가 성행된 이래로, 엄신掩身에 외품外品이 아님이 업고 **용구**用具**에토산**土山**이거의** 업스니, 이로만 하드래도, 비운悲運 당함이 족할 것이어든, 가지加之, 허다한 사치분식과 무익한 교우류련交遇流連에 거액을 소모하야 세歲로 누천만원의 입초入超를 계속케 되니, 이는 다— 개화 이래의 유독遺毒이 오인의 전래산업을 탕갈蕩渴케 한 자이라, 다시 말하면, 우리는 토지와 가옥을 방매放賣하야 양복을 매복賣服하며 양주를 매음賣飮하며 도자기를 매용買用하는, 사람이 되엇스니, 이곳 금일, 조선인의 생활난이 인人보다 혹심하야, 조불려석朝不慮夕의 현상을 노출하는 까닭이 아닌가 그럼으로, 무릇 외래의 풍조를 접촉할 째에는, 먼저 **도저한아본주의를** 기초관념으로 하지 아니치 못할 것이니, 그러치 아니하고 맹종만 하면 이는 몸썽이를 주고 의복을 사거나 정신을 주고 구복口腹의 수需를 사는 격식과 가틀 것이다.

우吁라, 오인이 어찌, 오히려 국수주의를 감취甘取하는 자—며, 배타사상을 고지固持하는 자—랴. 오인이 어찌 현하의 사조를 이해치 못하는 자—며 이상의 세계를 구가치 아니하는 자—랴. 오인은 이미 **조선**祖先**의청전**靑氈**과인생**의 명예를 실추한 자—오, 오인은 우마牛馬의 학대와 노예의 능욕을 감수한 자—라.

그러나, 오인은 능히 인생의 일률을 실현할, 대도大道를 이해하는 자-라=반듯이 설치雪恥를 원하지 아니하고, 오인은 능히 이 철천의 □정에서 초월할, 아량을 포지抱持한 자-라=반듯이 해탈을 기期하지 아니하노니 오인에게 어찌 타의他意가 잇스리오.

이제, 오인이 역사를 소찰遡察하고 시세時勢를 투시透視하니, 대大하야, 인□의 평화는

각개민족내적충실

의 균제적 획선劃線에 이르러야 비롯오 기期할 것이니 이는, 일석一石이 괴壞하매, 쌀하, 장역長域이 퇴頹하는 고故-오, 소小하야 각개 생의 본질적 행복의 향득분량享得分量은 쏘한 각개 민족 내적 충실의 정도와 정비례되는 것이니 이는 파소破巢에 완란完卵이 무無한 고故-라.

민족의 내적 충실. 복생復生하랴는 우리에게 이 얼마나, 긴급한 일이랴.

이제 장차 인생의 일률一律을 시施하는 이상의 세계는 압헤 잇다고 하자, 우리는 아즉 그 향하는 도정에 선 자이니, 그 세운世運의 촉진을 모謨함에나, 현재

우리의생존영달을

도圖함에나, 오즉 우리는 민족단위. 이것의 충실에 일체의 기관을 이용하고 일체의 정력精力을 집주集注치 아니치 못할 것이다.

그럼으로 우리는 지식을 세계에 구하며 향응向應을 대세에 추趨하되 오즉 조선인 사업을 조선에서 실현하여야 할 것이오, 우리는 세계문화에 공헌을 여與코저 하되, 조선민족적으로의 공헌을 위하려 하며, 인군평화人群平和에 성력誠力을 진盡코저 하되 조선인적으로의 성력을 비費하려 할 것이다. 우리는

조선을위하야세계

를 위함임으로 세계보다도 조선이며, 우리는 조선인을 위하야 인군人群을 위함임으로 인□보다도 조선인이다. 조선이 업스면 조선인이 업고 조선인이 업스면 내가 업나니, 내가 업스면 천지만물이 모도 다 공空이 아닌가. 형제자매여. 새로운 음식물을 맛나면 먼저 고시高矢를 기억하는 풍속은 아라사나 영, 미인의 가지可知할 바-아니며, 대공大空의 총체摠體를 지칭하야 하눌(환인)이라 함은 조선인의 독용獨用하는 말이 아닌가.

약한 형제들이여, 내부의 빈약에 비관하고 외국의 폭위에 담膽이 상하여, 비겁한 생각을 품지 말라. 호랑虎狼이 유有하나 □록이 종種을 절絶치 아니하고 □효-개전改悛치 아니하나 순작鶉雀이 오히려 번식치 아니하는가

우리 조선의 씨치신

혁혁한훈업勳業과탁발卓拔
한 예술은 영원히 함께 잇서, 우리로 하여곰 그들이 저버리지 못하게 할 것이니, 누구의 폭위暴威로써 능히 이를 민멸泯滅케 할 수 잇스랴. 오- 조선은 오즉 조선인의 조선인저.

4. 식민지의 주체 전쟁

1) 분할가능한 민족 공동체

민족의 형상과 그 존엄을 위한 논리가 개발되고 확장하는 힘은 무척 거셌다. 그러나 민족의 재발견은 근대열의 광풍을 넘어야 했던 것처럼 또 다른 예상치 못한 장벽에 부딪혀야 했다. 민족 내의 모순과 갈등이 민족 간의 지배와 폭력을 넘어서는 모순의 근거지로 새롭게 주장되었기 때문이다. 새로운 공동체에 대한 관념은 유기적 전체로서의 민족을 부정하고 분할과 배제를 강조하는 적대적 집합으로서의 민족을 논하기 시작했다.

앞서 논급한 바대로, 『개벽』과 『동명』의 민족론은 민족의 범주에서 권력계급을 제외하고 민중을 중심에 세움으로써 민족의 형상을 창출하고 민족사를 구성했으며 민족 존엄의 논리를 개발하면서 등상했다. 그리고 "우리 조선 형제들이 언제브터 내세워오는 표어이거니와 대동 일치 단결의 규호叫號는 최근년에 들며 일층 훤전喧傳되여 입만 열면 붓만 잡으면 누구나 한번식 논의하며 또는 주장하려 든다"59)는 언급과 같이 영향력이 급속히 확산되며 민족의식을 고양시켰다.

그러나 민족 내적 차이의 인정은 민족 자체를 부정할 수 있는 단초를 지닌 인식소라는 점에서 다만 민족성에 대한 긍정에 그치지 않고 의도하지 않았던 민족의 분할과 해체에까지 급격히 진전된다.

> 최후로 한 말만 첨가할 것은 주의적 단결을 지음에는 인심조케 만인을 통한 이해의 일치를 표준할 수가 업스리라는 그것이다. 즉 막연하게 대동일치를 생각할 수가 업스리라는 그것이다. 다시 말하면 가튼 조선사람 새이라도 반다시 이해가 갓지 아니하리라는 그것이다. 이해가 갓지 아니한 사람은 사실상 일치가 될 수 업는 것이다. 그것을 무시하고 일치하자 함은 결국 되는대로 지내자는 말과 거희 마찬가지 말이다.[60]

사회주의가 폭넓게 소개될 즈음의 이 글은 실력양성론적인 문화운동을 주장하면서도 민족 내적 차이를 「조선민시론」보다도 더욱 적극적으로 인정하고 있다는 점에서 주목된다. 민족이라는 공동체의 틀을 유지하면서 권력계급을 비롯한 반민족적 세력을 민족에서 제외시키는 방법을 넘어, 민족의 개념 자체를 이해가 다른 계급들의 집합으로 해석하고 민족이 역사적, 사회적으로 제한된 의미만을 갖게 함으로써 민족의 의미를 축소시키는 적극적 방법이다.

이는 사회주의의 계급론이 민족 담론에 균열을 생성시키는 초기 과정으로 보아도 무방하리라 생각된다. 물론 사회주의의 소개는 이미 이전부

---

59)「民族一致, 大同團結을 云爲하는 이에게」,『개벽』35호, 1923.5, 13면.
60)「民族一致, 大同團結을 云爲하는 이에게」,『개벽』35호, 1923.5, 18면.

터 있었으나[61] 세계적 일 사조에 대한 이해 증진의 수준을 넘지 못하다가, 1923년 경부터 전면화되기 시작했다.[62] 「조선민시론」이나 「민족일치, 대동단결을 운위하는 이에게」 등의 기사처럼 『개벽』, 『동명』 등 당대의 대표적 미디어가 이러한 시대적 조류에 영향을 받았음을 부인하기 어렵다. 더구나 "조선사람에게 가장 쉽게 이 사회주의적 기분이 돌게 된 것은 유일의 원인이 어대 잇나냐 하면 독립심의 변태성이라 할 만한 즉 조선 독립의 희망에서 실망된 원기를 새로히 사회주의상에 변태적으로 그 희망을 펴게 된 것이라"[63]는 등의 주장을 고려한다면 초기 사회주의의 보급이 이 시기 민족주의와 밀접한 관계를 갖고 있었음을 인정할 수 있다. 이는 민족에 대한 개념적 전환점을 드러내는 위의 글들이 사회주의의 계급론에서 일정한 영향을 받았음을 확인시켜준다.

민족 내 차이의 인식은 몇몇 측면에서 사유의 급진전을 예고하는 신호탄이었다. 1910년대의 민족 개념이 붕괴되는 단초가 되었고 사회주의적 세계관이 출현하는 과정과 그 맥락을 같이 하기에 더욱 중요하다. 민족은 더 이상 영구불변의 단일한 공동체가 아닌, 일치하기 어려운 내적 차이가

---

61) 「世界 3大 問題의 波及과 朝鮮人의 覺悟 如何」(『개벽』 2호, 1920.7)에서 노동문제가 부인문제, 인종문제와 나란히 중심문제로 논해지는 것이나 「社會主義의 略意」(孤蝶, 『개벽』 3호, 1920.8)에서 당대 사회주의 운동의 여러 경향들을 소개하는 것, 또 「막쓰와 唯物史觀의 一瞥」(又影生, 『개벽』 3호, 1920.8)에서 유물론의 대략을 보고하는 것 등으로 볼 때, 이미 1920년대 이전부터 사회주의에 대한 소개는 있었다고 할 수 있다.

62) 1923년 연초의 시대상을 기록한 「다사한 계해 경성의 일월을 들어」에 따르면, 이 시기 '「共化新年」이라 題하고 「CC主義 萬歲」를 尾書한 CC黨의 年賀狀'이 돌아 경찰이 "눈이 휘둥그래서 犯人을 잡으려고 活動"하고, 천도교당에서는 "「無産者의 絶叫」라는 題 下에서 演士 張彩極 君이 私有財産制度의 弊害를 발하려 하는 것에 臨席하였든 警官은 中止"시킨 바 있으며, '연합간친회' 등 사회 유지들의 모임이 '무산자'들의 난입으로 무산되었다고 보고하는 등으로 보아 이미 1922~1923년경 사회주의 운동이 본격화 된 것으로 판단된다(박달성, 「多事한 癸亥 京城의 一月을 들어」, 『개벽』 32호, 1923.2).

63) 성태, 「激變 又 激變하는 最近의 朝鮮 人心」, 『개벽』 37호, 1923.7, 7~8면.

엄연히 존재하는 시대의 산물일 뿐이라는 계급론적 인식에 접근할 수 있었으며, 이는 당대 공동체에 대한 상상의 한계를 뛰어넘는 인화성이 강한 불온한 주장이었다.

민족 내 차이에 대해서는 이후 임화의 예에서 더욱 분명하고 확연한 표현을 얻는다. 『삼천리』에서 개최한 「'조선문학'에 대한 설문」(『삼천리』, 1936.8)에서 임화는 "조선문학이란 조선사람이 한 개 공용된 사회적 · 역사적 운명 하에 결부되어 있는 동안에 존재하는 것이고, 그 관계가 폐기될 때에는 스스로 방기될 개념이다"라고 하여 민족이 역사적인 존재임을 전제하고 조선문학 역시 같은 운명임을 지적했다. 그 직후에는 『조선문학』(1936.9)에 「조선문학의 개념 규정에 반하는 소감」을 기고하면서 선험적 민족의 설정과 그에 기반한 민족문학의 개념 규정에 반대한다는 뜻을 분명히 했다. 민족을 역사적 개념으로 인식하는 것과 내부의 차이와 균열을 이해하는 방법은, 이광수를 비롯해 함께 설문에 응한 작가들의 견해와 상당한 차이를 노정한다.

민족의 내적 균열을 인정하는 것은 다른 한편으로 계몽주의의 몰락을 촉진시켰다. 즉 권력계급과 민중의 구분을 통해 민족성에 대한 긍정이 가능해졌다는 사실은 권력계급에 대한 부정과 함께 '천재'로 표상되는 엘리트의 역할과 지위에 대한 신뢰 역시 하락함을 의미하게 된다. 민족의 의미론적 중심이 소수 지배층이 아닌 다수 피지배층으로 옮겨지면서 지식계급의 선각적 지위 역시 의심의 대상이 되는 것이다.

신지식층을 중심으로 한 계몽 주체들에 대한 의심은 이미 1920년대 초반부터 형성되기 시작했다.

지식잇는 이와 재산잇는 이와, 또는 지식이 잇고 돈이 잇슴으로 인하야 현 사회의 각 방면의 실권을 장악한 여러 사람들의 가진 교오驕傲(비록 부지중에 생기는 것이라 할지라도) 그것이라 하겟습니다. 다시 말하면 지식을 소유한 자는 다수의 형식으로 그 지식을 민중에 분배하는 그 자리에 잇서 그 난후는 지식의 우에 다시 진성과 공평을 더하지 못한 혐嫌이 잇스며, 재산을 가진 이는 그 재산을 민중을 위하야 이용하는 자 희소한 것은 물론, 희소한 그들 중에서도 약간의 시혜로써 자기의 신상에 대한 비난 혹은 명성을 유지 또는 가작假作코저 하는 간책奸策을 혼混하는 자가 다수한 그것이외다.[64]

이 글에서 유식자, 유산자는 '교만'과 '가식'으로 표현되고 있다. 1910년대 후반부터 부호들에게 민중에 대한 시혜를 당부하는 글들은 지속적으로 있었고 이 글 또한 그 연장선에서 해석될 수 있다. 그러나 그 요구의 주역이었던 지식층까지를 비판의 대상으로 삼은 것은 그들의 선각자나 민족지도자로서의 권위가 격하되고 있음을 의미한다. 선각자에 대한 의미의 격하는 계몽의 내용이 어떻게 구성되어야 하는가에 대한 질문과 함께 계몽주의의 점차적인 쇠퇴과정을 보여주는 징후이다.

2) 조선문화를 조사하라

비슷한 시기, 계몽의 규준은 수입된 근대의 모델이 아닌 당대 조선의 현실로부터 추출되어야 함이 주장된다.

64) 김기전, 「먼저 有識者 · 有産者 側으로부터 反省하라」, 『개벽』 24호, 1922.6, 17면.

다못 것모양을 꾸미고 일상의 사교를 교묘히 함으로써 쾌快하디 하지 말며 한갓 말은 놉히고 줌억을 잘 잘 쥄으로써 장壯하다 하지 말라. 오즉 솔직, 성실, 열렬 뿐이 다시 우리 개인이나 또는 민족의 의로운 장래를 꾸밀 것을 생각하라. 턱업시 옛 성철의 남긴 말이나 혹은 규범을 끌어당기어써 스스로 족足한 체하지 말며 오즉 형제 스스로가 직접으로 사물의 본원두本源頭에 참입參入하야써 핵변覈辨할 것을 핵변覈辨하며 시인할 것을 시인하라 짜아서 현재에 남아 잇는 여러 가지 형식이나 전설이 우리 일반

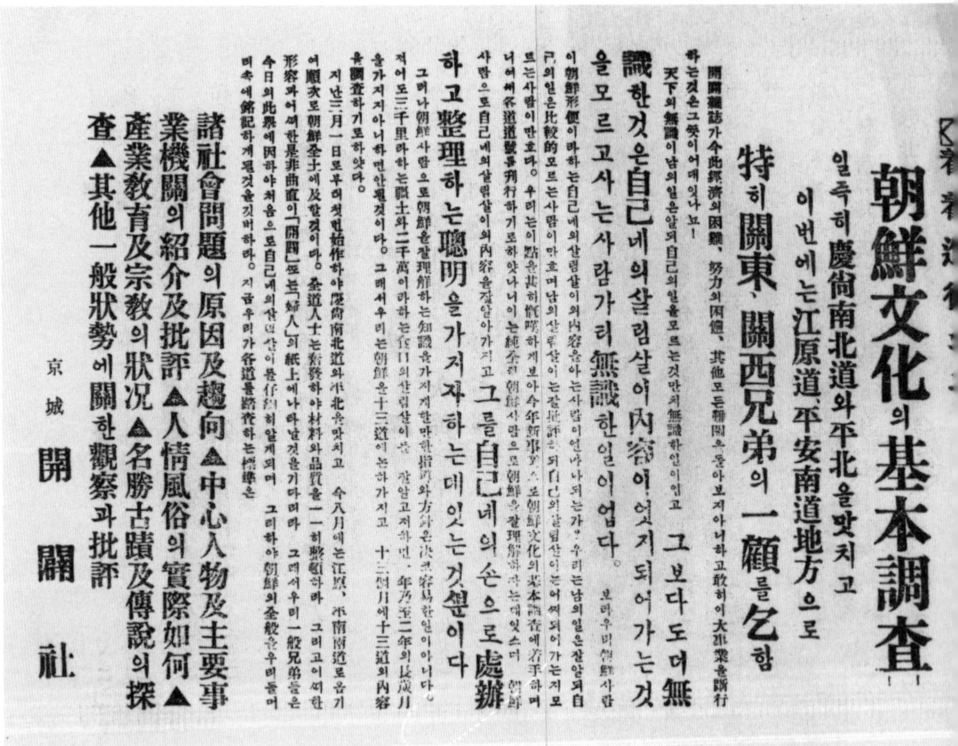
朝鮮文化의基本調査
일즉히慶尙南北道와平北을맛치고
이번에는江原道、平安南道地方으로
特히關東、關西兄弟의一顧를乞함
識한것은自己네의살림살이內容이엇지되어가는것
을모르고사는사람가티無識한일이업다。
하고整理하는聰明을가지자하는데잇는것뿐이다
諸社會問題의原因及趨向▲中心人物及主要事
業機關의紹介及批評▲人情風俗의實際如何▲
産業敎育及宗敎의狀況▲名勝古蹟及傳說의探
査▲其他一般狀勢에關한觀察과批評
京城 開闢社

「조선문화의 기본조사」(『개벽』, 1923.12).

이 기약하는 명일의 참 생활에 별반의 기여가 업슬 것을 명기하라.[65]

여기서 계몽의 기준은 "성철聖哲이 남긴 말이나 혹은 규범"에서 분리된다. "명일明日의 참 생활"은 "솔직, 성실, 열렬"한 자세로 응시한 당면의 현실에서만 찾을 수 있는 것이다. "맨 밋 층層에 발을 부티라"는 제목에서 읽을 수 있듯이, 계몽은 고래의 도덕에서도, 선취된 근대의 규범에서도 구할 수 없는 것이며, 오직 직접적인 현실의 응시를 통해서만 취득될 수 있는 것이 된다. 이미 "현재에 남아 잇는 여러 가지 형식이나 전설"이 "별반의 기여가 업슬 것"이란 결론이 선험적으로 내려져 있다는 점에서 근대에 대한 신뢰가 여전히 강력한 자장을 형성하고 있기는 하지만, "명일의 참 생활"을 개척할 주체가 이동하고 있음은 확연히 드러난다.

근대 계몽의 주체에 대한 비판과 계몽의 토대에 대한 전환적 인식은 계몽의 약화를 유도하는 계기를 제공한다. 그 대표적인 예가 『개벽』 34호부터 시작된 실사 운동이었다. 「조선문화의 기본조사」[66]라 이름 붙여진 이 운동은 전국을 돌며 각 지방의 특성을 조사, 보고하는 형태를 취하고 있다. 그 내용은 지리와 기후, 인구와 문화, 산업과 경제, 산물과 인심, 교육과 종교, 고적과 전설 등 다양한 부분에서 조사되었으며, 세밀한 통계에 의지해 조선의 현황을 파악하고자 한 시도였다. 이 운동은 계몽의 기본 전제인 선각자와 대중의 위치가 근간에서 흔들리고 있음을 확인할 수 있다는 점에서 주목된다.

65) 「맨 밋 층에 발을 부티라」, 『개벽』 17호, 1921.1, 1면.
66) 「朝鮮文化의 基本調査」는 『개벽』 31호(1923.1)에 첫 사고社告가 난 후, 34호의 '경남도호'를 시작으로 64호의 '전남도호'까지 14개 지역을 15회에 걸쳐 연재됐다.

천하의 무식이 남의 일은 알되 자기의 일을 모르는 것만치 무식한 일이 업고 그보다 더 무식한 것은 자기네의 살림살이 내용이 엇지 되어가는 것을 모르고 사는 사람가티 무식한 일이 업다. 보라 우리 조선사람이 조선 형편이라 하는 자기네의 살림살이의 내용을 아는 사람이 얼마나 되는가? 우리는 남의 일은 잘 알되 자기의 일은 비교적 모르는 사람이 만흐며 남의 살림살이는 잘 비평하되 자기의 살림살이는 엇지 되어 가는지 모르는 사람이 만흐다. 우리는 이 점을 심히 개탄하게 보아 금년의 신사업으로 조선문화의 기본조사에 착수하며 니여써 각도各道 도호道號를 간행하기로 하얏나니 이는 순전히 조선사람으로 조선을 잘 이해하자는데 잇스며 조선사람으로 자기 내외 살림살이의 내용을 잘 알아가지고 그를 자기네의 손으로 처변處辨하고 정리하는 총명을 가지라 하는데 잇는 것 뿐이다.[67]

계몽의 주체는 선취된 세계관에 입각해 훈육자의 위치를 획득하게 되고 그 외 대중은 이들의 계몽 대상이 됨은 계몽의 첩경이라 할 수 있다. 그러나 「기본조사」를 감행한 주체는 공동의 확인 작업을 위한 대표자에 불과하다. 여기에는 이미 획득된, 즉 선취된 의식은 존재하지 않는다. 주체 자신이 조선의 현실에 관한 한 스스로 알지 못함을 시인하고 그것을 독자와 함께 확인하기 위한 작업에 착수하고 있는 것이다. 계몽은 더 이상 현실을 변화시킬 수 있는 동력을 상실했음이 이 운동을 통해 확인된다. 주체의 무지 상태는 곧 선각의 부정과 훈육의 포기를 전제하는 것으로 여겨지기 때문이다. 즉 계몽의 존립 기반 자체가 붕괴되는 징후라 판단할 수 있는 것이다.

67) 社告, 「朝鮮文化의 基本調査」, 『개벽』 33호, 1923.3.

그렇다고 계몽이 일시에 폐기되었던 것은 아니다. 「기본조사」에서 보여준 훈육적 지위의 포기는 계몽의 폐기가 아니라 계몽 방식의 폐기라 봄이 적절하다. 왜냐하면 이들이 확인하는 조선의 현실은 조금 더 구체적 형태를 띨 뿐, 사실상 「기본조사」 이전에도 무수히 반복되었던 궤도를 크게 벗어나지 않기 때문이다. 이렇게 보면, 이들이 행했던 조사는 선택된 현실을 직접 보여줌으로써 주장의 근거를 더욱 공고히 하는 역할을 담당했다고 할 수 있다. 즉 「조선문화의 기본조사」는 조선의 현실에 대한 재확인 절차를 밟아 대중에게도 조선의 현실을 인식하게끔 유도하는 효과적인 계몽방식의 창출이었던 셈이다. 효과적인 계몽을 위해 선택되었던 방법은 그 목적이 말해주듯이 대중적인 호소력과 설득력을 필수조건으로 하게 된다. 그러나 효과적 계몽을 위해 채택된 실사實査와 실사實寫의 방법은 계몽의 훈육적 측면을 붕괴로 이끄는 첨병의 구실을 하게 된다.

계몽 대상의 삶과 가장 밀접한 현실을, 직접 겪고, 본대로 기술하는 것. 그것이 효과적인 계몽 방식의 창출 과정이 남긴 부산물이었다. 그러나 이 실사의 방법은 계몽의 뿌리를 뒤흔들어 계몽의 해체를 촉진시킨다. 구체적으로 관찰된 현실 속에는 이미 단단하게 고정되었던 계몽 내용의 정당성을 부정하는 타자의 힘이 존재하고 있었기 때문이다.

투표와 현상의 결과로서 역사와 문학을 구성하는 방식이 『개벽』의 엘리트들이 선취한 바로 그 근대 이념과 동일할 수는 없다. 다양한 경험이 반영되고 전통과 근대의 접합점이 서로 다르게 표현된다. 엘리트의 예상을 빗나가는, 그리하여 엘리트들이 선취한 근대와의 충돌을 야기할 소지를 감추고 있었던 것이다. 이미 구성된 선각자들의 이념과 논리, 그리고 형상이 이 현실 혹은 실제라는 타자 앞에서 무력화된다면, 선각의 엘리트와 무지한 백성들의 관계에 파산이 임박했음을 예측할 수 있다. 계몽시대의 종말 아닌 종말이다.

3) 역사적 주체에 관한 신 상상력

계몽시대의 종말은 새로운 패권 쟁탈 시대로의 진입을 뜻한다. 역사의 주체, 문화의 주체를 새롭게 구성하고 해석하고 명명해야 했기 때문이다. 가장 유력했던 역사와 문화의 주체는 인민 혹은 민중이었다. 사회주의의 이입은 이상향에 대한 뚜렷한 상을 제시했을 뿐 아니라 근대 과학의 강력한 흡인력을 내장하고 있었다. 이에 따라 민족을 단위로 하는 공동체의 조성은 큰 벽에 부딪힌다.

프롤레타리아와 부르주아의 계급 모순이 중심으로 떠올랐고 무산자와 농민을 중심으로 한 인민 혹은 민중이 역사의 수레바퀴를 돌릴 수 있는 유력한 주체로 인식되었기 때문이다. 앞서 제시한 유기체적 전체로서의 민족 인식에서 분할 가능한 민족 인식으로, 다시 해체되어야 할 과도기적 민족 인식으로 변환하는 과정에는 사회주의적 세계 인식이 개입하고 있었다.

3 · 1운동을 전후한 시기, 이미 '인민' 혹은 '민중'은 일부 무정부주의, 사회주의적 지식인들에 의해 역사적, 문화적 주체로 제시되었다.

> 구주전란歐洲戰亂의 참극이 종식을 고告한 이래, 오인吾人의 사회에 명료한 실제는 시대정신의 신진대사적 이전의 현저한 작용이니 급격히 선전旋轉되는 대세大勢의 과중過中에서 차별정신을 본연의 기조로 하야 최다수

의 인류 본래의 생존권을 위협하는 계급문화의 붕괴와 평등정신을 원리의 신조로 하야 민중 전체의 동일한 사회적 생존권을 확보하는 민중문화의 창설이 불가항적不可抗的 시대정신의 강렬한 발효醱酵에 의하야 동일한 혁명선革命線 내에셔 발흥勃興되는 일원적 현상이올시다. 그러나 진리를 추구하며 선미를 동경하는 오인吾人 정신의본질은 류동이니 사事에 접接하고 물物에 촉觸하면 반다시 동요의 단서를 개開하는 생명력의 약동을 긍정치안이치못할것이외다. (…중략…)

위대한 침묵과 불안한 공기에 직각적直覺的 실감에셔 흥분각성興奮覺醒한 현대 민중의 정신적 추세는 절망적 맹종의 미망을 단거斷去하고 반항적 개조의 충동을 제창하야 인류문화의 이동향상의 원의原義에 순응할 것이외다. 그러면 초인주의에셔 생장한 계급문화가 붕괴되는 황량한 폐허에셔 발상發祥는 민중문화의 가치 실현은 엇더함잇가 (又影生)[68]

초기 사회주의자들이 창간한 잡지였던 『대중시보』[69]의 창간 권두언에서 정태신은 '인민'과 '민중'을 계급적 차별을 철폐하고 평등정신에 입각한 민중문화를 건설할 역사적 주체이자 문화적 주체로 호명한다. 이때 '인민'이나 '민중'은 노동자를 위시한 계급적 연합으로 간주되었다. 나아가 창간호의 첫 논설에서 변희용은 정태신의 논지를 구체화시키며 노동

68) 정태신(又影生), 「卷頭에」, 『大衆時報』, 1921.5, 1년.

69) 『대중시보』는 변희용 · 김약수 · 정태신 · 황석우 등이 1921년 5월 일본 동경에서 창간한 초기 사회주의 잡지이다. 발행인은 변희용, 인쇄인은 折坂友之, 발행소는 대중시보사. 무정부주의 · 생디칼리즘 · 사회민주주의 · 볼셰비즘 · 혁명적 조합주의 등 사회주의를 폭넓게 이해하며 다양한 흐름을 소개하고 해설하고자 했다. 그러나 동경에서 발행했음에도 창간호가 2회에 걸쳐 압수되어 임시호로 발행되고 2호는 아예 발행을 포기하는 등 검열의 장벽에 막혀 곧 폐간되었다. 현재 창간호와 3호만 확인된다.

자의 주체성 자각을 역설했다. 변희용에게 인민이나 민중은 자본가에게 착취되는 피억압 계급이며 종국적으로 계급을 타파하고 새로운 민중문화를 건설할 주체로 인식되었다.

> "노동자는 먼저 그 건설하려는 신사회에 관한 확실한 관념을 가져야 한다. 견확堅確한 관념을 가지지 못한 노동자는 혁명의 수단은 될 수 잇으나, 그 주인은 될 수 업다." 여사如斯한 말이 잇스나, 실實을 말하면 금일까지의 엇더한 혁명을 보드래도 노동자는 항상 구사회를 파괴하는데 수단이 되어잇섯다 할 수 잇스나, 신사회를 건설하는데 참여한 일은 별노 업는것 갓다. 노동자의 대부분은 자기네의 힘으로 구사회를 파괴하고서도, 그 파괴의 업을 맛친 뒤에는 만사를 타인의게 위임한다. 그 이들은 소위 신사회가 구사회와 갓치 타인 때문에 잇는 것인줄노 아는 것 갓다. 그러나 이것은 노동자의게 신사회 조직에 관한 확실한 관념이 업다고 말하기보담도, 자기의 일은 모든 것을 일일히 어대까지던지 자기가 반드시 하여야할 것이란 참으로 확실한 자주심이 업는 까닭이라 말할 수 잇다.[70)]

이러한 용례는 1910년대에는 보기 어려운 것이다. '인민'과 '민중'을 언급한 3·1운동 이전의 글에는 대부분 '관官'이나 '정부'의 상대적 의미로서의 '인민'과 '민중'의 용례가 발견될 뿐이다. 예컨대 계몽기의 박은식의 글은 이러한 차이를 여실히 드러낸다.

> 현금 아한我韓의 국세國勢가 차此에 지至한 것을 일반 인민이 다 정부 당

70) 변희용, 「新社會의 理想」, 『대중시보』, 1921.5, 3면.

국자의게 귀구歸咎ᄒᆞ야 지척指斥ᄒᆞᄂᆞ니 정부가 기其 책責을 사양辭讓ᄒᆞᆯ 슈ᄂᆞᆫ 무無ᄒᆞ나 아我 인민 사회 ᄂᆞᆫ덜 엇지 책임이 무無ᄒᆞ다 ᄒᆞ리오. 하즉何則고 국國은 다만 정부기개인政府幾個人의 국國이 안이오 아我 이천만 동포의 공유公有ᄒᆞᆫ 국國이라. 금今에 기소其所 공유자公有者ᄅᆞᆯ 능能히 보존치 못ᄒᆞ고 전專히 정부기개인政府幾個人의 귀구歸咎홈은 만만불가萬萬不可ᄒᆞ도다. 아我 인민 사회에서 각기 의무와 직분을 극진히 ᄒᆞ엿스면 국세國勢의 경퇴傾頹가 엇지 차경此境에 지至ᄒᆞ엿스며 인권의 추실墜失이 엇지 차此에 극달極達ᄒᆞ엿스리오. 정부와 인민 간에 뉘가 잘못ᄒᆞ엿던지 도금到今ᄒᆞ야는 언지무익言之無益이오[71]

박은식의 언어 속에서 '인민'과 '민중'은 '백성'이라는 전근대적 구도를 전제하고 있다. 국가의 소유권을 군주로부터 분리하기는 하지만 여전히 인민은 국가에 소속된 수동적 구성원으로서의 지위를 벗어나지 못한다. 민족에 대한 인식을 보더라도 국가에 소속된 조선인 전체를 단일한 공동체로 간주하고 국가를 중심으로 그 영역을 파악하고 있다.

이러한 공동체와 역사주체에 대한 관념은 상당기간 지속된다. 앞서 1923년 경을 민족 인식의 분수령으로 제시한 바 있거니와, 관官이나 정부의 상대어로서 인민과 민중을 이해하는 방식은 1920년대 초반까지 유지되었다.

그러나 사회주의적 세계관의 등장은 국가, 혹은 민족 단위의 공동체 인식에 균열을 창출하는 결정적 계기로 작용한다. 정태신 · 심약수를 비롯한 초기 사회주의자들은 『개벽』, 『대중시보』 등을 통해 적극적인 계급론

71) 박은식, 「논설」, 『서우』, 1907.7, 1면.

을 개진했고 이를 시발점으로 사회주의적 역사주체론이 급속히 확산된다. 『동명』에서 선보인 「조선민시론」의 민족론, 즉 민족을 분할 가능한 혹은 분할해야만 할 단위로 상정할 수 있었던 것은 사회주의적 세계관의 확산과 결부되어 있다.

이러할 때 '인민', '민중' 등의 개념은 사회적 제 세력들의 각축 속에 휘말리게 된다. '민중'이라 호명할 때 동반되는 언어와 관념의 시스템이 사회주의적 세계에 포섭될 것인가, 아니면 일본 제국의 지배 질서에 유인될 것인가를 두고 일종의 이념 투쟁 양상이 나타나는 것이다.

『개벽』은 「최근 조선에 유행하는 신술어新術語」[72]라는 글에서 민중을 이렇게 정의내리고 있다.

> 민중. 소수 귀족계급이나 자본계급을 떠나서 절대 다수의 무산대중을 칭하는 말이니 역亦 무산자 간에 만히 사용되는 말이다.
>
> 무산자. 즉 "나는 돈 업는 놈이요"하는 말이니 귀족, 자본가, 지주 등에 대한 빈민, 노동자, 소작인 등을 총대표한 말이니 역亦 주의자主義者 간에 만히 사용한 말이다.

3 · 1운동 이후 등장한 단어를 골라 묶은 이 기사에서 '민중'은 새로운 술어로 지목되었고 그 의미는 '무산자', '프롤레타리아'와 나란히 사회주의적 역사주체의식을 반영하고 있다. 애국계몽기의 지식인들이 사용하던 '민중'과는 완연히 다른 의미가 이미 1925년 경에는 확고한 자리를 잡았음을 보여준다. 3 · 1운동의 경험과 사회주의 공동체관의 유입은, 군주와

72) 「최근 조선에 유행하는 신술어」, 『개벽』 57호, 1925.3.1, 69면.

관의 상대적 의미를 갖던 인민과 민중을 새로운 시대의 역사적 주체, 문화적 주체로 격상시켰고 나아가 민족 관념에도 영향을 미쳐 분할 가능태로 전환시켰다.

『개벽』의 「조선문화의 기본조사」를 중심으로 한 1923년 경 이후 공동체관의 변화는 이렇듯 세 가지 지향의 교차점에 있었다. 그 하나는 계몽주의의 몰락과 관련하여 계몽 주체에 대한 불신과 의심이 엘리트로서의 지위를 탈각시켜가는 도정에 있었다는 것이고, 다른 하나는 역사주체 혹은 문화주체에 대한 새로운 자각이 등장하며 제 세력 별로 민중을 획득하기 위한 주체 전쟁을 벌이고 있었다는 것, 마지막으로 이에 따라 오랜 공동체 관념인 민족도 분할되거나 소멸할 수 있는 대상으로 간주되기 시작했다는 점이 그것이다.

문화적 주체가 상이하게 이해될 수 있고, 동일 언표 내에서도 주체의 성격이 다양하게 해석될 수 있다면, 이제 막 형성된 문학의 개념과 성격도 카오스 속으로 다시 밀려들어간다. '인민'과 '민중'을 문화주체로 설정한 세력은 문학에 계급적 모순을 표현하려 하였고 이는 민족의 형상과 존엄성의 논리를 개발하던 세력과 적대적 관계에 놓일 수밖에 없었다. 이 대결구도에서 우위를 점하고 있던 것은 이미 민족이라는 테두리 내에서 상당한 공통감각과 정서 그리고 논리를 개발해 놓은 쪽이었다. '무산자'를 주축으로 하여 '민중'을 새로운 문화적 주체로 세우고자 했던 세력은 그들의 적이 그러했던 것처럼 이제 생산을 시작해야만 했기 때문이다. 내용—형식 논쟁, 예술대중화 논쟁 등 프로문학의 숱한 논쟁과 작품을 둘러싼 무성한 비판들은 새 문화주체를 설정하기 위한 논리의 연마이자, 감각의 제련이었다.

3

문학 밖의 문학

텍스트의 시대

기록의 욕망과 허구의 매혹

텍스트의 시대

눈 뜨면 신문, 이동할 때는 라디오와 모바일, 광고는 잠시도 우리를 놓아주지 않는다. 유년에는 명작동화와 위인전, 학교에선 교과서와 참고서, 직장에선 온갖 서류 속으로 문자 비가 쏟아진다. 매뉴얼과 파워포인트 사이, 잠시 휴식을 취하며 인터넷. 거리마다 전단지와 포스터가 날리고, TV는 그 자체로 텍스트의 자동판매기. 데이트라도 있는 날에는 영화, 혹 아주 가끔은 골방에 엎드려 소설이나 시집도 한 권.

거리에 나서면 우리는 그야말로 텍스트 천지에 살고 있음을 실감할 수 있다. 각각의 건축물을 장식하는 것은 촘촘히 들어찬 간판들이며, 상점마다 붙여놓은 차림표와 가격표, 영화나 연극 등 각종 행사의 포스터와 플래카드들, 사람이 모이는 곳마다 전단지나 명함을 배포하는 사람들, 버스나 지하철의 노선도, 차도를 수놓은 색색의 차선과 표지판 등 우리의 감각이 머무는 곳에는 텍스트들로 꽉 차있다. 대로변 건물 옥상에 설치된 대형 모니터는 최첨단의 시공간 압축형 텍스트 상자이다. 새벽 거리를 청소하는 미화원의 몸은 전날 뿌려진 온갖 텍스트로 인해 항상 수고스럽다.

우리의 삶은 문자를 배우는 그 순간부터 온갖 텍스트에 파묻힌다. 근대 이후의 인간을 지칭하며 호모 텍스트쿠스라고 해도 무방할 것이다. 처음—중간—끝을 형식으로 하고 해석된 세계를 내용으로 하는 텍스트는 이제 다만 삶의 일부일 뿐 아니라 삶을 삶으로 만드는 시스템이기도 하다.

텍스트의 향유는 오랫동안 특권이자 권력이었다. 고대의 문자는 지배자의 상징이었고, 과거제도는 텍스트의 독해능력과 운용능력을 시험했다. 우리시대가 특별한 것은 그 권위의 붕괴를 목도했다는 데 있다. 아무나 읽을 수 있고 누구나 쓸 수 있는 시대가 열렸다. 텍스트의 시대, 문학은 그 총아로 태어났다.

문학이 텍스트시대의 꽃이었음은 분명하다. 그러나 뿌리와 줄기 없이는 꽃도 없는 법이다. 문학의 바깥으로 문학보다 더 많이 생산되고 더 많이 읽혔던 텍스트들이 있었다. 문학 바깥의 버려진 문학 세계이자, 이야기의 공간이다. 잘 갖추어진 논설과 보도는 물론, 사화・야담・전설・설화・경험담・실화・정탐기・기행・애화・비화・괴담・유머・앙케이트와 인터뷰・퀴즈・광고에 이르기까지 문학 바깥의 텍스트는 끝을 모르고 확장되었다. 신문과 잡지 등의 미디어는 텍스트의 집이 되었고, 때로 텍스트를 편집하는 권력으로서, 때로 광장으로 텍스트를 옮기는 수레로서, 다양한 얼굴을 드러내었다. 역으로 텍스트는 미디어의 실체를 이루었다. 주의주장의 엄정함과 먼 곳에서 온 새 소식, 글을 읽는 즐거움과 미지 세계의 표상, 삶과 관계하는 수많은 텍스트들이 앞서거니 뒤서거니 지면을 채웠다.

글만은 아니었다. 축음기를 통해 재생되던 소리의 텍스트들, 라디오를 통해 들여온 온갖 소식의 텍스트들. 눈앞에서 펼쳐지는 현실상現實像의 놀라움을 선보인 사진과 영화 텍스트들, 무엇보다 TV의 진화하는 텍스트들과 거리를 메운 광고판과 간판들까지. 우리시대는 곧 텍스트의 시대이다.

의아하겠지만 축구나 경마조차도 텍스트의 한 형식이다. 심판의 휘슬로 시작해 서로의 전력을 탐색하다가 분위기가 고조되면서 상대방의 골문을 서서히 압박하기 시작한다. 공방이 계속되고 드디어 골이 터진다. 주의를 환기시키고, 서서히 흥분을 고조시키고, 그 긴장과 이완의 연쇄는 카타르시스를 통과한다. 이미 주어진 구성은 아니지만 선행하는 규칙에 의해 기승전결의 유동적 짜임이 유지된다. 한번쯤은 생각해 볼만하다. 각본 없는 드라마라는 비유가 도대체 어떻게 가능한 것인지, TV와 라디오의 중계만으로 어떻게 그 실제 상황을 떠올릴 수 있는지, 신문에서 보도되는 스포츠 기사들은 또 어쩌면 그렇게 이야기의 구조를 잘 따르는지.

수많은 텍스트의 짜임이 축적되고 일정한 비등점을 통과하자, 삶들은 텍스트가 되었다. 매 순간 다른 일상의 경험들이 특정한 텍스트의 형식을 모방함으로써 경험은 곧 특별할 것 없는 일상의 텍스트가 된다. 가끔씩 비일상적 경험이 텍스트들의 맥락에 균열을 일으키기도 하지만, 정교하게 엮인 수만 수억의 텍스트들은 예외적 경험을 텍스트의 세계에 묶을 수 있는 왕성한 수용력, 그러니까 유동성과 변동성을 이미 완성했다. 나아가 텍스트화된 뇌와 또 다른 텍스트로서의 뇌가 서로를 마모시키며 사회적 공통인식과 공통감각을 제련하는 것도 이 텍스트시대의 특성이다. 결국 모든 언어들은 텍스트를 지향하고, 경험은 텍스트의 형식으로 인식되기 시작했다.

텍스트 시대를 이해하는 데 있어 종이 위에 활자로 적힌 텍스트는 독보적 위상을 차지한다. 텍스트의 처음이 거기였음으로, 영화든, 라디오든, TV

든 이후의 텍스트들은 진폭을 변경하고 변주되었을망정 활자텍스트의 유전자를 물려받게 되었다. 지금도 영화를 보며 그 영화를 '읽어내고' 음악을 들으며 이야기를 떠올린다. 심지어 타인의 마음까지도 '읽어야만' 알 수 있다. 이 활자 텍스트의 흔적들은 호모 텍스트쿠스의 발원지가 어디였는지를 알려준다.

그것이 반복적인 매체에 담긴다면 그 힘은 더욱 강대해진다. 신문과 잡지, 라디오와 TV가 미디어의 대표로 회자되는 이유가 거기에 있고, 또 '무관의 제왕'이니, '신문정부'니, '제4의 권력'이니 하는 말이 가능한 것도 그 때문이다. 정신사의 거버넌스이다.

매시, 매일, 매월, 텍스트들은 미디어를 타고 우리의 뇌에 들어와 앉는다. 셀 수 없는 텍스트들이 축적되고 텍스트와 텍스트의 입체적 그물망이 경험을 대신하고 판단을 대신하고 그리하여 삶을 대신한다. 때로 야만이 그리워지고 광기가 매혹적인 것은 자연으로부터 멀리 와 버린 텍스트시대의 삶을 말해주는 증거가 아닌가.

문학이 막 생겨나 모든 작품들이 처녀작이던 시대, 그 문학과 함께 태어나 문학이 될 수 없었던 존재들은 화려한 텍스트 세계에서 종種의 기원을 보여준다. 문학과 함께 시대의 흐름을 만들고, 문학과 함께 독자들의 뇌를 움직이고, 문학과 함께 다양한 즐거움을 선사했다. 그들이 문학의 아류였던 것이 아니라, 문학이 그들의 일부였을 뿐이다. 시대적 인식과 감각의 지평이 거기에 있었으며 지금 우리 인식과 감각의 원류가 거기에 흐르고 있다.

1. 범람하는 이야기

1) 처녀작 시대

문학이라는 관념이 자리를 잡을 즈음, 소설은 지금의 소설이 아니었다. 엄밀히 말하면, 1900년대를 중심으로 한 근대 계몽기의 소설 개념은 이광수의 소설 범주를 벗어난다. "재담才談이나 이야기"를 제외하고 "상상想像내內에 재在한 세계를"1) 보여준다는, 개연성 있는 허구만이 소설이었던 것은 아니었으며, 야담과 전기傳記, 심지어 지금의 수필이나 잡문까지도 소설로 여겨지기도 했다.2) 뒤집어 보면, 소설이라는 표제가 붙지 않은 많은 서사들, 즉 '재담이나 이야기' 모두 소설의 범주로 인식되고 있었음을 말하는 것이기도 하다.

앞서 「문학이란 하오」의 '문학'이 실체를 갖추지 못한 이념형이었음을 논했고 안확의 「조선의 문학」처럼 '문학'을 상상하는 또 다른 방법들이 존재했음을 언급했거니와, '소설'은 그러한 불일치를 드러내는 대표적 양식이었다. 이광수의 '소설'은 이후 권위를 갖추게 되고 지금의 소설로 이어지지만, 당대의 관습과 이광수의 '소설'은 상당한 거리를 가지고 있었으

---

1) 이광수, 「文學이란 何오」, 『매일신보』, 1916.11.10~23.

2) 권영민은 『한국 민족문학론 연구』(민음사, 1988)에서 비허구적 서사를 소설에서 제외시키지 않았던 예를 보여주었고, 김준오는 『한국 현대 장르비평론』(문학과지성사, 1990)에서 대화, 토론 등의 형식도 소설의 일부로 간주하는 등 근대계몽기 소설의 범주는 훨씬 개방적이었음을 드러낸다. 실제로 잘 알려진 『대한매일신보』의 「거부오해車夫誤解」 등의 대화체를 비롯해 「소경」, 「골계소설」 등의 야담, 「근세 제일 영걸 최도통전」, 「수군의 제일 거룩한 인물 이순신전」 등의 전기와 「미국독립사」 등의 역사물까지도 소설이라는 장르표지 하에 게재되었다. 여기에는 박지원의 「허생전」이나 고소설의 재판인 「청루의녀전青樓義女傳」 등도 예외가 아니다. 이에 대해서는 이재선의 『한국개화기소설연구』(일조각, 1972)와 권보드래의 『한국 근대소설의 기원』(소명출판, 2000) 참조.

며, 따라서 이광수는 '소설'을 포함한 '문학'의 '신구新舊 의의의 상이相異'를 논하고 '문학'을 새로 '정의'해야만 했던 것이다.

이렇게 보면, 근대계몽기, 혹은 1910년대까지도 소설과 소설이 아닌 서사를 구분하는 것, 또는 소설을 범주화시키는 것은 개념의 소급적 확인 외에는 별 의미를 획득할 수 없음을 말하는 것처럼 보인다. 그러나 '문학'과 '소설'의 이념이 정착하는 과정은 그리 순탄하지 않았으며 그 여파는 1920년대 중반까지도 진행 중이었다. 후술하겠지만 1920년대 근대문학이 동인지의 형식을 취할 수밖에 없었던 이유도 이념으로서의 '문학'을 실체로, 나아가 관습적 양식으로 정착시키기 위한 방책이었을 것이며, 김동인이나 염상섭·현진건 등 동인지 시대를 대표하는 작가들의 작품이 체험의 기록을 통과하며 현격한 격차를 보이는 현상도 이 때문이었다.

근대적 의미의 문학, 그 중에서도 근대소설의 정착과정이 진행 중이었다는 것은 곧 양식 재편기 혹은 근대적 장르 도입기라는 양식사적 의미를 포함한다. 전통적 양식과 근대 서구적 장르가 길항하고 또 각각은 근대화와 정착화를 모색하며 활발한 변화를 보여주었던 때이기 때문이다. 이 급격한 양식의 재편 과정에서 장르론은 일종의 권력으로서의 의미를 획득하게 된다. 재편되는 양식들을 통어하고 규율하게 되는 것이다. 이때 권력으로서의 장르론은 재편과정에 포섭되지 못한 다양한 주변양식들의 흔적을 소거시키거나 문학의 개념 바깥으로 밀어내게 된다. 단적으로 대부분의 재래의 양식들은 근대라는 새로운 시대를 맞아 도태되었고 이 과정에서 도입된 장르론이 유일한 기준으로 파급되었다고 해도 과히 어긋난 말은 아닐 것이다. 앞서의 「현상문대모집」이 신시, 소설, 소품문, 논문이라는—이광수와 유사한—서구적 장르 규정에 의거했다는 점에서도 이러한 상황은 인정된다.

그러나 분명해 보이는 이 양식의 재편이 이광수의 장르론처럼 그리 단순하지만은 않다는 점에 주목해야 할 필요가 있다. 범박하게 말하더라도 전환기라는 시대 규정이 이미 문학 양식이 겪어야 할 변화의 규모를 말해주는 것이거니와, 더욱이 그 전환의 시간 속에서 식민과 이식을 부정하지 못하는 우리 문학사는 이 재편의 과정을 더욱 복잡하게 이해할 수밖에 없도록 만들었기 때문이다. 이광수가 문학의 개념 정립과 장르의 구획을 시도한 것, 그 자체가 개념의 혼돈 상태와 양식의 난립상을 전제로 한다는 점에서, 재편 과정의 난해함은 이미 근대문학의 원형질에 속하는 것이다.

우리 문학사에서 이 양식 재편기의 복잡성은 의외로 상당히 단순하게 구성되어 있다. 전통적 양식과 근대 장르 사이에 신소설이나 신체시 등을 놓아 유동적이고 가변적인 가교의 기능을 담당시키는 것이다.[3] 물론 신소설과 신체시 등이 양식의 재편과정에서 담당했던 역할은 적지 않았을 것이다. 그러나 이 논리의 근간에는 도입된 장르론의 강제와 함께 근대와 전근대 사이에 설정된 단절이라는 인식이 자리잡고 있음을 주목해야 한다. 이 단절의 인식은 일견 잡다해 보이는 숱한 연속성의 흔적을 좌시하도록 강요했고, 이에 따라 근대문학의 주변부에 존재했던 적지 않은 문학적 성과들도 자연스럽게 유폐되었다. 그 결과 근대 문학으로의 진입을 시도하는 모든 전통적 요소들의 통과 경로는 신소설과 신체시로 국한되었

3) 근대계몽기 서사 양식의 사적 전개를 논한 대표적 연구로 김영민의 『한국근대소설사』(솔, 1997)와 한기형의 『한국근대소설사의 시각』(소명출판, 1999)을 들 수 있다. 단편서사(각각 논설적 서사, 단편서사물이라는 개념을 쓰고 있다)의 향방을 두고 신소설의 직접적인 출현 동기로 간주하는 김영민(『한국근대소설사』, 솔, 1997)의 견해와, 영향과 경쟁의 관계가 얽혀 기반을 제공하는데 머물렀다는 한기형(『한국근대소설사의 시각』, 소명출판, 2000)의 견해가 엇갈리고 있으나 두 견해 모두 단형서사가 중세문학과 근대문학을 연결하는 서사양식이었음을 인정하고 있다.

다. 신소설과 신체시가 역할과 성격에 걸맞지 않는 과부하 상태에 처하게 됨은 이미 자명해진다.

앞서 살핀 바와 같이, '문학' 이념은 근대적 질서를 확립한다는 구실로 사실상 이들 모두를 문학의 외부로 밀어낸다. 그리고 새로운 근대 문학 수립의 기획에 따라 『학지광』과 『창조』, 『폐허』, 『백조』에 등장하는 전혀 이질적인 소설이 창출되기 시작한다. 이른바 '문학' 이념의 자기실현이자, 근대문학의 시발이다. 따라서 우화, 전기 등 잡문의 영역에서 폭넓게 자리하고 있던 서사양식은 문학이 형성되기 이전의 어떤 것, 즉 '전前문학'이 되었으며, 문학의 이념에 충실하고 또 한편으로는 생경한 작품들이 오히려 문학의 권위를 부여받았다.

그러나 이념에 의해 창출된 근대소설은 주어진 권위에 걸맞은 풍성함을 갖추지는 못했다. 그것은 다만 이념에 충실한 형태를 띠었을 뿐이다. 당대 독자들에게 충분히 향유되었는가도 의문스럽다. "비교적 순예술미純藝術美를 가진 소위 고급이라는 작품은 ……동호자끼리의 감상에 공供하는 범위에서 더 나가지 못하는 터"[4]였으며, 1920년대 초반 근대문학의 대명사로 여겨지는 김동인 · 염상섭 등의 소설은 독자 대중을 흡인하지 못했고, 소설의 단행본 출간은 곧 실패로 이어졌다. 방인근의 회고대로 "참말 전체가 처녀작 시대處女作 時代"[5]였을 뿐이다. 출판이나 광고, 문인들의 회고를 볼 때, 당대에 주로 향유되었던 서사는 오히려 구소설과 신소설 그리고 매체서사[6]에 집중되어 있었다.[7]

---

4) 염상섭, 「소설과 민중 2」, 『동아일보』, 1928.5.29.

5) 방인근, 「處女作 發表 當時의 感想」, 『조선문단』 6호, 1925.3.

6) 이 글에서 '매체서사(media-narrative)'라 함은 매체를 통해 광장으로 진출했던 텍스트들, 즉 미디어텍스트(mediatext) 중 서사적 특성을 강하게 함유한 텍스트들을 지칭한다. 대체로 짧은 분

재래의 소위 이야기 책이라는 「옥루몽」, 「구운몽」, 「춘향전」, 「조웅전」, 「유충렬전」, 「심청전」 같은 것은 연년이 수만 권씩 출간되고 이것들 외에도 「추월색」이니 「강상루」, 「재봉춘」이니 하는, 20~30전 하는 소설책이 10여 판씩 중판을 거듭하여오되, 이것들 울긋불긋한 표지에 4호 활자로 인쇄한 100매 내외의 소설은 '고담책' '이야기책'의 대명사를 받아가지고 문학의 권내에 멀리 쫓겨온 것이 사실이다. 그러나 신문지에서 길러낸 문예의 사도들의 통속소설보다도 이것들 '이야기책'이 훨씬 더 놀라울 만큼 비교도 할 수 없게 대중 속에 전파되어 있는 것이 사실이다.[8)]

1920년대, '소설'이 아닌, 즉 '문학의 권내에서 멀리 쫓겨온' '고담'과 '이야기'가 흥성했던 사실은, 일반적으로 『창조』, 『백조』, 『폐허』를 중심으로 평가되어 온 문학사의 맹점을 드러내 주는 사실이다. 동인지 시대의 '소설'을 전부가 아닌 일부로 여길 수 있다면, 이 시기 근대 소설의 형성과정에서 주목을 요하는 양식은 신소설과 근대 장르론의 보급과 함께 '소설'적인 것으로 취급받지 못했던 매체서사 양식이다. 특히 김동인을 필두로 한 동인지 시대 작가들이 단편소설에 힘을 기울인 이유를 신 · 구소설에

량으로 구성되어 '단형서사', '단편서사' 등으로도 불릴 수 있겠지만, 분량상의 특징보다는 매체와의 관련 속에서 살피는 것이 더 유용하리라는 판단에서 '매체서사'로 개념화했다. 매체성에 주목하는 이유는 특정한 서사가 공공의 장에 진출함에 따라 공통인식과 공통감각을 형성하는 데 지대한 역할을 담당하기 때문이다. 매체에서 다뤄지는 텍스트가 서사만은 아니다. 그러나 모든 텍스트를 논의 대상으로 상정하는 것은 요원한 일이고, 서사가 발휘한 텍스트 효과의 강력함에 주목하여 매체서사에 집중하고자 했다.

7) 구소설과 신소설의 향유 규모나 성격의 변화 양상에 대해서는 「1910년대 활자본 고소설 연구」(권순긍, 성균관대 박사논문, 1990), 『구활자본 고전소설 연구』(이주영, 월인, 1998), 『신작 구소설 연구』(이은숙, 국학자료원, 2000), 「한국 근대소설 독자와 소설 수용 양상에 대한 연구」(천정환, 서울대 박사논문, 2002) 등을 참조. 이주영에 따르면 위세를 누리던 구활자본 소설 발간이 쇠퇴의 계기를 맞는 해가 1927년이었으며 1931년을 기점으로 이 경향은 더욱 뚜렷해졌다고 한다.

8) 김기진, 「대중소설론」, 『동아일보』, 1929.4.14.

대한 대항에서 찾을 수 있다[9]면, 그리고 문예운동의 일환으로 『개벽』을 비롯한 각종의 잡지가 융성하며 적지 않은 독자를 확보했다는 사실을 감안한다면, 근대소설의 형성과정에서 매체서사가 주목되어야 할 이유도 자명한 셈이다.

2) 매체서사의 신세기 풍경

근대계몽기 풍성한 외형을 보여주었던 매체서사는 시사토론체(문답체), 우의체, 기사체, 풍자[10] 등 다양한 모습으로 신소설과 경쟁하며 적지 않은 영향을 행사했으며, 매체서사가 한문단편을 비롯한 조선 후기의 다양한 서사양식을 계승했음은 이미 연구가 적지 않다.[11]

알려진 바대로 근대계몽기 매체서사에 대한 논의는 조선 후기의 한문단편을 계승하고 신소설에 영향을 주었다는 점을 확인하는 것으로 한정된다.

---

9) 박헌호, 「한국근대소설사에서 단편양식의 위상」, 『민족문학사연구』 16호, 소명출판, 2000.

10) 1900년대 매체서사의 유형은 한기형(『한국근대소설사의 시각』, 소명출판, 2000)에 의해 시사토론체 · 우의체 · 기사체 · 풍자 등 4가지 형태로 제시된 바 있다. 유형 구분의 기준이 모호하다는 점, 특히 풍자만이 형식상의 구분에서 제외되어 있다는 점에서 해결해야 할 문제가 없지 않지만, 근대계몽기 매체서사의 유형적 특성에 대한 천착에 주목하여 일단 논의의 출발점으로 삼고자 한다.

11) 매체서사(단형서사, 단편서사물)의 향방을 두고 신소설의 직접적인 출현 동기로 간주하는 김영민(『한국근대소설사』, 솔, 1997)의, 견해와 영향과 경쟁의 관계가 얽혀 기반을 제공하는데 머물렀다는 한기형(『한국근대소설사의 시각』, 소명출판, 2000)의 견해가 엇갈리고 있으나 두 견해 모두 매체서사가 중세문학과 근대문학을 연결하는 서사양식이었음을 인정하고 있다. 다만 이들의 논의는 매체서사와 신소설간의 관계에만 한정되어 지속된 융합과 분열의 진화과정을 인식하지는 못한 것으로 보인다. 서구적 근대문학이라는 대항물의 존재는 상호침투에 따른 변모의 원리뿐 아니라 자기유지의 원리 또한 요구하기 때문이다. 계승과 지양은 다만 단일 양식(신소설)에 의해 온전히 완성되는 것이 아니라 전통과 근대가 길항의 여지없이 융합될 때까지 지속된다. 물론 1920년대 중반 최서해 · 채만식을 비롯한 비허구적 체험소설이 등장하며 지난한 상호작용이 끝을 이루는 듯했으나 프로문학의 등장과 더불어 갈등은 다시 재현될 수밖에 없었다. 문제의 중심은 이동하지만, 최서해가 결국 카프로부터 축출되고 채만식 등의 작가들이 전통을 복권시키려 시도했던 것, 나아가 김기진과 박영희의 내용—형식 논쟁 등은 이를 방증하는 예일 것이다.

그러나 1920년대 더 나아가 1930년대까지도 '전前 문학'으로서의 매체서사는 맥을 잇고 있었다. 조선 후기 한문단편을 비롯한 매체서사가 근대계몽기 매체서사의 전사前史였던 것처럼 계몽기 매체서사의 존재도 1920년대 매체서사의 근원을 이룬다. 물론 그들의 의미는 시대의 흐름에 따라 각각 다른 평가를 가능하게 한다. 근대계몽기의 매체서사가 계몽과의 밀접한 관련을 맺으며 신문과 잡지를 통해 자신의 의미를 구축했다면, 1920년대의 매체서사는 오히려 계몽을 해체하는 가운데 소설과의 특별한 관계를 형성했다는 점에서 이목을 끈다. 따라서 10여 년에 걸친 잠복기는 이러한 변화의 묵시적 환경 조성기로도 볼 수 있다.

신소설이 풍미하고 대부분의 신문이 폐간되었던 1910년대의 잠복기를 거쳐 1920년대 신문과 잡지가 간행되면서 매체서사는 다시 그 모습을 드러내었고, 적지 않은 변화를 동반하고 있었다. 흔히 문답체 혹은 시사토론체로 불리는 양식은 장황한 연설 형식을 배제하고 실생활의 대화 형식으로 변화하여 문답이나 토론이라는 명칭 자체가 무색하게 되었으며, 또 풍자와 우의체는 상호 통합되는 양상 속에, 인간과 동물의 작중 역할이 역전되는 모습을 보여 우의적 역할보다는 직접적 풍자의 성격을 강하게 드러냄으로써 현실성을 강조한 형태를 취한다. 그리고 기사체 매체서사는 사건의 경위를 보고하는 차원을 넘어 완결적 플롯을 가진 사실담, 경험담의 차원으로 전환된다.

1920년대 전반의 매체서사는 계몽기 매체서사에 그 뿌리를 두되, 현격한 변화를 동반했다. 따라서 그 명칭과 범주 역시 변형된 형태에 걸맞게 다시 부여해야 할 것으로 보인다. 예컨대 풍자와 우의의 경우, 서의 통합되다시피 하면서 풍자가 우세해졌지만 풍자가 형식상의 특징을 드러내기 어렵다는 판단 아래 풍자우의형 매체서사라 지칭했고, 시사토론체 혹은 문답체의 경우에는 토론과 문답이라는 원래의 어의로부터 일탈하여 일상적 대화의 모습을 갖춤으로써 대화형 매체서사라 지칭했다. 기사체의 경우는 묘사의 확장과 (유사)플롯, 서술자의 확보 등 계몽기와 1920년대가 뚜렷이 구별되어 기록서사라는 새로운 명칭을 부여했다.

이러한 명칭은 주로 문체와 형식상의 특징에 의존한 것이다. 우의형 매체서사는 의인화된 동물을 통해 서사의 전개를 꾀하고, 대화형 매체서사는 인물의 형상화와 사건의 재현 등이 전적으로 대화를 통해서만 서술되고 있다는 점이 그 특징이다. 기록서사의 경우는 양식적 특성에 있어서는 소설과 유사하지만 독특한 실사 정신과 이에 따른 서술자와 작자의 미분화로 인해 창작의 영역에 진입하지 못했다. 대개 형식상의 분류와 중첩되고 있어 형식과 주제가 상호 호응하는 관계를 형성하고 있다. 이 외에도 분류의 기준에 따라 다양하게 구분될 수 있지만, 전체적으로 볼 때 1920년대의 매체서사는 근대계몽기의 그것에 비해 사실성이 상당히 보완되는 경향을 보인다. 풍자의 대상이 대부분 전형성과 사실성을 갖춘 인물로 형상화되고, 장황한 연설 대신 일상의 대화로 변모한다. 기록서사의 경우에는 아예 경험을 기록하는 방식을 택해 구체적 실감에 가깝게 다가선다.

이들 중 각별한 주목을 요하는 양식이 있는데 기사체 매체서사의 후신이라 할 수 있는 기록서사가 그것이다. 기록서사는 일견 소설인 듯 보이지만 창작이 아닌 기록이고, 기사라고 할 수 있지만 의사擬似 플롯을 획득한 서사양식이다. 또한 이들은 문학 양식으로서의 독자적 지위를 얻지는 못했지만 1920년대를 횡단하며 적지 않은 영역을 점유했으며, 나아가 최서해 · 채만식을 필두로 한 1920년대 중반의 문학적 흐름을 통해 그 생명을 유지하며 한국소설의 성격을 뒤틀어 놓는 결정적 역할을 맡게 된다. 우리 근대소설의 오래된 특징 중 하나인 엄격한 리얼리티의 소산과 관계하는 것이다. 소설이되 소설이라고 할 수 없는 이들, 문학 연구의 외곽에서 조명조차 받지 못했던 이 서사 양식은, 양식 재편기라는 시대의 격랑 속에서 한국 소설을 한국 소설로서 인식하게 하는 변별 자질로서 위치를 잡게 된다.

1920년대 중반을 경과하면서, 『별건곤』의 등장과 함께 매체서사는 또 한번의 급격한 변화 국면에 접어들게 된다. 1920년대 전반기의 매체서사가 10여 년의 침묵 속에서 사실성을 동반한 질적 변화의 국면을 겪었다면, 후반기의 매체서사는 사화, 야담, 실화, 수기, 정탐기 등 다양한 형식을 개발하며 확대 재생산하는 국면의 전환이 일어나게 된다. 따라서 그 양에 있어서도 그 전과는 비교도 할 수 없을 만큼 다양한 형식과 편수를 보이게 된다. '취미잡지'라는 표제를 내세운 『별건곤』의 간행은, 발행기관인 개벽사의 입장에서 봤을 때는 매체서사의 가능성과 의미를 새롭게 발견한 결과이지만, 독자의 견지에서는 시대적 요구와 경향성에의 부응이기도 했던 것이다.

그러나 이때의 매체서사는 이미 독자적인 독물로서의 영역을 구축하기 시작해 사실상 이 시기 이후부터 소설과의 단절의 장벽이 두터워졌다고 할 수 있다. 수기, 실화, 야담, 사화 등의 명칭을 부여받고 사회적 합의를 일어가는 것도 이 시기의 특징이라고 할 수 있다. '소설'은 분명한 정의를 가지고 있으되 정착하지 못했고, 잡지 등을 통해 광범위한 영향력을 행사하던 매체서사는 독자적 개념을 갖지 못했던 1920년대 전반의 상황과는 분명히 변별되는 것이다.

매체서사가 흥성할 수 있었던 것은 1920년대 전반까지도 영향력을 행사하던 계몽주의가 퇴조하면서 대중의 이해와 요구에 부응할 수 있는 독물이 요청되었고 이에 따라 '흥미'와 '취미'의 유용성이 인식되었기 때문이다. 또 민족적 관습과 정서에 대한 긍정이 가능해지면서 '소설'에 의해 배제되었던 다양한 양식들이 의미를 갖게 된 결과라 할 수 있다. '문학 전前 문학'과 '문학 외外 문학'의 의미성과 유용성이 발견되었음을 단적으로 보여주는 것이 『별건곤』의 창간이었다.

2. 근대의 이야기들

1) 우의풍자의 매체서사

근대계몽기 신문을 통해 대량 산출되었던 우의체 매체서사와 풍자는 1920년대 들어서며 거의 통합되다시피 한다. 우의적 요소를 지닌 매체서사의 태반은 풍자를 목적으로 하고 있으며, 풍자적 태도를 취하는 글의 대부분은 우의적 형식을 취하고 있다. 이 시기 풍자우의형 매체서사의 대표적 형태는 연작 「은銀파리」[12]와, 역시 연작이라 할 수 있는 「서울쥐로

12) 목성, 「銀파리」, 『개벽』 7~18호(총 7회 연재), 1921.1~11. 일반적으로 이 글의 지은이는 방정환으로 알려져 있다. 그러나 주제의 연속성과 문체 등의 특성으로 보아 『개벽』의 필진 중 하나였던 박달성일 가능성이 높다고 본다. 방정환 사후에도 『신여성』에 '은파리'의 「新聞記者 尾行記」가 게재되고 『혜성』에는 「은파리」의 이름만 바꾼 후신임을 명기한 「금파리의 歲拜꾼 尾行記」가 게재되었다는 점에서 일단 방정환이 부정될 수 있으며, 『개벽』과 『신여성』을 통틀어도 신랄한 독설과 통렬한 풍자로부터 끌어내는 쾌미를 만들어 낼 수 있었던 사람은 박달성뿐이었다는 판단

부터 시골쥐에게」[13]에서 찾을 수 있다. 「은파리」에서는 한 마리의 파리를 등장시켜 부도덕한 방법으로 재물과 권세를 얻은 대감을 비판하는 것으로 시작해, 공부는 하지 않고 계집질에 소일하며 부친의 재산과 작위를 상속하려는 첩의 자식, 거짓말로 모친을 속이고 없는 살림을 털어 놀러 다니는 신여성, 허위의식으로 가득 찬 자선가 · 교육자 · 연설가 같은 지식인들이 풍자의 표적이 된다.

날카로운 풍자와 비판이 눈길을 끄는 이 글은, 그 신랄함을 가능하게 한 우의 형식의 전환이 있다는 점에서 더욱 주목을 요한다. 1900년대의 우의체 매체서사가 그러하듯이 일반적으로 우화의 형식을 통해 교훈에 도달하는 경우, 그 등장인물들은 실제의 인물을 연상시킬 수 있는 특징적 동물들로 구성된다. 예컨대, 개구리 이야기[14]나 「호토상탄」[15] 등의 경우 등장인물은 모두 의인화된 동물들이며 이들은 먹이사슬 속에서의 위치를 중심으로 배역을 맡게 된다. 백로에게 속은 물고기 이야기[16]나 사슴과 나무꾼의

때문이다. 그리고 그 독특한 문장은 「서울쥐로부터 시골쥐에게」 등 박달성의 일련의 풍자적 매체서사를 거쳐 「金파리의 歲拜꾼 尾行記」까지 이어진다. 소설 등의 문학작품과 달리 매체서사가 저작의 소유권이 그리 큰 문제로 간주되지 않았다는 점에서 여러 필자가 하나의 필명을 공유했을 가능성도 배제할 수 없다.

13) 춘파, 「서울쥐로부터 시골쥐에게」, 『개벽』 43호, 1924.1.

14) 바닷가에 살던 암수 개구리는 어느날 산보를 하다가 고래를 목격하게 된다. 그 믿을 수 없을 만큼 커다란 덩치와 움직임은 개구리들을 놀라게 하기에 충분했다. 암캐구리는 이를 보고 수캐구리에게 잘난 체하지 말고 버릇을 고치라고 충고한다. 이에 격분한 수캐구리는 자신도 그만은 하다고 뽐을 내며 물을 마셔 뱉아 보지만, 감당하지 못하고 배가 터져 죽고 만다. 분수를 지키라는 격언을 달았다(「론셜」, 『미일신문』, 1898.8.15).

15) 호랑이의 침범을 두려워하던 여우는 토끼를 찾아간다. 호랑이가 쳐들어오더라도 여우와 토끼가 힘을 모으면 능히 퇴치할 수 있으니, 힘을 합치자는 계략이다. 이에 역시 호랑이를 두려워하던 토끼도 반가워한다. 여우가 돌아간 후 토끼들은 회의를 열어 여우의 제안을 논의하였다. 이때, 한 토끼가 그간 여우가 토끼들에게 행한 해악을 이유로 여우의 의견을 거절하고 오히려 호랑이에 의존하여 여우를 소멸시키자고 주장한다. 이에 하늘에 있던 신선 토끼가 훈수하였다. 여우와 협력하여 호랑이를 잡은 후에 여우를 방어하는 것은 쉬운 일이지만, 과거에 연연해 여우를 소멸하고 나면 호랑이를 방어하기는 어려우니 결국 호랑이의 욕심만 채워주게 될 것이라(「호토상탄」, 『미일신문』, 1898.9.23).

이야기[17])처럼 사람과 동물이 동시에 등장하는 경우에도 그 역할은 직업이나 먹이사슬에 의해 평면적으로 배치될 뿐이다.

그러나 「은파리」의 경우에는 '은파리'를 비판자로 내세워 사회 곳곳의 부패와 부도덕, 위선과 가식을 풍자하는 방법을 씀으로써 '은파리'의 위치는 앞의 예와 달라진다. 인간이나 인간을 비유한 존재가 아닌 '은파리'는 비판받는 대상의 도덕성으로부터 자유로운 판단자, 즉 도덕적 기준점을 점유하게 된다. 인간보다 열등하거나 혹은 인간과 동등한 인격을 부여받던 동물을 오히려 인간보다 월등한 위치로 끌어올리고, 선천적으로 인격적 부정성이 제거된 주체를 심판자로 설정함으로써 비판의 수위는 한층 고조된다. 비판의 실제 대상을 은폐하면서 은유적 형태로 부정성을 드러내는 방법에서, 대상의 모습은 현실 그대로 드러내되 비판자의 실체를 은폐하는 방법으로 전환함에 따라, 형식에는 여전히 우의적 흔적을 남기지만 주제는 교훈, 계도와 질을 달리하는 강력한 풍자로 전환될 수 있었던 것이다.

더불어 풍자의 대상은 우회적 비유의 공간이 아닌 직접적 현실의 공간

16) 많은 물고기들이 모여 살게 된 한 연못에 낚시꾼이 나타나 적지 않은 수확을 올린다. 백로는 그 낚시꾼이 그물을 던지고 회와 역구풀을 풀어 고기를 모조리 잡으려 한다는 소문을 퍼뜨리고, 자신이 살기 좋은 곳으로 물고기들을 옮겨주겠다고 꾄다. 이 말을 믿고 백로의 부리에 몸을 의탁한 물고기들은 모두 백로의 먹이가 된다. 그 중 게 한 마리가 백로의 말이 거짓임을 깨닫고 집게로 백로의 목을 잡은 후 사실을 폭로하자 모든 물고기들이 백로를 물어죽였다. 그 후로 좋은 선생을 구해 어린 물고기들을 교육시키니 낚시꾼과 백록의 해가 사라졌다는 이야기이다(「론셜」, 『독립신문』, 1898.2.5).

17) 세상은 약육강식이 지배한다. 사냥꾼에게 쫓기던 사슴은 나뭇꾼에게 숨겨달라고 부탁한다. 이에 나뭇꾼은 사슴을 나무더미에 숨겨준다. 그러나 사냥꾼이 나타나 사슴의 행방을 묻자, 입으로는 못 봤다고 하면서 손으로는 사슴이 숨은 곳을 일러주었다. 경황이 없던 사냥꾼은 나뭇꾼의 손짓을 보지 못한 채 가버렸다. 사슴이 나와 아무런 인사도 없이 가려하자 나뭇꾼은 배은망덕하다고 꾸짖는다. 이에 사슴은 자신을 구한 것이 사냥꾼의 우매함이지 나뭇꾼의 진실이 아니라고 일침을 가하고 가버린다. 세상의 모든 사람과 나라가 다 이러하니 믿을 사람이 없다(「론셜」, 『대국신문』, 1900.6.28).

에 위치하게 된다. 위의 예에서 백로에게 속은 물고기 이야기의 경우, 물고기가 살고 있던 연못은 조선을, 어옹漁翁은 서구 열강을, 백로는 일본을 빗댄 것이라고 할 때, 이들은 각각 비유된 다른 존재를 통해 가상의 세계를 펼쳐 보인다고 할 것이다. 그러나 「은파리」의 경우, 전형적이기는 하되 비유되거나 상징화되지 않은 현실 속의 인물에 대한 풍자가 전개되는 것이다.

파리 "그래도 내 돈 나 가지고 라고 합니까? 무에 大監 돈이야요. 엇더햇던지 大監 金庫 속에 잇으닛가 大監 돈입니까? 世上 사람이 모다 굼고 얼어 죽어도 大監 혼자 잘 놀라는 돈입니까, 이 地球 이 宇宙가 大監 혼자 살라고 낸든 것이지요? 다—가티 요만힌 짱에서 六十億이 잘 살아가라고 創造하신 한울의 뜻을 어긔고 만흔짱도 慾心것 혼자 차지하고 남의 것을 긁고 빼앗고 하야 가지고 大監 혼자 잘 놀고 지내라는 世上이지요?"

대감 "누가, 누구나 다가티 살라는 世上에서 自己 홀로 잘 살겟다는가, 제 各己 부즈런히 벌어서 만히 번 사람은 잘 쓰고 잘 지내고 못 번 사람은 못 쓰고 못 지내는 것이지……."

파리 "그런데 왜 잘 벌냐고 全力을 다하야 生命까지 危險한 것을 무릅쓰고 일을 하는 鑛夫에게는 利益을 千分의 一, 萬分의 一도 안주고 편히 안젓는 大監은 千갑절 萬갑절식 取하야 獨차지를 하느냐 말이야요? 그게 橫領 아니고 무어야요? 掠奪 아니고 무어입니까? 그래도 大監 돈입니까? 한번 더 그런 발습을 하번 내가 强盜라고 부를 터입니다."[18]

18) 목성, 「銀파리」, 『개벽』 7호, 1921.1, 57면.

인간의 사회적 관계로부터 자유로운 '은파리'는 부정한 방법으로 재물과 권세를 얻은 현실 위의 '대감'을 향해 거리낌 없이 독설을 뱉는다. 사회적 관계 속에 있는 인물이었다면 권력을 손에 쥔 인물에게 '횡령'과 '약탈', '강도' 등의 직설적인 비판을 하는 것은 어려웠을 것이다. 또 은유와 비유의 지평에서 역시 이는 거의 불가능하다. 풍자자와 풍자대상의 역전된 위상이 이 신랄한 비판을 만든 것이다. 이에 따라 우의의 기능은 형식적 기제의 수준으로 축소되고 대신 풍자의 영역이 대폭 확대되었다고 할 수 있다.

이러한 경향은 연작 「서울쥐로부터 시골쥐에게」에서도 계속된다. 서울의 구석구석을 정탐한 서울쥐가 사람들의 '간교와 허위'를 시골쥐에게 고발하는 듯한 편지 형식의 풍자우의형 매체서사이다. 박달성은 갑자년 쥐의 해를 맞아 "밤말은 쥐가 듯고 낫말은 새가 듯는다"는 속담을 원용해 사회의 부도덕과 몰인정, 부정과 부패를 고발한다. 서두에서부터 경고는 삼엄하다. "주의注意. 큰일낫다. 쥐생원 아니 서정탐鼠偵探이 나서 인간의 내막을 모다 들춘다 한다. 그는 세계적 명정탐으로 인간의 최대비밀 심야의 유방幽方 입울 속 일까지 드러내인다 한다. 그는 드러내는 대로 세상에 공개한다고 체면도 용서도 업다고." 경고한 대로 서울쥐가 사는 자신의 집 주인을 비롯해 이웃에 사는 사람들에 대한 관찰과 평가는 역시 신랄하다.

이 글에서 사람들은 학살자이며, 거짓과 추악을 쏟아내는 강도이고, 간음과 사기 밖에 모르는 죄악의 무리이다. 그 비판의 화살은 가난하고 힘없는 민중을 비켜나가 부자富者와 권자權者와 식자識者들에 집중되고 여기에는 일본인도 포함된다. 일본인에 대해서는 직접적 비난을 취하지 않지만 대신 "일본놈이 압즐너 가루채여 고놈들의 주머니에만 홀가 녓코 내놋치를 안으닛가 서울의 조선놈들은 다 죽는다고 썰썰 슬코 지내오"라고 빗대는 등 간접적 비판을 가한다.

이들은 모두 의인화된 등장인물을 중심에 세웠다는 점에서 우의적 성격에 비중을 두었지만 다른 측면에서 보면 대화체나 편지글 등 다양한 양식적 차용을 곁들이고 있어 이미 전형적 우화라고는 할 수 없다. 그러나 차용된 형식과 관계없이 '은파리'처럼 '서정탐' 역시 사회적 관계로부터의 자유로운 위치를 점유한 의인화된 등장인물인 덕에 강도 높은 비판을 가할 수 있게 된다. 물론 그 대상은 현실의 전형적인 인물로 채워진다. 따라서 「사회풍자 은파리」와 「서울쥐로부터 시골쥐에게」는 사실상 동일한 방법론의 지평 위에서 가능했던 풍자우의형 매체서사라 할 수 있다.

이외에도 『개벽』의 풍자우의형 매체서사는 「사회풍자 은파리」(목성, 7호부터 7회 연재)를 비롯해 「낭견浪犬으로부터 가견家犬에게」(목성, 20호), 「××귀의 정벌」(서몽, 24호), 「서울쥐로부터 시골쥐에게」(박달성, 43호), 「다시 장미택長尾宅 형님에게」(박달성, 45호), 「서울에 나타난 세가지 일을 드러」(박달성, 47호), 「삼국 노동자 미행기(박달성, 51호), 「네눈이의 동서남북담」(박달성, 52호), 「사람놈들 사회를 떠나면서」(박달성, 54호), 「나는 스므살 먹은 황소」(누렁이, 55호), 「철창 생활 50년을 들어」(박달성, 65호), 「죽어라」(박달성, 66호) 등이다.

이러한 풍자우의형 매체서사는 주로 개벽사가 발행한 잡지에서 많이 발견된다. 『신여성』에도 풍자우의형 매체서사가 발견되는데, 그 대개는 『개벽』과 마찬가지로 목성의 「은파리」였다. 「은파리」는 『신여성』 2권 5호(1924.7)·10호(1924.11)·11호(1924.12)·3권 2호(1925.2)에 게재되었으며, 3권 6호(1925.6)의 「문란紊亂한 풍기風紀 이쏠저쏠」도 필자가 '은파리'임을 감안하면 모두 「은파리」와 관련을 가진 셈이다.

『별건곤』에도 우화형 매체서사는 지속적으로 게재된다. 백白톡기의 「월궁月宮에 게신 아젓씨 전상서前上書」(1927.1), 은파리의 「은파리」(1927.2, 1927.3), 돌이(박달성)의 「식인충食人蟲 사두회의四頭會議」(1927.8), 작자미상인 「하기夏期 경과經過 니약이」(1927.10), 송선생松仙生의 「식물세계의 애린哀憐 비화秘話」(1928.8), 흰달의 「어학교 기숙사의 비밀」(1928.8) 등이 대표적 예라 할 수 있다.[19)]

풍자우의형 매체서사는 1920년대 초반 「은파리」를 중심으로 풍자성이 매우 강했지만, 후반으로 넘어가면서 풍자의 수위가 낮아지고 대신 골계적 요소가 첨가되는 경향이 있고, 전체적으로 게재 빈도가 줄어드는 특징을 보이고 있다. 이러한 현상은 1920년대 중반, 계몽주의가 퇴조하고 대중에 대한 관심이 증폭되면서 '취미'의 영역이 상대적으로 부각되었다는 것과, 타 매체서사에 비해 상대적으로 계몽성이 두드러지는 풍자우의형 매체서사의 주 향유 계층이 어린이로 제한되는 등 독자의 계층 · 연령별 분화 현상이 나타나는 상황과 맞물려 있기 때문이다. '취미'와 '흥미' 중심의 잡지임을 선언한 『별건곤』과, 계층이나 연령층에 따라 내용도 구별하려는 시도, 즉 『신여성』, 『농민』, 『어린이』, 『학생』 등의 특정 독자를 겨냥한 잡지의 등장은 그러한 경향을 가속화시켰다. 1920년대 중반을 기점으로 점차 성인 독물로서의 존립 기반이 흔들리기 시작했던 것이다.

비록 풍자우의형 매체서사는 취미 영역의 독립과 함께 신랄한 풍자가 약화되고 독자의 분화 경향에 따라 점차 미성년의 독물로 취급되게 되지만, 근대적 양식으로 변모하려는 시도가 실패한 것만은 아니다. 앞서 언

---

19) 이밖에도 『어린이』나 『학생』도 적지 않은 우화를 게재하고 있으나, 『어린이』는 독자의 대상을 제한함으로써 발행하는 문제가 개입되어 있다는 점에서 일단 제외했다.

급한 바, 이미 1920년대 풍자우의형 매체서사는 현실성을 강화하고 풍자성을 극대화하는 변화를 겪었다. 이 변화는 미성년을 대상으로 한 독물로서의 가능성뿐 아니라, 성인을 대상으로 한 근대소설로 진입하려는 시도로 이어진다. 이광수의 「천안기千眼記」[20]는 그 사실을 보여주는 단적인 예라 할 수 있다.

「파리」로도 불리는 「천안기」는 『동아일보』에 미리 게재한 「작자의 말」을 통해 애초 파리의 의인화를 통한 풍자를 목적으로 하고 있었음을 엿볼 수 있다. 가사의 형식으로 지어진 「작자의 말」은 당대 조선의 여러 인물형을 나열하며, 그 긍 · 부정점을 따라 풍자를 해보겠다는 뜻을 분명히 하고 있다. 열거된 인물의 유형은 대부분 대조의 형식—예컨대 '애국자'와 '비애국자', '충직한 자'와 '간사한 자', '잘난 놈'과 '못난 놈'—을 취하고 있다. 다양한 인물군을 예시하면서도 그 평가가 선 / 악, 긍정 / 부정으로 뚜렷이 나뉠 수 있는 것은 명백한 기준이 설정되어 있음을 말하는 것이고 이는 인격적 부정성으로부터 자유로운 '파리'라는 의인화된 인물로 인해 가능할 것이라 이광수는 믿고 있었다. 그리고 그러한 의도는 초반부에서 대개 관철된다. '나는 편리를 위하여 파리가 자기 본 것을 직접 기록하는 모양으로 기록'했다는 이광수는, '파리'의 눈을 통해 본 상황을 '파리'

20) 이광수, 「千眼記」, 『동아일보』, 1926.1.5~3.6; 「千眼記」, 『이광수전집』 3권, 삼중당, 1962.9; 「파리」, 『春園文庫—파리, 無明』 5권, 민음사, 1955. 삼중당의 『이광수전집』에 수록된 작품 해제에 따르면 이 작품은 1926년 1월 5일부터 동년 3월 6일까지 61회의 연재 끝에 미완성으로 중단되었다. 중단 이유는 『동아일보』에 대한 총독부의 정간처분 때문이었다. 「천안기」를 뒤에 다시 「파리」로 중산하면서, "일부는 개작하고 일부는 새로 써서 1927년 4월부터 동년 11월까지 8회에 걸쳐 『조선문단』에 재발표되었다"고 설명하고 있으나, 작품이 미완으로 끝난 것은 정간처분이나 이광수의 와병보다도 서사의 내적 불일치, 즉 파리를 통한 풍자성의 획득과 '나'를 이용한 사건 생성력의 상호 억제에 기인했을 가능성이 크다. 『조선문단』에 수록되었다는 수정본을 찾지 못해 『이광수전집』의 「천안기」와 『춘원문고』의 「파리」를 기준으로 하였다. 「파리」는 「천안기」의 도입부와 종결부의 일부가 삭제되어 있고 일부 수정한 흔적도 보이지만 내용과 구성은 거의 동일하다.

의 입을 통해 말하게 함으로써 대감댁 아들이자 일본 유학까지 다녀온 지식인 '황주사'를 '건달', '못난이'라 비난을 받는 위치로 전환시킨다. 별 볼 일 없는 시골뜨기에 불과한 주 인물인 '나(이물응)'의 위치에서 이러한 비난은 쉽지 않다. 반면 '나'에게 우습게만 보이던 '떡덩이 영감'은 '파리'에 의해 "눈에 보이지 않게 큰 은혜를 주고 큰 교훈을 주는 떡덩이 영감"으로 숭배의 대상이 된다. 의인화된 '파리'라는 비인격적 인격체에 의해 사회적 위치의 제약을 받는 '나'를 뛰어 넘는 비판과 풍자가 산출되는 것이다.

'파리'라는 비인격적 인격체를 통해 신랄한 풍자를 자아낸다는 점에서 「천안기」는 「은파리」와 유사한 구성을 보인다. 두 작품 모두 '파리'라는 비인격적 인격체를 등장시키고 이 '파리'의 눈을 통해 풍자를 만들어낸다는 점에서 그러하다. 의인화된 '파리'의 등장과 권자權者, 부자富者, 식자識者에 대한 풍자가 두 작품의 핵심적 구성요소라는 점에서 「천안기」와 「은파리」는 동일한 서사적 양식이라 할 수 있다. 이들의 유사점은 다만 여기에 머물지 않는다. '파리'의 존재를 상상하기 어려운 겨울에 등장시킴으로써 오히려 '파리'의 신성성을 강조하는 것이나, 그 첫 풍자의 대상이 권력과 부를 동시에 소유하고 있는 '대감'과 여기에 근대적 지식의 세례까지 받은 그의 식솔들에 맞추어져 있다는 점, 반대로 사회적 약자에 대해 존중과 동정을 부여하고 있다는 점, 풍자 인물의 이동에 따라 에피소드 형식을 취한다는 점 등에서 두 작품은 공통된다. 우의성과 풍자성을 중심에 놓고 작품의 초반부를 볼 때, 「은파리」와 「천안기」는 차용관계가 분명한 작품들이라 할 수 있다.

이광수가 「은파리」를 차용한 것은 「민족개조론」이 극렬한 비난의 대상이 되고 민족 중심 담론이 득세했던 1920년대 중반의 시대적 조류와 관련이 있는 것으로 보인다. 앞서 언급한 「천안기」의 「작자의 말」과 '떡덩이 영감'에 대한 조사弔詞를 가사의 형식으로 처리한 것에서도 드러나거니와, 「문학이란 하오」에서는 '문학'으로 간주하지 않았던 「허생전」, 「일설 춘향전」 등의 '문학 전前 문학'의 차용은 물론, 「은파리」의 경우처럼 전통에 속하지 않으면서도 '문학'으로 간주할 수 없었던 '문학 외外 문학'에서도 '문학'적 가능성을 타진하려 했던 것으로 보이며, 이 경향은 「천안기」 직후 『동아일보』에 발표되는 「마의태자」를 비롯한 다수의 역사소설의 경우도 마찬가지라 판단된다.

1920년대 중반을 경과하며 풍자우의형 매체서사는 『개벽』을 비롯한 시사잡지에서 점차 영역이 줄어들었으며, 주로 『어린이』를 통해서 많이 발견된다. 그것도 「은파리」의 경우처럼 '사회풍자'라는 장르표지에 의한 신랄한 풍자가 아닌 '동화'의 차원에서 단순한 도덕적 교훈을 목적으로 하고 있어 문학적 평가의 여지가 현저히 줄어든다.

이상에서 살펴본 바, 1920년대의 풍자우의형 매체서사는 풍자의 대상을 의인화된 동물이 아닌 현실적 인물로 교체함으로써 이야기의 현실성을 강화하고, 풍자 주체를 사회적 관계로부터 자유로운 동물로 설정함으로써 풍자성를 심화시켰다. 「은파리」는 그 대표작이라 할 수 있다. 그리고 이광수의 소설인 「천안기」와 목성의 「은파리」간의 차용관계로 볼 때, 민족성을 긍정하는 사회적 분위기의 확산에 따라 관습적 양식을 소설에 도입하려는 시도가 실존했음도 확인할 수 있다. 즉 1920년대 매체서사와 근대 소설은 삼투와 차용의 관계에 있는 동등한 서사 양식이었던 것이다.

2) 대화의 매체서사

대화형 매체서사는 풍자우의형 매체서사에 비해 적은 편수 밖에 발견되지 않지만, 각각의 대화형 매체서사마다 이 시기 매체서사의 변화과정을 보여주는 독특한 일면을 포유하고 있어 주목된다. 이미 계몽기 매체서사의 주요한 형태인 '문답체' 혹은 '토론체'로 불리는 양식[21]이 존재했거니와, 이들의 연설투와 장황한 설명은 사라지고 대신 일상생활 속의 대화를 재현하는 형태로 변모한다. 문체 역시 구어에 가깝게 표기되어 대화의 현장감과 실감을 구현하고 있다. 대화형 매체서사의 완결성이 돋보이는 「고학苦學의 로路」[22]는 순수한 대화로만 구성되어 있고, 생활어에 근접해 있어 재현의 실감을 상당히 끌어 올렸다고 할 수 있는 예이다.

C. 아— K君. 지금 오나. 밤이 매우 깁헛는데. 아마 子正이 되엇슬걸? 그래 몃 匣이나 팔앗섯나?

K. 몃갑이 다— 무언가. 죽도록 고생만하고 빈 손으로 돌아왓네. 苦學도 못하겟데 할 수 업시 來日부터는……

C. 웨 그러나 그래 한 匣도 못 팔앗서?

K. 그짜짓 것 한 匣 두 匣 팔면 무엇하나. 고생은 고생대로 하고 賤待는 賤待대로 밧고……. 아— 어쩌면 이 世上이 이다지도 冷冷한가.

---

21) 정선태의 『개화기 신문 논설의 서사 수용 양상』(소명출판, 1999)에서 문답식 구성과 토론식 구성을 나눈 바 있다. 토론식 구성은 "문답식 구성의 논설에서와는 달리, 방관자의 위치에서 여러 사람들의 대화를 단순히 옮기는 역할을 맡고 있을 따름이다. 그리고 여기에 속하는 논설들은 등장인물의 태도에 있어서는 문답식 구성의 B유형과 동일하지만 대개의 경우 두 사람 이상이 등장하여 하나의 화제를 두고 각각의 의견을 펼친다는 특징을 지니고 있다는 점에서 구별된다"고 하여, 문답식 구성과 토론식 구성이 서술자의 지위와 역할에서 차이를 보인다고 주장했다.

22) 춘파, 「苦學의 路」, 『개벽』 18호, 1921.12.

이 글은 담배를 팔아 고학을 하는 C와 K의 고난과 역경 그리고 운명을 개척하기 위한 분투의 생활을 그려내고 있다. 그러나 고학생을 도와야 한다거나 부호들을 질책하는 설교와 연설은 보이지 않는다. 서술자의 개입도 전혀 없어 순연히 고학생들인 K와 C의 대화를 재현함으로써 주제의식을 실현시킨다. 설교와 연설이 있던 자리에 고학생들 간의 담담한 대화 내용이 들어차 있을 뿐이다.

대화로써 상황을 재현하는 방법은 설명적 언어의 나열로 계몽 의도를 전달하던 계몽기의 문답체 혹은 토론체와는 상당한 거리를 가지고 있다. 예컨대, 『독립신문』의 「병뎡의리」[23]와 춘파의 「고학의 로」를 비교해 보면, 그 차이가 확연해진다.

> 엇던 병뎡들이 어ᄃᆡ 안져셔 문답ᄒᆞ기를 여보게 우리가 이 병뎡 아니 다니면 굴머 죽나 오쟝륙부 바로 박인 ᄌᆞ식은 츰아 눈으로는 못 보겟데 ᄒᆞᆫ 병뎡이 그 리유를 무른ᄃᆡ 대답ᄒᆞ야 ᄀᆞᆯ아ᄃᆡ 인화문 밧긔 밤ᄂᆞᆽ 모혀 잇던 ᄇᆡᆨ셩들이 무슴 죄가 잇섯나 심지어 군밤 쟝ᄉᆞ 어린 아ᄒᆡ가 다 보죠를 ᄒᆞ고 걸인들과 판슈들이 다 보죠를 ᄒᆞ엿다데 경향간에 ᄆᆞ음 바로 가진 사ᄅᆞᆷ들은 모도 렬심ᄒᆞ야 그 ᄇᆡᆨ셩 모혀 잇ᄂᆞᆫᄃᆡ로 모아들어 그 ᄇᆡᆨ셩들의 쇼원ᄒᆞᄂᆞᆫ 일을 일심으로 션력들 ᄒᆞ데 그 ᄇᆡᆨ셩들 ᄒᆞᄂᆞᆫ 일과 목적이 만일 그를 진ᄃᆡ 엇지 그리들 ᄒᆞ겟나 ᄒᆞᆫ 병뎡이 ᄀᆞᆯᄋᆞᄃᆡ 그 ᄇᆡᆨ셩들의 쇼원ᄒᆞᄂᆞᆫ 일이 잘 뇌어야 우리 번뎡들도 ᄎᆞᄎᆞ 잘 되아가지 민일 그릿치 못 ᄒᆞ기드면 ᄋᆞ리 병뎡들도 쟝ᄎᆞ 무슴 모양이 되겟나 드른 즉 탁지에 지뎡이 군식ᄒᆞ야 월급 타먹기도 이졔는 심들네 ᄒᆞᆫᄃᆡ

23) 「병뎡의리」, 『독립신문』, 1898.11.23.

이 글은 대화 문장이 당대의 타 문답체 매체서사에 비해 상대적으로 연설의 장황함을 배제함으로써 간결한 대화의 실감을 고조시킨다. 또 '여보게' 등의 실생활적 호칭과 '보겟데', 'ᄒᆞ겟나', '심들네' 등의 구어체 서술어를 구사하고 있다는 점에서도 구별된다. 연설이라기보다는 대화를 재현하는 대화형 매체서사에 상당히 근접한 경우라 할 수 있다. 인물의 발화 자체만으로는 대화의 재현에 가깝다고 판단된다. 그럼에도 불구하고 「고학의 로」와 「병뎡의리」가 구별되는 것은 인용부호가 사용되지 않고 있다는 점과, '그 리유를 무른ᄃᆡ 대답ᄒᆞ야 ᄀᆞᆯ아ᄃᆡ', 'ᄒᆞᆫ 병뎡이 ᄀᆞᆯᄋᆞᄃᆡ' 등에서 보이는 바와 같이, 대화가 서술자를 통해서 전해지고 있다는 점에서 보여주기가 아닌 말하기 혹은 들려주기의 형식을 취하고 있다는 점 때문이다.

인용부호는 진학문의 「쓰러져 가는 딥」에서 처음 쓰였고 1910년대 이후로 일반화[24)]되었는데, 인용부호의 사용과 확산은 다만 상황에 대한 간접적 묘사력의 차이뿐 아니라, 대사 자체를 통한 인물의 구별, 서술자의 매개를 전제로 한다는 점에서 말하기와 보여주기의 차이를 드러낸다. 'ᄒᆞᆫ 병뎡이 ᄀᆞᆯᄋᆞᄃᆡ'와 같은 서술자의 개입은 인용부호의 부재와 밀접한 관련을 갖는 것이다. 그렇다고 인용부호가 보여주기를 생성시킨 것은 아니다. 인용부호가 전혀 사용되지 않으면서도 서술자를 은폐하고 보여주기의 강화에 성공한 「쇼경과 안즘방이 문답」의 경우를 볼 때, 거꾸로 보여주기가 강화되는 가운데 인용부호의 활용이 확장되었다고 봄이 타당할 것으로 보인다.

서술자의 문제와 관련해서 「고학의 로」에서 대화의 앞자리에 'K'나 'C'

---

24) 주종연, 『한국소설의 형성』, 집문당, 1987, 207~211면.

등의 발화 주체를 표시하는 것과 'ᄒᆞᆫ 병뎡이 ᄀᆞᆯᄋᆞᄃᆡ'를 같은 의미로 해석할 수도 있다. 그러나 전자가 서술자를 은폐하면서 발화의 주체를 표시하는 반면, 후자는 대화가 서술자에 의해 재현되고 있음을 드러낸다는 측면에서 양자의 차이는 보여주기와 말하기라는 실감의 차이를 노정하게 된다. 계몽기의 문답체 매체서사가 인용의 차원에서 연설과 대화를 다루는 반면, 1920년대 대화형 매체서사는 재현 층위에서 제시되어 있다고 할 수 있다.

대화형 매체서사의 보여주기 방식은 「쇼경과 안즘방이 문답」[25]에서부터 본격적인 단초를 보이기 시작했다.

> 그 젼에는 ᄂᆡ가 문슈소릐를 질으고 도라다니면 이집 저집에셔 불려들려 하로 못 버러도 숨ᄉᆞ십량이더니 근일에는 다리에 가ᄅᆞ토시가 셔도록 단여도 숨사푼을 구경치 못허니 참 살 슈 업서 자네는 그러치 나도 이왕에는 망건 이숨긔만 맛허도 ᄆᆡ일 ᄉᆞ오십량을 버러 고기도 ᄉᆞ먹고 술도 먹었더니 근일 당허여는 돈도 귀홀 ᄲᅮᆫ 아니라 머리 ᄶᅡᆨ는 ᄉᆞ롬이 만어서 제각금 망건을 파라먹으려드는 ᄶᅡ닭에 싱의 업셔 죽겠네

「쇼경과 안즘방이 문답」의 대화는 사실상 「고학의 로」와 비교해도 손색이 없다. 연설투는 많이 줄어들었고 서술자의 존재도 감추어진 듯 보인다. 후반부에 잠시 모습을 드러내는 서술자, 즉 '참 기박한 팔일세 하며 희희강틴에 노리 일곡 부르면셔 마듸를 두ᄅᆞ혀 갔더라'와 중반부의 '하리오', '이로다' 등의 문어투 서술어를 제외한다면 대화의 온전한 재현이 이

---

25) 「쇼경과 안즘방이 문답」, 『대한매일신보』 3권 79호, 1905.11.17.

루어지고 있다고 보아도 무리가 없다. 하지만 보여주기 방식의 온전한 대화 재현은 「쇼경과 안즘방이 문답」이 거의 유일한 예인 것으로 보인다.

같은 시기 게재되고 또 흔히 「쇼경과 안즘방이 문답」과 함께 논의되는 「거부오해」[26]의 경우는 이와 다른 경우라 할 것이다. 「거부오해」는 서술자를 통해서 대화의 전달이 이뤄진다는 점에서, 또 문어체 서술어로 일관하고 있다는 점에서 오히려 「병뎡의리」에 더 가깝다고 할 수 있다.[27] 이러한 예는 근대계몽기 대화형 매체서사는 말하기 혹은 들려주기 방식에서 보여주기의 방식으로 전환되는 도정에 있었음을 드러낸다.

1920년대 대화형 매체서사에서 대화의 재현상황과 서술자의 관계를 둘러싼 변별점은 「남북 조선을 순회한 자의 수작」에서 뚜렷하게 확인할 수 있다.

> 甲. 자네 쏘 시골 다녀 왓다지 꽤 잘 돌아다니는 셈이 아닌가
>
> 乙. 무엇 한 달에 한 번은 가지 잘 돌아다닌다 할 것은 업겟지
>
> 甲. 그런데 자네 그러케 돌아다니면 무슨 수가 생기나? 자미잇는 일도 만코……
>
> 乙. 암 수가 생기다 뿐이리 수만 생기는 일을 누가 하겟나 그 뿐일가 보리밥도 생기고 옥수수밥도 생기고 째로는 탁주○도 생기고…… 생기는 것 퍽 만치 쏘, 자미잇는 일은 불가승유不可勝喩이고 그러나……

---

26) 「車夫誤解」, 『대한매일신보』 150호, 1906.2.20.

27) 권보드래는 『한국근대소설의 기원』(소명출판, 2000)에서 "한국에서 대화를 그대로 적는다는 발상은 '음성언어'로서의 한글을 전제로 한 것이었다. 한자와 한글이 표의表意와 표음表音이라는 대립 속에서 생각되었던 당시, 음성을 그대로 기록하는 것은 표음 문자인 한글이 맡아야 할 일이었다"고 주장했지만, 한글로 씌어진 「병뎡의리」「거부오해」의 반례로 보아, 대화의 재현은 표음 문자의 문제로만 한정하는 것은 유보되어야 할 것으로 판단된다.

(…중략…)

甲. 그러면 자네는 어써케 시골을 본단 말인가 쏘는 보앗단 말인가

乙. 나 역亦 근래의 유행에 불외不外하는 염가의 문화운동자이라 무엇을 진실하게 보앗겟나 그러나 낫단으로는 생각하는 것은 잇네 그대여 나에게 잠시잠간 화병話柄을 허許하야 나의 본 바 시골의 현황의 이삼二三을 말하게 하라

시골이라 할지라도 물론 남방과 북방과 서방의 형편이 다를 것이다. 그런데 일언一言으로써 남조선과 서북조선의 다른 점을 형유形喩하면…… 그 가옥에 잠거潛居한 무식자와 역亦 빈자의 충일—그것이다. 인민의 다대수가 그와 가티 …… 날로 피폐에 함陷하는 것이다. 이것이 …… 금일의 지주라는 그들의 행악의 소치이다.

(…중략…)

그 상대방이 행정관청이거나 쏘 민인民人임을 불구하고 곳 대전對戰의 진陣을 장張하기 시始한다 이러한 것은 내가 구苟태여 예를 들지 아니하나 가만히 지방의 속을 드려다 보면 얼마라도 잇는 것일세

甲. 잠간 말을 그치게 그 싸위의 막연한 이약이는 기차 자동차 타고 단인 나도 짐작하는 일일세 그러한 이약이로써 긋을 지을 모양인가

乙. 아니야 이것은 서언序言이야 실상의 이약이는 싸로 잇을 섯이시

甲. 그러면 곳 화제를 옴기기로 하세

乙. 지금은 시간이 좀 밧부니 다시 맛나기로 하세[28)]

28) 묘향산인(김기전), 「南北 朝鮮을 巡廻한 者의 酬酌」, 『개벽』 29호, 1922.11.

인용한 글은 대화형 매체서사 사이에 논설이 끼어있는 형식을 취하고 있다. 작은 활자의 인용처럼 '갑'과 '을'의 대화가 진행되다가 '을'이 자신의 견해를 주장하는 부분에서는 논설로 전환되고 다시 대화가 진행되는 형식이다. 논설과 대화가 이미 구분되어 있고 대화는 온전히 대화로만 상황을 재현하고 있다. 이 형식은 1920년대 대화형 매체서사가 가지는 특징을 집약적으로 보여준다.

주목해야 할 것은 대화 부분과 논설 부분은 의도적으로 구분되어 있다는 점이다. 대화 부분이 서술자의 개입 없이 진행되고 있다는 점에서 「고학의 로」가 보여준 특징과 일치하고 서술자의 언술은 독자적 영역으로 제한된다. 이는 대화형 매체서사가 독자적 질서로서 자기 완결성을 지향하고 있었음을 드러내는 실례가 된다. 계몽적 언술이 대화 속에 그대로 삽입되는 근대계몽기의 매체서사와는 판이한 형태를 취해, 더 이상 견해와 주장의 직접적인 전달이 대화형 매체서사와 결합될 수 없다는 인식을 드러내는 것이다. 이는 대화형 매체서사의 독자적 질서와 완결성이 계몽담론으로부터 분리되는 과정을 확인시켜 주는 것이라 할 수 있다.

더불어 대화 부분에서는 구어체가, 논설의 부분에서는 문어체가 사용되고 있다는 점도 빠뜨릴 수 없다. 전반부에 위치한 대화 중 마지막 문장과 논설 부분 중 마지막 문장이 각각 문어체와 구어체로 되어 있어 연결부위의 문체 선택에 혼동이 있음을 보여주기는 하지만 대체로 논설은 '것이다', '바이라', '된다', '여如하다' 등의 문어체 서술어, 대화는 '생기나?', '탈일세', '잇네', '하세' 등의 구어체 서술어가 사용되고 있다.

계몽 논설의 형식과 대화형 매체서사의 형식이 상대적 독자성을 가지고 분리된 「남북 조선을 순회한 자의 수작」은, 다른 한편으로 대화형 매체서사가 계몽적 목적으로부터 완전히 분리되지 못했음을 보여주는 예이기도 하다. 형식적으로는 독자적 질서를 갖고 있지만 그 의도는 여전히 계몽의지로부터 자유롭지 못함을 보여주기 때문이다. 「남북 조선을 순회한 자의 수작」에서 볼 수 있듯이, 대화형 매체서사는 논설의 내용을 전달하는데 효과적인 기제로서 의미를 부여받고 있다는 점에서 그러하다. 형식적으로는 독자성을 확보했으되 그 쓰임은 계몽과 단절되지 못한 것이다. 즉 효과적 계몽 수단으로서의 유용성이 대화형 매체서사의 주된 가치였음을 알려주는 것이다. 「고학苦學의 로路」가 고학생과 소년 교육의 문제를 제기하는 「최근 사회의 신현상을 보고 도덕성의 수립을 절망함」[29]이나 「소년에게」[30]가 연재되었던 것과 때를 같이 하는 것도 이 때문이다.

근대계몽기의 대화형 매체서사에는 여전히 서술자의 개입에 의한 재현의 단락이 존재하고 있었다. 대화의 재현이 재현 자체로 완결되지 못하고 서술자의 직접 설명을 동반하는 것은 「쇼경과 안즘방이 문답」과 같은 일부 계몽기 대화형 매체서사가 문답체 혹은 토론체에서 대화형 매체서사로 전환되는 경계에 위치하고 있음을 보여준다. 문답체 매체서사가 대화형 매체서사로 변모, 진행하는 과정이 드러나는 것이다.

그러나 시각을 돌려 보면, 고려되어야 할 문제는 또 있다. C와 K의 대화를 담은 「고학의 로」는 언뜻 희곡의 일부를 연상시킨다는 사실을 확인할 필요가 제기될 수 있는 것이다. 도입부에는 그러한 연상이 크게 잘못되지 않았음을 알리는 해설이 붙어있다. 마치 희곡처럼 "인물. 학생 C와 K", "장소. 경운동 합숙소", "째. 십일월 이십일 야夜"라 한 것이다. 「남북 조선을

29) 이돈화, 「최근 사회의 신현상을 보고 도덕성의 수립을 절망함」, 『개벽』 14호, 1921.8.
30) 노아자, 「소년에게」, 『개벽』 17~21호, 1921.11~1922.3.

순회한 자의 수작」에도 "甲 / 일즉이 시골을 갓다 온 자", "乙 / 지금 막 시골을 다녀온 자"라는 인물해설이 있다. 『개벽』에는 이미 장르 표지가 '각본'으로 되어 있는 현철의 번역 희곡 「격야」가 연재된 바 있고, 이 글이 실린 『개벽』 18호에도 각본 「하믈레트」가 실려 있어 그러한 추정에 무게를 실어준다. 그러나 「고학의 로」의 장르 표지에는 분명 '대화'라고 적혀 있는 바, 장르 표지와 장르적 특징이 혼재되어 있는 양상을 드러낸다.

재현된 상황의 등장인물과 장소, 시간을 미리 공개하는 것은 계몽기의 문답체 매체서사나 대화형 매체서사에서 발견되지 않는 특징이다. 대신 또 다른 매체서사인 「숙시숙비孰是孰非」[31]의 경우는 대화형 매체서사라기보다는 기록서사라고 할 수 있지만 인물, 장소, 시간과 약간의 상황 해설이 붙여져 있다는 점에서 양식간의 차용과 습합이 광범위하고 또 극렬했음을 말해준다. 이 밖에도 앞서 언급한 「은파리」가 대화를 중심으로 전개되고 있다는 점 등을 두루 고려한다면, 근대계몽기의 문답, 토론체 양식이 1920년대 독자적 양식화를 지향하고 있었다는 사실과 함께, 근대계몽기의 다양한 서사 양식은 물론, 근대적 문학 양식의 일부를 차용함으로써 매체서사의 외연을 확장시키고 있었음을 확인할 수 있다. 이러한 양식간의 차용은 대중에 대한 효과적 계몽을 제일 명제로 하는 시대적 요구를 반영한 것이다.

이러한 양식적 차용의 경향이 두드러지는 대화형 매체서사는 「고학의 로」 외에도 적지 않다. 「이상아의 초보」[32]는 양식적 차용의 결과가 양식적 분류 자체를 의심하게 할 만한 형태를 보여준다.

---

31) ㄷㅅ생(TS생―박달성), 「孰是孰非」, 『개벽』 창간호, 1920.6, 123면.
32) 춘파, 「理想兒의 初步」, 『개벽』 12~14호, 1921.6~8(13호의 글은 12호의 것와 동일).

양복입고 안경쓰고 키가 작달막하고 얼굴 갤죽하고 소위 예술가식 머리한 청년 하나이 중식에게로 차저 왓다 뒤미처 양목 흰 주의 입고 얼굴 둥글고 역시 뒤 쓸어넘긴 머리로 좀 침착해 보이는 청년 하나이 왓다 양복자는 신문기자라 하며 주의자周衣者는 잡지사원이라 한다. 중식은 그나마 일본풍을 바든지라 오륙차五六次 고개를 굽슬굽슬하며 손을 사오번四五番 내여젓는다 그리고 함정함소희만含情含笑喜萬한 얼굴로 "모처럼 이러케 차저주시니 감사합니다"하면서 권련을 내여 권한다 객으로부터는 "이역의 다년풍상에 얼마나 고생이엇느냐"고 모든 위사慰辭를 보낸다 양편의 담화는 매우 순서적이오 또 열정으로 열리엇다.

重植. 지금 우리나라 글로 하는 신문이 두루 다하야 네 종인가 되지오?

記者. 그럿습니다 그나마 어대 완전합닛가 명색 뿐이지오

重植. 그 불완전의 이유는 대개 금전문제이겟지오?

記者. 금전문제도 문제려니와 첫재는 인물문제이지오 금전업고 인물업스니까 어찌 할 수 잇습니까

重植. 그러켓습니다 언론의 범위도 그저 그 모양이지오? 좀 너그러워젓는가요?

記者. 그저 그 모양입니다 우리 신문 작일분昨日分도 압수이엇습니다

이 대화형 매체서사는 「남북 조선을 순회한 자의 수작」의 논설 대신 사건의 배경과 상황 등의 재현이 대화와 자리를 나란히 하고 있다. 총 6장으로 구성되어 있는데, 각 장은 위의 인용처럼 대화가 벌어지기 직전의 사건과 상황이 재현되어 있고 그 뒤로 인물들 간의 대화가 위치하고 있

다. 대화의 재현 방식은 「고학의 로」와 동일하지만 관찰자의 시점을 유지하는 서술자는 마치 소설과도 같이 상황과 인물을 면밀히 묘사하고 있다. 특히 첫 도입부인 1장은 주인공 '김중식'이 해외에서 돌아와 고국에서의 하루를 보내는 상황이 대화 없이 재현되고 있어 소설의 도입부라 해도 무방하다. 즉 소설의 상황 재현과 대화형 매체서사의 대화가 공존하는 경우라 할 수 있다.

물론 작자의 의견이 직접적으로 노출된 서두, "나는 차此 일편一篇으로서 독자제군에게 제공하며 스스로 불만의 감感을 포抱하면서도 제군에게 대한 무슨 기대가 업지 아니합니다. 독자ㅣ 혹 기자의 기대를 알으실른가"와, 역시 유사한 내용의 말미 부분은 이 글이 계몽적 의도를 포함하고 있음을 드러낸다. 「남북 조선을 순회한 자의 수작」이 보여준 형식적 분리와 계몽의도의 간접적 관철이 드러나는 것이다. 그럼에도 이 글의 양식적 차용은 이미 희곡의 대사과 구별하기 어려운 대화 재현 형식, 그리고 소설의 상황 묘사와 사건 전개 방식이 차용되어 있고 그 결과는 이 양식을 대화형 매체서사라 단정하기 어렵게 하고 있다. 다만 스스로 '기자'라고 지칭한데서 알 수 있듯 창작 의식이 부재하고, 형식적 비중이 대화에 쏠려 있으며 지문을 활용하지 않는 점 때문에 대화형 매체서사로 본 것이다.

『별건곤』의 「경객京客과 촌부村夫」33)는 소인극을 위한 희곡이라고 해도 손색이 없는 형태를 띠고 있다. 분명 장르표지를 '대화'로 하고 있지만, "중추 어느날 밤", "시골 농가의 사랑방", "삼십세 내외의 경객京客 정두섭과 농가의 주인 김성칠 외 촌부 일이인" 등 시간적, 공간적 배경과 인물이 규정적이지 않아 보편적 성격을 띠고 있고, "제일야第一夜"에서 "제사야第

33) 박달성, 「京客과 村夫」, 『별건곤』, 1922.6.12, 50~57면.

四夜"까지 막의 구별이 뚜렷하며, 인물의 행위를 제한하는 지문도 효과적으로 사용되고 있다. 사실상 '대화'라는 장르표지가 없다면 간단한 소인극을 위한 희곡이라고 해도 무리가 없는 셈이다.

1920년대 대화형 매체서사의 성격을 논하기 위해 몇몇 작품을 예로 들었지만, 이 외에도 대화형 매체서사는 적지 않다. 『개벽』의 경우에만도, 「상원친목회 석상에서 제명사의 조선개조향상에 관한 담편」(일기자, 9호), 「이상아의 초보」(박달성, 12호), 「고학의 로」(박달성, 18호), 「남북 조선을 순회한 자의 수작」(김기전, 29호), 「팔도 대표의 팔도 자랑」(박달성, 61호) 등이 있고, 『신여성』에는 「부처간문답」(나혜석, 1923.9~10), 「소문만복래 : 늦동이 도적, 셈치르기」(은파리, 쌍S 경연競演, 1924.11, 48~57면 중 일부), 「남자의 연애」(쌍S생, 1926.9, 38~43면), 「신혼부부의 재삼일第三日」(KT생, 1926.9, 47~49면) 등이 게재되어 있다.

『별건곤』의 경우에는 더 많은 작품이 실리는데, 대신 극히 짧은 골계담도 다수 섞여 있어 1920년대 중반 이후의 변화를 볼 수 있다.[34] 작품으로는 「암실앵가暗室鶯歌」(속기자, 1926.11, 111~116면), 「경객京客과 촌부村夫」(박달성, 1926.12, 50~57면), 「인쇄물이 독자의 손에 들기까지」(원고지, 1926.12, 92~95면), 「해외에서 도라온 인물평판기」(YYY, 1927.1, 19~23면), 「가정문제 합평회기를 읽고」(1927.2, 113~120면), 「진열창 품평회」(안석주 외, 1927.2, 125~133면), 「소화이제笑話二題」(1927.3, 56면), 「조선여의사 평판기」(1927.3, 70~74면), 「미남 미녀 운동」(이경손, 1927.3, 134~141면), 「폐지 소화笑話」(1927.4, 85면), 「맥낭한 이약이」(1927.7, 104면), 「소제후掃除後」(무명초, 1927,7, 125~126면), 「통쾌! 가장 통쾌하엿든 일」(일기자 · 김병로 · 유광렬 · 김기진 등, 1927.8, 40~59면), 「신과 인간」(신형규, 1927.10, 85~87면), 「만구품평회」(관상자, 1928.5, 220~223면), 「현대 남녀 멍텅 백百」(차돌이 · 박돌이, 1928.7, 98~104

34) 『별건곤』을 중심으로 한 1920년대 이후의 변화 양상에 대해서는 이후에 상술함.

면), 「야릇한 남녀」(깔깔박사, 1928.7, 104면), 「암흑면의 송경야순기松京夜巡記」(관상자, 1928.8, 60~65면), 「나는 구여성을」(박춘파, 1928.12, 98~101면), 「관계자간의 신년소원」(1929.1, 24~29면) 등이 있다.

풍자우의형, 대화형 매체서사의 몇몇 예를 통해 볼 때, 1920년대 매체서사는 그럴듯함을 구축하기 위한 자기 변모의 도정에 놓여 있었음을 확인할 수 있다. 대표적 예로 확인한 바, 「은파리」에서는 풍자 주체인 '은파리'만이 비인격적 인격체로서의 우의적 특징에 기대고 있을 뿐 풍자의 대상이 되는 인물들은 일상에서 흔히 접할 수 있는 전형적 인물로 채워져 있다는 점에서 풍자우의형 매체서사의 사실적 지향을 확인할 수 있고, 「고학의 로」의 경우에는 서술자에 의한 문답이나 토론의 전달을 배제하고 서술자의 존재를 은폐하는 보여주기 방식의 재현이 이뤄진다는 점에서 대화형 매체서사의 변화를 이해할 수 있다. 이러한 선택은 효율적 계몽의 창안과 결부되어 있다. 부정적 인물을 전면에 내세우고 사회적 지위로부터 자유로운 파리를 통해 신랄한 풍자를 감행하는 「은파리」가 그러하고, 논설의 주장을 실감있게 드러내는 방식으로 쓰였던 대화형 매체서사가 그러하다. 이 시기 매체서사의 최대 화두는 재현 기능을 중심으로 한 그럴듯함의 구축, 즉 실감의 실현이었다고 할 수 있다.

읽을거리

「은파리」

(『별건곤』 제5호, 1927.3.1)

제법 봄날이다.

저녁 후의 산보 격으로 천천히 날러나스니 어두어가는 서울 장안의 길거리 길거리에는 사람놈들의 왕래가 자못 복잡스럽다.

속히기 잘해야 잘 살고 그짓말 잘 해야 출세를 하는 놈들의 세상에서 어데서 얼마나 마음에 업는 그짓말을 잘 발너 맛첫든지 돈푼 감추어 둔 덕에 저녁밥 한 그릇 일즉이 먹고 나슨 놈들은 '내가 그짓말 선수다'하고 점잔을 쎕내면서 거러가는 곳이 무러볼 것 업시 감추어 둔 계집의 집의 아니면 술집일 것이요. 허슬한 허리를 부즈런히 쫍으리고 북촌으로 북촌으로 곱이 끼여 올러가는 놈들은 웃저다가 그짓말 솜씨를 남만큼 못 배워서 착하게 나어논 부모만 원망하면서 벤또 끼고 밥 엇으러 다니는 패들이니, 뭇지 안어도 저녁밥 먹으려고 집으로 긔여드는 것이다.

그 중에도 그 오고가는 복잡한 틈에 간간히 일홈 놉흔 유명한 선수들이 지나갈 째마다 모든 사람들이 넉을 닐코 부럽게 바라보고 우러러 보고 하는 것은 그가 치마라 하는 굉장한 옷을 닙고 마음에 업는 우슴을 잘 웃는 재조 덕으로 누구보다도 훌륭한 팔자를 누리게 된－사람놈들의 세상치고는 가장 유명한 선수인 까닭이다.

그럿케 유명한 선수가 팔다가 남은 고기를 털외투에 싸가지고 송곳가튼 구두를 신고 갸웃둥 갸웃둥 지나가시는 그 엽헤서는 잇흠을 팔고도 못다 팔고 남은 썩은 비웃(청어)을 엇더케던지 아모에게나 속혀 넘기려고 "비웃이 싸구료, 비웃이 싸요. 갓 잡은 비웃이 싸구료"하고 눈이 벌개가지고 외치고 잇다. 냄새는 날망정 바로 펄펄 쒸는 비웃이라고 악을 쓰고 써드는 쏠이야 제법 장래 유망한 성공가가 될 자격이 잇다 할 것이다.

대톄 사람놈들의 세상처럼 걱구로만 된 놈의 세상이 쏘 어데 잇스랴 바른 말만 헤 보겟디는 내가 도리혀 어리석은 짓이지……

앗치치 여긔가 어데냐.

하하 이것이 서울 북편에 새로 뚤렷다는 신작로구나. 신작로는 의레히 이럿케 쓸쓸스런 법인가? 하하－ 이것이 말성만튼 축동○ 그러나 지금은 조선 제일의 문부호 문대감댁이 되엿다지…… 원래 문씨의 집이든 것이 가튼 문씨의 집이 되엿구면…… 사람만 밧귀엿슬 뿐이지! 익크! 저 큰 대문에서 인력거가 나온다. 압헤서 한 놈이 쌔는 것은 보통이지만 또 한 놈이 뒤를 밀고 오는 것은 특별이다.

대톄 누구가 탓는가 하고 골목 엽헤 기다리고 잇다가 후루룩 날러서 인력거의 우비 창살에 안저 보닛가 익크 바로 훼당毁堂 대감 문대감이시다.

이 거륵하신 성공가 이 위대하신 당대 제일의 선수이신 문대감께서 엇지 하야 자동차를 타지 아니하시고 칠십육이 되신 귀례를 홀홀한 인력거 우에서 흔들니시면서 어데를 행차하시는가 십어서 나는 오늘 저녁 내처 이 거륵한 행차의 뒤를 싸르기로 하엿다.

쌧골 쏙닥이 댕현밋 첩의 아들일망정 애지중지 길너 노으신 아드님 재식이 집에를 가시는가. 그럿치 안으면 교－동 양아드님 경식이 집에를 가시는가…… 엇잿든지 그 두 집 중에 한 집이겟지 하엿더니 왼걸 왼걸 이 하－연 노대감이 인력거를 나리신 곳은 샛골도 아니요, 교－동도 아니요－ 축동○과는 바로 아래 웃집가티 갓가운 ○○동의 그리 크지 안흔 개와집이다.

야야, 이거야말로 대감의 비밀출입인가 보다! 하고 눈치채인 나는 우비창살에서 후두룩 날러 대감의 그 부드러운 인바네쓰(외투)우에 옴겨 안젓다.

중문에서부터 행랑사람들이 두 손을 마주잡고 허리를 굽히고 안에서 침모 식모 가튼 계집들이 후다닥! 그러나 몹시도 얌전히 나려와 량수거지를 하고 섯고……. 조고만 집안에서일망정 대감의 위엄이 엇지 대단한지 그의 억게 우에 안즌 나까지 억개가 옷슥하야 에헴! 하고 나 혼자 큰 기침을 해 보앗다.

대감이 마루끗에 올나슬 째에 그 째에 안방 문이 부스스 열니면서 톡 튀여나와 생긋! 웃는 어린 녀자 한 사람! 대감도 히히히 치신업시 웃는다.

얼른 보아도 그 어린 녀자가 이집의 주인가튼데, 그가 누구일고…… 잘 되엿서도 간신히 이십살 밧게 못 되엿슬 어린 녀자가 팔십 갓가운 쌕다귀를 보고 생긋 웃는 맵시를 보면 그 역시 장래 유망한 어린 선수인 것은 사실이다. 그러나 눈 뜬 사람의 것을 마음대로 휘모라다가 제 것을 삼ㅅ고 그러고 그걸로 왼갓 영화를 누리고 잇는 이 훼당 대감 압헤야 태산의 압헤 한 조쌀알에 지날 것이엿다.

그러면 대톄 이 어엽븐 어린 녀자가 대감의 무엇일고…… 손녀, 증손녀? 그럿타. 근 팔십에 이십이면 넉넉히 증손녀는 될 것이엿다.

그러나 왼일인지 그의 입으로서 하러버지라는 소리는 나오지 안는다. 그 고흔 손으로 대감의 인바네쓰를 곱게 벗겨서는 벽에 걸어노코 대감 안이 증조 하러버지일 대감의 무릅 엽헤 엉거주춤하고 안즈면서 "아이고 저는 오늘은 집에 오서서 저녁 진지를 잡수실 줄 알앗서요"하고 어리광을 부리면서 아이그 망측해라. 자긔쌤을 증조 하러버지의 핏긔 업는 뺨에다가 갓다 대인다.

"히히 왜 기다리고 잇섯고나"하고 말소리를 흘니면서 썰니는 듯한 손을 가저다가 증손일듯한 그 어린 녀자의 턱을 쥐여 자긔의 턱밋에 가저다가 입맛출듯이 흔들면서 어루만즈십신다.

이 치신업는 망측스러운 꼴! 그 까짓 것은 말 말기로 하고 대톄 그 녀자의 동그스럼하고 갈쯤해 보이는 귀여운 얼골이 차차 볼스록 어데서인지 전에노 보든 일골 갓다.

조 새시대고 해죽거리는 얄밉게 귀여운 얼골! 근 팔십의 해골을 얼싸안고 녹여 죽일 듯이 대담스럽게 아양을 쎠는 맵시 올-치 올치 나는 그것이 누구라고- 하하! 조 계집에가 어느 틈에 근 팔십 해골의 작난감이 되여 와 잇고나.

그는 성을 김가라 하고 일홈을 '곡자'라 하는 금년 스물 한 살 된 녀자이다. 그러나 김곡자라 하면 몰를 이가 만치만 수년 전까지 ○○동 목욕탕 주인석에 안저서 벌거숭이 남자을 이 사람보고 우서주고, 저 사람보고 우서주든 일본 여자인지 조선 여자인지 모르를 어엽븐 녀자라 하면 아는 사람이 만키는커냥 한 째씩일망정 그의 남편이엇든 사람도 만흘 것이다.

그는 서울 사는 김○○의 쌀로 ○○동 목욕탕 주인인 일본 사람의 양쌀이 되야 어려서부터 벌거숭이 남자들만 보고 자라낫는대 열 여덜 열 아홉 째에는 그러지 안어도 곱던 얼골이 한창 피여서 공연히 목욕오는 남학생들의 속을 태워 주엇섯다. 그러나 원래 선수될 만한 자격을 타고난 사람이라, 이 사람과도 사랑을 밧고 고 저 사람과도 정을 밧구어 오다가 급기 장희○이라는 청년에게 몸을 맛기여 장과 함께 명치뎡에서 '○쎄 노야'라 하는 일본 려관을 경영하면서 부부의 단 살림을 하고 잇섯다.

그 후에 드르닛가 작년 십일월에 공교히 장이 병이 나서 병원에 입원한 사이에 그 친아비가 어느 부자의 첩으로 팔려고 쌀을 꾀여 가지고 장에게 생트집을 잡아 박차바리고 림시 수단으로 진고개 본뎡 오뎡목 어느 카페-에 술 심브림꾼으로 갓다둔 체 하여서 완전히 장을 쩨여버리고 어느 부자의 첩으로 드러갓고, 아비는 돈 천원 집 한 채를 얻엇다더니 오늘 지금 보닛가 부자치고도 굉장한 부자 저 팔십 해골 췌당 문대감이 첩이 되여 와서 밋처 안 드는 고기장사를 하고 잇고나.

대감도 대감이지 돈이라면 ○○질도 사양하지 안코 계집이라면 ○피 장피노 가리시 아니하시 온 성공가이기로 니희가 칠십하고도 또 여섯 살이 아닌가 말이다. 아들 재식이의 집 (챗골) 침모의 쌀 '선희(함선희咸仙喜)'가 그 집에서 자라난 어린 것임도 불고하고 팔십 대감이 춤을 삼키고 지내다가 작년 가을(선희는 작년에 열아홉살이엿다)에 일부러

알른다고 핑게하고 누어서 하필 자긔가 길너낸 것이나 다름 업는 선희를-(아들의 집 침모의 짤을)-불러오라 하야 간호를 식입네 하고 강○을 하지 안엇느냐 말이다. 저 팔십 대가리로 말이야.

그러나 그 때 선희가 분한 것을 참지 못하고 냅다 써들고 야단을 하고 자긔집으로 도망을 해 가버려 노아서 집안에는 해주집(재식의 생모)의 늙은 강짜에 큰 풍파가 니러나고 대감의 위신은 개밥가티 짱에 써러젓슬 쑨 아니라 선희의 생부가 고소를 제긔한 것을 돈 이천원을 주고 빌고 빌어서 준자를 식혓더니 지금 와서 또 일만 팔천원을 내라고 고소를 데긔하고 잇는 중이 아니냐 말이다.

색마의 집이다. 부자의 집이다. 죄악의 대궐이다. 그 안에서 너의 어느 아들이 어느 손자가 또 선희를 침범하엿섯는지 알 길이 잇느냐 아비에게나 하라비에게나 계집을 쌔앗기고 혼자 주먹을 어루만지고 잇는 놈이 또 업다고 엇더케 보증을 할 재조가 너에게 잇느냐 말이다.

아아 보기에도 더러운 집에 내가 왜 한시인들 더 오래 잇스랴. 이놈의 집의 우스운 이약이를 하나만 더 하고 고만두자.

작년 봄에 런당집이라는 첩년이 죽어간 후로 칠십오세 대 색마대감이 긔어코 아들의 집 침모의 짤을 강○까지 하고 나서 다시 젊은 계집을 엇을 일을 이약이하고 재식이에게 주선을 식엿더니 대감의 사랑을 혼자 밧든 재식이가 철이 나서 그랫던지 어머니(해주집)의 시앗 볼 서름을 생각하고 그랫던지

"칠순이 넘으신 몸에 톄면상으로라도 그러실 수가 잇슴닛가"하고 불효막심하게도 영영 듯지를 안엇다.

아들놈에게 창피한 핀잔을 밧고도 팔십 색마가 타오르는 더러운 욕심을 주체할 길이 업서서 늘 구박만 해 오던 양아들 경식이에게 계집애를 엇어 달라고 애걸을 하엿다.

이 째까지 구박 푸대접만 밧으면서 돈 한 푼 마음대로 써 보지 못하고 울고만 잇던 경식 나으리가 이게 왼썩이냐 하고 밧작 긴하게 굴면서 주선주선하야 일본 계집애 스물 한 살 먹은 것을 어느 목욕탕 집에서 다려다가 진상을 하엿더니, 대감이 그만 쌔가 녹는 맛에 엇지도 양아들이 별안간 에어엽브던지 한 달 생활비를 이백원씩 가해주고 볼 적마다 드르니 "네가 남의 채무가 잇다하니 그래서야 쓰겟느냐"하면서 돈 뭉텅이를 집어준단다.

그것도 오늘 지금 아닛가 이 김곡자의 이약이인 것을 알엇다.

아아, 저 꼴을 보아라, 자리에 누어서 허리 엽헤 계집애를 안치고 침을 흘리는 저 꼴을 보아라. 죄로써 지은 생활이 호화로운들 몃날이나 더 호화로우랴 하야 마

즈막을 기다리는 짓이라 하면 오히려 가긍타 하려니와 이제 자미잇는 문데가 남는 것은 어미를 생각한 재식이에게 효자 가락지를 줄 것이랴 아비의 욕심을 생각한 경식에게 가락지를 줄 것이랴 하는 것이다.

이것도 네가 저 쏠을 하면서도 툭하면 렬녀니 효자니 하고 긴치 안케 반지를 잘 맨들어 준다니 말이다.

기록의 욕망과 허구의 매혹

종種으로서의 텍스트는 하나의 메시지다. 특정 텍스트의 메시지처럼 개별적이지 않고 미디어 그 자체의 메시지처럼 광막하지 않은, 시대와 시대, 영토와 영토를 잇고 자르는 메시지이다. 텍스트의 시대, 새로운 인식의 출현과 오래된 감각의 종말은 텍스트 유전자의 명멸과 궤를 공유한다. 각종의 실용적 참고서를 채운 설명의 텍스트, 매 정각의 사회의 소식을 전하는 TV 뉴스와 매일 아침 배달되는 신문의 보도 텍스트. 학력과 지식을 증명하기 위한 학교의 보고서와 논증 텍스트, 구형사유와 변론, 최후변론, 선고문 등 죄와 벌을 담는 법정의 텍스트, 정국의 헤게모니를 노리는 정치인들의 연설 텍스트. 동질적 텍스트들의 덩어리는 분명 하나의 메시지이다. 그들이 우리 시대 정신의 줄기를 드러낼 수 있기 때문이다.

텍스트 유전자로 들여다 본 우리시대의 으뜸 메시지는 '사실事實'일 것이다. '정말?', '진짜?'라고 묻는 반사적 언설은 모든 이야기의 서두에 전제된다. 학교에서도, 병원에서도, 법원에서도, 시장에서도, 사실로 검증된 텍스트만이 이야기될 가치를 인정받는다. 우리의 지갑에 들어있는 주민등록증과 운전면허증을 비롯해 온갖 관공서가 발행하고 또 요구하는 각종의 증명서는 사실의 시대를 살고 있는 우리들의 표식이다. 주민증이나 면허증의 분실같이 사실 증명이 어려운 상황을 우리는 두려워한다.

태초에 이야기는 흥미로움이었고 더불어 신앙도, 교훈도, 쓸모도, 진실도 버무려져 있었다. 요한이 기록한 바, '태초에 말씀이 계시니라 이 말씀이 하나님과 함께 계셨으니 이 말씀은 곧 하나님이시니라'가 의미하듯 숭배의 대상이 되는 성스러운 텍스트들은 그 자체로 신이거나 신성이었고 그리고 이야기였다. 온갖 신화와 전설들 역시 기억이었고 신뢰였으며 그래서 삶이었나. 지금-여기에선 사실이 신성을 대체했다. 이야기는 이제 사실임을 입증하는 강력한 수단임을 보여주어야 했다. 사실의 시대가 엄습하여 허구는 철옹성을 쌓아야 했지만, 이야기의 가치는 오히려 높아졌다. 바야흐로 사실이야기의 전성기가 시작된 것이다.

뭐니 뭐니 해도 사실 텍스트를 대표하는 것은 뉴스이다. 북동서남NEWS에서의 모든 새로운 사실들. TV와 신문과 잡지들은 온통 사실임을 내세우는 글들이 장악했다. 누가, 언제, 어디서, 무엇을, 어떻게, 왜. 6하원칙이라는 리얼리티의 규칙에 따른 보도는 사실을 인지하는 우리시대의 약속이다. 심지어 과학을 앞세우면 미래까지도 사실의 형식으로 인식되곤 한다. 일기예보가 사람들을 화나게 하는 이유가 거기에 있다.

사실 텍스트의 시대, 대부분의 이야기들은 사실을 가장하고 기록이라 칭한다. 사실에 가깝거나 그렇게 보여야만 이 시대의 이야기로서 자격이 주어진다. 가능한 한 사실처럼 느끼도록, 사실보다 더 사실처럼 느껴지도록 이야기는 기록된다. 텍스트의 연쇄가 곧 자연으로 여겨지는 세계에서, 신뢰의 척도는 리얼리티의 형식에 양도되었다.

현자들이 이미 지적한 바, 그 자체로 사실인 이야기는 아무 것도 없다. 존재하는 것은 텍스트뿐이다. 사실은 항상 누군가에게 인식되고 편집된 사실이므로, 특정한 맥락과 조건과 상황 속에서만 사실일 뿐이다. 사실이 있다면 그것은 객관적 사실이 아니라, 사실에 대한 공통의 인식과 감각이며 그것을 가능하게 하는 텍스트 효과이다. 그리하여 사실이란 그저 지금-여기의 사실일 뿐이며 텍스트 안에서의 사실일 뿐이다. 다만 긴 생명력의 사실이 있을 것이고 짧은 삶을 마감하는 사실도 있겠다.

반대로 우리는 허구 텍스트의 시대에 살고 있기도 하다. 벽에 부딪혀 튀어나오는 공처럼, 사실 텍스트의 시대이기 때문에 오히려 허구 텍스트는 그 힘의 반발력으로 존재한다. 텍스트의 세계는 둘로 나뉘었고, 사실의 나라가 강성해질수록 허구의 나라도 튼튼한 방벽을 만들어왔다. 불가침 조약은 쉽지 않았지만 결국 성립되었고, 우리는 골방에 조용히 들어앉아 허구의 나라에서 온 허언虛言에 귀를 기울인다. 허구로서 진실에 다가서는 역설의 방정식이 공인된 셈이다.

사실이 그저 사실이 아니라면 허구도 그저 허구만은 아닐 것이다. 허구 텍스트가 그토록 리얼리티를 강조해왔던 것은 사실 텍스트의 시대에 적응하는 허구의 처세술이니, 드라마를 닮은 기록이거나 기록을 닮은 드라마인 다큐멘터리와 르포르타주 혹은 팩션은 경계로부터의 반란일 것이다. 허구로서 진실에 다가서는 길과 사실로서 진정에 다가서는 길, 문학의 회색지대.

1. 기록서사

1) 소설일 수 없는, 소설이 아닐 수 없는

근대계몽기 매체서사들이 지향한 효과적 계몽 수단의 창안은 실감을 구현하는 방향으로 나아가고 있었다. 풍자우의형 매체서사나 대화형 매체서사의 변모과정은 그러한 움직임을 확인시켜준다. 근대계몽기의 여러 매체서사 중 실감의 고양과 관련된 양식으로 무엇보다 주목해야 할 양식은 단연 기사체 매체서사라고 할 수 있다.[1] 이미 실재의 사건을 소개한다는 측면에서 본질적으로 실감의 영역에 가깝기 때문이다. 근대계몽기 기사체 매체서사는 기사의 일부였다. 사실상 이들이 보도기사와 구별되는 것은 정황 설명에 있어 조금 더 풍부하다는 것 외에는 없다고 보아도 좋을 것이다. 즉 보도의 기능과 재현의 기능이 공존하고 있다고 할 수 있다. 이는 계몽기의 신문 기사는 아직 보도와 재현이 분화되지 않았기 때문인 것으로 보인다.

그러나 양자가 분화되지 않았다는 사실이 경향성의 존재를 부인하는 이유가 되지는 못한다. 근대계몽기의 신문기사는 분명 두 가지의 서로 다른 지향이 섞여 있었다. 그 중 사건의 풍부한 재현에 경사된 신문기사를 일컬어 기사체 매체서사라 부를 수 있을 것이다. 그런데 1910년대를 경과하면서 신문기사의 이질적 지향은 분화되기 시작한다. 명료하고 간단한 보도를 지향하는 경향이 신문의 주된 흐름으로 정착하지, 기사체 매체

1) 기사체 매체서사에 대해서는 한기형의 『근대소설사의 시각』(소명출판, 2000)을 참조.

서사는 재현의 기능을 급격히 향상시키면서 시사 종합지의 영역에 자리를 잡게 된다.[2)]

이렇게 볼 때, 기록서사는 실사實査와 실사實寫의 기록정신에 입각해 있다는 점과 매체 서사라는 양식적 특성을 지녔다는 점에서 근대 계몽기 기사체 매체서사의 후신으로 볼 수 있다. 1920년대의 기사체 매체서사라고도 할 수 있는 글들에 기록서사라는 용어를 사용하는 것은 이들의 재현 기능이 근대 계몽기의 매체서사와는 질적인 차이를 가질 뿐 아니라, 아직 정착화를 기도하고 있던 근대소설과의 양식적 삼투와 차용을 통해 새로운 층위를 드러내기 때문이다.

기록서사라는 명칭은 기록성과 서사성을 동시에 성취한다는 가장 기본적인 성격 규정에 의거한 것이다. 이들은 기록성을 기본 특질로 한다는 점에서 허구적 서사로서의 소설 장르와 구별되고, 서사성을 필수조건으로 하는 객관 세계의 관찰 보고라는 점에서 수필 장르와도 변별된다. 지금의 시각에서 보자면, 경험담 · 사실담 또는 실화 · 수기 · 르포 · 수필의 일부분 등을 포괄하는 개념이라고 할 수 있다. 르포나 수기 · 실화 · 수필

2) 1920년대를 구가하던 매체 중 『동아일보』, 『조선일보』 등의 신문과 달리 『개벽』, 『동명』, 『동광』 등의 시사 종합지는 일간지와는 다른 영역을 점유하게 된다. 『한성순보』와 『독립신문』 등으로 이어지는 신문 매체의 경험 축적은 1920년대 신문에 신속성을 생명으로 하는 정보 전달 기능을 강화토록 했고 이는 『매일신보』를 통해 정착시킨 일본 군국주의의 의도이기도 했다. 이미 양 신문은 1900년대의 『독립신문』, 『제국신문』, 『황성신문』 등이 담지했던 적극적 계몽의 역할을 일정 제어할 수밖에 없었던 것이었다. 그러나 정보 전달의 신속성이 떨어질 수밖에 없는 월간 잡지는 정보의 신속성이 아니라 정보를 재처리하는 해설에 의존하게 된다. 같은 사건이라도 얼마만큼 풍부한 설명과 해석을 내려줄 수 있는가의 여부가 곧 성공의 열쇠가 되었던 셈이다. 시사 종합지가 1920년대 계몽담론의 본산으로 자리잡을 수 있었던 이유는 여기에 있다고 할 것이다. 더구나 『개벽』과 『동명』 등 1920년대 초기의 잡지 중 일부는 엄격한 사전검열을 강요했던 출판법이 아닌 신문지법에 의해 간행되었다는 점에서 비교적 직필을 유지할 수 있었다. 근대계몽기의 신문이 포괄했던 기능, 즉 정보성과 계몽성이 이 시기에 이르러 분화됨에 따라서 『개벽』은 효과적 계몽을 위해 변모를 거듭해 온 매체서사, 특히 기록서사를 이해하는 첩경이 될 수 있다고 할 것이다.

등의 용어들이 1920년대 초에 아예 쓰이지 않거나 쓰였다고 하더라도 개념의 공유가 이뤄지지 않았다. 즉 실체가 불분명한 소품문, 잡문에 불과했다. 1920년대 후반 혹은 30년대에 형성된 수필 · 수기 등의 장르 기준에 따라 이들의 차이를 분류하는 것은, 경험되지 않은 것에 의한 실제의 재단으로 이어지기 쉽다. 분화되지 못한 양식적 특성들이 드러내는 당대적 성격이 희석되기 때문이다. 이에 경험이나 견문을 기록한다는 의미와 비교적 짧은 서사적 재현을 성취한다는 뜻에서 기록서사라 부른 것이다.

다른 한편 기록서사는 상당한 질적 변화를 겪은 후 양식 재편기를 거치며 근대소설과의 합융에 성공한다는 점에서 풍자우의형, 대화형 매체서사와도 구별된다. 물론 이러한 구분은 양식재편기라는 시대적 상황에 대한 고려 없이는 의미가 없다. 즉 전통적 양식과 근대적 장르 양자 모두 근대화와 정착화를 시도하며 급속히 자가변모하고 있었고, 다른 한편으로는 상호 간의 융합과 분열 역시 다각도로 진행되었음을 놓쳐서는 안 된다는 것이다. 근대 계몽기 기사체 매체서사에 뿌리를 둔 기록서사는 10여 년의 공백 기간을 통과하면서 간단함과 명료함을 지향하는 보도 기사와는 완연히 다른 방향, 즉 소설적 구성법을 차용하고 사실성도 대폭 강화하면서 단편소설의 가능성을 담지하게 된다.

기록서사와는 달리 매체서사의 원류에 해당하는 풍자우의형 매체서사와 대화형 매체서사는 근대적 양식으로의 진로 모색에 실패하게 된다.[3] 그 이유는 기사체 매체서사가 근대적 제도, 특히 신문 · 잡지 등의 매체와

3) 풍자우의형 매체서사는 이후 채만식과 김성한 등에 의해 부활되기도 하지만 이는 전통이 근대와 습합하는 과정이 아니라 일정한 시대적 거리를 두고 복권된 것이라는 점에서 기록서사와 최서해가 형성한 관계와는 판이하다.

밀접한 양상을 띠면서 부흥한 양식이고 또 사실성이라는 이미 다분히 근대적인 인식 체계를 기반으로 하고 있는 데 비해, 풍자우의형 매체서사는 이미 오래 전부터 고정된 후 전승되어 발 빠른 전환이나 변모의 여지가 적었고, 대화형 매체서사의 경우에는 계몽을 지주로 하는 연설의 경향이 퇴조하면서 변모한 대화형 양식이 이미 희곡과 소설 등에서 충분히 활용되고 있었다는 점에 원인이 있다. 특히 우화라는 형식의 특성상 계몽의 퇴조로 인한 영향을 상대적으로 크게 받았다. 즉 오랜 기간에 걸쳐 관습화된 양식과 미처 관습으로 정착하지 못한 신생 양식이 근대 초 양식 재편기를 맞아 서로 다른 조건에 처했고 이것이 그들의 진로를 다르게 한 이유가 되었다.

『개벽』(통권 15호)에는 무명의 독자가 보내온 투고문이 실려 있다. 「금일조선의 노자관계」라 제목 붙은 이 글은 지주와 소작인의 부조리한 관계를 중심으로 지주의 가렴주구와 농민들의 기아 등을 고발하는 내용을 담았다. 투고자는 지주와 소작인의 관계를 변형된 노자 관계로 파악하고, 사회주의적 강령에는 미치지 못하지만 토지 소유의 제한, 소작권 보장, 공정한 소작료 등 비교적 현실적인 대안을 제시하였다. 이로 미루어 볼 때, 투고자를 일반적인 농민으로 간주할 수는 없을 것으로 보인다. 그러나 농촌의 세밀한 관례와 정황까지 기록하고 있다는 점에서 소작인에 준하는 위치에서 실제적 경험을 했으리라는 점은 의심하기 어렵다. 그러나 여기서 주목하려는 것은 그의 진보적 시각과 그에 입각한 논설이 아니라, 투고문의 후미에 첨부된 「소작인小作人 만길의 생활」[4]이라는 부록이다.

「금일조선의 노자관계」에 첨부된 이 글은 자신의 경험 또는 견문을 옮

4) 최중갑, 「附 소작인 만길의 생활」, 『개벽』 15호, 1921.9, 39면.

겨 적어 소작인의 실제 생활을 보여줌으로써 앞선 논설에 대한 이해를 돕기 위한 목적에서 작성된 것이다. 일견, 평범한 소작인 '만길'이 지주와 마름의 과도한 소작료 착취와 강제노역에 고통받다가 결국 땅마저 빼앗기고 북간도로 떠난다는 단순한 내용으로 꾸며져 있으나 그 의미는 보도기사가 지닌 단순성을 뛰어 넘는다. 부록으로 붙여졌음에도 불구하고 논설보다 더욱 생생하고 정확히 소작인들의 현실을 재현해 내고 있는 것이다.

초반부는 특정한 사건이나 갈등 없이 농촌의 일상적 생활 모습을 통해 소작인 만길과 사음 이참봉, 지주 민보국의 관계를 기술하는 형식으로 구성되었다. 이는 당대 소작인들의 처지와 일상사에 대한 평면적인 설명의 의미를 넘어서지는 못하지만 다른 한편으로 보도라기보다는 재현에 가깝다고 할 수 있다. 소설의 도입부로도 손색이 없는 것이다.

> 만길의 처는 이참봉 집안에 가서 방아도 찌어 주고 물도 길어다 주며 빨래도 하야 준다 들에서 농사할 때에는 밥광주리도 여다 준다 이참봉 집에 무슨 일이 잇스면 만길의 처는 빠지지 아니하고 참예한다 만일 아니 가면 변으로 안다 즉시 호령이 나온다 만길이도 그러타 이참봉 집 장흥성은 만길이가 다니며 하여온다 이참봉의 부인이 출입하면 만길이는 교군을 하고 이참봉이 출입하면 만길이는 봇다리를 지고 딸아간다.[5)]

초반부에 나타난 만길의 생활은 구체적 상황에 대한 재현이 아니라, 반복되는 일상에 대한 서술로 이뤄져 있다. 그러나 글의 중반 이후, 만길이 세배에 늦어 이참봉에게 구타를 당하고 그 분을 삭이는 부분을 시작으로

---

5) 위의 글.

추수의 결과에 갈등하고 회의하는 대목, 아들을 학교에 보냈다가 자진 퇴학시키는 장면 등은 구체적 시공간에 한정된 사건과 정황의 묘사로 이어져 거의 소설에 가깝다.

> 어느해 정초에는 만길이가 세배를 늣게 왓다고 이참봉이 때리엇다 그때는 만길이도 꽤 흥분되엇섯다 그러나 이에게 논마지기식이나 어더 부티는 사람들에게 앙지抑止되엇다 만길이는 류혈이 낭자하야 집으로 돌아갓다 만길이는 이를 갈며서 소작권은 취소될지라도 이러한 패행을 질책하야 봉변이나 마음이 쾌快하도록 주고말가 하고 생각하얏다 그러나 그리고 본즉 일촌의 경토도 업서질 터인즉 오육식구가 호구할 도道가 절절할쁜더러 부근의 토지 전부가 이李의 관리하는 바이오 주민의 대부분이 다 그의 소작인이라 만길이가 여하히 정의로 책責할지라도 이의 세력을 여하키 난難한 바인즉 이러한 패행이라도 인과忍過할 수 밧게 업다 생각하고 비분강개의 눈물을 흘리며서 담배대가 무슨 죄를 지은 듯이 탁탁 뚜드려서 한 대 피운다.

여기서 '만길'은 기사에서 흔히 볼 수 있는 균질화 된 개인, 즉 천만의 인구 중 일인이 아니다. 그는 성실하고 규범적이며, 참을성 많은 사람이며, 또 때로 분개할 줄 아는 소작인이다. 이 전형적이되 균질적이지 않은 인물은 만길의 고통과 분노 그리고 좌절의 노정을 감당할 수 있는 서사적 힘을 내장하고 있다. 인물의 성격화가 이루어지고 있는 것이다.

그리고 '어느 해 정초'라는 지정된 시간은 일반적 사실 기술 속에서 사건을 독립시키는 역할을 담당한다. 비록 서술자의 목소리를 통해서만 상황이 전달되고 있어 사건 자체가 풍부하게 드러나지는 않지만, 이 사건이 인물 내부의 갈등으로 연결되어 있다는 사실은 주목되어야 한다. 독립된 사건과 이 사건이 불러일으키는 갈등이 존재하는 것이다. 사건이 일어나고 사건과 사건이 인과관계를 맺으며 인물의 내면 풍경이 드러나는 것, 그 자체만으로도 사건 보도의 영역을 벗어나는 것이지만, '담배대가 무슨 죄를 지은 듯이 탁탁 뚜드려서 한 대 피운다'고 한 마지막에서처럼 동시간적 상황 재현이 동반된 것은 이 글이 허구적 플롯의 가능성, 즉 의사擬似 플롯[6]을 포함한 매체서사임을 보여주는 근거가 된다. 이뿐 아니라, 사건 보도에서는 기대하기 어려운 대화체라든가, 만길의 내면이 독백으로 처리된 부분 등도 그러하다.

결정적으로 이 글의 서술자는 시점을 수시로 바꾼다는 점에서 보도문의 경계를 뛰어넘는다. 첫 도입부는 객관적 관찰자의 시점에서 지주, 사음, 소작인의 관계와 과거사, 그리고 일상을 설명한다. 이는 사실의 기술에 충실한 보도문들이 주로 취하는 유형이라고 할 수 있다. 그러나 중반 이후 서술자는 만길의 내면까지도 기록할 수 있는 위치로 옮겨진다. 사실 기술에 대한 신뢰를 바탕으로 객관성을 얻어야 하는 보도문의 경우 전지적 시점은 거의 사용되지 않는다. 특정 인물의 내면을 서술자가 자의적으

---

6) 일반적으로 소설의 플롯을 구성하는 것은 사건과 인과성으로 여겨진다. 그러나 인과적 사건으로 구성된 기록을 논할 때 이 플롯은 문제적 위치에 놓이게 된다. 플롯의 요소는 갖추었으나 그것이 고안되고 짜여진 것이 아니라, 실재했던 사건들 중에서 다만 선택된 것이라고 한다면 허구에만 한정되었던 플롯의 범주가 흔들리기 때문이다. 여기서 말하는 플롯의 가능성이란 이를 두고 하는 말이다. 플롯과 같이 인과적 사건으로 구성되어 있으나 그것은 상상력에 의해 고안된 것이 아니라 경험의 일정 국면이 인식되는 과정에서 획득된 인과성인 것이다. 이를 가리켜 '의사擬似 플롯'이라고 했다. 아도르노의 용어인 '경험적 짜임관계Konstelation'(아도르노, 홍승용 역, 『미학이론』, 문학과지성사, 1997, 13면)와 연관시켜도 무방하다. 뒤집어 보면, 소설이 역사의 모방이라는 점에서 오히려 기록서사의 플롯이 더 근원적 형태라고 볼 수도 있겠으나, 플롯의 개념이 허구적 서사와 함께 형성되어 왔다는 점에서 기록서사의 플롯을 의사 플롯으로 규정했다.

로 읽어내는 행위는 객관성의 상실로 이해되기 때문이다. 더욱이 떠나는 만길 가족의 미래를 한탄조의 시詩로 배웅하는 마지막 대목에서는 서술자가 직접 인물들의 세계에 뛰어들어 심판자가 된다. 전지적 시점의 존재나 시점의 이동은 이 글이 실제의 사건을 중심으로 소설의 구성을 갖춘 글임을 드러내는 것이다. 인물의 성격화와 독립된 상황의 재현, 묘사의 확장, 시점의 이동 등은 이 서사가 소설에 근접해 있다는 사실과 동시에 기사체 매체서사로부터 상당한 거리를 획득했음을 말한다. 더불어 소설과의 거리가 좁혀졌음을 뜻하기도 한다.

여기서 유의할 것은 근대계몽기 매체서사의 일부로 기사체 매체서사가 있었고 기사체 매체서사의 확장으로서 기록서사를 논한다고 해서, 기록서사의 사실성이 과연 전통으로부터 기인했다고 단언할 수 있을까 하는 것이다. 기사체 매체서사의 양식적 특성이 조선 후기 단편 서사에서 찾아지고 있지만 기실 '기사記事'라는 것 자체가 신문과 잡지 등 근대적 매체에 근거를 둔 산물이고 보면, '기사'였기 때문에 가능했던 이들의 사실성 역시 근대의 산물이지 전통의 산물은 아니다. 이미 1900년대 신문과 잡지 등 근대적 매체의 등장과 함께 사실事實의 제도화가 시작되었고, 1910년대 이 사실을 대타적 축으로 하여 허구와 내면의 기획이 진행되었음은 논의[7] 된 바 있거니와, 사실성의 기반 역시 근대를 떼어놓고는 생각하기 어렵다. 양식의 변천을 비역사적 시각에서 볼 때, 이 의문은 분명 타당하다.

하지만 사실성의 전통성에 대해 논하기 위해서는 기록서사가 양식 재편기에 위치하고 있음을 다시 한번 상기할 필요가 있다. 양식 재편기는 필연적으로 구 양식과 신 양식간의 길항과 급변을 대동하고, 이는 다만

7) 권보드래, 『한국근대소설의 기원』, 소명출판, 2000.6, 205~225면.

양식간의 차용과 분열만으로 제한되는 것이 아니라, 시대적 요구에 따른 각 양식의 자가변모 또한 의미한다. 즉 전통적 양식은 근대화를 요구받았고 서구적 장르는 정착화를 필요로 했다는 것이다. 근대'화化'와 정착'화化'라는 언표는 이미 그것을 전제한다. 따라서 조선 후기의 단편 서사에서 근대계몽기 기사체 매체서사로, 다시 1920년대 기록서사로 전환되는 과정은 급격한 시대의 변화에 적응하기 위한 자가변모로 간주할 수 있다. 이렇게 급격한 자가변모를 양식재편기의 주요 특징으로 본다면, 전통 양식 속에 내재하고 있었고 또 지속적으로 강화되어 오던 실감實感의 가능성이 근대적 제도로서의 사실성과 조우하여 급격히 고양, 확대되었다고 할 수 있게 된다.

기록서사와 근대소설의 관계가 양식 재편기의 착종과 융합을 보여주는 것이라면, 양식 선택의 중심 변화—사실성의 강조—는 근대화를 위한 전통 서사의 자가변모로 이해될 수 있다는 것이다. 따라서 서사성과 단편성을 중심으로 범주화되었던 매체서사는 사실성이라는 새로운 가치 개념이 추가되면서 기록서사를 중심으로 급격히 재편되었던 것이다. 기록서사는 전통적 양식이 사실성이라는 근대적 담론을 흡수하여 창출한 전통적 신흥 양식이었던 셈이다.

1920년대의 매체서사는 문학을 통한 근대적 양식화에 실패했다. 1920년대까지 이들 역시 부단한 변모를 시도했고 또 간혹 살아 있음을 보여주기도 하지만 문학적 양식으로서는 이미 의미를 상실한 상태가 된다. 그러나 이들의 존재는 그 자체로 전통의 계승과정을 보여주는 데 있어 부족함이 없을 뿐 아니라, 문학의 바깥에서 다양한 방식으로 변주된다. 근대계몽기 매체서사와 1920년대의 기록서사는 조선 후기부터 내려오는 전통적 서사양식의 계승자이자 근대적 양식으로 전환하는 모색의 과정을 보여주는 예인 것이다.

2) 미디어와 기록서사

「소작인 만길의 생활」과 유사한 유형의 글, 즉 소설이라고 할 수도 없고 소설이 아니라고 하기도 어려운 글들은 의외로 적지 않다. 그러나 이들은 모두 기록성과 서사성을 공히 갖추었을 뿐 아니라, 계몽과 계몽의 해체를 동시에 포유하고 있다는 점, 그리고 전문적 예술가 의식 혹은 작가 의식의 부재하다는 점, 형상화와 구성력이 미숙하다는 점 등에서 공통된다. 이들의 성격과 의미에 대해서는 뒤에서 다시 논하겠지만 먼저 기록성과 서사성이 공존하고 있는 글들을 정리하기로 한다.

전체적으로 보아 이 기록서사의 유형에 속하는 글은 두 가지 형태로 나뉜다. 경험한 사실을 있는 그대로 전달하는 것을 목적으로 하는 보고형 기록서사가 그 하나이고, 주제는 협소하나 내면의 묘사가 두드러진 감상형 기록서사가 다른 하나이다. 이들은 기록성과 서사성을 동시에 드러내면서도 전자가 객관적 외부 세계의 현상을 가감 없이 전달하는 반면, 후자는 현상을 해석하고 비평하는 내면에 시선이 집중되어 있다는 점에서 차이를 갖는다.

「소작인 만길의 생활」도 그러하지만, 보고형 기록서사의 전형적 모습은 박달성의 「오호 지방농촌의 쇠퇴」,[8] 작자 미상의 「상오 구시로 하오 십시까지」[9] 등에서 볼 수 있다. 「오호 지방 농촌의 쇠퇴」에서 박달성은

8) 박달성, 「嗚呼地方農村의衰頹－鄕里에 갓든 이야기」, 『개벽』 22호, 1922.4, 74면.

고향을 방문하여 그곳에서 있었던 이야기를 적었는데, 대화와 상황의 묘사 등을 통해 당시 농촌의 궁핍한 사정을 드러낸다. 초반부는 고향을 방문하게 된 이유와 개략적 고향 소개로 채워져 있고 실제 고향을 방문하는 부분을 시작으로 소설적 재현의 모습이 나타난다. 그가 방문한 세 가정에서 각각 궁핍으로 인해 북간도행을 결심하거나, 가난으로 딸을 팔거나, 고난을 지리적 위치의 탓으로 돌리는 사람들을 만나며 괴멸되는 농촌의 풍경을 보고하되, 상황 재현의 방식으로 서술되어 실감이 뛰어나다.

「오호 지방 농촌의 쇠퇴」가 격리된 공간을 중심으로 한 보고였다면 「상오 구시로 하오 십시까지」는 추출된 시간을 관찰한 경성의 세태 보고라 하겠다. 기자는 '작정한 바'대로, 즉 아침부터 저녁까지 무작위로 경성 거리를 오가며 경성의 전형적 세태를 보고하기 위해 나선다. 권농동 어귀에서 부모에게 학대받는 소녀를 만나고, 안동 네거리에서 사소한 시비로 싸움을 하는 노인과 젊은이를 말린다. 다시 광화문, 사직골, 서대문을 거쳐 남대문에 이르러 먹을 것을 찾아 정주에서 충청도로 이주하는 사람들과 대화를 나누고, 식사를 하면서 남대문 시장 근처의 풍경을 관찰한다. 마지막으로 동대문에서 인력거꾼들의 생활담을 엿듣고 권농동으로 돌아와 저녁식사를 하면서 종결된다.

이 기사는 오전 9시에서 오후 10시까지 13시간 동안 서울의 각종 세태를 관찰, 조사하고 이를 보고한다는 분명한 목적의식 하에 기록된 것이다. 기록자는 자신의 경험이 사실임을 보증이라도 하듯 말미에 상세한 날

9) 일기자, 「上午九時로下午十時까지(上)」, 『개벽』 21호, 1922.3, 27면; 일기자, 「上午十時로下午十時까지(二)」, 『개벽』 21호, 1922.3, 77면. 이 두 편은 제목과 상하 구별에 있어 차이가 나지만, 내용이 연속성으로 보아 편집의 오류로 판단하고 동일물로 간주한다.

짜를 적고 있다. 집을 나설 때부터 다시 돌아올 때까지 추보식으로 4~5가지의 경험적 사건을 고스란히 옮겨 놓음으로써 독자들로 하여금 경성의 모습을 객관적으로 볼 수 있는 시각을 전달하려 한 것이다. 그러나 보고는 관찰된 바에 대한 정리된 서술이 아니라, 사건과 광경의 묘사로 일관하여 당시의 상황을 재현하는 방식을 취하고 있다.

보고형 기록서사의 전형적 성격을 드러내기 위해 「소작인 만길의 생활」과 「오호 지방농촌의 쇠퇴」, 「상오 구시로 하오 십시까지」를 예로 들었지만 완결성 면에서 이들보다 뛰어난 글들도 없지 않다. 그 중 「희생된 처녀」[10]의 경우는 시기적으로 상당히 앞서 있으면서도 서사적 완결성은 오히려 뛰어난 작품으로 당대의 여타 소설과 비교해도 손색이 없다.

부모의 강권에 의해 혼처가 미리 정해진 '나'의 언니는 집에서 신부로서 갖추어야 할 전통적 관례를 익히고 있었다. 그러나 혼인을 하기로 한 남자는 일본 유학 도중 자유연애 사상을 따르게 되고, 누이의 절망을 잘 아는 오빠마저 친구의 자유연애 사상을 옹호하게 된다. 언니의 억울한 고통을 지켜보며 언니의 약혼자와 오빠를 증오하던 '나' 역시 여러 잡지를 보면서 그들의 생각을 존중하게 된다. 그러나 '나'의 언니는 집에서도 천대받고 스스로도 자학하는 상황에 처하여 눈물로 세월을 보내게 된다. '나'는 언니의 아픔을 동정하면서도 언니의 약혼자를 이해할 수밖에 없는 모순에 빠지게 된다. 그리고 이 시대적 아픔을 어떻게 이해해야 하는지 독자에게 묻는다.

「희생된 처녀」는 당대의 가장 큰 화두였던 자유연애를 둘러싸고 신사상과 구사상의 충돌에 의해 어찌할 수 없는 희생자가 생겨나는 과정을 밀

10) 月桂, 「犧牲된 處女」, 『신여자』 창간호, 1920.3.

도있게 형상화한 우수한 작품이다. 그러나 "서정문 희싱된 쳐녀 일편은 신구 충돌에 희생된 사실 그ᄃᆡ로를 그의 애제되는 여자가 눈물로 원고지를 시며 쓴 것님니다"라는 편집여언의 언급과, 작품 말미의 "여러분이시여 그 후 일이 엇더케 되엿을 쥴로 생각ᄒᆞ심니가 황금과 지체를 위ᄒᆞᆷ에 희생이 된 나의 형님의 그 후 생활이 엇더케 되엿슬 쥴로 생각ᄒᆞ심닛가"라는 언급은 이 글이 소설이 아님을 명백히 한다. 소설보다 뛰어난 서사적 완결성을 획득하고 있음에도 '사실 그ᄃᆡ로를' 적은 글이므로 '서정문'이라는 모호한 양식적 명칭으로 불릴 수밖에 없었던 것이다. 서정문이라기보다는 경험담 혹은 실화나 수기에 더 가까운 이 글은 이 시기 기록서사가 존재하는 방식을 잘 보여주는 경우이다.

이렇듯 보고형의 기록서사는 기록자의 경험을 보고하는 방법으로 체험을 상황화하고 서술을 묘사로 교체함으로써 소설적 육체를 차용하게 된다. 에피소드 형식이라는 점에서 느슨하긴 하지만 작위적 고안이 경험적 사실로 대체된 의사 플롯이 생성된 것이다. 이는 서술로 일관한 기타의 보고물과는 적지 않은 차이를 보여주는 것일 뿐더러 기록과 소설의 사이에서 상당한 영역을 구축한다. 『개벽』에만도 3호의 「사회 이면의 종횡기」, 20호의 「진남포의 인력차부 강일성씨를 방문하고」, 26호 「삼군일부를 방하야 다섯본 크게 놀라인 사실담」, 28호 「신석현 출가 중에서」·「양호잡관」, 29호 「남북 조선을 순회한 자의 수작」, 31호 「임술 세모의 팔면관」, 48호 「추로 본 경성·미로 본 경성」, 49호 「여학교를 방문하나가」, 60호 「황해도에서 이든 갑동산이」, 64호 「수견수문」·「경성은 일년간 얼마나 변했나?」·「양서오십일 중에서」, 67호 「수문수견」, 69호 「호언망담」 등 지속적으로 산출된다.

또 『신여성』도 1권 2호 「청결날 저녁」, 2권 4호 「인력거를 써러 쌀, 공부식힌 아버지와 그 짜님」, 2권 5호 「단오원유회」와 「여학교 방문기」·「호랑이 잡고 순사한 산중의 가인」, 2권 9호 「비운의 옷」·「순자의 비밀」, 2권 10호 「노처녀 사십오년사」, 3권 4호 「기생의 숨김업는 고백」과 「이면으로부터 본 간호부 생활」, 3권 5호 「일즉이 妾 되얏든 몸으로」 등 다양한 기록서사를 보여준다. 이들에 앞서 『신여자』의 「희생된 처녀」, 『아성』의 「여식의 황금화」, 『서광』의 「일화」 등으로 볼 때, 1920년대 초반부터 적지 않은 기록서사가 산출되었음을 확인할 수 있다.

이들 중 어떤 경우에는 기록성이 강조되기도 하고 또 다른 경우에는 서사성이 강조되기도 하는데, 상대적인 경향이기는 하지만 『개벽』의 경우 전자가 많고 『신여성』에는 후자가 우세하다. 또 전자는 사회성이 농후하고 후자는 개인적 경험이 많다는 특징도 주목된다. 이 글에서는 1925년을 전후한 시기까지를 다루었는데, 그 이후에도 유사한 글은 계속 게재된다. 그럼에도 1925년까지로 대상을 제한한 것은 이 시기를 전후하여 상당한 성격의 변화가 동반된다고 보기 때문이다. 『별건곤』의 창간 이후 기록서사는 서사를 중심으로 급격하게 재편되었고 기록성 자체를 확신할 수 없을 정도의 서사적 격차를 갖게 된다. 예컨대 「희생된 처녀」와 「만길의 생활」로 시작해 「비운의 옷」, 「순자의 비밀」로 이어지던 서사성 강화의 단초가 실화, 수기 또는 애화 등의 양식으로 급격히 재편되고, 「오호 지방농촌의 쇠퇴」, 「상오 구시로 하오 십시까지」 등은 「대경성 백주암행기」[11]나 「농촌탐정기」[12] 같은 정탐기 또는 르포로 변모한다.[13]

11) 송작 외, 「記者 總出動—大京城 白晝 暗行記」, 『별건곤』, 1926.12.
12) 춘파, 「農村探情記」, 『별건곤』, 1927.1.

이들은 내용 면에서 짙은 시사성을 지니고 있다. 당대의 조선이 딛고 있는 현실에 착목했고 지향해야 할 바에 대한 미래상도 분명했다. 당대 민중들의 구체적 삶의 질곡과 세태 풍속 등이 주요 주제였으며, 실제적 조사에 의한 경험을 기록했다. 이는 비록 일 개인의 구체적 경험이긴 하지만 그 경험은 사적 범주 혹은 주관적 범위를 벗어나 당대 보편적인 민중들의 현실과 실제에 대한 기록이었음을 말해 준다. 즉 보고 유형의 기록서사가 함유한 경험은 개인화된 보편적 경험이므로 이미 개연성은 갖추어진 셈이다. 이때 실세성은 개연성을 필연적으로 담지하게 되며 독자들에게 전달되는 실감의 실체가 된다. 따라서 의사 플롯과 개연성을 갖춘 서사라는 점에서 보고형 기록서사는 소설로 전환될 수 있는 가능성을 이미 확보하고 있었다.

민태원

3) 기록될 수 있는 내면

보고형 기록서사가 외부의 객관세계에 대한 기록이라 하면 감상형 기록서사[14]는 내면의 기록이라 할 수 있다. 이들은 현실 세계의 경험을 그

---

13) 이에 대해서는 『별건곤』에 관한 장에서 상론하도록 함.

14) 감상형 기록서사라 함은 서사적 수필의 다른 이름일 뿐이다. 그럼에도 수필이라는 기존의 장르명을 두고 이 용어를 사용하는 까닭은 1920년대 수필이라는 장르의 형성 토대가 가지는 의미를 재고하기 위함이다. 수필은 전통적 양식임과 동시에 근대적 양식으로 간주된다. 장르의 개념적 변화가 거의 없었다는 뜻이다. 이는 수필의 장르 특성인 개방성과도 관계가 있겠지만 다른 한편으론 근대 수필 장르와 전통적 수필 양식의 이질성이 적었다는 것을 의미한다. 그럼에도 미미

자체로 의미화하지 않는다. 사건은 일종의 반사물로 격하되고 서사의 구성과 완결은 내면의 연쇄와 필연에 의지하게 된다. 즉 작품의 구조가 사건의 필연성에 의존하는지 감상의 필연성에 의존하는지, 다시 말해 유사 플롯의 유무가 곧 보고형과 감상형의 차이라 할 수 있다.

감상형의 기록서사는 그 폭이 상당히 넓어, 보고형의 기록서사와 유사한 형태로 개인의 일상을 공개함으로써 새로운 삶의 유형을 제시하는 것에서부터 허구적 장치를 가감하여 신변소설에 가까운 형태를 띠는 것에 이르기까지 다양한 면모를 보인다. 먼저 감상형 기록서사의 원형에 가깝다고 판단되는 『개벽』 창간호의 「숙시숙비孰是孰非」[15]와 소설적 구성이 첨가되며 변모된 19호의 「피彼의 「공하신년恭賀新年」」[16]을 검토하면 넓은 영역에 걸쳐 있는 감상형 기록서사의 실제와 그 변모과정을 파악할 수 있을 것이다.

박달성의 「숙시숙비」는 학생들이 송현기숙사 7호실에 모여 벌이는 논쟁과 풍경을 기록한 글이다. 나폴레옹의 행적을 두고 영웅의 비극이라는 P의 주장과 천하 강도의 말로라는 K의 상반된 주장이 맞서다가 3호실의 친구인 C가 등장하자 논점은 다시 공부와 신경쇠약의 관계로 이어진다. 공부를 너무 많이 하면 독이 된다는 주장을 펴던 K가 논쟁에서 밀려 혼자

한 듯 보이는 어긋남이 양식재편기의 혼류 속에서는 적다고 할 수 없는 의미를 지니게 되는데, 그것은 서사를 포함한 수필양식이 근대소설과 조우하며 새로운 서사양식을 창출하는데 적지 않은 기여를 하고 있기 때문이다. 아직 수필의 장르적 범주가 확정되지 못했던 근대문학 형성기, 곧 양식재편기에 서사적 수필이 독보적 역할을 담당했다면 그 의미를 드러낼 수 있는 개념화가 필요함은 자명하다. 더군다나 수필이라는 개념 또한 이 시기를 거치며 생산된 것이라 할 때는 더욱 그러하다. 이렇게 보면, 감상형 기록서사는 서구적 장르 규정에 의해 소설과 구별된 수필(essay)이 아닌, 서사성과 기록성을 동시에 만족시키는 글쓰기 방식으로 양식재편기를 맞아 새로운 장르 규정에 의해 수필로 인식되기 시작한 양식을 이른다고 할 수 있다.

15) ㄷㅅ생(TS생－박달성), 「孰是孰非」, 『개벽』 창간호, 1920.6, 123면.

16) 김기전, 「彼의 「恭賀新年」」, 『개벽』 19호, 1922.1, 63면.

술을 마시고 들어오자 과연 무엇이 옳은 일인가라는 질문으로 끝을 맺는다. 이 글은 제목과도 같이 논쟁의 시비를 떠나 역사와 생활에 대한 나름대로의 주장으로 근대적 정체성을 형성해 가는 젊은 학생들의 모습을 제시하는데 초점이 모아져 있다.

글의 서두에 구체적인 일자와 장소, 인물을 따로 소개하는 부분이 있어 이 글이 허구에서 제외된 서사임을 강조하고 있고, 대화를 통해 젊은 학생들의 내면세계를 엮어가면서 전체로서는 그들의 열정과 새로운 생활의 전형을 제시한다는 점에서 감상형 기록서사로서의 조건을 구비하고 있다. 즉 기록성이 인정되고, 서사적 형식을 구비하였으며, 보고형 기록서사와는 달리 사건의 필연성이 축소되고 내면 감정의 연쇄를 드러낸다.

이에 비해 김기전의 「피의 「공하신년」」은 소설로 읽더라도 아무런 무리가 없을 정도로 구성이 치밀하다. 이 글은 '피彼'라는 괴팍한 가상의 인물을 등장시키고 그가 자신 스스로에게 보내는 신년 연하장을 통해 삶의 여러 금언을 전한다는 내용으로 채워져 있다. 지나치게 괴팍하여 정신병자라는 오해를 불러일으키기도 하는 '피'를 만난 '기자記者'는 그가 수천 통의 연하장을 만들고 있음을 본다. 그러나 이상한 것은 그 수신자가 모두 '피' 자신으로 되어 있고 그 내용은 노동일을 정해 신성한 노동의 의무를 지키자는 등의 금언들로 채워져 있었다. '기자'는 괴짜 '피'의 이면을 보게 됨으로써 자기의 자각으로부터 자기의 환경을 개조하는 '피'를 새롭게 평가하게 된다.

이 글은 분명 소설이 아니다. 가상의 인물이 등장한다고는 하지만 서술자는 자신이 '기자'라고 해 실제 경험임을 분명히 했고, 또 주인공 '피는 가상의 인물'이라고 일부러 명기했다는 점에서 오히려 기자의 주변에 실존하는 인물이거나 기자 자신일 가능성이 높다. 즉 기자가 생활 속에서 관찰한 내용을 익명화시켰을 뿐이라는 것이다. 위의 「숙시숙비」의 경우도 마찬가지지만 개인적 경험을 공개하여 대중에 전달하려 할 때 지켜져야 할 기본적인 규칙이 익명화이기 때문이다.

그렇다고 기자가 경험한 내용이 「오호 지방 농촌의 쇠퇴」와 같이 보편적 담론에 직결된 것도 아니다. 더군다나 사건이나 사실을 보고하기 위한 분명한 목적성을 띠지도 않는다. 그렇지만 그 기록성과 서사성은 충분히 인정될 수 있다. 이렇게 보면 이 글은 소설도, 보고형 기록서사도 아닌 감상형 기록서사에 속한다고 할 수 있을 것이다. 그러나 이 글은 또한 소설이기도 하다.

먼저 이 글의 주인공은 독특한 성격을 지닌 인물로 묘사된다. 평범하지 않지만 비범하다기보다 기이한 인물에 가깝다. 인물의 성격화뿐 아니라 사건 역시 일상 속에서 벌어진 비일상적인 것이다. 자기 자신에게 보내는 수천, 수만 통의 연하장을 쓴다는 것 자체도 일상 속의 비일상일뿐만 아니라 그것 하나하나에 자신의 주의 · 주장을 담는 금언을 새긴다는 것 또한 그렇다. 그리고 이 비일상적인 사건에 대한 '기자'의 해석은 곧 반전과 아이러니가 된다. 단편소설에서 주로 볼 수 있는 전문적 기법을 두루 갖춘 실제의 경험을 기록한 것이다. 기자가 독자와 직접 대면을 시도하는 후미 부분만 아니라면 단편소설이라고 해도 부족함이 없다.

그렇다면 장르 표지와 사실 기록이라는 측면에서는 기록문으로, 구성에 있어서는 소설로 간주될 수 있는 특징을 갖추고 있는 이 글을 어떻게 이해해야 할 것인가? 소설이되 허구가 아니고, 기록이되 소설을 닮은 이 글은 어디에 근원을 둔 것인가?

읽을거리

일기자, 「상오구시로 하오십시까지」 상(『개벽』 제21호, 1922.3)

오막사리 코구멍만한 방 누덕누덕 써러진 더럽고도 산듯한 자리. 그것이 그래도 밤새도록 등 붓칫든 곳이라고 이러나기가 매우 실타. 몸은 으스스 썰리고 잠은 폭폭 오지만 그러나 엇저녁 작정한 일이 잇는지라 안이 이러날 수는 업다.

산듯산듯한 옷을 억지로 주섬주섬 거더 입고 어름이 버석버석하는 냉수에 세수를 대강하고 된장찌개 한 그릇으로 앗츰이라고 서네술 써먹엇다.

작정한 일을 실행키 위하야 모자를 푹 눌너 쓰고 문밧글 나섯다. 평상시 갓흐면 사로 바루 가련만 어대로 갈넌지 방향을 잘 몰으겟다. 쌀쌀한 바람은 귀씃 코씃을 벼여가는 듯한대 새파란 빙판은 볼기짝 쌔기가 쏙 알맛다. 절도나 하러 가는 듯이 감안감안 발길을 옴긴 것이 언으듯 권농동어구이다.

* * *

열두어살 쯤 되여 보이는 소녀 한아가 나막신을 쌀쌀 끌면서 적은 박아지에 무엇을 담아 들고 저짝 돌다리를 건너선다. 그는 코물을 훌적훌적 삼키면서 추워서 못견듸겟는 것처럼 발을 자조 놀닌다.

아! 모진 빙판! 이 소녀에게 무슨 악의가 잇섯든가 불문곡직하고 잡아 업드러친다. 박아지는 쌔여지며 담엇든 비지는 쫙— 허터지며 나막신은 낫낫치 튀어 달아난다.

소녀는 업드린 채 발발 썰면서 "아잇 어머니"하고 킹— 킹— 운다. 나는 쌀니 달녀드러 이르켜 주엇다. 그리고 옷에 뭇은 눈과 흙을 터러주고 산산히 헤여진 비지를 글거모와 쌔여진 박아지쪽에 담어주고 "치운데 어서 가라"고 달내엿다.

그러나 소녀는 울기만 하며 썰고 섯다. 그— 정경이 매우 딱하다. 나는 여러가지로 달내여 속히 집으로 도라가라고 하얏다. 그러나 종내 안이 가고 울고 서잇다. 나는 할 수 업시 10선사리 두분을 내여 손에 쥐여주며 다시 가서 비지를 새로 사가지고 집으로 가라고 달내엿다. 그러나 씀작 안이하고 울기만한다.

"이애 니의 집이 어대냐?"

"……"

"이애 너의 집이 어대야 응"

"바루 이 집이야요"

"너의 아버지 어머니 다– 게시냐"

"네"

"자– 추운데 우지 말고 어서 가거라 응"

"안이야요. 가면 대 마져요. 안 갈테야요"

"이애 안가면 엇지하랴늬 그러지 말고 어서 가 매 안이 마져 어서 가……. 자– 이것이 이십전이다. 가지고 가서 어머님께 넘어젓다는 말을 하고 다시 사 가렴. 응"

"안이야요 그적께도 마젓서요"

대문 여는 소리가 "찌그덩" 하고 나더니 한 사십가량쯤 되여 보이는 부인 한 분이 나선다. 숨숨 얼근 얼골이며 기름때가 질질 뭇은 치마는 얼풋 보아도 빈자의 처갓다. 그리고 성미가 매우 사나워 보인다.

"이 배라먹을 년아. 이게 웬 즛이냐. 이 육시를 할 년아. 왜 울고 섯서"하고 야단치는 소리 과연 청천벽력이다. 그는 주먹을 불끈 쥐고 잡아먹을 듯히 소녀의게 달녀든다. 소녀는 "으악"하며 다러나려 한다. 그러나 그의게 붓잡혓다. 그는 소녀의 언 뺨을 잘싹잘싹 서너번 때리며 "이년아 이 배라먹을 년아"하고 죽일 듯이 날뛴다. 나는 보다 못하야

"여보시요. 임의 그러케 된 것을 엇지하오. 그만 때리시고 어서 더불고 드러가시요. 어린것이 여간 불상하오"하고 어머니를 달내엿다. "싸홈은 말니면 더 한다고" 이런 때 누가 말하는 것이 오히려 병이겻다. 내 말은 들은 체도 안이하고 "이 눈이 빠진 년아" "어 장자가 업는 년아"하고 더– 무섭게 덤븨인다.

아– 불상한 소녀! 어미 아비 잘못 만난 저 소녀! 남은 두루막이 입고 구두 신고 책보안고 명주목도리까지 하고 쌍쌍이 어울러 우스며 쒸며 학교로 가는데 저 혼자 치운 아츰 빙판 우에서 발발 썰면서 짜다라운 매를 맛고 잇도다. 아– 그 소녀의 어린 가슴! 얼마나 압흐고 쓰렷슬가! 어머니가 잇고 아버지가 잇는 제 집이 바로 눈 압히건만 공포와 경겁에 뒤싸여 참아 드러가지 못하다가 결국 모진 매로써 얼굴이 터지게 되도다. 아– 불상한 소녀로다.

어미고 아비고 정말 배라먹을 사람들아. 죄악 중에 이런 죄악이 어대 또 잇슬가. 제 자식을 그러케도 뭇 잡아먹어 애를 쓰는가. 아– 어머니의 죄이냐 아비의 죄이냐. 아모 악의업는 천진의 어린 소녀의게 독한 매와 모진 욕이 무슨 일이냐.

세상에 소위 어미 아비되는 이들아. 이것이 엇지 이 소녀쑨 당하는 일이며 이 어미쑨 그러케 모질겟는가? 어미 아비 된 이– 스스로 량심에 무러보라.

*　　　*　　　*

열시쯤 되얏다. 안동네거리이다. 나는 작정한 일을 좀 철저히 실행코자 하야 병자모양으로 천천히 가것다. 견눈질로 좌우를 슬금슬금 살피면서 무슨 거리든지(말거리든지 생각거리든지 구경거리든지) 거리만 것잡으려 하것다. 맛츰 톡톡한 말셩거리가 한아 낫다.

오십 가량쯤 되는 갓 쓴 노인 한 분과 삼십 가량쯤 되는 모자 쓴 청년 한아가 서로 잇쑬며 닥채며 어울어저 싸흐고 잇다. 노인은 격노한 듯이 엄살이 풀풀 썰면서 청년의 손목만 잡아다리며 청년은 기가 막키는지 잇다금 깔깔 우스며 안이 슬니려고 한다.

노인. 이 자식아! 이 후려자식!

청년, 누구더러 후려자식이래.

노인, 이놈의 말버릇 세상의 망할 내닛가 이놈아 너는 아비도 업는 자식이냐.

청년, 아비도 업는 자식이냐. 그래 아비 업서 엇질 터이야.

노인, 이 지식 두말 말고 어서 가 어셔…….

청년, 가긴 어대로 가자고 이리 생야단이야.

노인, 파출소로 가 파출소로. 이놈을 가져다 법을 좀 알커어야지.

오고 가는 사람 하나 둘 모여들어 어느 듯 사람 성을 둘넛다. 두 사람은 밀거니 슬거니 눈이 뒤벌개 덤븨인다. 이때 누구든지 알고 십흔 것은 그― 싸홈의 원인이것다. 나는 참다 못하야 두 사람의 압흐로 쑥 나서며

“보아허니 점지안은 이들이 삼로가상에서 이게 무슨 일들이오. 그만들 두고 가시오. 누가 잘못하얏든 서로 용서하고……”하며 양인의 사이로 가로드러 셔것다. 이때 청년자측으로 나오는 말이

“여보 당신은 누구요. 남이야 아무러거나 무슨 상관이요. 되지 못하게”하고 눈을 쪽바로 쓴다. 나는 덥허노코 히죽히죽 웃것다. “여보 누구든지 그것이야 알 것 잇소. 엇지햇든 그만들 두고 가시오”하고 양인을 갈나 세우것다. 청년은 노인의게 대한 감정은 나의게 옴겨온다 “별일 만흔 놈 다― 낫군. 남이야 아무러거나”하고 막욕설을 건네인다. 그러나 나는 우슬 쌘이엿다. 노인은 좀 수치스러운지 속으로 무어라고 웅얼거리며 슬그던이 도라섯다. 나는 이것을 기회로 하야 “여보 이 양반 당신도 절문 처지 나도 절문 처지에 무엇을 못하야 백주대거리에서 싸우고 잇고 또 싸울 사람이 그러케도 업소. 노인의게 그― 무슨 즛이오. 싸울 일이 잇거든 나하고 싸웁시다” 하고 조흔말로 달내엿다. 모든 구경군은 “올소”하고 일제히 후원을 한다.

청년은 그만 원기가 저상이 된다. 웅얼거리며 도라선다. 싸홈은 요행 중재가 되얏다. 그러나 그- 원인이 매우 궁금하다. 그- 시초를 당관한 엇던 노동자의게 물으닛가 노인은 이리오고 청년은 저리가는대 맛츰 나무바리가 지내게 되얏다. 노인과 청년 서로 억일 째 노인이 청년의 발등을 발벗다고 한다.

이것이 첫 원인이라 한다. 짐작하건대 그럴 것이다. 아- 우리의게는 노소무론하고 이러케도 용서성이 업슬가. 이러케 싸호기를 조와할가. 그리고 파출소가 그러케도 가고 십흘가. 아- 괴상한 일이로다.

읽을거리

김기전, 「피彼의 「공하신년恭賀新年」」(『개벽』 제19호, 1922.1)

피彼가 어써한 사람인지는 누구도 모른다. 이제 피彼의 '공하신년恭賀新年'을 적고저 하는 기자까지도 오히려 분명히는 모른다. 그러나 누구라도 모르는 것! 피彼의 강미强味는 실로 여긔에 잇다.

피彼는 무단히 웃는다. 쏘 무단히 운다. 사람이 그 웃음과 그 울음을 알 수가 업섯다. 피彼는 멋업시 날뛰며 중얼거리며 쏘 멋업시 남의 손을 쥐이며 혹은 남의 몸까지 쓰러 안는다. 사람이 그 행도를 알 수가 업섯다.

그의 거름은 언제 볼지라도 어썬 누구를 쌀아 잡으려는 듯하는 진보進步이며, 그의 모양은 언제 볼지라도 한 그릇 밥을 미처 다- 못 먹은 사람 가튼 부족不足이엇다. 그러나 그에게는 그러케 쌀리 왕래하여야 될 긴급사항도 업섯스며 그러탓 부족을 느낄만한 무엇도 업섯다.

그는 어대를 가다가도 문득 발을 세우며 쏘 어떤 째에는 아모 방향도 업시 그저 다라나기도 한다. 마치 정신에 이상이 생긴 사람과 가티. 그러나 피彼는 정신병자는 아니다.

기자로써 보면 피彼는 피彼 이외의 우리 사람이 피彼의 어써한 사람임을 모르는 그와 가티 피彼 자신에 잇서서도 무슨 큰 모름이 잇스며 그 모름을 스스로 알기 위하야 열광적으로 노사勞思하며 노력하는 것 가탓섯다. 다시 말하면 피彼에게는 더- 신으로부터 온 것이 안임은 물론 세간사회로 부터 온 것도 아니며 기타 어써한 외부로부터 온 것도 아니오 오즉 자기의 내부의 최오저最奧底로부터 진발振發하는 무슨 문제, 아니 무슨 욕구에 대하야 자가의 이해력이 넘우 부족함을 원한하며 자기의 사언행思言行이 넘우 충실치 못함을 가책하는 모양 가탓섯다. 그러나 기자도 분명히 알 수가 업다. 추측컨대 그러하겟다 함에 지나지 못하는 말이다.

사람 사람이 송영의 준비에 급급하는 작년 십이월 ○○일, 기자는 예와 가티 피彼를 대하얏다. 이 째의 피彼는 또 무엇을 분망하게 처리하며 잇섯는데 그 처리하는 것은 '공하신년'의 연하장이엇섯다. 모든 것에 형식을 염기하고 예투를 미워하는 피彼의 일로서는 자못 모순이 아닐가 하며 기자는 다시금 피彼를 보앗고 또 피彼의 연하장을 보았다. 그런대 어찌 이상한 일이 아니리오. 피彼의 처리하야 노흔 수천, 아니 수만의 연하장의 표면에 씨여잇는 수상인은 다 가튼 한 사람의 성명이엇스며 그 한 사람은 다른 사람도 아니오 '피' 그 사람이엿다. 즉 피彼로서 피彼에게 연하를 들이기로 한 것이며 들이는 중에도 수천, 수만, 아니 피彼와 피彼 이외의 사람 수를, 아울러 (기자짜지도) 합한 그만큼의 만흔 통수의 연하장을 들이기로 한 것이다. 본대 알 수 업는 것이 피彼의 일이엇스나 중에도 이번 연히의 일은 더욱 알 수가 업는 것이엇다.

그리고 또 한 가지 이상한 것은 그 연하장의 정면에는 '공하신년'의 넉자 글을 쑥쑥히 적은 이외에 다시 힌 묵으로써 거의 수천 행에 달하는 무슨 글을 세서성문細書成文한 그것이엇다. 그 글은 세간이 보아 알 것도 잇섯고 모를 것도 잇섯스며 또 알 것인 그 중에도 보아써 조타할 것도 잇섯고 "그게 무슨 수작이냐?"하며 대경소괴大驚小怪할 것도 잇섯다. 여하간 피彼는 피彼의 행동 그것에 잇서서나 또는 피彼의 의사로 표시되는 주의 주장 그것에 잇서서나 세간의 지식으로써 해석할 수는 업는 것이 만흔 대에 그만큼 새로운 맛이 잇스며, 또 쌔에 사모치는 듯한 강미가 잇다. 이제 그 기록 중에서 기자의 모르는 분을 제하고, 또 세간이 경괴驚怪할 분을 제하고, 그 중에도 비교적 온건하며, 실미잇는 부분 쌘을 적기하면 아래와 갓다.

* * *

피彼의 연하장에 힌 묵으로 기록된 그 글은 제 일부, 제 이부로 되엇스며, 제 일부에는 피彼 자기로의 실시행사를 적잇고, 제 이부에는 피彼 자기로의 주의 급及 기其 태도를 적엇다.

우에도 발한 바와 가티 여긔에는 그 일, 이부의 것을 이이여 담재膽載할 수도 업스며, 또 그리할 자유도 업다. 먼저 일부 중의 몃 구절을 보이면, 기其 삼三에 왈

"노동일의 설정"

이니 피彼는 매월 중의 제 일 토요일을 취하야 자기의 노동일이라 하얏다. 그래서 그는 그날만 되면, 그는 수건 동이고 통중의 입고, 지게나 괭이 들고 일터으로 나아갈 작정이다.

그의 설명에 의하면, "사람은 어느 째 보다도 그와 더부러 사괴며, 또는 그 일에 당하는 째에 가장 절실한 감동을 어드며, 가장 명료한 지식을 엇는 것이다 더욱 이십세기의 일은 모르미 과학적으로 하지 아니할 수 업나니 과학의 대부는 실지의 체험에 의하야 비롯오 완성되는 것이다. 우리의 사상도 주장도 맛당히 실지의 착미着味에 의하야써, 그 관철을 도圖할 것 쑨이다.

소위 금일의 지식계급에 속한 인사들은 동첩노동의 신성을 말하며, 동포의 무실력행을 고조한다. 그러나 그 말 쑨이 그 고조 쑨이 먼저 자기에게는 무슨 관계가 잇스며, 민족에게는 무슨 큰 반향이 잇는가. 필경 시 필부필부의 수음手淫 가튼 일에 지나지 못함 쑨이다."

실제와 더부러 교미하라. 여긔에 비롯오 일즉 보지 못하던 생산이 잇슬지며, 일즉 경험치 못한 희열이 잇스보지리라.

이것이 피彼의 평소부터의 주장이엇스며, 그 주장이 금회今回 사실로써 표현된 것이 피彼의 니른바 '노동일의 설정'이다. 그는 다시 기록을 진進하야,

"몽롱한 공론의 세계로부터 쒸여나아가 직접으로 밥 맨글고 옷 맨그는 그 일, ─ 다시 말하면, 직접으로 나의 살을 부티고, 피彼를 여투는 그 일─에 당한다 하면, 얼마나 깃거우랴. 더욱이 모든 사람의 주린 창자를 위하야 밥을 구하고, 모든 사람의 벌거버슨 몸을 위하야 옷을 짓는 그 형제들의 겻헤 내가 살고, 그 형제들의 눈물에 내 눈물이 석기인다 하면, 얼마나 거룩한 일이랴. 그 째에야말로, 이 뭇뭇한 대지를 내가 확실히 바른 생각이 들겟지. 그리고 고향에 도라간 듯한, 고인을 대하는 듯한 느낌이 생기겟지 그 째에야말로, 어대서일지라도 발견할 수 업는 최완전한, 그리고 아모 기탄업는 희열을 느낄 터이겟지."

"비록 일주간의 일일일지라도 내가 이러케 노동하면, 먼저 내 스스로가 말할 수 업는 희열을 감感하는 이외에 나의 하는 모든 일이 그만큼 실제적이 된는 동시에 내가 알고저 하는 세민사회의 이면을 일층 빨니 알게 될지며, 그 째에야말로 수건 동이고 지게 지고 기름옷 입은 사람들이 모다 우리를 위하야, 노고하는 동포인 것을 알게 되며, 내가 생각하는 사회를 위하야 혹은 동포를 위하야 일한다는 모든 표방이 스스로 진실한 색채를 띄우게 되겟지 이것 쑨이다. 이리할 것 쑨이다."

이 항에 대하야 피彼는 별로 감격에 못익여 하는 필태筆態로써 도도滔滔 수백언을 적엇다. 그러나 이만 략略하고 기其 오五에 왈

일주一週 일일一日의 '관성일觀省日'

이니, 피彼의 설명에 의하면

"사람은 무슨 공부보다도 먼저 자아획득(포착)의 공부를 하여야 한다. 자아를 획득하지 못하고, 다른 것을 운위함은 종로거리에 선 거지가 자선사업을 말함과 한가지이다."

그러면, 어써케 하야써 자아를 획득할가. 피彼의 견해의 의하면 오즉, ① 부단의 사색과 ② 일상의 관성觀省에 이라는 두 가지가 잇슬 썐이며, 그 중에도 '일상관성'이 일층 주요하다.

피彼는 '일상의 관성'이라 제하고, 이와 가티 적엇다. "매 토요일로써 너의 관성일이라 하라. 그리하야 그 날은 기상하는 즉시(오전 육시)로 가족일동병家族一同幷기其 동류인同留人에게 향하야 그 지旨를 선언하되 그 일일은 온전히 관성의 기분 속에서 살 것을 서로서로 약속케 하라. 그래서 그 날의 할 일을 마치인 오후 1시가 되거던 먼저 방내와 방외, 밋 그 각자의 신상에 대한 정뢰과 청결을 행하되 매우 규모와 의의가 붓게 하라. 그리고 가튼 정돈의 일이라 할지라도 그 전번의 일과 그 후번의 일과에는 스스로 새로운 맛이 잇게 하기를 기할지오, (예하면, 전번에 책장을 동편에 노핫던 것이면 금번에는 서편이나 혹은 북편에 두게 하며 기타를 그와 가튼 정신 밋헤서 정돈케 할 것) 물物의 매매賣買, 의복의 환착換着, 이발, 목욕 등을 모다 이 날에 행케 하되 이와 가튼 일을 다ㅡ 마치고, 밤 구시가 되거던 너는 너의 주위에 잇는 사람과 가티 일기의 검열, 기타 방식에 의하야 지난 일주간의 사언행을 완전히 회고케 하며, 그 자리에서 도라오는 일주간에 할 모든 것을 대강이라도 예산하야써 그 익일의 일요를 맛게 하라."

우右에 취견就見하면, 피彼는 자아의 관성이라 하야, 정좌나 혹은 명상 가튼 어려운 방법을 취하지 아니하고, 자기의 일체를 정돈하고 자기에 속한 주위의 일체를 쇄신케 하는 일사에 의하야써 자기의 순수를 지속코저 하얏스며, 자기의 장면場面을 개척코저 하얏다. 순수지속, 장면개척! 이것은 피彼의 일상생활에 대한 무서운 신조인 듯 기其 칠七 왈에

"상효간어법의 통일"

이니, 가튼 생에 대하야는 가튼 어법으로써 그를 부르며, 그에 응대케 하라. 언어에 차별을 둠은 이 다른 생을 모독함이 아니면 다른 생에 아첨하는 자이니 모독과 아첨은 다ㅡ 가티 네가 취할 바 아니다.

조선의 어투에 어룬이 아해에게 하는 말 다르며, 짤아 아해가 어른에게 하는 말 다르다. 주인이 하인에게 하는 말 다르며, 하인이 주인에게 하는 말 다르다. 그리고 사람 사람 간에 교환되는 어법과 소, 말, 개, 도야지에게 대한 어법과는 특별나게 다르다. 녯 사람은 무슨 근거가 잇고, 무슨 착안처가 잇서 그리 하엿는지 그것을 기다라케 말할 것이 업거니와 여하간 이는 만히 올치 못한 일이다. 까닭업시 남을 침모侵冒하는 짓이며 까닭업시 남을 추존推尊하는 짓이다.

작년부터 어썬 구락부에서는 아동간의 경어사용을 주장하고, 거긔에 부조건으로 어른이 아동에게 대한 말까지도 경어를 쓰게 하얏스면 조켓다 하얏다. 그리고, 어썬 소년회에서는 미리부터 그러한 것을 실행하여 왓다 한다. 그러나 나의 생각으로써 말하라 하면, 경어니 무엇이니 하는 그 말이 위선 철저치 못한 말이다. 즉, 경어가 잇스면 반듯이 불경어－하대어－가 잇슬 것이다. 그러면, 결국 하대어를 쓰어 먹을 곳은 어대인가. 금수인가 초목인가 그러면 너는 어찌할가. 하대어의 존재를 전제로 한 경어의 사용을 말하지 말고, 그저 어법의 통일을 주장하라. 너 스스로 일체의 어법을 통일하라. 통일하는 대에는 "그리하라"혹은 "그리하십시오"하는 등의 말을 다 버리고 위선 "그리하시오" 하는 투의 어법을 취하라. 그래서 네가 만일 아버지에게 향하야 그리하시오라 말하거던 너의 아들에게 대하야 쏘한 그리하며, 너의 뜰 안에서 사는 개나 도야지 기타 생물에 대하야 다－ 가티 그리하게 할 것이다.

이와 가티 "하시오"의 어법을 취하라 함은 단히 생물 간에 대한 언어의 통일을 취하기로 하는 이외에 다른 의사가 업는 것이다. 고로 경어이니, 하대어이니 하는 생각은 물론 업다. 이 말의 품을 억지로 형유形喩한다하면, '호어好語'라 할 외에 업다. 즉 가설적으로 난 호인 이 생과 저 생이 서로 혹은 저 혼자가 자기와의 의사와 감정을 통하는 싸수한 말투, 즉 호어에 지나지 못하는 것 쑨이다.

이것은 피彼의 언어에 대한 신년행사의 일로서 그 연하장에 적어 노흔 글 중의 일부이다. 피彼의 설명에 의하면 사람들 사이에 항용하는 말이 갓지 아니한 것은 여러 가지로 사람과 사람 혹은 사람과 물 사이에 화협하지 못하는 원인이 되며, 화협하지 못하는 곳에 백폐의 원이 잠겨잇다 한다. 즉 우에 말함과 가티 말법이 갓지 아니한 것은 자기 이상(체력으로나 지력으로나)의 자에 대하야는 아첨이 되고, 자기 이하의 자에 대하야는 위압이 된다. 아첨하거나 위압하는 기분이 일상의 언어 간에 흘너 잇고서는 정의이나 인도, 혹은 협동이나 단결을 말할 수 업다하는 것이 피彼의 지론이엇스며, 쏘 실행하는 바이다. 이것은 보통 사람으로서는 잘 생각하지 못하는 일이나, 누구라도 한번 시행하여 보면 곳 알 일이니 피彼의 어썬 날 일기에 이러한 말이 적히어 잇는 것을 기자는 보앗다.

"어린 사람은 쏘박쏘박 "하시오, 하십시오"하거늘, 키 큰 사람은 쏘박쏘박 "해라, 하거라"한다. 어린 사람의 어투에는 언제던지 빌붓는 듯, 구하는 듯한 태가 잇거늘 어룬 사람의 어투에는 언제던지 누르는 듯 쓴허버리는 듯한 태가 나타난다. 아! 그 어린 사람이 무엇에 그리 빌부트며, 무엇을 그리 갈구할가. 아! 우둥퉁한 기성의 세력이 아니면, 늘 큰 한 인습의 유산 그것, 어린 사람은 이리하야 째로 날도 부수사만 되고 말며. 그 어른 사람이 무엇을 그러탓 누르며, 쏘 쓴허버릴가. 명일 이상의 첫순이 아니면 생물 고유의 자발성 그것, 어른 사람은 이리하야 시대 시대의 화석이 되고 말도다."

만일 조선의 사람 사람이 일상의 어법을 통일하야 누구나 꼭 가튼 어투로써 서로 엉키고 서로 허여하는 기분을 씌게 하면 어써할가. 이것이 우리의 사회를 근본으로 개선하는 적은 일도一道가 아닐가

'네가 행할 성전법誠錢法'

피는 '네가 행할 성전법'이라 하고 아래와 가티 적엇다.

"천도교회에서는 성미라 명하고 그 교도가 자가의 가족수를 계計하야 매식每食에 일인 하에 일시식一匙式을 제하야 그로써 교회의 경제를 유지하는 동시에 신앙의 기분을 단속하며, 기독교회에서는 매 주일의 회중에게 자유의 손보금損補金을 청하야써 그 예배당의 자유를 공하며, 미국에 잇는 모 단체에서는 '활공活公' 총재라는 이의 고안으로 일일전의 성전법을 행하야써 저축, 성실의 풍을 짓고저 한다. 모다 훌륭한 일이다. 적은 돈을 주고 만흔 정성을 사는 최현묘한 상행위이며, 누구라도 안심하고 매매할 최 안전한 취인이다. 중에도 성전법은 더욱 묘하다. 먼저 너의 주위의 사람과 공약하야 실행할 호好고안考案이다."

그러면 그 성전을 실행하는 방법이 엇더할가. 피彼는 이와 가티 적엇다.

"이는 너 혼자 실행하야도 조치마는 가튼 갑이면, 여러 사람과 더부러 하라. 먼저 너의 가족이 잇스면 그 가족과 단체에 잇스면, 그 단체의 전원과 더부러 공행公行할 방법을 취하라. 그리하는 대는 조그마한 금궤를 비치하고 약속한 전원으로 하야곰 매일 어느 시 안으로 그 일전금을 납입(그 금을 각자의 씨명 기록한 지편으로 싸서 니게 할 것)케 하되, 그 시간만 지내면 그의 회계를 마튼 한 사람이 그를 계사하야 망각 기타의 원인으로 그 때까지 내이지 못한 사람이 잇거든 그에게는 그 익일 배액의 벌금을 징수케 하며, 매월 종일에는 약속한 전원이 회합하야 그 일월 중 각인의 성적을 고평케 할 것이다. 그리고 그 기간을 얼마로 하며, 그 금을 엇더케 이용할가? 하는 등의 기타는 임시 약속으로써 할 것이다."

"이것이 비록 작난 가튼 일이라 생각할는지 모르나, 날로 행하야써 궐하지 아니하면, 이써 개인으로의 큰 성실을 구하는 것이며, 단체로의 큰 연결을 도하는 것이 될지니, 이와 가튼 성실을 준비하고, 이와 가튼 연결을 촉진함과 여如함은 우리의 인성에 잇서, 우리의 형편에 잇서 더욱이 긴요한 것이다."

"그리고, 저금되는 그 편으로 보아도 적지 아니한 액수가 된다. 일인으로도 일년에 삼원 육십오전, 만일 그 가족이 오인이라 하면, 일년에 십팔원 이십오전, 십년에 백팔십이원 오십전이 될지며, 조선인 이천만이 다— 가티 이를 실행한다 하면, 일년에 이십만원, 십년에 이백만원의 거액을 득할지며, 여긔에 이자의 계산을 가입하면 오히려 거대할지라. 돈 생기고, 수양되며, 부자되고, 단결되며, 어른이 행할 수 잇는 동시에, 아이도 할 수 잇스며, 잇는 사람이 할 수 잇는 동시에 업는 사람도 할 수 잇는 것은 실로 이 방법이다. 신년부터 너가 선행하야 네의 위주에 밋게 하며, 너의 방국에 밋게 하라."

'별유천지비인간別有天地非人間'

"별유천지비인간別有天地非人間! 이 말은 인간인 세간에 잇서 가장 흥미잇시 음미되는 말이다. 사람들은 이를 말만 하야도 마음들이 으쓱하야 대번에 천당, 극악을 연상하며 선경, 용궁을 연상하며, 도화유수를 경동憬憧한다. 동시에 사람들은 그 지경으로써 심히 먼대 잇는 것이라 한다. 그래서 가설假設 경성인이라 하면, 가까워도 백두의 천지이나 금강의 동천을 찻지 아니하면, '별유천지'는 구경치 못할 것이라 한다."

"네가 아느냐, 이것이 근본으로의 오해이다. 별유천지비인간別有天地非人間은 먼 곳에 잇는 것과 가티 가까운 곳에도 잇다. 천지의 반에도 잇고, 하수도의 겻헤도 잇스며, 천당의 정문에도 잇고 유치장의 창살에도 잇는 것이다. 마치 이 물과 이 산은 강원도에도 잇고, 경기도에도 잇는 것과 일양이다."

"별한 천지요, 인간이 아니면 이가 곳 '별유천지비인간別有天地非人間'일 것이다. 그러면 이와 가튼 지경을 너는 먼 곳에서가 아니면 볼 수 업다 하는가."

"그러나 생각할지라 만인의 숨소리까지도 니불 밋헤 잠기고 이곳 저곳의 등불빗뿐이 만도의 정적을 직히고 잇슬 밤의 중 그 때에 네가 호을로 시중을 것는다 하면, 아니 너의 정중이라도 것는다 하면, 그 지경이 어써하며, 둥두렷하게 큰 것도 아니오, 얼개등가튼 작은 달이 황혼에 서산, 새벽에 동산을 어리울 째이나, 욱일旭日이 봉두峰頭로 현출現出하고 석일夕日이 해저로 붕몰崩沒할 때 더욱이 도라오지 못할 석조가 너의 니마를 그리고 화속의 채운이 일일의 몰락을 적할 때에 네가 만일 느끼고 취하며, 울고 웃는다 하면, 그 지경이 어써할가."

"이 쑨이라. 네가 진실로 유의만 한다 하면, 산의 정頂, 강의 변邊, 야野의 광曠, 도都의 뇨鬧가 어느 곳이 별천지 아님이 업슬 것이다. 평상시와 다른 천지이면, 이가 곳 별천지이며, 인간에 잇서도 인간미를 니즈면, 이가 곳 비인간이라. 이것을 먼 곳에 쑨 차즐 리는 결코 업는 것이다.

"일출이작日出而作, 일입이식日入而息"은 누구나 하는 말이다. 그러나 과연 해가 쓸 때에 반듯이 닐고 해가 들 째에 반늣시 쉬는 자가 누구냐 쏘 그리하는 자가 잇다하면 다시 그 쓰는 해와 지는 해를 보아써 그 광경을 향락하는 자가 누구냐. 그리고 사람들은 흔이 밤의 세계를 한각閒却하나니 이는 인간의 막대한 손실이다."

"신년을 맛는 너여, 수처에서 별천지를 인認하며, 비인간을 색索하라. 그리하야 그에 도취하며, 그를 향락하라. 그리고, 유의식은 무의식에서 생은 무생에서 참 인간은 비인간에서 큰 활동은 큰 휴식에서 나오는 것임을 영세永世에 불망不忘하라."

* * *

우의 말은 피彼의 신년 연하장 중의 제 일부에 적은 몃 가지를 초출抄出한 것이다. 전에도 말함과 가티 그의 말은 이 쑨이 아니다. 그러나 이에서 더 적을 수는 업다. 다시 제 이부에 적은 피彼의 독특한 주의와 태도를 구체로 소개하고 십흔 생각도 업지 아니하나, 지면의 관계로 이도 략하겟다.

통하야 말하면, 피彼는 신년벽두에 잇서 자기의 평소의 사, 행과 쏘는 신년에 드는 자기로의 소감과 소사를 쌔긋이 정리하야써 연하장에 표기하얏스며, 그 연하장은 자기의 동무, 누구에게 발송치 아니하고, 자기 자신에 향하야 그대로 발송하고 만 것이다. 피彼가 아닌 기자로서, 피彼의 그 진의의 하何에 재在한 것을 장담할 수 업는 것은 물론이나, 억지로 추측컨대, 사람이 신년을 경하함은 단單히 년의 신新함을 경하함이 아니라, 자기 생활이 유신維新할 것을 경하함이며, 싸라 년하를 행함에도 자기 이외의 인에 대하야 쑨 할 것이 아니라, 먼저, 자기 자신에 대하야 행할 것이며, 행하되 인人에 대하야 십十을 발發하거던 기己에 대하야는 천을 발하는 비례로써 할 것이라 함임과 여如하다.

"먼저 너의 듸듼 쌍을 파라. 그리하야 그 쌍의 중심, 즉 그 염열炎熱이 쓸는 곳에까지 미츠라"

이 말은 피彼가 가장 즐겨하는 말이며, 그 말에 보임과 가티 무엇에서던지, 그 피면이 아니오, 리면, 아니 그 핵심에 철저하야 먼저 그에 귀숙歸宿하며, 다시 그의 전부로 재현하야 최충분한 자각으로써 진지한 정열로써 자기의 역사를 지으며 잇는 것이 피彼이며, 그것을 일층 신혹히 실현키 위하야 신년벽두에 다시 한번 생각한 것이 그 생각을 기록한 것이 피彼의 연하장이엇다.

그러나 그 본문의 십의 일도 나타나지 아니한 기자의 이 기록으로써는 피彼의 사상, 태도, 행위의 전반의 여하를 알 수가 업다. 다못

"모든 것의 핵심에까지 철저코저 하는 일종 신랄한 태도를 가진 자가 피彼이며, 그래서 모든 것을 자기의 자각으로부터 비롯하며, 그리하야 자기의 명名으로써 자기의 환경을 절개하기로 하는 자가 피彼이다."

이러케까지는 추상할 수 잇는 듯하다.

* * *

그러면 소위 '피彼'라 하는 자는 누구이냐? 누구도 알 수 업다. 그러나 다시 생각하면, 누구라도 알 수 잇는 것이다. 이 해의 일 년에 잇서 최근본적으로 또 사실상으로 새로운 사람되야 새로운 국면을 짓기로 한 자가 즉 피彼이며, 피彼가 남자이냐 여자이냐, 또 혹 노인이냐 소년이냐! 함과 여함은 무를 것이 업다.

생각건대, 신년의 세간에 잇서 특히 조선에 잇서 피彼의 수는 퍽 만흘 줄을 알며, 그 만흔 수는 피彼의 발發한 연하장 수에 상응할 줄을 안다.

자아로부터 비롯하라. 그리하야써 날카로웁게 환경에 범하라. 범하는 그 때가 고통일가 혹은 희열일가. 이것은 범하는 그 때에 범하는 그자뿐 실감할 일이다.

---

2. 소설 아닌 소설, 문학 아닌 문학

1) 기록의 실감과 허구의 실감

사건화 된 경험과 견문, 묘사화 된 서술 그리고 시점의 이동은 소설적 구성법이라는 점에서 단순한 서사적 기록이 아니라 소설과의 친연성을

획득하고 있음을 말한다. 다시 말해 「희생된 처녀」, 「소작인 만길의 생활」, 「상오 구시로 하오 십시까지」, 그리고 「피의 「공하신년」」을 비롯한 기록서사양식이 의사 플롯을 통해 소설에 근접한 것이다.

그렇다면 기록서사를 소설로 간주해도 좋을 것인가? 그렇지는 않다. 일차적으로 기록서사는 분명한 목적을 담고 있는데, 주로는 교훈적 인간상을 제시한다든지, 아니면 사회의 부조리를 드러낸다는 등이다. 이는 사회 계몽의 흔적으로서 기록서사의 필요가 효과적인 계몽에 있었음을 보여준다. 이미 예시한 글 속에도 부분적으로 계몽의 의지를 발견되는데, 「소작인 만길의 생활」은 소작관계의 부조리를 드러내는데 목적이 있고, 「상오 구시로 하오 십시까지」는 전근대적 세태의 고발을, 「피의 「공하신년」」은 근대적 인간상의 제시를 계몽의 목적으로 한다. 이들의 계몽적 의도가 노골적 형태를 띠지는 않으나 작품 외적 필요에 따라 작성되었다는 점, 즉 은폐된 계몽의 의지는 기록서사를 근대적 소설로 간주하기 어렵게 한다. 기록서사의 계몽 의도는 작자뿐 아니라 당대의 공유된 인식이었기에 장르 표지에 있어서도 창작적 의도는 부정된다.

결정적으로, 기록서사는 허구성[17]을 부정한다. 기록서사의 서술자는 대부분의 경우 작가 자신임을 분명히 해 기록자에 의한 중개성[18]이 형성

17) N. 프라이는 "읽히는 것은 거의 다 허구"(『비평의 해부』, 한길사, 1982)라고 말한 바 있지만, 여기서의 허구성은 인식론적 층위를 의미하지는 않는다. 보편과 객관의 층위에서 사실(실제)과 구분되는, 사실적인 것(사실 효과)을 포함한 상상의 고안물을 뜻한다. 그렇다고 보는 인물과 사건의 실제성 여부를 기준으로 하지도 않았다. 일차적 준거는 중개성의 인격화, 즉 사건을 이야기하는 화자와 작가의 분리 여부에 두되, 이를 확인할 수 있는 증거로서 실제성 여부를 확인했다. 즉 작품 내에서 화자와 작가의 동일성이 인정될 경우 사실로, 화자와 작자의 인격이 분리될 경우 허구로 인정하고, 재차 그 실제성 여부를 검토했다.

18) 허구적 서사와 중개성의 관계에 대해서는 F. K. 슈탄젤의 『소설의 이론』(김정신 역, 탑출판사, 1990)을 참조.

될 뿐 아니라 인물과 사건도 분명 실재했던 것으로 인정된다. 「소작인 만길의 생활」에서는 마지막 대목에서 직접 인물로 등장해 배웅의 시를 읊는다는 점에서 그러하고, 「오호 지방 농촌의 쇠퇴」와 「상오 구시로 하오 십시까지」에서는 글의 서두와 말미에서 작가와 서술자가 구별될 수 없음을 분명히 했다. 「피의 「공하신년」」의 경우도 서술자가 기자 자신임을 명기하고 있어 가공의 서술자에 의한 중개성을 인정하기는 힘들다. 글의 특정부분에서 서술자와 작자가 분리되기도 하고 인물과 시공간을 익명화시키는 등의 변형은 있지만 대부분의 기록자들은 자신의 글이 실재했던 사실임을 제시하거나 적어도 그렇게 판단할 수밖에 없는 근거를 남겨두었다. 이렇게 보면 기록서사는 다시 소설이 아니라고 해도 부정할 수 없는 것이다.

사실의 문제를 양식과 연관지을 때, 문제는 상당히 복잡해진다. 언어적 재현이 실제와 일치할 수 있는가라는 문제와, 사실이라는 관념 자체가 변화하던 역사성의 문제가 그 일차적 관문일 터이다.

"읽히는 것은 거의 다 허구"라는 노드롭 프라이의 말처럼 언어적 재현과 실제 사이의 괴리는 논란의 대상이 될 수 있다. 재현과 사실의 동일성이 부정되었을 때, 경험된 사실을 그대로 기록했다고 하더라도 그것이 사실 그 자체라고 할 수는 없게 된다는 것이다. 다만 그것은 그럴듯함이며 실감일 뿐일 것이다. 이렇게 볼 때, 기록이 사실이라고 느끼는 것은 일종의 환상인 셈이다.

그러나 언어적 재현 가능성에 대한 회의가 기록의 실감과 허구의 실감 사이의 분명한 차이를 무화시키지는 못한다. 재현 가능성에 대한 의문과 기록과 허구간의 인식론적 · 방법론적 차이는 다른 층위에 속하는 문제인 것이다. 기록의 실감은 기록자의 진실성에 대한 신뢰에서 비롯되며 이는 소설 및 작가의 허구성에 대한 인식에 의해 창출되는 실감과 동일시될 수는 없다. 수기나 실화를 허구적 작품으로 인정하지 않는 것은 이 때문이다. 기록은 실감을 위한 인위적 작도를 용인하지 않는 것이다. 특히 '기記'와 '작作'의 구분이 어느 시대보다도 배타적이었던 1920년대에[19] 기록과 허구는 사실이라는 당대의 공통감각을 꼭짓점으로 상반된 지향을 갖게 된다고 할 수 있다.

재현 가능성의 문제를 다른 층위의 문제로 보고 논외로 한다면, 양식적 측면에서 기록과 허구의 관계를 확인케 하는 첩경은 사실에 대한 공통감각이 역사적으로 변화되는 과정에 대한 이해에 위치하게 된다. 예컨대, 「금오신화」의 귀신 이야기는 근대적 시각에 비추어 볼 때 명백한 허구와 공상이지만, 귀신의 존재에 대한 보편적 신뢰가 존재했던 어느 역사적 지점에서 이를 접하는 독자에게 그것은 사실로 받아들여질 수도 있다. 실제로 『옥루몽』, 『창선감의록』 등을 애독했던 독자들은 '소설에 전개된 사건이 현실이라 생각하느냐?'는 질문에 대다수가 '그렇다'고 대답한다.[20] 즉 사실성 혹은 실감은 당대의 공통감에 입각한 신빙성에 의해 그 여부가

---

19) 1920년대 초반 잡지와 신문에는 저자명 뒤에 '作', '譯', '記'라는 서술태도의 표기가 행해졌다. 문예 창작을 전제로 하는 동인지의 경우에는 번역의 경우에만 '譯'을 붙이고 대부분은 저자의 성명만을 기록했지만, 『개벽』과 같이 논설과 잡문, 창작 등 다양한 글을 함께 싣는 경우에는 '○○○作', '○○○譯', 혹은 '○○○記'라는 구분을 통해 창작과 번역, 기록을 구분했음을 볼 수 있다. 혼동되기 쉬운 글에 집중적으로 분포해 있다. 또 소설의 경우에는 통상 제목 앞에 '小說', 희곡의 경우에는 '脚本'이라는 장르명을 붙였고 이 외에도 '對話', '諷刺', '紀行' 등의 장르표지도 표기되었다. '소설', '각론', '대화', '풍자' 등은 물론 '作', '譯', '記' 역시 이 시기의 주요한 양식 분류 시스템 중 일부였다고 할 수 있다. 주의할 것은 근대계몽기 신소설을 중심으로 행해지던 '記'의 표기는 '架空構虛'의 부정적 평판을 피해가기 위해 사실의 후광에 기대어 소설의 자리를 마련하려 했던 의식에 기반하고 있다는 점에서, 이미 '作' 의식이 상당한 영역을 잠식하여 사회적 규범으로 자리잡아가던 1920년대의 '記'와는 거리가 멀다는 점이다.

20) 이원주, 「고전소설독자의 성향」, 『한국학논집』 3집, 계명대 한국학연구소, 1975, 569면.

판단될 수 있는 것이라 할 수 있다.

근대계몽기에서 1920년대에 이르는 시기는 기록의 실감과 소설의 실감이 분화·정착되는 과정에 있었다는 점에서 이 역사성의 문제를 간과하기 어렵다. 죽은 남편과 동침하여 자식을 얻었다는 기사[21]가 실릴 수 있었던 근대계몽기에 '사실소설寫實小說'[22]이라 장르 표지를 붙이는 것과, 『창조』에서 소설 주인공의 실제 모델을 찾는 데 열중인 독자들에게 '架空의 인물'임을 강조하는 김동인의 해명,[23] 그리고 '그짓말 가튼 사실 기록'이라 표제를 달고도 허무맹랑한 이야기를 적은 『별건곤』의 야담[24]은 각각 양식과 관련된 신빙성의 꼭짓점을 달리하는 것이다.

'사실소설'의 경우가 소설을 허구 속의 진실로서 읽을 수 있는 사회적 규약이 마련되지 못한 상황에서 '허탄무거虛誕無據', '빙공착영憑空捉影' 등 거짓됨의 부정성을 완화하기 위한 것이었다면, '가공의 인물'임을 재삼 확인시켜주는 김동인의 언급은 허구적 기획이 사회적 규약으로서 정착해가고 있던 시기에 허구적 진실로서의 소설의 입지를 보편화하기 위한 산물임을 드러낸다. 여기서 가공과 사실, 허구와 기록을 인식하는 방법은 적지 않은 차이를 보인다. 근대계몽기의 신소설이나 동인지의 여러 소설들이 경험이나 견문으로부터 취재한다는 점에서는 유사할지몰라도, 취재取材와 모델을 사실로 인식하고 또 인식하도록 요구하는 것과, 취재와 모델을 가공으로 인식하고 또 인식하도록 요구하는 것은 구별되어야 하는 것

21) 『매일신문』, 1898.12.7.

22) 권보드래는 『한국 근대소설의 기원』(소명출판, 2000)에서 장응진의 「다정다한」에 붙은 '사실소설'이라는 장르표지와 신소설에서 흔히 발견되는 실제 사건과의 연관을 근거로 1900년대 허구서사가 '허탄무거虛誕無據'라는 비판을 피하기 위해 '사실'의 후광을 빌고 있다고 한 바 있다.

23) 김동인, 「나믄말」, 『창조』 3호, 1919.12, 77~78면.

24) 반송작, 「상사뱀 이약이」, 『별건곤』 4권 1호, 1929.1.

이다. 취재는 같은 취재이되 하나는 사실임을 요구받고, 다른 하나는 허구임을 강조해야 했던 것이다.[25] 따라서 1920년대의 소설에서 가공과 허구라는 자질은 사실과 기록이라는 자질과 반대편에 서게 되는 것이다.

2) 거짓말 같은 사실 기록

이에 비해, "그짓말 가튼 사실 기록", "소설보다 기이한 사실 로맨쓰"[26]는 이미 허구적 진실이 사회적 규약으로서 완성되면서 오히려 허구적 작물作物에 사실의 신뢰성을 빌어 넣거나, 실제적 사건에 허구적 색채를 덧씌워 새로운 상승효과를 얻고자 한 예라 할 수 있다. 이들에게 '사실'로 인식된 내용이 각각 다른 것은 시대에 따라 '사실'에 대한 인식도 달라짐을 보여주는 예일 것이며, 각각 허구 및 사실의 제도가 안착되어 가는 과정을 드러낸다.

이렇게 보면, 소설의 허구적 진실이 사회적 규약으로 자리를 잡아가던 1920년대 초중반, 소설과 기록은 가장 먼 거리를 현상하고 있음을 알 수 있다. 소설 속 인물이 '가공의 인물'임을 거듭 주장하는 것이나, 현진건의 「희생화」를 두고 "소설도 아닌", "사실이 잇는대로 그대로 기록"된 것이라고 비판하는 황석우의 주장,[27] "소설을 의례히 작자의 경험담인 줄 알

25) 김동인이 극구 '가공의 인물'임을 해명했던 것과는 대조적으로 『별건곤』의 기사 「소설에 쓰인 인물은 누구들인가」(심生, 1927.1)는 취재를 허구적 서사의 방법으로 자연스럽게 받아들이고 있음을 보여준다. 모델의 문제를 양식에 대입하여 이해하는 방식을 두고 근대계몽기, 1920년대 초반, 1920년대 후반의 인식이 각각 상당한 차이를 보여주고 있음을 확인할 수 있다.

26) 天外漢, 「苦戀悲戀「七年片愛」奇錄」, 『별건곤』, 1927.7, 88~94면. "小說보다 奇異한 事實 로맨쓰"라는 부제로 소개되었다.

27) 황석우, 「희생화와 신시를 읽고」, 『개벽』 6호, 1920.12, 88면. 현진건은 「處女作 發表 當時의 感想－犧牲花」(『조선문단』 6호, 1925.3)에서 이 비판에 대해 동의했다.

시대는 지냇스런만. 이번에도 그런 말이 들니든걸. 부듸 마라줍쇼"라고 부탁하는 전영택의 언급,[28] "사실3 공상7 분주의"[29]라 하여 공상과 사실로 창작의 영역을 분할하는 최서해의 태도, 또 허구와 기록 간에 '작作'과 '기記'라는 분명한 구별의 표기를 상례화[30]하는 것 등은 허구와 기록 상호 간의 반발력이 최고점에 달하는 시기에 나타나는 징후라고 할 수 있다. 적어도 1920년대 초, 중반까지 '소설'은 다른 글쓰기 양식과의 구별을 명확히 하기 위해 의도적으로 '사실담' 혹은 '경험담'과의 대립적 지향을 강조했던 셈이다.

다른 한편, 사실의 관념과 신빙성의 문제를 두고 양식적 측면에서 주목을 요하는 문제는 시기적 변화에 국한되지 않는다. 가공, 허구라는 새로운 진실의 영역이 기획되면서 작품에 존재하는 허구 외적 표식과 허구적 구축물간의 관계, 그리고 허구적 구축물의 실감에 대한 신빙성의 문제가 고려되어야 하기 때문이다. 1920년대의 소설은 관습적 양식으로 안착하기 위해 외적으로 소설의 규약을 보편화시키는 한편, 내적으로는 실감을 구축해야 하는 과제를 안고 있었다.

허구 서사와 사회적 규약의 보편화 과정에 대한 논의로 진입하기 위해서는 먼저 허구 서사 내의 이질적 요소인 장르표지의 문제를 짚어 볼 필요가 있다. 허구적 양식에 있어 장르표지와 제목 그리고 저자명은 작품의 내적 구조물이 아닌 외적 표현으로 소설의 바깥에서 사회적 규정력을 발휘하는 거의 유일한 표기라 할 수 있다. 허구적 진실이라는 허구의 미학

28) 전영택, 「편집여언」, 『조선문단』 2호, 1924.11, 84면.
29) 최서해, 「홍염과 탈출기」, 『삼천리』, 1930.5.
30) 朴春坡, 「社會裏面의縱橫記」, 『개벽』 3호, 1920.8.25, 36~40면 참조.

에 수용되지 않으며 사회적 책임을 지는 영역에 속하는 것이다. 따라서 장르표지와 그 부산물[31]들은 작자에 대한 신빙성을 전제로 하게 된다. 이때 작자의 신빙성은 서술자의 신빙성[32]과 구별된다. 서술자는 허구 세계 안에 머물며 현실 세계의 규범과 책임을 따르지 않지만, 작자는 사회적 관계를 전제로 한 현실—허구의 바깥—의 존재로서 그로부터 주어지는 제반의 제약이 따르게 된다.

작품 내에 존재하지만 허구적 구조물과는 분명한 거리를 두고 있는 현실의 영역에서, 혹 있을 수 있는 사실 아님은 허구적 진실이 아닌 거짓이며 도덕적 지탄과 사회적 질책의 대상이 된다. 즉 허구적 진실의 존재가 사회적 규약을 통해 안착되더라도 장르 표지와 그 부산물들은 허구적 규약으로부터 제외되어 있는 것이다. 이러한 장르표지의 특징은 서사의 성격을 이해하는데 결정적 역할을 하게 된다. 장르표지를 비롯한 작품 외적 기록이 작품의 허구성과 기록성을 가늠할 수 있는 지표가 된다는 것이다.

허구와 기록의 반발력이 상대적으로 강하게 나타나던 시기, 장르표지와 그 부산물을 통해 경험과 사실임을 언명하는 것은 곧 작자와 서술자의 일치를 전제하게 되고 그에 따라 작품은 기록의 영역으로 분류될 수 있다. 이는 모든 언어 표현에 해당하는 재현에의 환상이나, 기록 내용이 사실로 증명될 수 있는가의 여부와는 다른 것이다. 기억의 혼미함이나 착각에 의한 사실 아닌 기록이라 하더라도 혹은 기록자의 의도적인 윤색이 있

31) 장르표지 외에 사전 해설이나 '작품 후기'나 '작가의 변' 등을 통한 작품에 대한 작가의 언급과 추후 해명 등도 작품의 내적 질서와 관계없이 사회적 책임을 포유한다는 점에서 장르표시와 유사한 역할을 수행한다고 할 수 있다.

32) 서술자의 신빙성과 관련된 논의는 Wayne C. Booth의 *The Rhetoric of Fiction*(Chicago Univ. Press, 1961)과 Rimmon-Kenan의 『소설의 시학』(최상규 역, 문학과지성사, 1985), 그리고 이수정의 「'믿을 수 없는' 일인칭 서술」(『현대소설 시점의 시학』, 새문사, 1996) 등을 참조.

었다 하더라도, 작가에 대한 신빙성에 의지하여 그것은 사실의 영역으로 간주되는 것이다.[33] 즉 사실과 다른 내용이 있더라도 실감을 획득하게 되는 것이다. 따라서 기록은 그 자체로 실감과 사실성을 갖게 된다.

이에 비해 허구적 구조물은 허구의 가치를 인정하는 사회적 규약의 성립을 전제로 서술자의 신빙성에 의해 실감이 갖추어지게 된다. 독자들은 소설을 읽으면서 자신이 가지고 있는 서사 외적 정보와 소설에서 제시되는 정보를 비교하면서 서사의 세계로 진입하게 되는데, 신뢰할 수 없는 서술자는 독자들의 기대지평을 만족시키지 못함으로 인해 실감을 상실하게 된다. 신뢰할 수 있는 서술자에 의한 그럴듯함이 갖추어지기 위해서는 서술자에 대한 독자들의 기대지평과 서술자의 서술 사이의 간격이 용인될 수 있는 수준 이하여야 가능한 것이다.[34] 따라서 양식적 관습의 안착과 사실의 성립과정 그리고 그에 수반된 허구적 서사의 실감 구축은, 독자와의 관계를 매개로 적지 않은 난관을 겪게 된다.

3) 실감과 작가들

1920년대 근대소설을 작출하던 작가들의 초기작에서 종종 나타나는 신뢰할 수 없는 서술자는 허구 작품에서 실감을 창출하기 위한 과정이 그리 용이하지 않았음을 보여준다. 예컨대 나도향의 「여이발사」에서 보이는 인칭의 혼란, 주요섭의 「첫사랑값」에 나타나는 서술 상황의 혼란 등은 신빙성 있는 서술자를 창출하지 못함으로써 구조적 완결성을 후퇴시켰으

33) 필립 르죈, 윤진 역, 『자서전의 규약』, 문학과지성사, 1998, 15~69면.
34) 차봉희, 「문학 텍스트의 구체화와 수용미학」, 『수용미학』, 문학과지성사, 1985, 57~61면 참조.

며, 이는 1930년대 들어 나타나는 의도적인 신빙성의 훼손과는 성격이 다르다.[35] 사건의 엉성한 인과관계나 어색한 등장인물, 돌출적 행동을 통해 작품을 이끌고 있는 동인지의 많은 작품들은, 다만 개인적 미숙성 때문이 아니라, 아직 관습화되지 못한 소설 장르의 실감을 구축하기 위한 실험의 와중에서, 독자들의 기대지평에 어긋남으로써 실감 획득에 실패한 경우에 해당한다고 할 수 있다.

이러한 신빙성 없는 서술자의 노출은 소설의 실감 구축을 위한 과정에서 불가피한 현상이었다. 1920년대 작가들은 근대소설의 그럴듯함을 작도하기 위해 다양한 실험을 감행했으며, 허구적 실감이 관습화되기까지 적지 않은 실패를 경험해야 했다.[36] 신빙성 없는 서술자의 노출과 부자연스러운 흔적은 그 일부에 불과한 것이다.

1920년대 초반, 기록과 허구의 인식적 거리가 상대적으로 멀었고, 관습화되기 위한 근대소설의 실감 구축 작업이 분주했다는 사실은, 기록서사를 소설과의 일정한 차이를 둔 영역에서 독자적인 범주로 이해해야 함을 말하는 동시에, 소설과 기록서사 간의 양식적 삼투와 차용이 활성화될 수 있는 상황이었음을 드러낸다. 소설과 기록의 분별이 분명하고 허구와 반허구가 서로 상반된 지향을 강화하고 있었음에도 불구하고 기록서사와

35) 최병우, 「서술자의 신빙성에 관한 연구」, 『현대소설연구』 19호, 2003.9.

36) W. Martin은 『소설이론의 역사』(김문현 역, 현대소설사, 1991, 88·99면)에서 소설의 그럴듯함이 사실과의 친화 속에서 생성되는 것이 아니라 치밀한 작도에 의해 구축되는 것이며, 조작없이 우연히 드러났다는 인상을 심어주는 자연화의 노력에 의해 작도의 흔적이 은폐되는 것이라고 말한 바 있다. 나아가 자연화로 위장된 조작은 관습이 되어 익숙하고 자연스러운 것이 된다고 한다. 박현수는 「과거시제와 3인칭 대명사의 등장과 그 의미」(『민족문학사연구』 20호, 소명출판, 2002)에서 3인칭 대명사와 과거시제가 근대소설을 소설로서 인식하게 하는 에크리튀르라 보고 「약한자의 슬픔」을 비롯한 김동인 소설을 중심으로 우리 근대소설의 실감 구축 과정을 추적한 바 있다.

소설의 관계가 중요시되는 것은, 이런 종류의 소설, 즉 기록을 통해 소설을 창출한 예가 생소하다고 할 수 없다는 데 있다. '옥중기의 일절'이라는 장르표지가 붙은 김동인의 「태형」이 그러하고 현진건의 신변소설도 그러하지만 가장 분명한 실례는 최서해의 경우이다.

『조선문단』 창간호에는 최서해의 「탈출기」가 감상문으로 당선되었음을 알리는 광고[37]가 있다. 이는 『조선문단』 6호에 발표된 단편소설 「탈출기」의 원본에 해당하는 것이다. 여기에 단편소설 「탈출기」가 완전한 체험의 기록[38]이라는 작자의 언급과, 「기아와 살육」이 「토혈」의 개작[39]임을 고려한다면, 원본 「탈출기」와 「토혈」은 소설이라기보다는 자신의 경험을 그대로 묘사한 기록으로 간주할 수 있게 된다. 「탈출기」의 원본이 '감상문'으로 평가받았다는 사실은 기록서사가 그의 원본 작품과 다른 유형이 아님을 강변하는 것이고, 「토혈」이 소설로 평가받은 것은 오히려 기록서사와 소설이 갖는 친연성을 방증하는 것이다. 따라서 이들은 모두 체험이나 견문의 기록에 소설적 구성을 일부 차용한 동일 유형의 기록서사로 간주할 수 있다.

최서해의 예는 다만 최서해의 개인적 창작방법론이었다고 할 수는 없

37) 「佳作(選外)」, 『조선문단』 창간호, 1924.10, 52면.

38) 최서해는 「홍염과 탈출기」(『삼천리』, 1930.5)에서 자신의 작품 대부분이 '사실3 공상7분주의'에 의해 씌었다고 주장했으나, 「탈출기」만은 완전한 사실이라고 고백한다. 그러나 이미 소설과 허구의 상동관계가 성립한 상태라는 점을 고려하면 그의 '사실3 공상7분주의'도 소설가로서의 자의식에서 나온 변명일 가능성이 많다.

39) 김기현, 「최서해의 처녀작—단편 「토혈」을 중심으로」, 『국어국문학』 제61호, 국어국문학회, 1973.7. 『동아일보』(1924.1.28)에 게재된 「토혈」의 장르 표지는 분명 '소설'이다. 그러나 그의 글이 장르의 구분이 있는 원고 모집에 응모된 것이 아니라 투고에 의한 것이라는 점에서 신뢰성이 떨어진다. 즉 편집자 임의로 소설이라는 장르 표지를 붙였을 가능성이 농후한 것이다. 개작과정에서 실질적인 것은 고작 가족 몰살과 파괴행위의 삽입에 그치고 있는 것이 그것을 방증한다. 더욱이 개작된 부분이 비현실적 사건이라는 점은 이러한 추정에 무게를 실어준다.

다. 채만식 · 김태수 · 임영빈 등 『조선문단』의 대중적 작가 등용에 의해 문단에 등장한 1920년대 중반의 작가들은 경험의 실사를 주된 소설 창작 방법으로 선택하고 있으며,[40] 지금도 우리 소설에 있어 사실성의 전통은 여전히 유효하다. 이러한 사실은 소작인의 고달픈 생활과 만주로의 이주를 다룬 「소작인 만길의 생활」 역시 약간의 형상화를 보완한다면 최서해의 소설과 다른 양식으로 분류될 이유가 없음을 뜻한다. 원본 「탈출기」의 소설화 과정이 서간체를 추가하는 것이었고, 「토혈」의 개작 과정이 비현실적 결말에 집중되어 있었다면, 「소작인 만길의 생활」의 소설화 과정의 중점은 묘사를 확장하고 나머지 나열된 사건을 상황으로 전환하는 데 있을 것이다.

허구임을 강조했던 소설과, 경험된 사실을 대상으로 하는 기록서사의 반허구反虛構적 특성은 1920년대의 지형상 상반된 지향을 담고 있다. 이에 따라 허구는 상상적 · 작위적 방법을, 기록서사는 경험적 · 실사實寫적 방법을 각각 지향하게 된다. 그럼에도 이들이 소설이라는 공동의 범주로 인식될 수 있었던 것은 기록과 허구가 혼융되는 독특한 구조가 존재했음을 시사한다. 최서해를 비롯한 20년대 중반의 소설들도 반허구적 서사, 즉 체험의 기록임에도 불구하고 의심 없이 소설로서 이해되고 있다는 사실은 이러한 반발적 인식을 억제할 수 있는 구조의 존재를 일깨운다.

이 문제는 1920년대 소설의 개념에 대해 다시 살피지 않으면 설명되기 어려운 것으로 보인다. 소설이라는 개념을 조금 더 유동적이고 복합적인 형태로 보아야 한다는 것이다. 위의 상황은 개념의 층위에서는 허구만이 소설로 규정되었지만, 또 다른 측면, 즉 경험적 층위에서는 허구가 아닌

40) 이경돈, 「『조선문단』에 대한 재인식」, 『상허학보』 7집, 깊은샘, 2001.8.

기록도 소설로 인정받아 왔음을 뜻하기 때문이다. 이는 이 시기 이광수로부터 시작되는 몇몇 문학론이나 소설론에만 기대었을 때, 당대의 사회적 규약을 형성해가는 과정을 놓칠 수 있음과 함께, 유동적이고 복합적인 당대 소설의 개념도 뒤에 오는 시대로부터 소급된 개념으로 치환하는 우를 범할 수도 있다.[41] 따라서 체험소설이라는 이율배반적 용어는 그대로 근대 양식 재편기의 이율배반성을 그대로 드러내는 범주가 된다. 적어도 우리 소설에 있어서는 허구성의 개념이 오히려 더 허구적인 규정이었는지도 모를 일이다.[42]

4) 혼류의 지점들

허구가 아니지만 소설적 구성에 근접해 있고 더불어 동일한 유형으로 소설화된 작품이 존재한다면, 기록서사와 근대소설이 양식적 차용과 습합의 과정을 거쳤다는 가정은 이미 자명해진다. 이들 두 양식은 양식의 재편기를 맞아 각각 근대화와 정착화라는 문제를 만나게 되고 난제 극복

41) 스즈키 사다미[鈴木貞美]는 『일본의 문학개념』(김채수 역, 보고사, 2001)은 일본에서의 문학개념이 근대를 맞이하며 어떤 변화를 거쳤는지를 보여주는 글이다. 전통적 문文의 개념에서 예술로서의 문학이 정립되어 가는 과정도 흥미롭지만, 자폐적으로 성립된 예술로서의 문학 개념이 전도와 균열을 반복하는 과정도 주목의 대상이 되기에 충분하다. 이러한 과정이 우리에게도 있었을 것임을 짐작한다면, 1920년대 소설 개념의 변화는 오히려 자명한 것이라 생각된다.

42) 인식과 허구가 동일시되는 문제(프라이, 『비평의 해부』, 한길사, 1982)나 소설의 개념이 여타 허구에 대한 인식을 흡수, 소멸시키는 문제(가라타니 고진, 『일본근대문학의 기원』, 민음사, 1997) 등 소설 개념의 다층성과 운동성의 문제는, 양식 재편기라는 특정 시기에 벌어진 양식간의 착종, 별리 현상과는 그 층위를 달리한다. 프라이나 고진의 견해는 소설 개념 또는 인식의 본원적 성격을 논의의 대상으로 삼고 있으나 작금의 논의는 숱한 변주와 예외를 전제로 한 역사상의 한 국면에 시각을 고정시키고 있다는 점에서 그러하다. 즉 앞선 논자들의 의견에 대한 동의 여부와 관계없이, 복잡성으로 표상되는 양식 재편기의 현상을 일반화된 논의로 무마할 수도, 반대로 섣불리 일반화할 수도 없다는 것이다. 이 점은 중국 혹은 동아시아 서사의 특질로서 제시된 사실史實의 전통 문제(루샤오펑, 『역사에서 허구로』, 길, 2001)와도 상응한다.

의 방편으로 서로를 필요로 했던 것이다. 다만 매우 이질적인 요소를 포유한 이들의 삼투, 혼융이 어떻게 가능했으며, 어떤 결과를 남겼는가가 문제로 부상하게 된다.

반허구적 기록서사와 허구적 소설이 동일시될 수 있었던 이유는 이들의 상반된 지향을 무마하고 동질성을 확장시켜 서로의 거리를 접근시켜 줄 중재자, 즉 감상형 기록서사(서사적 수필)가 있었기 때문이다. 앞서 언급한 바대로 감상형 기록서사는 서술자와 작자가 일치하고 또 그 실제성이 증명될 수 있다는 점에서 반허구, 즉 실사實寫적 지향을 띤다고 할 수 있다. 그러나 실사의 시선으로 기록되는 그 대상이 내면에 위치하고 있다는 점에 주목할 필요가 있다. 현실에서 발생한 어떤 사건과 그로 인해 파생되는 감정의 변화를 실사의 시각에서 기록하지만 그 내용은 현실 속의 문제라기보다 개인의 내면에 그려지는 모양을 주 대상으로 하게 된다는 것은 객관적이고 보편적인 외부세계의 모습을 가감 없이 기록하는 보고형의 기록서사와는 구별됨을 말해준다.

실재하는 특정 현상을 기록한다는 점에서 본질적으로는 기록정신의 한 양상으로 이해되겠지만, 그 대상이 보편성과 객관성을 특징으로 하는 외부세계가 아닌, 불확정성과 개별성 그리고 주관성을 특징으로 하는 내면이라고 하면, 현실을 재조합하고 재해석한다는 측면에서 상상의 산물인 허구적 서사와도 관련을 맺지 않을 수 없다. 즉 감상형 기록서사는 허구도 반허구도 아닌 영역에 존재하는 것이다.

이렇게 보면, 감상형 기록서사는 기록성을 본질로 한다는 점에서 보고형 기록서사와 연관되고 내면을 토로한다는 점에서 허구와 관련된다. 이 양방향 친화성이 소설과 기록서사의 융합 가능성을 담지하게 되는 것이다. 환언하면 근대화를 서두르던 전통적 양식과 정착화를 시도하던 근대적 장르는 이 중재자를 통해 상호 삼투의 호재를 마련했다고 볼 수 있는 것이다.

그렇다고 이들의 삼투 과정을 보여주는 근거가 감상형 기록서사가 가지는 본래적 성격에만 한정되는 것은 않는다. 『창조』를 필두로 각 동인지들과 논설에 중심을 두고 비허구적 잡문으로 구성된 『개벽』이 감상형 기록서사를 공유하고 있었다는 점에서도 주목할 필요가 있다. 계몽과 예술이 첨예하게 대립하던 1920년대, 반계몽적 문예전문지와 계몽적 시사종합지가 동일 양식을 포유한다는 것은 감상형 기록서사의 양방향 친화성을 실례로서 확인할 수 있는 경우이기 때문이다.

표방된 사조와 관계없이 모든 동인지들은 수상, 상화, 기행, 감상 등 확정되지 않은 장르명으로 다양한 감상형 기록서사를 등재하고 있고 그 수에 있어서도 다른 장르에 뒤지지 않는다.[43] 기행문[44]과 감상문도 포함하여 최소월의 「남조선의 신부」(『학지광』 3호)와 주요한의 「장강어구에서」(『창조』 4·7호), 김환의 「나의 묵은 일기에서」(『창조』 9호), 이광수의 「감사와 사

43) 근대 수필 연구에서 수필의 서사성은 꾸준히 지적되어 왔으나 최근 비교적 본격적인 1920년대 초반 소설과 수필의 관련성에 대한 연구가 있어 주목된다. 김예림의 「1920년대 초반 문학의 상황과 의미」(『상허학보 2집-1920년대 동인지 문학과 근대성 연구』, 깊은샘, 2000.8)는 1920년대 초반을 장르 미결정 상태라 보고 Claire de obaldia의 *Essaystic spirit*의 논의를 적용해 동인지에 게재된 수필(essay)과 소설이 맺고 있는 차용관계를 해명하고자 했다.

44) 감상형 기록서사, 즉 서사적 수필의 전형은 기행문이라고 할 수 있다. 허구가 아니지만 현실을 재해석한 주관적 내면의 기록을 담고 있고, 허구와 상통하지만 실사實寫 정신에 의한 서사에 입각했기 때문이다. 그러나 기행문은 여행이라는 특별한 행위만을 대상으로 한다는 점에서 소설과 융합하는데에 있어 제한적일 수밖에 없다. 이 한계의 바깥에 존재하며 명칭조차 부여받지 못했던 글들이 결국 소설과 삼투하는데 성공한다. 이들은 기행문과 동일한 성격을 지니고 있었다. 그러나 이들은 특별한 장소로의 여행이라는 행위에 얽매이지 않고 자유로운 생활 속의 사건들을 통해 20년대 중반 새로운 소설의 창출에 이바지하게 된다. 감상형 기록서사가 허구를 지향하는 소설과 실사를 지향하는 보고형 기록서사를 중재하듯이 기행문 역시 동일한 역할을 담당했음은 물론이다.

죄」(『백조』 2호), 빙허의 「몽롱한 기억」(『백조』 2호) 등은 감상형 기록서사라 할 수 있는 글이다. 특히 장르 표지가 없는 민태원의 「어느 소녀」(『폐허』 1호)를 기록서사로 간주한다면 소설과 감상형 기록서사의 경계가 해체되어 거의 완전한 통합체를 보여주는 모습을 발견할 수도 있다. 「피의 「공하신년」」처럼 소설이자 기록서사인 셈이다.

다른 한편, 『개벽』에 문예면이 아닌 논설 · 기사 · 잡문 속에 이 감상형의 기록서사가 등재되어 있다는 점도 시사적이다. 문예와 비문예, 허구와 반허구를 명백히 구분하던 『개벽』의 편집 구도가 감상형의 기록서사가 비문예로 인식되고 있음을 보여주고, 반대로 순문예지를 표방하던 동인지들이 감상형의 기록서사를 수용하고 있다는 사실은 이 유형의 기록서사가 문예와 비문예, 즉 허구와 기록간의 양방향 친화성을 지니고 있었음을 방증하는 것이다.

문예와 비문예가 명백히 구별되는 상황에서 허구와 반허구라는 상반된 두 지향이 감상형의 기록서사라는 한가지 서사유형을 공유함으로써 허구와 기록은 이질적 지향에도 불구하고 쉽게 삼투할 수 있는 기반을 마련할 수 있었다. 감상형의 기록서사가 없었다면 근대소설과 보고형의 기록서사는 허구와 반허구라는 원심력을 제어할 수 있는 촉매의 부재로 인해 각각의 독자적 진로를 선택했을 것이다. 이렇게 볼 때, 보고형의 기록서사와 서구적 소설 개념에 기반한 동인지류의 소설, 그리고 감상형의 기록서사, 즉 서사적 수필은 독자적인 영역 속에서 힘의 균형 관계를 유지하며 소설 아닌 소설의 산출을 예비하게 되고, 이 삼각관계의 중심에서 20년대 후반 최서해를 필두로 등장하게 되는 비허구적 소설, 즉 체험소설이 탄생했던 것이다.

그러나 문제는 체험소설이 아니다. 허구 서사인 소설이 실감을 획득할 수 있는 계기가 여기 있었다는 점이 더욱 중요하다. 흔히 동인지의 소설을 보며 소설답지 못하다고 느끼는 것 혹은 그것에 흡인되지 못하는 것은 다만 시대의 격차 때문은 아니다. 앞서 신빙성 없는 서술자의 예를 열거했지만, 이 외에도 동인지의 소설 대부분은 독자들의 경험적 기대지평과는 거리가 있는 관념을 쏟아내기 일쑤였다. 반대로 기록서사의 경우는 경험의 기록에서 출발하는 만큼 독자들의 경험적 기대지평에 근접해 있었다. 구성이 빈약하고 인물의 성격 묘사도 충분하지 않지만, 기록서사는 그럴듯함의 인위적 작도가 필요 없었다. 묘사하고자 하는 인물은 이미 경험의 영역에서 기록자에게 선명한 이미지를 형성하고 있었으며 그 이미지는 실체를 반영함으로써 실감을 가질 수 있는 것이었기 때문이다.

그러나 사건의 작도에 따라 인물의 성격을 주조하고 또 인물의 성격에 따라 사건 역시 달라져야 한다면 이 작도의 과정은 용이한 일이 아니다. 따라서 동인지 작가들 중 의미 있는 작품을 산출하는 경우는 경험의 기록을 통해 안정적인 서술자를 얻고 독자들의 기대지평에 접근함으로써 실감을 창출한 것이다. 그리고 그 관습에 의해 1920년대 중반의 체험소설이 산출되고 또 문학의 대중화 역시 기획될 수 있었다. 반면, 소설과 기록서사의 삼투에서 기록서사는 인물에의 성격부여와 시점과 묘사의 확장, 그리고 의사 플롯을 얻게 됨으로써 서사적 완결성에 다가가게 된다.

물론 반허구적 양식이 소설로 전환되는 것이 가능해지고 반허구적 양식과 허구적 양식이 혼융될 수 있다면 그것은 소설을 규정짓는 데 있어 허구와 기록의 긴장이 근본적 전제가 됨을 의미한다. 이 긴장은 문학사 속에서 계속적인 길항을 요구하고 결국 극단적 허구와 극단적 기록이 배제되는 타협의 길을 모색하게 했다. 리얼리즘의 범주에서 이해된 한국소설의 사실적 경향은 이 타협, 즉 허구와 실사實寫의 절충에 의해 형성되었다. 환언하면, 기록서사와 소설의 삼투와 차용으로 인해 근대소설에 있어서 허구와 기록의 구별은 소설을 규정하는 본령에서 밀려났고, 그 결과 리얼리티와 실감이라는 잣대가 기록서사의 흔적으로 남게 되었다.

양식 재편기의 본령이라 할 수 있는 1920년대는 전통적 양식과 근대적 장르간의 교착과 습합이 복잡하게 진행되었던 시기이다. 근대를 맞이하는 각 양식의 부단한 자가변모와 양식들간의 교착이 하나의 혼류를 이루었던 것이다. 이 혼류의 시기, 이미 1900년대부터 근대화를 꾀하던 전통적 서사 양식은 상당한 자가변모 속에 완결성을 갖춘 새로운 양식으로 거듭났고, 정착화에 박차를 가하던 외래 서사 장르, 즉 근대소설과의 접근을 시도하게 된다. 근대화와 정착화는 양자의 지상과제인 한편 상호보족적 요소라는 점에서 이들의 접근은 이미 예견된 것이었다. 근대와 전통을 이어주는 이 시대적 중재자가 전통의 신흥 양식이었던 기록서사였다.

조선 후기 한문단편과 매체 서사를 계승한 1900년대 매체서사는 1910년대의 공백을 거치면서 재차 변모를 필요로 했다. 대체로 사실성의 급부상으로 나타나는 이들의 변화는 특히 기사체 단편에 있어 그 남다른 의미를 획득하게 된다. 실사實査와 실사實寫의 시대적 요구를 배경으로 신문기사의 한계를 넘어 하나의 완결된 구성을 획득하기에 이르는 것이다. 즉 서술에서 묘사로, 사실 나열에서 재현으로 그 중심이 이동했으며, 의사擬似 플롯을 창출하여 완결된 구조를 지향했다. 또 서술자는 여전히 기록자와 동일시되지만 시점은 그 위치가 동요하고 있었다. 이런 점에서 기록서사는 기사체 단편의 질적 한계를 극복한다. 더불어 소설과 기록서사는 그

거리를 분간할 수 없을 만큼 근접하게 된다.

기록서사는 실화와 수기 · 르포 · 다큐의 원형이다. 그러나 1920년대 초, 중반까지도 이러한 양식들은 존재하지 않았다. 다만 기록성과 서사성을 공유하는 의미에서 혼돈 속에 머물러 있었고, 『개벽』 등의 시사종합지를 통해 서사적 완결성을 강화하고 있었다. 이들이 실화 · 수기 · 르포 등의 명칭을 얻게 되는 것은 1920년대 후반의 『별건곤』이 등장하면서부터이다. 독자적 양식으로 정립되지는 못했지만, 이들은 과도적 형태를 유지하면서도 근대소설과 부단한 상호 차용의 관계를 형성했다.

그러나 기록서사는 문학이 될 수 없었고 소설이 될 수 없었다. 기록서사의 창출을 가능하게 했던 실사의 요구는 이들의 근저에 기록이라는 이름을 각인했고 이 기록성은 근대소설의 허구성과 상충할 수밖에 없었기 때문이다. 이 불화의 유사성을 통합시킨 것은 기록서사의 일부이자 근대적 수필의 일부이기도 한 감상형 기록서사, 즉 서사적 수필이었다. 소설과 기록, 허구와 반허구라는 이율배반성에도 불구하고 이들의 합융이 가능했던 것, 즉 근본적인 지향의 반목을 절충할 수 있었던 것은 불확실한 내면 세계의 기록이라 할 수 있는 감상형 기록서사의 양방향 친화성 때문이었다. 감상형 기록서사는 허구적 지향과 반허구적 지향을 제어하며 근대소설의 독특한 일면을 형성하는 데 일조한다.

기록서사와 근대소설이 상호 차용된 결과는 최서해와 채만식을 비롯한 20년대 중반의 신경향에서 확인되는 바, 경험적 진실을 관찰 혹은 보고하는 비허구적 소설로 재탄생하게 된다. 특히 최서해의 예, 즉 기록서사의 개작을 통한 소설화 방법은 기록서사와 근대소설의 삼투, 차용의 결과를 명징하게 보여준다 할 것이다. 이렇게 놓고 보면, 한국 근대소설의 전통처럼 굳어진 완고한 리얼리티의 기준 역시 그 근저에는 기록서사의 실사정신이 있었다 해도 과언은 아닐 것이다.

읽을거리

「기자 총출동 대경성백주암행기, 1시간 사회탐방」

(『별건곤』 제2호, 1926.12.1)

사회는 움즉인다. 시시각각으로 움즉인다. "대경성의 움즉이는 현상을 박혀 모으라!" 동원령일하! 기자 일단은 오대五隊로 흣터젓다.

때는 십일월 십일의 오후 두시로 세시까지

기자 = 송작, 춘파, 석계, 파영, 기암

말성 도가 재판소

점심 좀 먹이게 해주오

녯적에 장비의 군령은 삼일간 이라더니 우리 편집실의 군령은 단 한 시간 동안이다. 이 한 시간 이나마 쏙 제한이 잇는 오후 두시부터 세시 사이엿다. 나는 어듸로 가서 무엇을 탐방할가 하고 한참 동안이나 생각을 하며 머뭇머뭇 하다가 혼자말로 오냐 평소에도 이약이 거리 만코 사람 만히 모히기는 재판소이니 그곳이나 가보자하고 의주 파발에 역마 달아나드시 사문을 쑥 나서서 뒤도 도라보지 안코 바로 재판소로 향하얏다. 어느 때든지 사람이 와글와글 하는 재판소 압흔 여전이 사람들이 와글와글 한다. 그러나 정작 재판소안은 오후인 까닭에 사람이 별로 업다. 일반인 공소에는 절수아 빵 파는 일본인 남녀 두 사람과 경매신청 하러 온 고리대금업자 한 사람과 신립소송사건의 증인으로 호출된 시골 사람들이 잇슬 섄이다 변호사 공소에도 조선인메법시 두 사람만 잇서서 그 버선짝 가튼 범모를 엽헤 버서누코 한가이 안저서 낙자성이 정정하며 바둑만 둔다. 이애 이 재판소가 오늘은 엇지 이럿케 쓸쓸하냐 하고 다시 검사국수부계 압흐로 갓다. 그곳은 과히 심심치 안은 모양이다. 헌 수건에 회색 저고리 입은 엇던 시골여자 한아가 훌적훌적 울며 양지를 향하야 안젓고 그 엽헤는 또 갓쓴 남자 두 사람이 안저 잇는데 그 여자는 각금 재판소유치장을 바라다 보면서 그 남자들더러 말하기를 "아즈번이 그 애가 아즉 안이나오나요-"하고 목메인 소리를 한다. 남은 우는데 다른 말하기는 미안하나마 기사의 재료를 엇기 위하야 염치불고하고 그 여자 압흐로 가서 그의 우는 이유를 물엇다. 그는 내가 무슨 관리인줄 아는지 나를 보고 하는 말이 "네-사람 좀 살려주서요- 당신은 이 재판소에 게신 양반이 안이심닛가, 저는 장단 고랑포에 잇는데 아모 죄도 업는 열다섯 살 먹은 자식이 자긔의 동모 집에를 놀너갓다가 다른 아희들이 동전 두 푼 낵이 화투하는 것을 구경하던 중 순사나리에게 잡피여서 서울까지 왓담니다. 지금 저-집에 제 자식이 잇습니다, 나리님- 오늘 좀 노와 보내 주서요-" 한다. 나는 그 여자에게 말하기를 "네-나는 재판소 사람은 안이외다- 그러나 아모 걱정마시오 제 죄가 업스면 관계치 안슴니다- 그러고 암만 자기가 한일은 안이라도 돈내기 하는 화투를 구경하는 것은 역시 죄가되는 것이외다. 이번은 엇지 되얏든지 이 다음은 그런 곳은 가지 안케 주의를 식히시오" 하얏다. 그 여자는 나에게 또 말하기를 "당신이 재판소 량반은 안이시라도 일본말은 잘 하실터이니 저 순사를 보시고 말슴을 좀 하야주서요. 그저 점심이나 좀 먹이게 말슴하야 주서요" 한다. 나는 그 여자의 말이 천진스럽기도 하고 가엽기도 하야 되나 안이되나 말이나 하야보자 하고 파수보고 잇는 순사를 보고 저 여자는 소년죄수로 지금 유치장에 잇는 모某의 모친인데 수백리를 차저와서 그 아희에게 점심이나 한 그릇 사주겟다고 하니 엇더하냐고 한 즉 그 순사는 퉁명시럽게 말하기를 "여긔서도 점심을 다 주엇스닛가 걱정말나"고 한다. 나는 어리석은 듯도 하지만은 이왕 할 말이니 한 마듸에 거절당하는 것은 더욱 창피하다 생각하고 또 간청하닛가 그 순사는 다시 말하기를 나는 알 수 업스니 저 안에 잇는 일본 순사더러 말하라고 한다. 나는 유치장 문까지 가서 일 순사를 보고 다시 사정 말을 하얏다. 그 일순사는 비교뎍 온화한 사람이다 일언에 승낙을 한다. 나는 다시 나와서 그 여자를 보고 돈이 잇거든 아모 것이나 사서 주라고 하얏다. 그 여자는 엽헤 잇는 남자를 보고 썩이나 좀 사다가 춘돌이를 주서요 한다. 이러한 동안에 시간은 벌서 한 시간이나 되얏다. 오늘의 소득이 다만 이 뿐인가 하고 재판소를 나서니 때는 바로 오후 삼시 십분이엿다. -(송작)

쏭벼락을 마젓소
길거리에서 한 시간

'일시간 시내탐방? 이야말로 흥미 잇구나! 그러나 어대로 가서 무엇을 보고 올고? 정차장? 도서관? 안이다. 때가 부적하다. 부호가? 은행? 회사? 올타! 동대문 밧 임부자 집이나 차저보자. 그러나 권총사건이 빈발하는 이 때에 그는 좀 염의 적은데 위선 시가 기분부터 보면서 하자.' 이러게 혼자 작뎡하고 교동 골목으로 내려 가것다. 타고갈가 거러갈가 망설거리다가 에라 가기는 거러가고 오기는 타고 오리라. 가상의 기분도 보고 전차 안 기분도 보고 양전지책이엿다. 우선 대사건 셋을 발견하얏다.

철수차가 지나가면서 촌 양반의 새로 다음이 해입고 온 두루막에 물탕을 첫스니 이런 대사건도 잇스랴. "그거 참! 그거 참!"하고 도라서 새악씨한테 꾸중 먹을 것을 적정하는 촌 서방님 정경이 딱해 보인다. 동관 압흘 지나다가 엇던 집 대문 안을 드려다 보노라닛가 "아-대사건 돌발!" 마루에서 밥알 주어 먹든 숫닭이 어린애 압헤 쫏기여 건너방 툇마루로 닷는 서슬에 툇마루에 노엿든고 초 광주리가 아궁이 밋흐로 걱구러 백어니 이런 대사건도 또 잇스랴 마님의 퉁퉁거리는 거동도 한참 가관이다 군밤장사의 군밤 둥저기 업드린 것도 대사건 이려니와 배추장사의 요행 빗싸게 잘 팔앗든 것을 다시 무루게 됨도 대사건이다.

이렁저렁 가는 것이 동대문 근처 재교를 넘어섯것다. 노점엇던 공터에 사람이 사오십 명이나 둘너서서 무엇을 자미잇게 구경하고 잇다. "전도군 안이면 약장사겟지?" 하고 무심히 지내려다가 하도 흥성흥성 하기에 쏠악산이를 잠간 보자하고 사람들 틈으로 억개를 비비고 드러서 보닛가 안이나 양복에다가 하이카라 머리에다가 신수 멀정한 작자가 입담도 좃케 한바탕 써드러대는데 한참 가관이엿다.

약은 무슨 약인지 모르지만 똥타령이 한바탕 쏘다저 나오는데 개똥, 쇠똥, 닭의 똥, 쥐똥, 똥이란 똥은 다 쏘다저 나온다.

"세상에 더럽고 구리기로 유명한 똥도 약이 되는데 하물며……. 자-드러보란 말이야. 아들이나 딸이나 어머니나 아버니나 병이나면 의원을 가느니 약국을 가느니 하지 말고 내말만 잘 드르란 말이야. 자-똥! 똥! 똥도 약에 쓰지오 여러분 염병 삼년에 똥을 한 박아지도 못 어더먹을 자식이란 욕이 잇지요. 사람의 똥은 염병에 약이요 쇠똥? 쇠똥은 무엇에 약인지 아시오 썩정 쇠똥은 애기나타 가루막 킨데 약이요(썩정 쇠똥을 구이서 대모의 인배곱 아레 붓치면 스르르 돌아서 나온다고) 녀름에 풋쇠똥은 종치 난데 약이지요. 개똥? 개똥은 무엇에 약인지 아시오? 나무에 써러서 어혈진 데 약이란 말이야. 도야지 똥? 도야지 똥은 무엇에 약인지 아시오? 녀편네들 오줌 소태 난 데 약이란 말이야. 범의 똥! 범의 똥은 어린에 먹이면 장수 하지요 좀의 똥! 좀의 똥은 찜질 하는데 약이고 닭의 똥? 닭의 똥은 종처근 빼는 데 약이요 쥐똥?

쥐좋은 어린에 경풍에 약이란 말이야……. 자! 그런데 에햄…….”

이러케 한 바탕 쫑벼락을 나리는데 어중이 써중이들 너선 구경군은 입이 헤하야 병이 곳 난는 듯이 근청근청 이엿다. 시간를 쌔 보닛가 정각에서 이십분 밧게 안 남엇다. “쫑벼락만 마젓군!”하고 돌아서서 동대밧 창신동 림부자 집으로 줄다름을 하얏다.

임부자집! 엑크 말도 마러라 서에는 윤대가리, 중앙에는 민대감, 동에는 임부자 –이것은 서울하고도 고명한 삼대가이다. 실로 아방궁 이상이니 1시 외견으로는 감히 개구도 못 할너라. 입만 싹 벌니고 “아구– 굉장도하구나”할 섄이다. 그저 그러케 하고 하두 엄엄하야 드러 가지도 못하고 왓다. 승거운 행차도 잇섯지? 독자여 그러나 다음에는 –(춘파)

무엇을 닑는가
서점순례 일시간

인간의 입은 하나이지마는 한 입에서 나오는 소리는 하두 만타. 툭 하면 밥소리, 옷소리, 술소리 별의 별소리를 이루 헤일 수가 업것다. 그런 중에 가장 귀엽은 소리는 글 읽는 소리엿다. 글소리 중에도 어썬 소리가 만코 적음을 조차 그 사람의 가진 생각과 그 나라의 문화정도를 짐작 할 수 잇는 때문이다.

그런데 우리 독서계에 과연 독서열이 얼마나 올나 갓스며 쏘는 무슨 글을 만히 닑는가 그것을 좀 아라 보려고 쌀쌀한 바람이 첫겨울 소리를 내는 십일월 십오일 오후 이시 사에서 약속한 한 시간 동안을 이용하야 가지고 독서계의 소식을 들어볼가 하고 탑골공원 압헤서부터 안국동까지 그 중간에 잇는 유명한 큰 책사를 순방하여 보앗다. 간 곳마다 설비와 진열한 그것은 그럴 듯 하나 정작 책 파는 구경을 못한 것이 퍽이나 섭섭하엿다. 내가 가기 먼젓 시간과 다음 시간에는 엇댓는지 몰나도 나가보는 두 시부터 세 시까지 그 동안에는 책사마다 책을 지키고 있는 사무원 한 두 사람이 헛 장박 빈 주판을 압헤 노코 플긔가 하나도 업시 머리를 굽으리고 안저서 시간가기만 기다리고 잇는 모양이다. 혹시 엇저다 학생은 와서 새로나온 잡지의 목차만 흘터 보다가 그냥 노코 시골양반은 소설책 갑만 물어보고 돌아설 섄이오 무엇이나 한 권이라도 사는 사람은 하나도 업다. 이런 구경만 하다 가서는 독서계의 소식을 알 길이 바이 업다. 그래서 책사 주인에게 하로 평균 매상고가 얼마나 되며 그 중에는 무슨 책이 제일 잘 팔리느냐고 물어 보앗다. 그 대답은 대개 대동소이 하엿다. 하로 평균 얼마가 팔리는지는 통계를 해 본 일이 업다하고 팔리는 책으로는 서울서는 잡지의 어린이, 신소년, 별건곤, 동광, 단행본의 사랑의 선물, 세계일주 동화집, 사회주의 가튼 것을 만히 찻고, 시골 주문에는 소설의 춘향전, 심청전이 제일 만코(춘향전 한시간 사만 부 인쇄하는 것은 월전에 나도 목도) 사숙 교과용으로 사서삼경이 약간 잇다 한다, 책사들이 저러케 쓸쓸하고 글소리라고 난다는 것이 춘향코 내코 한데 대코소리, 무군 조개가 햇조개를 낫다는 소리, 공자 왈 맹자 왈 그 따위 죽어가는 소리가 만타니 말이 되느냐 말이다. 빗싼 밥먹고 헛소리만 짓거리면 나종에 될 것이 무엇이겟느냐. 책 만드는 친구 책 파는 친구, 책 읽는 친구들아 암만해도 생각을 돌려볼 수는 업슬가 어써케 해서라도 입마다 새로운 귀여운 소리가 나오고 귀마다 새로운 귀여운 소리가 들리도록 하엿스면 한다. -(석계)

일일의 사회상을 안저서 보고온
신문사의 일시간

어대를 가면 힘 덜 드리고 조흔 긔사를 어더올가 외투에 단장을 쓸고, 여럿 틈에 끼어서 사문을 나설 째

'올타! 애쓰고 길거리로 다닐 것 업시 갓가운 신문사에 가서 신문짜는 구경을 하고 오면 편하고도 칭찬바들 만한 긔사가 되리라'고 마음에 작뎡을 하니 "어데를 간담-"하고 사문 압헤서 남으로! 북으로! 하고 망설거리는 패에게 내가 갈 곳을 쌔앗길가 겁이 나서 "나는 신문사로 가겟네" 방어선防禦線을 먼저 처두고 북으로 북으러 거렷다.

"여러분 동아일보사 문패에 글씨가 잇는 줄 암닛가?"하고 물어도 조흘만치, 오랜 풍상에 부닥기여 간신히 글씨 자죽만 남은 문패는 동아일보의 력사를 홀로 지녀가지고 잇는 것 가태서 볼 째마다 이 집의 보물의 한 가지처럼 생각된다 새로 지은 벽돌 집으로 옴기면 이 보물을 엇지 할 셈인지…….

편즙실 문을 열고 드러 스닛가, 여전하지. 휴지통 가티 휴지로 갓득한 속에 안저서 휴지가 될 지 원고가 될 지 모르는 것을 부즈런히 쓰고들 잇다.

책상 밋은 물론이요 사람 다니는 마루바닥까지 허엿케 조희로 덥허잇는 것이 모다 휴지다. 휴지 우에 채이 노엿고 휴지를 밟고 다닌다. 긔자들의 양복 무릅에도 휴지들이 걸처잇고 기사 쓰는 채상 우에도 휴지로 허엿케 덥혓다. 그러나 각금각금 긔자들이 그 어수신한 휴지 속에서 한 가지 두 가지 치지 내여서 넘기도 하고 번역도 하는 것을 보면 책상 우엣 것만은 휴지 쌘만은 아닌 것도 갓다.

시계를 처다보니 두시 삼십분! 싼은 신문사로는 한참 밧분 시간이니 휴지도 한

창 만하질 때다.

폐롭겟지만 갓갑게 가서 드려다 보닛가 안지도 못하고 엉거주춤하고 서서 쓰는 이의 원고 쌘인 글시로 '권총 가진 청년, 심야에 부호협박'이라고 갈겨쓴다. "또 생겻습니가"고 물으닛가 "저— 시골서 생겻담니다" 대단치도 못한 사건이라는 듯키 가볍게 대답하면서 벌서 그 동안에 칠팔줄 긔사를 쓰고 잇고 저 편 책상에 쑵으리고 안젓는 이는 '부녀의 침실에 뛰여들어' 또 그 엽헤서는 '대소공장등 700여호 전소'라고 놀라운 소식을 쓰고잇다. "어데서 그럿케 큰 불이 낫슴니가"무르닛가 홍, 하면서 "동경이람니다" "옛다— 권동아" 령리지게 생긴 소년이 삼사매의 원고지를 바다들고 공장으로 드러갓다. 금방 쓴 화재기사가 활자로 짜여지려 문선 공장으로 넘어 간 것이다.

시게 달닌 기둥 밋헤 이 째까지 쑥으리고 안저서 무언지 쓰고 잇다가 고개를 번썩들고 마즌짝에 안즌 이를 보고 "여보 당신 오늘 몃 줄 썻소" 하는 것은 사회부장이다. "2백줄 썻어요" "당신은" "나는 팔십줄 밧게 못 쓴걸요" "탈낫구료 ○씨는 지금 쓰는 것이 무엇이요" "구세군 싸움이야요" "몃 줄이나 되겟소" "한 칠십줄은 될걸요" 부장각하 조희쪽에다 무언지 그적이더니 벌덕 니러서면서 "큰일낫소 삼백줄이 부족이요 삼백줄" 요사이는 별 사건이 업스닛가 긔사거리가 모자라는 모양이다. "누구던지 삼백줄은 더 맨들어야겟소" ×씨 아모거나 좀 더 쓰시오 "나는 쓸 게 업는걸요" "허허 큰일낫군" 입맛이 업는 모양이다. "광고나 커다럿케 너어 버리지" 하고 내가 빈정거리닛가 부장각하 픽— 웃고나서 "여보 연예란은 몇 줄요" "오늘은 팔십줄이요" "좀 더 쓸 것 업소?" "업는걸요" "사진도 업소 사진으로 채우지" "사진도 안 맨드럿는걸요 축구사고나 넛치요" "그거야 넛치만 그래도 부족인걸 자— 당신이 휴지통이나 쓰시요" "내가 써요? 쓸거리가 엄는걸" "아모거나 쓰시오" 그째에 전화가 짜르릉 "네— 동아일보사 임니다." 하면서 불이낫케 밧는다. 이러케 긔사거리가 부족한 째 어대서 돌발사건이나 생겻다는 전화나 와주엇으면 고마워 할 것이다. 그러기에 어느 째던지 친구가 차저 와서 등을 두들겨도 도라다 보도 못하고 원고쓰기가 밧븐 사람이 뎐화가 짜르릉하면 만사 제폐하고 "네— 동아일보 올시다" 하면서 달겨들지…….

전화로도 기사거리를 못엇고 연예가 가리 기자가 원고지에다가 '휴지통'이라 써놋고 "무엇을 쓴다."하고 머리를 긁고 안젓다. 저편 경제부에서는, 쓸 것은 만흔데 채 쓰지 못 하는지 한손에 뎐화통을 들고 써들면서 한손으로는 원고를 쓰고들 안젓다. "점심 왓슴니다" 그제야 썩국 그릇이 책상 우 휴지 우에 널려 노엿다. "에라 나는 먹고 쓰겟다" 한 분이 엉거주춤 안ㅅ지도 못하고 써국을 먹는 것을 보앗더니 잠간 잇다 보닛가 어느 틈에 숟가락을 놋코 입도 못 씻고 또 원고를 쓰고 안젓다. 대톄 밧븐 사무엿다. 휴지통 긔자는 아즉도 머리만 긁고 안젓는데 한 구석에서는 맹자 닑듯키 큰 소리로 책닑는 소리가 요란히 니러난다. 장작림이 엇덧코 천진정객이 엇덧타고 랑독하는 것을 보니 외전기사를 교정하는 모양이엿다. 휴지통 긔자는 그때까지도 머리를 긁고 잇더니 두어 줄 썻다. 무언가 하고 보닛가 구세군 싸움을 한마듸 빈정거리는 모양이 드니 "에엣 그 까짓것들 불상하니 그만두어라"하고 원고를 뜨더서 책상 밧그로 던져버렷다. 휴지가 또 한 장 는 것이엿다.

"경성부 협의 선거나 씹어볼가?" 철필이 곤두박질을 치니 협의원 후보자가 걸니는 모양이엿다.

휴지통을 쓰는 것까지 보고 부장이 공장으로 드러가는 것을 보니 판을 짜는 모양이라 밧븐일에 폐로울 줄 알면서 따라 드러갓다.

놀라지 마시요. 오후 세시 햇볏이 쨍쨍하것만 여긔는 딴 세상, 뎐긔등이 켜 잇소. 얏듸 얏흔 조선고옥에 활자판이 겹겹이 섯스니 캄캄한 지하실 갓해서 딴은 전등만 써지면 코가 맛닥드릴 것 갓다.

판 쨋는 모양을 보니 지금 편즙실에서 쓰고 잇던 원고들이 벌서 활자로 차곡차곡 싸여서 위에 노힐넌지 아래에 노힐넌지 부장의 지시만을 기다리고 잇다.

향토예찬 '내 고을 명물'과 일면의 '조선민족 갱생의 도' 갓흔 것은 그날그날의 기사가 아닌지라 상계의 광고들과 함께 '여긔는 내자리다'하고 미리부터 자리잡고 안저잇는 것도 딴은 그럴듯.

"저 펑펑 도라가는 소리는 윤전기 아니요. 판도 짯키 전에 벌서 무얼 박히나요"

"부록 어린이란과 지방란 두 폐지는 미리 짜서 박힌다오."

"하하— 속한데?" "속하고 무어고 이 삼백줄 모자라서 큰일낫소. 요새는 사회가 고요— 하닛가 무에 잇서야지"

앗차차 세시 십오분! 사에서 정해준 시간이 십오분이나 느젓스니 도라가야 하겟다고 륜전기 구경을 못하고 나서니 그 때 벌서 동아의 핫비를 닙은 배달부가 두 사람씩 세 사람씩 모혀드는 중이엿다. —(파영)

죵로 네거리에 긔장한
칠팔민총의 공중누각

시계가 오후 두시를 쌩! 싸—늘한 바람이 시드러 떠러진 은행나무 닙사귀를 지면에 쌔글쌔글 공긔 놀리드시 둥글니고 잇스나 다행히 햇볏은 싹근싹근.

무심히 재동 네거리를 도라 안동 별궁 엽흘 지나니 솔가지 가랑닙을 실은 시골 농부의 나무ㅅ바리가 일골 구루마, 사자는 사람을 기다리느라고 궁장담 엽흐로 빗켜서서 오고가는 사람을 노려 보는 중.

안동 네거리 넓은 마당에서 가티 오던 P군과 량 쪽으로 갈너지니 P군은 아마도 화동골목 동아일보사에 가서 독특한 재료를 어더가지고 오랴는 듯 뚱뚱한 몸에 사구라 단장을 내두른다.

아모려나 사람 만히 다니는 종로 네거리로 나가보자 무엇이 붓잡히려니 하고 막 전동 골목을 나가랴 닛가 탁 부드치는 것이 어제저녁 공주公州에서 가족동반으로 원산元山을 향한다는 I군의 손. "앗차차 이것 탈 낫구나!" 하고 생각하는 판에 엇재 황망한 꼴이 I군의 눈치에 채윗던지 저녁 먹고 맛나기를 약속하야 준다.

급한 숨을 휘— 내쉬고 종로시장 진장ㅅ거리 느러노은 마당을 아조 무엇이나 살 듯키 휘휘 한 박휘 도랏다. 허— 연배 차 폭이, 무ㅅ대가리, 새빡안 고초열매, 새—파란 미나리, 갓, 수둘수둘한 파뿌리, 올망졸망한 생강알 넛털넛털한 청각 줄거리, 동글동글한 마눌 대가리가 너의들의 겨울동안 먹을 것을 준비하라는 드시 산덤이 가티 쌔여 쨍쨍한 가을볏에 다 각기 제 빗을 내고잇다.

시장을 얼는 보고 족금 내려가랴닛가 총출동 중의 하나인 M군이 두루막이ㅅ자락을 추근—히 쓸고는 헤—하고 올나오는데 마조첫다. 눈치가 벌서 진장마당을 향하는 모양…….

여긔야말로 서울하고도 종로네거리, 사람이 옥신각신 길이 터지라는 듯이 야단 법석이다. 그 중에도 눈에 얼는 띄우는 것은 쪼굴쪼굴하게 국인 백립, 쳐다만 보아도 찬바람이 훌훌 나서 싸—늘한 맛이 마음을 제절로 차게 하는데 망건網巾으로 동여 맨 것이 얼마간 방한防寒을 하는 듯한 모양, 바람에 날니는 흰 옷을 입은 상투장이 시골량반! 아모리 보아도 조선을 망처논 녯날 량반의 후손— 그래도 량반이라면 신이 나서 조석죽거리는 업서도 그건 하야 한다고 아조 무슨 큰 위선이나 히는드시 의긔만장의 족보族譜순이 분명하다. 이야말로 먹고 노는 자 중에도 망국적 고등부량자.

그리고 넓으나 넓은 길거리에 무엇이 무엇인지 전혀 모르고 파리한 몸 창백한 얼골에 하로 먹기에도 오히려 부족한 밥버리를 하느라고 길역사를 하는 로동자들이 흙을 파고 전선ㅅ대를 세우고 죄악돌을 깨트리고 길을 고르고 헛눈 한 번 팔지 못하고 눈이 휘돌만콤 밧비 일을 하고 잇다. 심지어 어제ㅅ 저녁 얼은 물에 쌝—아케 피ㅅ빗도는 발을 담그고 하수도下水道를 고치는 분까지 잇다.

종로네거리는 쌜건 쇠전신ㅅ대가 새로 서기 시작한다. 쐐 놉흔 모양이다. 그 놈을 보니 이런 생각이 문득난다.

이 종로네거리 한 복판에다 한 칠팔십층 아니 될 수 잇다면 한 칠팔만층 되는 공중루각을 지어노코 맨 꼭닥이에는 한 번 울리면 왼세게가 움직움직할 쇠북과 한 번 빗치면 지구 전체가 환-하게 밝을 등대燈臺를 달어노코 그 위에 올나안저서 된놈 못된놈 쓸년 못쓸년들의 고자리 쓸틋 우굴우굴하며 된짓 안된짓 쓸짓 못쓸짓하는 모든 인간의 생활상을 탐사하여 보고 위선 캄캄한 밤ㅅ중 깁흔 꿈을 꾸고 잇는 미련한 민중들의 머리를 쇠북 한 소리로 깻처주고 십흔 그것이다. 그러면 이 일시간 탐방의 사회상도 그 집에 올나안저 볼 때 서울장안 안의 모든 광경이 일목요연하게 나타나련만…….

아! 그러나 그건 꿈이다. 꿈이여.

이러는 동안에 시계를 빼여보니 꼭 오후 세시하고 한분…….

앗차차 그만이다. 별것이 다 뵈엿는데 그건 못 쓴다. 시간대로 꼭 한 시간 동안 -(기암)

4

미디어의 권위와 문학의 지평

문학의 대중시대

취미라는 텍스트의 정치학

취미독물趣味讀物

문학의 대중시대

1920년대의 개벽사의 한 잡지는 일등 신랑감의 직업을 몇 해에 걸쳐 설문조사한 적이 있었다. 이 기사에 따르면 20년대 초반까지는 문사文士가 신랑감 1위에 올랐다. 그러나 해가 지나면서 순위는 급격히 뒤집혔다. 판검사가 1위에 올랐고 다시 의사가 신랑감 1위에 등극했다가 결국 돈 많은 남자가 수위를 차지하게 되었다고 한다. 기사에서는 이를 두고 각각 '문학 전성시대', '법학 대두시대', '의학 발흥시대', '황금 만능시대'라고 비꼬았다. 취미잡지 『별건곤』에 이 기사가 실린 것이 1926년 겨울이었다. 그러니까 미디어의 분출과 텍스트의 범람이 시작되었던 어느 한 때, '문사'가 신랑감 1위였던 적이 있었다는 말이다.

지금에, 매해 문제소설을 추려 소개하는 한 기관의 심사대상이 되는 소설은 연평균 400편을 상회한다. 물론 월간과 계간을 가리지 않았지만 이 숫자가 산출되는 소설의 전부는 아니다. 정규적 문예지가 아닌 미디어에 게재된 작품과 장편까지 고려하면, 그 수는 엄청나게 불어난다. 산출되는 소설의 수가 많은 만큼 수여되는 크고 작은 문학상도 적지 않다. 어림잡아도 200여 개를 상회한다. 소설 읽기를 업으로 하는 사람들조차 알 수도, 알 필요도 없는 작품들이 이미 턱 밑까지 차오른 실정이다. 굳이 발표되는 소설의 숫자나 문학상들을 거론할 필요도 없이 도서판매실적의 앞자리에는 소설이 있어야 자연스럽고, 소설 나부랭이나 쓰며 무언가를 꿈꾸는 문학도들도 여전하다. 언뜻 우리 시대는 여전히 문학의 전성기인 듯하다. 너도 나도 사실임을 검증받고 싶은 유래 없는 사실의 시대에 이 무슨 알 수 없는 현상일까?

텍스트의 전성시대에 허구 텍스트로서 문학이 살 수 있는 전략은 요새의 축조와 수성守成이었다. 주도적 텍스트는 사실의 텍스트였으므로. 옷장 속으로 들어가면 현실의 세계와 끊어진 마법의 세계가 열리는 것처럼, 문학은 현실과의 단절을 통해서 생존을 보장받는 전략을 선택했다. '문단文壇'이란 그 마법 요새의 다른 이름이다. 광장을 장악한 사실 텍스트와는 달리 문학은 밀실密室의 규칙을 제공함으로써 망명자들의 나라를 유지해 왔다.

이 요새는 작가의 지속적인 활동 공간을 제공하는 한편, 신진작가를 발굴 소개하고 지면을 제공했다. '문단'은 외적으로 수성의 요새이지만 내적으로는 규범이자 권력이기도 했다. 선별권과 자격수여권을 지닌 소수의 문지기들이 마법 세계로의 진입을 심사했다. 심사에 통과하지 못할 운명의 텍스트들은 요새의 외곽에 머물며, 광장의 세계에도 마법의 세계에도 속하지 않는 경계의 텍스트가 되었다. 광장과 밀실의 비공식적 밀매가 이 경계의 텍스트를 통해 성행했음은 물론이다.

'문단'이 요새였기에 요새의 규칙은 요새 안에서만 유의미했던 만큼, 광장의 논리 역시 마법세계에서 제 기능을 다하지 못했다. 마법의 요새 자체가 광장의 부산물이자 대항자라는 역설적 위치를 점하고 있기에, 마법세계의 규칙도 그 아이러니를 유지해야 하는 게임의 규칙에 종속되어 있기 때문이다. 산이 높을수록 그 산에 오르려는 사람들도 많기 마련이니. 당연히 요새 안의 규율과 권위는 더욱 엄격하고 숭고하고 우아한 가치절상을 동반할 수밖에 없었다. 그러므로 여전히 대단한 각종의 문학 관련 지표들은, 고립된 문학의 세계와 높은 장벽의 문단과 권위의 가치절상을 통해 가능해진 마술 같은 현상이다.

물론, 고립된 요새를 구축했던 문학이 광장으로 나갈 수 있었던 방법도 강구되었다. 1920년대 중반경, 새롭게 선보인 근대의 한 면모였던 취미의 세계가 열리자 문학에 기회가 찾아왔다. 학창시절, 설문조사의 취미란에 적었던 '독서'라는 기호는 저간의 사정을 확연히 보여준다. 근대가 시작되며 계몽독물啓蒙讀物로서 톡톡히 역할을 수행하던 문학은, 계몽의 시대가 막을 내리며 취미독물趣味讀物로 변신했다. 유용성을 버리고 즐거움의 세계 속에 거하게 된 것이다. 취미의 세계가 열렸다 하여 계몽성이 사라지지는 않는다. 계몽은 정보로 옷을 갈아입고 오히려 광장을 굳게 지켰다. 그리하여 문학은 지킬박사와 하이드씨처럼, 고아한 정신세계의 메시지임과 동시에 가벼운 오락의 읽을거리라는 두 가지 얼굴을 한 몸에 갖게 되었다.

광장과 밀실의 공존, 영혼과 취미의 동거가 가능했던 것은 대중적 미디어의 중매가 있었기 때문이다. 미디어 안에서 문학은 마법세계에서 온 특사로 대접받았고 그 지위를 이용해 주변의 텍스트들을 자양분으로 삼았다. 하지만 같은 이유로 광장의 텍스트는 물론 경계에 있던 수많은 텍스트들과의 끊임없는 경쟁을 벌여야 했다. 한때는 계몽독물로 또 한때는 취미독물로.

미디어가 광장의 텍스트뿐 아니라 밀실의 텍스트까지 움직이는 거대한 권위를 획득하게 됨은 당연한 셈법이었으니, 이른바 미디어텍스트의 세계가 열리게 된다.

1. 통속에 적응하는 문학의 방법

1) 문학사로부터의 탈구

1920년대는 우리 근대 문학의 기틀이 확립된 시기이다. 근대적 주체 또는 내면의 발견과 예술의 독자성으로 평가되는 동인지 문학, 리얼리즘을 우리문학의 대표적 양식으로 자리잡게 한 신경향파 문학과 프로문학, 이들은 각각 1920년대의 전반기와 후반기를 양분하며 한국 근대 문학의 원류을 보여준다고 해도 지나친 말이 아니다. 그야말로 동인지문학과 신경향파의 전개과정은 근대 문학의 진로를 보여주는 계기들인 것이다.

각각 한 시대를 대표하는 흐름이었던 만큼, 이 두 경향은 우리 근대문학의 연속적 · 변증적 발전의 경로로 이해되어 왔고, 당연히 한국문학사를 종적 체계 안에서 해명하고자 한 문학사들도 사조적 전환의 일반론 안에서 이들의 관계를 서술하고 있다. 구 경향에 대한 회의와 저항으로 신경향이 산출되고 지속적인 지양과 투쟁으로 신 경향이 주류를 점하게 된다는 것이다. 물론 신경향파의 형성과정도 이 자장을 벗어나지 않는다.

그러나 문학사의 대부분은 이 부정의 변증법을 명시적으로 드러내지 않는다. 왜냐하면 동인지 문학과 신경향파 문학의 사이에서 적극적인 부정과 저항을 찾기가 쉽지 않기 때문이다. 몇몇 저항의 흔적을 찾아낸다 해도 문학적 전환의 근본문제에 영향을 주었다고 하기에는 미미한 것들뿐이다. 따라서 변증적 해명에서 부정과 저항의 부재를 은폐함으로써 동인지 문학과 신경향파 문학간의 계보적 연속성을 묵시적인 형태로만 인정하고 있는 것이다.[1)]

내적 연속성 없이 문학의 계보를 체계화할 수 없고 그렇다고 우리 문학의 가치를 스스로 폄하하는 이식문학의 논리를 따를 수도 없다. 따라서 기존 문학사에서 동인지 문학의 신경향파 문학으로의 전환에 대한 해명은 매우 모호하고 막연한 내용으로 채워져 있다. 이식문학의 특성상 프로문학이 수입되면서 구사조가 쇠퇴하고 신사조가 그 자리를 대신했다는 정도의 당위적 언급, 신경향파 작가들이 『백조』에서 활동했었다는 조직적 관계로의 해명 정도가 그 전부인 것이다.

저간의 사정이 이러하다 할 때, 동인지 문학과 신경향파 문학을 연속적으로 이해하는 것과, 이를 다시 이식의 역사에서 찾는 방식은 위태로운 지탱 방식이다. 서로 모순되는 이론을 함께 적용한다는 것은 상황에 따라 논리를 취사선택하는 자기합리화에 불과하기 때문이다. 그렇다고 내적

1) 작품의 공시적 특성을 서술의 중심에 둔 『한국현대문학사』(조연현, 성문각, 1957)나 사적 체계화 자체에 회의적 시선을 두고 있는 『한국현대소설사』(이재선, 홍성사, 1979)는 논외로 하더라도, 『조선신문학사조사』(백철, 수선사, 1948)와 『한국문학사』(김현 · 김윤식, 민음사, 1973), 『한국소설사』(김윤식 · 정호웅, 예하, 1993) 등은 내재적 저항과 부정의 부재를 은폐하여 사적 연속성을 암묵적으로 당연시한 대표적 경우라 할 수 있다. 이에 비해 비교적 변증적 설명을 시도했다고 할 수 있는 임화의 「조선신문학사론 서설」(『조선중앙일보』, 1935.10.9~11.13)이나 『한국근대민족문학사』(김재용 외, 한길사, 1993)는 오히려 목적론적 계열화의 의지가 두드러져 저항과 부정의 근거를 제시하기보다 목적에 부합하는 연대기적 배치를 중심으로 삼았다는 점에서 역시 부정의 과정을 충분히 드러냈다고 하기는 어렵다.

연속성을 거부할 수도, 이식의 역사를 부정할 수도 없다. 사적 체계화를 시도한 대개의 문학사가 당위를 앞세운 타협의 논리를 구사할 수밖에 없었던 이유는 바로 이 식민지 문학사의 아이러니 때문일 것이다. 의혹은 있으되 해법이 없는 문학 연구의 난제라 할 것이다.

그러나 일견 모순의 미궁으로 보이는 이 문제를 엄밀히 들여다보면, 문학사들의 공통된 규칙을 확인하게 된다. 이광수에서 김동인 · 염상섭 등의 동인지 문학, 다시 신경향파와 프로문학이라는 거의 도식에 가까운 주류主流 중심주의가 그것이다. 문학 연구의 대상 자체가 선험적으로 규정된 범주를 가지고 있는 것이다. 이들은 선각 혹은 선행이라는 명분하에, 시대적 흐름 속에서의 주류라기보다는, 주류이기 때문에 시대적 흐름을 대변하는 것으로 여겨진다. 근대의 후진국이며 식민지였던 1920년대 한국에서 근대적 선각과 선행의 가장 빠른 길은 이식이었고 당연히 이식된 사조가 곧 당대의 주류가 될 수밖에 없다. 따라서 주류라는 것은 곧 이식되었다는 것과 동의어가 되고, 이식된 문학적 흐름으로는 문학사의 내적 동력을 온전히 설명하지 못하게 되는 것이다. 이 역전된 판단이 시대의 흐름을 왜곡하여 내재적인 흐름을 포착하는 데 걸림돌로 작용하고 있다고 본다.

이는 중심적 현상들에 대한 천착에 앞서 도외시되었던 문학 현상에 새삼 주목할 것을 요구한다. 고평되는 작품을 분석하고 그것으로 한 시대를 평가하기 이전에 그 작품의 주변을 감싸고 있는 소소한 현상들이 흘러가는 방향을 고려하지 않으면 안 된다는 것이다. 그렇다고 기왕에 평가되어 온 작품들을 폄하하자는 의미는 아니다. 다만 잡다하고 무가치한 듯 취급된 문학 현상들 속에 우리문학의 자체적 반발력에 의한 변화, 즉 내적 질서를 설명해줄 단서를 기대한다는 것이다.

물론 문학의 외래 이식성과 내적 연속성의 관계를 해명하는 것이 이 글의 목표는 아니다. 그럼에도 이미 상식적 의혹이 되어버린 이 불화의 연속성을 논의거리로 제시하는 까닭은, 1920년대 중반 동인지 문학과 신경향파 문학의 교체 가운데 사조적 전환보다 더욱 발본적인 문학의 지형적 변화가 존재하고, 그 변화에의 천착이 식민지시대 문학이 포유한 불화의 연속성을 해명할 수 있는 실마리를 제공한다고 보기 때문이다.

2) 문단과 대중의 문학

1920년대 중반 문학계에는 중요한 변화가 일어난다. 대중문예지의 출현, 신진 작가군의 등장, 동인지 시대 작가들의 변모 등 그 때까지 볼 수 없었던 변화의 양상은 자못 대단했다. 대표적 매체였던 동인지 형식이 왜 소멸했으며 대중문예지라는 새로운 형식은 왜 필요했는지, 새로운 경향의 작가들이 대거 등장할 수 있었던 이유는 무엇이며 이들의 의미는 어디에 있는지, 또 동인지 시대의 대표적 작가들이 이 시기에 이르러서야 대표작들을 내놓게 되는 이유는 무엇인지, 기존의 논의는 이러한 문제들에 해답을 주지 못한다.

앞서 논한 바에 기대어 문학 바깥으로 시선을 옮겨보면, 문제는 더욱 광범위해진다. 기록서사를 비롯한 다양한 매체서사들은 문학에 있어 어떤 존재였는지, 기록서사와 소설이 삼투할 수 있는 문학 내 조건은 어떠했으며 어떤 형식으로 가능했는지, 그래서 기록서사가 근대소설에 남긴 자취는 무엇인지, 기록서사와 매체서사는 이후 어떤 행보를 걷게 되는지.

1920년대 중반의 문학은 이에 대해 대답을 해줘야만 하는 위치에 있다.

동인지 문학과 신경향파의 사조적 전환이라는 기존의 방식으로는 해명하기 어려운 이 1920년대 중반 문학의 난제들 사이에 『조선문단』과 『별건곤』, 『신여성』 등이 놓여 있다. 『조선문단』은 1924년 10월 창간되어 20년대에만 통권 20호를 간행한 문예지로서 20년대 중반 우리 문학의 변화를 설명해줄 수 있는 중요한 단서가 된다. 동인지 시대의 폐막과 신경향파의 탄생이라는 시기상의 위치도 그러하지만, 대중지향성과 주목받지 못한 작품을 접할 수 있는 잡지라는 점에 있어서도 당대 문학의 지형적 변화를 보여주는 데 부족함이 없다.

뒤에 자세히 논급되겠지만, 『조선문단』은 1920년대 초반 동인지 문학의 폐쇄성과 자족성을 거부하고 대중 속에서 문학의 정체성을 찾고자 시도했다. 그 결과 대중문예잡지의 선언과 흥미 중심적 편집을 감행하게 했고, 더불어 신진작가들을 대거 등용시켜 자신의 자양분으로 삼았다. 작품들도 경험과 생존의 문제에 천착하거나 내면의 은밀한 욕망을 탐색함으로써 보편적인 가치를 부각시켰다. 이러한 매체의 특성과 작품의 경향은 세계에 대한 객관적 인식, 현실 중심의 태도라는 틀에서 행보를 같이 하였다.

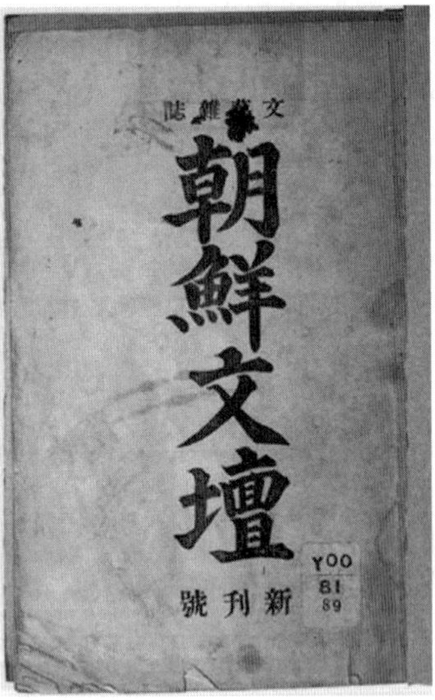

『조선문단』 창간호 표지.

동인지 시대와 완연히 다른 『조선문단』의 이러한 특성들은 동인지 시대와 프로문학 시대로 양분되는 20년대 중반 문학에 대한 평가를 재고하게 한다. 이식된 동인지 시대의 근대적 관념이 또다시 수입된 프로문학으로 전환된 것이 아니라, 문학을 포함한 당대의 다양한 문학적 글쓰기의 끊임없는 자가변모 속에서 잉태된 보편적인 가치를 추구하는 커다란 흐름 속에 신경향파 역시 하나의 흐름으로 등장했던 것이다. 그리고 그것은 대중성이라는 새로운 지평 속에서 가능했던 것이기도 하다. 이는 또한 신경향파 문학이 프로문학의 예비 단계가 아니며, 오히려 신경향파를 포함한 현실 추구의 세력이 프로문학을 만들어낸 한 축이었음을 뜻한다.

하지만 우리 문학사에서 『조선문단』으로 대표되는 객관 지향, 현실 추구의 힘은 신경향파의 대두와 프로문학의 태동이라는 현상적 지표에 가려 몇몇 작품만이 동인지 시대의 연장선상에서 논의될 뿐 그 존재의 의미를 존중받지 못하고 있다. 논의가 있었다면 선별된 몇몇 작품들을 동인지 시대와 동궤에서 이해하는 방식이나 『개벽』을 중심으로 한 프로문학의 정치색을 부각시키기 위한 대립항으로 그 역할을 한정하는 방식이었을 뿐이다. 이러한 이해는 신경향파와 나아가 프로문학을 동인지 문학 이후의 새로운 계통으로 부각시키는 데에는 성공했을지 몰라도 프로문학의 생성 토대와 그 동시대적 질서를 설명하는 데 있어서는 실패할 수밖에 없다. 그럼에도 이 이해의 방식은 상당한 영향력을 발휘하여, 『조선문단』을 20년대 중반 문학의 변방으로 몰아내고, 결국 문학사에는 동인지 문학과 프로문학이라는 화해할 수 없는 계보만이 앙상하게 남겨진다.

3) 동인同人에서 문단文壇으로

『조선문단』은 1924년 10월 1일부터 1936년 1월 1일까지 통권 26호가 발행되었다. 식민지 시대 대부분의 동인지들이 그러했듯이, 『조선문단』도 자금난으로 인한 휴·속간을 반복했다. 그 과정을 간략히 살펴보면, 통권 13호(1925.11)를 발행하고 3개월을 휴간하였고, 통권 17호(1926.6)를 발행한 후 다시 휴간했다가, 『조선문예』라는 이름으로 잡지를 계획하던 남진우에게 인수[2]되어 6개월 만에 속간된다. 그러나 통권 20호(1927.3)[3]를 마지막으로 남진우 역시 손을 떼자 근 10년의 공백기를 갖게 된다. 1935년 2월 이학인에 의해서 다시 속간되지만 이 역시 통권 26호를 넘기지는 못한다.[4] 그 발행 기간은 20년을 넘어서고 있지만 간행된 것은 통권 30호를 채우지 못했던 것이다. 발행기간과 부수 모두 기록적인 것이긴 하지만 기간에 비해 부수는 많지 않았다고 할 수 있겠다.

『조선문단』을 본격적으로 논하기 전에 이 같은 서지적 사항에 주목하는 것은, 휴간과 속간의 반복 속에 『조선문단』을 새삼스럽게 주목해야 하는 이유가 감추어져 있기 때문이다. 『폐허』, 『백조』 등 익히 알려진 동인지들은 통권 2·3호를 끝으로 종간되었고, 그 중 최고의 발행 횟수를

---

2) 남진우, 「편집후기」, 『조선문단』 통권 18호, 1927.1.1. 이하 모든 『조선문단』에 관한 사항은 태학사의 영인본을 기준으로 한다. 또 『조선문단』의 서지는 잡지명을 생략하고 '통권 ○호'로 지칭한다.

3) 이광수 전집의 해설에는 이광수의 소설 「천안기」가 1927년 4월~11월에서 걸쳐 『조선문단』에 연재되었다고 한다. 이 말에 따르면 1927년 3월 이후로도 간행되었다고 할 수 있는데, 태학사 영인본 등에는 수록되지 않아 여기에서도 누락시켰다.

4) 이학인 발행의 『조선문단』은 비록 동일한 제명을 사용했지만, 경영 및 편집진의 변화는 물론 10년이라는 시대적 격차로 인해 필진의 변화와 내용 변모를 통일적으로 해명할 수 없다는 점에서 방인근 발행의 『조선문단』이나 남진우 발행의 『조선문단』과 구별된다. 따라서 『조선문단』을 통해 20년대 중반 한국문학의 지형 변화를 살피고자 하는 이 글의 목적에 따라 30년대 간행된 이학인 발행의 『조선문단』은 논의에서 제외한다.

보유한 『창조』 역시 통권 9호를 마지막으로 폐간된다. 이렇게 대부분의 동인지들은 창간호가 곧 종간호가 되는 단명의 역사를 가지고 있었다. 이에 비해 『조선문단』은 통권 26호, 20년대만 하더라도 3년에 걸쳐 통권 20호가 발행된다. 더군다나 그것은 두 번에 걸친 발행인의 교체 속에서 축적된 것이었다. 자금난으로 인한 휴간과 속간, 발행인과 편집인의 교체 속에서도 『조선문단』이 그 명맥을 유지할 수 있었다는 사실은 다만 오랜 기간 많은 발행 횟수를 보유했다는 의미를 넘어선다.

남진우는 통권 18호(1927.1) 「편집후기」에서, '대조선문학의 건설'을 위해 『조선문예』라는 새로운 문예지를 기획했다가 그 계획을 포기하고 『조선문단』을 인수했다고 했고, 또 이학인도 통권 21호(1935.2)의 「속간사」에서 "조선에서 완전한 문예잡지 한아는 갖어야겠다"는 생각으로 『조선문단』을 인수하여 이에 이광수와 방인근에게 인계를 받았다고 밝혔다. 이들이 새로운 잡지를 기획하는 과정에서 『조선문단』을 인수했다는 사실이나, 무려 7년여를 휴간해 거의 폐간되었다고 할 수 있는 『조선문단』을 인수했다는 사실은, 어떤 이유에서건 『조선문단』이 새로운 잡지를 계획하는 이들에게 매력적이었음을 방증하는 것이다. 즉 이들이 조선의 문학, 조선의 잡지를 계획하면서 『조선문단』에 눈을 돌린 이유는 기존의 잡지와는 다른 『조선문단』만의 고유한 특성이 존재할 것

『폐허』 창간호 표지.

이라는 추측을 가능하게 한다.

『조선문단』만이 보여준 연속성을 설명해 주는 단초는 임화와 백철에게서 찾을 수 있다. 임화는 '여러 가지 다른 문학 조류를 어떤 평균수준에다 중화시키는 저널리즘의 탄생'[5)] 이라고 말한 바 있고, 백철은 프로문학에 대항하는 민족주의적 경향이라는 지적과 함께 '新文學史上 첫 번의 문단 저어널리즘誌'[6)]라는 사실 확인 차원의 언급을 덧붙이고 있다. 이 언급은 단순한 치장을 넘어서는 중요한 의미를 담고 있다. 『조선문단』이 전 시대를 풍미했던 동인제와 동인지 형식을 파괴했다는 것을 의미하기 때문이다.

김동인

동인지와 대중문예지는 조직과 지향, 대상과 편집 내용에서 상당한 차이가 있다. 전자가 구성원들의 내적 동질성에 기반하여 선구적인 지향을 보이고 이에 따라 목적에 동의하는 한정된 독자만을 대상으로 하고 그 편집도 자족적인 형태를 갖추게 된다. 이에 비해 대중문예지는 문학대중 전체를 대상으로 하기에 소수의 편집자를 제외하고는 원칙적으로 개방된 조직을 구성하고 그 지향도 대부분의 문학대중이 동의할 수 있는 보편적 형식을 취한다. 다양한 측면의 차이를 일별해 보면 결국 개방성 및 폐쇄성의 유무가 곧 동인지와 대중문예지를 가르는 판단 기준이라고 할 수 있을 것이다. 실제 1920년대에 통용되던 동인제와 대중문예지의 차이는 염상섭의 견해 속에 잘 드러나 있다.

5) 임화, 「문예잡지론—조선잡지사의 일측면」, 『조선문학』, 1939.6.
6) 백철, 『신문학사조사』, 신구문화사, 1980.9.

우리에게는 동인의 탈퇴를 강박밧은 자가 업슴과 가티 강박한 사실도 업거니와 비록 사실이라 할지라도 조금도 기이한 열외의 사事가 안일가 한다. 원래 동인조직은 그 대체의 사상경향이 유사한 자가 일종의 문예운동을 이르킴으로써 출현의 이유가 잇고 기분의 통일, 의기의 혼융투합渾融投合으로써 존속의 가능성을 멱출覓出하는 바이다. 하고보면 혹시에 이합산중離合散衆가 잇음은 피차의 개성을 존중하고 공동 목적을 위함에 부득이한 바이 안인가. 만일 우리가 이해와 의리우정으로써 결속된 세속적 상업적 실무적 혹은 협객배 간에 통용되는 일종의 도덕적 의미로 단결됨이얏더면 한심타함도 용혹무괴容或無怪로되 우리는 우리의 사업의 성질상 정신적 공명과 기분의 묵합默合을 가장 중요시 안을 수 업다.[7]

이 글에서 동인제는 "사상 경향이 유사한 자가 일종의 문예운동을 일으키"는 데에서 존재의 이유가 있다고 했다. 즉 공동의 목적이 동인 출현의 제일 명제가 되는 셈이다. 여기에 '정신적 공명', '기분의 묵합'이라는 기준이 덧붙여진다. 그 기준에 따라 동인의 이합집산은 오히려 당연한 것이 되고 황석우의 탈퇴 역시 개성의 존중과 공동 목적을 위한 부득이한 사정이 될 수 있는 것이다.

이때 '정신적 공명'과 '기분의 묵합'이라는 기준은 모호한 표현인 듯 하지만 한편으로는 매우 정밀한 개념이기도 하다. '정신적 공명'과 '기분의 묵합'은 매우 자의적인 기준이지만, 반대로 목적에 공감한다고 하더라도 총체적 가치관과 분위기까지 일치할 것을 요구하는 것으로 볼 수 있기 때

7) 염상섭, 「樗樹下에서」, 『폐허』 2호, 1921.1, 55면. 염상섭은 W군(황석우)의 퇴사(동인 탈퇴)와 관련하여 세간의 『폐허』 비판을 재비판한다.

문이다. 따라서 그것은 동인 조직의 폐쇄성과 배타성을 강조하는 단서이기도 하다. 혹 까다로운 조건을 만족시킨다 하더라도 배척할 수 있으며, 때로 기준에 미달해도 참여의 기회를 줄 수 있는 것이기 때문이다. 따라서 남궁벽이 "오즉 '갓튼 자만 갓튼 자를 이해하는 것이다.' 우리는, 그 '갓튼 자'의 출현을 흔구欣求하며 전진할 섄이다"[8]라고 까지 할 수 있었던 것은 이러한 동인제의 성격을 단적으로 드러내는 것이라 할 수 있다. 이 외에도 추천과 동의를 얻지 못하면 동인이 될 수 없었던 『창조』의 예[9]나 동인이 되기 전에는 투고조차 실어주지 않았던 『백조』의 경우[10]에서도 동인제의 폐쇄성을 확인할 수 있다.

4) 시장, 광장 그리고 문학장

이에 비해 『조선문단』은 목적 · 조직 · 대상 등 각 측면에서 동인지와 대별되는 대중지로서의 지향을 보였다. 『조선문단』의 목적에 대한 언급이 처음 등장하는 것은 2호의 「편집여언」이다. '참된 문예, 건전한 문학'으로 정리되는 방인근의 발언은 이후에도 지속되는 『조선문단』의 자기 정체성이었다. 창간기념호인 통권 12호의 「조선문단일주년감상」에서도 '조선문단의 색채는 여러 가지로 보시겠지마는 다만 건전한 조선민중에

8) 남궁벽, 「廢墟雜記」, 『폐허』 2호, 1921.1, 152면.

9) 『창조』 창간호의 「나믄말」에서 편집자는 지면의 부족으로 독자 투고를 싣지 못한다면서 우송료를 동봉하면 첨삭은 해주겠다고 했다. 또 '或其中' 특출한 작품은 '동인의 추인'으로 지상에 올린다고 적고 있다.

10) 홍사용, 「六號雜記」, 『백조』 2호, 1922.5, 152면.

"경향京鄕 각지에서 기고하신 분이 만흐섯는데 사랑으로 보내신 뜻은 감사합니다. 그러나 본지는 동인제임으로 미안하오나 동인으로 추천되기 전에는 지상에 올릴 수는 업습니다."

술을 목표로 삼고 나갑니다'라고 재삼 확인한 '참된 문예', '건전한 문학', '조선민중예술'은 사실상 '신문학'이라는 개념과 다르지 않은 언급이다.

「조선문단일주년감상」의 후반부는 경제적 사정이 극히 어려움에도 불구하고 '신문학운동'만큼은 포기할 수 없다는 내용이 실려 있고, 그 맡은 바 책무를 『조선문단』이 헤쳐 나가고 있다는 논지의 끝에 '건전한 조선민중예술'을 목표로 한다는 언급이 결어로 붙어 있는 만큼, '참된 문예', '건전한 문학'이라는 것은 신문학운동과 동의어로 보아도 무방하리라 본다.

이때 동인지들이 내걸었던 신문학운동의 의미와 『조선문단』이 언급한 신문학운동은 질적 차이를 갖는다. 동인지들의 신문학운동은 명백히 구문학을 대타항으로 설정, 근대적 문학을 세우고자 했던 생성적 의미의 운동이지만, 『조신문딘』에 있어 신문학운동이란 새로운 무엇에 대한 시도가 아니라 이미 성립된 신문학을 확대재생산한다는 확산적 의미의 운동이었다는 점이다. 이는 『조선문단』의 표면적 대타항이 이미 구문학이 아닌 프로문학이었다는 점에서도 확인된다. 임화가 『조선문단』을 가리켜 '평균수준'11)이라 한 것은 이를 두고 한 언급이다.

따라서 『조선문단』은 신문학의 확산이라는 지향 이외의 구체적인 목표는 사실상 없다고 하는 것이 타당할 것이다. 물론 동인지들의 운동 목표 역시 신문학운동의 창달 외에 없었다고 할 수도 있지만, 동인지 시대 신문학운동의 창달은 그 자체로 분명한 이념적 목적성을 지니고 있는 지향이었다. 이에 비해 『조선문학』이 표명한 건전한 신문학운동은 이념적 목적성이 탈각된 양적 증폭을 지향하고 있는 만큼 뚜렷한 이념적 목적성

11) '여러 가지 다른 문학조류를 어떤 평균수준에다 중화시키는 저널리즘의 탄생'(임화, 「문예잡지론-조선잡지사의 일측면」, 『조선문학』, 1939.6)

은 없다고 할 수 있는 것이다. 따라서 신문학으로 간주될 수 있는 작품이면 어떤 경향, 어떤 성격의 작품도 『조선문단』의 포괄 범주를 벗어나지 않았다. 이에 따라 여전히 계몽적 성향을 유지하던 이광수와 예술의 독자성을 표방하던 『창조』의 동인들, 그리고 새로운 문학적 경향으로 나아가던 신진 작가들이 『조선문단』 안에서 공존할 수 있었던 것이다. 남궁벽이 말한 바 '갓튼 자'의 의미는 소멸된 것이며, 임화가 논한 바 '평균수준'은 이를 두고 한 말이다.

다른 한편으로 조직의 문제에 있어서도 『조선문단』은 동인지들과 상당한 거리를 가지고 있었다. 『조선문단』에도 '동인'이라는 표현이 등장한다. 이광수는 "우리 동인도 보수업시 돈과 시간을 내는 것이니"[12)]라고 해 『조선문단』이 동인에 의해 운영됨을 말하였고, 방인근도 "우리 동인의 주장삼는 것은 오직 '진실'입니다"[13)]고 해 동인의 존재를 인정하고 있다. 애초 『조선문단』도 4인의 동인으로 출발하는 것이다. 그러나 통권 3호 이후 '동인'이라는 명칭은 전혀 사용되지 않았다. 또 통권 6호의 「조선문단합평회」에서는 방인근과 최서해가 동인이 아닌 '기자'라는 직함으로 참여하기도 해, '동인'이라는 개념은 1 · 2호를 낼 당시 이광수, 주요한, 전영택, 방춘해 4인이 주도했다는 정도의 인식으로 이해된다. 즉 『조선문단』에서 사용된 '동인'이라는 용어는 동인제의 잔존물일 뿐 사실상 동인제는 처음부터 성립되지 않은 셈이다.

동인제를 폐지했다는 이유만으로 『조선문단』을 대중문예지로 파악하는 것은 자칫 성급한 추측이 될 것이다. 그러나 동인제의 폐지는 연속적

12) 이광수, 「편집여언」, 『조선문단』 통권 2호, 1925.11, 83면.
13) 방인근, 「편집여언」, 『조선문단』 통권 2호, 1925.11, 84면.

인 변화의 시발점으로 충분한 역할을 수행하게 된다. 『조선문단』은 대중으로부터의 고립을 통해 자신의 정체성을 확인했던 동인지와 달리 대중 속에 뿌리내림으로써 스스로를 확립하고자 했기 때문이다.

창간호를 비롯한 매호에는 사고社告의 형식으로 「투고모집 규정」을 싣고 있는데, 모집하는 글의 종류와 매수제한 등을 밝히고 있다. 이에 근거하여 창간호에 최서해의 「고국」이 추천소설로 실린 것을 비롯해 입선작품이 적지 않고,[14] 2호부터 입선작은 물론 정식기사의 많은 부분도 편집진 외 문인들이 차지하고 있다. 『조선문단』을 통해 등단한 이들 중 서해 최학송, 백주 김태수, 임영빈 등은 이후 『조선문단』의 중추적 필진으로 활동하기도 하고 채만식, 이태준, 계용묵 등은 다음 시대의 문학을 대표하는 작가로서 성장한다. 이는 동인제도를 철저히 고수하며 투고문을 아예 거부하던 동인지의 폐쇄성과는 사뭇 다른 태도라고 할 수 있다. 적어도 『조선문단』은 대중에게 읽혀지기를 희망하는 것을 넘어 대중으로부터 스스로를 보충하고 그것으로 다시 대중을 매혹하는, 대중 속에서의 정체성을 확립하고자 했다고 할 수 있다.

다음 방인근의 회고는 『조선문단』이 동인지와는 다른 대중문예지로서 기획되었음을 더욱 분명히 보여준다.

> 그때 잡지로는 『개벽』이 있었고 문예지는 하나도 없었으며 일반이 문예지의 출현을 고대하던 판이요, 그야말로 문학열은 심한데 그 고갈을 면하게 할 만한 것이 없던 때라 『조선문단』이 나오자 크게 환영을 하였넌

---

14) 최학송 「고국」(추천소설), 전준 「황혼의 째」(추천시), 정태연 「바람에나붓기는갈대를볼째」(추천시) 외 입선시 8편, 가작 7편이 실렸다.

것은 사실이다. 기성문인으로도 발표 기관이 없었고 더구나 문학 청년으로서 헤매는 이가 많았는데 이 『조선문단』으로 그들은 쏠려 들게 된 것이다. 특히 문단 등용문이라는 미명하에 독자 문단을 모집하고 추천을 하여 신진을 많이 골라낸 것도 사실이다.[15)]

이 글은 『조선문단』이 최초의 기획단계에서부터 독자 대중들과 호흡할 것을 염두에 두었음을 보여주는 한편, 대중으로부터 문단을 풍요롭게 할 가능성을 탐색하고 있었고 또 실제로 그러한 의도를 실행에 옮겼음을 확인하게 한다. 그렇다면 대중문예지로서의 거듭남을 증거할 남은 문제는 대중문예지로서의 위상을 실현하는 잡지의 편집 내용이 될 것이다.

『조선문단』 창간호의 표지 맨 앞줄에는 동인지들에서는 볼 수 없었던 '주재主宰 이광수李光洙'라는 문구가 새겨져 있다. 방인근이 회고[16)]했듯이 이 문구는 독자들의 관심을 유발시키려는 목적 하에 이광수가 가진 지명도를 이용한 것이다. 특정 작가의 유명세를 이용하여 잡지의 홍보에 이용하는 것은 당대로서는 암묵적 금기였기 때문에 상당한 비난을 받았음은 오히려 당연하다.[17)] 그러나 이러한 주변의 비난에도 불구하고 '주재 이광수'라는 문구는 결국 이광수가 주재를 사퇴하기 전까지 계속된다. 여하간 이는 지극히 상업적인 발상에 속하는 것으로 동인지 시대에는 찾아 볼 수 없었던 『조선문단』의 의도를 분명히 보여주는 상징적 표지라 할 수 있다.

이 새로운 발상은 다만 주재를 내세우는데 그치지 않는다. 「문사들의

15) 방인근, 「『조선문단』시절」, 『조광』 32호, 1938.6, 63~73면.
16) 방인근, 「『조선문단』시절」, 『조광』 32호, 1938.6, 63~73면.
17) 위의 글

이 모양 저 모양」,[18] 「처녀작 발표 당시의 감상」(6호), 「제작가의 쓸 때의 기분과 태도」(8호), 「제가의 연애관」(10호)이란 제목으로 유명 작가들의 감상문, 생활문을 기획 기사로 다루었다. 이 기사들이 주목을 끄는 이유는 유명 작가들의 문학 외적 활동, 외모와 근황, 관심사와 사생활에 이르기까지 문학 자체와는 관계없이 독자들의 흥미를 유발시키는 기사들이라는 점 때문이다. 물론 이런 기사에는 나름의 문학성을 갖춘 부분이 없지 않고, 또 당시 수필과 생활문, 논문까지도 문학의 일부로 간주되고 있었다는 점에서 재고해야 할 여지는 남겠으나, 이러한 기사들이 작품보다 작가들의 지명도에 더 의지하고 있음을 부정하기는 힘들다. 즉 작품과 더불어 작가를 관심 촉발의 대상에 포함시키고 있는 것이다.

이러한 흥미 유발성 기사 중에서도 가장 노골적이었던 것이—결국 실패했지만—「조선문사투표」[19]이다. 「조선문사투표」는 『조선문단』의 독자들이 "가장 조화하는 현대 조선문사를 한사람이 한사람식을 투표"함으로써 작가들의 인기도를 조사하고 이를 공개한다는 기획이었다. 하지만 "처음 생각에는 독자 제위의 재미ㅅ거리가 될가하고 무심히 시작한 것"이었지만 "문사 제위의게 미안"하고 "여러분의 이의도 다소간 잇서 부득이 발표를 중지"하게 된다.[20] 이는 『조선문단』의 새로운 발상이 어떤 범주에 있었는지를 극명하게 보여주는 예라 할 것이다.

대중의 흥미 유발과 문학을 접목시키고자 하는 시도는 여기서 그치지

18) 창간호부터 7호까지(6호 제외) 매호 작가들의 동정을 소개한 짧은 글. 창간호에는 '바다牛'이라는 필명을 사용하여 편집을 담당한 방인근이 정리한 글임을 확인할 수 있다. 이후 「문사소식편편」(10 · 11호)이라 제목을 바꾸어 게재됨.

19) 「朝鮮文士投票」, 『조선문단』 통권 4호, 1925.1, 판권간기 앞면.

20) 「文士投票에 대하야」, 『조선문단』 통권 5호, 1925.2, 판권간기 앞면.

않는다. 「여자부록」(4호)을 기획해 상대적으로 소외되어 있던 여성 작가들에게 기회를 제공하는 한편 여성 문학 대중의 관심을 자극하기도 하고, 「최남선론」(통권 6호), 「김동인론」(통권 9호) 등 대중적 작가들에 대한 인상기와 활동 내역 등을 소개하는 등 작품 자체를 통해 독자들의 욕구를 충족시키는 방식을 넘어 작품 이외의 기사로 독자들의 흥미와 관심사를 끌어내려 하였다.

이러한 예들은 『조선문단』의 상업적 속성을 드러내는 것이라 볼 수 있다. '저널리즘'이라는 규정 안에는 이러한 평가도 포함된 것이다. 작품을 문예 대중에게 향유토록 함으로써 그 수익으로 문예지의 간행을 유지하고 조선문학의 발전을 도모하는 것이 '건전한 문학'을 추구하고 '대조선문학'을 건설하는 목적에 부합하는 것이라 할 때, 작품을 향유토록 하는 선을 넘어 작가의 지명도를 이용하거나 의도적으로 작가 자체를 상품으로 판매하는 것은 분명 '대조선문학'의 건설이라는 취지와는 동떨어진 상업성의 표현으로 비춰진다.

만약 이 의도가 분량에 있어 문예작품을 압도했다거나 작품의 저질화로 연결되었다면 『조선문단』은 문예지의 외피를 두른 상업 잡지에 불과했겠지만, 『조선문단』은 거기까지 나아가지 않았다. 문학사에 오르내리는 수많은 작품이 증거하듯이 여전히 편집의 중심은 문예 작품에 있었으며, 흥미 유발성 기사는 특집 수준으로 다루어져 문예 작품의 주도성을 침해하지는 못했던 것이다. 이 사실은 『조선문단』이 지향했던 대중성이 상업성과 한 궤로 설명하기 어렵다는 것을 방증한다. 그렇다면 이 흥미 유발에 초점이 맞추어진 발상은 어디로부터 연유하는 것인가?

상업성과 문학성 사이에서 교묘한 줄타기를 시도하는 와중에서 『조선문단』은 상당한 비난을 감수했었다. 비난 여론에 몰린 「조선문사투표」의 포기는 그 좋은 예라 할 수 있다. 신성한 문학과 속된 영리가 명백하게 나뉘어, 영리와 문학을 결합시키려는 시도가 매우 불순하게 받아들여지던 시대[21]였기에 비난을 받은 것은 오히려 당연한 일일 것이다. 그럼에도 불구하고 문단의 비난에 저항하며 대중들의 흥미를 유발시키려는 시도를 멈추지 않은 것은 『조선문단』이 어떤 의지를 품고 있었는지를 간접적으로 보여준 것이라 할 수 있다.

흥미 유발의 발상법이 어디서 연유한 것인지를 논하기에 앞서 먼저 상업적으로 실패한 『조선문단』에 대해 언급해야 할 것이다. 『조선문단』의 지향이 상업적 완결성을 갖는 데 있지 않았음을 밝힘으로써, 흥미 유발성 기사들을 실었던 의도가 상업주의와는 궤를 달리하는 시도였음이 드러나기 때문이다.

상업적 시도들로 비춰지는 갖은 시도에도 불구하고 『조선문단』은 실제 상업적 측면에서 그리 성공했다고 볼 수 없다. 『조선문단』의 휴간은 결국 자금난에 의한 것이었기 때문이다.[22] 『조선문단』은 출범 당시 성공을 가늠할 수 있는 여러 희망적 요인을 구비하고 있었다. 앞선 방인근의

---

21) 『창조』와 한성도서주식회사의 합병이 실패했을 때, 김동인을 찾아와 합병 무산의 이유를 전달하는 백악의 주장은 '속된 영리회사'와 '신성한 『창조』'는 함께 갈 수 없다는 것이었다. 주식회사로의 전환을 기대하면서도 '속된 영리회사'와 손잡기를 꺼렸던 것은 당시 문단의 전반적인 풍토였을 것으로 보인다(김동인, 「문단회고」, 『매일신보』, 1931.8.23~9.2).

22) 『조선문단』의 휴간은 주로 자금난이었던 것으로 보인다. 방인근이 경영을 담당했던 초창기는 그가 고향의 전답을 정리한 자금으로 근근히 유지되기는 하였으나 자금이 고갈되면 무기한 휴간에 들어갔던 것이다. 실례로 지방 서점의 대금 수납을 요구하는 글이 사고社告를 통해 자주 보이다가, 급기야 13호의 경우처럼 지방에서 주문하는 모든 도서의 구입, 우송을 대신하는 도서소매를 계획하거나(14면), 대금 수납이 되지 않는 지방 서점에 대해 잡지 발송을 중단하는 방법(98면)을 도모하기도 한다. 방인근의 회고에 따르면 『조선문단』을 휴간하고 경영에서 퇴진한 이유도 이 자금난을 감당하지 못한 때문이라고 한다. 방인근, 「『조선문단』시절」, 『조광』 32호, 1938.6, 63~73면.

회고를 통해서도 볼 수 있듯이 문학청년의 수는 급격히 증가했으나 이를 수용할 만한 문예지는 『개벽』의 문예면을 제외하고는 전무했으며, 방향은 다르지만 『개벽』이 대중적으로도 성공하는 예를 보여줌으로써 대중 문예지의 가능성을 확인시켜 주었다. 더군다나 독자 수가 2십만에서 3십만에 육박하는 일본의 출판계를 동경하여, 2천~1만 정도 밖에 되지 않는 조선도 조만간 일본의 독자 수에 육박할 것으로 기대하고 있었다.[23] 『창조』가 주식회사로의 전환을 시도했던 이유도 여기에 있었다고 할 수 있다.[24]

그러나 문제는 문예 대중의 창작열이 높다 하더라도 창작열의 고조와 구독자의 증가가 꼭 비례한다고는 할 수 없으며, 혹 비례한다고 하더라도 잡지의 성공은 보장받을 수 없다는 점에 있다. 왜냐하면 발간비용과 원고료, 기타 운영비 등의 수급을 맞추기 위해서는 일정한 수 이상의 정기적인 구독과 대금의 수납 그리고 자금력이 갖추어져야 하기 때문이다.

『개벽』의 경우, 천도교의 자금 동원력, 유통에 있어서의 천도교 조직, 평균 7,000부에 이르는 판매 부수와 지면 비율 10%에 육박하는 상업광고 유치 등에 의해 대중적인 성공[25]을 이룰 수 있었던 반면, 『조선문단』은 방인근 개인의 재산에 의존한 자본과 평균 2,3천 부[26] 밖에 안 되는 판매

23) 방인근, 「『조선문단』일주년감상」, 『조선문단』 통권 12호, 1925.10, 179면.

24) 「株式會社創造社發起趣旨文」, 『창조』 7호, 1920.7, 71면.

25) 최수일, 「『開闢』의 출판과 유통」, 『민족문학사연구』 제16호, 2000.6, 152~167면.

26) 방인근의 회고에는 "그때는 고작해야 4,5천 부요 그렇잖으면 2,3천 부에 불과했다. 그것으로 수지가 맞을 리 만무하다"고 기록되어 최대 5천 부까지도 팔렸던 것으로 기록되어 있다. 그러나 창간호의 초판본 천오백 부가 동나는 상황에 스스로 감격하며 재판에 들어갔다는 기록(이광수, 「편집여언」, 『조선문단』 통권 2호, 1924.11, 83면)과 통권 2호의 초판 2천 부가 다 팔려 재판을 계획한다는 기록(방인근, 「편즙후에」, 『조선문단』 통권 3호, 1924.12, 81면)고 한 것으로 보아 최대치를 추산한다고 해도 5천 부 미만이었을 것으로 보인다.

고, 대금수납이 되지 않는 지방 서점과 극히 적은 상업광고[27] 등 경제적인 문제에 있어서는 비교가 되지 않는다.[28] 이 같은 상황은 창간 1주년을 기념하는 글에서 방인근으로 하여금 '문예운동에도 무에니무에니해도 돈이 외다. 사상으로도 되겠지마는 돈이 있어야 합니다. 우리 문예계에도 돈이 없어 아모 것도 못합니다'라는 자조 섞인 발언을 하게 한다. 결국 자금 문제로 인한 비관적 전망은 현실화되어 사무실의 전화기를 팔고, 방인근이 집까지 내놓고도 휴간에 들어가야 하는 상태에 이르게 된다.

물론 평균 2,3천 부를 판매한다는 것은 당시로서 그리 적지 않은 판매고이다.[29] 그러나 분명한 상업적 의도를 드러내고 판매를 촉진하기 위한 여러 방법을 취한 것에 비하면 그리 많다고는 할 수 없을 것이다. 더군다나 『조선문단』이 작가와 독자들에게 상당한 인기를 누리고 있었다[30]는 점을 고려한다면, 적어도 독립적인 운영이 가능했어야 당연한 것이다. 그러나 『조선문단』은 인기에도 불구하고 '곶감 빼먹듯' 방인근의 사재를 털어내며 결국 휴간하게 된다. 상업적 시도를 지속하던 『조선문단』이 상업

27) 본격적인 상업광고는 창간호 3편, 2호 1편, 3호 2편, 신년특대호인 4호의 경우에도 4편에 불과했으며 10호의 경우에는 특대호인데도 상업광고는 한 편도 실리지 않는다. 이러한 광고 실적은 이후에도 별다른 변화를 보이지 않는다. 평균적으로 2~3편, 특대호의 경우도 5편을 넘지 못하는 실정이며, 대부분을 자사 판매 혹은 판매 서점의 서적 광고로 채우고 있다.

28) 김동인은 『조선문단』의 휴간을 유흥비 때문이라고 했지만, 자금의 유통 사정으로 판단하건대, 김동인의 발언은 술자리와 친분 관계를 강조하기 위한 언급으로 판단된다(김동인, 「속 문단회고」, 『매일신보』, 1931.11.11~22).

29) 가장 오래 유지된 동인지 『창조』가 한번도 2천 부를 팔지 못했다는 김동인의 말에 비추어 볼 때, 『조선문단』의 판매고가 그리 적은 편은 아니었던 것으로 보인다(김동인, 「남은말」, 『창조』 9호, 1921.5, 96면).

30) 김동인의 회고에 따르면 『조선문단』은 출간 초기부터 상당한 인기를 누렸던 것으로 보인다. "『청춘』 이래 오래 볼 수 없던 춘원의 단편소설이 『조선문단』에 발표되었다. 그밖에 기성 문인 전부가 거기 집필을 하였다. 이러한 일 등으로서 『조선문단』의 인기는 놀랄 만큼 좋았다. 조선에 새로운 문예가 생겨난 지 십 수년, 잡지 『조선문단』이 발행될 때와 같이 흥성스러운 때가 없었다"(김동인, 「속 문단회고」, 『매일신보』, 1931.11.11~22).

적으로 성공하지 못한 것이다.

이렇게 볼 때 『조선문단』의 흥미 유발적, 상업적 시도들이 단순히 판매고를 높이기 위한 방책이었다고 보기 어렵다. 더구나 자금 수급에 있어 별다른 문제가 없었던 초기부터 이러한 시도들이 지속되었다는 점을 추가로 고려할 때, 이들의 시도가 상업성을 목적으로 하지 않았음은 더욱 분명해 진다. 그렇다면 『조선문단』이 보여준 상업성에의 경도는 어디에서 연유하였으며 무엇을 지향하고 있는가? 이 문제에서 대중성과 상업성의 차이가 드러나게 된다.

5) 조선문단합평회合評會

『조선문단』이 지향한 흥미 유발의 의도가 어디에 있었는지를 확인해 주는 동시에 『조선문단』이 대중문예지로서의 새로운 편집의 의도를 가장 적절하게 실현한 것으로 '조선문단합평회'(이하 '합평회')를 들 수 있다. '합평회'는 이광수, 김동인, 염상섭, 현진건, 나도향, 박종화, 김억, 양건식, 박영희, 김기진 등이 평자로 활동하고, 방인근과 최서해가 사회와 기록을 맡아, 전월에 발표된 각 작품을 공동으로 토론하고 평가하는 모임이다.[31] 이들은 6호에서 11호까지(10호 제외) 총 5회에 걸쳐 진행하다가 『개벽』과의 갈등[32]을 계기로 중단하게 된다.

---

31) 이중 박영희는 한번도 참가하지 않았고 김기진 역시 단 1회 참석하는데 그친다. 또 이광수와 김동인 · 김억 역시 참석율이 저조했다. 따라서 사실상의 합평은 염상섭 · 현진건 · 나도향 · 박종화 그리고 양건식에 의해 이루어졌다고 할 수 있다.

32) 「조선문단 「합평회」에 대한 소감」, 『개벽』 60호, 1925.6.1, 101~108면.
박영희 · 조명희 · 이익상 · 김기진 · 이상화 · 백기만 등 6명의 필진이 『개벽』의 합평회에 대해 비평한 글이다. 박영희와 조명희가 '무책임, 불충실, 무이해'을 지목하는 것을 시작으로, 이익

이러한 비평의 방식은 허술한 준비와 미숙한 진행에도 불구하고 평자의 독단으로부터 비평을 건져 올리는 중요한 역할을 하게 된다. 비평에 대한 합의된 기준이 성립되기 전이었다는 점[33]에서 보면 다수의 평자들이 공유할 수 있는 평가의 기준이 마련되는 자리였다고 할 수 있다. 비록 공유된 기준은 '감흥', '기교' 등을 중심으로 한 '인상'과 '느낌'의 수준을 넘지 못하지만, 보편적 평가의 기준이 형성되었던 최초의 자리였다는 점에서 상당한 의미부여가 가능해 보인다.

'합평회'의 비평사적인 위치도 더욱 세밀한 검토를 필요로 하는 부분이지만, 다른 한편 '합평회'의 진행 방법에도 주목할 필요가 있다. 표면적으로 '합평회'는 거의 난상토론에 가까운 무형식을 지향하는 듯 보인다. 평자들의 자세는 진중하지 않고 준비된 견해를 내놓기 보다 그때그때 생각나는 대로 발언하기가 일쑤다. 그러나 '합평회'의 이러한 진행 방식은 그 의도가 다만 비평사적인 평가에 머물지 않는 이면을 드러낸다.

합평의 진행 원칙을 결정하는 첫 자리에서 나도향은 가볍지만 중요한 발언을 내놓는다. 나도향은 회화체로 평가를 하자는 주장에 동의하면서 "좀 재미잇는 말도 석거가면서"라는 발언을 하게 된다. 그리고 참여자들의 암묵적 동의를 얻게 된다. 이 언급은 우발적인 것으로 간주되기 쉬우

상은 합평회의 의미는 인정하면서도 '중심정신'과 관계없는 기교만을 평가의 대상으로 한다는 점을 비판하고 농담을 문제삼아 '문인비평극'이라 칭한다. 이상화는 합평의 실효성을 따졌고, 백기만은 합평회는 일종의 유행으로 폄하하면서 '폐시 보충으로는 미숙이 크다'고까지 비난한다. 악의적 비난도 적지 않지만 이들의 비판의 핵심은 비평 기준의 불일치에 의한 비평 수준의 저하에 있었다.

33) 김동인과 염상섭의 비평에 대한 논쟁, 현철과 황석우의 논쟁 등은 그 자체로 비평사의 일부이기는 하다. 그러나 이들의 논쟁이 문학 현상이나 작품에 대한 견해의 차이보다는 비평의 위상과 역할, 포괄 범위 등의 내용으로 채워졌다는 것, 즉 비평 개론 차원의 논쟁으로 확대 되었다는 것은 비평에 대한 개념적 인식 차이가 작지 않았다는 점과 비평의 대략적 기준이 마련되지 못했던 상황임을 방증한다.

나 이후 합평의 운영 방식을 규정하는 매우 중요한 의미를 갖고 있다. 그것은 '합평회'의 목적이 비평의 정착에만 있었던 것이 아니라, 독자들의 문학에 대한 흥미를 증폭시키기 위한 도구로서 인식되고 있다는 것을 뜻하기 때문이다.

나도향의 발언뿐 아니라, 합평회의 분위기와 평자들의 행동까지 마치 희곡을 쓰듯 기록한 최서해의 필기 방식도 이러한 '합평회'의 취지를 보여주는 예라고 할 수 있다. '합평회'의 서기를 담당한 최서해는 평자들의 웃음소리며 몸짓을 지문으로 삽입하고 그들이 던지는 농담조의 언급까지 놓치지 않고 기록한다. 후에 『개벽』의 비판에서 이 희화된 특징에 착목해 '문인 비평극'이라고 비난한 이익상의 지적은 '합평회'가 지닌 이면의 성격을 잘 보여주는 말이다.

이로서 확인되는 바, '합평회'의 목적은 발표된 제 작품에 대한 집단적 비평을 시도함으로써 비평 문화를 정착시키고 작품에 대한 평가를 문단 전체가 공유할 수 있는 규준점을 마련할 뿐 아니라, 다른 한편으로는 작가들의 평가와 토론 자체를 흥밋거리로서 제공하여 대중들의 문학적 관심을 자극하는데 있었음을 말해주는 것이다.

이런 점에서 일본의 유행(일본 신조사의 '소설합평회', 부인잡지의 '부인문제 합평회' 등)을 좇고 있다는 지적이나 판매정책상이나 페이지 보충책으로 좋다는 백기만의 비판은 대중성의 확보라는 『조선문단』의 의지에 비추어 볼 때 일면 적확한 사실 확인을 해주고 있는 셈이다. 즉 '합평회'는 작품과 작품에 대한 평가를 중심으로 대중들의 관심과 흥미를 유발시키고 이를 통해 대중문예지의 정착을 기도한 노력의 산물이었던 것이다.

『개벽』과의 논란 이후 '합평회'는 파탄을 맞게 된다. 염상섭과 현진건이 '합평회'를 옹호하고 『조선문단』의 비당파성을 주장[34]하지만 문학에 대한 공유점이 많지 않고, 치밀한 계획이 부족했던 '합평회'는 『개벽』의 단 1회 공격에 무너지고 만다. 그러나 '합평회'를 공격했던 『개벽』 역시 '개벽 합평회'를 계획했었다는 김기진의 말[35]을 되새겨 봐야 한다. '합평회'의 존재 의미를 부정하며 격렬히 비판했던 『개벽』 역시 '합평회'를 준비했다는 것은 '합평회'가 '페이지 보충책'이나 판매고를 높이기 위한 기획이 아니었음을 확인하게 해준다. '합평회'는 흥미유발의 방법을 채용함으로써 대중화를 지향하고, 비평을 공개하고 합의할 수 있도록 함으로써 객관성을 획보하고자 했던 것이다. '합평회'는 대중들과의 교감을 필요로 하던 시대적 요구 속에서 새로운 비평의 형식을 시도함으로써 비평 문화의 확산에 기여해, 이후 『개벽』을 중심으로 한 비평문화의 비약적 발전을 예비한 기획이었다고 할 수 있다.

염상섭

『조선문단』이 실현시키고자 애쓰던 목표는 바로 이 '조선문단합평회'와 같은 형식의 산출에 있었다. 판매와 경영의 방책이 아니라, 대중들의 문예에 대한 관심과 흥미를 지속적으로 유지시켜 문예 대중의 폭을 확대하고, 그 안에서 다시 문예를 산출해 내기 위한 끊임없는 모색과 시도였던 것이다. 평균 7천 부를 상회하는 『개벽』의 발행부수에 비해, 상당한

34) 염상섭, 「조선문단 및 그 합평회와 나」, 『조선문단』 통권 10호, 1925.7, 135~137면; 빙허, 「조선문단과 나」, 『조선문단』 통권 10호, 1925.7, 138~139면.

35) 염상섭, 앞의 글. 염상섭은 『개벽』도 합평회를 준비하고 있었다는 김기진의 발언을 공개하며 『개벽』이 합평회를 열었다면 자신도 도왔을 것이라고 했다.

인기몰이에 성공하고도 평균 2,3천 부의 발행에 머문 『조선문단』이 극복해야 했던 과제는, 『개벽』이 포괄하고 있던 생활 대중을 문예 대중으로 탈바꿈시키는 데 있었기 때문이다. 이것이 『조선문단』으로 하여금 숱한 비판을 감수하면서도 흥미성 위주의 기사를 통해 대중과의 접촉을 넓히기 위한 노력을 멈출 수 없게 한 근본 취지였으며, 또 빈약한 자금력과 전무한 조직력의 『조선문단』으로서는 '건전한 조선문학', '대조선문학'을 이룰 수 있는 유일한 길이었기 때문이다.

따라서 『조선문단』의 흥미 유발성 기사들은 상업성의 징표로 이해되어서는 안 된다. 문학에 대한 대중들의 관심 확대라는 범주에서 해석되어야 하는 것이다. 비록 대중성에 대한 지향이 분명한 이념적 지표를 가지지 못하였고 그에 따라 상업적 외피를 쓰기는 했으나, 그 본질은 신문학의 저변을 확대하기 위한 대중화의 의지였다. 이 시기에 이르러 문학은 광장을 원했고 그리고 시장으로 나갔던 것이다.

2. 독자와 작가의 상호 호환

1) 신진작가군의 등장

매체의 성격 변화와 작품의 경향 변화는 문학에 대한 인식과 태도라는 점에서 무관하지 않다. 고립적이고 자족적인 매체 형식에서 공개적이고 대중적인 매체 형식으로 전환한다는 것은 대중에 대한 불신, 즉 대중과 문학 인텔리 사이에 존재하던 신속의 이분법[36]이 무너지고 보편적 인간으로서의 의미가 부각되었다는 것을 뜻한다. 신성한 문학과 속된 세상의 이분법 속에서 대중에 대한 신뢰를 갖는 것은 불가능하다고 할 것이다. 역으로 대중화를 지향한다는 것은 신속의 양분을 부정하고 보편적 인간으로서의 자신을 확인하는 것이라 할 수 있다.

계몽의 주체로서가 아니라 보편적인 인간으로서의 자신을 발견했다는 것은 동시에 세계에 대한 객관적 인식 태도가 있었음을 말해주는 징표다. 타자의 시선으로 주체를 들여다보는 객관성은 주체와 타자가 동일시되는 보편성의 원리를 전제로 하는 이유이다. 따라서 대중화의 지향은 객관성과 보편성이라는 두 인식 태도로부터 기인한다고 할 수 있을 것이다. 다시 말해 『조선문단』이 대중성을 지향했던 것은 바로 이 보편성과 객관성이라는 시대적 화두를 매체 속에서 실현하고자 한 시도였다는 것이다.

이 논리대로라면 『조선문단』에 실린 작품들의 특성과 경향적 변모는 매체의 대중화와 함께 당대 사유 양식의 특성을 드러내는 것이 될 것이다. 또 일반적인 경우 작품 경향의 변화는 인적 변화를 동반하는 바, 여기서는 신진 작가들의 진출과 그들의 작품 경향을 기존 동인지 시대의 연장선에서 살필 수 있는 작가들과 구별하여 각각 그들의 경향이 어떤 진로를 가리키고 있는지 살피고자 한다.

위에서 이미 동인지들의 폐쇄적 특성을 살핀 바 있거니와, 『조선문단』은 문예 대중들에게 지면을 개방하고 체계적으로 등단의 통로를 마련한다. 매호의 판권긴기에는 「독자투고규정」을 홍보하고 투고 중 추천·당선작을 게재함으로써, 작가를 꿈꾸던 문학 대중으로부터 작가를 공급

36) 김흥규, 「1920년대 초기시의 혼돈과 환상」, 『문학과 역사적 인간』, 창작과비평사, 1981.

받고 그들의 작품으로 다시 대중과 접촉하는 형태를 취하는 것이다. 창간호의 추천소설인 최학송의 「고국」, 6호의 「탈출기」를 비롯해 김태수의 「과부」(2호), 채만식의 「세길로」(3호), 한설야의 「그날밤」(4호), 박화성의 「추석전야」(4호, 「여자부록」), 이태준의 「오몽녀五夢女」(10호),[37] 계용묵의 「상환相換」(8호), 「최서방」(20호) 등 그 수는 기성 작가들의 작품에 육박한다.[38]

방인근은 『조선문단』이 배출한 신인 작가로 최서해, 박화성, 채만식, 임영빈을 지목하고 이익상, 주요섭, 김정진, 최독견, 양백화, 이종명 등도 간접적으로 『조선문단』을 통해 등단한 것으로 간주했다.[39] 물론 실제는 이보다 훨씬 많아 소설부문의 신인만 총 20여 명을 배출한다. 투고원고를 게재하는 것조차 거부했었던 동인지들의 기존 관행에 비추어 볼 때, 이는 주목할 만한 변화라 하지 않을 수 없다.

그러나 신진 작가의 배출보다 더 관심을 끄는 것은 이들이 공통된 어떤 흐름을 타고 있다는 점이다. 『조선문단』의 추천을 통해 등장한 이들 중 지속적인 작품 활동을 보이는 몇몇은 물론, 1,2회의 작품 발표 후 다시 모습을 드러내지 않은 이들도 이 흐름에 동참하고 있어 새삼스레 20년대 중

37) 이태준의 「五夢女」는 『조선문단』 통권 10호(7월호)에 당선되었으나 부득이한 이유로 『시대일보』에 실렸다(방인근, 「조선문단 합평회」, 『조선문단』 통권 11호, 1925.8).

38) 『조선문단』은 추천, 입선, 당선 등의 이름으로 신진 작가의 소설 22편을 소개하고 지속적으로 지면을 할애하여 작가로 성장할 수 있는 길을 터 주었다. 소설뿐 아니라 시의 경우도 총 230여 수를 게재하였으며 그 외 희곡과 소품, 논문과 감상, 산문 등도 다수 소개하였다. 당대에는 합의된 등단 규정이 없었으므로 지속적인 활동을 하지 않은 사람들은 당선되었다 하더라도 등단으로 인정을 받지 못하는 경우가 많았다. 「상환」(통권 8호, 1925.5)이 당선되었지만 「최서방」(통권 20호, 1927.3)이 재차 당선소설로 뽑힌 계용묵의 경우는 그 단적인 예이다. 따라서 재차 삼차의 투고를 하게 되는데, 당선된 작가의 재차 투고 및 발표까지 포함하면 신진 작가들의 작품은 소설만 30편을 넘을 것으로 보인다.

39) 방인근, 「『조선문단』 시절」, 『조광』 32호, 1938.6, 63~73면. 『조선문단』을 통해 등단한 시인으로 정주랑 · 이은상 · 유도순 · 이장희 · 김소월을 들었고 간접적으로 활동한 이들에 양주동 · 김동환 · 홍사용 · 이병기 · 이일 · 김석송 · 이상화 · 오상순 · 백기만 · 변영로 · 정인보 · 김여수 · 노자영 · 김동인 · 김영진 등을 포함시켰다.

반의 문학적 지형을 조명할 필요가 있다는 것이다.

최학송, 김태수, 이영섭, 채만식, 박화성, 임영빈, 이태준, 계용묵, 백파 등으로 대표되는 이들은 최학송 1인을 제외하고는 20년대 중반의 문학적 조명에서 제외된 이들이었다. 그러나 이들은 기존의 동인지문학 시대와는 상당한 차이를 두고 자신들의 시대적 흐름에 부응하는 작품들을 내놓는다.

그 흐름의 하나는 익히 알려진 바대로 『조선문단』 창간호의 추천작 「고국」을 쓴 최학송으로 대표된다. 그의 초기 소설들이 거의 그렇듯 「고국」도 간도에서의 체험을 중심으로 한 단편소설이다. 이 소설은 형상화라는 측면에서 그리 성공적이지는 못하지만 체험에 근거한 서사가 당시 작가들에게 신선한 충격을 주었던 것으로 보인다. 「고국」의 당선 이후 최학송은 「십삼원」(5호)과 「탈출기」(6호), 「박돌의 죽엄」(8호), 「기아와 살육」(9호)을 내놓으며 일약 문단의 전면에 떠오른다. 그러나 최서해의 등장이 하나의 흐름 속에 합류하는 방식은 프롤레타리아트 계급의식이라든가 사회주의적 리얼리즘 혹은 이데올로기적인 제반 문제와는 다르다. 그러한 평가는 이후 프로문학이 문단의 주류를 이룬 시점에서 역으로 파악한 결과일 뿐, 당시 최서해의 작품이 문단에 던졌던 충격은 다른 곳에 있었다.

최학송의 경향은 「십삼원」과 「탈출기」에 대한 「조선문단합평회」에서의 평가와 같이, 체험이 주는 실감과 생존 문제를 통한 세계인식으로 대표되었던 것이다.[40] 물론 이 경향은 종국에 프로문학과 합류할 수밖에

40) 「조선문단 합평회」, 『조선문단』 통권 6호, 1925.3, 125~126면; 「조선문단 합평회」, 『조선문단』 통권 7호, 1925.4, 81~82면.

없는 태생적 운명을 타고난 것이지만 적어도 당대의 최서해는 정치적 이데올로기나 계급적 당파성이 아닌 체험의 묘사라는 형상화의 형식과 생존 문제라는 세계인식 때문에 특별할 수 있었던 작가였던 것이다. 이렇게 볼 때, 임화가 말한 바, 최서해적 경향과 박영희적 경향[41]이라는 신경향파 문학의 두 흐름은, 20년대 중반 문학적 지형 변화와 프롤레타리아 문학 운동이 조우하는 지점을 지적한 것이라 할 수 있다.

이 특징은 최서해만의 것은 아니었다. 먼저 2호의 입선작인 이영섭의 「도적질」도 생존 문제를 통한 세계 인식과 실감나는 묘사를 동시에 충족시키는 작품이라는 점에서 최학송의 흐름에 합류한다. 「도적질」은 물레방앗간 안에서 두 사내가 곡식을 찧으며 두런거리고 그들을 몰래 감시하는 또 다른 사내가 있다는 정황 설명으로 시작한다. 앓아누운 아내, 미친 딸을 거느리고 사는 경수는 굶주림의 극한에 몰려 물레방앗간의 곡식을 노리고 있는 것이다. 경수는 자신이 저지르려고 하는 짓에 스스로 치떨려 하면서도 커다란 곡식 자루에서 눈을 떼지 못한다. 가족과 자신의 생명을 지키려는 욕망이 내면의 윤리의식과 충돌을 일으키기도 하고, 공포심과 수치심에 몸을 떨기도 하지만 결국 경수는 물레방아를 망가뜨려 사내들의 관심을 돌린 후 민첩하게 쌀가마를 지고 줄행랑을 친다. 굶주림에 힘을 쓰지 못할 것 같았던 경수지만 맨발에서 피가 나는 줄도 모르고 새벽닭이 울 때까지 내내 달리는 것으로 이야기는 종결된다.

이 소설은 오직 생존을 위해서 두려움과 수치심을 넘어 결국 도적질을 하고 마는 경수의 이야기를 통해 생존한다는 것이 무엇인가를 질문하는

---

41) 임화, 「조선 신문학사론 서설」, 『조선중앙일보』 1935.11.8~9; 임규찬 · 한진일, 『임화 신문학사』, 한길사, 1993, 363면에서 재인용.

주제의식에 접근하고 있다. 더불어 도둑질을 하기 전의 망설임과 긴장감, 이리저리 갈등하는 심리, 그리고 결행 중의 황망함과 결행 후의 허탈함 등에 대한 묘사가 돋보이는 작품이다. 결말 부분에서 설명조의 서술이 다소 많아지면서 경험의 질박함이 다소 잦아들고 있으나, 극한적 생존의 문제를 제기하고 그것으로 기존의 상식을 부정하는 주제의식과 실감나는 심리의 묘사가 「탈출기」와 동궤에서 파악될 수 있는 것이다.

이 외에도 「십삼원」(5호), 「박돌의 죽엄」(8호), 「기아와 살육」(9호) 등의 최서해의 작품들은 물론, 임순영의 「일요일」(3호), 곰보의 「최첨지」(12호), 채희목의 「잠뱅이」(17호), 조중곤의 「산파역産婆役」(19호), 최독견의 「유모」(17호)·「바보의 진노」(20호) 등 소설과 임영빈의 희곡 「복어알」(10호)도 같은 부류에 속한다고 볼 수 있다. 그러나 여기서 주의할 것은 취재에 있어서는 유사하지만 계급의식에 기반한 작품이 등장한다는 점이다. 박화성의 「추석전야」(4호)의 경우가 그 대표적 예라고 할 수 있겠는데, 여공의 가난과 고통을 그리고는 있지만 궁핍의 생존적 절박함을 실감나게 묘사하기보다는 계급적 분노를 중심에 세우고 당파적 계급성을 선전하고 있다는 점에서 계급의식에 기반해 창작된 작품이다.

2) 객관으로 보편으로

생존의 절박한 상황을 실감나게 묘사함으로써 분단의 총아으로 등장한 최서해를 선두로 한 일군의 신진 작가들 외에 또 하나의 새로운 경향이 있다. 이들 또한 갈등하는 심리를 생생하게 묘파해 낸다는 점에서 앞선 경향과 유사점을 가지고는 있으나, 기아나 가난 등의 생존적 문제로부터 오는 아픔과 고통을 부각시키기보다 인간 내면의 욕망을 탐색하는 태도를 취하고 있다. 대표적 작품으로 김태수의 「과부」(2호)·「인도주의자와 자전차」(14호), 채만식의 「세길로」(3호)·「불효자식」(10호), 백파의 「사내들」(4호), 한설야의 「그날밤」(4호)과 「주림」(14호), 임영빈의 「난륜亂倫」(4~6호), 계용묵의 「상환相換」(8호)·「최서방」(20호), 이태준의 「오몽녀五夢女」(10호), 이영섭의 「해혹解惑」(13호) 등이 있다.

이들은 성욕과 관련된 결정적 선택의 상황에서 벌어지는 미묘한 감정의 변화와 심리적 갈등을 포착하여 인간의 본성적 영역에서 욕망이 무엇인가를 탐색하고자 한 소설들이다. 따라서 극악하고 절박한 고통을 무겁게 그려냄으로써 공감을 호소하는 형식보다는 어떤 행위의 실체가 무엇인지를 확인하고 위선과 가식을 벗겨냄으로써 스스로의 윤리적 부담을 벗어 던지는 형식을 취하게 된다.

김태수의 「과부」는 결혼 5년 만에 남편이 병으로 죽자 아이를 업고 고향을 찾아 기차에 오르는 장면에서 시작된다. 밤의 외로움과 살아갈 길의 막막함에 고민하는 그녀의 옆으로 한 신사가 멈칫거리며 지나간다. 결혼 직전 그녀가 그림을 배우고 연정을 주고받던 남자였다. '순히'는 그를 배반하고 죽은 남편과 성대한 결혼식을 올렸던 것이다. 그는 지금 어린애를 보듬은 한 여자와 함께 있었다. 그러나 '순히'는 시기와 질투의 감정을 속이지 못하고 그와 함께 살고 싶은 욕망에 휩싸이고, 아이에 대한 죄책감과 옛 애인을 향한 욕망 사이를 배회하다가 고향 역에 다다른다. 아이를 업고 역에 내린 그녀는 친정어머니에게 아이를 버리다시피 맡긴 채 기차에 다시 오르는 것으로 마무리된다.

성적 욕망과 생계의 곤란이 교묘히 결합되어 윤리적 정당성과 갈등하고, 결국 욕망의 승리로 결말지어진 이 소설은 젊은 과부인 '순히'를 내세워 부도덕하다고 손가락질 받는 욕망의 보편성과 편협한 윤리에의 거부를 시사하고 있다. 비록 생계의 곤란이라는 요소가 첨가되어 있으나 이는 주인공이 정신병적 상태에 있지 않은 매우 보편적인 인간임을 부각시키기 위한 장치이지 그녀의 선택에 결정적 역할을 하는 요소는 아니다. 따라서 이 소설의 주요 갈등은 '순히'의 내면에 도사린 성적 · 경제적 욕망과 전통적 부부 · 모자의 윤리가 빚어낸 모순 속에 있다고 할 수 있다. 「과부」의 관심사가 인간 내면의 욕망에 있음을 보여준다고 할 때, 탐색 혹은 관찰의 의도가 분명한 작품으로 채만식의 「세길로」를 들 수 있다.

「세길로」 역시 공간적 배경은 열차 안에서 시작된다. '나'는 서울로 오는 열차 안에서 육감적인 여자를 보고 마음을 빼앗긴다. 나는 그녀의 주변을 관찰하다 전문학교 학생인 듯한 남자가 그녀의 관심을 끌기 위해 애쓰는 모습을 보게 된다. 그런데 그녀는 오히려 나와 자주 시선이 마주치는 것이었다. 나는 남 몰래 승리감에 도취되었다. 하지만 결국 접근에 성공하는 것은 내가 아닌 그 학생이었고 나의 기분은 순식간에 열패자의 그것으로 바뀌게 된다. 그러나 종착역인 남대문 역에 내리자 그녀는 사라지고 나와 그 학생도 각기 다른 방향으로 흩어졌다. 다음날 우연히 길에서 마주친 그 학생과 의미 있는 미소를 교환하는 대목에서 끝맺음된다.

소설의 대상은 한 여성의 환심을 사고 싶다는 욕망과 그로부터 파생된 심리라 할 수 있겠지만 그로 인한 어떤 행위는 거의 없다고 할 수 있다. 행위가 있다면 그저 시선을 따라 움직이는 고갯짓과 열차에서 내리는 행위 정도라 할 것이다. 일반적으로 소설에서 욕망과 심리는 사건 유발과 관계하지만 적어도 이 작품에서만큼은 욕망과 심리적 변화가 사건에 개입하지 않는 특성을 가지고 있다. 따라서 욕망과 심리는 그 자체로 하나의 탐색 혹은 관찰의 대상이 되고 있다.

이러한 경향은 줄곧 계속되어 14호의 한설야 작 「주림」에서도 여전히 유지된다. 「주림」은 아내와 사별한 젊은 경일이 옆방에 사는 C의 아내를 훔쳐보며, 성적 욕망에 휩싸이는 과정을 그려내었다. 그는 C에 대한 두려움과 아내 생각 사이에서 내적 갈등을 보이다가 결국 허망한 공상으로 결론지어지는데, 역시 성적 욕망에 대한 관심과 탐구를 명료하게 드러낸 작품으로 판단된다. 길 가던 한 여성을 두고 뒤를 따라 가던 두 남자의 심리를 묘사한 백파의 「사내들」의 경우도 「세길로」와 거의 같은 형식을 취한다 할 수 있을 것이고, 이외 「그날밤」, 「해혹」, 「난륜」, 「상환」, 「불효자식」, 「오몽녀」, 「최서방」 등도 이들 작품과 동일한 범주에서 논한다 해도 무리가 없는 작품들이다.

그러나 생존을 문제 삼아 그 절박한 아픔을 형상화한 최서해류의 소설들과 인간 내면에 실재하는 욕망의 진정한 모습을 묘사한 채만식류의 소설은 공통적으로 기존의 동인지 문학이 보여주었던 소설의 감상적이고 실험적인 소설들과 구별되는 독자적인 문학적 흐름을 형성했다고 할 수 있다. 다시 말해 이 두 경향은 관심사와 방법론적인 차이를 넘어서는 사유의 형식에 있어서는 같은 흐름으로 간주된다는 것이다. 동인지 시대에 '참 자기'라는 근대적 주체의 인식이 가능하게 되었고 주체의 성격에 대해서 '개성론'이 자리를 잡았다고 한다면, 대중문학의 시대인 20년대 중반에는 그 고립적이고 이상적이던 주체가 객관적 시각을 확보하는데 도달하고 있다.

즉 스스로와 세계를 객관적이고 보편적인 시각 속에서 해석하고자 하는 것이다. 최서해류의 소설들이 민중들의 고통이 어디서 연유하는지 관심을 갖는 것과 채만식류의 소설들이 인간의 본질을 현실 속에서 찾고자 하는 시도는, 시선이 닿은 도착지는 틀릴지언정 그 출발점은 보편적이고 객관적인 주체와 세계에 대한 인식으로부터 연유하는 것이다. 각 인간의 개성에 몰두한 '개성과 예술'에서 한 단계 뛰어 올라 구체적인 생활적 세계에서 보편인으로 살아가는 '생활과 예술'의 논리가 성립할 수 있었던 것은 이러한 사유 양식의 변화과정과 궤를 같이하고 있는 것이다. 이것이 이들을 동시대의 공유지점으로 안내하고 있는 거대한 지형적 변화의 핵심이다.

3) 동인 작가들의 변신과 문단

그렇다면 기존 작가들 이를테면 김동인, 염상섭, 현진건, 나도향 등 동인지 문학 시대 대표적 작가들의 작품 경향은 이러한 변화의 시대를 맞아 어떤 모습을 갖추게 되는지 확인해 볼 필요가 있다. 만약 이들이 별다른 변화를 보이지 않는다면 20년대 초반과 중반은 단절적 격차를 가지고 각기 다른 시대적 범주를 구성했다고 할 수 있겠지만, 반대로 일정한 전환을 보이고 있다면 20년대의 초,중반은 변화를 인정하는 동시대의 범주로서 이해할 수 있을 것이다. 따라서 비록 5년여의 짧은 기간이지만 동시대성의 범위를 어떻게 이해할 것인가라는 측면에서 이들의 변화를 살피는 것은 무시할 수 없는 의미를 내포한다.

물론 이들은 신진 작가들과 달리 이미 나름대로의 경향을 고정시킨 작가들이라 할 수 있으므로 위에서 살핀 것과 같은 명료한 변화의 지점을 찾아내기는 어려울 것이다. 다시 말해 이들에게서도 공통적인 변화의 기류가 발견된다면 그것이 비록 사소한 것일지라도 변화된 문학적 지형을 반영하는 것으로 간주될 수 있다는 것이다.

동인지문학 시대를 이끌던 주요 작가들 중 김동인은 「감자」(4호)로, 현진건은 「B사감과 러브레타」(5호)로, 나도향은 「물레방아」(11호)로 각각 자신의 특징적 면모를 발휘하는 성과물을 남긴다. 김동인의 「감자」는 복녀의 욕망과 그 욕망이 결국 도달하게 된 비극을 이야기하고 있다. 복녀는 원래 규율 있는 농부의 딸이었으나 결혼한 남편은 천하의 게으름뱅이였고 결국 칠성문 밖 빈민굴로 쫓겨나고 말았다. 그곳에서 이러저러한 허드렛일을 하며 생계를 유지하던 복녀는 송충이 잡이를 나간 어느 날 감독의 꾐에 응하여 매음을 하게 되었고 그 후 그녀는 매음만으로 생계를 유지하였다. 왕서방의 밭에서 감자를 훔치다 들킨 복녀는 왕서방의 공인된 첩처럼 매음을 하다가 왕서방이 장가를 들게 되자 분노를 이기지 못해 그를 살해하려 한다. 그러나 오히려 그녀는 자신의 낫에 목숨을 잃고 왕서방의 돈 몇 원에 공동묘지에 버려진다.

「감자」의 주요한 대립 구도는 가난과 생존권을 둘러싸고 벌어지지는 않는다. 복녀는 첫 매음 요구에 순순히 복종했고, 이는 왕서방과의 관계에서 더욱 분명해 진다. 경제적 궁핍과 생계는 보편인으로서의 복녀를 부각시키고, 소설 내적 논리는 복녀 스스로 매음을 합리화하는 장치로 기능을 발휘할 뿐, 가난 자체가 복녀의 매음을 강요한 것은 아니었다. 복녀가 왕서방의 결혼 소식에 분노하여 살해를 기도한 것은 그녀가 왕서방에게서 성적 만족을 포함한 배우자로서의 만족을 얻고 있었다는 점 때문이다. 따라서 이 소설은 복녀라는 보편적 여성을 통해 인간의 욕망이 가지는 갖가지 모양 중 하나를 형상화한 것이다.

「B사감과 러브레타」의 경우는 'B사감'의 숨겨진 본능을 엄격한 규율과 대립시킴으로써 성취를 거둔 대표적 예라 할 것이고, 「물레방아」는 방원의 아내를 통해 욕망의 탐색에 주의를 기울이고 있다. 이렇게 보면 이들 두 작품은 20년대 초반 작가들이 보여주었던 모습과는 상당한 거리에 놓여 있음을 발견하게 된다. 즉 김동인은 「약한자의 슬픔」이나 「배따라기」의 관념적 참인생으로부터, 참인생의 실체로서의 욕망이 위치한 영역에 관심을 돌려 그 욕망의 미로를 탐색하고 있다고 할 수 있고, 현진건은 근원의 욕망을 그려내는 데 관심을 기울이고 있음을 볼 수 있다. 나도향의 「J의사의 고백」(16호)은 미완이지만 그 설정이 성적 욕망의 탐구와 관련되어 있음을 엿볼 수 있고, 염상섭의 「초련」(14호) 역시 마찬가지이다. 이러한 변화의 연장선상에서 현진건의 「해뜨는 지평선」(18호)을 본다면 추리소설 기법을 시험하고 있는 또 다른 측면의 변화를 발견할 수도 있을 것이고, 나도향의 「꿈」(13호)에서는 전근대적 귀신이야기를 빌려온 그의 색다른 변모를 찾을 수 있다.

『조선문단』 이전, 즉 동인지 시대는 말 그대로 '동인'이라는 지향과 친분에 기반한 조직과, '동인지'라는 실험적인 작품으로 채워진 매체, 그리고 몇몇 구성원의 희생에 의존한 경영 등 작품에서 매체, 경영에 이르기까지 고립적인 체제로 운영되었다. 다시 말해 소규모의 폐쇄적이고 자족적인 형식이었던 것이다. 그러나 『조선문단』이 등장하면서 폐쇄성과 자족성을 특징으로 하는 동인지 체제는 붕괴된다. 『조선문단』은 소수의 고정된 편집진을 제외하고는 당대의 작가들 대부분에게 공개되어 있었을 뿐 아니라, 다수 대중으로부터 투고를 받아 추천하는 등 전면적인 개방을 시도하고 있다. 특히 문예 대중을 존립의 토양으로 삼았다는 점은 이미 폐쇄성과 자족성을 부정하고 개방성과 대중성을 지향하는 새로운 형식이라는 점에서 주목받아 마땅하다. 이는 잡지라는 포괄적 개념으로 『조선문단』과 동인지가 함께 논의될 수 없음을 말해주는 것이기 때문이다.

『조선문단』을 동인지와 구별하는 또 다른 이유는 그 편집의 내용과 관계된다. 전 시기, 시와 소설을 중심으로 한 문학 작품만이 편집의 대상이었던 반면, 『조선문단』은 작가의 인상과 사생활까지 편집 내용으로 삼으며 흥미 유발적 기사들을 적극 게재하고 있는 것이다.

매체의 형식이 명확한 변화의 징후를 설명한다면 작품의 변모는 그 지향이 무엇이었는지를 보여준다. 동인지 시대가 접히고 신경향파 문학, 나아가 프로문학의 태동이 이루어지던 시기, 동인지 문학의 대표작으로 거론되는 작품들이 산출되고 있다는 점에 주목할 필요가 있다. 『조선문단』에 실린 작품만 하더라도 김동인의 「감자」와 나도향의 「물레방아」, 현진건의 「B사감과 러브레타」 등이 있다. 기존 논의에서 이 작품들은 동인지 문학의 연장선에서 설명되었지만 작품의 성격상 그리고 시간적 거리상 동인지 시대의 작품들과 동궤에서 이해하기 힘들다.

이뿐만이 아니다. 같은 시기에 최서해, 채만식, 이태준, 한설야, 계용묵, 박화성 등 20년대 후반과 30년대를 대표하는 작가들이 대거 등장하고 있다는 사실도 간과할 수 없다. 새로운 작가들이 등단과 추천이라는 형식을 거쳐 진출했다는 것 자체도 상당한 의미를 지니고 있다. 그것은 문단의 재생산 구조가 형성되었다는 측면에서도 중요한 사건이지만, 신진 작가의 대거 진출 또는 문단의 재생산 구조의 성립이 이 시기일 수밖에 없었던 이유 또한 흥미로운 사실이다. 앞서 언급한 대로 동인지문학을 이끌던 작가들이 이 시기에 대표작들을 내놓게 된 이유, 매체에 있어 동인지 형식이 붕괴하고 대중문예지가 성립된 이유와 무관하지 않기 때문이다. 결과적으로 잡지의 목적과 형식에 있어 『조선문단』은 분명한 대중 지향성을 보여주었다.

이들의 작품 경향은 동인지 시대의 작품들과 상당한 차이를 가지고 있다. 『조선문단』의 작품들은 대개 두 가지 경향으로 나뉠 수 있는데, 하나는 궁핍과 가난의 생존문제를 중심으로 한 최서해류의 작품들이고 다른 하나는 욕망의 실체를 확인하고자 한 채만식류의 작품들이다. 이들은 내용 면에서 차이를 가지고 있지만 보편적 인물을 등장시켜 그들이 어떤 모습으로 살아가는지를 추적함으로써 객관적인 시선으로 당대의 세계와 개인의 모습을 그려내고자 했다는 점에서 공통적이다. 물론 이들의 관심사는 다르지만, 적어도 그들이 취하는 태도는 현실을 직시하려는 시선, 즉 객관성과 보편성의 범주에서 벗어나지 않는다는 것이다. 시선이 가닿은 소실점은 다르지만 출발점과 방식은 동일하다. 신성하지만 관념적이었던 동인지 문학은 세계와 자신에 대한 객관적 시각이 대두하며 탈각되었던 것이다.

정리해 보면, 매체의 변화라는 측면에서 이들의 변화는 선도와 계몽의 대상으로 간주되던 대중을 문학 생산 주체의 토양으로 간주하고 대중 속에서 작품 생산의 주체를 발굴하여 다시 대중 속에서 향유될 수 있는 체계를 실현시키려 했다. 즉 이들의 지향은 문학의 존재방식을 대중 속에서 찾는 문학의 대중화에 맞추어져 있던 셈이다. 다른 한편 작품의 변화라는 측면에서는, 궁핍과 가난이라는 보편적 생존문제를 통해서 실제의 세계를 형상화하거나 자신의 욕망을 객관적으로 관찰함으로써 내면에 대한 관념적 환상을 부정했다. 이 두 경향의 시선이 가 닿은 곳은 사회와 개인이라는 서로 다른 범주이지만, 그 시선의 성격은 모두 객관성과 보편성을 특징으로 했다는 점과 관찰과 기록에 의한 실사實寫적 방법에 의지하고 있다는 점에서 공통적이다.

이 두 측면, 즉 매체의 성격 변화와 작품의 경향 변화는 문학에 대한 인식과 태도라는 점에서 무관하지 않다. 고립적이고 자족적인 매체 형식에서 공개적이고 대중적인 매체 형식으로 전환한다는 것은 대중에 대한 믿음, 즉 대중과 문학 인텔리 사이에 존재하던 신속神俗의 이분법이 무너지고 보편적 인간으로서의 의미가 부각되었다는 것을 뜻한다. 보편적인 인간에 대한 발견 뒤에는 세계에 대한 객관적 인식 태도가 있었음을 말할 필요도 없다. 결국 『조선문단』이 대중성을 지향했던 것은 바로 이 보편성과 객관성이라는 시대적 화두를 매체 속에서 실현하고자 한 시도였다고 할 수 있을 것이다. 이렇게 볼 때, 흔히 언급되듯이 프로문학의 대립항으로서의 민족주의나 잡다한 경향의 혼합체로서 『조선문단』을 평가하는 것은 다분히 프로문학 중심주의의 산물일 뿐이다.

4) 대중문학시대의 산파

대개 1920년대 문학에 대한 이해는 동인지문학 시대에서 프로문학 시대로, 낭만주의와 자연주의 문학을 거쳐 계급주의 문학으로 변화한 것으로 보는 것이 일반이다. 그것은 이미 많은 문학사에서 무수히 반복해온 일종의 암묵적 동의 혹은 명시적 묵계였다. 그러나 『조선문단』의 궤적을 통해 드러나는 바, 신경향파 문학의 생성시기, 세계에 대한 새로운 인식의 가능성은 이미 열리고 있었다. 욕망에 대한 탐색과 생존의 문제를 경험적 세계인식의 문제로 부각시킨 이 경향은 프로문학이 가능할 수 있었던 토대였으며 20년대 중반 급변하는 문예운동의 모습을 보여주는 단적인 예라고 할 수 있다. 더불어 새로운 경향의 확산은 다만 작품의 내용적 차원에 국한되지 않고 매체의 선택과 편집의 기획에 이르기까지 폭넓게 확산된 문예운동의 한 국면이었던 것이다.

따라서 1920년대 초반 동인지문학 시대의 연장과 프로문학의 대두 속에 끼어 능동적인 변화의 지평을 부각시키지 못했던 1920년대 중반의 문학은, 대중 속에 스스로의 정체성을 수립해간 대중문학시대, 신속神俗의 이분법을 넘어 객관적 현실 세계와의 대면을 시도한 실천의 시대로 평가되어야만 한다.

김동인은 『조선문단』의 공을 세 가지로 나누어 이야기한 바 있다.[42] 첫째는 조선의 문학을 안정적 궤도에 올려놓은 것이고, 둘째는 창조파, 폐허파, 백조파 등의 분파주의를 폐지한 것, 마지막으로 신진 문인의 산출과 시조부흥운동이 그것이다. 이 지적은 이미 대중문학 시대의 두 가지 특징에 착목한 것으로 간주된다. 조선문학을 안정된 궤도에 올렸다는 평가와 분파주의를 폐지했다는 지적은 대중문학 시대 『조선문단』이 보여준 대중문예지로서의 특성에 기인하는 것이고, 신진 문인을 산출했다는 것은 대중문예지의 질서를 구축하는데 불가결한 요소였기 때문이다. 여기서는 미처 살피지 못했지만 이 시기 변화의 흐름에 동참하고 있는 시의 변화—주요한과 김소월을 필두로 민요시에 대한 관심이 높아지면서 시 역시 상당한 변화를 겪게 된다—도 그는 지적하고 있다.

42) 김동인, 「속 문단회고」, 『매일신보』, 1931. 11. 11~22면.

근대 초기 사유의 변화는 급진전하고 있었다. 근대적 주체의 형태가 모습을 드러내고 개성이라는 관념적 내면도 형성되었다. 그 다음 시기, 즉 폐쇄적인 내면, 독자와 호흡하지 못하는 자족적 소설이 극복의 대상이 되었을 때, 『조선문단』은 보편인으로서의 자각과 객관적 세계인식이라는 시대적 사명을 온전히 체현하고 있었다.

앞서 논급한 대로 1920년대 중반이, 계몽의 해체과정, 민족적 자부의 부활 국면, 실사 정신의 전면화 단계였다면, 이 지형적 변화, 즉 객관적 시선의 획득, 독자들의 기대지평에 근접한 원숙한 육체의 형성, 그리하여 대중적 재생산 구조가 안착될 수 있었던 이유 역시 윤곽을 드러내게 된다. 『조선문단』의 제 특징은 시대적 요구에 대한 부응을 드러내는 것이자 소설적 관습의 체현과정을 동시에 보여주는 것이다. 『조선문단』을 통해 드러나는 1920년대 중반 우리 문학의 지형적 변화는, 식민지문학이 수입된 사조의 연속적 전환이 아니라 주체와 세계를 보는 시각에 대한 끊임없는 질문 속에서 내적인 변화의 동력을 찾았음을 말해주거니와, 다른 한편으로는 기록서사가 소설과 관계하는 외적 조건도 설명해 준다. 문학의 대중화, 문단화가 진행되면서 소설이 포괄해야 하는 범위는 동인지 시대에 비해 비약적으로 확대된다. 몇몇 지식인들만이 아니라 당대 대중들의 기대지평과 취향을 수용해야 했고 이를 위해 공개화 된 지면은 신진작가들의 대규모 발탁으로 이어진다. 그리고 그들의 새로운 경향이 근대소설의 전형으로 자리 잡게 된다.

때를 같이 하여, 소설은 일인칭의 경험적 서사를 통해 서술자의 신빙성이 완성되었고 이를 기반으로 독자들의 기대지평에 부합하기 시작한다. 기존 동인지 문학이 유지해 오던 신성한 예술과 속악한 현실의 이분법적 상상력을 넘어서는 실사 정신에 입각한 기록의 소설화가 가능해진 것이다. 이 영역에서 「탈출기」도 출현할 수 있었고 김동인 · 현진건 · 염상섭 · 나도향 등의 대표작들도 산출될 수 있었다. 이러한 변화의 조짐이 다만 신진작가들에 국한된 일종의 유행병이 아니라는 것은, 동인지 작가들의 대표적 작품이 대부분 이 시기에 산출되었다는 점과 이들에게서 보이는 변화의 모습이 신진작가들의 그것과 유사하다는 점에서 증명된다.

최서해와 채만식의 작품에 대해서는 따로 논의하겠지만, 이들이 성취한 객관적 시선이 「맨 밋 층에 발을 부티라」[43]나 「조선문화의 기본조사」[44]에서 시작된 실사實寫 정신과 궤를 같이 하고 있었음을 부정하기는 어렵다. 엘리트로서 선취한 근대적 이념보다, 당대의 현실을 직시함으로써 민족의 나아갈 바를 탐색했던 흐름이, 소설에 있어서는 객관적 시선을 통해 관찰되는 세계를 형상화하는 방향으로 나타나는 것이었으며, 그 양식적 현상이 실사정신을 공유한 기록서사와의 삼투와 차용으로 구체화되었다고 할 수 있다.

이렇게 볼 때, 『조선문단』은 다만 평면적 일개 문학잡지가 아니라, 대중화와 문단화를 통해 근대소설이 지배적인 장르로 도약하는 계기였으며, 또 근대소설이 기록서사와 삼투하며 관습화되는 과정을 문학적 측면에서 드러내 주는 하나의 척도가 되는 셈이다.

43) 「맨 밋 층에 발을 부티라」, 『개벽』 17호, 1921.1, 1면.
44) 「朝鮮文化의 基本調査」는 『개벽』 31호(1923.1)에 첫 사고社告가 난 후, 34호의 '경남도호'를 시작으로 64호의 '전남도호'까지 14개 지역을 15회에 걸쳐 연재했다.

읽을거리

「조선문단 합평회」

(『조선문단』 6호, 1925.6)

조선문단 합평회 －제1회－ 이월 창작 소설 총평

평자 (가나다 순)

김기진(팔봉산인) 김억(안서)

이광수(춘원) 박종화(월탄)

염상섭(상섭) 나빈(도향)

양건식(백화) 현진건(빙허)

×××

방인근(춘해) 최학송(서해)

잘못된 것은 잘 밧어쓰지 못한 필자의 허물이오니 책망의 방맹이는 필자에게 내려 주옵소서.

필자　　최 학 송

인근　　이제부터 시작하지요. 필기는 최학송군의 수고를 빌기로 하엿습니다.

나빈　　말은 천천히 해요. 밧어쓰기 조케…….

인근　　그러구 평하는 이는 우리끼리 의견충돌이 되드라도 이 자리에셔 시비할 것 업고 작품에 대해셔만 말합시다

일동　　그러는 것이 조치요.

인근　　그런데 합평하는 것을 엇지 생각하십닛가. 한 사람이 평하는 것보담 나흘넌지, 못할는지요?

김억　　그것은 나종을 볼 것이고……. 그러나 어늬 점으로는 조흘 줄 압니다.

인근　　합평에는 부족한 점도 잇겟지마는 중인衆人의 평이니까 원만하게 되고 재미스러울 줄 압니다.

상섭　　반드시 이 합평에서 무엇이 나올 것 가태요. 무슨 큰 자격刺激을 줄 줄로 밋습니다.

인근　　피차에 원망이나 업슬넌지요.

건식　　거북한 노릇이야! 하하

종화　물론, 누구나 장점 단점이 잇는 것이니까요.

나빈　나는 아모 상관업슬 줄 압니다. 평에 대하야 원망이라는 것은 피차 감정상 문제이지만 그것도 말로 한다고 더할 것 업잔습니까. 말로 하나 붓으로 쓰나 마찬가지니까요.

인근　합평이란 것은 조선에서 처음인데 대개 엇더한 방법으로 하는 것이 조흘가요?

진건　두 가지가 잇겟지요. 죽 도라가며 차례로 한 사람이 평을 다 하여가는 것과 쌀막쌀막하게 여러 번 회화체로 하는 것과…….

건식　회화체로 하지요.

기진　좀 어려울 걸이요.

학송　어렵기는 어렵겟지만 회화체로 하지요.

나빈　좀 재미잇는 말도 석거가면서…….

인근　여긔 잇는 이의 작품은 엇지할가요? (상글상글 우섯다. 방 안의 공기는 점々 긴장하여 간다.)

긷어　물론 작자는 그 때마다 빠지는 것이 조켓지요.

진건　대개 작자는 말 안하는 것이 조켓지요.

종화　작자한테 동기를 물어도 조켓습니다.

김억　나는 빼요. 소설에는……. (하면서 씽글씽글 웃고 쌍문이를 쌘다.)

인근　김억군은 시평을 맛헛스니 빠저도 좃소. (아주 판사가 선고나 내리는 듯이)

건식　나는 보지 못하엿스니 엇저나? 보랴고 하다가 밧버서 그만……. (키 커단 양반이 머리를 긁으면서) 작자들게 대해서 안 됏는걸!

상섭　계속繼續소설들은 다음으로 밀지요?

인근　그러면 개벽 이월호에 실린 회월씨의 「정순이의 설음」부터 평합시다.

나빈　나는 못 보앗습니다. 작자에게 대하야 퍽 미안합니다.

건식　나도 못 보앗습니다.

진건　(머리를 긁적긁적 긁으면서 보기는 보앗는데, 무어라 할지 생각 안 나, 가만 잇자, 여긔써 너엇스니 (호주머니에서 뒤심난하게 적은 원고지를 끄집어내어 펴든다.))

종하　나도 썻는데 (수첩을 끄집어 낸다.)

상섭　(쑹하고 안즈섯든 부자집 맛며누리가튼 양반이) 그 방맹이 좀 빌녀들 주구려!

일동　하하하

진건　(조희를 드려다 보면서) 적기는 내가 적엇는데 알 수 업는걸! 허허. 이러케 쏙 지목하거나 차례로 하지 말고 누구나 생각나는대로 몬저 말하는 것이 엇덜가?

나빈 일전에 월탄(종화)군의 집에를 갓더니 회월(영희)군의 작품(개벽 이월호, 정순의 설음)은 그 전 것보담 훨신 낫다는 말을 들엇습니다. 엇더케 나흔지 그것은 월탄군의게 드럿스면……. (우슴 먹움은 구슬가튼 눈으로 월탄을 건너다 본다.)

(월탄이 입 열기 전에)

기진 그 사람(회월)의 작품은 여럿을 보앗는데 아직 습작을 면치 못한듯 해요. 그러나 작품에 나타나는 작자의 양심은 조하요.

인근 근래, 회월군의 작품에는 푸로의 기분이 좀 흘너요.

학송 그런데 독자에게 절실한 늑김을 못 주는 것이 섭섭히 생각납듸다.

종화 그런데 회월군의 소설은 사오편 보앗는데 이전 것도 엇던데 못비한 점이 만흐나 기교가 좀 세련이 덜 되엿다 할 수 잇섯습니다. 한데 이번 소설(정순이의 설음)은 아주 세련된 것으로 밋습니다. 기교라거나 묘사가 이전에는 보지 못하는 점이 만허요. 싼사람이 쓴 듯한 늑김을 밧엇서요. 또 드러 말하면 정순이라는 주인공에 대한 작자의 태도라거나 그 외 모든 것이 그야말로 훌륭한 완성품이라고 하겟습니다. 그런대 흠점을 들 것 갓흐면 작자가 소설에 대하야 과장誇張하는 폐단이 업지 안은가 하는 것이외다. 이제는 다른 분이 말슴하시요.

상섭 나는 못 보앗습니다. 개벽에 소설이 안 난 줄 알엇소. (이 째에 방 안이 터지도록 일동이 우섯다.) 작자에게 대해서 어느 디경 미안한 일이외다.

진건 작자(회월)가 한, 에피소트라고 고도와르한 것인대, 정순에 대한 작자의 태도에는 두 분(기진, 종화) 말슴에 동감을 가집니다. 그런대 월탄(종화)군 말에 작자의 병이라고 할 과장이 잇다고 하엿스나 나는 거긔 반대합니다 이런 작품을 성공식히랴면 그것을 고조할 필요가 잇서요. 의사를 보고 반하는 심리는 그럴 듯 하고 병원에 차저가는 심리도 역시 묘해요 그런대 내 생각가태서는 의사가 입을 버리게 하고 목 압흔 대를 뭇는 데를 좀더 무엇을 너헛스면 하는 늑김이 납니다. 물론 전작보담 낫다고 하지만 전작에 대한다는 것이 너머도 모호한 듯 합니다. 좀 자세치 못해요……(간間)…… 행랑년이라는 것도 이상스러워요.

인근 글세 행랑에 게집애가 혼자 잇다는 것이 의심스럽습니다.

진건 그것도 그럿코 말하자면 작자가 너머도 결론을 급히 한 것 갓습니다.

송학 주인공 정순의 반역이 아모 것도 모르는 하류계급의 사람으로서도 한 인류의 막지 못할 생의 충동으로 일어나는 본능적의 맹렬한 반역이 되엿드면 참 조핫겟는데 그만 엇던 유식자의 이해정산에 갓가운 흐리머리한 반역이 된 듯 해서 인상이 깁지 못하지 안은가 합니다.

종화 그런데 진건군 말을 들은즉 과장한 것이 업다 하나 나는 그러케 생각지 안습니다. 그 과장여라구 하는 것은 정순이란 게집애가 병원에까지 가는 것은 묘하다구 하는대, 나는 그것 이 과장인 줄로 생각합니다. 십팔구재 먹은 게집애가 자기 상전上殿이라는 서방 박게는 이성이라는 것을 통히 접촉할 수 엇섯는데 그러케 의사를 한 번 본 후에 바루 곳 그러케 병원으로 갓슬넌지? 그것이 과장이 안인가 생각납니다 그리구 이것은 악가 말 계속이지만 그 정순이가 병원에 가셔 의사를 대하고 나종에 그 손을 목에 댓던가? (고개를 개웃드름한다)

진건 (손으로 가라치면셔) 안이 입에다 대엿셔요.

종화 응 참 입에 손을 대인 거긔에 역시 빙허(진건)군의 말가티 엇던 묘사가 잇섯스면 조핫슬텐데! 그 한 장면이 너머 셔트르고 억지로 쓰러대인 그런 생각이 나는 게 흠이라 하지 안을 수 업습니다. 그리구 끗을 급하게 막엇다는 것은 그처럼 생각할 수 업셔요.

진건 그런데 대개 이런 소설은 작자가 무엇을 쓰려고 하엿느냐 하는 것을 생각하고 십허요. 그 행랑게집애로 잇서셔 의사의 힌 손이 몸에 닷고 하는데로부터 끗히 웨 급히 되엿느냐 하면 다른 게 안이라, 끗헤 가셔 행랑년이 주안점이 되엿는데 애가 끗는 듯한 절통한 설음에 가삼을 치고 이를 갈도록 묘사치 못하고 말 한마듸로 막은 것이 힘업시 보여셔 결점가테요. 그러구 푸로계급을 그린다는 데는 할 말이 만흐나 그것은 후일로 밀지요.

종화 작자가 급하게 하지 안엇다는 것은 소위 푸로의 기분이라 할가, 제 4계급의 문학이라 할가 그 기분이 행랑년에만 나타난 것이 안이라 작자는 벌셔 행랑년이란 말이 나오기 이전에 그 정순이란 게집애가 병으로 자리에서 홀로 신음할 때 벌서 독자에게 하층계급에 잇서서 학대밧는 그 여자의 설음을 표시하엿습니다. 그러나 기분이 농후濃厚하게 열렬하게 되지 못하기 때문에 철저한 침통沈痛의 빗치 드러나지 못하엿스니까 그것은 급속히 하야 그런 것이 안이라 작자의 창작적 수완에 밀 것이지요.

나빈 그만하고 다른 것으로 옴기지?

인근 웨 김기진 씨는 말슴이 업서요?

기진　별로 할 말이 업스니까요.
인근　이번에는 김낭운 씨의 영원한 가책苛責(생장 이월호)을 말슴하시지요.
종화　도향(나빈)은 엇더케 생각하나?
나빈　무엇 말인가?
종화　날보고 도로 뭇나?
진건　엇잿든 약은 사람(나빈)이야! 하하하
나빈　생장 일월호에 난 것은(낭운의) 무엇이드라!
인근　귀향이지.
나빈　그의(낭운) 작품으로는 귀향을 처음 보앗는데 거긔 비하면 영원의 가책은 퍽 나흔 듯 해요. 그런데 내가 보고 늣긴대로 말하면 위선 시굴가정 학생으로 그 때까지 안해가 업는 것이 의문이 됩니다. 그러구 엄격한 가정이라구 하면서 엄격한 가정묘사가 업서요.
인근　오히려 반대가 되엿서요. 기생이 그러케 자유로 그 집에 기거한 것을 보면 어듸 엄격한 가정이라구 할 수 잇슬는지.
나빈　글세 말이야. 나는 시골 풍속은 잘 모르나 그와 가튼 엄한 가뎡에서 기생을 안방에 두는 것이 퍽 의심나!
진건　이 사람(나빈)이 내 할 말을 다 빼서 하네! 하하하
상섭　역시 그러이 하하하하
종화　나도 그런 걸— 일동 대소大笑
나빈　설령 갓다 노앗다 하드라도, 그런 엄한 가정에서 기생과 자유교제를 허하겟느냐 하는 것이 의문이란 말야, 그러구 이것이 (영원의 가책) 일인칭 소설이니 저 쪽의 심리묘사가 어렵겟지마는 그 상대자 되는 기생의 심리라든지 거긔 나타나는 태도가 퍽 불분명하게 생각납니다
종화　낭운이 석송인가?
나빈　안이야 낭운은 낭운이야 하하
종화　나는 낭운을 석송이로 알앗네!
학송　그러나 전편을 통하야 알 수 업는 매력이 읽는 사람에게 염증을 주지 안어요. 그리고 달 아래 시냇가에서 기생이 신세자탄하는 데는 무상한 인간의 애처러운 일면을 몸소 늑기는 것 갓습듸다.
상섭　그래요. 어느 정도까지 독자를 끌어요. 이 소설(영원의 가책) 주체主體가 기생과 엄격한 가정이라는데 잇는데 출발점부터 엄격치 못한 가정인 것은 도향군 말에 찬동이요. 그러나 다 읽은 뒤에 머리 속에 남(여餘)는 무

엇이 잇습니다. 그런데 내 요구라 할넌지 가정을 한쯧 엄격하게 맨드러노코 그 기생을 올ㅅ지 갈ㅅ지 업게 아주 돈소살에 싸지게 하고 침통한 눈물로써 그렷드면 더 열렬하엿슬 것이고 그럿치 안커든 가정을 자유스럽게 심하게 말하면 난륜적 즉 주인공이 쩨카단적으로 활동하엿드면 조핫겟는데 두 가지가 반중건중하게 오분식 석겻스니 인상이 엷어저요. 전체로 보아서 유망하다는 것은 범람泛濫한 말이나 여하한 무슨 기대를 할 수 잇는 작이야요. 씃흐머리에 처음 편지에는 주인공의 말가티 열이 업다는 것은 작자가 그러케 보이기 위하야 썻다고도 할 수 잇스나 유서에 열이 보이지 안는 것은 작자의 수완이나 역량이 나타나지 못한 것으로 녁입니다. 그만큼 인도적인 주인공이 기생의 전정을 위하야 돈 이백원까지 싸노앗다는 생각이 주밀한 주인공이 기생이 이마에 키쓰하는 것까지 모르도록 잣다는 것이 부자연스럽고 최후에 고통의 빗치 보여야 할텐데 그것이 업스니 무력해요.

나빈 일흠이 (영원의 가책) 재미 적어요. 내용의 불충실을 미리 말하는 듯해서…….

인근 전편을 통하야 재미는 잇스나 그만침 여유 만흔 재료를 그만 평범하게 만드럿습니다.

상섭 어느 구통이 빈 데만 업섯드면 썩 훌륭하엿슬건데…….

기진 그것도 배경을 잘 맨드러노코 활동식혓드면 썩 조핫슬 것인데 그만 평범해젓서요. 자기(주인공)는 학생이다. 그런데 가정은 엄격하며 또 저는 기생이다, 아직 사랑할 수 업다하는 감정과 의지의 싸흠의 씨렌마가 업서요.

—(간間)—

인근 또 (사면을 도라본다. 조그마한 눈에서는 우슴이 솔솔 새어나린다.)

기진 주인공은 그 기생의 죽은 것은 내가 죽엿구나 하면서도 고통의 빗을 볼 수 업서요.

종하 현서 써노코 주는 데가 너머 경한 듯해요.

진건 성격설명이 업서서 연극가태!

기진 귀향도 스지가 분명치 못합되다.

인근 생장에 「순醇의 생활」(방한민 작)은 잇내요? 보아도 모르겟시요.

일동 그것은 초기니까 평할 수 업서요.

나빈 그담 「내방자」는?

인근　그것은 소설이라구 할가?

나빈　그래두 소설이야! (깜안 눈을 깜박깜박)

종화　이제는 조선문단으로 옴기지?

나빈　이제 상섭군 차례(전화)가 앗구나! 하하하

인근　이제는 그럼 상섭군의 전화?

상섭　에그 욕들이나 톡톡히 하시우! 나는 모르겟수! (풍부한 얼골이 붉으레하야 호그럽게 썰々 우섯다.)

인근　전화는 일흠부터 호기심을 끌어요.

나빈　단편으로는 아주 조하요.

기진　전화가 조하요. 아마 조선문단 이월호에 실린 소설 중으로서는 제일 무게잇는 작품이야! 하하

일동　그래 하하

상섭　나는 빙허군의 독설이 나올가봐 겁나네 하하하

인근　나는 여러 군데 자릿자릿한 묘사에 반햇습니다.

나빈　장가 가보지 못한 사람으로서는 상상력이 굉장해(상섭은 나히 삼십이 되도록 총각이다)

기진　주인아씨 댕기싼는데도 그럴듯해!

(이 째 춘원이 들어왓다.)

나빈　하지만 술이 취햇다고 「채홍」이 소리가 나올가? 그러케 그런 마누라 압헤서…….

종화　정 심하면 나오기도 할 터이지!

인근　상섭 자신 가트면 안 나오겟지만×－주사야 나왓슬넌지 모르지? 하하하

나빈　사실, 신년에 나온 작품 중에는 「전화」가 우리 문단에 제일이라고 할 수 잇습니다.

진건　내가 연설할게, 상섭 군의 회화 쓰는 것은 일품이로, 암시도 묘해요, 예를 들면 채홍이가 전날 밤에 김 주사하구 가치 간 것이 뺨이 붉고 눈이 퀑한 것으로 암시한 것은 썩 조치 안습니까? 그리구 상섭의 작은 처음은 혼돈하다가 차츰 실 풀리듯이 나가는 것은 기교나 묘사에 익숙한 것이겟고 작중에 나오는 인물들이 늘 무슨 일을 낼 듯 낼 듯 하야 엇던 설명을 하지 안어도 독자가 그 맛에 끌니는가 합니다. 한데 이 작에서 표현식히려는 것이 무엇인지? 사내 속 못 차리는 것을 나타낸다면 좀 부족하고 주인아씨도 여염집 부녀답지 안케 산애 말대답이 여간 아니든걸. 그러니 주인 아씨와, 기생, 그

두 사이에 사내가 쪼들여서 아주 못 견듸게 되든가? 또는 사내가 엇더케 주인아씨를 휘두르던가 햇스면 흥미가 더 깁흘 것 갓습니다.

종화	빙허군은 작자가 무엇을 썻을가 하나 나는 그것을(전화) 무게 업는 작이라고 생각합니다. 그저 전화 그것에 지나지 못하는 줄로 생각합니다. 그러나 처음부터 묘사, 기교는 빈틈이 업시 잘되엇스나 끗헤 묘사가 잇서야 할 텐데 너머 급속히 매즌 것 갓습니다.
상섭	허々, 내가 어듸 변명을 해볼가? 아니 변명보다도 계획을 말하지요. 그것이(전화) 처음 마음 먹엇든 것과는 뒤틀엿서요. 처음 개벽사의 부탁을 밧고 지긋지긋 밀리다가 그때야 쓴 것입니다. 처음에는 이러케 생각햇지요. 통화료에 쫄려서 쩔쩔 매는 것을 그리려고, 소위 현대사회에 나서서 행세한다는 사람의 내막을 그리려고 한 것이, 그러면 시일도 걸리고 장편이 되겟기에 그러케 뒤틀엿습니다.
나빈	춘원은 왜 말슴이 업습니까?
광수	나는 오늘 듯기만 하겟습니다. 하하
건식	전편(전화)을 보면 내용이 우수이요.
일동	하하하
종화	그래 전화라는 것이!
나빈	그것이 동경인지두 몰으지? 하하
일동	하하하
종화	그건 그만하고 넘어갑시다.
인근	빙허(진건)군의 B사감과 러브, 레타―
나빈	그것 쇄 음침하든데! 빙허의 작품은 얼핏보면 「체홉」의 단편가태. 개벽 정월호의 「불」로 말할지라도 체홉작에 엇던 게집애가 종일 괴롭게 일하다가 나종 어린애를 죽이는 데가 잇는데 불도 그러케 체홉의 냄새가 나면서도 체홉은 아니애요. 모밧싼에는 비길 수 업스나 엇던 독특한 기분이 잇습니다. 그러구 B사감과, 러브레타도 처음부터 자々구々가 호기심을 이르켜서 맨 나종에 무슨 말이 나오나 하는 독자의 상상력을 쓰는 것이 돗비니 도스토리라고 할지? 그런데 얼는 말하면 그것이 활동사진을 보는 것 가데요. 그러한 재미가 잇습니다.
종화	빙허군의 작은 언제든지 기교나 묘사로는 우리 문단에서는 제일 빼어난다구 생각합니다. 여기B사감과 러브, 레터 첫드머리 B여사의 용모를 그린 것이 그럴듯이 사람을 살々 간즈러 가지고 넘어가는 점이 잇습니다. 여긔서

독자는 속아 넘어갑니다. 나도 깜박 속앗서요. B사감이 방 안에서 혼자 지거린 데서 속앗습니다. 그런데 여자가 남성男聲을 낸다면 좀 다를텐데 그러치 안은 데서 나는 속앗소.

인근　그거야 여자도 남성을 낼 수가 잇겟지요. 그런데 문체든지 모든 것이 꽁꽁 뭉처저서 빙허의 몸동이가치 아름답게 되엇습니다.

학송　나는 쓰노라구 눈코를 못 쓰겟스나 참견하구 십허서 어듸 견듸겟습닛가? 엇지햇든 그것이 (B사감과 러브레타) 여간한 히늬쑤가 아니야요.

기진　전편을 통해서 요만큼 얌전한 것이 드물어요.

건식　흥미는 잇는데 슷헤 러브 레타가 너저분이 널린 광경이 과댱갓기두 해서

기진　작자는 학생에게 엄하게 하는 사감의 속을 붓잡히게 한 것이겟지요.

상섭　사십 이상 된 여자의 변태심리는 잘 모르니 거긔까지는 알 수 업고 또 그것은 여자의 체질 여하의 문제겟스나 맛치 쏠씨 작에서 본 것 가튼 즉 밀매음녀가 겨테 방에 잇는 대학생에게 편지 부탁을 하든 것 가태. 엇지 보면 좀 부자연스럽고 과장갓기도 합니다. (우렁찬 소리가 몹시 빠르다.)

기진　그런데 빙허 군의 작은 상섭 군과 가튼 경향이 잇서.

나빈　그래서는 상섭이가 빙허을 배호는 게지 하하

상섭　개벽 정월호에 실린 「불」이 낫지?

기진　아마 낫지요.

나빈　(책장을 번지면서) 그건 그만하고 넘지!

인근　이번에는 박월탄 군의 시인 (조선문단 이월호)

나빈　나는 발설이나 할테야. 시인보고 생각나는 것은 허무사상입듸다. 그리고 외람猥濫한 말이나 월탄의 작은 묘사에 감심할 수 업습니다. 그리고 설명식이 되어서 좀 재미가 적어요.

인근　가정생활이 글 쓰는 사람의게 방해 놋는 그 언저리는 선명합니다. 그러나 전체로 보아 씨의 다른 작품보다는 써러질는지 모르지요.

나빈　시인으로서는 쏙 늣길만한 것이야. 그런데 표현이 좀 엷어요.

상섭　이 작(시인)에 중요한 것은 슷친데, 그 귀착점이 자기의 생활의 모순을 표현한 것으로 생각합니다. 그런데 후조나 고초가루가티 싹금한 맛이 잇서야 할 터인데 그것이 부족해요.

나빈　그래 좀 쏙 씰으는 맛이 적어!

진건　허々 이거 고초가루가 업서서 야단낫군!

일동　하하하

인근　그것은(시인) 제가 원고재촉을 불이 나게 하는 바람에 급히 쓰시노라고 원만치 못하게 된 것이겟지요.

나빈　언제나 말하는 바지만 월탄 군은 한문투를 너머 써!

상섭　그런데 이것은 싼 말이지만 (두툼한 안경을 번득거리면서) 작품에 경어京語를 씁닛가? 지방어를 씁닛가? 엇던 작품에는 지방어가 만하서 이해키가 어려워요.

인근　대화에는 지방어를 써도 관게치 안켓지마는 설명에는 경어를 써야겟지오.

상섭　글세 반드시 표준어를 써야겟지요.

인근　흥 (상글상글)

상섭　내가 그것을 뭇는 것은 엇더케 몬저 언어의 통일부터 힘쓰는 것이 조흘듯해요.

나빈　잡담 제하고 어서 평이나 싊치지? 시인도 마저 말해요. 누구든지.

진건　눈 오는 밤에 눈이 덥히게 되면 시인 아니라 누구든지 은은한 감상을 품을 것입니다. 이러케 평범한 것은 평범할수록 묘사가 곤란해요. 부부싸홈 가튼 것도 그래요.

나빈　부부싸홈은 상섭(전화)이가 잘 그렷서! 하하

상섭　흐흐흐 나는 B사감이 되나! (아직 총각이니까)

나빈　한 사십 되면 하하하.

진건　또 다른 것을 보지?

상섭　이 (조선문단을 뒤지면서) 최서해가 누군가?

학송　그것은 저 올시다.

상섭　그래서는 실례가 막심이로군! 그런데 두 가지 일흠을 쓰십니다.

인근　그러면 「살인」은 계속 중이니 다음 합평에 밀고 학송군의 「십삼원」(조선문단 이월호)을 평합시다.

상섭　썩 조케 보앗습니다. 뒤에 나오는 쉼 이약이에서 깜짝 놀낫습니다. 그것이 조하요. 이것은 (십삼원) 아주 평범한 사건인데 K에게 가서 주저거린데라거나 싊흠 쉼으로 마친 데가 아주 그럴 듯헤요.

종화　묘사라거나 쉼 이약이는 상섭군의 말가티 색채가 좃습니다.

진건　조선속어에 쉼에 불을 보면 재수財數가 조타니 그러케도 조하 하하하.

그런데 쉼 박게는 별로 감심이 나지 안어요. K가 그러케 관후寬厚한 사람이 되지 말고 좀 인색하고 무인정한 사람이엇드면 자식에게 돈 보내라는 편지라구 업든 어머니를 위하야 허리를 굽히는데 자식된 성의가 농후하엿슬 것인데 그것이 업는 것이 섭々해요.

상섭　임영빈 군의 난륜도 조하요. 그 행문이 아주 유창하든데요.

종화　그런데 한문을 너머 쓴 것이 덜 조하요.

나빈　제 이회(난륜)를 보앗는데, 삼회는 엇덜넌지 일회에 끗엇드면 더 조핫슬 것 가태요.

종화　그래 이월호에 난 것은 군 것갓치 생각나요.

기진　나는 난륜이 제 일회(조선문단 일월호)에 긋난 줄 알고 개벽에 평을 썻지요.

인근　그것은 편집하는 제가 잘못입니다. 그러나 아직도 긋치 기르니 나죵을 보아야 진가를 알겟지요.

나빈　차라리 제 일회 단편으로 써러젓드면 더 힘이 잇슬 것 갓습니다.

인근　당선소설 「부친」(조선문단 이월호 정인길 작)은 엇대요?

진건　모를 말이 퍽 만허!

인근　황해도 사투리도 만코…….

상섭　두어 페이지 보앗는데 부친의 성격은 나타난 듯 십허

진건　글세 그런데 행문이 서투루고 통일이 업서々 퍽 모호합니다.

기진　작자는 무슨 암시를 보히려고 하나 나타나지 못하고 말엇서요.

인근　진제혁 군의 희곡 「구 가정의 긋날」(조선문단 이월호)은 엇대요.

일동　글세 우리가 희곡을 알아야지.

건식　나는 보기는 보앗는데 감심할 수 업서요. 그러구 한자의 오서誤書가 퍽 만해요. 차라리 순국문으로 썻드면 읽기나 편할 것을……. 하하하하

학송　이제는 긋낫지요?

나빈　최군이 퍽 쓰기 밧분게로군! 하하하

인근　그런데 이 합평을 일후도 하는 것이 조흘가요 (방 안을 도라보면서)

기진　조선에서는 첫 일이닛가 조선문단의 특색으로 그냥 두는 것이 조치요.

상섭　퍽 조케 생각합니다.

인근　그런데 일후에는 창작만 평할 것이 아니라 우리 문단에 대한 의견 가튼 것도 합시다.

김억　그것두 조하요.

인근　　그런데 박영희 늘봄 두 분이 종내 오지 안는 걸— 엇지하면 못 올 듯 하다고도 햇지만 (상글상글하든 낫체 덩숙한 빗치돈다.)

일동　　글세 엇지된 셈이야?

나빈　　영희군은 갑자기 볼 일이 잇서서 못 온다고 하기는 햇스나.

서창에 빗최든 석조夕照는 어느새 사라지고 방 안에는 황혼빗이 긔여든다.

—『이월 십오일 영도사 초막에서』

취미라는 텍스트의 정치학

처세술은 가르친다. 사람을 만날 때, 하지 말아야 할 질문이 둘 있다고. 하나는 정치이야기이고 다른 하나는 종교이야기이다. 이 이야기들이 금기사항이 된 이유는 반드시 싸움으로 막을 내리기 때문이란다. 반대로 빼놓을 수 없는 질문도 있다. 하나는 직업에 관계된 이야기이고 다른 하나는 취미를 묻는 질문이다. 어떤 일을 하는 사람인가와 어떤 취향의 인물인가는 우리시대를 살아가는 인간에 대한 판단의 맨 앞자리에 서있다.

우리의 삶을 둘로 나누는 말을 용인한다면, 노동과 취미라는 이항대립이 불가할 이유는 없다. 공적 영역과 사적 영역, 필요의 세계와 위안의 세계, 고단한 의무와 즐거운 권리 …… 광장과 밀실. 노동과 취미는 그러한 이항대립의 생활적 구분이다. 직업과 노동은 생존의 도구이기 이전에 이미 사회적 삶의 의미 그 자체로 인정된다. 공적인 삶이고 사회적 책무이다. 그래서 규범과 예의 등 구속적 제도가 큰 역할을 부여받는다. 취미는 그 반대편에

서있다. 사회적 삶을 상대화하는 사적 삶이며, 하여 개인의 본능과 기호嗜好에 따라 자유롭게 선택되는 것으로 간주된다. 그리하여 우리시대 노동의 시간과 취미의 시간은 철저하게 분리되어 있다. 직장에서 취미생활을 즐기면 해고를 감수해야 하고, 가정에까지 일거리를 가져오면 불화를 감수해야 하는 것이 현실이다.

그러나 의아하게도, 노동과 취미는 서로를 적대시하지 않는다. 오히려 노동과 취미는 서로에게 전적으로 의존한다. 취미 없는 노동은 극한의 생존경쟁과 만성적인 고통과 피로, 무의미한 단순작업일 뿐이고, 노동 없는 취미는 어리석은 낙오자와 불량한 건달, 쓸모없는 불한당을 만든다. 노동과 취미는 공모자임에 틀림없다.

실제로 노동이 사회의 모든 국면에서 실현되듯이, 취미로부터 완선히 자유로운 생활 역시 존재하지 않는다. 누구에게는 고단하고 힘든 노동이 누구에게는 즐거운 취미가 될 수도 있다. 악기연주를 업으로 하는 이가 있는가 하면 같은 행위를 취미로 하는 이도 있다. 요리를 취미로 하는 이가 있는가 하면 그것을 업으로 하는 이도 있다. 인간의 행위 양식 대부분은 그리하여 노동일 수도 있고 취미일 수도 있다. 취미를 동반자로 하는 노동과 노동 없이는 의미가 없는 취미. 노동과 취미는 그렇게 근대사회의 쌍생아로 태어났다.

그러나 취미와 노동의 메커니즘은 그보다 훨씬 더 발본적인 관계를 가지고 있다. 취미는 사적 즐거움의 세계에서 사람들의 기호嗜好와 취향趣向, 호불호好不好를 양식화하기 때문이다. 본원적으로 자유로운 듯 여겨지는 기호 혹은 취향은 취미라는 특정한 제도적 장치를 통과하며 관리되고 통제될 수 있는 형태를 취하게 된다. 취미를 통해 공통인식과 공통감각이 갖추어지고, 예측가능하고 준비된 호오好惡를 습득하게 되는 과정에 놓이게 된다. 즐거움의 세계는 곧 은밀한 기호嗜好 편집의 세계와 동의어가 된다.

한 걸음 더 나아가 보면, 공통인식과 공통감각의 구축은 특별한 문화적 주체를 형성하기에 이르는데, 이른바 '대중'이라 불리는 존재이다. 비슷한 욕망과 유사한 취향을 가진 거대한 인간의 덩어리. 천부인권을 구비한 특별한 개성의 존재들이 아니다. 국민, 민족, 인민, 무산자 등 다양한 주체가 고개를 들던 역사의 한 페이지에서, 취미는 동일한 상식과 감각을 제공했다. 역사적 주체, 문화적 주체는 그렇게 상상된 것이다.

취미를 실어 나르던 유력한 조력자가 있었으니, 라디오, TV로 대표되는 전파미디어였다. 동일한 취미가 라디오와 TV를 통해 서로 다른 귀와 눈에 전달되고 유사한 뇌를 생산했다. 국수를 뽑는 틀에서 동일한 굵기의 면발이 흘러내리는 것처럼, 취미라는 틀에 부어진 천부인권의 개인들은 모두 유사한 형식의 뇌를 공유하게 되었다. 이 유사한 뇌들을 일컫는 말이 대중이었던 셈이다.

문화적 주체를 '대중'으로 상상했던 자들은 대중의 바깥에 있었다. '엘리트' 혹은 '전위'로 상정된 소수의 인간군이다. 이 통제의 유력한 국면을, 권력을 쥔 엘리트들은 놓치지 않았다. 물론 음모와 속임수도 있을 것이다. 날조와 검열도 있을 것이다. 그러나 그보다 조금 저층에, 인식과 감각, 즉 뇌의 편집이 선행하고 있다. 편집된 인식과 감각은 사유의 행로를 고정하고 제한하는 더 큰 단위의 규정력이다. 그리고 그것은 미디어텍스트의 종을 가늠하는 유전적 형질로 드러난다.

어떤 행위, 어떤 경험이라고 특별하지 않은 것이 있을까. 매 순간은 새로운 시간이며 매 장소는 또 다른 공간일 것이다. 그래서 모든 경험은 각별할 것이다. 그것은 스스로 그러한 것이며 그래서 자연스러운 것이다. 취미 있는 삶은 즐겁다. 하지만 수많은 미디어를 타고 날아다니는 셀 수 없는 취미의 텍스트는 그것을 같은 시공간의 유사한 경험으로 치환한다. 당신이 좋아하는 것은 자연에 속하는 것이지만, 우리가 원하는 것은 이미 당신과 우리가 원할 수밖에 없게 된 것이다. 즐거운 텍스트는 축복이자 족쇄로 태어났다.

1. 1926, 미디어의 격변과 취미라는 '대중'의 자궁

1) 취미, 대중을 만들다

"대중의 취향에 따귀를 때려라."[1] 마야코프스키는 미래파의 출현을 알리며 이렇게 선언했다. 그의 시선은 '마천루의 높이에 올라 보잘것없는 그들을 내려다' 보는 위치에 있었다. 전위를 자임하는 그에게 대중은 지양해야 할 더러운 취향의 덩어리일 뿐이었다. 마야코프스키와 미래파는 '대중'과 자신을 분리시킴으로써 존립할 자리를 찾을 수 있었다. 나아가 마야코프스키는 막심 고리키의 언어를 증오할 권리를 외치는 입으로 다시, '우리'의 '나쁜 취향'이 곧 '이 시대의 얼굴'임을 확인시킬 것이라고 역설한다. 그는 자신의 언어와 취향으로 '대중'을 획득하고 싶어 했다. '대중'은 근대의 도래와 함께 찾아온 자명한 존재였으며 취향의 재조정은 '그들—대중'을 전취할 유력한 무기였다.

---

1) 블라디미르 마야코프스키, 김성일 역, 『대중의 취향에 따귀를 때려라』, 책세상, 2005.1, 245~246면.

식민지 조선에도 비근한 사례가 있었다. 마야코프스키는 '대중의 취향'을 부정함으로써 새로운 취향의 기준이 되고자 했지만, 카프의 대표 작가인 한설야는 예술대중화론을 펼치며 '문예 그것은 곧 대중大衆이 취取하려는 그것이 아니면 안된다'고 판단했다.[2] 김기진은 한발 더 나아가 『통속소설론』, 『대중소설론』 등을 내놓으며 '대중'의 취향을 긍정함으로써 '대중'을 전취하려는 태도를 보였다. 여기에 장준석, 이북만 등이 반론을 제기하고 임화 · 최서해 등이 가담하며 이른바 '예술대중화논쟁'이 벌어졌다.[3]

러시아 미래파의 선언과 카프의 예술대중화논쟁은 유사한 국면을 가지고 있다. 이들은 '대중'을 움직이기 위해 '대중의 취향'에 주목했고 그 취향을 부정하거나 긍정함으로써 문화적 획기劃期를 마련하고자 했기 때문이다. 이는 '대중'이라는 역사 속의 문화적 주체를 구성하는 문제가 '취향趣向' 혹은 '기호嗜好'의 문제와 긴밀히 결부되어 있음을 시사한다.

언뜻 무차별적이고 또 평균적인 의미를 지니는 '대중'과 대단히 사적私的이며 자의적인 '취향', '기호'를 동일 지평에서 연관시키고자 하는 시도는 무모해 보일 수도 있다. 그러나 취미 제도[4]가 '취향', '기호'의 유도誘導를 통해 '대중'이라는 집단적 정체성을 창출하고 나아가 원형적原型的인 지배의 기술로 활용되었음을 보여주는 단서들이 1926년을 전후한 시기

---

2) 한설야, 「1928年의 大衆 間의 文藝關係는 어떻게 進展될까」, 『조선지광』, 1928.1.

3) 역사문제연구소 문학사연구모임, 『카프문학운동연구』, 역사비평사, 1989, 44~63면.

4) 취미를 대상으로 한 연구는 극히 희소한 가운데, 최근 발표된 천정환 · 이용남의 「근대적 대중문화의 발전과 취미」(『민족문학사연구』 30호, 민족문학사학회, 2006)는 시사하는 바 적지 않다. 이 글에서 취미제도의 확산이 대중과 대중문화를 형성하는데 담당한 역할에 주목한 것은 특기할 만한 성과로 판단된다. 이외로 이경돈의 「『별건곤』과 근대 취미독물」(『대동문화연구』 46집, 성균관대 대동문화연구원, 2004.6)과 이현진의 「근대 취미와 한국 근대소설 관련양상 연구」(경기대 박사논문, 2005) 등을 참고할 수 있다.

의 문화적 제 현상 속에서 포착된다. 더구나 이 현상들은 매우 광범위하면서도 집중적인 효과를 도모하고 있다.

이 문제로의 용이한 접근을 위해 주목해야 할 첩경은 다음과 같다. 우선 학문적 관행이 되어버린 '미디어'와 '대중'의 관계 문제를 살펴야 한다. 적어도 식민지 조선에서 미디어의 출현과 대중의 등장 사이에는 적지 않은 오차가 발견되기 때문이다. 식민지 사회의 독특한 문어文語 관습과 문자해독의 문제로 인해 인쇄미디어는 문화주체로서의 '대중'을 창출하는 데 있어 한계를 지니고 있었다. 인쇄미디어의 출현을 대중의 등장으로 치환하기 어려워지는 대목이다. 오히려 식민지 조선에서 '대중'의 관념을 견인할 수 있었던 것은 인쇄미디어라기보다 전파미디어였다고 본다. 더 엄밀히 말하자면, 전파미디어 그 자체라기보다는 전파미디어가 낳아낸 취미제도에 의지하고 있는 측면에 주목하고자 한다.

또 다른 문제는 글을 쓰는 자와 읽는 자, 문화를 생산하는 자와 향유하는 자, 역사를 끌고 가는 자와 끌려가는 자의 이분법 속에서 그 주체를 묻는 것이라는 측면을 배제할 수 없다는 점이다. 근대문학은 항상 문학 주체를 상정했고 그에 상응하는 기획을 시도했다. 근대적 국민을 구성하고 또 그에 복무하기 위해 계몽문학이 펼쳐졌던 것처럼, 때로는 민족문학이 그 자리를 이어받기도 했고, 민중과 인민을 중심에 세운 프로문학이 대세를 이루기도 했다. 제 흐름의 중심에 문학과 문화 나아가 역사적 주체의 창출과 또 그에 대한 복무가 위치하고 있음을 염두에 둘 필요가 있다.

마지막으로 '대중'을 견인했던 신 미디어의 출현과 취미제도의 확산이 1926년을 전후한 시기에 집중되어 있다는 점도 간과할 수 없다. 이는 '대중'이 현대사회의 당위적 수산이 아니라, 특정한 정치적 의도에 의해 설계, 유도되었다는 추정을 가능케 한다. 정치적 이념에 따라 여러 역사주체가 쟁투를 벌이던 시점이었다면, '대중'이라는 문화주체의 의도적 창출도 무리한 논법만은 아닐 것이기 때문이다.

2) 전파미디어와 대중이라는 상상력

1926년은 유난히 사건이 많은 해였다. 1926년, 순종의 붕어로 인하여 대한제국의 마지막 흔적이 사라졌고, 이를 계기로 6 · 10만세운동이 전국적, 조직적으로 일어났다. 3 · 1운동이 자생적 항거의 형식을 취하고 있었던 반면, 순종의 인산을 기화로 폭발한 6 · 10만세운동은 치밀하게 준비되고 계획된 민중운동이었다. 그리고 이는 '신간회'라는 초유의 민족협동전선을 탄생시킨다. 3차례에 걸친 '조선공산당사건'도 이 시기에 걸쳐 일어난 주목할 만한 사건이다.

또한 1926년, 3 · 1운동 직후에 일어난 인쇄미디어의 폭발에 이어 전파미디어의 격변이 이 해에 일어났다. 제1차 미디어 혁명을 이끌었던 인쇄미디어는 물론 영화, 음악 등 굵직한 문화적 제 영역의 변모는 상상을 뛰어넘는 것이었다. 그 정점에 '전체로서의 인간'에 대한 상상을 가능하게 한 라디오가 있었다. 나아가 애완 · 화투 · 백화점 · 놀이공원 · 퀴즈 등 생활 속의 문화적 변화도 급격한 물살을 타고 있었다. 이른바 '취미'의 세계[5]가 열린 것이다.

---

5) 취미는 복수의 의미를 가지고 있다. 일반적으로 취미는 즐거움을 주는 규칙화된 행위, 즉 '오락거리(hobby)'를 뜻하지만, 호, 불호의 판단 기준이 되는 '趣向'이나 '嗜好'의 유사어로 쓰이기도 한다. 여기서의 취미는 오락거리로서의 취미를 취한다. 후자의 경우에는 취미라는 단어를 사용하지 않고 '취향'이나 '기호'를 사용해 구별하고자 한다.

여전히 거셌던 근대열近代熱과 미디어의 격변을 등에 업고 진출한 '취미'는 '대중'을 낳은 산파의 구실을 하게 된다. 많은 사람들이 같은 유행가를 흥얼거리고, 같은 영화를 감상하고, 같은 소식을 동시에 들었으며, 같은 농담과 귀신이야기를 공유하게 되었다. 같은 애완동물을 기르고, 같은 놀이감을 갖게 되었으며, 같은 취향과 기호를 공유하게 되었다. 이 '같은 사람들'의 이름이 '대중'이었다.

1926년, 조선에는 이제까지 경험하지 못한 새로운 미디어가 탄생한다. 1924년 11월 조선총독부는 체신국에 무선실험실을 설치하여 시험방송전파를 발사한 후 2년 3개월여 만에 정기시험방송 단계를 거쳐 사단법인으로 설립, 방송무선전화시설을 인가하였다. 한국 방송의 효시인 경성방송국의 탄생이다. 그리고 호출부호 JODK로 1927년 2월 16일 공식적인 방송전파를 발사하였다.[6)]

초기 2년여 동안 청취료 이외에는 수입원이 없었던 사단법인 경성방송국은 고전을 면치 못했다. 1924년 2월 현재 토쿄방송국(JOAK), 오사카방송국(JOBK), 나고야방송국(JOCK)이 각각 28만 4천, 9만 8천, 5만 7천의 유료청취자를 확보한 것에 비해, 경성방송국은 1천 9백이라는 초라한 규모였다.[7)] 따라서 라디오는 부유층을 상징하는 것이었는데, 문패 옆에 나란히 붙여 준 'JODK' 청취자 마크는 위화감을 조성하는 기능을 갖기도 했다.[8)]

그러나 총독부 체신국의 막대한 자본 투자가 성사되고,[9)] 도청취자의 단속과 청취료의 인하, 전국적인 순회 홍보를 통해 1935년을 넘어서면서

6) 「放送開始式」, 『동아일보』, 1927.2.16.
7) 「京城放送局新規와 出資人은 無料聽取 아직도 빈약한 됴선청취자」, 『동아일보』, 1927.4.1.
8) 「소문의 소문」, 『중외일보』, 1926.12.11.
9) 「京城放送局에 年 3萬圓 補助」, 『동아일보』, 1928.7.12.

공식적 청취자 수는 5만을 상회하게 된다.[10] 이처럼 라디오가 미디어로서의 확고한 자리를 구축하게 되자, 흉흉한 소문이 나돌게 된다. 적색 선전물로 라디오가 이용되고 있다는 것이다.[11] 총독부 체신국은 애초 독자적인 검열시스템을 마련하고 모든 방송 원고에 대해 사전 검열을 실시했다. 이를 통해 송신 내용은 완벽히 차단할 수 있지만, 독점이 불가능한 전파의 특성으로 인해 라디오를 이용한 조선 내의 적색 선전이나 소련과 중국 등으로부터의 전파는 공포를 유발시켰다. 이에 체신국은 수시로 조선의 공중을 날아다니는 모든 전파를 수색하는 등 공세적 검열을 시도하고, 주파수와 출력을 조정하는 등의 대응책을 강구하지만 괴전파에 대한 소문은 끊이지를 않았다.

괴전파에 대한 총독부의 공포는 과장된 것이 아니었다. 경성방송국의 설립 당시 라디오 방송 허가를 신청했던 단체는 『조선일보』를 포함해 11개에 이르렀다. 특히 조선일보사는 조선에서 제일 먼저 방송 사업에 손을 대었고 기술도 상당히 축적되어 있었다.[12] 그러나 총독부 체신국은 경성방송국에 독점적 사업권을 부여했다. 그리고 고사 직전의 사설기관에 불

10) 「10월1일부터 라디오料 減下」, 『조선일보』, 1927.7.6; 「附屬品 提供 聽取者 募集」, 『동아일보』, 1930.10.29; 「라디오 盜聽者 大鐵槌」, 『중외일보』, 1930.4.25; 「DK聽取者 5萬 遂 突破」, 『조선중앙』, 1935.12.28.

11) 「라디오를 利用하여 赤化宣傳을 計劃. 總督府 當局은 對策을 講究」, 『조선일보』, 1927.1.20; 「라듸오 赤化宣傳 事實 無根이 判明」, 『동아일보』, 1927.12.3; 「京城放送局의 放送波長을 變更」, 『중외일보』, 1928.4.6; 「大邱地方에 怪放送」, 『조선중앙일보』, 1934.8.29; 「라디오의 頭痛거리 怪放送 取締網」, 『조선중앙』, 1934.12.16; 「放送波長 變更」, 『동아일보』, 1936.6.27.

12) 「今日無線電話放送初日. 11시부터 애독자, 오후 1시부터 부인, 오후 3시부터 일반 공개」, 『조선일보』, 1924.12.17. "조선말로 처음 전하는 무선뎐화의 방송시험을 작일까지 제반 준비를 맞추어 금 십칠일 오전 열시에 정식으로 테신국 관리의 검열을 받은 후 열한시부터 시작하게 되얏습니다." "朝鮮日報社는 無線電話(라디오)를 최초로 도입하여 이날부터 전국 주요도읍을 제1順路로부터 제5順路로 분담하여 라디오巡禮를 하면서 계몽과 아울러 社勢宣傳을 하다." (『조선일보 50년사』, 조선일보사, 1970, 310면)

과한 경성방송국에 막대한 자금을 쏟아 부으며 회생시켰던 것도 총독부였다. 그러나 방송국의 장악과 송출 내용의 독점만으로 총독부는 만족할 수 없었다. 소련으로부터 혹은 조선 내에서 사적으로 행해지는 모든 전파를 차단하고, 조선의 전파 자체를 독점하길 원했으며 그 결과가 공세적 전파 검열이었던 것이다. 총독부가 전파의 독점에 집착한 이유는 전파라는 라디오의 매체 기술이 인쇄라는 기술과는 완전히 다른 성질을 지녔기 때문이다.

전파미디어의 출현은 몇 가지 중요한 변화를 추동하게 된다. 먼저 독자와 청취자는 전혀 다른 조건에 놓이게 되었다. 신문이나 잡지는 발행 후에도 유통이라는 시공간적 제약이 큰 독자적 과정을 거쳐야만 독자와 접촉할 수 있었다. 독자도 자발적 의지에 따라 서점을 비롯한 유통의 공간에 접근해야만 신문과 잡지를 볼 수 있었다. 1926년까지 가장 유력한 매체였던 인쇄물이 독서라는 행위로 이어지기 위해서는 복잡한 관계의 유통체계가 필요했던 것이다. 그러나 라디오는 복잡한 유통의 체계를 일거에 소멸시켰다.

또 인쇄물의 독자는 자신의 필요에 따라 여러 종류의 인쇄매체 중 몇몇을 선택할 수 있었다. 미디어 내용의 선택권이 일부분은 독자에게 있었던 것이다. 그러나 경성방송국의 전파 독점은 청취자들의 선택권을 완전히 회수하여 획일화시켰다. 더구나 확성기 등의 간단한 장치를 추가하면 불특정 다수에게 라디오 방송을 듣게 할 수도 있었다. '하나의 언어'가 '서로 다른 여러 귀'에 전달되어 '동일한 뇌'를 생산하게 된 것이다.

전파미디어의 등장으로 가장 주목해야 할 변화는 문맹자들도 청취자로 포섭할 수 있었다는 점이다. 1926년경 인쇄매체는 문자해독층, 그 중에서도 특정 독자들의 구입을 전제할 수밖에 없었기 때문에 제한적 독자를 전제로 한 미디어에 불과했다. 즉 조선인의 20% 남짓을 위한 매체였다.[13] 그러나 라디오의 등장으로 그 한계는 붕괴되었다.

완전한 동시성을 실현하고 불특정 전체를 청취 대상으로 설정하는 전파미디어의 특성은 문화주체를 상상하는데 있어서도 커다란 변화를 일으켰다. 라디오의 기획자들을 비롯한 당대의 엘리트들에게 '불특정 전체로서의 인간 집단'에 대한 상상력이 수립될 수 있었던 것이다. 인간 집합에 대한 신 상상력이었던 '대중'이다.

흔히 '대중'은 미디어의 출현과 동일 맥락에서 이해된다. 그러나 적어도 식민지 조선에서 인쇄미디어는 '대중'의 등장을 추동할 역량이 없었다. 인쇄미디어에 의해 상상될 수 있었던 대중이 있다면 그 '대중'은 '예비 엘리트 대중'일 뿐이었다. 물론 인쇄미디어가 '대중'이라는 상상의 틀을 준비했음을 부정할 수는 없다. 그러나 역시 '대중'이라는 상상력을 결정한 것은 전파미디어였다.

라디오의 전파 송출 순간은 말 그대로 '불특정 전체로서의 인간 집단'인 '대중'이 현현하는 순간이었다. 라디오는 유통을 위한 특별한 체계를 필요로 하지 않고, 동시적 접근이 보장되며, 다수를 점하던 문맹자들을 포괄할 수 있었다. 그럼에도 불구하고 첨단 기술과 장비를 필요로 했기에 방송 내용의 통제도 상대적으로 손쉬운 라디오는 비교 대상이 없는 유력한 미디어였다. 총독부가 서둘러 경성방송국을 설립할 이유가 여기에 있

---

13) 1930년 조선총독부의 『朝鮮國勢調査報告』에 따르면 조선의 문맹률이 77.73%에 이른다. 이는 전체 조선인 중 22.27%만이 문자를 해독할 수 있다는 뜻이다. 이 중 한문을 전혀 알지 못해 사실상 인쇄매체에 접근하기 어려운 사람들까지를 고려하면 인쇄매체가 포괄할 수 있는 사람들은 더욱 줄어든다.

었던 것이다. 그리고 왜 『조선일보』 등 11개의 민간단체의 방송사업 신청을 거부하고 경성방송국에 독점의 지위를 부여했는가도 분명하다. 제국의 엘리트들은 식민지에서 '현대과학문명의 극치'[14]였던 라디오를 통해 '민족'과 '민중'에 맞설 수 있는 '대중'이라는 집단적 주체의 상상력을 수립했다.

물론 라디오가 상상할 수 있게 한 '대중'이 엘리트의 뇌에 안착되었던 것만큼, 조선의 역사주체가 손쉽게 재편된 것은 아니었다. 상상이 가능해진 '대중'을 구현하기 위해서는 '그들'을 묶어줄 정체성의 공통항 즉, '대중'이 공유하는 인식과 감각이 요구되기 때문이다. 라디오의 방송 내용은 '대중'이라는 문화적 주체가 구현되는 광경을 고스란히 보여준다.

라듸오 방송

▲오전 9시 40분 주식, 기미

▲동 10시 5분 상동

▲동 10시 35분 상동

▲동 10시 40분 요리 헌립獻立, 일용품 치단値段

▲동 11시 5분 주식, 기미

▲동 11시 40분 상동

14) 최승일, 「라듸오 · 스폿트 · 키네마」, 『별건곤』, 1926.12, 140면. "라듸오—현대 과학 문명의 극치—잔의 전능 이와 갓흔 와이크로폰을 통하야 세상의 움지김을 듯는 수수꺽긔 갓흔 이약이. ……JODK, "여기는 서울 체신국이 올시다"—뚝 끈쳣다가 金秋月의 南道短歌올시다—"白鷗야 훨훨 날지마라……"가 들리인다. "엉……" 하고 입을 딱 벌리인다." 최승일은 현대문명의 최첨단이기로 라디오와 스포츠 그리고 영화를 꼽으며, 당대 식민지 조선을 살아가던 사람들이 라디오에 놀라는 광경을 묘사한 바 있다.

▲오후 0시 5분 상동

▲동 0시 10분 포스트로트(一)빠프(二)쏜고(三)오리엔탈솔ㅅ몰 오케스튜라단

▲동 0시 30분 남도단가 춘향가 신금홍

▲동 1시 5분 육아강좌「어린니와 완구」방정환

▲동 1시 40분同 주식, 기미

▲동 1시 50분 천기예보

▲동 2시 10분 주식, 기미

▲둥 2시 25분 상동

▲동 2시 50분 상동

▲동 3시 5분 상동

▲동 3시 35분 주식, 기미

▲동 3시 45분 뉴스

▲동 6시 30분 동화「소년특사」진장형

▲동 7시 하모니가 독주 ① 인번토 ② 전우 ③ 응원가 ④ 월후사자 안달광남

▲동 7시 20분 위생강좌「초춘의 피부위생」뢰호결

▲동 8시 낙어落語 경권 138

▲동 8시 40분 서도잡가 평양가「소춘향가」한남권번 김금홍 장향란

▲동 9시 5분 가택歌澤「상하」이상 신내 미도리 패가唄歌 다네 삼현三絃 미쓰[15]

라디오 방송의 내용은 대략 셋으로 나뉜다. 하나는 주식, 기미, 일기예

15)「라듸오放送」,『동아일보』, 1927.2.15.

보 등 하루하루 혹은 시시각각 변하는 정보를 제공하는 뉴스, 다른 하나는 요리, 일상용품, 위생 등에 관한 상식 강좌이다. 마지막 부류는 오케스트라나 하모니카 같은 연주와 권번 기생들의 가요, 여러 종류의 이야기 등으로 채워진 취미가 있다.

동시대의 소식과 정보 그리고 지식을 전하는 뉴스와 상식, 그리고 여러 취향과 기호를 만족시키는 취미는 한동안 라디오 방송의 주 프로그램으로 자리를 잡는다. 동일 정보를 동시에 공유하는 뉴스와 상식은 공통 인식의 정체성을 창출하고, 미적 판단의 기준을 순화시키는 취미는 공통 감각과 공통 정서를 만들어 낸다. '대중'을 상상할 수 있게 된 라디오 방송의 기획자들과 엘리트들이 신 문화주체의 인식과 감각, 효과를 생산하려 할 때, 뉴스와 상식 그리고 취미는 매우 유용한 콘텐츠였다.

라디오의 등장과 함께 고정화 된 프로그램은 '민족' 혹은 '민중'과는 전혀 다른 새로운 집단적 정체성을 창출했다. 이 정체성을 갖춘 사람들은 전국적 규모에서 같은 가요를 흥얼거리고, 같은 모양과 색깔의 옷을 소비하고 같은 영화를 보고 열광하며, 같은 애완동물을 기르고, 같은 놀이를 하게 된다. 강요되지 않았고 모두 똑같지는 않지만, 공유하지 않으면 배제되고 거스르면 도태된다. 한 덩어리의 인간 집합 '대중'이다.

라디오의 송출 내용 중 취미는 특별한 주목을 요한다. 뉴스와 상식은 불특정 다수가 동시대에 관해 동일한 세계 인식의 틀을 공유한다는 차원에서 '대중'의 형성에 중요한 역할을 수행하지만, 다른 한편으로는 이데올로기적 적대자를 동반하고, 이들과의 논란과 쟁투를 통해서만 유지될 수 있다. 즉 상대적으로 직접적인 효과를 기대할 수 있지만 효과의 발현은 항상 불안정함을 감수해야 한다. 그러나 취미는 이와 반대로 매우 은밀하고 원형적인 모양새를 취하기 때문에, '대중'의 구현을 기도하는 엘리트들은 자발적이며 반영구적인 문화 주체의 모델을 구성할 수 있다. '대중'의 등장과 함께 취미의 도입을 논해야 하는 이유가 여기에 있다.

3) 취미세계, 대중문화의 제일선

경성방송국이 설립되었던 1926년, 식민지 조선의 출판계에는 일대 사건이 연이어 일어난다. 먼저, 당대 최대의 문화적 영향력을 자랑하던 『개벽』이 총독부와의 질긴 쟁투 끝에 폐간되었다. 당시 조선 사회를 좌우하던 미디어는 오직 인쇄물에 한정되어 있었고 또 허가된 신문이나 잡지의 종수가 많지 않았다는 점에서 동아 · 조선 양대 신문과 함께 가장 큰 영향력을 행사하던 『개벽』의 폐간은 일대 사건이었다고 하겠다. 식민지 지식인들의 이념적 지평을 선도하던 『개벽』의 폐간은 식민지 언론과 총독부 사이의 긴장관계를 일거에 해소하는 사건이었다. 『개벽』의 폐간을 뒤이어 발생한 또 하나의 사건은, 『개벽』을 발행하던 개벽사에서 『개벽』의 후신으로 『별건곤』을 발행했다는 것이다. 진취적 이념과 선도적 지식의 생산기지였던 『개벽』에 비해 한없이 왜소하고 가벼운 취미오락잡지 『별건곤』의 발행은 『개벽』과의 대조를 통해 그 놀라움을 전한다.

3 · 1운동을 주도하며 조선의 중추적 세력으로 떠올랐던 천도교와 개벽사는 『개벽』 다음의 잡지로 왜 『별건곤』을 선택했던 것일까. 총독부의 검열과 폐간조치에 의한 피해의식 때문이었다고 하기에는 개벽사의 영향력과 『별건곤』의 가벼움 사이의 낙차가 지나치게 커 보인다. 후일 『혜성』이나 『제일선』으로의 복귀도 시원히 설명되지 않는다.[16)]

그렇다면 개벽사는 『별건곤』이라는 지극한 가벼움 속에서 무엇을 찾고자 한 것일까. 『개벽』과 『별건곤』의 아득한 낙차, 이후 『개벽』의 실질적 후신으로 발행된 『혜성』과 『제일선』의 실패, 『개벽』과는 완연히 달라진 20년대 후반과 30년대의 대표 잡지 『삼천리』와 『조광』, 『신동아』. 과연 『개벽』과 『별건곤』 사이에 무엇이 있었기에, 당대를 대표하는 미디어의 성격을 이리도 확연히 갈라놓을 수 있었을까.

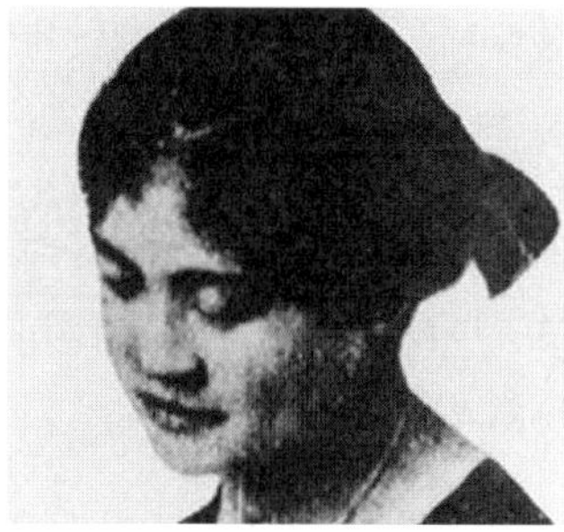

윤심덕

1926년, 급변이 있었던 곳은 출판계만이 아니었다. 조선에 유성기와 레코드가 등장한 것은 오래 전의 일이다.[17] 그러나 별다른 흥행을 거두지 못하던 '청각적 재생장치'는 1926년 불세출의 스타를 탄생시키며 일약 근대문화의 총아로 자리 잡았다. 윤심덕과 〈사의 찬미〉가 등장한 것이다.

〈사의 찬미〉보다 먼저 세간에 알려졌던 소식은 일본 유학생 출신의 젊은 엘리트 남녀의 정사情死 사건이었다. 성악을 전공하고 교사 생활을 하다가 극단 토월회의 배우로, 다시 가수로 변신한 신여성 윤심덕은 목포 대부호의 아들이자 시와 희곡 작가로 알려졌던 김우진과 이루지 못할 사

16) 개벽사는 『별건곤』이 이미 1925년부터 계획된 것이라 말한 바 있고(「餘言」, 『별건곤』 창간호, 1926.11), 『개벽』으로의 복귀를 천명했던 『혜성』과 『제일선』은 『개벽』에 비해 훨씬 가벼워져 실제로는 『개벽』과 『별건곤』의 중간적 형태를 취했다는 점에서 『별건곤』의 창간은 변화된 시대 인식과 명확한 목적성과 계획성에 입각한 것임을 알 수 있다. 『혜성』이 주목을 끌지 못하자 체제를 개편해 『제일선』으로 활로 개척을 시도했던 것이나, 『혜성』, 『제일선』 모두 단명했던 정황을 통해 변화의 동인을 짐작할 수 있다.

17) 1899년 3월 11일 『황성신문』은 유성기 시청회에 대한 기사가 실려 있고 이후 『황성신문』이나 『독립신문』은 조선에서의 유성기 녹음이나 시연에 대한 기록이 종종 실렸다. 유성기와 관련한 연구는 장유정의 『일제강점기 한국 대중가요 연구』(서울대 박사논문, 2004)를 참조했다.

랑을 나누다가 결국 현해탄에서의 투신을 선택했다. 이 정사 사건은 세간의 주목을 한 몸에 받았다.[18] 부호의 자식으로 일본에서 유학한 전도양양한 젊은 유부남과, 역시 일본에서 성악이라는 근대적 예술의 세례를 받고 신여성의 이미지를 강렬하게 뿜어내던 윤심덕의 연애는 흥미로운 소재였다. 〈사의 찬미〉를 향유한 청자들은 신소설과 『무정』이 중독시킨, 이루지 못할 사랑에 대한 감동의 습관에 익숙한 독자였기 때문이다. 거기에 일본에서 먼저 정사를 실행한 아리시마 다케오[有島武郎]에 견주어지는 해석도 한 몫을 담당했다. 정사사건으로 유명해진 작가를 후광으로 업을 수 있다는 것은 매우 매력적인 아이템이었다. 이렇게 가공된 김 · 윤 정사사건의 이미지는 〈사의 찬미〉에 투영되었고 윤심덕과 〈사의 찬미〉는 조선 최초의 유행가요가 되었다.

흥미로운 것은, 연재로 보도된 김 · 윤 정사사건과 함께 그녀가 일본축음기 회사에서 취입한 음반에 대한 기사가 마치 광고처럼 보도되었다는 점이다.[19] 이 기사는 그녀의 죽음이나 연애와는 무관하게 유성기와 음반이 죽은 이의 소리를 영구히 재생할 수 있다는 내용을 부각시켰고, 더불어 그녀가 취입한 가요를 소개하며 은근히 구입을 권유했다.

윤심덕의 정사사건과 관련된 재미있는 기사는 이뿐이 아니다. 『동아일보』, 5일자 기사에서 소개된 윤심덕의 취입 곡목은 〈어엽븐색시〉, 〈매기의추억〉, 〈나와너〉, 〈아—그것이사람인가〉, 〈어머니부르신다〉, 〈망향가〉, 〈방긋웃는월게화〉였다. 그런데 다음날인 6일 『조선일보』가 윤심덕의 죽

18) 「玄海灘激浪中에 靑年男女의 情死」, 『동아일보』, 1926.8.5, 2면. 김우진 · 윤심덕 정사사건은 『동아일보』만 보더라도 5일부터 13일까지 총 7회에 걸쳐 기사화되었다.

19) 「半生을 讚美하는 尹孃의 蓄音歌盤」, 『동아일보』, 1926.8.5, 2면.

음과 그녀의 취입곡 중 하나인 〈사의 찬미〉를 연결시켜 집중 조명하자, 『동아일보』는 그 다음날인 7일 애초 목록에서조차 소개하지 않았던 〈사의 찬미〉를 윤심덕의 대표곡으로 추앙하며 자신의 애절한 죽음을 미리 예고한 노래로 보도한다. 양 신문사의 경쟁적 〈사의 찬미〉 띄우기는 김우진·윤심덕 양인의 정사사건을 윤심덕 단일 주인공의 애사哀詞로 둔갑시켜 안타까운 죽음조차 음반 판매 도구로 변형시켰으며, 이로써 신문사와 음반사는 순식간에 대중의 공감을 자본화하는데 성공한다. 윤심덕의 정사사건과 〈사의 찬미〉가 대중의 감각을 사로잡을 수 있는 일련의 서사를 완성하는 순간이다.[20)]

다시 1926년, '청각적 재생장치'의 등장을 알린 것이 〈사의 찬미〉와 윤심덕이라면 '시각적 재생장치'의 기린아는 단연 〈아리랑〉과 나운규였다. 1926년 10월 1일 단성사에서 나운규 감독, 주연의 〈아리랑〉이 개봉되었다. '관객이 밀린 단성사는 문짝이 부서지기까지' 했고, '영화관 앞에 기마순사가 동원되기'도 했다. 서울에서만 20차례가 넘게 재개봉되고 해방 후까지도 전국 각지에서 재개봉되는 전무후무한 흥행을 거둔다.[21)] 개봉 당시 판권자였던 요도 도라조[淀虎藏]가 개봉 흥행을 마치자 곧 흥행권을 팔아 넘겼지만, 〈아

20) 「尹孃 最後의 唱曲은 斷腸哀調 死의讚美」, 『조선일보』, 1926.8.6, 2면.

21) 김종욱 편, 『실록 한국영화총서』, 국학자료원, 2002.10. 『매일신보』는 〈장화홍련전〉과 〈춘향전〉의 개봉 상황을 보도하며 "우리의 손으로 된 우리의 극을 올리게 되자 실로 그 환영과 갈채는 뜻하였던 몇 배 이상으로 열광적이었다"고 설명해, 〈장화홍련전〉과 〈춘향전〉이 보여준 흥행의 발원지를 확인시켜준다.

영화 〈아리랑〉 광고(위)와 촬영팀(아래)

리랑〉의 흥행 신화는 멈출 줄을 몰랐고 판권을 샀던 임수호는 벼락부자가 되어 해방 전까지 영화 배급계의 제왕으로 군림할 수 있었다.[22]

영화계의 유명인사가 모여 조선영화를 평가했던 『삼천리』의 기획기사를 보면, 인터뷰에 참여한 8명의 영화계 인사 중 7명이 〈아리랑〉을 최고의 영화로 꼽았다.[23] 〈아리랑〉을 선택하지 않은 사람은 '출연한 작품 이외에는 남의 것은 만히 보지 못하엿기 잘 몰으겟'다는 '문예봉'뿐이었다. 〈장화홍련전〉과 〈임자없는 나룻배〉가 차순위를 차지했다. 〈장화홍련전〉이 극영화 초기의 작품이고, "조선사람이 조선옷을 입고 활동사진에 나온다는 것

22) 안종화, 『한국영화측면비사』, 현대미학사, 1998, 106~107면.
23) 「명배우 명감독이 모여 조선 영화를 말함」, 『삼천리』 8권 11호, 1936.11, 82~99면.

만으로도 입장료를 비싸게 받고 만원시킬 수 있었"던 시절[24]이었다는 점을 고려하면, 영화가 영화 내적인 힘을 바탕으로 흥행에 성공한 예는 〈아리랑〉이 초유였다고 해도 좋을 것이다.

〈아리랑〉의 흥행은 몇 가지 점에서 주목을 요한다. 먼저, 나운규라는 불세출의 무비 스타가 탄생했다는 사실이다. 당시 영화배우는 광대나 기생과 별다를 것 없이 인식되고 있었지만, 나운규는 자신을 가까이에서 보

나운규 사후 20년 추도기념으로 다시 만든 영화 〈아리랑〉의 포스터.

24) 나운규, 「'아리랑'을 만들 때」, 『조선영화』 창간호, 1936.11.

려고 애쓰는 사람들을 피하기 위해 마스크를 쓰고 다닐 정도였다. 나운규의 마스크는 '스타'라는 새로운 취미 대상의 등장을 상징한다. 영화라는 취미활동이 '스타'라는 새로운 취미의 대상을 생산한다는 것은, 취미가 소모와 소비의 영역이 아닌 생산의 영역에 진입함을 뜻한다. 취미는 노동에 따르는 부수적 역할에서 벗어나 노동과 생산과 소비가 이루어지는 본 무대가 되었던 것이다.

또 〈아리랑〉은 영화라는 문화행위를 통해 자본이 축적될 수 있음을 확인시켰다. 〈아리랑〉은 촬영비 15,000원의 거금이 투자된 작품이었다. 〈아리랑〉 이전 가장 많은 제작비가 들어간 영화는 〈장한몽〉으로 9,000원에 미치지 못했다. 같은 시기 일본의 영화제작비 최고액도 3만원을 넘지 못했다.[25] 『조선일보』 창간 시 자본금이 20만원이었으나 실제로는 5만원밖에 불입하지 못했던 사실[26]을 염두에 둔다면, 조선에서의 〈아리랑〉은 최대의 유망 산업이었으며 그것도 몇 배의 수익을 창출한 초유의 문화 산업이었다. 『창조』의 김동인이 독자적인 주식회사의 설립을 시도했던 것이나, 윤백남 · 나운규 등이 실패를 반복하면서도 독자적인 프로덕션을 세우고자 했던 이유가 여기 있는 것은 아닐까.

대중문화의 등장이자, 문화산업의 가능성을 확인시켜 준 〈아리랑〉이 개봉된 것이 1926년의 일이다.

---

25) 「미국의 일 영화제작비는」, 『동아일보』, 1926.4.25, 5면.
26) 정진석, 『역사와 언론인』, 커뮤니케이션북스, 2001.

4) 애완동물, 화투, 백화점 그리고 창경원

음반과 영화, 출판과 라디오가 독자적인 미디어이면서 동시에 취미와 대중문화의 본진이었다면, 가정생활 속에 깊숙이 침투한 취미도 있었다. 애완 취미와 화투, 백화점과 위락공원 등이 그러한 예 중 하나일 것이다.

1926년 6월에 발표된 최서해의 단편소설 「금붕어」[27]는 애완 취미를 소재로 한 가장 이른 작품일 것이다. 노동력의 재생을 위한 공간으로 전락한 가정은 화목해야만 했고, 가정의 안녕을 위해서는 번잡한 인간관계를 단순화해줄 도구와 고단한 노동을 망각하게 도와줄 약물藥物이 필요했다. 애완 취미는 노동의 고통과 가정의 분란, 애정 결핍의 인간관계를 완충해 줄 중요한 위안 장치였다.

> 큰일이나 난듯이 밧븐 소리를 치든 서방님은 신기한 것－붕어노리－에 정신을 쏍힌듯이 감탄하는 소리엇다. 두 손으로 서방님의 무릅을 집고 서방님게 소굿이 안겨서 붕어를 보는 아씨의 눈에서는 소리업는 우슴이 솔솔흘럿다. 반나마 열어논 창으로아츰벼치 흘러드럿다. 봄아츰 좀서늘한 바람과가티 흘러드는 맑은벼츤 다정스럽고 싸분스럽게 어항을 비최고 두 남녀의 몸을 비최엿다. (…중략…) 두놈이 몸을 번지고 흔들쌔마다 물속에숨여흐르는 벼체 금비치 유난스럽게 번득어렷다. 두놈이 셋 넷도 돼뵈이고 큰니어가티 뵈는쌔도 잇다 미테 갈안젓다가 우에스스스 소사올나 구슬가튼 물ㅅ방울을 ᄭᅩ록ᄭᅩ록 토하면서 물과공기를 아울러 마시는 소리

---

27) 최서해, 「금붕어」, 『조선문단』 17호, 1926.6, 75면. 이 작품에 앞서 방인근은 같은 제목의 수필을 발표했다. 『시대일보』(1925.1.1)에 실린 방인근의 글에도 금붕어는 일상의 피로와 번민을 잊게 해주는 미적인 관상물로 찬미된다. 방인근과 최서해는 이 시기 함께 『조선문단』을 운영하고 있었다.

는 시계가 치는듯도하고 고요한밤 고요히써러지는 낙수물소리도갓다. 안ㅅ고 안긴 두부부는 고요히 그것을보고 들엇다. 두부부의 나테는 가티소리업는 우슴이흘럿다. 이찰나 그네는지난엿새동안 모든 괴롬을 다 니젓다 아프로 헤저어갈 길도 생각지 못하엿다. 두몸이라는것싸지 니젓다 주위에흐르는 해빗싸지 깃붐의 찬미를 드리는듯하엿다.

갓 결혼한 부부는 친구로부터 금붕어를 선물로 받았다. 하지만 부부는 금붕어에게 먹이를 주어야 한다는 상식조차 몰랐고 죽어 버린 금붕어를 안타깝게 바라보는 수밖에 없었다. 취미에 대한 기초적인 지식도 갖추지 못했지만 부부는 금붕어의 어항 속 유영을 바라보는 것만으로 생활의 애환과 미래에의 불안까지 잊을 수 있었다. 신기한 붕어놀이는 마치 아편처럼 이들을 고통의 세계에서 해방시켰다.

최서해가 「금붕어」를 키우며 화목한 도회적 가정을 꿈꾸었던 해, 총독부의 준기관지나 다름없던 『신민』은 농촌에 놀이 도구를 보급하기 위해 분투한다. 놀이의 이름은 '화가투花歌鬪'. 기실 화투의 유래에 대해서는 논란이 있다. 화투를 투전 등과의 유사점을 들어 전통적 놀이의 변형으로 간주하는 경우도 있지만, 대체적으로는 구한말 일본으로부터 전래된 것으로 인정된다. 그러나 전국적 규모로 생활 속 놀이로써 화투가 정착한 것은 잡지 『신민』의 조직적 보급에 의한 것이었다. 『신민』은 1926년 농촌호를 부록으로 발매하면서 '민중'의 유력한 계급인 농민에게 화투花鬪와 가투歌鬪[28]를 뒤섞은 새로운 오락거리를 보급한다.

일본에서 유래한 화투가 소일거리가 적은 사람들에게 호응을 얻기 시

28) 歌鬪는 시조나 노래를 적은 놀이딱지나 또는 그것을 가지고 하는 전통적 놀이를 일컫는다.

작하자, 『신민』은 화투에 전통놀이 양식인 가투를 곁들여 적극적인 보급에 나선 것이다. 화투는 왜색과 도박 성향으로 인해 확산의 한계가 분명했다. 그러나 전통놀이인 가투가 얹어져 조선색과 놀이 성향이 첨가되고 이로 인해 부정성이 줄어들자 화투는 고상한 오락과 사교 방법으로 선전되며 전국적 규모로 확산되기 시작한다.[29)]

다시 1926년, 종로에는 명실상부한 백화점이 등장한다. 근대적 상점은 개항과 때를 같이하여 선을 보였다. 그리고 일본의 조선 지배가 확고해지면 질수록 상인들이 많아져 미츠코시[三越], 조지아[丁字屋] 등 일본의 대표적 기업들이 속속 상륙했다. 그러나 이들은 조선인들의 거리에 백화점을 도입하지 못했다. 종로에 백화점이라는 자본주의의 첨병이 모습을 드러낸 것은 동아부인상회의 변신이었다. 동아부인상회의 백화점 변신 이전에도 '김윤백화점'처럼 백화점을 사칭하는 잡화상들이 있었지만, 이들은 몇몇 종류의 제한된 품목을 취급하면서 감히 백화점을 표방했던 일종의 과장 광고에 불과했다.

동아부인상회는 화신상회와 더불어 1920년대 조선인 상회의 양대 기둥이었다. 흔히 식민지시기의 백화점으로는 화신백화점이 잘 알려져 있지만, 이는 백화점이 대형화되고 동아백화점으로 간판을 바꾼 동아부인

29) 『신민』 제31호(1927.12)의 화가투 광고는 무척 흥미롭다. "고상 오락. 精選 花歌鬪(설명서 첨부). 이백매 미상입, 정가 일원, 송료6전, 단 『新民』 연정독자에 한하야 특매 80전 송료6전. 금반 花歌鬪를 제정하엿슴니다. 古詩調 중 국민문학으로서 가장 가치잇는 것만을 엄밀히 선택하야 인일이 작자명을 기입하엿스며 매 · 난 · 국 · 죽의 사군자를 채색으로 사입하고 점수를 付하여 가투와 화투를 겸용하게 하엿습니다. 즉 종래의 歌鬪에 比하야 유희방법이 풍부할 뿐 안이라 此 일백수의 시조로써 우리 국민문학의 정신과 계통을 학습하게 되어 잇습니다. 제품은 종래의 것에 비하야 훨신 정교하고 가격은 원래 영리가 목적이 아님으로 실비로 제공하게 되엿습니다. 제위씌서는 가정 급 사교에 반듯이 업지 못할 것이니 이 기회에 시용하여 보시기 바람니다." 이후 화가투는 『신민』 농촌호를 통해 꾸준히 광고된다. 심지어 제56호(1930.2)부터는 화가투 패를 무료로 선물하기 시작한다

상회를 화신상회가 인수했던 1932년 이후의 상황이다. 아직 백화점의 면모를 갖추지 못했던 1920년대의 대표적 잡화상으로는 덕원상회 · 계림상회 · 동아부인상회 · 화신상회 등이 경쟁하고 있었다. 그 중 동아부인상회는 그 이름처럼 부인들을 위하여 부인만으로 운영하는 상회가 필요하다는 인식에 따른 여성운동적 명분을 갖추었고, 다른 한편으로 근대적 소비주체로서의 '부인'에 주목한 김성수 등의 조선 유력자의 지원으로 창립되었던 잡화상이었던 만큼 유명세가 남달랐다.

그러나 유명세에 비해 그 실적은 좋지 않았다. 상점 경영의 경험이 적었던 부인들의 시도는 냉엄한 자본의 논리 앞에 도약의 발판을 마련하지 못하고 결국 최남崔楠을 새로운 경영자로 영입한다. 1916년 덕원상회를 설립하고 꾸준히 일본의 백화점 경영술을 취득한 최남은 동아부인상회에 백화점식 경영을 준비한다. 1926년 종로 한복판에 신식 건물을 새로 짓고 획기적인 조명시설과 진열대, 그리고 온갖 물품을 체계적으로 밀집시킨 신개념의 잡화상이 등장하게 된 것이다. 『동아일보』는 이를 두고 "경영자를 어든 완전한 백화점. 신산한 경험과 충분한 지식으로 큰 백화점이 되는 동아부인상회"라 평가했다.30)

동아부인상회의 발 빠른 백화점 경영술은 이미 백화점식 경영이 일반화된 30년대 초반까지도 명성을 유지하고 있었다. 취미잡지 『별건곤』은 '조선의 양대 백화점'인 동아부인상회와 화신상회를 비교하며 다음과 같이 평한다.

> 전체로 보아 화신상회는 활기가 업서 보이고 새롭지 못하고 침침하고

30) 「經營者를 어든 完全한 百貨店」, 『동아일보』, 1926.12.7.

방의 조명이 약하고 진렬의 설비기구가 불충분하고 진렬이 서투르고 장식이 업다.(…중략…)

전체로 보아 동아부인상회는 밝은 편이다. 밤의 조명이 강하야 더욱 조타. 그리고 모든 것이 새루우며 무엇이고 '하나 삿스면!' 하는 생각을 준다.[31]

실제로 백화점이라는 간판을 처음 걸었던 것도 동아부인상회의 후신인 1932년의 동아백화점이었다. 후일에 비록 화신상회의 박흥식에 의해 합병되었다고 해도 동아부인상회는 조선에 백화점의 원형을 만들어낸 장본인이었다. 종로에 백화점이라는 대중적 소비 공간이 탄생했던 것이 1926년의 일이었다.

『조선문단』에 「금붕어」가 발표되고, 총독부의 준기관지나 다름없던 『신민』이 화가투를 보급하고, 동아부인상회가 백화점으로 거듭나던 이듬해인 1927년, 창경원은 연중무휴로 일반에 공개되었다.[32] 창경원은 애초 순종이 '새로운 생활에 취미를 느낄 수 있도록' 하기 위한 어원御苑으로 설치되었다.[33] 그러나 일제는 박물관 설립의 계획단계에서부터 '국민의 지식 계발'이라는 명목으로 대중적 취미를 겨냥하고 있었다.[34] 따라서 창

31) 「京城市內 兩 百貨店의 印象, 和信商會와 東亞婦人商會」, 『별건곤』 45호, 1931.11, 18~19면.

32) 박소현의 『제국의 취미－이왕가박물관과 일본의 박물관 정책에 대해』(『미술사논단』 18, 2004)는 창경원의 개원과 변화과정 그리고 이를 추진한 일제의 의도를 추적하면서 제국의 취미가 식민지 지배기술의 일부였음을 지적한 바 있다. 이 글에서 창경원에 대한 사적 서술은 박소현의 연구 결과에 의존한 바 크다.

33) 李王職 편, 『李王家美術館要覽』, 1938.

34) '일반 민중에게도 실물교육의 모범을 보여 널리 상하에 지식을 보급해 문명의 기운을 양성하려는 뜻에서 융희 2년 9월 어원사무국을 설치하고 박물과, 동물원, 식물원을 설치할 계획을 세워 (…중략…) 공중에게 관람케 했다'(오무라 토모유키[大村友之丞], 「昌德宮李王殿下」, 『朝鮮貴族列傳』, 조선총독부, 1910, 14~15면).

경원이 '어원'에서 '이왕가박물관李王家博物館'으로, 다시 대중 위락시설로 변모했던 것은 조선왕의 권위와 조선의 위상을 격추시키는 동시에 문명제국의 위용을 드러내려는 총독부의 계획과 맞물려 있었음을 알 수 있다.

창경원의 변모과정은 전근대적 권위의 탈각과 근대적 시민 권리의 확장으로 읽힌다. 경성의 모던 시민들은 왕의 숭고하고 독점적인 취미를 공유한다는 자부심과 근대의 최첨단 풍경 속에 자신을 던져 넣는 희열 속에 창경원을 드나들었다. 그러나 경성 시민의 취미 만발한 유원지 창경원은 '국민의 지식 계발'이 정치적으로 중립적인 '다만 근대적인' 시민의 양성에 목적을 둔 것이 아니라는 점을 보여준다. 1924년 순종과 고위 관리들을 위해 설치된 '관앵회觀櫻會'가 일반에게 벚꽃놀이를 소개하기 위해 야간 개장을 실시하자 하루 관람객이 5만에 달했다는 증언은 그 점을 확실히 한다.[35] 가투놀이에 화투가 섞여드는 것과 같은 방법이며, 근대적 일본의 취미가 근대적 조선의 취미로 정착하는 과정이다.

1926년 순종의 붕어 후, 1927년 7월 1일부터 창경원은 연중무휴(연말연시 6일 제외)로 개방된다. 이제 창경원은 어원으로서의 지위를 완전히 탈각하고, 드디어 '경성 40만 시민이 봄, 가을이면 꽃놀이, 단풍놀이의 행락을 즐기며, 겨울에는 스케이팅으로 설국雪國의 정서를 맛볼 수 있는 창경원과, 조선 이천 년의 예술을 볼 수 있는 박물관 및 경성에서 유일한 민중오락장인 식물원'을 갖춘 유원지가 되었다.[36]

살풍경한 조선에는 이제 거리마다 유행가요가 떠돌고, 개봉 박두한 영화가 회자되기 시작했다. 집집마다 애완동물을 기르고, 라디오를 통해 권

---

35) 문화재 관리국, 『창경궁 중건 보고서』, 1989, 31면. 위 박소현의 글에서 재인용.
36) 곤도 시로스케[權藤四郎介], 『李王宮秘史』, 朝鮮新聞社, 1926, 22~24면.

번 기생의 창가를 들으며, 화투를 쳤다. 주말의 창경원은 경성 사람들로 붐볐다. 그리고 그들은 백화점에서 도래한 취향에 따라 상품을 구입했다. 취미는 '대중'이라는 문화적 주체를 통해 무수한 개인들을 통어統御하며 사적 취향을 공통의 취향, 공통의 감각으로 환원시켰던 것이다. 조선적 취향은 그 중 일부였다.

읽을거리

쌍S생, 「대경성 광무곡」(『별건곤』, 1929.1)

1. 박아지쓴 나－리는 머리가조와
종－로－ 네거리에 왼종일서서
대－경성 광무곡에 귀가썩어도
신경쇠약 일홈도 모른신다네
광무곡 광무곡

2. 너드름 차장은 머리가조와
긔차시간 동리일홈 모다외이고
나물가튼 손님를 베집고가서
엽분녀자 두 번씩 차료를밧네
광무곡 광무곡

3. 학교출신 모던썰 머리가조와
귀밋까기 덥흔미리 골처도인이
미국배우 독일미남 일홈잘알고
모던뽀이 시넛뭇 구소잘외네
광무곡 광무곡

"그것 괜찬쿤 누구의 작인가"

"누가 맨들엇거나 그럴 듯한 노래지 숫도 동부시로 한다네"

썍—응 썍—응 쨔르른르— 썍—응

먼지를 연긔가치 니르키면서 진흙무든 자동차와 기생태운 서울자동차가 엇바귀여지나가는 가하면 락 락 락 락 락 락. 큰일이나 난 것처럼 자동자전거가 눈이 뒤집히여 닷는다.

와지직 와지직 찔 썍 와—와—'짐마차'

덜거덕 덜걱덕 어라 이놈의 소야 '소구루마'

쨍—쨍— 기생탠 인력거 텁석부리 '인력거' 싸르릉

쨍르릉 아차차 자전거가 어린애를 치고 쓰러젓다.

쌩 쨍 웅— "아이고 나좀 내려주서요"

썰—넝 썰—넝 어서가— 이놈 소야 '나뭇바리'

저벅저벅 저벅 '중학생'

싸박 싸박 싸박 '송곳굽구두'

쌔육 쌔육 쌔육 싹—쌔 '모던생이 집행이 소리'

여보서요 종로인경전으로 가려면 어대로 감닛가.

날마다 아츰브터 밤중까지 이 요란한 속에서 눈을 핑핑 돌리면서도 그래도 신경쇠약을 부르지 못하는 교통순사야말로 건강하다면 굉장이 건강한 몸이요 불상하다면 굉장이 불상한 신세지.

"그래서 대경성 광무곡에 귀가 썩어도 로구면"

"그럿치 그럿치만 광무곡이 거긔에만 긋치면 조켓지만 백귀야행은 새려 낫에 난 독가비가 수업시 나와서 광무를 하닛가 큰일이지"

"어대 잠간 나슨길에 종로 근방으로 경성의 광무곡을 주스러 나가봅시다 그려"

종로네거리

휜츨하고 쓸쓸하기는 하지만 안동네거리에서 창덕궁 압흐로 뚤닌 새길은 갓 다듬은 길에 햇볏만 환해서 시골정거장마당가치 맑고 깻긋하다. 그 깻긋한 길로 나뷔가 한 마리 너울너울 춤추면서…… 아니 아니 나븨엿스면 조켓는대 벌만큼도 못생긴 나븨 아닌 나븨가 제멋에 지처서 밋친 춤을 추며 간다. 톱니갓치 쎄죽쎄죽한 맥고모를 한편 귀에 기우려 걸고 상아 손쌃이 단장은 팔둑에 걸고 하얀 분물을 모가지에까지 바르고 샛빨간 목도리 족긔갓흔 쌃은 저고리에 라팔바지 이만하면 내가 새세기초世紀初의 모던색이랍시고 억개하고 단장으로 거러간다.

"라팔바지라니"

"저것보오 족곰이라도 몬지가 더 만히 드러가라고 바지 끗이 라팔주둥이처럼 얍체업시 딱버러지지 안엇나 저것이 모던색이의 자랑되는 맵시라오"

"흐흥 저럿케 모던 자격을 가추어 가지고 억개가 읏슥하야 어데를 가시노"

"절간 한강 카프에 극장"

"또 잇지"

"응 녀학생 하숙"

벌만콤도 못생긴 나븨가 또 한 마리 길가 새로난 책사압헤 서서 손님업는 책사의 젊은 주인과 수작이 야단스런 중이다. 엽헷가가 유리창 드려다 보는 체하고 발을 잠간 멈추자

"글세 내노아요 업기는 왜 업서 돈2원이 업단 말인가 내일 모레 주마는데"

"글세 이사람아 남의 상뎜의 시재 2원 남은 것을 긁어내라니 될 말인가 그것 이짜가 일 수돈 줄 것이야"

"일수돈 내일 주게 그러 내일 갓디가 줄 터이니"

"일업네 자네가 가저가고 도로 가저온 적 잇나"

"허허 시간만 작고 가네 벌서 다들 드러오겟네"

"드러오긴 무에 드러와"

"아니야 이 사람 참말일세 ××녀학교에서 300명이 오늘 청량리에 원족을 갓서요 그래 내가 김군안테 가서 한시간이나 졸나서 이것(사진긔계)까지 빌려가지고 왓서요 그런데 돈 2원이 업서서 가려다가 못가야 올탄 말인가"

"또 누구집 처녀를…… 그러려구"

"압다 자네는 입이 열둘이라도 내 압헤선 그런 말 못하네 어서 돈이나 내게"

서울이라는 도회의 날마다 울리는 음악소리 중에는 이따위 악사樂士들의 소리가 얼마나 만히 석겨잇는지…… 아버지가 보내주는 취직운동비는 양복뎜 리발소에 갓다주고 녀학교 원족뒤따르기에 2원, 상뎜의 밋천을 긁어 가려고 새파란 젊은 몸을 말리고 섯는 뎜에 몹된 색이의 가장 '몹됨'갑이 잇는 것이다.

안동네거리 2층 빙수집에서 날마다 들니는 요란한 류성기 소리를 오늘 낫에도 드르면서 뻬―스인가 뻐―스(승합자동차乘合自働車)를 처음 타보려고 정류장 말둑 밋헤서 기다리다 못하야 파출소에 가서 엿주어 보닛가 "황금뎡으로 나니는 것만 왼종일 다니지 이쪽것은 아츰하고 저녁때하고 관청의 출근퇴사시간 두때만 다니우" 한다. "북촌구석에 사는 주제에 외람되게 그런 혜택을 어더닙어 보려햇스니 될 번

이나 할 일인가" 뒤통수가 아니라 버섯든 맥고모자 텬정을 툭툭 치고서 뎐동 큰길로 도라스면서 보닛가 경관나으리 무슨 생각을 하엿는지 픽 웃는다.

"저건 무얼가 밀가루부대에 네발(사족四足)돗친 것이"

"밀가루 부대는 걸작인걸……. 양장洋裝이라고 한 쏠이 자네 말맛다나 웃재 밀가루 부대갓흘세"

"조선 녀자의 톄격이 갸륵하게 조커든……. 하테가 길다라면 좃켓지만 공교롭게 상톄가 기러서 조선녀자는 쌃은 저고리 긴치마로 조화를 식혀야 조혼 줄은 모르고 양장이면 덥허노코 조아보이는줄 알고 잘못지은 로수짝갓흔 것을 그냥 닙고 나스니 족고 맛치안흔 궁둥이가 쌍우에 갓갑게 처저서 뒤룩거라거든"

"자긔돈으로 사 입엇슬가?"

"왼돈으로"

"그럼 부모가 사주엇겟지"

"남편이야 남편의 돈이야"

"그럼 닙고 나스는 녀자보다도 사닙히는 남편이 더 놉흔 멍생원이지……."

"남편의 멍생원은 그만두고 닙고 나스는 녀자가 대담하지"

대담한 아가씨 뒤에서 쑥덕어리는 소리도 충찬으로만 들리는 지 갸웃 갸웃 억개로 궁둥이를 흔들면서 가다가 견지동 조선일보사 압헤서 맛난 것이 라팔바지 청년 두사람!

악수握手나 할듯키 반갑게 달겨들더니 그래도 고개만 숫덕이면서

"어데" 인사는 힘썻 간단하다. 남자가 무어라고 대답을 하고 그냥 지내가다가 니저버렷다가 생각난 듯키"어데?"하고 도라다보면서 소리치닛가 모던껄 홀깃 돌아다보고 손가락 둘을 쌧쌧이 펴서 번썩 처들고 빙긋 웃고는 어리광부리고 도라서서 간다. 그러닛가 뭇던 청년하나 "좃켓군" 쏘 하나가 "나도 대여 슬까?"

손까락 둘이 무슨 소리인지 알 길이 업서서 궁금해 하는데 지나가던 흰두루맥이 청년 세사람 양장 녀자를 보고 "흥 저래보여도 밀가루장사라네"한다. 밀가루 장사가 무슨 말인지 그것도 모를 말이려니와 대경성의 종로거리를 밀가루 장사가 밀가루 부대를 닙고 쒀여가는 것은 정히 가락맛는 작란이라할 것이지…….

종로 네거리 서울의 한복판이다. 전쟁터보다도 더 요란한 광무곡의 쐥과리를 울니는 본바닥이다.

자동차 마차가 련다라 오고가는 틈새로 자전거 인력거가 제비갓치 새여다니고 짐구루마 소바리가 분주히 오고가든가 하면 그 틈바귀로 안즌방이 아편장이가 늙은 거미갓치 긔여다니는 것도 여긔요 어머니를 두둘긴 놈도 아버지와 주먹싸홈하

는 놈도 인력거 타고 큰 기침하면서 지나가는 곳이 여긔다.

와글 와글 머리가 압흐게 식그러운 소리란 소리는 다 모다다 한데 부러대이는 대광무곡大狂舞曲에 정신을 차리지 못하고 섯노라니까 무서운 세상이 그것도 못하게 하고 엽헤 와서 팔을 잡아다리는 사람이 잇다. 누가 코를 베여가려노 하고 깜짝 놀래닛가

"여보세요 실례합니다" 뜻밧게 여엽분 녀자의 목소리!

도라다보닛가 목소리와는 짠판으로 샛깜안 얼골에 죽은 깨 경품까지 느러 노으신 구세군 녀병정이시다.

"신문한장 사보시지요" 구세신문을 쑥 내민다.

"동아일보임닛가 중외일보임닛가"

"아니요 그런 세속신문이 아니라 우리 구세주 예수씨의 조혼 말삼만 적은 훌륭한 신문입니다. 사보시지요"

3문4답 그동안에 벌서 구경군이 4,5인이나 모여섯고 그름에 구세군 녀병정도 또 한분 와서 서섯다.

"그런 조흔 말은 만히 듯기도 하고 헌책이나마 책도 만히 잇스닛가요 그러시 말고 정말 신문을 파시면 사는 사람도 만코 고맙기도 하겟는데요."

"그러시지 말고 두분이 한 장씩 파라주세요."

그때 웃고 보고잇든 구경군 중의 한 남자

"압다 그양반 예수의 말을 비러다가 한푼 두푼씩에 장사하고 잇스면 예수아들들이 가만히 두오?"

성난 것처럼 특명스럽게 하는 말에 모다 테면을 니저버리고 우섯다. 종로란 별별사람이 다잇고 별별 이약이 거리가 다 생긔는 곳이다.

"아니올시다. 예수씨 말삼을 파라먹는 것이 아니라오 수입은 사회사업에 쓰는 것이랍니다."

"당신들 공연히 시골싀집 실타고 도망해 올너와서 팔자에 업는 병정노릇 하느라고 밥지여먹고 구두사는데 쓰는 것이 사회사업이요?" 앗가 그 친구가 싸홈군갓치 을너대인다.

"안사면 안시지 왜 그런 말슴을 합닛가" 시골 싀이미니 시골 님펀 하나쯤은 우습게 녁일만한 암상한 자격이 금시에 나타난다.

"여보 어지러운 세상을 건지려고 시집사리도 팽겨치고 나슨 이가 그렇케 노하기를 잘해서 쓰겟소 그런 히아싸시는 탈할 것이 이니고 그레 이럿게 여리분이 나시시 파는 중에 남은 몃장식 파는데 한 장도 팔지 못하면 엇더케 되나요"

"웃더케 될 것 업서요 그대로 도로 가저다 바치지요"

"당신들의 성적이 싹기지 안느냐 말슴이야요"

"아—니요" 하고 자못 싱겁게 시침이 쎄는데 엽헤섯든 또 한 병정이

"성적에도 관계가 되기는 되지요" 정직하게 쏘은다.

수작을 길다랏케 하엿스니 안사는 수 업서서 둘이 얼너서 한 장을 밧아들고 '일금이전야라'를 지출하엿다 동전 두픈을 바다들고 만족해 도라스는 병정 두분 우리를 구원할 수 잇섯다고 만족해 하시는지 성적을 올닐 수 잇게 된 것을 깃버하는지……. 무엇에 밋처서 추는 춤인지 몰나도 우수워 보이기보다는 도리혀 가긍해 보인다.

"남편을 여읜 과택일가?"

"글세…….서울이 조와서 몰내 빠저온 도망군이도 업지는 안흘걸……."

"웃잿던지 홀아○병정들에게 ○○○○는 되렷다"

말이 긋나자마자 이번에는 그 홀아비 병정 한분이 또 쏘차왓다. 사람이 조와보여서 만만히 아는지 "지금 금방 삿슴니다"하고 내여 보여도 "그래도 한 장만 더 사시라"고 졸르는 것은 암만해도 "내 성적도 2전어치쯤 올려달라"는 것 갓햇다.

졸으다 못해서 도망하듯 하야 화신和信상회로 피해드러 가닛가 숨이 탁 탁 막히게 갑갑하게 진렬한 집속에 그래도 금은패물에 제 정신빼앗긴 녀자들과 그 따위 녀자에게 또 제정신 빼앗긴 남자가 여긔도 저긔도 치운줄 모르고 드러서잇다. 드러서야 어서 드러오라는 사람도 업고 머리하나 굽실하거나 눈찟하나 반가히 하는이 업는 것은 갓득 좁은데 왜 또 드러오느냐는 핀잔인지 녀자동반도 업시 오는 것을 보니 고맙지 안을 손님이라는 눈치인지…… 별로히 구경할 맛 업서서 도로 나오랴하닛가 그때 드러오다가 우리와 마조치고 얼골이 밝애지는 미인한분 내가 석달 전까지 살던 동리의 브억 뒷집에 잇는 부인이다. 나회는 스물둘 ○○녀학교를 졸업한 미인으로 보통학교훈도로 다니던 남편을 재작년에 여의고 수절하면서 양복짓는 것이나 배호러 다닌다는 이인데 쌔긋한 불란사 치마저고리는 그다지 호사스러울 것도 업지만은 갓치드러오는 양복장이 남자하나가 끄리여서 나를 보고 얼골이 변한 것인가 보다. 터노코 개가를 하엿스면 낫붉어질 일은 업겟는데 양복공부 다님네 하고 남모르는 엉덩춤추기에 가슴을 태우는 것은 무슨 맛인지 웃잿든 대경성이란 움폭해서 고마운 곳이지…….

"어서갑시다. 어서갑시다"

길거리에 나스니 단 3,4분 지난 고동안에 큰길에는 왼통 싼람들이 싼거름거리를 하고 잇다. 교통순사 섄만이 앗가 그 사람이고 왼갓 수레와 사람이 모다 싼 것이다.

잇가 그 사람들은 어데로 가서 지금 무슨 짓을 하고 잇고 지금 이 사람들은 또 어데로 무슨 짓을 하러가는 사람들인지……. 트레머리도 작고 싼사람이고 양복장이도 모다 싼사람들이다. 노랑치마 초록치마 흰구두 얼룩구두 우산빗은 저마다 다르니 결국 대경성에는 빗갈도 만타.

"웃재서 요새 녀자들의 옷빗갈이 그다지 어지러울가 실신한 사람의 것갓치 대담하고 극렬하니."

"옷빗갈 뿐인가 우산도 그렇코 머리맨드리도 그렇코 양말도 그렇코 구두맵시도 이상야릇하지요"

"그러니 류행도 주착업는 류행이 아닌가"

"결국 지금 젊은 사람들의 마음이 아모 방향을 찻지 못하고 그냥 그저 밋처 펄덕어리는 표증이지"

"올치 어제는 초록칠을 햇다가 오늘은 노랑칠을 해 보앗다가 그것도 또 실증이 나서 내일은 빩앙칠을 햇다가"

"그저 못먹을 독약을 먹고 가슴속이 타 올나서 펄펄펄펄 쒸는 그 모양이지"

"혼자 쒸엿스면 조치만 부모의 피쌈을 긁어가지고아 띄닛가 고마운 짓이란 말이지?"

종로 네거리에서 안국동 네거리 젓가락 짝만한 길을 두채가 엇갈려다니면서도 여긔 뎐차는 사람을 만히 기다리게 한다. 이번에는 또 되악볏에 얼마나 오래 기다리게 하엿는지 색동는 소리를 하면서 뎐동에서 나온 뎐차가 10여명 남녀 손님을 쏟아 노앗다. 그 중에서도 빠지지안코 못된 샛이라고 맥고모자와 구두 끗에 패를 써 붓친 도령님 세분이 단장短杖에 매달려 나리더니 무엇을 찻는지 그 큰거리를 휘휘 둘러보는 데 그째 도로 도라서서 써나려는 뎐차에 눈에 쓰이는 녀자가 잇는 것을 보고 금방 나린 세사람 "다시 타세" "다시 타요"하고 써드니 그중에 한사람 "그럼 내가 안국동까지 갓다 올터이니 여긔서 기다리고 잇게"하고는 급작히 쒸여가서 금방타고 온 뎐차에 다시 쒸여올낫다. 남어섯는 두사람

"말할 녀석 갓흐니" "그짜짓것 무얼 ○○유치원에 다는 걸 가지고 처음보나?"

그짜위짓 아니하고는 아비의 먹이는 밥 그냥 먹기가 미안한 모양이지……. 기자도 여긔서 긴 한숨 5분간.

재판소압

경성의 광무곡은 커냥 시골의 곡보曲譜까지 모라다가 울리는 곳이 재판소 압히라. 단단히 별르고 쏘차 오닛가 발서 시간이 느저서 생각튼 이보다는 음악이 덜 요

란하다 재판소 문안에서 눈물을 비죽비죽 흘리는 촌부인.

"왜 울고 계시요"

"우리집 사람이 지금 감옥으로 넘어갓습니다" 하면서 또 비죽비죽 처량한 장단.

"무슨 일로요"

"남의 밧고랑에 써러저 잇는 색긔줄 하나를 집엇대요"

"그것이 무슨 죄란 말요"

아모 대답도 업시 처량한 곡됴만 아뢰이는대 엽헤서 짜라 나오던 파나마 모자의 노랑구두 두어친구.

"흥 새긔줄 하나 집엇다구. 그럴 리가 잇냐요. 그 색긔줄 씃헤 황소 한마리가 매달렷드랍니다"

"아 아"

울고는 잇서도 그녀인네 제법 엉큼한 품이 소도덕의 안해될만하다. 갓득이나 요란한데 이런 촌녀자까지 올러와 참례하니 서울의 광무곡이 얼마나 굉장할 것이냐.

"그래 그런 마른 벼락을 마즐 놈이 어데 잇단 말요 그래 아모리 시톄법이기루 그래 날더러 증인으로 오라구 하다니……"이건 또 무슨 곡인가 하고 써들면서 나오는 뚱뚱한 마나님을 붓삽엇다.

"왜 그러심닛가 무슨 일로요"

"아-니 그래 여러분 다 좀 드러보시우 그래그래 이런 법이 또 잇단 말요? 텬하게 에-" 우리를 보고 호령하듯 소리치는 것이 자못 폭풍우(폭풍우곡暴風雨曲)이다.

"그래 중매를 드러달라고 하두 졸르기에 우린 친정동리에 부락해서 조혼색시를 중매해 주엇드니 발서 4년째나 참닷케 잘살다가 무슨 즘생의 혼이 씨엿는지 요새와서 녀학생인가 양갈보인가 무엇에 밋처가지고 리혼을 하려고 그러니 살기 실흐면 그냥 살기 실타지 그래 생트집을 잡는 것도 분수가 잇지 그래 자긔 안해가 행실이 부정하다고 정명을 씨워야 올탄 말요? 그러구 엇더케 말을 쑤며 노앗는지 오늘 날더러 증인으로 오라고 호출장이 썩-나와노앗스니 웃더케 되엿소. 그래 내 바른대로 다- 말햇지요 내가 말 못할게 무어요 내가 다-바른 대로 다해버렷소"

누가 말씃을 건드리다가는 큰 야단맛날 것 갓다.

"못하지 못하지 제가 그 안해를 버리고는 못살지 녀학생 아니라 녀학생 할미년이라도 못살걸"

웃더케 긔운 좃케 써드는지 얼이 싸저서 듯고 섯는데 "이거 누구요"하고 뒤에 와서 팔을 붓 잡는 사람 도라보닌가 보통학교 썩에 갓치 다니든 사람으로 선생님의 욕은 도마터 놋고 하든 사람이다.

"어이고 이거 얼마만요 그래 지금 무슨 사무를 보시우"

"내 사무야 그적 이짜위지요 그런데 참 사건 하나 어더주시우 사건事件업소?"

"사건이라니 무슨 사건 신문긔자 다니우?"

"아니야 변호사 사무소에서 노는데 더러 갓금가다 사건이 좀 생겨서 내 손으로 마터와야 수가 난단 말이지 이건 요새는 그저 하나 안걸니는구려"

"재판거리를 어더달라는 말야?"

"그래요 제발 더러 좀 어더주구려"

"옛기 이 낫본친구 친구더러 밤낫 재판거리만 생기란 말이야?"

"먹어야지! 먹어야 살지"하면서 손을 들어다 입에다 대인다. 변호사 사무원이 되여서 눈이 벌개가지고 싸홈거리만 차저 다니는 친구도 경성에는 수효가 적지 안흐니 대톄 대톄…….

광충교 카프에

종로네거리에서 광충교(대광교大廣橋)로 가다가 올흔편쪽 씃으로 둘째집인가 첫재집인가 환대丸大상뎜이라는 빙수집을 차지깃다. 이름을 곱게 잘 기리주기로 경성제일 해마다 보아도 그대로 잘해주는 집 주인은 갈려도 솜씨는 여전한 집이라 하야 일홈이 놉흔 집이다. 어름이 눈ㅅ발갓고 솜사탕가태서 혀에만 다으면 금시에 녹으니 빙수집이 저마다 이럴진대 아이스크림먹을 사람이 업슬 것이다. 어름에 채인 맥주 38전이니 싼 맛에 한 병 업새고 나서서 광충교 씨고 도라 무○헌無○軒으로 드러간 즉 다마쓰기에는 한○은행 패가 세사람 기생내기라고 짓거리면서 공씨르기에 정신이 업고 양식부에는 고개를 드리미닛가 "이랏샤이"하고 두둑한 소리가 샛족하게 귀를 씨른다.

"저 쑹쑹한 녀자가 압다 조선옷마랴 ○명녀학교 졸업생이라오"

"상당하구먼"

"○명학교를 졸업하고 엇저다 잘못되여 여긔서 우슴을 팔게까지 되엿스니 누구가 잘못한 짓인지 모르겟지만 경성이란 무서운 곳이지"

"어이구 일본녀기도 잇네"

"흐흥 그이도 됴선미인이리오"

"지런? 저것이 됴선녀자야?"

"그러기에 광무곡이지 맵시노 서투른 옷을 닙고 도라가시 안는 오-폭 고부시를 소리놉혀 히고 잇는 것이 광무곡이 아니고 무어요" 우리끼리 쑥더어리는대

"이건 안지도 안코 남의 흉만 쑥덕어리러 오섯소?"

하고는 걸상을 내여놋코 두손을 잡아 써러다 안친다.

"우리 갓흔 사람이 안즈란다고 안지는 안켓지만"

"아이가 은젯적브터 나지미로군 그래"

저의끼리 씻코 까부르고 한참 주므르다가

"나니오 메시앙아루노? 쎄-루?"

긔가 막혀서 "비누물이나 한잔!" 청해보고 니러나 퇴각하엿다.

진고개

"정자옥丁子屋에 드러가 봅시다"

"양복사입게?"

"양복사입는 사람 구경좀 하게"

생전처음 이럿케 굉장한 인물들만 출입하는 집에 드러와 노아서 어릿어릿하닛가 "조선옷감은 웃층에 잇습니다" 한다.

안내 아니라도 아래층에는 조선사람이 보이지 안으니 2층으로 갈밧게 낫이되여 그런가 사람은 그리 만치안코 학교교원갓흔 생색 안나는 양복남자 한분이 얼골 길다란 녀자 한 분을 대동해 와서 지여노은 양복을 이것저것 닙어 보더니 "맛는게 업구면 다른데 가서 새로 맛추어입지" 하고는 어색하게 나가려한다. 올타 잇다 잇다. 석유통인지 모르고 작고 덤벼드러 몸을 망치는 녀름밤의 버레갓치 세상모르고 눈에 쓰이는 대로만 쏘차가랴고 마음을 달쿠는 철모르는 트레머리 치마가 두 사람 저편구석에서 갑빗싼 비단을 주무르고 잇다. "갓갑게 갑시다 가서 그들의 이약이 소리를 드러봅시다" 하고 가서 듯노라니

"아이고 조키는 조흔데 넘어 빗싸아" 얼골 고흔 18,9의 어린 처녀

"와이샤쓰감으로는 금년 상등류행에 제일가는 것이올시다 류행을 아시는 분은 갑을 더내고 이걸노 쓰십니다"

검고 뚱뚱한 덤원의 사탕칠.

"아이그 이걸 사라닛가 그래 갑싼 것 아모거나 사려면 왜 여긔까지 왓서어" 이건 ○○녀학교 마-크를 다릿는데 통통하고 낫살드러보여 얼른 보기에 과부갓해 보이는 녀자의 말.

"그런게 아니라 돈-이 조곰 모잘라" 어엽븐 어린처녀 돈소리를 몹시 작게 은근이 부른다.

"무얼 그래 어머니가 아기옷감 사오라신 것 그것이라도 먼저 쓰지 괜찬어어. 이왕사면 조흔 걸 사지 다른 건 썰넝썰넝해서 어데 쓰겟서-?"

낫살 먹은 과부갓튼 녀자가 18,9처녀를 다리고 와서 조흔 와이샤쓰감을 사게 하니 련애중매를 드러준 것이 분명하지.

"썰넝썰넝이란 말이 요새 남녀학생계에 대단히 류행하는 모양이지"

"남학생보다도 녀학생들이 색주가 세상의 류행얼 어더다 쓰는(차용借用)것인데 이 썰넝썰넝이란 말이 왼통 처녀들의 마음을 달쓰게 해 놋코 부모의 피땀을 긁어다 진고개에 주다주다못하야 나종에는 썰넝썰넝하지 안흔 살림하려고 뎡조까지 판다오. 모던썰 잡아먹는 말이 썰넝 썰넝이라오"

"에에 갑시다. 엽헤서 보고 잇스면 두들겨주고 십어서……."

경성 우편국끼고 도라스면은 요지경 속가튼 진고개이다.

"이곳에 오는 조선녀자는 반듯이 입속을 벌리고 다니라"고 누가 어대다 써 붓첫는지 저마다 입을 해-벌리고 다닌다. 그것이 보기 실혀서 평던상뎜으로 쑥 드러가니 엇더케 사람이 만흔지 그래도 놀라지말라 그 반수 이상은 조선남녀이시다.

커피잔 사긔화병을 골르느라고 어엽븐 모던썰이 안젓다 니러낫다하면 모르는 양복신사의 고개가 짜라시 올너깃다 나려깃다 하면서 쓸대업는 그릇을 덩다라 사는 것도 광무곡. 화장품 이업븐 병을 지이 들고 "이게 머리에 바르는 약인가 얼골에 바르는 것인가" 모냥만 양복을 하엿지 영자英字를 모르니 볼 수는 업고 일본말이 서투르니 무러보기도 힘들고 공연히 코미테 가저다 향내만 맛느라고 쑹긋쑹긋하는 것도 훌륭한 광무곡이다. 말을 못 통하고 싀원싀원히 골르지 못해도 그래도 먼-곳으로만 모여드는 알 수 업는 야릇한 심리 아아 고만두자 고마두자.

"여보 앗가 정자옥에서 와이샤쓰 사든 패가 여긔왓소"

"골고루 밋처 도라가는 군…… 어데잇소"

"저-긔 과자 파는 곳에 잇지안우?"

"분명히 련애공부 식히는 판인걸"

"어미 아비가 낫브지 앗가운 딸버리고"

"부모가 무얼아나 당자가 낫브지"

"저 소견업는 것들이 저러케 알뜰살뜰이 돈을 실어다 주어노코 이다음에 차저와서 아기보아주는 어머니 하나 써달라고 애걸한 날이 얼마나 오래되겟소"

"갑시다. 갑시다"

여긔가 미쓰꼬시리오 드러가 봅시다. 옷재 소리소리헌데 하면서 구두의 먼지를 털고 드러가니 아래층 음식과사 파는 네서는 여긔의 념원인지 재농네서리에서 아츰마다 맛나는 아사치마 아사적삼의 하-연 녀자가 포도주병을 들고 왓다갓다 갓다왓다 대단히 분망하다. 2층으로 가니 거긔는 일본옷짬쌘 3층에 가닛가 작란감 학용품 아동복 치마감. 예수냄새나는 트레머리 두 분이 아동복을 앗가부터 고르면서 결정을 못하고 잇고 식당에는 늙은 마나님 두분이 안저서 "물 좀 주어 물 물" 하면서 입에 손을 대고 벙어리 행세를 하더니 "미수 미수 좀 주어" 한다. 늙은 마나님까지 미처 날것이야 무엇잇소 남미아비타－불.

사는 물건도 업고 골라보려고도 안하고 그냥 3층 위로 올러왓다가 나려갓다가 또 올러왓다가 휘휘 둘러보고는 또 나려가고 세 번이나 휘도는 여자 얼골좇코 맵시좇키는 오늘 보든 중에 뎨일 조흔 녀자인데.

"웃재서 사는 것 업시 들락날락하기만 할고……"

"애인을 여긔서 맛나자고 약속을 한 것이겟지"

"안이면"

"안이면? 은근자로서 낙시질하러 온 것이지"

"그것이 갓가운 것 가튼데"

"에에 조 매친 것 또 올너온다 네 번째"

"갑시다 갑시다"

길거리에 나스니 밤인줄 알앗든 것이 그저 낫이다. 진고개 2정목 3정목 입을 벌리고 정신 다 빠져서 헤엄치듯 거러가는 조선부인들 욕먹을 말이지만은 여긔와서 입을 벌리고 지나가는 녀자는 여긔 물건만 몃가지 사준다면 몃번이든지 개가해 갈 것이라고 할 수 잇겟다.

경성극장 압헤서 썩긔여 구리개로 나오닛가 쬐악볏미테 몬지가 물결가티 니러난다. 쌔스차를 어더타 보려고 네거리에 서서 휘휘 둘러보닛가 뷘 말뚝만 서 잇는데 그 엽헤 과실가개에 구은어름(소수燒水)이란 광고가 씨여잇다.

"이러다가는 우리까지 미처나지 군어름이라니 그래 어름을 구어 판단 말인가"

"어대 시골뚝이 행세로 한번 무러보기나 합시다 그려 엇더케 생긴것인가"

"군어름 잇소?"

"네에! 잇슴니다" 일본옷닙은 조선소년

"어데 엇더케 생긴 것인가 두 개만 갓다주시오"

"네에" 하고서 상자에서 왜떡으로 맨든 조고만 인주印朱함 가튼 것을 써내더니 거긔다 아이스크림을 떠담고 그 위에 과자뚝겅을 덥허다가 준다. 별다른 것이 안이다 요새 서울서 아이스크림 담어 파는 곡갈가튼 나팔가튼 왜떡 그것을 납작하게 접시가티 맨들어서 거긔다 어름을 담어주는 "모나까"라는 것이다.

엇더케 싱거운지 뺨 한번 어더 만진 폭이 되야

"안－이 이것이 무슨 군어름이요 불에 구어야 군어름이지"

"압다. 그릇은 과자닛가 불에 구운 것이지요 불에 군 그릇에 담엇스닛가 군어름 아님닛가?"

"넷기 이 진고개 녀석아"

하나에 10전식 20전 야也를 내주고 나스니 훈련원 쪽에서 굴러온 뻐스차가 우리를 보고 말뚝 압헤 정거를 한다. 처음 타보는 것이니 서울 사러도 시골 친구라 올라타라는 대로 올러서서 뒤ㅅ손으로 문을 다드려고 애를 쓰니 문이 잇서야지

"그냥 가 안즈세요 문이 원래 업는 거애요. 아이 그참"

목소리가 복장보다 어엽부다. 녀차장이 쓴 모자는 누가 고안을 햇는지 귀찬으닛가 생각하다가 말고 그냥 팽겨친 것을 올주서 씨워내보낸 모양이고 허리에 혁대와 가방은 참말 어엽분 소리와 가느른 허리가 통곡을 하게 생겻다.

뎐차보다 좁아서 모르는 승객끼리도 이약이 한마듸하고 십게 오붓한데 엇더케 그럿케 잘 흔들어주는지 엽헷사람의 억개나 무릅을 탁탁처주기는 십상 좃케 되엿다. 구리개 네거리올시다. 내릴 손님 업슴닛가. 쐬쐬리가튼 소리에 손님 중에서도 녀드름 난 청년이 "나리실 분 업스십닛가" 어엽부게 흉내를 내이니 이차는 뻐스라는 것보다는 '앵무차'라는 것이 더 어울리겟다. '스톱'초ㅅ내나는 어엽분 명령에 능청마진 운뎐수 싱긋 웃고서 정거를 한다.

"여보 얼는 갑시다 그려 막 틀구료. 막 트러요"

"여긔도 내릴 사람업소 그냥 막 다라납시다"

"아이그 차장님 내 두루맥이에 파랑물이 무덧스니 엇저오 나 우리 마누라에게 자볼기마저도 괜찬소?" 승객이 모다 우서젓기는데 어엽분 차장님 "다— 나리세요 정거장에 다왓슴니다"

들엇든 7전표를 내이고 나리니 경성역 벌서 뎐긔불이 켜젓다. 정거장에 드러가렷닛가 그때 마츰 부산차가 다어서 숫한 사람이 쏘다저 나린다. 가방을 세 개식 들고 긔여가는 사람. 기생가튼 녀자를 달고 급히 것는 사람 집행이만 휘젓는 못된 샛이 저중에는 쌍파러 가지고 오는 사람도 잇겟고 남의 집 아들 쐬여가지고 오는 사람도 잇겟고 도망해 오는 오입쟁이녀인네도 잇슬것이니 저들이 모다 경성의 광무곡을 보태려고 오는 것이 안이냐 작고 쏘다저 오는 것 안이냐

아아 고마운 대경성 여긔에 사는 시민이 50까지 사는 것도 희한한 일이지

갑시다 갑시다.

—'백서편종白書篇終'

2. 취미의 설계와 제국의 책략

1) 제국의 취미, 취미의 식민

조선에 취미를 보급해야 한다는 주장은 오래전부터 있어 왔다. 조선 거주 일본인이 발행했던 『조선』의 기사 「재한방인과 취미在韓邦人と趣味」는, 조선이 외형적으로는 '소일본'의 광경을 보여주지만 사회적 취미오락 설비가 없다고 비판하고 공원과 음악당 · 도서관 등의 오락기관의 설치를 주장한 바 있다.[37] 『매일신보』도 노동과 오락을 인생의 두 가지 구성 요소로 규정하고, 고된 노동을 잊기 위해서는 오락이 반드시 필요하며, 조선에 연극 · 음악을 향유할 극장, 동물원, 도서관, 공원, 박람회, 활동사진관 등을 설치해야 한다고 했다.[38] 이 글들은 언뜻 문명의 상징으로서 취미의 도입이 필요함을 주장한 듯 보이지만 취미의 도입은 근대 제국의 이데올로기와 긴밀히 연관되어 있었다.

> 音樂은 耳로브터 入하는 教訓이며 繪畫는 眼으로부터 入하는 說ㅇ니 趣味의 教育은 此 二者보다 先에 居홀 者는 無홀 것이로다. 吾人은 公園에셔, 雄快하고 高亮하고 清幽호 音樂을 奏하야, 平民社會의 人人으로 此에 會集하야, 自由로 聽得케 홈을 望하는 바이니 彼 生活戰爭에셔 嚴히 激烈한 戰鬪線에 立호 平民社會를 爲홈에는 此 等 高雅호 趣味의 注入은 實로 回生起死의 靈藥이라 云홈에 足홀지라. 何故인고 하면 平民과 如히 職業勞動에 從

37) 「在韓邦人と趣味」, 『조선』 23호, 조선잡지사, 1910.1, 6면.
38) 「娛樂機關의 必要」, 『매일신보』, 1915.7.28.

事하는 者로 其 心身의 慰安을 得치 못하면 殆히 生活의 樂이 匱乏홀 것임으로 써라.

平民社會에 趣味敎育을 與하라 함은 彼의 生活上 慰安을 得케 하자는 策略이니, 人은 食物로써 其 腹을 充滿케 홀지라도, 其 心은 天地의 美를 感하며, 物의 愛情을 知하야, 胸中에 常히 快活하고 高雅한 趣味가 湧出하야, 醜하다 하며 美혼 者를 美하다 하야 家에 金銀寶玉이 無홀지라도, 何等 殺風景되는 事ㅣ 無하고, 逍遙自適이 生活의 修羅道에 立하야, 綽綽히 慰樂홀 餘裕가 有혼 것이니, 何人이 敢히 平民社會의 趣味敎育이 不必要하다고 謂홀 者ㅣ 有하리오. 趣味의 纜은 平民社會를 貴族社會에 繫홈이 可하니, 趣味의 一致는 人情의 一致이며, 人類의 一致라 홀지로다.[39]

이 글은 노동의 위안물로서 취미가 요구됨을 보여주는 한편 '평민'[40]에게 취미를 보급해야 할 필요성이 어디서 연유한 것인지 보여준다. 필자는 당대 '평민사회'의 생활을 '격렬한 전투선'에 비유했다. '평민사회'는 고된 노동과 생활고로 인한 죽음과 전쟁터를 방불케 하는 위기상황이라고 판단하고, 가난하여 '금은보옥'이 없을지라도 '취미의 주입'이 있다면 '위안'과 '여유'를 주는 '소요자적逍遙自適'이 될 수 있지만, 취미를 '주입'하지 못하면 '평민사회'는 '살풍경'의 '수라도修羅道'가 된다고 보았다. 취미는 '평민사회'를 안정시키고 현재에의 만족을 창출할 수 있는 '책략'의 하나로 주장된 것이다.

39) 「平民社會의 趣味敎育의 必要性」, 『매일신보』, 1921.8.23.

40) 이 시기까지도 대중의 개념은 아직 '군중'에 가까웠다. 그러나 平均人으로서의 대중에 대한 인식은 이미 도입되고 있었는데 여기서 평민이라 함은 대중을 지칭했던 또 다른 언어라고 할 수 있다.

나아가 취미는 '귀족사회'와 '평민사회'를 하나로 일치시킬 수 있는 제도적 장치로 평가되었다. 여기서 '귀족사회'와 '평민사회'가 지배를 둘러싼 대립관계의 언표임을 설명할 필요는 없을 것이다. 이 대립관계가 취미의 끈으로 '인정人情의 일치'를 이룰 수 있다는 것은, 공통의 가치관과 심미관, 상식과 공공질서 등 조선을 '소일본'화하기 위한 제반의 정신적 규준이, 취미라는 극히 사적인 행위를 공유함으로써 성취될 수 있다는 것이다.

이는 다른 인식, 다른 관습으로부터 기인하는 사회적 갈등의 무마와 체제 혼란의 수습이 취미를 통해서 가능하다는 것을 뜻한다. 결국 '취미'가 도입된 목적이 현실에 대한 위안과 지배체제에의 일치에 있었음을 이 글은 확인시켜준다. 취미의 도입을 적극 주장했던 『매일신보』가 총독부의 기관지였던 것처럼, 처음 조선에 '취미'라는 새로운 제도의 도입을 주장했던 것도 조선 거주 일본인들이었고, 그 취미의 보급에 선편을 쥐었던 것도 그들이었다.

1923년 '취미오락의 기관지'를 표방하는 『취미지세계趣味之世界』[41]가 조선에서 발행된다. 이 잡지는 조선에 거주하는 일본인들이 일본인 및 조선인에게 다양한 취미를 소개하고 보급하는 것을 목적으로 했다. 이에 따라 문학 · 음악 · 미술 · 영화 · 연극 등 근대의 대표적 문화예술이 찬미되고, 동물원 · 공원 · 도서관 등의 공공 취미시설, 축구 · 빙상운동 · 승마 등 각종 스포츠, 유행 · 독서 · 퍼즐 · 퀴즈 · 수집 · 여행 · 꽃꽂이 · 골동품 등 사적인 생활 취미, 더불어 각 방면에 대한 특이한 탐구활동 등까지 폭

41) 『趣味之世界』에 대해서는 아직 알려진 바가 없다. 필자가 확인한 것은 1924년 1월호(2권 1호)와 3월호(2권 3호)로 발행 겸 편집인은 '구보다 다쿠치[久保田卓治]', 발행소 '趣味之世界社'(경성부 황금정), 인쇄소 '東亞出版印刷株式會社', 정가 '50錢'으로 기재되어 있다. 2권 1호의 「編輯終りて」에서 잡지의 나이가 '二齡'이 되었다고 한 것으로 보아 1923년 창간되었음을 알 수 있다.

넓게 다루어진다. 하이쿠·다도·분재·유도 등 일본 토착의 취미와 함께 궁술 등 조선의 취미도 소개된다.

이 잡지가 목적한 '취미오락의 고창'은 언뜻 가치중립적인 듯 보이지만 실상은 그렇지 않았다. 「취미지세계 회원규정」의 1절 '본지는 선만鮮滿에 있어서 취미오락의 향상과 그 민심의 융화사상을 향상시키는 데 도움이 되게 함에 목적이 있다'는 취미의 향상이 곧바로 '융화사상'이라는 이데올로기와 연결되어 있음을 드러낸다. 여기서 '융화사상'이라 함은 두 가지 의미로 해석된다. 하나는 조선을 항구적 식민지로 영유하고자 하는 '일선융화', '내선일치'를, 또 다른 하나는 조금 더 장기적인 기획으로서, 일본제국의 근대국가적 지향을 실현하기 위한 '인정 융화', '인정 일치'라 할 수 있다. 인정의 융화는 제국의 엘리드들에서부터 조신 등 식민지의 최저계급에 이르기까지 공통의 감각과 공통의 상식을 확보하는데 필요한, 즉 근대국가의 체제 확립과 제국의 확장에 긴요한 요건이었다.

나아가 구보다 다쿠치[久保田卓治]는 사설을 통해 '지방 민중을 유도誘導, 부액扶腋하는 이 문화 시정施政의 금일에, 취미를 도외시하고 그 기미를 살피지 못하여 헛되이 민을 통솔하고 법형과 권위로서 족하다고 생각하는 것인가'라고 하여 취미의 위상을 법형, 권위와 동등하게 주장하고 있다.[42] 『매일신보』를 통해 선전된 취미 보급의 필요성과 동일한 맥락이다. 취미는 대중에게 종교적 위상에 비견되는 깨달음의 인도자[43]로 선전되지만, 위정자들에게는 체제의 안정과 풍속의 단속을 달성할 수 있는 수

---

42) 撫樽, 「趣味は平民の悟道」, 『趣味之世界』 2권 3호, 1924.3, 3면.
43) 「趣味は平民の悟道」(『趣味之世界』 2권 3호, 1924.3, 2면)은 취미가 평민들에게는 깨달음의 길을 일러주는 종교적 의미를 가지고 있다고 주장했다

단으로 도입되었던 것이다.

이러한 예들을 통해 볼 때, 취미가 법 또는 권위와 함께 식민지민을 통제하고 조선의 풍속과 기질 나아가 인식과 감각을 제어하는 장치였음은 분명하다. 식민지를 경영하던 제국 엘리트들은 형식적 다양성을 가장한 기호와 감각의 단일성을 통해 '일선 융화'와 '인정의 일치'를 꾀할 수 있었던 것이다.

2) 설계된 공통감각

'오도悟道' 즉 깨달음에 이르는 수단으로서의 취미는 그 다양성으로 인해 자유로운 개성의 발현을 보장하는 것으로 이해된다. 모든 유희의 양식들은 취미가 될 수 있으며 취미와 취미가 아닌 것의 구별은 전적으로 인식의 문제로 취급된다.[44] 따라서 취미가 가진 다양성의 형식은 개성 존중과 자유 의지를 의미하게 된다.

그러나 백화점에 진열된 수많은 상품이 그 상품들을 하나의 공간에 배치한 백화점이라는 통합적 존재를 은폐하듯, 취미의 개인성과 다양성 역시 기호와 취향의 통어統御를 은폐하고 있다. 흔히 '이상'이나 '비정상', '촌티'와 '세련' 또는 '감각'의 유무 등으로 표현되는, 누구나 소유하는 공통감각[45]이고, 동시대를 향유하는 시대감각이며, 다양함 속의 공유감각이기

44) 衣笠茂, 「趣味(二)」, 『趣味之世界』, 2권 3호, 1924.3.3, 6~7면.

45) 아리스토텔레스 이래 논란이 되어 온 '공통감각'(나카무라 유지로[中村雄二郎], 『공통감각론』, 민음사, 2003 참조)에 착안하여 사회 역사적 문맥으로 재구성한 용어이다. 철학에서의 논의는 주로 인식론적 접근에 한정된 것이었지만, 사회적으로 다수의 사람들이 상식을 공유하듯 감각도 공유하고 있다는 점을 부각시키기 위해 사용했다.

도 하다. 사적, 개별적인 기호가 취미라는 회로를 통과하며 하나의 감각적 정체성으로 재탄생하게 되는 것이다. 지극히 사적이고 다양하면서도 대다수가 공유하는 것, 그리하여 그 공유감각의 외부에 존재하는 기호와 취향을 은밀하지만 철저하게 배제하는 것, 그것이 취미가 생산한 '대중' 창출 방식이었다.

톱니갓치 쎄죽 쎄죽한 맥고모를 한편 귀에 기우려 걸고 상아 손짧이 단장은 팔둑에 걸고 하얀 분물을 모가지에까지 바르고 샛빨간 목도리 족긔갓흔 짧은 저고리에 라팔바지 이만하며 내가 새 세긔초世紀初의 모던뽀이랍시고 억개하고 단장으로 거러간다.

(…중략…)

"웃재서 요새 여자들의 옷빗갈이 그다지 어지러울가 실신한 사람의 것 갓치 대담하고 극렬하니" "옷빗갈 뿐인가 우산도 그렇코 머리 맨드리도 그렇코 양말도 그럿코 구두 맵시도 이상야릇하지요" "그러니 류행도 주착업는 류행이 아닌가" "결국 지금 젊은 사람들의 마음이 아모 방향을 찾지 못하고 그냥 그저 밋처 펄덕어리는 표증이지" "올치 어제는 초록칠을 햇다가 오늘은 노랑칠을 해보앗다가 그것도 또 실증이 나서 내일은 빩앙칠을 햇다가" "그저 못 먹을 독약을 먹고 가슴 속이 타올나서 펄펄펄펄 뛰는 모양이지", "혼자 뛰엿스면 조치만 부모의 피땀을 긁어가지고야 뛰닛가 고마운 짓이란 말이지"[46)]

1920년대 말, 종로의 풍경을 묘사한 이 글은 당대의 공동감각에 대한

46) 双S生, 「大京城狂舞曲」, 『별건곤』 18호, 1929.1, 74~85면.

몇 가지 시사를 던진다. 먼저 신세기의 젊은이가 되기 위해서는 갖추어야 할 요건이 매우 규격화된 전형으로 등장한다. 모자와 단장, 화장품과 목도리, 저고리와 바지까지 일련의 완성된 물품이 갖추어져야 '신세기 초의 모던쌘이'로 자임할 수 있었다.47) 물품의 종류와 모양새, 색감은 물론 사용방법에 이르기까지 까다로운 규칙을 따라야만 당시의 공통감각을 만족시킬 수 있었던 것이다.

그러나 그 전형의 변형이 얼마나 다양할 수 있는지도 이 글은 잘 보여준다. 어제의 초록과 오늘의 노랑, 내일의 빨강은 다만 색상의 구분을 넘어 다채로운 취향의 구현을 뜻한다. 취향의 다양성과 통합성이 공통감각 안에서 우호적으로 공존함을 보여주는 것이다. 개별적인 것의 전체성이며 통합적인 것의 다채로움이다. 극히 개별적이고 사적인 취향 또는 기호가 설계된 취미를 통해 '대중'이라는 감각적 정체성을 축조했던 것이다.

『매일신보』와 『취미지세계』의 취미도입론은, 취미를 설계한 제국의 의도를 선명히 보여준다. 제국에게 '취미'라는 가볍지만 광대한 영토는, 더 정교하고 광범위하게 근대인을 규율할 수 있는 책략의 집산지였다. 누구에게나 가볍고 아무에게도 특별하지 않은 취미의 영역에서 '대중'의 습관을 관리하고, 관념을 지배하며, 금기를 창출할 수 있었다. 개인으로서의 근대인은 취미를 언제나 버릴 수 있다고 생각하기에, 사소한 생활의 감각까지 규율하는 그것의 존재를 망각할 수 있고, 그럼으로써 은닉된 규

---

47) 대중적인 읽을거리를 제공하던 『삼천리』의 한 기사는 1930년대 이른바 '신사'와 '숙녀'를 만드는데 소비되는 비용이 신사 410원 내외, 숙녀 500원(조선복의 경우 350원) 내외의 비용이 소비된다고 추산했다. 모자에서 구두와 장식물까지 당대의 공통감각을 만족시키는 대중의 취향은 이데올로기뿐 아니라 소비라는 자본의 세계와도 결탁하고 있었다(「신사 숙녀 만들기에 얼마나 돈이 드나」, 『삼천리』 7권 11호, 1935.12).

율에 순종할 수 있게 된다. 국가권력과 자본의 공공적 규율 세계로부터 벗어남으로써 더욱 강력하고 치밀한 규율 세계로 진입하는 메커니즘이다. 망각의 규율 세계인 취미는 식민지인의 감각을 편집함으로써 '대중'을 창출하고 '대중'이라는 개성이 제거된 문화적 주체를 통해 국민을 관리하려 했다. 취미는 제국 프로젝트의 일 부문이었던 것이다.

제국의 세력만이 취미의 고창에 앞장선 것은 아니었다. '대중적'이라는 수사에 부응하는 최초의 잡지인 『별건곤』도 취미를 통한 대중 획득의 선편을 쥐기 위해 분투했다. 『별건곤』의 기사를 발췌한 위 예시에서 시대의 유행을 따르는 젊은 사람들은 '실신한 사람', '주책없는', '미쳐 펄떡이는', '부모님의 피땀을 긁어가지고' 등의 표현으로 비하된다. 『별건곤』, 나아가 개벽사의 언론엘리트들이 '대중'의 취미에 부척 불쾌했음을 알 수 있다.

『별건곤』은 개벽사의 취미잡지로서 민족적 취미를 확산시키기 위해 각종의 민족 사화史話와 조선적인 이미지가 돋보이는 다양한 기획, 나아가 풍자적인 '모던' 풍조 비판을 펼쳤지만, 일부 조선적 이미지의 부활에 성공했을 뿐, 망각의 규율세계에서 비판이라는 관념적 행위는 그리 큰 파괴력을 갖지 못했다. 전 사회적으로, 전 문화영역에 걸쳐 확산되는 취미의 세계에서 『별건곤』의 '취미독물' 역시 민족적 감각과 근대적 감각의 분화된 체제를 갖출 수밖에 없었기 때문이다.48) 따라서 『별건곤』은 제국의 취미에 대항하는 민족적 취미를 생산하는 데는 일부 성공했으나, 취미 자체가 제국의 설계에 의해 작동되는 기제였던 만큼 그 영향은 한계적인

48) 이경돈, 「『別乾坤』과 近代 趣味讀物」, 『대동문화연구』 46집, 성균관대 대동문화연구원, 2004.6; 천정환 · 이용남, 「근대적 대중문화의 발전과 취미」, 『민족문학사연구』 30호, 민족문학사학회, 2006 참조.

수밖에 없었다는 평가를 내릴 수 있다.

라디오가 전파를 송출하고 취미라는 개념이 등장할 즈음, 식민지 지식인들은 독립 국가 건설을 목표로 하면서는 '민족'을, 프롤레타리아를 중심으로 한 계급혁명을 위해서는 '인민'이나 '민중'을 각각 문화적 · 역사적 주체로 설정하고 있었다.

1919년의 3 · 1운동과 1926년의 6 · 10만세운동은 민중운동의 빠른 성장을 확인시켰고 이는 제국과 자본으로 하여금 원형적 지배를 위한 대항적 주체의 창출을 기도하게 했다. 라디오라는 전파미디어와 취미라는 근대적 제도는 그 대중이 탄생하는 자궁의 역할을 한다. 전파미디어는 문화주체의 상상력을 비약적으로 확대하여 인쇄미디어로는 불가능했던 '전체로서의 무차별적 인간'을 상상할 수 있게 했다. 그리고 라디오에 의해 생산된 '대중'이라는 상상을 실제로 구현했던 것은 취미라는 제도였다. 취미는 특유의 다양성 속에 동시대의 통합적 기호와 취향을 생성시킴으로써 '대중'의 감각을 지배했다. 공유하는 감각을 통한 제어는 인식되는 것을 통한 지배보다 훨씬 근원적인 동력을 제공한다. 라디오와 인쇄물을 비롯한 영화와 유성기 등의 매체들은 취미라는 통일적 다양성의 제도를 등에 업고 '대중'이라는 문화주체를 불러왔다. 특유의 다양성과 사적 속성 속에서 공유 감각을 제어할 수 있었던 근대 취미는 '대중'의 기호와 취향을 편집하며 지배의 기술로 활용되었다. 그리고 망각의 규율 세계인 취미를 장착한 문화주체 '대중'은 '민중'과 '민족'을 제어하며 급속히 확산되었다.

역사주체 혹은 문화주체는 이념에 따라 이름이 다르게 붙여졌다 하더라도, 그 주체의 호명 메커니즘은 동일한 지평 위에 있었다. 주체를 무엇으로 설정하건, 그 담론 구도는 설정하고 불러내는 자를 한 축으로 하고,

'주체'로 지칭되고 호명되는 자들이 다른 한 축을 이룬다. 민족주의든, 자본주의든, 사회주의든 근대를 횡단했던 이념들은, 이념의 지도자들, 즉 실제적 주체와 이 주체에 의해 불려나와 인식되는 '객체'를 전제로 한다. 물론 아이러니하게도 모든 이념들은 객체를 문화적으로 또 역사적으로 '주체'라 명명했다. 문화 · 역사의 주체는 모든 언설에서 주어의 자리를 차지하고 있지만, 사실상의 자리는 목적어에 불과했다.

미디어와 취미의 주체로 상정되었던 '대중'도 당대의 엘리트, 전위를 자처했던 주체들에 의해 그들의 타자로서 등장했다. 엘리트 자신은 천부인권을 부여받은, 누구와도 같을 수 없는 개성을 지닌 근대적 개인이었지만, 자신을 제외한 타인들은 개인일 수 없는 한 덩어리의 인간집단이었다. 누구나 근대적 개인으로 존중되기를 기대하지만, 실상은 인격이 존재하지 않는 대중의 일개 분자로 여겨질 뿐이다. 근대적 개인은 환상이며, 그 실상은 '대중'이었고, 대중이라는 실상도 엘리트의 뇌 속에만 존재하는 것이었다.

읽을거리

일기자, 「빈민은행 전당포 이약이, 전당물로 본 북촌의 생활상, 손님은 누구, 물건은 무엇?」

(『별건곤』, 1927.3.1)

"여봅시요. 이것 얼마에 잡으시겟습닛가?" 하고 일본문으로 만든 신조사 사상총서 중 사회문제 십이강과 근대문예십이강 두 권 —동경만 가터도 최소로 이원은 줄 터인데 아마 서울이닛간 일원쯤은 주겟지 하고 경성 안에서도 덩덩그러케 붉은 벽돌 새집을 지어놋고 잇는 화동 어느 전당포를 드러서서 그러케 물어 보앗겟다. 그 안에 게신 사무원 한 분 아침 변또를 자시다가 씨우—시 내다보고

"그런건 잘 안잡습니다. 잡어도 얼마 드리지 안흐나 주인이 안 게시니 자세히 모르겟습니다."

그만하면 "책 가튼 것은 세월 업소." 하는 것이 분명한 언중유골의 설명이엇다.

"그러면 교과서 가튼 것은 잘 잡습닛가?"

한 거름 더 나아가서 이럿케 뭇고 보니 사무원의 공손한 대답.

"교과서도 잘 안 삽습니다. 교과서는 늘 변경이 되닛가요. 그러고 책으로는 사전 가튼 것은 좀 낫게 줍니다."

올타 이만하면 전당포 경영자의 두뇌를 저울질 하기도 과히 어려운 일은 아닐 것이다. 교과서는 학교에 짜라서 달고, 해를 짜라서 변경되는 수가 잇스니, 만일 류지 된 째 팔어도 갑을 못 밧게 되면 손해중 에도 좃그란 손해! 그러나 사전은 변할 것도 업고 어대나 공통으로 쓸 수 잇는 책이다. 갑시 나가고 공통적으로 수요 되는 물건! 그것이 전당포에서 전당 삼는 물건의 표준일 것은 누구나 알 수 잇는 일이다.

이러케 길을 시작하여 가지고 경성내 전당포 이약이ㅅ거리를 모으게 된 것도 수은동 전당포 권총사건이 생긴지 얼마 아니된 오늘에 안저서는 그러케 쉬운 일이 아니요. 이 이약이로 해서 우리 살님살이 내용의 일면을 엿보는 것도. 또한 공연한 시험은 아닐 것이다.

전당포라 하면 덥허노코 돈 잇는 놈이 고리폭리를 어더먹고 가난방이를 쓰더서 제 몸을 살지우는 영업으로만 세상 사람들이 흔히 알지만 알고 보면 그러케 만흔 리도 퍽퍽 남는 것이 아니요 하로ㅅ저녁이라도 대리를 편히 뻣고 벼개를 놉히 하고서 편안히 잠자볼 수는 업는 직업이라 한다 가난한 집에서 자식이 병이 나서 금방

죽으랴 살랴 할 제, 어머니의 시집올 때 너두엇던 장속옷을 끄내여 잡혀다가 약을 지어먹여 씨슨드시 낫거나 시골 부모의 병환위급한 전보를 밧고 려비업서 쩔쩔 매는 학생에게 사전 한 권만 또 한 벌에 사오원의 돈을 어들 수가 잇게 된다면 그 때야 말로 전당포 문압헤 가서 백배치사를 하고 십흔 사람이 얼마이고 잇슬넌지도 모를 것이며, 그러나 가난한 행랑살이 어멈이 한 끼니 죽ㅅ거리나 어들가하고 변변찬한 보ㅅ짐을 싸들고 이곳으로 가고 저 곳으로 가도 퇴ㅅ자를 맛나거나 가정부인이나 기생아씨가 한 때 용돈이 아수어서 잡히엿다가 긔한이 넘엇다고 애지중지하던 패물이나 의복이 흘너 넘어간 때에는 전당포 집웅 우에 불을 끄려노코 전당포 주인에게 주먹방을 한번 대고 십흔 반항심이 니러나는 이도 얼마나 만흘지 모를 것이다.

엇지 생각하면 고마운 듯 하고 미운 듯도 한 전당포의 수효도 경성 시내만하야 전당포 조합의 조사에 의하면, 작년말 현재에 조선인 전당포만 일백육십사개소나 되야 어려운 사람을 상대로 하야가지고 돈 장사를 하고 잇다 한다.

전당포를 차저 오는 손님도 골목골목을 짜러서 달느고 가지고 오는 물건도 손님을 짜러서 다 각각인데 경성북촌에서도 중앙인 삼청동에서부터 권농동까지의 일대에는 전날 양반집에서 쓰던 세간등속, 희생의 용품, 시적, 가정부인들의 갑니기는 의복, 패물등속이 보통이요 잇다금은 그럿치 안이할 듯한 신사가 남이 보나 안보나 겻눈질을 하여가며 양복이나 장식품 가튼 것을 들고 오는 수도 잇고, 그 중에도 이상한 것은 심지어 젊은 남녀의 일홈까지 한자씩 색인 약혼반지, 결혼반지가 팔자 사납게도 전당포의 부찰을 차고 네댓달씩 전당포 창고에서 구류를 당하는 일이며 청진동 다방ㅅ골(지금 다옥정)근처 기생 만흔 곳에서는 그야말로 갑 나가는 릉라금수의 치마저고리, 금은 보패의 비녀, 반지, 노리개가튼 보드라운 살에서 연지냄새, 향유냄새에 절어 나온 물건이 궁그러 드러오고 서대문밧 독립문 근처로부터 애우고개로 하야 남대문밧 정거장 건너 봉래정 일대까지는 박봉 월급 생활순과 막버리 로동자들의 갑싼 물건이 일원 내지 사오전에 볼모를 삽히어 전당포 창고 안에서 증역을 살다가 출옥 긔한이 되여도 무정한 주인, 아니 무정한 돈이 대사 특사의 은전을 내리지 아니하야 필경은 녯주인을 차저 가지 못하고 낫모르는 딴 사람에게 팔녀기는 팔지협상한 말로의 운명을 보고마는 수도 잇다.

대개는 전당잡히는 손님도 물론 생활 곤난이라는 것이 원인이 되야 체면 잘 차리는 양반집에서도 할 수 업시 세전지물의 보물 가튼 것을 눈물 흘니며 장속으로 끄내여 헌보짐에 쌔여가지고 전당포 문을 방문하게 되는 수도 잇고 생활이 괜찬한 가정에서도 가다가는 졸지에 쓸 곳은 생기고 변통할 곳은 업서서 아모 것이 나 잡혀 두엇다가 두달 석달 혹은 한 달도 되기 전에 빗싼 리자를 치러주기가 실혀서 얼는 환고향을 식히는 수도 잇고 정 어려운 사람은 긔한에 가서 리자만 하야 주고 류치 긔한을 연장식히고 연장식히기고 하다가도 할수 업시 차저오지 못하고 흘녀 써내 보내는 사람도 만흐며, 부랑한 청년이 돈쓰기에 목이 말너서 닥치는 대로 막 파는 셈 치고 잡히는 사람, 심지어 군것질 하고 십허서 현양복 현책을 싸가지고 전당포를 찻는 어린 학생 가지각색으로 만흔 중, 한 전당포에 하로ㅅ동안 잡는 건수 가 평균하면 한 십이삼건이요 어대나 보통으로 드러오기만흔 물건은 의복등속이나 그도 예전에는 시세가 조와서 갑슬 상당히 주고 잡던 것이 근래는 포목갑이 써러저서 별로 전당포에 환영을 밧지 못하고 간수하기 편리하고 갑시 만히 나가는 금은 등속의 물품이 원가 오분지사 가량에 잡히며 잡힌 뒤에 그 물건을 차저가는 사람이 십분의 칠팔이라 한다. 그리고 남어지 십분 일이는 할 수 업시 일본 사람은 긔한 후 사개월이면, 시효를 일치만 조선 사람 전당포에서는 서로 구차한 사정을 돌아보아서 십개월 후이면 그 물건을 류지식히여 넉마전으로 넘어가게 된다. 실상은 이와 가치 호상부조적 정신이 불언중, 그 리익만 눈노리고 잇는 전당포 영업자에게도 얼마큼 잇건만 상식업는 서방님이나 아씨님네는 류지된 후에 와서야 "왜 내 물건을 임의대로 팔어먹엇느니, 도적놈이니, 낫분 짓이니" 하고 성화를 대며 경찰서에서는 날마다 품촉서 라고 혐의 잇는 물품을 주의 식히는 서면이 오고 도난품이 들녀나면 두말할 것 업시 몰수를 당하고 내용을 알고도 의심 잇는 물품을 삽은 줄 알면 경찰서의 눈쌀 사탕은 물론 영업정지나 인가 취소의 선물을 밧기가 일수임으로 전당주의 신용과 물품의 정직한 것을 알기가 여간 곤란이 아니요 또는 물품을 간수하여 두기에도 여간 고심이 아니어서 쥐에게 쯧길가 장매에 상할가 도적에게 쌧길가 하야 어대를 가도 한시간을 마음노코 잇슬 수가 업스며 밤에도 대리를 편히 뻣고 자볼수 업는 것이라 하면 전당포 경영도 그러케 가만히 누어서 먹는 팟썩은 아니다.

전당포의 리자는 원금 일원까지는 일개월 칠푼, 십원까지는 오푼으로부터 큰 돈 백원이나 천원에 가면, 두푼변, 푼 오리변 까지 잇스니 전당포로 말하라면 빗싼 영업세 물고 조합비 물고 경비 쓰고 그러케 리익이 업다 하겟지만 돈 쓰는 편으로 보면 상당히 놀낼 만한 고리라고 아니 할 수도 업다. 그러나 쓰고 십허쓰고 잡히고 십허 잡히는 것이 아니라 할 수 업시 곤란한 경우에 그러케 쓰는 것이닛가 울고서 쓴 나물먹기나 맛치 한가지다.

전당물이 만히 드러오기도 시골서 보리ㅅ고개라고 음력으로 삼사월경 쌀은 다 써러지고 보리는 아직 먹기 일느거나 칠팔월경 보리나마 다 써러지고 벼는 아직 들익은 그철, 보통 말하자면 느진 봄부터 이른 가을까지가 도회지의 전당포에도 영향이 만히야 드러오는 물건이 만흔 것을 보면 조선의 금융이라는 것이 역시 농촌을 표준해 가지고 도회에까지 영향을 주는 수가 만흐며 일년 중 특별히 음력세말 가튼 째에 전당포에는 흥왕도 하는 만큼 가난한 무리들의 눈물겨운 비극이 만히 생길 쑨 아니라 일반으로 생활난이 차차 더 심하여 가는 상황을 자세히 내다보기는 이 전당포 좁은 담 안에서 잘 내여다 볼 수가 잇다고 한다.

취미독물趣味讀物

고속버스 터미널이나 기차역, 지하철역에는 잘 어울리지 않을 듯한 상점이 반드시 있다. 십여 종의 신문은 물론 온갖 읽을거리들을 전시해 놓은 서점 아닌 서점들. 이곳의 서점들의 도서 목록은 체계적이지는 않지만 없는 것이 없는 일종의 서적 만물상이다. 유명인사의 처세술과 성공담은 물론 역사에 빛나는 고전적 작품과 이름만 들어도 알만한 문학상에 빛나는 소설집, 우리시대를 대표하는 베스트셀러에서 에로틱한 사진과 이야기들로 채워진 정체불명의 도서에 이르기까지.

이 서점들은 대형서점들처럼 우아한 명분이나 심오한 철리哲理를 따지지도 않고, 고등학교 앞의 서점들처럼 타깃이 분명한 손님들을 대상으로 하지 않는다. 불특정한 사람들이 오가며 타인의 눈치를 살피지 않고 책을 고른다. 공공장소에서 다루어질 수 있는 텍스트의 한계지점이다. 그들이 취급하는 도서의 목록은 그래서 솔직하다. 21세기를 시작하는 한반도 남단의 꿈과 욕망, 현실과 세계가 날것으로 육체를 드러낸다. 그러므로 누군가에게는 볼썽사나운 이 만물서점은 우리시대를 대표하는 정신의 전시실이기도 하다.

만물서점의 서적들에는 각각 서적의 기능에 부합하는 수많은 텍스트들이 페이지마다 가득하다. 수수께끼와 퍼즐 등 잠깐 즐길만한 읽을거리에서부터 이미 고인이 된 정치 요인들의 비화秘話, 고달픈 삶의 편린을 모은 다큐멘터리, 스릴과 미스터리를 가득 담은 추리물, 스포츠 관련 내용은 물론 경마나 경륜 등 도박 관련 소식지, 지방에서 세계까지 관통하는 여행가이드, 어린이용 우화와 위인전, 컴퓨터 등 첨단산업에 관한 전문도서, 사회의 이곳저곳을 들추는 르포 작품들, 영화광이나 낚시광들을 위한 안내서, 구석한 켠에는 낯 뜨거운 나신의 화보, 공신력 있는 뉴스도 있고 명작 소설도 있다. 온갖 잡동사니 같은 텍스트들이 마치 광장의 주인이나 되는 양 버젓이 인쇄된 종이 위를 장식한다.

이 수많은 텍스트들의 두툼한 합종연횡이 곧 우리 시대 삶의 형식이다. 국가의 운명을 가늠하는 논리와 생활의 소소한 습관을 길들이는 감각이 켜켜이 쌓인 텍스트 더미로부터 공급된다. 그래서 읽는 만큼 알 수 있고, 아는 만큼 읽을 수 있다고 한다. 설계도면에 따라 건축물이 지어지듯, 텍스트에 따라 인생도 살아진다. 텍스트가 함유한 메시지의 효과나 미디어의 메시지뿐이 아니다. 인식과 정서를 특정한 방법으로 틀 지우는 텍스트 형식의 효과까지도 포함시켜야 한다.

근대적 일상 속에서 '미디어텍스트'는 '대중에게 지속적으로 주어지는 공통의 독물讀物'로 주어진다. 생활 속으로 스며든 신탁神託이자 소문所聞이고, 왕명王命이자 격문檄文이다. 또 공공영역으로 열린 잡담이자 수다이며, 웃음이자 슬픔이다. 수많은 읽을거리들이 미디어텍스트의 형태로 대중의 뇌에 자극을 선사했다. 그리고 대중과의 지속적 소통이라는 특성에 의해 일정한 효과를 생산해냈다. 미디어텍스트는 현실을 바라보는 렌즈의 역할을 자임했고 대중은 렌즈가 비춰준 상像을 현실이라고 불렀다. 미디어텍스트가 만든 현실의 시뮬라크르인 셈이다.

미디어텍스트가 창출한 현실상은 인식의 거의 전 영역에 걸쳐있다. 세계의 이모저모에 대한 각종의 소개는 '그곳'에 나가보지 못한 사람들에게 '그곳'에 대한 특정한 이해의 방식과 지식을 전달해주었고, 수많은 역사이야기는 민족을 단위로 한 과거의 이해방식을 창출했다. 미디어텍스트가 창출한 현실상이 지배하는 범위는 모르는 것에 대한 이야기에 국한되지 않았다. '사건기사'는 하루 전 혹은 한 달 전의 사건을 특정한 시각에서 규정된 방법으로 접근하도록 유도하고, 사회 각 단체나 인물에 대한 소개도 그러했다. 이미 알고 있는 어떤 사실조차도 그것이 하나의 현실이 되려면 미디어텍스트가 틀을 잡은 특별한 형식을 갖추어야 했다. 광장의 텍스트는 물론, 후미진 뒷골목과 마법 요새에 숨은 문학의 텍스트들까지. 그렇게 우리는 미디어텍스트로부터 지식을 얻고, 미디어텍스트에 의해 상상하고, 미디어텍스트로 인해 즐거워하는 미디어텍스트 시스템의 일부로 살아간다.

각 텍스트마다 담아내는 메시지가 삶과 세계에 대한 사유이면서 동시에 조작되고 검열된 이데올로기라면, 나아가 미디어 자체가 메시지이기도 하다면, 미디어의 독특한 유전적 형질을 보유한 텍스트의 형식도 시대적 정신의 궤적이면서 또한 편집된 사유양식임을 부정하지 못한다. 텍스트의 메시지가 파편적이고 일회적임으로 하여 항상 제한된 사유일 수밖에 없고, 미디어의 메시지는 광활하고 요원하여 삶의 계기적 전환을 설명하기 어렵다면, 종種으로서의 미디어텍스트는 지금-여기를 살아가는 우리의 뇌를 설명해

줄 수 있는 유력한 공간이다.

살피건대, 미디어텍스트 유전자가 나타난 처음은 계몽독물啓蒙讀物이었다. 텍스트시대의 탄생기는 창세기의 말씀처럼 정언定言과 가르침으로 씌었다. 그 두 번째 단계는 취미독물趣味讀物이었다. 비장한 정치적 사건에서 어린아이들의 코믹에 이르기까지 읽을거리로서의 텍스트가 도달한 새로운 관문이다. 신문과 잡지의 출현과 함께 미디어텍스트의 시대가 열린 이후—말을 달리하면 문학 이후라 해도 좋다—약 20여 년에 걸쳐 끊임없는 미디어텍스트들의 출현과 혼혈과 소멸이 일어났다. TV나 인터넷 같은 새로운 미디어가 등장할 때마다, 세계사적인 변화가 동반될 때마다, 미디어텍스트의 출현과 변형, 삼투와 소멸은 계속될 것이며, '류類'와 '종種'을 나누는 유전의 형식도 진화할 것이다.

1. 『별건곤』의 텍스트, 이야기의 별천지

1) 취미의 텍스트로 가는 길

『별건곤』이 교훈적이고 계몽적인 태도에서 물러나 취미와 흥미, 재미의 영역을 계발함으로써 '문학'에 의해 문학의 바깥으로 밀려난 매체서사는 새로운 영토를 획득하게 된다. 물론 매체서사가 창출한 이 취미의 영역은 글쓰기의 의미 분화라는 측면에서도 간과할 수 없는 가치가 있다. 『별건곤』과 더불어 글쓰기는 더 이상 진지하고 숭고한 성격으로만 인식되지 않는다. 가볍고 저속하지만 재미있는 취미로서의 글쓰기 영역이 추가되는 것이다. 이전 시기, 오락적 글쓰기가 전혀 없었다거나 의미가 없다고 할 수도 없지만, 그 독자적 영역이 구축되고 그에 걸맞은 양식들이 집결하여 나름의 양식적 이름을 얻게 되는 것은 『별건곤』 이후의 사건들이었기 때문이다. 그리고 『별건곤』의 지향은 『신여성』과 『어린이』에도 상당한 영향을 미쳤다.

취미와 흥미라는 표어에 걸맞게 『별건곤』에 게재되는 글들은 문학과는 거리를 두고 있다. 우의나 대화는 물론 사화史話, 야담野談, 수기手記, 실화實話, 애화哀話, 정탐기偵探記 등의 다양한 명칭으로 독자들의 취미에 접근하는 작품들이 등장하고, 이들 중에는 야담소설, 탐정소설 등 소설이 아니면서도 소설이라 칭해진 글들도 있다. 대중성이 화두로 등장한 시기, 당대 대중들에 가장 근접한 글쓰기가 『별건곤』을 통해 남겨진 셈이다.

『별건곤』에 수록된 다양한 매체서사들은 1920년대 초반의 매체서사가 확장된 형식들이라 할 수 있으며, 나름의 고정된 양식적 명칭을 획득하며 안착하는 과정을 보여준다. 대화와 우의형 매체서사가 주목할 만한 변화를 동반하지 못한 것과는 대조적으로 수기와 실화, 애화 정탐기 등은 기록서사의 질적 확장과 변모를 보여주는 예라 할 수 있다. 여전히 경험담, 사실담으로도 불리지만, 실화와 수기의 양식적 명칭은 이 시기 정착되었다고 할 수 있다. 그리고 『별건곤』의 주요 매체서사였던 사화는, 한동안 서사적 모습을 갖추

『별건곤』의 주요 필자이자 편집장이었던 차상찬.

지 않았던 역사가 서사적 향유물로 전환되며 복권된 경우라 할 수 있고, 야담은 근대적 매체로부터 외면되었던 양식이지만 역시 『별건곤』에 의해 의미를 획득한 경우라 할 수 있다. 이들은 매체서사가 문학과는 구별되는 영역을 확보하면서 재창출되고 또 도입된 예에 해당한다고 할 수 있다.

1920년대 후반을 경과하면서, 이들은 소설에 의해 저급 양식로 밀려나게 되었고, 취미라는 영역의 운명과 마찬가지로 주류의 고급 양식인 소설과는 판이한 길을 걷게 되지만, 1920년대 중반까지의 이들은 아직 소설과 경쟁, 삼투하는 위치에 있었다. 그러다 근대소설이 소설로서의 완연한 육체를 형성해 가던 1920년대 중반 이후, 저속하지만 여전히 유효한 독물로서 『별건곤』에 등장하는 것이다.

이들이 『별건곤』에 와서야 독자적인 영역을 갖추게 되고 또 특징에 따라 분화된 명칭을 부여받는 것이나, 급격한 양적 팽창과 함께 갱신과 복

『별건곤』 표지(창간호).

『신여성』 표지(1932. 4).

제를 지속하는 것은 소설과는 다른 영역의 확보하고 그로 인해 생존력이 획득되었기 때문이고 이는 소설과의 삼투와 차용이 용이하지 않은 상황을 조성하게 된다. 1920년대 후반을 경과하면서, 소설에 차용되고 또 소설을 차용하던 매체서사는 이제 상호 삼투가 아닌 지위의 차별에 의한 일방적 흡수의 관계를 형성한다.

이제 『조선문단』과 『별건곤』의 재조명을 통해 해명하고자 하는 바는 자명하다. 먼저 『조선문단』이 대중문예지로서 동인지와는 구별되는 매체적 특성이 존재함을 확인하고, 이와 함께 신진 작가군의 대대적 등장과 작품의 경향적 특징을 구명함으로써 매체상의 변모와 작품 경향의 변화가 일정한 흐름을 띠고 있음을 증명하고자 한다. 이 일련의 과정은 20년대 중반 지형적 변화를 확인하고 전환과 격변의 중심을 재조정함으로써, 포괄적 범주에서 문학과 문학 외 문학의 삼투관계가 형성될 수 있는 여건이 무엇이었는지를 말해줄 것이다. 특히 대중화라는 화두를 풀어가는 과정에서 독자들의 기대지평에 접근하려는 지향이 기록서사와 소설을 더욱 가까이 접근시켰으며, 또 이를 통해 소설의 관습이 정착하게 되었음을 살펴볼 것이다.

『별건곤』을 통해서는 '흥미와 취미' 영역의 생성이 갖는 의미를 고찰하고 취미의 영역에 고착되는 다양한 양식, 즉 수기手記와 사화史話, 야담野談 등으로 대표되는 '기記', '화話', '담談' 양식이 형성되는 과정을 살필 것이다. 이 일련의 과정은 문학에 의해 저급한 것으로 취급받게 된 매체서사가 존재의 활로를 개척해 가는 과정을 보여줄 뿐 아니라, 역으로 거슬러 1920년대 초반에서 중반에 이르는 시기를 통해 문학과 병립, 삼투할 수 있었던 독자적이고 영향력 있는 양식이었음을 보여줄 것이다.

2) 그때, 취미는 무엇이었나

『별건곤』은 1926년 '취미와 홍미'를 제창하며 창간, 1934년 8월호까지 비교적 장기간에 걸쳐 간행된 잡지이다. 1920년대의 매체서사를 논하면서 『별건곤』이 주목되는 이유는 『별건곤』의 대부분이 매체서사로 채워졌다는 판단에 앞서 『별건곤』의 창간 의도 자체가 1920년대 매체서사와 밀접한 연관을 갖기 때문이다.

『별건곤』의 창간 취지는 단적으로 '무산자의 취미 증진'을 겨냥하고 있었다. '취미'는 인간의 본능으로서 간주되고, 무산 노동계급은 경제적으로 그 본능을 억압당해 '빈취미증貧趣味症'이 '만성慢性'화된 것으로 평가되면서 인쇄물을 통한 취미의 증진이 유일한 대책으로 주상된다. 그리고 인쇄물에 의한 취미의 증진은 문학의 제 장르를 포함하여 다양한 양식의 매체서사 그리고 영화와 음악, 상식에 이르기까지 망라된 것이었다.

> 오늘날 조선의 무산대중은 그런 취미(수려한 자연미의 감상—필자 주)로는 인간 본성으로서 요구되는 욕망을 만족식힐 수 업슬 것이다. 사람은 새것을 보고 십허하고 새것을 듯고 십허한다. 그러나 오늘날 조선사람은 이와가튼 취미생활의 빈핍을 당하고 잇나. 그 빈취미증은 벌서 걸린지 오래다. 이제는 더 구할 욕망부터 말살되려는 경향이다. 다시 말하면 빈취

『삼천리』 표지(창간호).

미증 만성에 걸리여 '에라 되는대로 살자 죽기만 못한 이놈의 生活을……' 이러케 자포자기한다.

진실로 그럿타 우리 조선에 활동사진관이 몃개지만 그것이 노농대중에게 무슨 위안을 주엇스며 무용, 음악이 유행하지만 그것이 또한 노농대중에게 무슨 취미가 되엿느냐? 박물관, 동물원, 공원, 극장이 다 그러하다. 그것은 다 일부 인사의 독점적 향락기관이 되고 마랏다. 우리의 노농대중은 언제부터 언제까지든지 이 빈취미증을 면해 볼 길이 업다. 이제 만성에서 운명을 재촉할 뿐이다.[1]

창간호의 권두언을 대신한 이 논설은 『별건곤』이 애초 취미를 위한 인쇄물이었음을 정확히 드러낸다. 그런데 여기서의 취미는 다만 저급한 오락거리를 뜻하지는 않는다. 무용과 음악, 박물관과 동물원, 활동사진관과 극장이 말해주고 있듯이 『별건곤』이 지향한 취미는 오히려 당대 첨단의 취미에 맞추어져 있었다. 이에 따라, 창간호의 내용은 창작(소설, 시), 수필 · 상화 · 풍자, 방문기, 번역 · 전기傳記, 상식 · 잡저 등으로 이루어져 있다. 여기에는 고급의 글쓰기와 저급의 글쓰기가 구별되지 않았으며, 소설과 풍자, 시와 방문기가 동등한 양식적 층위에서 다루어지고 있다. 나아가 1927년 1월호의 경우에는 '문예 · 강담'이라는 분류목 아래, '소설', '정화情話', '강담講談'이 각각 한 편씩 나란히 게재되기도 한다. 이는 문학이 '화話'와 '담談'을 비롯한 '문학 외 문학'과 분명한 구별을 획득했음을 말해주는 표지이기도 하지만, 다른 한편으로는 그 구별이 고급 / 저급의 차별을 의미하는 것은 아니었음을 말해주는 것이기도 하다.

1) 碧朶(이성환), 「貧趣味症 慢性의 朝鮮人」, 『별건곤』 창간호, 1926.11, 60면.

> 여기에서, 민중적으로서의 오락기관이 생기게 되고 공통되는 취미기관이 필요케 된다. 그러되 그것은 돈과 장소에 구애를 밧지 아니하여야 될 것이 제일요건이 될 것이다.
>
> (…중략…) 오직 갑헐한 인쇄물이 저급의 문체로 기록되야 아모리 심산유곡에라도 갈 수 잇게 된다하면 그에 의하야 사진으로 기사로 한자리 수백수천의 대군중과 석기여 놀고 먹고 마시고 노래하고 말하고 춤추는 감感을 이르키여 인간적 취미에 어느 정도의 만족을 줄 것이다. 이 점에서 민중적 취미 인쇄물이 얼마나 우리의 생활을 윤택케 하고 원기나게 하고 광명잇게 하고 희망잇게 하는 가치를 가지고 잇는 것인가를 잘 알 것이다.

무산대중의 '빈취미증 만성'을 해결하기 위한 대안으로 『별건곤』은 '갑헐한 인쇄물'을 제안한다. 무용과 음악, 박물관과 동물원, 활동사진관과 극장 등의 고급 취미생활을 인쇄물 안으로 끌어들여 간접적인 경험을 이루게 한다는 것이다. 이에 따라 인쇄물 안에 재현될 수 있는 모든 취미가 망라되었으며 문학 작품과 매체서사가 그 대표적 사례가 됨은 불가결한 것이었다.

이때 매체서사는 계몽과 완전한 결별을 하게 된다. 1923년을 전후한 시기, 「조선문화의 기본조사」[2]와 「조선민시론」[3]으로부터 시작되는 흐름이 역사적 중심을 민중에 두게 됨으로써, 민중은 더 이상 가르쳐야 할

---

2) 「朝鮮文化의 基本調査」는 『개벽』 31호(1923.1)에 첫 사고社告가 난 후, 34호의 '경남도호'를 시작으로 64호의 '전남도호'까지 14개 지역을 15회에 걸쳐 연재됐다.

3) 「摸索에서 發見까지－朝鮮民是論」, 『東明』 창간호~13호(총 11회 연재), 1922.9. 3~11.26. 시사주보 형식으로 발행되었던 『동명』은 권두 사설로 「조선민시론」을 게재했고, 이후 권두사설은 「조선적 신년의 대계」로 이어져 동일 논조를 지속했다.

우매한 군중이 아니라 역사의 중심으로 위치를 이동하게 되었고, 효과적 계몽에 복무하는 역할이 아니라 취미라는 독자적 영역을 갖게 되었다. 1920년대 중반 이후의 매체서사는 취미라는 민중의 이해와 요구에 맞추어진 기획이었다고 할 수 있다. 적어도 그 의미에 있어서는 문학에 못지 않았던 셈이다. 그러나 매체서사는 문학과 동등한 대우를 받지는 못한다. 고급 양식과 저급 양식이 나뉘는 것이 이 시기였다고 할 수 있는데, 이미 문학은 문단을 형성하고 있었고, 그 문단이 확대재생산 될 수 있는 시스템까지 갖출 준비[4)]가 되어 있던 반면, 매체서사는 그러하지 못했기 때문이다.

먼저, 앞선 인용에서 인쇄물의 내용이 '저급한 문체로 기록'되어야 한다는 일견 당연한 듯, 반대로 모순되는 듯도 해 보이는 언급부터 살펴볼 필요가 있다. '저급한 문체로 기록'된 기사에는 이기영과 박영희의 소설이 있고 이상화와 김석송의 시도 포함되며, 고시조와 영화소개, 베토벤의 교향악에 대한 해설도 담겨있다. 고급과 저급의 글쓰기가 분화되는 시기가 이 즈음임에는 분명하지만, 여기서의 '저급'은 '고급'의 상대어가 아니라 '난해'의 상대어에 해당한다고 보아야 한다. 소설이나 시, 시조와 교향악이 저급하다는 뜻이 아니라 그것이 쉽게 이해할 수 있도록 쓰여야 함을 강조한 것이다. 저급한 문체가 필요했던 까닭이 '아모리 심산유곡에라도 갈 수 잇게'하기 위해서, 난해한 글, 전문적 지식을 필요로 하는 글을 해독하지 못하는 사람들에게도 고급의 취미를 향유할 수 있도록 하기 위해서라면, 그것은 취미 자체의 저급함을 뜻하지는 않기 때문이다. 이를 뒤집어 보면, 함께 실리고 있는 사화史話, 기행紀行, 야담野談, 정탐기偵探記 등

4) 차혜영, 「1920년대 한국소설의 형성과정 연구」, 한양대 박사논문, 2001.

'잡雜'된 글쓰기 역시 저급함과 등치될 수 없게 된다. 적어도 창간 이후 한동안 이러한 글쓰기에 대한 감각은 유효했다.

그러나 1928년부터 『별건곤』에는 적지 않은 변화가 일어난다. 문학 작품이 거의 게재되지 않고, '소설이상 사실비화'[5] '야화소설'[6] '소설보다 진기한 사실 로맨스'[7] 등 '소설'을 통해 '기記', '화話', '담談'의 가치를 부각시키려는 시도 등이 등장하는 것을 볼 수 있다. 이는 이미 '소설'이 '기記', '화話', '담談'에 비해 가치 있는 것이라는 판단을 전제한다는 점에서 문학이 여타의 글에 비해 고급의 위치를 점유하게 되는 과정에 있었음을 뜻한다.

물론 글쓰기에 대한 고급 / 저급의 판단은 이미 1920년대 초부터 있어 왔다. 노자영의 『사랑의 불꽃』이 인기를 끌며 '고급문예'로 소개되자, 이에 대해 '도대체 고급문예라는 것이 뭐냐?'는 『백조』의 비난[8]은 그 상황을 잘 보여준다. 그러나 고급과 저급의 분별이 있었다는 것을 곧 그에 대한 비평적 규준이 확립되었다고 할 수는 없다. 오히려 『백조』의 비난은 고급문예에 대한 동인지 작가들과 대중들 사이의 인식 차이를 더 확실히 드러낸다. 하지만 이 괴리는 대중 속에서 작가의 재생산 체제를 갖추는 방식을 선택한 『조선문단』의 대중화 기획이 진행되면서 문단이 형성되

5) 「목차」, 『별건곤』, 1928.2.

6) 김운뎡, 「찬 눈물, 더운 눈물」, 『별건곤』, 1927.4, 125~135면.

7) 天外漢, 「苦戀悲戀 「七年片愛」奇錄」, 『별건곤』, 1927.7, 88~94면.

8) "도대체 고급문예라는 것이 뭐냐? 어떤 흥행극단에서는 희극이라는 말을 알 수가 없어 그냥 '희극'으로 이해하기도 했다는 시대, '的, 化'가 남발되다 못해 '창피的'이라는 말까지 사용되는 이 현하의 경성에서, 도대체 고급문예라는 것은 어떤 것이냐? 그러케 훌륭한 문예작품을 광고한다는 간판의 문구로서 '고급문예' 사자를 대서특필한 것은 배ㅅ심도 몹시 조흔 일이지마는, 정말 그야말로 좀 '창피적'이다. 그 간판과 나란이 서 있는 동무 간판은 더 다시 가관이엇스니 '사랑의 불쏫'이라든가 '사람의 불거웃'이라든가는 현대조선문단의 일류문사들이 기고를 하얏다고 써 잇다. 문사! 문사! 일본말로 '시모노세끼'가 엇더하냐. 정말로 창피한 일이지, 엇던 얼어죽을 문사가 그 따위의 원고를 다 함께 쓰고 안젓더란 말이냐"(「六號雜記」, 『백조』 3호, 1923.9).

고, 대가 혹은 전문가와 신진 작가라는 문단 형성의 시스템도 구축되면서 차차 좁혀지기 시작한다.

이렇게 볼 때, 1920년대 중반은 고급 글쓰기로서의 문학과 그에 미치지 못하는 글쓰기로서의 '기記', '화話', '담談'이 사회적 공의를 획득해 가는 시기였으며 그 임계점이 1927,8년경이었다고 할 수 있다. 또 『조선문단』을 통해 문학이 대중화의 길로 접어들던 직후라는 점에서, 문단화, 정전화 등이 진행되며 소설에 대한 독자들의 수용 양상이 제도로서 자리잡아 가던 문학[9]과 독자적 영역을 확보하며 등장한 매체서사 간의 본격적인 경쟁이 두드러졌던 시기였음을 뜻하기도 한다.

3) 취미독물로서의 매체서사

『조선문단』의 출현에 의한 문단의 형성과 『별건곤』의 등장에 의한 취미 영역의 생성은 매체서사에 적지 않은 변화를 이끌어낸다. 첫 번째 변화는 『별건곤』의 주 양식으로서 취미독물이 선택되고 그로부터 독자적 의미를 획득했다는 점이다. 『개벽』을 중심으로 지속적인 맥을 이어오기는 했으나, 시사 계몽 잡지로서의 성격상 매체서사의 내용과 형식에 제약이 적지 않았고 할애된 분량도 많았다고 할 수는 없다. 『별건곤』이 무산대중의 취미를 위한 인쇄물이라는 측면에서 매체서사만큼 접근하기 용이한 또 다

9) 차혜영의 「1920년대 한국소설의 형성과정 연구」(한양대 박사논문, 2001)는 문학 내적 질서, 즉 동인지 작가들의 정체성 확보를 위한 헤게모니 투쟁과 전문가 집단화 과정을 논했고, 천정환의 「한국 근대소설 독자와 소설 수용 양상에 대한 연구」(서울대 박사논문, 2002)는 관점의 지평을 독자의 소설 수용으로 넓혀 정전이 확립되는 과정과 독서 대중의 망탈리테와 '구별 짓는' 감각이 완성되는 과정으로서 소설 수용 양식이 제도화되었음을 논한 바 있다.

른 양식을 찾기는 어려웠다. 『별건곤』에 게재된 글 중 태반이 취미독물이었다는 사실은 이를 반증한다.

두 번째 변화는 매체서사의 역할을 요구하는 영역이 급격히 넓어지면서 1920년대 초반에는 찾기 어려운 다양한 형식이 개발된다는 점이다. 예컨대, 사화史話와 야담野談은 오래도록 전승된 것이지만, 근대적 인쇄매체로부터 백안시되어 오다가 『별건곤』을 통해 가치를 인정받은 대표적 양식이라고 할 수 있다. 이들은 근대적 매체와의 관련을 맺지 못했음에도 도입되자마자 『별건곤』의 앞자리를 차지하였으며, 1930년대의 야담운동을 이끌어내는 선도적 역할을 맡기도 한다.

또 기록서사의 경우도 사실담(경험담), 수기, 실화, 애화, 정탐기(르포) 등으로 다양하게 변주되며 진폭을 넓혀간다. 이는 대화형 매체서사나 우의형 매체서사가 그다지 큰 변화를 동반하지 못하는 것과 대조되는 현상이다. 앞서 언급한 바 있지만, 이는 희곡이나 소설이 대화를 중요한 재현수단으로 한다는 점에서 대화의 독자적 위치를 유지하기 어렵다는 점과, 『어린이』의 출간과 함께 성인용 독물과 소년용 독물이 분화되면서 우화가 후자에 속하게 된 까닭으로 보인다. 이에 비해 기록서사는 풍부한 형상성과 함께 소설과 구분되는 '사실'의 영역을 갖추고 있음으로 인해 근대적 글쓰기의 공간을 적절히 이용하고 있었다는 점에서 소설과의 격렬한 삼투를 겪으면서도 생존할 수 있었다고 할 수 있다.

세 번째 변화는 '대화'와 '풍자'를 제외하고는 별다른 명칭을 획득하지 못했던 기록서사와 『별건곤』을 통해 새롭게 모습을 선보인 매체서사들이 일제히 장르표지를 앞세우고 있다는 점이다. 대화와 풍자는 물론 사화史話, 사담史談, 야화野話, 야담野談, 전설傳說, 설화說話, 사실담事實談, 경험담經驗談, 수기手記, 실화實話, 정탐기偵探記, 기행紀行, 서정敍情, 일화逸話, 애화哀話, 비화秘話, 괴담怪談, 기담奇談, 만문漫文, 한담閑談 등 수많은 양식명이 동반된다.

그 중에는 사화나 사담, 야화와 야담, 사실담과 경험담처럼 동일 유형의 양식을 다른 이름으로 부르는 경우도 있고, 수기와 실화처럼 서술자와 주인공의 위치에 따른 구별, 일화, 애화, 비화와 같이 주제의 성격에 따라 바뀌는 경우도 있었다. 즉 엄격한 의미의 장르명이라기 보다는 편집진의 주관적 판단에 의해 서술 태도나 주제의식, 서술 방법 등 다양한 기준을 임의로 적용한 것이었다고 할 수 있다. 그러나 글의 특징에 따라 명칭이 주어진다는 것은 매체서사가 의미있는 양식으로서의 가치를 부여받고 있음을 보여준다는 점에서 중요하다. 더구나 이중에는 현재까지 문학의 외부에서 자신의 존재를 증명하는 양식도 다수 포함되어 있다는 점에서도 주목을 요한다. 야담과 사화, 수기와 실화 등은 그 대표적 예라 할 것이다. '문학 외 문학'에 대한 양식적 규준이 『별건곤』을 중심으로 한 매체서사의 양식화에서 비롯되었다고 할 수 있는 것은 이 때문이다.

그러나 양식간의 활발한 교차 차용에 의해 어느 한 쪽으로만 판단하기에는 무리가 따르는 글도 적지 않다. 예컨대 사실담을 표방하면서도 야담이나 사화를 써 귀속 양식을 선택하기 어렵다거나, 기록서사가 풍자우의형 매체서사를 차용해 정탐기를 산출하는 경우 등이 그러하다. 따라서 이 차이를 중심으로 양식적 분류를 하는 것은 위험한 일이 될 수 있을 것으로 본다. 1920년대 후반의 매체서사들은 적지 않은 양식적 차이를 지녔고, 분류가 불가능할 만큼 차용도 활발하지만, 그들의 사적 의미는 동일하다고 할 수 있다. 계몽적 유용성의 측면에서만 의미를 인정받았던 매체서사들이 취미 영역의 독립과 함께 독자적 존재의미로 재창출되었으며, 그에 따라 다양한 명칭을 부여받았다는 점, 영역의 확장에 따라 사화, 야담 등의 관습적 양식들이 부활하고 기록서사의 다양한 변종도 출현하게 되었다는 점, 그리고 '문학'이 지배적 양식으로 자리 잡기 시작하면서 보충적 지위로 격하되기 시작했다는 점 등의 의미를 공유한다.

2. 기記 · 화話 · 담談

1) 광장에서 밀실로, 밀실에서 광장으로

『별건곤』의 매체서사 중 우의나 대화의 경우는 1920년대 초반의 형식을 거의 원형대로 유지하며 지속되지만 기록서사의 경우는 다양한 분화를 일으키며 급격히 팽창한다. 수기와 실화, 정탐기 등이 그것인데, 수기는 자신의 경험을 이야기함으로써 기록자와 서술자가 동일 인물이 되는 형식이고 실화는 타인으로부터 들은 이야기를 적음으로써 기록자와 서술자가 분리된다. 정탐기는 수기의 일종이라고 할 수 있지만, 특정한 글쓰기의 목적에 의해 경험이 귀속되는 특징으로 인해 수기나 실화와 구별된다. 이들은 모두 이야기의 실제성을 강조함으로써 소설이 점령한 그럴듯한 이야기의 범주로부터 스스로의 영역을 획득했다는 점에서 공통된다. 그렇다고 해서 수기나 실화 또는 정탐기를 사실의 차원에서 논할 수는 없다. 앞서 언급한 바처럼, 이야기 자체가 가지는 인식론적 불일치는 물론,

대소에 관계없이 기록자에 따라 허구적 인과관계를 가감하고 있기 때문이다. 그러나 실화나 수기 등의 명칭의 정착은 허구적 그럴듯함을 배제한 기록의 실감만을 의미한다는 점에서 허구적 실감과 기록적 실감은 물론 각각의 실감을 구별하는 독특한 양식적 구분이 가능해졌음을, 즉 읽기의 계약이 일정한 단락을 형성하고 있음을 뜻한다. 다시 말해, 수기나 실화, 정탐기 모두 당대의 공통감에 있어서는 사실로 취급되었다는 것이다. 작자는 창작이 아닌 기록의 태도를 취하고 있으며 독자는 장르표지를 중심으로 한 읽기의 계약에 의해 사실로서 받아들이기 때문이다.

'수기'라는 장르명은 20년대 초반부터 나타나기 시작한다. 김유방이 개인적 격언을 적은 글에 「묵은 수기에서」[10]라는 제목을 선택한 것이 처음이었던 것으로 보인다.

- 세상에서는 진리라는 것처럼 사람을 크게 속이는 것은 업다.
- 관습은 천성을 짓는다. 교육은 전형을 만든다.
- 상징주의의 작품은 임이 과거에 처한 고투사상古套思想에서 생겨난 것이라고 비웃는 청년이 잇다. 그러나 그 청년은 아밤은 반드시 아들만 못하다고는 안이한다.
- 진실한 고통은 행복스려운 자에게만 늣기는 감정이니라. 진실한 쾌락은 불행한 자에게만 쎄닷는 감각이니라.
- 이지는 자기자신의 본능을 소비하고 엇는 상품이니라.

이때, 수기는 상화, 수필, 감상 등 다양하게 쓰이고 있던 잡문들의 변칭

10) 김유방, 「묵은 수기에서」, 『개벽』 36호, 1923.6.

變稱이었을 뿐이다. 이 글 역시 잠언에 가까운 형식을 취하고 있어 지금의 수기와는 관계가 없다. 「생활의 적인 빈대 정복 수기」[11]에서의 '수기' 역시 같은 맥락을 유지하고 있다. 이때까지만 해도 서사적 구성이 미약하다는 점에서 수기는 '경험을 그대로 기록한 글'이라는 현재의 뜻과는 관계가 멀었다.

이에 비해, 「평신도의 수기」[12]는 경험 기록이라는 측면에서 수기의 면모를 보여준다. 한 목사를 따라다니며 그의 위선과 타락을 풍자하고 고발하는 형식을 취하고 있는 이 글은 평신도인 '나'가 목사의 일거수일투족을 정탐하여 기록하는 형식을 취한다. 일단 외면적으로 수기의 요건은 갖춘 셈이다.

> 북촌 여섯간 내지 열간 채 못되는 초가집이 그의 집이다. 그는 온체 제 집이니싼 더 말할 것 업겟지만, 그야말노 아는 집 드러가듯 쑥 그러갓다. 집은 고요하다. 나는 얼는 몸을 어느 구석에 감추어 버렷다. 사람의 발자최가 나니싼 그의 마누라가 내여다 보앗다. 그리고 그는 반가운 듯이
>
> "아, 벌서 오시유?" —(마누라)
>
> "아해들 다 잘 잇수?" —(영감)
>
> "네, 그런데……" —(마누라)
>
> "그런데?" —(영감)
>
> "아이고, 시장치는 안으서요?" —(마누라)
>
> "무엇…… 괜찬어……" —(영감)

11) 유광렬, 「생활의 적인 빈대 정복 수기」, 『개벽』 72호, 1926.8.
12) 평신도, 「平信徒의 手記」, 『별건곤』, 1927.4.

하고 부부가 쑤군쑤군하엿다. 나는 나는 듯이 창 압헤 가서보니 그 으뭉하고 능청마진 마누라의 주름잡힌 두 눈에는 능글마진 우슴이 넘처흘넛다.

그러나 그 기록했다는 주장은 의심스럽다. '나'를 평신도로 소개하고 있지만, 풍자의 대상이 다만 목사 일개인에 머무는 것이 아니라 기독교 전체에 걸쳐 있다는 점, 또 기도문의 경우에는 기독교의 신을 비웃는 부분도 포함되어 있다는 점에서 '나'를 기독교 신자로 판단하기는 어렵다. 더구나 정탐이라고는 했지만 비밀스런 사생활까지도 쉽게 기록했던 것으로 보아 실제의 경험이라고 할 수는 없다.

이 글이 수기인가, 즉 경험의 기록으로 인정할 수 있는가는 확정짓기 어렵다. 그러나 이 글의 기록자는 '수기'라는 글의 성격을 언급하며 '생활의 기록'이라고 명시하고 있다. 이는 이 글의 성격에 관계없이 수기라는 장르를 경험의 기록으로 판단하고 있음을 드러낸다. 즉 「평신도의 수기」가 설혹 수기가 아니라 하더라도 수기라는 양식의 특징은 분명한 윤곽을 드러내는 것이다. 기록자의 언급을 통해 수기의 윤곽을 확인시켜 주기도 하지만, 사실 이 작품을 수기로 판단하는가 그렇지 않은가는 여기서 별로 중요하지 않다. 이 작품을 수기로 인정한다면, 수기라는 양식이 경험의 기록으로서 드러나는 예가 될 것이고, 수기로 인정하지 않는다면, 허구 작품이 기록을 가장하는 경우에 속하기 때문이다. 어느 경우도 경험의 기록이라는 현금의 수기에 대한 관념이 이 작품을 통해 드러남을 부정할 수 없다.

「평신도의 수기」 이후, 더욱 분명한 모습을 드러내는 것은 「피로 그린 수기, 젊은 의사와 삼투사」[13]라고 할 수 있다. 이 글은 완연한 수기의 모습을 띠었고 별다른 의심의 여지도 남기지 않는다. 이렇게 보면, 수기가 여타의 산문과 구별되는 독특한 의미를 획득하게 되는 것은 1920년대 중반에서 후반에 걸치는 기간이었다.

실화 역시 유사한 기간, 유사한 과정을 거친다. 이 시기 실화를 뜻하는 용어는 '실담實談', '사실담事實談' 등이 쓰이고 있었다. 예컨대 「내가 자현自現하기까지」[14]에는 '실담'이라는 용어가 장르표지로 사용되었고, 「보싸홈의 기연奇緣」,[15] 「조선은 인정의 나라」[16] 등에는 '사실담'이라는 명칭이 부여되었다. 이때, '실담'과 '사실담'은 지금의 실화가 포유하고 있는 '사실 그대로의 기록'을 뜻했다. 대개 기록자와 주인공이 같은 인물일 경우 '수기', '경험담'이라는 명칭을, 기록자와 이야기의 주인공이 다른 인물일 경우 '실담', '사실담'을 사용했다.

그러나 이들이 사실을 앞세웠다고 해서 1920년대 초,중반의 기록서사처럼 실사實寫정신, 기록정신에 충실했던 것은 아니다. 수기를 경험 기록으로 인식하고 있으면서도 쉽게 믿을 수 없는 「평신도의 수기」처럼, 사실의 기록을 가장한 허구 서사들이 적지 않기 때문이다. 「보싸홈의 기연」이나 「조선은 인정의 나라」 역시 이러한 경우 중 하나다.

> 인정이니 박애이니 하는 것을 미덕으로 알아오든 나는 언제부터인지 그것은 일종 진부한 도덕에 들니여 그런 말을 입에 내는 것도 현대인답지 안은 뒤지인 듯한 늣김까지를 밧게 되엿습니다. 이제 형의 분부를 짜라

13) 내허, 「피로 그린 수기, 젊은 의사와 심두사」, 『동광』 23호, 1931.7.5.
14) 又春山人, 「사랑하는 안해를 죽이고 내가 自現하기까지」, 『별건곤』, 1927.7.
15) 정수일, 「보싸홈의 奇緣」, 『별건곤』, 1927.5.
16) 이성환, 「約婚 男女의 最後」, 『별건곤』, 1927.5.

전설이나 설화에 전하는 조선 고유의 인정 미담을 쓰게 된 것은 밤낫 배곱흔 소리 피 압흔 소리만 느러늣코 잇든데 비하여 이 글을 초抄하고 안젓는 동안이라도 현실을 써나 보는 야릇한 흥미를 늣기는 바임니다.[17]

제목에 앞서 "신부 밧귀인 소설가튼 사실담"을 표방한 「조선은 인정의 나라」는 그 서두에 필자인 최독견이 방정환에게 보내는 서신이 덧붙여져 있다. 이 글에서 최독견은 방정환에게 '전설이나 설화에 전하는 조선 고유의 인정미담'을 요청받았다고 적고 있다. 전설과 설화, 인정미담이 동종의 글로 인식되고 있음과 함께, 전설을 사실담으로 소개하는, 이해하기 힘든 상황을 엿볼 수 있다. 앞서 1920년대 허구와 사실의 거리가 상당히 멀었음을 언급한 바 있지만, 사실담을 전설과 동일한 유형으로 인식했다고는 볼 수 없다. 오히려 증명될 수도, 확인될 수도 없다는 점을 이용하여 '사실담'이 주는 장르표지의 효과, 즉 읽기의 규약에 의한 독자의 독서 전前 신뢰성을 획득하려 한 것이다. 읽기의 사회적 규약이 성립되면서 이를 역이용하는 사례는 최독견의 소설 「푸로 수기」나 김동인의 소설 「어느 의사의 수기」에서도 볼 수 있다.

이러한 특징은 1920년대 초,중반 필자의 태도를 표시하던 '기記'와 '작作'의 관계에서도 마찬가지이다. '기記'의식의 변화는 '사실담'이나 '경험담'의 변화와는 조금 다른 측면을 갖지만, 전 시기와 변별되기 시작했다는 점에서 역시 주목된다.

여비는 얼마나 가지고 갈가? 올치! 천당에는 돈 가지고는 못 드러간다

17) 최독견, 「朝鮮은 人情의 나라」, 『별건곤』, 1927.5, 242면.

하것다 그러면 여행복은 엇던 것으로? 올치! 하이카라는 못 드러간다고 한다. 그러면 여행구는 무엇무엇? 막대기나 하나 들고 가다가 땀을 씻자 해도 손手巾이나 하나 들고 갈가. 천당은 좃타하니 혹 썩이 생기드라도 가방이나 궤짝이나 하나 들고 갈가. 안이다. 혹시 위급한 경우에 도망을 친다해도 활용에 편한 젼대나 자루를 가지고 갈 밧게 업다.

(…중략…)

비몽사몽간에 공중으로서 엇던 백발노인이 청학을 타고 훨훨 내려오드니 백우선白羽扇 꼭다리로 나를 쑥찌르며 "갈길은 멀다면서 왜 이리 잠만 자고 잇느냐 내 그대의 장한 뜻을 기특히 녁여 여긔까지 마중왓노라"하며 나를 불너 이리킨다. 그래 나는 화다닥 놀내 이러나 노인에게 합장배례를 하고 나시 "고성대명高姓大名을 드러지이다"하니 그는 '청학도사라'하며 "시간이 밧브니 어서 학의 등에 올나타라"한다.[18]

'기記'라는 장르표지에도 불구하고 내용은 몽자류 고전소설의 구성방식을 따르고 있는 야담 「천당참관기」[19]는 비록 꿈을 빙자하고는 있으나 '기記'라는 장르표지를 사용한다. 이 외에도 「지하국방문기」,[20] 「원세개의 지하면담기」[21]의 경우, 야담의 구성을 빌어온 허구 서사임에도 '기記'라는 장르 표지를 이용하고 있는데, 이러한 사실은 1920년대 초 완강히 지켜지던 실사정신이 매체서사의 확장과정에서 변질되는 것을 확인시켜 준다.

---

18) 박달성, 「天堂參觀記」, 『별건곤』, 1927.4, 65~66면.
19) 박달성, 「天堂參觀記」, 『별건곤』, 1927.4.
20) 박달성 외, 「地下國訪問記」, 『별건곤』, 1927.3~4. 4월호에는 말미에 '朴돌이 記'라는 장르표지를 덧붙였다.
21) 김진구, 「袁世凱이 地下面談記」, 『별건곤』, 1928.12.

읽을거리

쌍S생, 「처녀 혼자 잉태할 수 잇는가〔천하괴怪사실〕, 남자 모르는 처녀가 아기를 배어 자살하기싸지」 - 너머도 그짓말가튼 사실비화

(『별건곤』, 1929.8)

(1) D온천의 P여관

왼산과 왼들이 눈속에 파무친 겨울에도 온천은 조치만 쏫 피는 봄 닙 붉은 가을에도 온천은조치만 푸른닙 싸에싸지 덥히는 녀름철에 깁흔 록음 속에 안윽히 숨어 안즌 온천처럼 조흔 것은 업다.

더욱 D온천은 촌리를 멀니 써러저 쌍엣가지 덥흔 벗나무 가지 틈으로 굽이굽이 돌아들어서 이층 지붕도 보이지 안케 깁숙히 드러안진 곳이라 그야말로 별세상가티 안윽하고 조용하야 녀름에 조흔 곳이다.

K는 더위도 피하려니와 제일 사무소로 번거로이 차저오는 손님을 피하야 한동안 조용히 집필하여야 할 원고지뭉치를 가방에 너어가지고 서울서 멀니 이 온천을 차저와서 P려관의 이층 한방에 들어잇섯다.

짐작과 가티 이때의 D온천은 심심해 못 견딜만큼 조용하엿다. 장마철이라 그런지 어느 려관이고 손님이 이삼인씩 밧게 업고 엇던 려관에는 한사람도 업는 곳이 잇섯다. K가잇는 P려관이래야 K의 오호방에서 네방이나 건너서 일호방에 일본사람 어느 학교교원가튼 중년신사가 한사람 와 잇고 복도건너편 구석 구호방에 역시 일본사람 젊은 내외가 젓먹이 어린아기를 다리고 K가 오기 전부터 와서 잇는 외에 아모도 업섯다.

"웃재 이러케 조용한고"밥상 엽헤 수러안젓는'스미'라는 하녀에게 K는 무럿다.

"지금이 어느 쌔임닛가 장마철에는 어느 해던지 이러케 조용하담니다. 그러치만 올에는 참 유난히 더 손님이 적으서요" 하엿다.

사실 웃지 조용하고 심심한지 여덜 사람이나 되는 하녀 중에 두 사람은 손님 적은쌔 고향에를 다녀온다고 갓고 여섯 사람만 남어 잇것만은 그들도 할 일이 업서서 낫이면 바느질만 배흐고 잇는 형편이엿다.

조용하여서 제일 고맙다고 생각하는 K는 날마다 원고가 생각튼 이보다도 더 만히 슬슬 씨워저서 마음이 조왓다.

"그런데 오신지 발서 닷셋재 되엿서도 K상께서는 탕湯에를 왜 안 드러가세요 오시든 날낫에 드러가시는 것을 뵙고는 그 후로는 한번도 못 뵈엿서요 제가 밧바서 못 뵈엿는지요"하고 거운 삼십이 갓가워 보이면서도 애교만흔 스미라는 하녀는 저녁밥상 엽헤 수그러안저서 이런 말을하엿다.

"왜 안드러가 날마다 드러가는대 탕에 안드러가면 온천에 공연히 왓게?"

"아이그 저런? 그럼 제가 게을러서 목욕시웅도 못해드럿슴니다그려 아이그 미안해 웃저나……. 저는 K상께서는 원고만 쓰고 계시닛가 쓰시는 것이 밧버서 안드러가시는 줄만 알고 잇섯서요 참말 미안함니다 내일부터는 정신차리지요"하면서 진정으로 미안해하는 모양이엿다.

"아니 아니 목욕시웅은 무슨시웅 그만두어요 나는 이상한 버릇이 잇서서 낫에 다른 사람들이 깨여잇서서 짓걸거리고 수선스러울 때는 싯그러워서 낫잠을 자버리고 밤이 깁허서 다른 사람들이 모다 잠이 들어 고요한 때에 니러나서 원고를 쓰는 터이닛가 탕에도 밤에야 드러가거든……."

"그러치만 요새가티 손님업는 때 무에 싯그러우서요"

"아니 요새는 낫에도 조용하지만 밤에라야 쓰는 것이 아조 습관이 되여버려서……."

"그래 탕에도 남들이 모다 잠든 후에 드러가서요?"

"그럼 밤에 아모도 깨여 움죽어리는 사람이 업는 때 나혼자 드러가서 물속에 가만─히안저잇스면 참 신선가티 좃치"

"아이그 무서워라"

"무엇이 무서워 조용하고 좃치 그러고나오면 원고도 아조 퍽 잘써지는대"

"아이그머니나 저이가트면 무서워서 밤에는 탕근처에는 가지도 못하는데요"

창 밧게는 또 비방울이 나무닙을 싸리는 소리가 나기 시작하엿다.

(2) 괴상한 나체미인

비오는 밤이엿다. 요란히 쏘다지지도 안코 봄비가티 부슬부슬 잔잔한 비가 부는 밤이엿다. 록음 깁흔 온천의 비오는 밤. K가 서울에서 늘 조케 생각하든─온천에 비오는 밤이엿다.

K는 긔분에 끌녀서 일즉부터 원고를 쓰고 안젓다가 밤마다 탕에 드러가는'새벽한시'가 오래 지나친 것을 깨닷고"아이 오늘은 탕에 드러가는 것도 니젓구나"하고 중얼거리면서 술술 나리쓰던 원고를 눌너 노코 수건을 들고 나섯다.

새벽 세시 십분 전이라 그 큰 려관은 사람마다 깁흔 잠 속에 들어 죽은 것가티 고요하엿다. 써는 신을 소리적게 썰면서 복도를 지나 아래층으로 나려가서 길다란 복도를 천천히 거러가서 탕 압헤 니르러 옷을 벗고 탕문을 고요히 열고 드러갓다.

정적! 참말 려관본채보다도 이 탕은 더욱 고요하야 무덤 속가티 깁흔 데를 드러온 것 가탯다. 탕물 속에 가만히 드러안저서 K는 전달 저녁밤 쌔 스미가 "밤중에는 무서워서 탕근처에도 못온다"한 말을 문득 생각하엿다.

연은 여자 아니라도 우연만한 남자도 이러케 깁흔 밤에는 무섭다고 오지 아니할 것이다. 이런 생각을 하고 잇섯다.

그쌔다 K가 문득 이 탕 속에 사람의 긔척이 잇는 듯이 늣겨저서 감고잇든 눈을 써보닛가 아아 참말로 이상한 일이엿다 희미한 뎐등불 밋에 분명히 사람하나가 탕 속 물간 우에 K의 코압헤 허리를 걸치고 가만히 안저잇다.

족곰 열어도 드르륵 소리가 나는 탕문이 열닌 적이 업섯는대 어느 틈에 어데로 드러왓는지 분명히 자긔의 눈압헤 사람하나가……. 더구나 그는 남자가 아니라 살갈이 백옥가치 흰 나어린 녀자엿다.

K는 머리가 쭙 탕물 속에서도 전신에 소름이 쪽! 씨치는 것을 늣겻다. '내눈이 잘못된 것이 아닐가'십허서 K는 두 손으로 두 눈을 부비고 쏘다시 보앗다. 아모리 보아도 분명한 어엽분 녀자엿다.

그러나 이상치 아니한가 엇재왓던지 탕 속에 드러왓스면 물통으로 물을 써내서 씻던지 물속으로 드러오던지 할 터인대 드러와서 안즌지 발서 사오분이 지나도록 손갓하나 깟닥하지 안코 그림가티 고시란히 안저만잇다.

K는 생각해 보앗다 자긔방을 바터가지고 드나드는 스미가 아닌가 뚜러지도록 자세보아도 그도 아니엿다. 이층 구석 방에 잇는 부부 중의 녀자가 아닌가 그도 아니엿다. 아마 오늘 자긔가 낫잠자는 동안에 새로온 손님인가보다. 이러케 생각해버릴 밧게업섯다.

그러나 너머 이상치 아니하냐 문소리도 업시 어데로 드러왓스며 웃재서 새벽 세시에 혼자드러오는가 새벽 세시 아니라 네 시에라도 올수는 잇는 일이지만 왓스면 웃재서 저러케 고개한번 손갓하나 깟닥이지 안코 그림가티 저러케 안저잇는가.

귀신? 독갑이? K의 머리 속은 어지럽게까지 여러 가지로 생각해 보앗스나 도모지 판단이나지지 안코 그러타고 무어라고 말을 거러보거나 이편에서 물밧그로 튀여나갈 긔운도 마음도 생기지 못햇다.

이편에서도 그냥 그저 숨소리도 못내고 그림가티 고요히 잇섯다.

한 시간이나 지난 것 가탓스나 실상은 한 십분이나 지난 쌔엿슬가 그 발가버슨 녀자는 스르르니러섯다. 니러서서는 가만히 거러간다. 놀난 눈에도 그 벌거버슨 뒤맵시는 참말 날신하고 어엽벗다.

그가 엇터케 여는지 문소리 안나게 문을 열드니 스르르 연긔 사라지듯 밧그로 사라저버렷다.

K는 그가 나간 후에도 한사오분이나 정신나간사람처럼 고대로 잇섯다. 한동안이나 지난 후에 K 는물 속에서 나와 문밧글 휘휘 둘너보앗스나 거긔는 아모것도 아모 자최도 업고 다만 복도밧갓에 비오는 소리만 주룩주룩 들닐 쌘이엿다. K는 자긔가 독갑이에게 홀녀서 못올데를 와서 헤매는 것가티 생각되엿다.

K는 정신업시 옷을 걸처입고 수건을 들고 신을 썰지를 못하고 맨발로 거러도라왓다. 앗가 올째와 달너서 거긔서 복도를 거러 아래층 여러방을 지나 위층으로 올너가기가 한 백리길이나 갈 것처럼 멀-게 생각되엿다. 알수업는 불안한 마음으로 간신히 도라왓다.

자긔방에 와서는 원고도 쓰지 못하고 잠도 오지 안코 어지럽게 핑핑 도는 생각을 그대로 눈만 말둥말둥하고 잇섯다. 앗가 그 탕 속에 연긔가티 나타낫던 그 이상한 녀자가 지금 자긔방에 와서 작고 들여다보는 것가티 생각되여서 더욱 불안하엿다 K는 어서 이밤이 새이고 아츰이 오기를 바라고 고대하고 잇섯다.

(3) 탐정취미의 호기심

"이것보아 어제 낫에 새로 온 손님이 잇는가?"

아츰 밥상을 밧아노코 수러안저서 밥을 쓰는 스미에게 K는 물엇다.

"아-니요"

"정말 아모도 안왓서?"

"아모도 새로 오신 이업서요 왜 그러서요 누가K상 아시는 이가 어적게 오신다구 그랫서요?"

"아-니. 그러면 주인집에 어느 친척이 왓거나 그런 일이 업나?"

"업서요 그런대 왜 별안간에 순사처럼 호구됴사를 하세요"

"아시아 좀 할 일이 잇서서 그러는세야 그런내 좀 이상한 말을 뭇는 것갓시만 혹시 전에 이집에서 일하가 수엇거나 한 사람이 업는가?"

"애그 섬섬 이상한 말슴을 부르시네 그런 사람 업서요 왜 그런 이상한 말슴을 작고 하세요"

"아니야 내가 지금 소설을 하나 수미는대 거긔 참고하려고 그러는 것이야"

K는 잘 알지도 못하는 일에 어제 밤에 본일을 말하면 왼집안이 소동이 될 것도

미안하고 자긔로도 경솔할 것 가태서 하녀에게일망정 본실을 토하지 안엇다.

"그럼 이집 하녀가 모두 몃사람이나 잇는지 그중에 밤중에 탕에 가는 사람이 잇나?"

"아이고 누가 밤중에 탕에를 감닛가 잇기는 여덜 사람 중에 둘은 고향에다 닐너가고요 지금 여섯이지요만은 모두 저가튼 겁쟁인데요 그러구 왼종일 일하고는 저녁상까지 치워노코 열시되기 전에 목간하고 나와서는 그냥 쓰러저 자지요 그래야 이튼날 새벽에 니러나지 안슴닛가?"

K는 아모리 지혜를 짜내여도 어제밤의 괴상한 어렵븐 녀자의 정톄를 짐작도 할 길을 엇지 못하야 그날 왼종일 원고 한 장 못쓰고 불안하고 불쾌하게 지냇다.

"이것을 정톄를 알어내기만 하면 조흔소설거리요 또 잡지긔사거리인대……."왼종일 이런말만 혼자 중얼거렷다.

(4) 나체미인의 재현再現

또 밤이 들엇다. 여덜시 아홉시 시간이 작고 지날스록 밤이 차차 깁허갈스록 K는 무슨 무서운 사람의 손아귀에 작고 얼켜드는 것가탯다. 오늘밤에도 또 그이상한 여자를 맛나면 읏저나……. 에에 오늘은 초저녁에 일즉이 갓다오는 것이 낫겟다. 그러나 그 이상한 녀자를 다시 맛나지 못하면 영구히 그것이 무엇인지를 알지 못하고 말게 되지 안는가 더구나 그는 아름다운 어린 녀자다. 오늘은 일부러라도 그 녀자를 또 맛나서 이편에서 먼저 말을 거러보아야 한다 그래서 그가 누구인 줄을 아러야 한다.

그러나 만일 그 어엽븐 여자가 만일 무슨 요사한 귀신이면? 그러타 아모리 생각하여도 이세상인간은 아닌 것 갓다. 당장 현재 이 집에 잇는 사람 중에는 그러한 인물이 업지 아니한가……. 이 집에 업는 인물이 깁흔 밤중에 이집 맨 뒤채에 잇는 탕에를 엇더케 드러올 리가 잇는가 문소리도 업시 발소리도 업시 오고 가는 것을 보던지 드러와서는 손하나 머리카락하나 깟닥-하지 안코 십여분 동안이나 그림가티 안젓다가 가는 것을 보던지 확실히 이 세상인간은 아니다. 이 세상 인간이 아니면 귀신일밧게 업지 안흔가? 에에 오늘부터는 초저녁에 얼는 다녀오는 것이 낫겟다.

망설거리고 잇는 동안에 열한시 열두시도 지나고 새로 한시도 지낫다. 이제는 려관안의 모든 사람이 잠드럿슬 것이요 다른 날 가트면 탕에 드러 갈 시간이다. 그러나"어적게 밤에 그를 만난 것이 세시쯤이엿섯겟다"하는 것이 K의 머리에 묵업게 박혀잇서서 망설거리면서도 K는 그 세시에 질질 끌리고 잇는 것이엿다.

불안을 늣기면서도 세시라는 시간에 끌니여가는 자긔의 마음을 K는 자긔로도 알 수가없섯다.

두시! 두시 삼십분! 사십분! 오십분! 긔어코 어적게 그 시간이 되엿다. 갈가 말가 왼종일망설거리면서 이 시간까지 망설거리고 안젓든K는 무슨 줄에 매여 잡아당기우는 것처럼 부스스니러나서 수건을 들고 방문을 나섯다. 어제 밤과 다름업는 무덤속가티 고요한 밤이엿다. K는 신도 쓸지안코 버슷 맨발로 길다란 이층마루를 거러 층계로 나려가서 이층보다 더 길다란 아래층 마루를 지나 싸로 써러진 복도를 거러 탕에까지 갓다. 탕압헤 니르자 K의 가슴은 울넝거리기 시작하엿다. 그 이상한 요귀가 먼저 와잇다가 와락 악을 쓰고 달겨들지나 안흘가 겁이 나면서도 K는 조심 조심 탕문을 여럿다. 그러나 탕에는 아즉 아모 것도 업고 어적게 밤과가티 고요하엿다. K는 안심하고 탕에 드러갓스나 목욕에는 뜻이 업고 물속에 가만-히 드러안저서 그 녀자가 나타나기를 기다리고 잇섯다.

몃분 동안이나 지낫는지 한동안을 지나서 두 눈 말뚱말뚱히 K가 쏘아보고 잇는 그 문이 소리업시 열렷다. 그리고 그 어엽븐 날씬한 발가버슨 미인이 수건하나 가린 것업시 맨몸으로 삽븐삽븐 세멘트 층게를 거러나려 오더니 K라는 남자가 자긔 압헤 잇는 것이 전혀 보이지도 안는 것처럼 부인당에 혼자 드러온 것처럼 무심히 거러와서는 물통 세맨트담 우에 가만히 거터안젓다.

K는 이날은 비교뎍 어적게보다 가라안즌 마음으로 그녀자의 살갈이며 머리맵시며 얼골을자세 바라볼 수가 잇섯다.

만지기만 하여도 터저서 샛빨간 피가 흐를듯 십은 한창 피여오른 토실토실한 살 보기만하여도 아즉 꼿봉우리가튼 처녀라고 누구든지 말할 깨긋한 살갈 만즈기도 앗가울듯 십은 젓가슴과 허리 그리고 둥근 얼골이라 할지 갸름한 얼골이라 할지 얼는 판단하기 어려운 도톰한 얼굴 코와 입술은 화가가 마음대로 어려쁘게 그린 그림과 가텃다.

K는 이것이 사람이냐 귀신이냐 하는 의심도 다 니저버리고 그 아름다운 얼골과 조흔 몸자태에 취해서 한동안이나 멀건-히 보고만 잇섯다.

"저러케 아름다운 것이 참말 보통사람이엿스면……"하는 마음이 간절하여젓다. "그러나 저러케 깨긋하고 귀여운 녀자가 엇전들 낫븐 귀신이거나 독갑이거나 할 수가 잇슬가" 이러케 생각하는 동안에 K의 무섭고 불안한 생각은 저윽 감하여젓다.

불안한 생각이 감해지면 질스록 얼른 그 정톄를 알고 십은 생각이 강해젓다. K는 큰 용긔를 내기에 한참동안 노력하야 자긔 마음을 각구엇다. 그래 가지고 일부러 후닥닥 수선스럽게 물밧그로 튀여 나오면서 탕물이 그 녀자의 몸에 만히 튀게 하엿다.

그러나 그래도 녀자는 깟닥도 하지 안코 그대로 그림가티 고시란히 안저 잇다.

K는 다시 불안을 늣겻다. 저것이 정말 사람이면 저러케 잇슬 수가 잇슬가. K는 또 한참 동안 노력하야 긔운을 내여 가지고 자긔가 다시 물속으로 드러가 안저서

"여보서요 왜 그러고 안즈 섯서요. 이리 드러오시지요."하여 보앗다. 이상한 일이엿다. 그말도 듯는지 못듯는지 그냥 그대로 가만히 안젓더니 한참 후에 부시시 니러나서 상글 상글 우스면서 물속으로 드러와서는 저편 구석에 쏙그리고 안젓다.

말을 알아듯는 것을 보니 이제는 K가 붓그러워서 민망해젓다. 저편 구석에 안젓고 이편 구석에 안젓다 해야 탕물 속이라 그 거리가 불과 삼사三四척이다.

가티 드러 안젓기가 거북하야 K는 튀여 나와 안저서 때도 잇슬리 업는 등덜미를 밀고 잇섯다.

"여보서요" 미인이 K를 불르는 소리에 K는 깜짝 놀낫다. 등덜미에 찬물을 썬는 것처럼 왼몸이 선뜻하엿다.

"왜 오랜간만에 맛나서 그러케 다러나서요 이리로 드러오세요"

K는 어안이 벙벙하야 멀건-히 안저서 바라만 보고 잇섯다. 그는 점점 안탁가운 표정을 하면서

"왜 그러케 잠잣고 계서요 나를 원망을 하서요? 왜 그동안에는 그러케 잠잣고 계서요. 나를 원망을 하서요? 왜 그동안에는 그러케 한번도 오시지도 안코요."하더니 다시 우는 듯한 소리로

"저러케 마음이 변한 줄은 모르고 공연이 나 혼자 그러케 밤마다 여긔와서 기다렷지……." 긔어코 훌적훌적 울기 시작하엿다.

K는 엇지 할 줄을 모르고 가만히 안젓스닛가

"그러케 남의 얼골만 보고 계시지 말고 이리와서 내 몸을 좀 쌋듯하게 안어 주세요."

"왜 그럿케 무어세노 하셋세요. 한번도 맛나러 오시지도 안코……. 도려 나를 왜 원망하세요"

"무엇 때믄에 마음이 그러케 변하섯서요 네?"

K는 무어라고 대답을 해야 할지도 모르거니와 아즉도 이 녀자의 정톄가 무엇인지 아지 못하야 그냥 가만히 보고만 잇섯다.

한참이나 그투로 울다가는 말하고 말하다가는 울다가 그 녀자는 물속에서 나와서 처음처럼 물ㅅ간 '세멘담' 우에 거러 안젓다. 그러더니 다시 처음과 가티 입을 담을고 그림가티 가만히 안저버렷다.

이번에는 밧게 나와 잇던 K가 도망하듯이 탕물 속으로 드러가 안젓다.

한참이나 되도록 그림가티 안저 잇던 녀자는 이윽고 부시시 니러나서 몸에 물도 씻지 안코 그냥 삽붓삽붓거러서 역시 소리업시 문을 열더니 밧그로 사라저 버렷다. K는 물속에서 튀여나와서 그 뒤를 짜러 가랴고 급급히 수건을 싸 가지고 몸에 물을 대강 대강 씻고 탕 밧그로 나아가 옷을 걸치고 맨발로 복도를 급히 거러 쏫차갓다. 그러나 그 동안에 발서 어대로 사라젓는지 아모 데에도 보이지 안엇다.

고동안에 멀니까지 갓슬 수가 업는대 어대로 갓슬고…… 아모리 생각하여도 알 수 업는 일이여서 그냥 자긔 방으로 도라온 K는 '암만해도 내가 무슨 독갑이 나라에 붓들녀 드러가는 것갓다'고 중얼 거렷다.

(5) 요수妖獸냐? 원귀怨鬼냐

이튼날 일른 아츰에 소제하려 드러왓슬 때는 뭇고 십은 것을 참엇다가 아츰밥상을 가지고 와서 엽헤 수러안저 잇는 스미에게 K는 또 뭇기 시작하엿다.

"혹시 이 려관에 전에 독갑이가 난다고 소문 낫섯든 일이 업섯나?"

"온 별말슴을 다 무르서요. 그런 일이 잇스면 우선 저의들이 무서워서 하로라도 이리고부터 잇겟슴닛기. 히고 만흔 려관에 왜 그런 집에 부터 잇겟서요."

"혹시 이 려관 말고라도 이 온천 다른 려관에도 그런 일이 업섯슬가?"

"업서요. 왜 그러케 무서운 소리만 작고 하서요. 왜 밤중에 무얼 보섯서요?"

"아-니, 무얼 보아서 그러는게 아니라 소설을 자미잇게 꾸미랴고 그런 이약이를 구하는 것이야."

"업서요 제가 벌서 이집에 와 잇는지도 사 년째 됨니다만 그런 말도 드른 일이 업담니다."

K는 점점 더 갑갑해젓다.

*　　　*　　　*

그날 뎜심이 지난 후 오후 세 시쯤 되여서 아래층에서 적지 아니한 소동이 난것을 K는 구석방 부부손님 방에 드나드는 '기요'라는 하녀에게 듯고 알엇다.

'스미'가 뎜심먹은 것이 관격이 되야 당장 죽을 지경이라는 것이엇다. 주인은 병원에 뎐화를 걸고 남자하인은 자뎐거를 타고 어대인지 뛰여가고…….

그날 저녁상은 물론 '스미'는 누어 잇스닛가 다른 하녀가 가저온 것인고로 K는 엇던 하녀가 자긔방에 들오려는지…… 얼골이 좀 더 어엽븐 녀자 오게 되기를 바라면서 저녁상이 오기를 기다렷다.

사실 단조하기 짝이 업는 온천려관 생활이라 드나드는 하녀가 밧고이는 것도 큰 심심파적이 되는 것이엿다.

저녁상 올 쌔가 되야 방문밧 복도에 하녀의 신발쓰는 소리가 들녓다. 책상 엽헤 누어 잇든 K는 "어데 엇던 하녀인가 보자"하고 별덕 니러나 안젓다.

"용서하서요" 방문 열기 전에 방문 밧게서 하는 인사소리가 우선 '스미'보다 헐신 젊고 아름다웟다. 방문이 곱게 열니고 그밧게 쑤러 안젓던 하녀가 저녁상을 다시 들고 니러서서 드러오는 것을 보자 K는 뎐긔에 찔닌 사람처럼 깜짝 놀냇다.

밥상을 들고 드러오는 눈이 환하게 잘생긴 그 하녀는 잇흘밤쌔 탕속에서 귀신갓치 나타낫다 사라진 그 얼골 그 사람과 조곰도 달르지 안엇다.

K가 하도 놀낸 얼골로 노리고 처다보닛가 그는 얼골이 발–개지면서 K의 압헤 상을 나려노코 얌전스럽게 엄드려 절을 하엿다.

그가 엄드려 절하는 동안에 K는 얼른 자긔의 두 눈을 손으로 부븨고 다시 주의해 보앗다. 그러나 다시 보아도 분명히 그 사람과 달르지 안엇다.

K의 눈에 저녁상은 보이지도 안코 볼새도 엄섯다. 그의 둥글한 놀낸 눈은 하녀의 얼골에서 젓가슴에서 허리에서 손긋에서 떠나지 안엇다.

"왜 그러케 이상하게 보서요 그러케 무섭게 보시면 저는 얼골도 들 수가 업서요"

하녀가 먼저 하는 말에 비로소 천연한 태도로

"내가 이집에 와 잇는지 여러날 되면서도 처음보는군 일홈이 무언고"

"다마애요"

"흥! 다맛쨩! 일홈도 어엽부군 하도 미인이닛가 이런 깁흔 곳에 저러케 절세미인이 잇는가하고 놀내서 정신업시 처다보앗지"

"아이 농담도 잘하세요"

"아니 농담이 아니야 그런데 고향은 어데고 몃살인구"

"고향은 '야마구지'고 금년 스물한 살입니다"

"결혼은 아즉 안하고?"

K는 알고 십은 필요가 잇서 대담하게 무럿다.

"아이 또 농담을 하서요 어린애가 결혼이 무어야요"

"스믈 한살이 어려? …… 결혼은 아니 햇드래도 저러케 미인이닛가 련애는 하엿겟지"

"아이……" 요령업는 아이소리엿다.

"하하 아이 하기만 하면 알수가 잇는가…… 아마 하엿다는 대답이겟지…… 그러나 그것은 농담이고 다마쨩은 왜 그러케 새벽녁에야 혼자 탕에를 드러가는구 무섭지도 안흔가?"

이러케 무르면서 형사처럼 눈을 굴녀서 그의 얼골에 나타나는 긔색을 주의해 보앗다.

"네?" 놀내는 것도 아니요 평상스레 무슨 말인지 얼른 짐작 안되는 낫빗이엿다. 그 말을 하면 깜짝놀나 얼골이 붉어지거나 파래지거나하야 엇절 줄을 몰나 말도 써듬거리려니…… 하던 K의 짐작은 아조 어그러 젓다.

"왜 날마다 새벽 세 시에야 탕에를 가느냐 말이야"하면서 K는 다시 또 그 낫빗을 검사하엿다.

"세시요? 누가요 제가 왜 세 시에 감닛가"

아모리 보아도 짐작이 업는 싼청의 소리를 듯고 정말 어리둥절하는 태도엿다.

"다맛쟝은 새벽 세 시에 혼자 탕에 갓다 오는 것이 버릇이라는데?"

"아이그 누가 그런 소리를 해요 하녀방에서 한방에 네 사람씩 자는데 열한 시에 고단하게 잠이 들면 세상모르고 잘 자야 새벽에 쏘 니러 난답니다. 새벽 세 시나 두 시나 니러 날 수만 잇스면 부즈런하구 좃케요? 공연히 농담을 그러케 하시지요"

"세시에 긴다구 흉될 것 무이잇니? 조용히고 조흔 일이지"

"글세 세시에두 니러나서 탕에 나다니구 그럴 수 잇스면 조치만 하녀 신세에 그럴 재주가 잇서야지요"

"그러면 우리 그런 말은 그만두고 다른 이약이나 하지 다맛쌍은 오늘 나를 처음 맛나지만 어데서든지 나를 맛나본 듯 십지 안흔가?"

"K상을요? 아니야요 참말 오늘 처음 뵈워요 이방 맛흔 '스미'네-상이 왼종일 원고만 쓰시는 어른이 오섯다구 그런데 쓰시는 것을 닑어 보앗스면 자미 잇슬터인데 조선말로 쓰시는 게 되여서 닑을 수가 업스닛가 갑갑하다구 그래요 그래서 저는 올봄에 소설 쓰는 이가 왓섯는데 술을 몹시 먹고는 사람을 공연히 지근덕거리고 툭하면 주정을 작구하고 그래서 이번에도 소설 쓰는 이가 오섯다 하기에 처음에는 아조 술주정 잘하고 머리가 덥수룩하고 그런이인 줄 알고 잇섯더니 이러케 맛나뵈닛가 아주……"

"아주 엇던탄 말인가"

"실례지만은요 아주 점잔으시고 약주로 안잡숫고 퍽 조으서요"

"조기는 무에조이 속으로는 별소리를 다 뭇는다고 성가신 사람이라고 흉을 보면서"

"아이 천만에요 저는 말하기 실흐면 아니하지 입에 발닌 그짓말은 할 줄 몰나요. 어서 진지나 잡수서요 변변치 안은 반찬이 다 식슴니다 국을 다시 써올가요?" 목소리도 아름답거니와 텬진스런 소녀가튼 귀염성이 쑥 쑥 써러젓다. "사람도 쌍스럽지 안흔대 웃재서 저런 앗가운 처녀가 이런곳 하녀로 왓슬고……" 궁금스러웟다 새로 밧귄 하녀에게 더 할수 업는 호감과 위안까지 아울러 엇게된 것이 마음에 유쾌한 K는 얼골은 가튼데 이 사람이 그가 아니라 하면 그 괴상한 문뎨의 해결은 웃지 해야 조흔가……. 거긔 대하야 K는 속으로 긔약하는 꾀가 하나 잇서서 '다마'를 더 추궁해 뭇기를 그첫다.

(6) 괴미인의 정체

그날 밤이엿다. 두 시 반쯤브터 K는 미리 나려가서 아래층 구석 주인들의 방을 지나 부억압흘 지나 하녀의 방압흘 한 간쯤 써러저서 직히고 잇섯다.

물론 시계까지 손에 쥐고 잇서서 자조 드려다 보고 잇섯다.

두시 오십 분 오십오 분 오십 구분 세 시! 그래도 아모 소식이 업더니 삼 분이 채 못 지나서 하녀방 둘재ㅅ간 문이 스르르 소리업시 열녓다. K는 자긔 짐작대로 일이 드러 맛는 것을 우선 깃버하면서 몸을 어두운 벽에 밧삭 부첫다. 열닌 문에서 나아온 것은 희미한 뎐등빗에 보아도 분명히 다마쌍이엿다.

짐작한 바와 가티 다마는 탕을 향하야 복도를 거러갓다. 옷은 자리옷을 닙은 채로 허리씌도 안 맨 모양인대 이상한 일로는 그 몸이 공중에 쓴 것처럼 발이 짜에 닷지 안는 것처럼 수루루루 흘러 가듯 한다.

탕 압헤까지 가더니 억개에 걸친 둘매기 가튼 자리옷이 그냥 주루루 흘너 나리고 속두렁이를 자긔 손으로 글너 나려노니 그 어엽븐 발가버슨 몸이 되야 문을 사르르 열고 안으로 드러가 버렷다.

K는 드러가지 안코 문밧게서 유리창에 손을 대고 드려다 보고만 잇섯다.

다마는 전에 하든 것처럼 물ㅅ간 '세멘담'에 허리를 걸치고 안더니 역시 그림가티 그냥에 가만—히 머리털 하나 깟닥이지 안코 안저 잇다. 5분 10분 15분 가만히 서서보기는 퍽 오래인 동안이엿다. 그 오랜 동안을 그림가티 안저 잇는 것은 참말 짐작할 수 업는 이상한 일이엿다. 15분이 지나자 다마는 니러나서 나아왓다. 나오더니 아조 얌전하면서도 아조 속하게 속두렁이를 닙더니 자리옷을 억개에 걸치고 앗가처럼 공중에 써서 날너가듯 수루루 흘너가듯 하야 자긔 방으로 다시 드러가 버렷다. K는 그의 방문에 귀를 대고 방안의 긔척을 드러 보앗다. 그러나 다른 하녀들의 고단히 코고는 소리밧게 아모 소리도 들니든 것이 업섯다.

'웃재서 그 어엽븐 처녀가 이런 일을 하는 것이며 웃재서 자긔가 이런 일을 하는 것을 자긔도 모르는것일가……' 자긔방에 도라와서도 K는 이 풀니지 안는 수수꺽기를 푸러 보느라고 한잠도 자지 못하엿다.

이튼날 아츰밥때 다마는 여전히 아츰 밥상을 가지고 드러왓는대 여러 가지로 완곡하게 돌녀서 이 말로 저 말로 더듬어 보아도 그는 밤중에 자긔가 한 일을 사실로 자긔도 모르고 잇는 것이엿다.

K는 이제는 서서히 다마의 고향 사정과 지난 날의 련애 관계와 그의 정신 상태를 됴사해야 겟다고 일을 느추잡고 서서히 자세히 됴사하기로 결뎡하엿다.

그러나 그러나 그날 낫에 뎐보 한장이 이 깁흔 온천속에 잇는 K에게 날너왓다. 그가 관계하는 ○○사에서 '사건돌발'하엿스니 '즉상경'하라는 뎐보엿다.

K는 쓰다가 둔 원고를 수습하야 행장을 차려 노코 뎜심때 뎜심상에는 맥주와 안주를 명령하여 노코 려관주인 령감을 자긔방으로 청해 올니고 하녀는 나려 보냇다.

주인은 술과 바둑을 즐기는 조흔 중노인이엿다. 주고 밧고 맥주를 다섯 병째 기우릴 째 K는 오늘 뎐보가 잇서 상경하엿다가 급한 일을 보고 다시 나려와야 할 사정을 이약이 하고 나종에 다마의 이약이를 슬그먼히 지나가는 말처럼 내노앗다.

"네— 얌전하고 말고요 외양 생긴처럼 마음도 엽브지요 그래서 실상은 내가 내 쌀처럼 녁이고 바느질이며 살림을 가르키고 엥간히 밧븐 째가 아니면 손님방에 심브림으로 내보내지를 아니합니다. 실상은 그것이 야마구지에서 온 것인대 내 친구 친구도 어려서브터 가티 자란 죽마지우의 쌀이지요 제 시골서 고등녀학까지 다니엿고 집안도 상당한 집안이지요

그런대 작년 녀름에 저의 모친이 그 애를 다리고 온천에를 갓드라드군요 거긔서 어느 대학생하고 련애가 생겨서 처음에는 어머니의 눈을 피하야 그 남학생과 맛낫는대 그거 의례 누구던지 다 한째하는 것 아닌가요 허허허 그런대 나종에 온천에서 헤여져서 대학생은 동경으로 도라가고 그 애는 자긔 고향으로 도라가서 편지질을 하게 되야 부모도 알게 되여서 부모가 아러보닛가 그 남학생도 상당한 가뎡의 얌전한 수재秀才드람니다 서로 련애하는 것을 내버려 두엇슬 뿐 아니라 적극뎍으로 주선하야 결혼까지 식여주기로 하엿드라는군요 그런대 그 학생이 몸이 허약하야 녀름에도 의사의 권고로 온천에 갓든 것이라는대 그만 지난 겨을브터 누어알타가 금년 봄에 죽엇다는구먼요 그 소식을 듯고 그 애도 작고 울기만 하고 몸이 쇠약해 시번서 살 째는 식은땀을 흘니면서 헛소리를 하드람니다 그래 그 부무들이 렴녀를 하다낫헤 이대로 바람이나 쏘이라 보내서 그것을 니저버리게 해 줄가 하고 내게 편지를 하엿서요 하녀처럼 심부림도 식이고 하야 밧브게 고단하게 구러서 한가히 싼 생각할 틈이 업시하라고...... 그래 지난 오월 초순에 왓스닛가 인제 온지 두 달도 못되지요 참 얌전한 애야요" K는 이 주인 령감의 말을 듯고 대강은 맥락

을 알어진 것 가탯다.

K는 그밤에 써나기 섭섭한 작별을 하고 밤차로 귀경하엿다.

상경하여서는 던보까지 치게 된 급한 일을 대강 치루고 틈틈이 심리학 연구한 친구들과 의사들 방문하야 그 이약이를 하고 의견을 들어 모으기에 노력하엿다.

그리하야 대강 이러케 판단을 나렷다.

다마는 작년 녀름에 자긔 고향 갓가운 온천에 어머니를 짜러 갓다가 어는 준수한 대학생을 맛나게 되여 서로 사모해 지내게 되엿다. 가을 개학긔가 갓가와서 서로 헤여질 날이 갓가워올 째 남자는 다마가 잇는 려관으로 옮아와서 한 려관에 잇스면서 "밤에 려관에 잇는 사람이 모다 잠이 들엇슬 째 탕으로 오라 거긔서 단둘이 맛나자"고 요구하엿다. 일즉 자는 사람도 잇고 늣도록 술을 먹거나 하다가 나종에 자는 사람도 잇스나 누구던지 제일 고단히 잠자는 째가 새벽 세 시경인 줄을 대학생이 아는고로 꼭 새벽 세 시에 그리하자 한 것일 것이다. 대학생은 남자의 욕심에 헤여지기 전에 단 한 번이라도 그러케 하야 완전히 자긔 사람을 맨들어 노코 헤여저야 안심이 더 되겟는 짜닭으로 안탁갑게 그것을 요구하엿다.

그러나 다마는 순진한 처녀라 그것이 무섭고 두려운 일이여서 얼른 응종하지를 안코 차일피일 심중에 망설거리다가 그냥 헤여질 날이 와서 그냥 헤여젓섯다. 그리하야 그 후로는 남자는 동경에서 녀자는 시골에서 편지 왕래만 맹렬하야 서로 사모하는 정은 백렬하여 갓다. 그러다가 남자는 금년 봄에 죽어버렷다.

그러나 다마도 그 째 그 온천에서 밤중에라도 남자와 탕속에서 맛나기를 속으로도 전혀 실혀한 것은 아니엿섯다. 혼자 그 어머니 엽헤 누어서는 '새벽 세 시에 모든 사람이 깁흔 잠자는 째 단둘이 탕속에서 맛나서 한업시 자미 잇슬 여러 가지 광경'을 상상해 보기도 만히 하엿고 또 그 광경을 꿈꾸기까지도 하엿다. 아모 탄로업시 그리되여 보앗스면! 하는 생각도 여러 번 해보앗다. 그러나 그것은 처녀로서는 넘어도 두려운 일이엿다.

그래서 조키도 하겟고 두렵기도 하고 그래서 망설거리다가 그 일을 범하기까지는 아니하엿스나 그 혼자서 상상도 하고 꿈도 꾸든 것이 모르는 중에 잠재의식潛在意識이 되야 다마의 머리속 어느 깁흔 속에 박혀 잇섯다.

그러다가 금년 오월에 아버지의 친구의 집인 이 D온천에 와보니 여긔도 온천이요 려관이요 려관 뒤채에 탕까지 잇는 것이 그 째의 그 온천과 흡사하여서 다마는 니저버리기 어려운 그 째의 일을 벌컥 다시 끄내여 생각하게 되엿다.

여러 가지 회상이 니러나는지라 그 째에 '세 시에 탕속에서 맛나서'하는 그 잠재의식이 밤마다 발동하기 시작하엿다. 그래서 마치 몽유병자夢遊病者와 가티 데이령

격第二靈格의 소지자所持者가 되여 버린 것이다. 그래서 보통 꿈꾸는 것과도 더 달르게 그 시간만 되면 자긔도 모르게 싼 세상에 싼 사람처럼 행동하고 그 시간이 지나면 자긔도 전혀 꿈꾼것 가튼 생각도 남지 안코 아조 모르고 잇는 것이다.

그는 조선의 D온천에 온지 몃칠 안되는 날브터 시작하야 매일 세 시만 되면 15분 동안 그리하엿다. 그런대 한 방에서 자는 하녀들은 원래 왼종일 시달니는 고단한 몸이라 잠만 들면 송장과 가티 되는 고로 매일 그리하는 것을 모르고 잇섯고 간혹 가다가 그가 니러나는 것을 잠결에 본 일이 잇다 하드래도 아마 변소에 가는가 보다하고 무심하엿슬 것이다.

그런것이 공교히 K가 그 날 원고가 잘 써지는 자미에 탕에 드러갈 시간을 니저버려서 조곰 늦게 갓다가 맛닥드리여 발견한 것이엿다.

(7) 애련한 결말

이약이가 그것뿐이면 이 이약이는 한 진긔한 긔담으로만 남을 것이다. 그러나 나는 이이약이의 가엽고 슯흔 결말까지 독자에게 전하지 안흐면 안되게 되엿다.

K는 한 십여 일 지나서 다시 그곳을 차저 가려 하든 것이 마음대로 되지 안아서 밧븐 일에 쫏기여 이내 긔회를 엇지 못하고 잇다가 해가 박귀고 이듬해 첫 녀름에야 불상한 '다마'를 차저 D온천의 P려관을 차저 갓다가 다마는 맛나지 못하고 이 슯흔 결말만을 듯게 된 것이엿다. '다마'는 금년 봄 삼월 하순에 온천 뒤 우물에 싸저 자살을 하얏다는 것이다.

다마는 금년 정월브터 까닭도 모르게 배가 불너 오는고로 넌즛이 주인 내외에게 사정을 말하고 의사에게 진찰을 식엿더니 보는 의사마다 태긔胎氣라고 하엿다. 그러나 다마는 사실로 아모 남자와도 안 일이 업섯는고로 의사의 말도 밋지 안엇스나 여러 가지 증세가 태긔가 분명한 고로 다마는 미칠듯이 고민고민하다가 마츰내 삼월 금음달도 별도 업는 밤에 우물에 싸젓다는 것이다.

그의 품에는 주인 내외와 고향의 부모께 보내는 유서가 잇섯는대 처음브터 쯧까지 자긔도 모를 아긔를 배인 까닭을 모르겟다는 말이엿다 한다.

K는 다마의 비밀을 아는 사람은 자긔 한 사람 뿐이니 죽은 다마를 위하야 변명해주지 안으면 안되겟다고 생각하엿다.

K는 다마가 아기를 갓게 된 때가 자년 구시월께라고 치고 그 때에 이 려관에 와서 묵고 잇던 손님 중에 밤중에 탕에 드러가는 사람이 업섯느냐고 그 됴사를 식엿다.

'시즈'라는 하녀하고 '기요'라는 하녀가 "올치 올치 그 때 이층 7호방에 와잇던 데이鄭상이라는 이가 서울서 큰 무역상을 한다는 인데 불면증不眠症이 잇서서 밤에도 잠이 아니온다고 잠이 아니오는 째는 탕에나 다녀오면 잠이 올가하고 두 시 네 시 째에도 가고가고 한대요"

"그런대 그가 '다마'의 이약이를 아니하던가"

"아이그 하고 말고요, 아주 귀여운 애라고 이번에 다시 올 째는 보석반지를 사다 준다구 그러겟지요?"

"그러면 그 사람이다 그 사람이 애 아비다"하고 K는 비로소 자긔가 그 전해 녀름에 왓슬 째 새벽 세 시마다 본일 그 까닭을 알려고 고심하든 이약이를 자세자세 이약이하고 "아마 그 데이상이라는 이가 불면증으로 자다가도 탕에 드러가고 가고 하다가 공교히 세시 째에 드러 갓다가 다마를 맛나서 안어 달나는 말을 고지 듯고 무지하게 안어 준 것이 분명하지요 그러나 다마는 자긔 일을 자긔가 전혀 모르니 자긔로서는 참말 억울한 일일 것임니다"이리 하야 K가 다시 갓든 덕택으로 죽은 다마의 변명은 싀원이 되엿스나 D온천 뒷산 중턱에 무처 잇는, 다마의 넉은 영구히 우서볼 날이 업시 되고 말엇다.

2) 취미 이야기, 세상을 만나다

취미 영역의 개발에 따른 매체서사의 양적 질적 확장은 야담의 대대적 수용을 요구하게 되는데, 이때 '전傳', '기記', '록錄' 등의 전통적 장르 표지 역시 동시에 수용된다. 그러나 야담의 복권에 의해 쓰이게 된 장르표지 '기記'는 1920년대의 사회적 규약과는 궤를 달리 한다. 근대적 인쇄 매체에 의한 야담의 복권 과정에서 부수적으로 등장한 것에 불과한 것이다.

그 반대의 경우로는 「대경성 백주암행기」[22]나 「농촌실정탐사기」[23] 등을 들 수 있다. 이 경우는 1920년대 초와 마찬가지로 엄밀한 실사정신

22) 춘파 외, 「大京城 白晝 暗行記」, 『별건곤』, 1926.12.

23) 박달성 · 김진구, 「農村實情探査記」, 『별건곤』, 1927.10.

이 유지된다. 그러나 야담의 복권에 의해 첨가된 전통적 '기記'의 등장은 '기記'라는 실사정신의 장르표지를 무의미하게 만들었다. '기記'라는 장르표지만으로는 허구 서사와 기록서사를 구분하기 어려워진 것이다. 이렇게 조금씩 의미는 다르지만, 장르표지에 있어서의 허구와 사실, 소설과 사실담의 경계, 나아가 기記와 작作의 경계도 허물어지기 시작했던 것이 1920년대 후반의 상황이었다.

이러한 경향은 또 다른 유형의 매체서사를 개발하는 것으로 이어진다. 한편으로는 애화哀話, 비화秘話, 일화逸話 등이 등장하고, 다른 한편으로는 정탐기, 탐사기, 암행기 등이 나타난다. 이 두 양식은 모두 기록서사를 전신으로 하지만, 매체서사의 활황 국면에서 상이한 진로를 택한 경우라 할 수 있다.

애화라는 말은 1920년대 초에도 간혹 사용되었다. 예컨대, 「서호수반의 애화」[24]는 상해에서 유학하던 시절 벗에게 들은 옛이야기 한편을 소개한 바 있다. 「애화 중의 인생」[25]은 이와는 조금 다른 성질을 띤다. 우연히 병원에 입원하게 된 '나'는 '김달성'이라는 소년이 교통사고로 죽음을 맞이하게 된 경과와 권력의 횡포에 의해 어린 목숨의 값이 턱도 없는 금전으로 치러지는 과정의 비애를 동정어린 시선으로 그려내었다. 일종의 사건 기사로 씌어졌지만, 실화에 가까운 형상을 갖추고 있다.

이 두 경우는 1920년대 후반에 본격적으로 등장하는 애화가 어떤 의미를 갖는지를 단적으로 보여준다고 할 수 있다. 애화는 『별건곤』의 양시 중 주요한 일부분을 차지하는데, 이들은 사건의 실제성 여부에 대한 판단

24) 현철, 「西湖水畔의 哀話」, 『개벽』 3호, 1920.8.
25) 「哀話 中의 人生 1~4」, 『동명』 9~12호, 1922.10.29~11.19.

記者總出動

大京城白晝暗行記

—第一回「一時間社會探訪」—

社會는움즉인다。時時刻刻으로움즉인다。『大京城의움즉이는現象을박혀모으라！』動員令一下！記者一團은五隊로흣허젓다。

때는十一月十五日의午後二時로三時까지
記者‖松雀、春坡、石溪、波影、磯岩

말성都家裁判所

컴심좀먹이게해주오

녯적에 張飛의軍令은 三日間이라더니 우리編輯室의軍令은 단한時間동안이다。이한時間이나마 꼭 制限이잇는 午後두時부터세시사이엿다 나는 어듸로가서 무엇을探訪할가하고 한참동안이나 생각을하며 머뭇머뭇하다가 혼자말로 오냐平素에도 이약이거리만코 사람만히모히기는裁判所이니 그곳이나가보자하고 義州파발에 驛馬달아나드시 社門을쑥나서서뒤도도라보지안코바로裁判所

—(12)—

「대경성 백주암행기」(『별건곤』, 1926.12).

보다 기구한 사연에 방점을 두어 서사성이 더욱 강조된 형식이라 할 수 있다. 기록은 기록이되, 허구적 요소의 가감이 큰 의미를 갖지 못하는 것이다. '애화'에서 중요한 것은 사건의 기록성이 아니라 사연의 기구함이라는 서사의 확장에 의한 정서적 감응력에 기울어져 있다. 따라서 슬프고 기구한 사연만 포함되어 있다면, 실화나 야담, 사화 등의 성격에 관계없이 애화라는 명칭이 따라붙게 된다.

「고련비련苦戀悲戀 「칠년 편애」 기록」[26]은 작품의 서두에 "외국에서는 모르지만 우리 조선에서는 사실 듣은 진긔한 일이다. …… 정말로 소설가튼 사실잇는 니약이가 이것이다"라는 장르표지를 붙여 글의 성격을 '사실담' 혹은 '실화'로 확정지어 놓았다. 그러나 제목에는 '고련비련'의 이야기 즉 애화를 뜻하는 표현도 빼놓지 않았다. 사실담이고 동시에 애화인 셈이다. 이에 따라 "쏠박쏠박 얼근 못생긴 남학생이 부용꼿 가치 잘 생긴 녀학생에게 칠년이나 두고 외짝련애를 해오다가 맛츰내 거지가 다 된 몸으로 녀자의 최후 동정을 입어 아름다운 인연"을 맺어 잘 살게 되었다는 내용을 담고 있다.

실화를 표방하고 동시에 애화라 칭하는 경우는 이 외에도 적지 않다. "무엇이 그러케 식혓나? 사실이 나어논 인생의 기록"이라 장르 표지를 달아 사실담임을 표방한 「인면사신人面蛇身—남편을 모살謀殺한 소부少婦 애화」,[27] 사랑조차 자유로 못하며 이리저리 팔려 다니는 기생의 비련을 적은 「기생애화, 난화는 가엽은 여자」,[28] 전문학교를 졸업하고 실연 속에

26) 천외생, 「苦戀悲戀 「七年片愛」 奇錄」, 『별건곤』, 1927.7.
27) 호연당인, 「人面蛇身—男便을 謀殺한 少婦 哀話」, 『별건곤』, 1930.8.
28) 이봉희, 「妓生哀話, 蘭花는 가엽은 女子」, 『삼천리』 5권 10호, 1933.10.

산으로 들어간 여성을 그린 「금강산 암자 속의 비련의 무정부주의자 여성 애화」,[29] 비통한 농부와 화전민, 농촌 소녀 등을 주인공으로 한 「시들은 농촌 애화」[30] 등 적지 않다. 그러나 이들의 대부분은 실화라기보다는 실화가 획득한 읽기의 계약을 효과적으로 이용하고 있다고 할 수 있다. 예컨대, 「인면사신人面蛇身—남편을 모살謀殺한 소부少婦 애화」는 하반신이 뱀으로 변해가는 남편을 살해한 여성에 대한 이야기일 뿐 아니라, 첫 구절과 마지막 단락을 제외하고는 사건의 현장에 서술자의 존재를 배치하고 있어 견문 기록의 범위를 넘어서 창작적 기법을 사용하고 있고, 「기생애화, 난화는 가엽은 여자」는 비현실적 사건을 다루지는 않았지만, 역시 서술자는 등장인물과 같은 세계에 존재하고 있다. 여타의 사실담, 실화, 수기에 비해 상당한 허구적 장치가 갖추어져 있는 것이다. 애화라는 명칭은 사화史話에도 곧잘 동반되었는데, 「삽두鍤頭의 향혼香魂 우미인 애화」,[31] 「삼백년 당쟁과 사도세자 애화」[32] 등도 사실史實을 윤색한 흔적을 쉽게 발견할 수 있다. 구성은 단순해 보이지만 역사소설에 가까운 형태를 띠는 것이다.

'비화秘話'의 경우도 사건의 전모를 경험한 사실에 충실했다기보다 기사화될 수 있는 사건을 윤색하는 경향이 짙었다. 따라서 적절한 허구적 요소의 개입이 용인되고, 최소한의 실제성만 갖추면 적지 않은 부분을 윤색할 수 있는 권한이 주어지게 된다. 이러한 애화 · 비화의 특징은 그 근원과는 관계없이 소설에 근접한 형태로 인식되고 저급한 소설, 혹은 미성

29) 초사, 「金剛山 庵子 속의 悲戀의 無政府主義者 女性 哀話」, 『삼천리』 16호, 1931.6.
30) 임연화 외, 「시들은 農村 哀話」, 『제일선』 2권 9호, 1932.10.15.
31) 초산인, 「鍤頭의 香魂 虞美人 哀話」, 『별건곤』, 1929.12.
32) 목춘산인, 「三百年 黨爭과 思悼世子 哀話 1~6」, 『제일선』 2권 5~11호, 1932.5.20~12.15.

숙한 소설로서의 위치를 점유하게 된다. 특히 실화임을 강조하지 않는 경우 이러한 경향은 더욱 두드러진다.

애화, 비화, 일화가 적당한 윤색을 거쳐 실화의 범위를 벗어나는 것과 대조적으로 탐사기, 암행기, 정탐기 등은 오히려 엄밀한 실사實寫정신을 유지하고 있다. 매체서사의 확장에 따른 서사의 확장뿐 아니라, 한편으로는 1920년대 초, 「오호 지방농촌의 쇠퇴」[33]나 「상오 구시로 하오 십시까지」[34]의 엄밀한 실사정신도 계승되고 있는 것이다. 이 유형의 대표적 경우로 꼽을 수 있는 것은 「농촌탐정기」,[35] 「아홉 여학교 빠사회 구경九景」,[36] 「농촌실정탐사기」,[37] 「기자 일행 원유기」[38] 등이다. 이들은 특정 사건이나 인물에 얽매이지 않고 당대의 세태를 기록하고 풍광을 묘사하는 공통점을 갖는다. 기록서사가 1920년대 후반까지 연장되는 모습을 그대로 보여주는 예라 할 수 있다.

그러나 애화나 비화가 서사성의 확장과정에서 적지 않은 허구적 작도를 감행한 것과 마찬가지로 실사정신을 고수한 기록서사 역시 원형만을 고수하지는 않았다. 유사한 유형의 글 중에는 특이한 형태를 취하는 경우가 종종 나타난다. 「대경성 백주암행기」[39]는 '기자 총출동', '일시간 사회탐방'이라는 장르 표지를 달고, 서두에 "사회는 움즉인다. 시시각각으로 움즉인

33) 박달성, 「嗚呼地方農村의衰頹—鄕里에 갓든 이야기」, 『개벽』 22호, 1922.4, 74면.
34) 일기자, 「上午九時로下午十時까지(上)」, 『개벽』 21호, 1922.3, 27면; 일기자, 「上午十時로下午十時까지(二)」, 『개벽』 21호, 1922.3, 77면. 이 두 편은 제목과 상하 구별에 있어 차이가 나지만, 내용의 연속성으로 보아 편집의 오류로 판단하고 동일물로 간주한다.
35) 춘파, 「農村探情記」, 『별건곤』, 1926.12~1927.1.
36) 박달성 · 쌍S, 「아홉 女學校 빠사會 九景」, 『별건곤』, 1927.2.
37) 박달성 · 김진구, 「農村實情探査記」, 『별건곤』, 1927.10.
38) 鏡花, 「記者 一行 遠遊記」, 『별건곤』, 1928.7.
39) 松雀 · 春坡 · 石溪 · 波影 · 礁岩, 「大京城 白晝 暗行記」, 『별건곤』, 1926.12.

다. 「대경성의 움즉이는 현상現象을 박혀 모으라!」 동원령 일하一下! 기자 일단一團은 오대五隊로 흣터젓다. 때는 십일월 오일의 오후 이시二時로 삼시三時까지 기자=송작松雀, 춘파春坡, 석계石溪, 파영波影, 기암磯岩"이라는 기사 개요를 덧붙였다. 편집장은 기자 5명에게 한 시간 동안 서울의 '움직이는 현상'을 포착해 오라는 지시를 내렸고 이에 따라 각 기자는 재판소, 길거리, 서점, 신문사, 종로에서 관찰되는 사건들을 기록한다. 「농촌탐정기」가 「오호 지방 농촌의 쇠퇴」의 연장이라면 「대경성 백주 암행기」는 「상오 구시로 하오 십시까지」의 승계인 셈이다.

> 시계를 처다보니 두시 삼십분! 싼은 신문사로는 한창 밧분 시간이니 휴지도 한창 만하질 때다.
>
> 데롭겟지만 갓갑게 가서 드려다 보닛가 안지도 못하고 엉거주춤하고 서서 쓰는 이의 원고 벌인 글시로 '권총가진 청년, 심야에 부호 협박'이라고 갈겨쓴다. "또 생겻습니가"고 물으닛가 "저ㅡ 시골서 생겻답니다" 대단치도 못한 사건이라는 듯키 가볍게 대답하면서 벌서 그 동안에 칠팔七八줄 긔사를 쓰고 잇고 저편 책상에 쏩으리고 안젓는 이는 '부녀의 침실에 쒸여들어' 또 그 엽헤서는 '대소 공장 등 칠백여호 전소'라고 놀라운 소식을 쓰고 잇다. "어데서 그럿케 큰 불이 낫습닛가" 무르닛가 홍, 하면서 "동경이랍니다" "엣다ㅡ 권동아" 령리지게 생긴 소년이 삼사매의 원고지를 바다 들고 공장으로 드러갓다. 금방 쓴 화재 기사가 활자로 싸여지러 문선공장文選工場으로 넘어간 것이다.[40)]

40) 波影, 「大京城 白晝 暗行記－新聞社의 一時間」, 『별건곤』, 1926.12.

이 글은 편집장의 명령으로 신문사를 찾아간 한 기자가 한 시간 동안 신문사에서 일어나고 있는 일들을 눈에 보이는 대로 기록한 글이다. 간간이 기자의 느낌을 짤막하게 적기도 하지만, 대부분은 눈앞에 벌어지는 세태 풍광을 그대로 기록한다는 의의에 맞게 고스란히 재현하고 있다. 이 경우, 주제의식은 불분명해지지만 기록이라는 측면에서 오히려 다른 기록서사의 예보다 더 엄밀해지는 특징을 갖는다. 기자에게 특정 시간을 주고 세태의 풍경을 기록하게 한 「대경성 백주암행기」는 1927년 2월, 1929년 2월 등 지속적으로 산출된다.

「대경성 백주암행기」처럼 기록서사의 연장선상에서 변형된 특징을 보이는 경우도 있지만, 성격을 완연히 달리하는 양식도 출현한다. 세태를 기록한다는 점에서는 기록서사와 일치하지만, '사회의 이면裏面 보고'라는 뚜렷한 목적의식을 가지고 특정 대상을 기자로 하여금 직접 겪게 하여 그 내용을 보고하는 이른 바 정탐기(일종의 르포)가 그것이다.

1920년대 후반에 들어, 「농촌탐정기」와 같은 전형적 기록서사는 오히려 줄고 정탐기로 분류될 수 있는 글이 더 많아진다. 이는 의미보다 취미와 흥미가 주된 관심의 대상으로 부각되었기 때문이다. 기록서사가 사회의 주된 모순, 이를테면, 농민문제, 노동문제, 여성문제 등에 관심을 집중했던 것과는 달리, 정탐기의 시선은 마약중독자, 인신매매범, 땅꾼, 기생 등 일반인들이 흔히 접하기 어려운 곳에 잠입하여 흥밋거리를 생산하는 데에 기울어져 사회의 중심적 문제로부터 비켜나간다.

정탐기라고 할 수 있는 글은 흔히 눈에 띄는데, 「변장기자 암야탐사기」,[41] 「아편굴 대탐사기」,[42] 「여학생 유인단 탐사기」,[43] 「빈민은행 전

41) 松雀生 · 雪熊生, 「變裝記者 暗夜探查記」, 『별건곤』, 1927.1.

당포 이약이」,[44] 「포사군捕蛇軍의 소굴에 일야一夜 동숙」,[45] 「밤세상, 사랑세상, 죄악세상」,[46] 「자정 후에 다니는 女學生들」,[47] 「부부생활의 비밀 대탐험기」,[48] 「여배우모집 시험기」,[49] 「대경성광무곡」,[50] 「하숙촌 탐방기」[51] 등은 이 시기 정탐기[52]의 전형적 성격을 보여준다.

> 이십일 오후 닐곱시 오십분, 파영군波影君의 솜씨를 빌어서 여관이나 안즌 술집 전문의 귤장사로 변장을 하야 망테를 억개에 메고 만주장사로 변장한 웅군熊君과 동반하야 사문社門을 나스니 꽤 깁흔 밤이라, 어둡기는 하지만 마음이 조용치 못하다.
>
> (…중략…)
>
> "쉬 쉬 만―주노 호야호―"
>
> "미쌍이 싸구료 미쌍요"
>
> 지나가는 것은 트레머리 두 분이엿다. 작선생雀先生이 빼놋치 아니하고 갓갑게 가서 길을 막고
>
> "미쌍 좀 사 가십시요. 싀구 달구 합니다. 군밤보다는 낫습니다" 하고

42) 石火生, 「阿片窟 大探查記」, 『별건곤』, 1927.2.
43) 双S, 「女學生 誘引團 探查記」, 『별건곤』, 1927.3.
44) 일기자, 「貧民銀行 典當鋪 이약이」, 『별건곤』, 1927.3.
45) 송작생, 「捕蛇軍의 巢窟에 一夜 同宿」, 『별건곤』, 1927.7.
46) 北熊·波影, 「밤世上, 사랑世上, 罪惡世上」, 『별건곤』, 1928.2.
47) 北熊·波影, 「子正 後에 다니는 女學生들」, 『별건곤』, 1928.2.
48) 綠眼鏡, 「夫婦生活의 秘密 大探險記」, 『별건곤』, 1928.8.
49) 白시라, 「女俳優募集 試驗記」, 『별건곤』, 1928.12.
50) 쌍S생, 「大京城狂舞曲」, 『별건곤』, 1929.1.
51) 백시라, 「下宿村 探訪記」, 『별건곤』, 1929.1.
52) 이 외에도 「典當局 書仕가 되야」, 「추탕(鰍湯) 집 머슴으로」, 「自動車運轉助手가 되야」, 「四柱쟁이가 되야」(이상 『별건곤』, 1927.10), 「米豆나라 仁川의 밤 世上」, 「松濤名沙, 元山의 밤」, 「妓生의 平壤, 牧師의 平壤」(이상 『별건곤』, 1928.8) 등 다수가 있다.

성화를 대닛가

"이건 왜 이래 거저 준다면 가지고 가지" 하고 쌀쌀거리면서 다라난다.

"하하, 여학생인 줄 알앗더니 밀가룬걸"

"그까짓 것은 그만 두고 여긔나 드러가 보세. 내외주점內外酒店이니……"

거긔는 벌서 낙원동이 아니고 돈의동이엿다. 내외주점의 마당에 드러스닛가, 벌서 석유 궤짝을 질ㅅ방해 메인 귤장사 한 사람과 학생복 닙은 만주장사가 드려와서 물건을 팔고 잇섯다(아홉시십분전)

물건이야 팔거나, 말거나, 방속만 드려다 보면 된다고, 뎐기불 밝은 방속을 기웃거려보닛가, 놀라지 마시요. 머린싼 여자女子 세 사람을 멋대로 씨고 안젓는 이 집의 손님은, 색깜안 학생복을 닙은 나어린 학생들이엿다. 두 사림은 힉생복 우에 외두를 닙고 인짓고 두 사림은 맨 양복을 닙고 잇섯난대, 모자를 벗고 잇서서 어느 학교 학생인지를 몰른 것이 섭섭한 일이엿다. 모자까지야 학생모를 쓰고 오지 안엇겟지만은…….[53]

두 기자는 야심한 밤에 귤장사, 만두장사로 변장을 하고 술집과 여관을 돌며 세태를 고발한다. 동정심 없는 술집에서 모욕을 당하고 쫓겨나기는 일반이고, 겨우 잠입한 술집에서 기생과 술을 마시고 있는 이는 나이 어린 학생들이다. 거리에서 만난 신여성은 전당포 주인의 첩이고, 색시가 없어 장사가 안 되는 술집 주인은 예쁜 색시를 보거든 자기 술집에 소개를 시켜 달라고 조른다. 세태를 살피고 돌아온 시간이 '새루 일시一時 반'이라고 했으니, 8시경부터 다섯 시간 반을 잠입 기록한 것이다.

「상오 구시로 하오 십시까지」가 무작위적으로 세태를 관찰한 반면,

53) 松雀生 · 雪能生, 「變裝記者 暗夜探査記」, 『별건곤』, 1927.1, 62~64면.

「변장기자 암야탐사기」는 술집과 여관의 세태를 관찰 보고하겠다는 분명한 목적의식에서 출발한다. 그리고 그 목적은 일반적으로 쉽게 경험하기 어려운 상황을 전제로 하는 것이 대부분이다. 또 잠입하는 과정이나 취재의 과정도 적지 않은 우여곡절을 동반하고 있다. 이러했을 때, 정탐기는 특별한 대상을 통해 독자들의 호기심을 자극하고 또 긴장감 있는 사건전개를 통해 흥미를 배가시키게 된다.

정탐기의 긴장감과 호기심을 강화하고 허구적 작도를 겸한 방정환의 「괴남녀 이인조」[54]와 「칠칠단七七團의 비밀」의 경우는 탐정소설[55]이라는 장르명으로 소개되고 있다. 이러한 점을 고려할 때, 『어린이』를 통해 자주 모습을 드러내는 방정환의 탐정소설이나 1930년대의 탐정소설과도 일정한 관계를 형성했을 것으로 보인다.

정탐기의 구성과 서술방식이 기록서사의 그것에서 연유했다고는 하나, 정탐이라는 방식이 도입된 것은 풍자우의형 매체서사와의 교차 차용의 결과가 아닌가 생각된다. 위의 정탐기들은 대부분 사회의 부정적인 면을 들추고, 강하지는 않지만 고발되는 사실들에 풍자적 시선을 던지고 있다. 「자유결혼식장 순례기」[56]나 「예배당 순례」[57]의 경우에는 상당한 수준의 풍자를 감행하기도 한다.

---

54) 북극성, 「怪男女二人組」, 『별건곤』, 1927.8.

55) 社告, 「探偵小說」, 『별건곤』, 1927.8. '探偵小說'의 가즌 독특한 興味는 이 「怪男女二人組」를 닑고도 아섯스려니와 筆者 北極星氏의 자미잇는 探偵小說 「七七團의 秘密」이란 것이 『어린이』 잡지에 揭載되여 十數萬 讀者의 熱狂的 歡迎을 밧고 잇슴니다. 朝鮮과 日本과 또 滿洲를 舞臺로 「상호」, 「귀호」 두 靑年의 活躍은 實로 痛快하기 짝이 업서 讀者의 가슴을 쒸놀게 합니다. 어린이 九月호를 반듯이 닑으시기 바람니다.(단十五錢)

56) 웻딩테불생, 「自由結婚式場 巡禮記」, 『별건곤』 창간호~2호, 1926.11~12.

57) YYY, 「禮拜堂 巡禮」, 『별건곤』, 1926.12.

읽을거리

「대대풍자大大諷刺 사회성공비술秘術」(『별건곤』, 1930.1)

(1) 문인 되는 비결

문사! 말만 들어도 그 리씀이 로맨틱한 게 동경의 하-모니 가치 음악적으로 귀에 울니다 문사! 문학자! 문학소년의 추모의 대상 연애계의 오소리티-……. 이럿틋이 생의 의의가 풍만한 문사 되는 비결……

이러케 늘어노코 보니까 아주 썩 어려울 줄 알어도 실상 알고 보면 팔 집고 헤염치기다.

제군諸君! 혹 제군諸裙! 제군 등이 만일 문사나 혹은 문녀가 되고 십거든 다음의 경로를 충실하게 밟어라.

제일로 원고용지를 한 만장 사다노코 2전 우표를 한 오천 장 사다노코 그저 마구 써서 그저 마구 신문사로 잡지사로 보내라.

쓰는 데는 시에 잇서서는 아! 비가 온다 어! 꼿치 핀다 오! 낙엽이 진다 아! 가슴이 압흐다 어! 인생이 적막하다 오! 나의 연애씨여!-이러한 것이면 충분하고 소설에 잇서서는 아모 것도 다- 그만두고 개념만 주-ㄱ 설명을 하면 그만이다.

제이로는 한 가지 것만 전문으로 파서는 안 된다.

시 · 소설 · 드라마 · 시나리오 · 평 · 삼중사중의 외국작품 번역……

이상의 두 가지를 한 두어 달 불굴의 정신으로 계속하면 이미 제군 등은 50%의 문사가 된다.

그때에는 제군 등은 곳 잡지사 사람과 친교를 매저 가지고 그 잡지의 예고란에 '본지에 집필하는 문인제씨'라는 곳에 제군 등의 성명 삼자를 집어 너어라. 그러치 아니하면 달은 문사 하나를 탕수육에 백알ㅅ잔이나 대접하고는 신문에 '문인 인상기'를 써 달나고 간청을 하여라. 그러면 그때에는 발서 제군은 100%의 문사로 완성이 된나.

단 이상은 인조人造 견식絹式 문사란 말이나. 일홈만 엇자면 그러케 해두 된다 그 말이다.

제군이 만일 진정하게 문사가 되려면 이미 옛사람이 갈으킨 바와 가치 과학자의 눈으로 관찰하고 철학사의 머리로 생각하고 예술가의 수법으로 표현을 해야 한다.

그리하자면 백분百分의 공부와 백분百分의 재능이 필요한 것이다.

(2) 미인 되는 비결

세상에 파경破鏡의 원한을 먹음고 날로 밤으로 민민悶悶히 지내는 만 천하의 부미인不美人들이여! 현대에 잇서는 그대들의 근심이 한 개의 기우에 지나지 못한다.

한강에 나아가서 감기가 돌지 아니할 정도로 자살극 일막一幕을 실연實演하여라. 이튼날에는 미인의 투신자살이라고 버젓하게 나지 안나. 박가분 한 갑에도 10전하는 시절에 전차삭 5전이면 일약 사회적 미인이 되지를 안는가!

또 단장을 하면 단장미인 양장을 하면 양장미인 도망질을 하면 도망질미인…… 아주 모던식이다.

그러치 안코 좀 어려운 방법으로 미인이 되자면 일, 잘 자고 잘 먹고 잘 배변(삼시三時로 냉수를 한 잔씩 먹는다)을 식힐 것 이, 아츰밥에는 야채를 먹을 것 삼, 목욕을 자조 말 것 사, 하로에 한번 맛사—지를 할 것 오, 물로 눈을 잘 씨슬 것 육, 잘 때에 분을 시처버리고 잘 것 칠, 니ㅅ발을 희게 할 것 팔, 얼골 모습을 쌀어 머리를 비슬 것 구, 거울 압헤 5분간 정좌할 것 십, 화장은 칠팔분七八分으로 엷히 할 것 십일, 마음을 표정에 나타낼 것 십이, 말소리를 알음답게 할 것 십삼, 옷감은 질보담도 색채에 주의할 것 십사, 몸에 맛도록 옷을 해 입을 것 십오, 뒤ㅅ맵씨에 유념할 것 십육, 걸음거리를 주의할 것 십칠, 손을 곱게 할 것.

(3) 명기자名記者 되는 비결

명기자, 명기자, 대신문의 명기자, 화형기자花形記者. 듯기만 해도 다리가 웃줄거려지고 긔운이 나는 듯하다. 더구나 조선에 엇서서는 기자의 권위란 참 굉장한 지라 누가 젊은 긔운으로 한번 되여보기를 바라지 아니하랴.

귀신이 곡을 하고 독개비가 오좀을 싸고 달어날 만큼 신통하게 기사 어더내는 것 오나가나 대접을 극진히 밧는 것…… 엇대? 제군도 한번 되여보고 십지 안소? 그러면 비방을 공개하지.

일왈一曰, 월급 못 주는 신문사에 가서 돈은 일 업스니 명의名義나 두어 달나고 사정 사정으로 간청을 해서 위선爲先 기자명함을 박어 둘 일, 그 놈을 가지고 결이나개나 막 돌아다니며 교제를 할 일, 외상 료리를 먹고 キノゴリ를 잽힐 것, 전통電通이나 제통帝通 기자에게 돈푼이나 먹여두고 기사를 어더낼 일, 당파를 쌀아 이 신문사 저 신문사로 옴겨다닐 일, 사장이나 중역이 일본이나 어데를 가거든 차 속에 대고 “선생님 안녕히 다녀오십시요”라고 전보를 댓 장씩 칠 일, 양복エリ에는 반듯이 빼지를 부치고 다닐 일, 일주일에 열네 번씩 극장에를 다닐 일, 미운 놈을 기사로 욕할 일, 문사업文士業을 겸할 일…… 등々이다.

그러나 혹 성가지지 아니하면 다음의 법法도 잇다.

부지런할 일(손으로 기사를 쓰려고 말고 말로 쓰려고 할 것) 민첩할 일, 선진의 경험을 연구할 일 기사를 공평하게 취급할 일…… 등々이다.

(4) 연애 성공비결

오스카-·와일드는 그의 작作 『천만자千萬者의 모델』이라는 소설의 모두冒頭에 Romance is the privilege of the rich, not the profession of the unemployer-(연애도 돈 잇는 사람의 특권이지 실업자의 할 일이 못 된다)-라고 말하엿다.

그러나 그것은 새빨간 거짓말이다. 돈이 업다고 연애를 못해?

배ㅅ속에서 ᄭᅩ르륵 소리는 나도 하숙집 노파는 밥갑슬 졸나도 춘추복을 잽혀 동복은 차저입엇서도 집에서는 안해가 내재봉소內裁縫所를 내이고 안젓서도 월사금을 못 내어서 정학처분은 당햇서도 라팔바지는 저녁에 요미테 ᄭᆞᆯ고 자고 윗 포켓에서는 수건 ᄭᅳᆺ치 폴폴 날니고 여학교 음악회는 정근을 하고 도화색 레터-페-퍼-와 엷푸른 양洋봉투와 현대연애편지집과 3전 우표 멧 장은 내의을 잽혀서 작만하여 두고 아침과 저녁ᄯᅢ로 안동安洞 육六거리에 서서 추파방송업秋波放送業을 게을니하지 아니하고 미행을 부즈런히 하고 전의 애인을 ᄯᅦ이기를 매섭게 해야 하고…… 등々으로 하면 그ᄭᅡ짓 난봉 게집애 멧 개쯤 먹기야 여반장이다.

그러나 좀 진실한 사람으로써 진실하게 해보겟다면 약간 묵업기는 하나 다음의 멧 가지 필요조건이 잇서야 한다.

一, 서로 마음이 잇는 사이(외짝사랑은 못 쓴다) 二, 열熱이 십이분十二分 올은 뒤에 손을 대일 삼, 간난 속에서 싹이 도든 사랑 三, 경쟁자가 업는 사이사랑 四, 기혼氣魂이 고결한 사랑 五, 비밀히 진행되는 사랑 六, 피차에 말이 적은 사랑 七, 몸을 허許하지 아니한 사랑 八, 애고哀顧과 협박脅迫으로 엇지 아니한 사랑 九, 연애의 기분을 연애하지 아니하는 사랑 十, 결혼할 수 잇는 사랑 十一, 미색에 홀니우지 아니한 사랑…… 이러한 사랑이라야만 성공을 정말로 할 수가 잇는 것이다.

(5) 돈 모는 비결

돈! 돈! 돈을 못 모아서 돈이 모자라서 돈을 모으고 십흔 사람은 귀를 기우리고 들어라,

세상이 닯너서 수령사리로 민재民財 토색질은 못할 것이고 그 대신 녀물쯤은 현대에도 만히 잇고 선조에서 물너내린 논 석직이나 잇거든 저당을 해 가지고 인천으로 가서 미두米豆를 한번 하는 것도 조코 길거리로 다니면서 지전뭉치가 흘넛나 주

의를 하는 것도 조코 함머―를 허리에 차고 심산으로 들어가서 바우ㅅ뎅이를 두들겨보다가 천만장자가 되는 것도 조코 혹 친척이 죽으면서 사자嗣子가 업서 급조 양자가 되여가서는 몟천만원 상속을 바더 신문사의 이사가 되는 것도 썩 조타.

만일 이상과 가튼 천운의 혜택이 업는 사람은 총수입의 칠할을 총지출로 하여라 (단, 모某 방면의 의미의 수입부족에 관한 것은 별론別論으로 함).

(6) 부부간 친애하는 비결

사람의 일생에 가장 각가운 사이가 누구냐 하면 그것은 부부간이다. 부부는 일신一身이다. 평생을 가치 살어갈 사람이니 정이 깁고 사이가 각가워야 할 것이 원칙이며 따라서 실지도 그러하여야 할 것이다.

그런데 간혹 예외의 사람이 잇스니 얼마나 통탄할 일이냐.

이에 부부간의 화해다정한 비방을 소개하야 만천하의 불우한 부부에게 스위트호―ㅁ을 소생식혀 주려 한다.

남편은 요리집에서 안해는 음악에서 돌아오는 길에 골목쟁이에서 만나는 것도 조타.

업는 돈에 케이프만 사달나고 아양을 부리는 것도 조코 안해 듯는데 달은 여자를 칭찬하는 것도 조타.

피차에 과거를 들추어 가지고 사랑 혹은 ᄭᅩ집어 말하는 것도 조타. 이혼하기에 조타는 말이다.

만일 그러치 안코 좀 부부답게 지내랴거든 다음의 기교가 절대 필요하다.

남편은 일, 안해를 넘우 사랑하지 말 것 이, 화장하는 것을 엿보지 말 것 삼, 안해가 새 옷을 입고 조와하거든 조타고 하여줄 것 사, 싸홈은 한 달에 한번씩 하되 하고 나서 5분만에 화해할 것 오, 된장찌개가 맛이 잇다고 칭찬해 줄 것 칠, 어멈이나 침모에게 넘우 친절히 하지 말 것 팔, 처가 사람을 냉대하지 말 것 구, 안해의 기분이 조치 못할 때는 데리고 산보를 나갈 것 십, 병이 난 때에는 평소일보담 더 정답게 해줄 것 십일, 안해의 결벽을 무시하지 말 것 십이, 남편으로써의 위엄을 일치 말 것 십삼, 진심으로 사랑할 것.

안해는 일, 유―모어를 이해해야 할 것 이, 어느 정도까지는 남편을 어린애 보아주듯이 세심히 해줄 것 삼, 현처가 되지 말고 애처가 될 것 사, 자식을 남편보담 더 사랑하지 말 것 五, 10%쯤의 질투 육, 나물애는 말에 말대답을 하지 말 것 칠, 성난 남편을 남겨두고 외출하지 말 것 팔, 남편 압헤서 달은 남자를 칭찬하지 말 것 구, 남편의 낫분 버릇이나 또 어려운 청을 직접으로 곳치기 혹은 요구하지 말 것 십, 남편의 비밀을 함부루 말하지 말 것 십일, 취미를 한 가지로 할 것 십이, 남편 이상으로 호사하지 말 것 십삼, 남편을 진심으로 사랑할 것.

(7) 소년 지도자 되는 비결

옛날 옛적에-어여분 왕자님이 잇는데…… 이상한 개고리가 잇는데…… 하고 안델센이나 쓰림의 동화 멧 개를 훔처다가 지면이 남어 찔찔매는 신문 구석에 내이고 달님이 우스시고 별님이 잠을 아니 자시고…… 라고 어룬도 모를 동요 멧 개만 쓰면 발서 소년 지도자다(동화작가가 되는 것은 물론이고).

좀더 나가서 잔돈푼이나 잇스면 소년잡지를 경영하느라고 연애소설 가튼 것을 너줄하게 늘어노쿠는 어린애들의 코 무든 돈을 발겨내면 아주 일류반에 올으게 된다.

제군! 한번 해볼 생각이 업소? 정말로 해보고 십다면 이편에서도 정말로 코-치를 해주지.

어린 사람을 상대로 하는 데는 달은 무엇보담도 책임이 묵업다. 쌋댁 잘못하면 어린 사람들의 머리에 아조 고약한 버릇을 너어주기가 쉽다.

그럼으로 아주 썩 노숙한 보모역을 하는 한편으로 어린 사람과 꼭 가튼 순진한 마음을 가저야 한다.

(8) 신여성 되는 비결

신여성! 조-치 수천 년 동안을 옥중생활을 하다가 광명한 천지에 나왓스니 모든 것이 깃븜이요 모도가 자유다. 누구를 두려워하며 무엇을 거릿기랴.

정조? 피- 그런 케케묵은 소리가 어데 잇노? 독신으로 지내면서는 허구 십흔 생활을 못하라는 법이 대관절 어데 잇노?

자! 오늘밤에는 내가 여성문제의 '사회적고찰'이란 제목으로 열변을 토할 판이야.

점잔찬케 모던썰이 무어야…… 신여성이지……

이처럼 절대의 해방 절대의 자유를 부르짓는 가假ㅅ자者 신여성이 아직 귀와 눈이 어린 소녀들에게는 무한한 흠앙欽仰의 표적이 된다.

자기 스사로는 여성 해방의 첨단을 걸어가기나 하는 것 가치 생각을 하고 잇스나 그것은 도리어 기형의 것이다.

남은 이미 극복한 지 오란 히로이씀에서 방황하고 잇다. 그들은 과도기의 마네킹썰이다.

그들 때문에 진실한 신여성 진실한 여성운동가까지도 일부 사람의 오해를 입는다.

구든 신념과 메스 가튼 이해력이 잇서야 한다. 모든 진리에 절대가 업거든 하물며 여성운동 여성해방에 하필 절대가 잇스랴? 절대자유 절대해방이라니 그러면 여자끼리만 월세계月世界에 가서 독립국을 건설한단 말인가.

짤븐 스커트는 실컷 쏀쌋다는 것이 서양의 스트릿·쩔을 숭내 낸 것이요 굽 놉흔 구두는 해방 해방하면서도 신체의 자유부터 구속하는 것이다.

(9) 학박사 되는 비결

학박사 되는 법-그 비결-알고 보면 굉장하다.

보통학교는 졸업을 햇고 중학교 3년 동안에 여섯 군데를 졸업햇스며 그렁저렁 식료품 전문과 연애업을 하다가 일본이나 일본은 넘우 각가우니까 태평양 혹은 태서양쯤 건너가서 그 곳에서 한 일은 일금 ×만원야也라를 쓴 것과 양밀매음洋密賣淫과 다정하여진 것과 일본 사람이 저술 한 책을 두 권만 보는 체한 것 외에는 전부가 ×자요 돌아올 때에는 일홈 모를 양서를 멧천 원 어치 산 것과 서양식 양복을 만히 작만한 것과 조선의 신문에 「×국 ×학박사 ×××씨 금의환향」 등속의 기사가 나기만 하면 그 양반은 움직일 수 업는 박사가 된다.

돈푼이나 잇고 일홈을 못 어더 헛천ㅅ병이 난 친구는 허염직헌 노름이다.

그러나 현재에 모모某某하는 정말 학박사들은 적어도 멧 해 혹은 멧십 년씩 현미경과 싸우고 고서적과 싸우고 머리를 알코 나서 어든 노력의 결정인 영예로운 학위라는 것을 제군은 이저서는 아니 된다.

(10) 회사 중역 되는 비결

중역쯤이야 누어 썩먹기다.

돈 만원이나 내어노코 자가용 인력거나 한 채 사노코-원圓 탁씨를 대부분 타지만-부하를 멧 사람 만들어 가지고 그 회사의 사원으로 두고 한 달에 스물아홉 번씩 요리집에를 가고 집은 둘만 사 가지고 첩은 셋만 엇고 하급사원 중에 아첨을 부리는 놈만 데리고 다니면서 술잔이나 멕이고 그러차은 놈은 목을 뎅겅뎅겅 베여바리고 목에다 개털목도리라도 부치고 여송연은 반듯이 피어 물어야 하고……. 이만하면 지위와 자격이 십이분十二分으로 충분하다. 그러나 제군 중에 뜻이 깁고 마음이 잇서 사업 그 자체를 위하야 중역 지위에 잇서야 할 가상한 친구가 잇다면 깁히 한번 생각을 해야 한다.

만일 우에 말한 대로 그대로 본밧는다면 제군은 천치다. 제군은 허수아비 중역이 되고 피리용물被利用物이 된다.

(11) 명사 되는 비결

명사가 되자면! 아주 썩 쉬운 길이 잇다 해외—특히 서양이나 중국에를 한번 다녀와야 한다. 속으로는 호박씨를 까도 거트로만 사회를 위합노라고 소리를 빽락빽락 질너야 한다.

집회에는 요리집과 한가지로 자조 출입을 하고 신문사측은 반듯이 친해두어서 여행을 할 때에 소식란에 드러야 하고 양행洋行이나 혹 일행日行하는 사람의 전송 또는 환영회의 발기인이 되여야 한다.

웬만하면 이사나 중역쯤 한 개 짜두면 더구나 조타. 그래 노면 아모리 죄악이 잇서도 바로 대고 욕을 하지 못한다.

이것이 가假명사 제조의 유일한 비결이다 그러나 명사라는 것은 결코 이러케 만들어저서도 안 된다는 것을 제군을 알어야 한다.

제군이 민일 명사가 되고 십다면 사회를 위하여 신심으로 일을 하는 사람이 되여라. 그러면 세상은 스사로 제군을 명사로 울어러 주리라.

(12) 남편이 첩 안 두게 하는 비결

남편이 첩 어드면 누구처럼 강도 헛고발이나 허지. 그러찬으면 년놈이 마주 안진 데 쪼차가서 대가리를 아득아득 쓰더주어도 조코 자살극을 한 막幕 연출해도 조코 친가로 픽 다러나도 조코 다— 조타.

그러나 그것은 넘우 쌍스러워서 점잔으신 부인네께서야 아모리 화증이 나시더래도 그리하실 수야 잇나.

영영 피차에 애정의 실마리가 끈치고 다시 부부의 사이가 회복될 희망이 업스면 싼뜻하게 갈녀설 것이고 그러치 안코 남편이 일시의 뜬 기운으로 한 것이면 거긔 대해서 신중한 고려와 조용한 조처가 매우 필요하다.

특수한 예외를 제하고는 남편이 난봉을 부린다든가 첩을 엇는 것은 가정에 안해에 부족을 늣기는 탓이다.

그 부족이 어데 잇는 것인가를 잘 살피서 남편으로 하여곰 가정에 재미를 갓게하고 안해인 자기 이외의 여자에 마음이 쏠니지 아니하도록 정도 보내며 기교도 부려야 한다. 구체안은 우에 쓴 부부화합비결을 이용하면 된다.

(13) 사회주의자 되는 비결

사회주의자! 되자면 상당 이상으로 상당한 수단이 필요한 걸……?

첫재에는 사람을 대할 때에 '우리 무산자' 또는 '동무' 소리를 잘해야 하고 회중에 광고적으로 팜플렛을 그저 두 권씀만 늦코 다니고 벽에는 맑쓰엔겔스나 레-닌의 사진을 반듯이 부처두어야 한다. 그리고 동무끼리 안해를 ○○하여야 한다.

그러나 진정한 주의자가 되랴면 그럴 수야 잇스랴. 아순 대로 철저한 이론과 투쟁의 용기, 계급의식이라도 가저야 할 것이다.

(14) 잡지 경영의 비결

학력·주의·경험도 다 심요心要치 안타. 다만 돈이 좀 잇고 일홈을 어들 필요가 잇고 심심푸리를 할 세 조건만 구비하면 좃타. 토지를 잡히거나 남을 쇡여서라도 약 3천원 돈만 가지고 엇던 세집 한 간만 엇고 거긔에는 남대문만한 간판을 부치며 위선爲先 급선무로 명함을 백히되 고서雇書에는 모사某社 이사나 또는 모某 사장이라 백히고 원고도 모기 전에 조선 초유의 학술잡지 또는 대중잡지라 하는 대서특서의 쎄라를 지방에 발송한 다음에 지방 유지에게 지대 우又는 광고료를 선봉하고 창간호에는 자기의 사진 또는 창간사를 내여야 한다 그리고 사업비는 약 천 원이면 교제비 요리대가 이천 원 이상은 되여야 한다 또 기한은 창간호 내지 이삼 호로 종막의 각오를 가져야 한다. 그러나 그것이 엇지 진정한 경영자의 비결이랴 진정한 비결은 다른 것이 아니라 돈도 돈이지만은 그저 부단한 노력과 거긔에 대한 지식이 잇서야 한다.

(15) 실연병 나수는 비결

실연! 실연! 아! 실연의 쓰라림! 이 쓰라림에 우는 만 천하의 젊은 제군 제녀여! 이 말을 깁히 들으라.

알콜을 먹고 모든 것을 이즈려고 주태백酒太白이가 되는 것도 조타. 가고 업는 애인의 사진을 품에 품고 숢에 맛나는 것도 조타. 고요한 곳에 가서 그가 전에 보낸 편지를 읽으며 우는 것도 조타.

그래도 못 참겟거든 죽잔흘 분량의 ネユイラズ를 먹고 얼맛동안 병원 신세을 입는 것도 조타.

그러나 그것은 1세기씀 느진 것이니 적어도 모던이즘의 첨단을 걸어가는 제군이 그래서야 되나…….

실연 30분 후에 새로운 연인과 팔을 씨고 구애인舊愛人의 문 압흘 걸어가거라.

얼마나 통쾌하고 시원스러운 일이냐.

연애를 인생생활의 전적 가치로 알으니까 모든 희극(제군은 설어서 울어도 실상은 희극이다)이 발생되는 것이다.

감상주의는 청산한 지가 오래다. 감상주의에 우는 젊은이는 일백스물한 살 먹은 늙은이다.

감상주의의 연애는 넘우나 연극적이요 넘우나 기교적이다.

간단명확하게 걸고 진행하고 청산하고-이래야만 현대에서 연애를 할 적응성이 잇는 것이다. 결코 벨텔을 본밧지 말어라.

3) 역사와 소설의 회색지대

기록서사의 변모·확장과 함께 주목되는 현상은, 오래된 서사양식이면서도 근대적 인쇄매체와는 거리를 두던 사화史話나 야담野談이 1920년대 후반에 들어서면서 전면에 대두한다는 점이다. 사화와 야담 혹은 전설과 설화가 근대적 인쇄매체를 통해 본격적인 주목을 받기 시작한 것은 최남선의 「조선역사통속강화」[58]로부터 시작했다고 할 수 있다. 「조선역사통속강화」는 20회에 걸친 방대한 논문을 통해 태극의 유래와 의의를 시발로 조선의 상고사, 고분과 유물, 종교, 전설과 설화, 조선어와 문화, 문자 등 민족의 유산에 대한 논의를 전개한 글이다.

이 중에는 조선 고래의 전설과 설화도 포함되어 있거니와, 「외국으로서 귀화한 조선 고담」[59]이라는 별록別錄을 기획하기에 이른다. 이미 『개

58) 최남선, 「朝鮮歷史通俗講話 1~20」, 『동명』 3~28호, 1922.9.17~1923.3.11.

59) 최남선, 「外國으로서 歸化한 朝鮮 古談-朝鮮歷史通俗講話 別錄 1~7」, 『동명』 12~20호, 1922.11.19~1923.1.14.

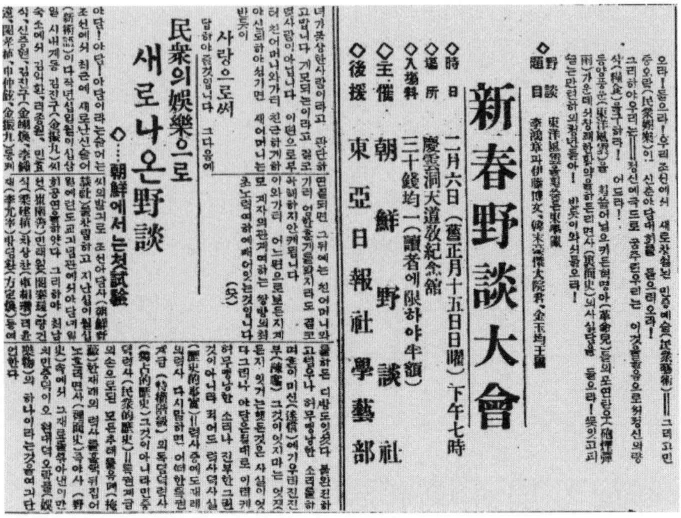

新春野談大會

◇時日 二月六日(舊正月十五日日曜)下午七時

◇場所 慶雲洞天道敎紀念館

◇入場料 三十錢均一(讀者에限하야半額)

◇主催 朝鮮野談社

◇後援 東亞日報社學藝部

民衆의娛樂으로 새로나온野談

◇…朝鮮에서는첫試驗

야담대회 광고.

벽』에서 시작된 「위인투표」,[60] 「고래동화모집에 관하야」[61] 등 근대열에 의해 밀려났던 민족적 자긍을 일깨우려는 시도들이 「조선민시론」[62] 등 『동명』의 민족주의적 기획과 맞물려 민족에 대한 재인식이 시작되는 시점에서 전설과 설화 역시 새로운 주목의 대상이 된 것이다.

1923년 경부터 본격화된 민족에 대한 재인식은 전근대적 유물로 취급되던 전설과 설화에 긍정적 가치를 부여하기 시작했고, 이 흐름이 매체서사의 확장을 주도한 『별건곤』에 의해 본격적으로 복권된 것이다. 그리고 복권된 사화와 야담은 바로 『별건곤』의 앞자리를 차지하고 양적인 면에

60) 「공고 : 偉人投票」, 『개벽』 11호, 1921.5, 85면.

61) 社告, 「古來童話募集에 關하야」, 『개벽』 27호, 1922.9.1, 1면.

62) 「摸索에서 發見까지－朝鮮民是論」, 『東明』 창간호~13호(총 11회 연재), 1922.9.3~11.26. 시사주보 형식으로 발행되었던 『동명』은 권두 사설로 「조선민시론」을 게재했고, 이후 권두사설은 「조선적 신년의 대계」로 이어져 동일 논조를 지속했다.

서도 기록서사의 후신들과 더불어 가장 많이 산출된다.

『야담』(1937.3) 표지.

『별건곤』의 창간 초기, 사화와 야담은 여타의 매체서사들에 비해 특별할 것이 없었다. 오히려 소설과 시 등이 양적 측면이나 배치에 있어 더 중요하게 인식되었던 것으로 보인다. 창간호의 사화·야담은 '수필·상화·풍자'에 분류된 김진구의 「김옥균선생의 배노리」와 전기傳記로 분류된 차상찬의 「만고정충萬古精忠 임경업장군」에 불과했다. 그나마 「김옥균선생의 배노리」는 미야자키[宮崎滔天]의 회고를 번역한 것이었다. 배치와 양적인 측면에서 사화와 야담은 밀려나 있었던 셈이다. 그러나 1927년을 경과하며 사화와 야담은 목차의 맨 앞자리로 이동하고 한 호당 4,5편을 상회하는 양적 증가를 보인다. 이후 이러한 기조는 계속 유지되며 3권 2호 '조선자랑호'의 경우에는 기사의 절반 이상이 사화와 야담으로 채워지기도 한다.

사화史話는 역사 기술 방법 중의 하나인 '전'의 방식이 주를 이룬다. 「만고정충 임경업장군」[63]은 '전기傳記'라 붙은 장르표지에 걸맞게 임경업의 출생과 가계, 유년시절로 시작해, 정치적 상황과 임경업의 행보, 전과와 각종 일화, 그리고 그의 최후까지 일일이 열거했다. 열전의 방식을 거의 고스란히 답습하고 있는 셈이다. 묘사에 의한 재현은 극히 적고 서술자에 의해 사건이 서술되고 있다. 『별건곤』 초기의 사화가 가지는 또 하나의

63) 차상찬, 「萬古精忠 林慶業 將軍」, 『별건곤』 창간호, 1926.11.

특징은 근대적 인물을 다루는 경우가 적지 않다는 점이다. 예컨대, 김옥균, 손문, 장개석 등 인물 회고[64]나 번역[65]에 의해 작성되었다. 근대적 인물들은 초기에 집중되어 있고, 간행 횟수가 늘어갈수록 전 근대적 인물이 많아졌으며 기록 방식도 열전의 방식을 고수한다. 전근대 인물은 열전을, 근대적 인물은 회고나 자서전의 번역을 통해 게재하고 있는 것은 이 시기까지도 역사의 강박이 적지 않았음을 드러내는 것이다. 역사적 사실史實은 허구라는 자질과 관계를 맺기 어려웠다.

그러나 「지하국방문기」[66]와 같은 예들은 그러한 관행을 깨는 독특한 면을 보여준다. 이 글은 '기記'의 전용과 관련하여서도 주목할 만하지만, 다른 한편으로는 사화의 형식이 파괴되고 있다는 측면에서도 놓칠 수 없는 글이다. 총 8편의 매체서사를 옴니버스 형식으로 구성하였으며, 이미 역사 속의 인물들을 '지하국'에서 만나 이야기를 나누는 형식을 취하고 있다.

> 나는 가장 용맹스럽게 중당中堂에 드러서니 의관이 빈빈彬彬한 제제다사濟濟多士가 죽- 느러 안저서 무엇을 한참 토의 중인 모양이다. 정면에 단좌한 이가 얼는 눈에 쓰인다. 헌우당당軒宇堂堂하고 위풍이 늠늠한 사람이 머리에 화관花冠 쓰고 손에 단선團扇 들어 지금 한참 고담준론이 풍발風發하는 판이엿다. 나는 잠시 한 엽헤서 당내堂內의 동정을 살펴보니 정면에 안즌 이는 사진에서 만히 보고 내가 주소晝宵로 동경하며 흠모하는 김

64) 이규완, 「朝鮮 開化黨 事件의 回顧」, 『별건곤』, 1927.1.

65) 「김옥균선생의 배노리」(김진구, 『별건곤』, 1926.11)나 「孫文이 死線을 넘든 이약이」(박달성, 『별건곤』, 1927.1), 「김옥균선생의 죽든날」(김진구, 『별건곤』, 1927.3) 등은 회고나 자서전을 요약 수록한 것이다.

66) 박달성 외, 「地下國 訪問記 1 · 2」, 『별건곤』, 1927.3~4.

선생이 분명하다. 엇지나 반가운지 의식을 불구하고 와락 쒸여 달녀들어 선생 압헤 나아가서 공순히 인사하얏다.

필자 "일개 촌부로서 외람히 선생의 존안을 배알하오니 황송하오이다"

선생은 가장 은근한 태도로 한번 기좌한 후에

선생 "군은 고국의 지기잇는 청년이다. 이가티 누지陋地를 일부러 차저주시니 감사하며 여긔 동석한 여러 친구는 다— 당일 동지 제군인즉 소개하……오……"

좌중의 다사들은 한ㅅ긋 반가운 빗을 씌우며 차례로 닐어나서 쌋뜻한 악수를 준다.67)

지하국에서 김옥균과의 대화를 통해 조선청년의 기개를 당부하는 이 글은 '문답'이라는 명칭 하에 대화형 매체서사의 형식을 차용하고 있어, 이 시기의 격렬한 교차차용을 보여주는 동시에 사화의 변화 과정도 극명하게 드러낸다. 역사적 인물인 김옥균에 대한 일련의 조망이 완료되자 역사 속의 인물은 취미 속에서 되살아나는 인물로 간주된다. 사실史實은 사라지고 남겨진 인물의 이미지를 통해 당대의 사회적 관심이 생성되는 것이다. 김옥균을 통해 조선청년의 기개를 당부하고, 장지연을 비롯한 언론인을 통해 언론계를 풍자하고, 세종대왕을 등장시켜 '한글'의 가치를 강조하고 '조선심'을 당부한다. 다산으로는 경제를, 사명당으로는 종교계를, 심지어 허생을 등장시켜 빈부격차를 꼬집는다.

취미를 중심으로 하는 서사의 확장을 요구하는 당대의 흐름은 역사적 인물을 사실史實의 강박으로부터 자유롭게 했고, 이는 허구적 자질의 개

67) 김진구, 「地下國 訪問記 現代 朝鮮靑年에게 與하노라」, 『별건곤』, 1927.3, 30면.

입이 용이하게 되었음을 의미한다. 시각을 좁혀보면, 흥미있는 이야기를 산출하겠다는 『별건곤』의 취지가 '지하국'이라는 허무맹랑한 공간의 설정을 가능하게 했고 사실史實과 허구가 공존할 수 있는 균열을 발생시키는 데로 나아갔다고도 할 수 있다. 더 이상 사화는 고답적 열전만을 의미하는 것이 아니었던 것이다. 나아가 「지하국방문기」라는 사화의 허구적 기획은 이후 「드면록」,[68] 「역대음험인물토죄록」,[69] 「몽견이상재」[70] 등으로 이어진다.

「드면록」 역시 사실史實로부터 자유로운 기제, 즉 역사적 가정假定을 통해 허구 서사의 세계로 나아간다. 「지하국」이라는 가상공간을 역사적 가정으로 바꾸어 놓은 것 외에 「지하국 방문기」와 동일한 구성을 하고 있는 셈이다. 「몽견 이상재」를 비롯한 몽견기 역시 이와 유사한 구성 방법으로 간주된다. 나아가 「수양대군 아세아 정복기」[71]처럼 '개작'된 역사임을 내걸고 서사를 확장하는 예도 보인다. 이들은 모두 사실로부터 자유로워질 수 있는 기제를 활용함으로써 창작 야담의 세계에 진입하는 것이다.

사화와 야담이 접근하면서 사실상 사화와 야담의 구별은 큰 의미를 얻지 못한다. 1930년대를 풍미했던 야담의 적지 않은 부분이 이러한 종류의 사화였음을 고려한다면 더욱 그러하다. 따라서 사화는 앞서 언급한 열전이나 회고, 자서전 등에 의한 글을 중심으로, 「지하국 방문기」나 「드면

68) 차상찬 외, 「드면錄」, 『별건곤』, 1927.7. 「壬辰亂時에 栗谷이 生存하엿드면」(홍승구), 「丙子胡亂에 林將軍을 信任햇드면」(차상찬), 「大院君이 外人 排斥을 안햇드면」(조규수), 「金玉均의 變革運動이 成功햇드면」(김진구), 「東學黨이 政治的 訓練만 잇섯드면」(박달성) 등 5편이 실렸다. 이들은 모두 역사적 가정을 뜻하는 '~드면'을 포함하고 있어 「드면록」이라 칭하고 있다.

69) 김진구 외, 「歷代陰險人物討罪錄」, 『별건곤』, 1927.8..

70) 김진구, 「夢見李商在」, 『별건곤』, 1927.8.

71) 홍승구, 「首陽大君의 亞細亞 征服記」, 『별건곤』, 1927.8.

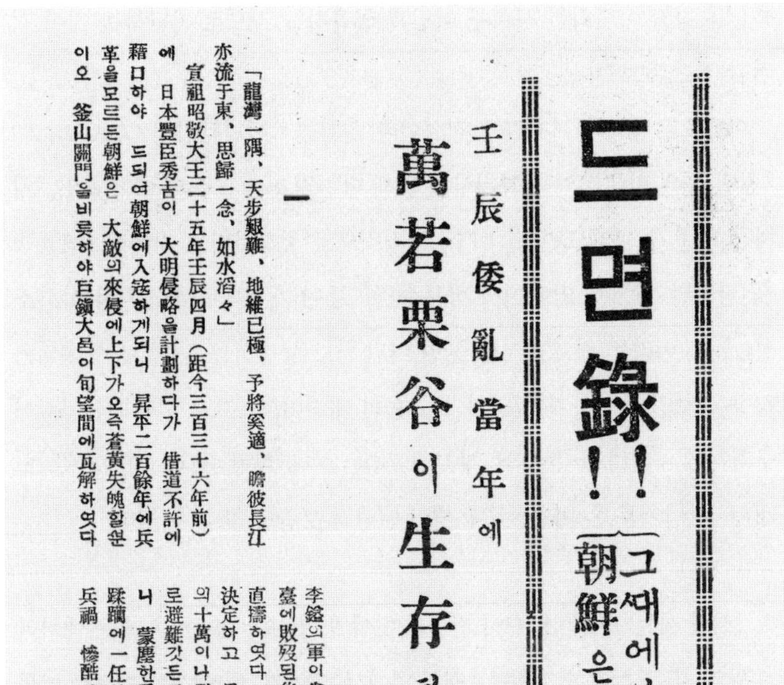

드면錄!!

(그때에이리햇드면只今朝鮮은엇지되엿슬가)

壬辰倭亂當年에 萬若栗谷이生存하엿더면

洪 承 耉 書

一

「龍灣一隅、天步艱難、地維已極、予將奚適、瞻彼長江亦流于東、思歸一念、如水滔々」

宣祖昭敬大王二十五年壬辰四月(距今三百三十六年前)에 日本豐臣秀吉이 大明侵略을計劃하다가 借道不許에 藉口하야 드되여朝鮮에入寇하게되니 昇平二百餘年에兵革을모르든朝鮮은 大敵의來侵에上下가오즉蒼黃失魄할뿐이오 釜山關門을비롯하야巨鎭大邑이旬望間에瓦解하엿다 李鎰의軍이尙州에서 先敗하고總帥申砬이 또한忠州彈琴臺에敗歿된後로는 다시防禦할餘暇가업시 敵軍은京城을直擣하엿다 宣祖는首相李山海의議를納하야 西遷하기로決定하고 몬저松都로 다음平壤에이르럿스나 三南監司의十萬이나되는勤王兵이 交鋒하기도前에潰走하고 北道로避難갓든二王子가被獲되며 繼續하야臨津이失守하게되니 蒙塵한乘輿는다시義州에播越되고 八道山河는敵人의蹂躪에一任하얏스니 宗社는燬破되고 生靈은魚肉이되여兵禍 慘酷하기가朝鮮有史後처음이란것은 幾多의史實이

—(2)—

「드면록」(『별건곤』, 1927.7).

록」 등 창작 야담화한 사화를 야담과 공유하는 것으로 판단하는 것이 적절할 것으로 보인다.

야담으로 통칭할 수 있는 전설이나 설화는 「미인관병식美人觀兵式」,[72] 「천년 묵은 빈대」[73] 등 쪽기사를 통해 단편적으로 모습을 보이다가, 「지하국 방문기」와 「드면록」 이후, 본격적으로 등장한다. 「지옥시찰담」,[74] 「천당참관기」,[75] 「암행어사 박문수」[76] 등이 게재되면서 급기야 야화소설野話小說이라는 장르표지를 붙인 야담[77]도 등장하는 등 점차 확대되는 경향을 보인다. 「꼿가튼 낭자와 고승의 애련비사」,[78] 「무학대사 신경성 구경」,[79] 「해녀와 용사의 부부암夫婦巖」,[80] 「향랑香娘과 메나리꼿 노래」,[81] 「남겨둔 흙 미인」[82] 등에서 전형적 모습을 찾을 수 있다.

> 사람 사는 곳에는 반드시 전설의 꼿이 핀다. 혹은 슬푼 것, 혹은 애처러운 것, 혹은 상쾌한 것 등. 그래서 입에서 입으로 가슴에서 가슴으로 써돌아 다니면서 만 사람의 품막에 이상한 향기를 전해주고 간다. 우리도 사천년을 가튼 짱에서 한울이 주는 가튼 우로雨露를 마시면서 자라온 족속들이다. 들추어 보면 녯날 선조의 살림을 엿보기에 족한 특수한 전설이

---

72) 「美人觀兵式」, 『별건곤』, 1926.12.
73) 「천년 묵은 빈대」, 『별건곤』, 1927.1.
74) 金鶴步(김진구), 「地獄視察談」, 『별건곤』, 1927.4.
75) 박달성, 「天堂參觀記」, 『별건곤』, 1927.4.
76) 박달성, 「暗行御史 朴文秀」, 『별건곤』, 1927.4.
77) 김운뎡, 「찬 눈물 · 더운 눈물」, 『별건곤』, 1927.4.
78) 김동환, 「꼿가튼 娘子와 高僧의 哀戀秘史」, 『별건곤』, 1827.8.
79) 天外生, 「無學大師 新京城 求景」, 『별건곤』, 1927.10.
80) 김동환, 「海女와 勇士의 夫婦巖」, 『별건곤』, 1927.10.
81) 김동환, 「香娘과 메나리꼿 노래」, 『별건곤』, 1927.12.
82) 방정환, 「남겨둔 흙 美人」, 『별건곤』, 1927.12.

> 잇슬 것이다. 비록 그것이 구비문학 시대에 난 것으로 황당한 것이 만흘 터이나 이것 저것을 눌러보면 그 새에서 우리는 조선 민족의 부富한 시적 재능을 발견하는 동시에 취재상으로 보아 시대 인심을 바로 잡기에 노력한 귀중한 용의用意를 본다. 나는 이러한 흥미를 가지고 조선 각지에 써다니는 전설을 채집하려 한 것이니 내종에 문학상 엇던 결론을 엇자는 것이 중요한 기도다.83)

이 글은 「숫가튼 낭자와 고승의 애련비사」의 서두의 일러두는 말이다. 김동환은 전설을 '선조의 살림을 엿'볼 수 있는 조선 민족의 보편적 양식으로 규정한다. 전설이 "민족의 부한 시적 재능"의 보고인 동시에 "시대 인심을 바로 잡기에 노력한 귀중한 용의"를 가진 것이라 설명한다. 전자가 전설의 미적 측면을 언급한 것이라면 후자는 사회적 측면에서의 유용성을 말한다. 두 가지 영역을 동시에 갖추고도 "만 사람의 품막에 이상한 향기를 전해", 즉 흥미를 줄 수 있는 전설은 문학의 재료로서 충분한 가치를 지닌다는 것이다. 이렇게 볼 때, 전설은 다만 부정되어야할 전근대적 유산으로서의 의미를 탈피하게 된다. '문학', 즉 근대 문학의 범주 바깥에 위치하지만 풍부한 문학적 가치를 지닌 존재가 되는 것이다. 따라서 전설의 채집과 재인식은 "문학상 엇던 결론"을 줄 수 있는 귀중한 재료로서 인식될 수 있다.

김동환의 전설에 대한 인식은, 전설 채집과 소개의 최종 목표가 문학적 결론을 위한 것임을 분명히 함으로써, 전설과 실화를 포함한 야담이 이미 문학의 종물從物로서 위치하고 있음을 드러낸다. 물론 근대시인인 김동환

83) 김동환, 「숫가튼 娘子와 高僧의 哀戀秘史」, 『별건곤』, 1927.8, 94면.

의 시각이기 때문이지만, 시인으로서의 위치를 배제한다고 하더라도 전설 자체가 문학과 동등한 위치를 점하고 있지 못했음은 충분히 인지된다. 즉 전설은 미적·사회적 측면에서 문학적 가치가 적지 않으나, 문학과 등치될 수는 없는 하위의 양식, 주변적 양식으로 평가되는 것이다.

야담의 자료를 수집하기 위해 지방을 순회하던 김동인이 "소설가로서의 여余를 존경하는 만흔 문학청년들에게서 「귀하는 왜 야담계에 투족投足을 하엿느냐」고 마치 인간으로서의 타락이나 한 듯이 하는 만흔 숙중을 들었다"[84]라고 말하는 것이나, 김태준이 "그 야담 잡지가 도로혀 다른 잡지 보담 판매 부수가 많다는 것은 우리 사회의 반영이 아닐 수 없지만 일부의 문사들이 생활의 길을 위하야 야담계에 진출하는 것은 문예 창작의 건전한 발전을 위하야 좋은 현상이라고 할 수는 없다는 것이다. 문예가는 비속한 야담객과는 달으게 구원久遠한 이상을 목표로 용진하여야 할 것이다"[85]라고 주장하는 것도, 야담의 성행을 설명해주는 동시에 1920년대 후반 이후 저급한 글쓰기로 취급되기 시작한 야담의 지위를 잘 보여주는 대목이다.

그러나 야담은 독자적 의미를 획득하려는 시도를 멈추지 않았다.

> 그러나 야담은 절대로 이러케 허무맹낭한 소리나 진부한 그런 것이 아니라 적어도 력다뎍 사실歷史的 事實 = 특권계급의 독점적 력사獨占的 歷史 그것이 아니라 민중뎍 력사民衆的 歷史 = 특권계급의 손으로 된 모든 추리를 음폐한 재래의 력사를 뒾덕 뒤집어 노흔 리면사裏面史 즉 야사野史 속에

84) 김동인, 「야담이라는 것」, 『매일신보』, 1938.1.22.
85) 김태준, 「야담의 기원에 대하야」, 『비판』 4권 3호, 1936(『김태준전집』 2, 보고사, 1990).

서 그 재료를 뽑아낸 이만치 민중뎍이오, 현대뎍 오락물娛樂物의 하나이라는 것을 여긔 단언한다.[86)]

윤백남

이 글에서 야담은 사화와 야사野史, 전설, 설화 등을 포괄하는 개념으로 쓰였고, 그 의미는 지배 계급의 독점적 역사가 아닌 민중적 역사에서 찾고 있다. 따라서 '허무맹랑'한 이야기가 아니며 '민중적이오, 현대적 오락물'이 될 수 있게 된다. 문학과는 궤를 달리하는 야담의 가치를 주장하는 것이라고 할 수 있다.

여기서 주장되는 야담의 가치는 이질적 요소를 통합함으로써 가능해진 것이었다. 즉 민중의 역사, 이면사라고 하는 것은 열전이나 회고, 자서전 등의 형식으로 기록된 사화의 가치를 말하는 것이고, 현대적 오락물이라는 것는 전설과 설화 등의 '허무맹랑'한 이야기로부터 얻어지고 있는 것이다. 이미 사화의 주된 흐름이 열전 · 회고 · 자서전 등의 재기록된 역사물에 있었음을 논했거니와, 이 사화의 가치, 즉 민중적 역사에 기대면서 '허무맹랑'하다는 비판에 포함되는 야담의 허구적 가치는 은폐되는 것이다. 이러할 때, 야담의 가치는 표면적으로 민중적 역사물, 즉 사화의 성격을 내세우고, 이면에서는 '허무맹랑'한 전설과 창작야담의 흥미를 이용하는 이중적 성격을 갖게 된다. 이 이중적 척도는 김진구의 야담운동이 한계적임을 보여준다. 김진구가 개벽사에 입사한 후, 윤백남에 의해 『월간

---

86) 「民衆의 娛樂으로 새로 나온 野談」, 『동아일보』, 1928.1.31.

야담』이 발간되면서 '취미와 오락'을 전면에 내세운 것은 그러한 이유 때문이다.

그러나 사史적 관점을 포기한다는 것이 곧 『월간 야담』을 비롯한 야담운동[87]의 가치를 폄하하는 것으로 이해되어서는 안 된다. 『별건곤』의 야담을 살피건대, 야담은 이미 시작부터 창작과 관계되어 있었을 뿐 아니라, 전래의 야담이라 하더라도 김동환이 말한 바처럼, 그 가치는 미학적, 사회적으로 충분히 의미 있는 것이었기 때문이다. 더구나 당대 민중들의 호응까지를 고려한다면, 비록 저급한 양식으로 분류되기 시작하기는 했으나, 새로운 문학적 영역이 개발되었다는 점에서 충분한 의미를 획득한다고 할 것이다. 이러한 사실은 1920년대 후반에서 30년대까지 이어지는 야담운동의 시발점이 『별건곤』이었음을 확인시켜 주는 동시에 그 성격에 대한 오해도 재고의 소지[88]가 있음을 뜻한다.

---

87) 1920~30년대 야담운동에 대해서는 임형택의 「야담의 근대적 변모」(『한국한문학연구』 특집호, 한국한문학회, 1996)와 김준형의 「야담운동의 출현과 전개양상」(『민족문학사 연구』 20호, 민족문학사연구소, 2002.6)을 참조.

88) 임형택은 「야담의 근대적 변모」(『한국한문학연구』 특집호, 한국한문학회, 1996)에서 야담의 변모과정을 살피고 야담운동의 의미를 논한 바 있다. 1910년대부터 1945년경까지 광범위하게 펴져 있는 야담의 성격을 이해하는 데 기여를 한 것은 부인할 수 없지만, 민중교화라는 사회적 가치에 기울어져 야담의 미학적 변모가 가지는 의미가 축소되고 있다는 점에서 재고를 요한다. 이는 김준형의 「야담운동의 출현과 전개 양상」(『민족문학사연구』 20호, 민족문학사연구소, 2002)의 경우도 야담운동의 출현과정을 면밀히 고찰하였지만, 저급 글쓰기로 분류되기 시작하는 과정에서도 미학적 가치를 지속적으로 개발하고 있었던 점을 간과했다는 점에서 마찬가지라 할 수 있다. 야담이 저급한 글쓰기로 문학의 하급 양식에 얽매였다는 사실은 문학이 자기정체성을 형성해 가는 과정에서 대타적으로 생성된 것이지, 야담 그 자체로 미학적 가치가 없기 때문은 아니기 때문이다.

읽을거리

「드면록!! 그때에 이리햇드면 지금 조선은 엇지 되엿슬가」

(『별건곤』 제7호, 1927.7)

(1) 김옥균선생의 삼일천하가 성공햇드면 – 김진구

지금으로부터 44년 전 갑신년에 조선근대사에 대서특필할만한 획시기적 일대혁명이 닐어 낫섯다. 그것은 단 3일간이라는 단축한 기일이지만은 장안만호長安萬戶는 물논이고 반도강산을 한번 들어 불끈 뒤집어 업헛다. 그리하야 정정당당한 독립제국을 건설하엿섯든 것인즉 말하자면 이것이 최근 조선 독립사의 제일혈第一頁이다.

1, 대군주전하를 대황제폐하로 개칭할 일

1, 조선왕국을 대한제국으로 주경駐京 각국외교관에게 통고할 일

1, 문벌을 폐지하야 인재본위로 국가에 등용할 일

1, 쓸데업는 관서官署와 관직을 텰폐할 일

1, 가감苛歛과 악세惡稅를 덜고 용비冗費를 절약할 일

1, 환관 궁녀 수를 주리고 천녕배奸佞輩를 일소一掃할 일

1, 대원군(임오군란 뒤에 우악한 청인과 간사한 민閔가들의 궤계에 빠저서 청국보정淸國保定땅에 유금幽禁되엿섯다)을 불일不日로 모시여올 일

이외 수십 가지의 개혁 신정령新政令을 실현도 하엿고 또 조보朝報로 민간에 발포도 하엿다.

모든 시설이 다– 민중본위에서 나온 것임으로 그때 장안 안에서도 대부분 평민계급에 잇서서는 이것을 음희하엿고 또 이 운동이 성공되기를 머리에 손을 언고 축수하며 기망期望하엿다한다.

그 때 조선 전 정국의 형세를 보면 아무리 외척外戚(민閔)의 세력이 굉장이 강대하며 색리깁게 부식扶植되엿고 노청老淸이 위권威權가 계린판도른 나려눈느고 잇섯디 할지라도 조야朝野를 물논하고 미음이 잇고 조곰 쓸개가 성한 사람으로야 엇지 청세력 미대시–그 깅졸의 방지폭악放姿暴惡헌 미대서–머리를 숙이고 허리를 굽실굽실 할수 잇스며 제 나라와 제 민중은 신구렁에 빠시거나 말거나 내 한평생 행복스럽게 영화스럽게 놀엇스면 그만이지 하는 간민奸閔의 세도가 섯테 가서는 강토와 생령生靈을 파러 먹고야 말 것이라는 것을 번연히 알고 잇스면서 그놈들의 문깐

엔들 엇지 발을 드려놀 것이냐.

그와 반대로 현재의 세력은 극히 미약하고 수완도 노간老奸들만 얼마씀 손색이 잇슬지라도 멀지 안은 장래에는 반드시 김옥균일파 신진 청년정치가들의 부르짓는 주의=배청독립 개화진취=가 긔어코 실현되고야 말 것이라고는 누구나 밋고 잇섯다.

그러나 목구멍이 포도텽이라고 당장 먹어야 살겟고 또 그때씀 해서는 우선 고식지계로 노청老淸이나 간민奸閔을 등지고는 대번에 자긔 일신 혹은 일문一文까지라도 멸문멸족滅門滅族의 참화를 입기 쉬운즉 생의 애착이 가장 축축하고 문약의 풍습이 그 절정이엿든 그때 임으로 누가 무슨 혁명적 음모를 한다 하더라도 얼는 거긔 쒸여들어 한 가지 날뛸 사람은 적엇든 것은 그때 사정통事情通의 실화이다.

그때 사람으로 그런 시랑굴豺狼窟이나 독사혈毒蛇穴가튼 살어름판에서 그 무서운 상전 놈을 박처 쎄버리고 누백년 나려오든 도덕과 인습을 근본적으로 뚜드려 부시는 그런 흉악하고도 위험하기 짝이 엄는 음모단체에 얼는 쒸여 덤비는 사람은 진실로 여간 용맹이 아니엿다.

어느 시대 어느 사회에 영웅열사가 엄스리오만은 이때의 백명 의담렬간지사義膽烈肝之士만은 참으로 그 용기와 열풍이 남에 백배하다고 나는 항상 찬양하며 경모한다.

이럿케 사풍士風이 비굴하고 유약해서 피리를 부러도 얼는 쒸여 나와 춤추는 놈이 썩 엄는 그 대신에 배수진이 엇지엇지 성공해 가지고 판세가 한번 훌적 뒤집어지는 날에는 도리여 일하기가 대단이 수월한 것이다. 쌘만 아니라 이때까지 우물주물 이럴가 저럴가 하야 색채가 선명치 못하든 것들은 일시에 모도 다 내 품으로 기여들어 오게 되여 천하의 대권은 나의 힘으로 능히 좌지우지 할 수 잇고 또 평일에 주창하든 나의 이상도 마음대로 실현할 수 잇는 것이다.

그런 것이다! 그리고 그때 김옥균 일파의 진세陣勢는 절대로 배수진은 안이엿다. 삼사년ㅅ 동안 박영효의 최신식 조련을 밧은 정예병이 전후영前後營에 암배暗配되여 잇고 어느 정도까지는 상감의 양해를 밧엇스며 일영미불日英米佛등 외국주재관들의 후원도 밀약하엿스며 일기당천一騎當千의 효용벽혈아驍勇碧血兒들과 신진발자新進潑溂 한 일본 유학생군은 피가 슬코 살덩어리가 쒸놀면서 주먹을 비비대며 청의 제국주의와 간당奸黨의 구미호를 한 주먹에 째려 부시자고 용기가 백배하여 잇고 그리고 무엇보담도 힘밋는 것은 그때 안남安南 국경문제로 청과 불이 지금 마침 병화兵火를 어울르려고 하는 전운戰雲이 한참 긴장된 째이다. 그때의 혁명아 일ㅅ군들은 이 기회를 천재일우의 호기好機라고 희희락락 가만이 축배를 들엇다 한다. 쌘만 아니라 궁녀 대신 수직守直 장교들과도 미리 전부 내통해 노앗스며 그 우에 일병日兵의 수는 적으나 정예하기 청병淸兵에 10배 하엿슨즉 어대로 보던지 배수진은 안인 것이 분명하다.

그네는 비록 신진청년일망정 그네의 작전계획을 보면 밋기 어려울만치 노련성숙하고 주도면밀하엿다.

그러나 그때 실패의 원인은 여러 가지를 헤아리지만은 나는 한갓 중요한 사실 한 가지가 그의 큰 원인이엿다고 밋는다.

한참 내외가 감전甘戰할 지음에 일본기선日本汽船(정기定期 천세환千歲丸)이 인천에 대이자 일엽문서一葉文書가 날러서 일공사日公使의 손에 떠러젓다. 일공사日公使는 안색이 돌변터니 그만 전선을 거더 가지고 가겟다고 방정을 떨기 시작하는데 일병日兵은 물론이오 독립군까지 용긔가 썩기고 싸울 맘이 업서지게 한 것이 그것이다. (공문서 내용은 청불강화통지淸佛講和通知)

어잿든지 누구를 원망하고 남으랄 것 엄시 사실은 이럿케 된 것인데 그때 김옥균 일파의 삼일천하가 성공만 햇드면 일본의 명치유신처럼 구미의 물질문명을 수입해다가 우리의 독특하고 우수한 국민성과 조화해서 미려하고 장쾌한 일종 순신문명국을 건설햇슬 것이오. 짤이서 서 중국 동 일본과 북 로인露人을 공교히 조종하야 동양의 평화라는 문제도 그때 즉 사십년 전에 벌서 해결해 버렷슬 것이다. 가탄可歎!

(2) 최초의 민중운동을 니르킨 동학당이 정치적 훈련만 잇섯드면—박달성

드면—그리 하얏드면, 그러케 안햇드면, 그것이 잇섯드면, 그것이 엄섯드면, 느젓드면, 일넛드면, 길엇드면, 짤벗드면, 불이엿드면, 물이엿드면…… 이러한 '드면'이란 미어尾語는, 후회의 말이요, 탄식의 말이요, 과거의 말이요, 생기 업는 말이다. 속담에 '죽은 애귀 만저보기'란 말과 가튼 것이다. 못난 용인傭人들 사이에서 만히 쓰는 말이다.

그러나 그러치도 안타. '전차지복前車之福은 후차지계後車之誡'라고 전일前日의 '드면'은 후일後日의 '한다'로 환생하는 것이다. 후인이 선인을 평하는 것도 여긔에 잇고 갑의 일을 을이 논하는 것도 여긔에 잇다. 자고로 역사적 비판이란 대개가 이 '드면'을 의미한 것이다. 요堯의 자子가 불초不肖하지 안엇드면, 순舜의 자子가 바보가 안이엿드면, 걸桀이 음탕하지만 안엇드면, 주紂가 포학하지만 안잇드면, 진시황이 호화를 들 하얏드면, 초 패왕楚 霸王이 사문自刎을 말고 재거再擧를 하얏드면……. 이것이 모다 그것이요 임진 당시에 율곡이 생존하얏드면, 병자호란에 임경업을 선용하얏드면, 대원군이 쇄국주의를 안 썻드면, 김옥균이 삼일천하만 안이엇드면, 동학당이 정치적 훈련만 잇섯드면…… 이런 것이 모다 선인의 비非를 지指하는 동시에 후인에게 주는 큰 교훈이요 명감銘鑑이다. 그런 의미에서 나는 여긔서 조선근대의 일대 민중운동이엿든 동학당에 대한 '드면'을 말해 보기로 한다.

세인이 다 가티 경탄하고 추억하는 바와 가티 거금距今 34년전 갑오 동학란은 조선 유사 이래의 처음 보는 일대 민중운동으로 그 영향이 조선과 일청日淸 등 동양대국은 모론이고 멀니 세계에까지 밋첫든 것은 여긔서 두 번 말할 필요가 엄다.

그러닛가 동학당의 가치여하라든지, 동기여하나 영향여하를 말하자는 것이 안이요 그것을 인정한 우에서 그것이 만약 성공을 하얏드면 조선 우는 세계가 엇더케 진전되얏슬가 그것을 논하는 것이 본의本意일 것이다. 이것을 말하랴면 순서상 자연 실패의 원인을 말하지 안을 수 업다.

"악정부惡政府를 도괴倒壞하고 탐관오리를 소탕하고 민권민의를 신장하야써 만민개평등萬民皆平等으로 살자!"는 표어 하에서 솔군, 나무ㅅ군, 장사ㅅ군, 농사군(즉 동학군) 수십만 수백만이 서로 기맥氣脈을 통하얏다가 갑오 2월(27일 기어고부)을 기하야 각자 신들메 튼튼히 매고 죽창집고 의기義旗들고 주문 외면서 전봉준 · 김개남 등 여러 두령의 지휘 하에 고부, 전주를 위시하야 삼남각지에서 봉기해 가지고 수삭간數朔間에 금강이남 28읍을 충격衝擊하니 기세당당에 전국이 요란되엿다. 관군은 연전연패하고 탐관오리는 되는대로 삽아 죽이고 부자의 전곡錢穀은 군량으로 충充하고 양반은 후종後從까지 근절하니 실로 만고의 대혁명이엿다.

정부는 칙사를 보내 설유說喩해 보아스나 실패하고 관군을 파派하야 진압해 보아스나 실패하니 백계무책인지라. 이에 자국력으로 불급不及할 것을 알고 곳 일청 양국의 주둔군을 청입請入하야(민비일파는 청병淸兵, 정부파는 일병日兵) 동학군 토벌을 의뢰하얏다.

아무리 조화무궁造化無窮한 신병귀졸神兵鬼卒이기로 관군, 청군, 일군, 게다가 민병까지 합세를 하야 사면 총공격을 하는데 엇지 감히 승리를 엇으랴. 맛츰내 동년 11월 공주패전에서 기세좌절되야 석권전토席捲全土의 대기세가 그만 연차連次 숨어버리고 마럿다.

이것이 동학란의 경개梗槪이다. 그러면 그 패한 원인이 무엇일가 혹자는 청국군만 엄섯드면－하며 혹자는 일본군만 엄섯드면－하며 혹자는 정부가 그를 대항치 말고 영입하얏드면 엇더하얏슬가 하나 그것은 본래 별문제이다. 동학군 자체의 문제는 안이다. 당시 대원군가튼 이는 밀사를 보내여 그를 영합하랴 하엿고 일본인 삼본단방森本丹芳은 조선정부가 동학군을 적대하는 것은 대실책이라고한 말도 잇지만, 여하간 당시의 형편은 형편대로 두고 동학군 자체로의 불급점 즉 실패의 원인은 무엇인가 그것을 말하랴는 것이다.

동학군 실패의 원인을 간단히 말하랴면 외外로는 상술한 바와 가티 관군 및 일청연합군의 강세를 대항할 힘이 엄섯고 내로는 무엇보다 정치적 및 군사적 훈련이 엄서슴이 일대원인이요 따라서 내부불통일도 한 원인이다 생각하면 통분한 일이다 엇지면 사토사민斯土斯民에 정치적 상식이 그다지도 엄서슬가 10년을 후後한 갑진만 하야도 그러케는 안 되얏슬 것이다.

왕권 만능의 그때, 관료전횡의 그때, 민가사유지民可使由之오 불가사지지不可使知之라는 그때 척양척왜斥洋斥倭를 주장하며 진국압민鎭國壓民을 위주하든 그때 그 민족에게, 정치적 및 군사적 상식이 결여함을 뭇는 것은 도리여 몰상식한 말이다 책責을 돌닐나면 그때의 조선 전체에 돌닐 밧게 엄는 것이다. 그것은 그럿타 하고라도 그때 그들이 그만콤 금강 이남을 석권하다십히 해놋코, 일시나마 그 자리를 왜 직키지 안엇는가 하는 그것이 통분할 일이요 악가운 일이다. 이것이 정치적 상식이 엄섯다는 것이다. 멧천명 멧만명이 우루루 달녀 드러 군수를 버히고 관아를 즛두두일리고 나서는 "올타! 이제 이 고을은 공취攻取하얏다! 또 다른 고을로 가자!"하고 이리로 저리로 후더덕 뛰어디니며 관원관아官員官衙 쭉들기는 것으로 능사를 삼엇다. 이리하야 오늘은 고부, 내일은 전주, 모레는 공주, 글피는 청주…… 하고, 봄철꼿치처럼 뛰기만 능사로 아럿다 질보다 양만 조와하얏다.

그 고을을 공취攻取하얏스면 "이것은 우리의 것이다!"하고 곳 각 기관을 점령하고 안저 정치적 시설을 왜 못 하얏는가 말이다. 임시정부, 임시관청을 만드러 가지고 온갓 정치를 베풀어 인민을 위무하며, 군사를 양養하야써 자체의 근알根幹을 왜 기루지 못하얏는가 말이다 그리하야 정부나 외국인이 보는 바에 한 폭동으로 아지 말고 상당한 교전단체로 인認하게 왜 못하얏는가 말이다. 그만치 28읍이나 공벌攻伐하는 기세를 가지고—. 금일의 중국남방을 보니 더욱 그 때의 한사恨事가 만어진다.

이곳 치고 저리 가니 이곳에는 다시 그놈이 점령하고 저곳 치고 또 저리로 가니 그곳의 잔당殘黨이 또 대두를 하야 동학군 세력이란, 종시 뿌리를 박아보지 못 하얏다. 죽 써먹은 자리가티 형적도 본 수 업섯다. 군사적 훈련에 잇서는 더구나 말할 여지도 업다. "압으로 갓! 뒤로 갓!"한 마듸도 못 드러 본 오합烏合의 중衆으로서 군기軍器라고는 데마데의 산양총 부스럭이어스니 말이 다시 무슨 말이랴. 그리고 내부불통일도 실패의 원인은 원인이시난 시금에 안서 책責할 문제가 못된나. 선신전하가 엄고 기차기선이 업는 교통지난交通至難이 그 때에 소식은 엇더케 통하며 집회는 엇더케 하얏슬가. 다만 보보행행步步行行하야 구구상전口口相傳할 뿐이니

(소위 사발통문) 일사전달一事傳達에 수삭數朔이 걸니게 되얏다. 이리 해서 내부의 불통일이 되야 전주의 사事를 공주가 부지不知하고 공주의 사事를 청주가 부지不知하며 또한 전봉준은 전봉준대로, 김개남은 김개남대로 손화중은 손화중대로, 각각 멧 천명식 거느리고 가고 십흐면 가고 오고 싶으면 오고 제마음대로 하얏섯다.

이것이 동학군 실패의 큰 원인이다. 만약에 동학군에게 얼마쯤이라도 정치적 지식이 잇고, 군사적 훈련이 잇고, 내부의 통일이 잇섯드면, 혹-성공이 되야슬넌지도 모른다. 당시의 청국 주둔군이라야 300명 내외이엿고(일부대一部隊만 아산에 진陣) 일군이라야 200명 내외(실전實戰은 100명 내외)이엿다. 삼남 일대를 풍미한 그 기세로 이것을 못 당할 것이 무엇이랴. 그리고 또 한 가지는 그때 동학군이 삼남각지에서만 다일월多日月을 비費치 말고 이괄이 모양으로 곳 경성을 직충直衝하얏든들 엇지 되얏슬가 한다.

모도 다 한사恨事요 후회 뿐이다. 그러나 그들의 실패를 말하는 것보다 도리여 그들의 장쾌한 의기를 찬양함이 가可하다. 그때 그와 가티 억압국가 하에서 선악가부간善惡可否間 유유굴종唯唯屈從만 하든 민족으로서 만민개평등의 의기를 들고 니러나 대막대와 부득갱이로써 삼남일대를 석권하고 30만 대중의 적혈赤血을 뿌려 2천만 민중에게 큰 교훈을 주고 조선만대에 새 종자를 뿌려 노흔 그들의 장쾌한 의열은 다시금 탄복을 안 할 수 엄다.

지내간 니약이를 길게 하면 자미엄다 씃흐로 가상이지만 한 마듸만 더하고 말겟다.

-이하 22면에 속續-

동학군이 만약 성공을 하얏드면 그 후의 조선이 엇더케 되얏슬가. 정치적 기지만반의 훈련이 부족한 그들로서 만약 성공을 하얏다 해도 직접 행정의 실권은 못 가저슬 것이다. 그들의 성공을 기회로 하야 당시 개화당 김옥균 서재필 등이 요로要路에 당해 가지고 동학군을 이용하야 민폐정폐를 혁신하고 일대 신국가를 조직하얏슬넌지 모른다. 일본의 유신과 가티 문호를 대개大開하고 외국문명을 수입하얏슬넌지 모른다. 그리고 일청 전쟁도 안 이러나슬 넌지도 모른다. (양국 간 숙원이 잇스동학군의 소개紹介 안이면 라도 하기는 하겟지만) 따라서 일로전쟁도 미리 방지가 되얏슬넌지 모른다. 생각하니 모든 것이 동학군 실패의 탓인 감이 잇다.

4) 취미세계의 흥밋거리 이야기들

한편 야담운동의 한 축이었던 야담대회에는 괴담怪談이나 만담漫談도 적지 않았다.[89] 이 점에서도 『별건곤』은 야담운동의 출발점이었다고 할 수 있다. 괴담怪談과 기담奇談의 속성을 기괴, 만담漫談과 한화閑話의 특성을 골계에서 찾을 수 있다. 이 시기, 괴담과 기담은 아직 공포를 재료로 하지 않는다. 공포가 취미의 일환으로 인식되는 것은 1930년대에 들어서의 일이다. 괴담, 기담으로 칭해지는 이 시기의 매체서사는 주로 진기珍奇한 일을 재현하거나 소개하는 데 집중된다. 1927년경까지의 괴담, 기담은 주로 극히 짧은 기사 형식을 띠고 필자도 명기하지 않아 부족한 원고를 보충하는 수준이었지만, 1927년을 경과하면서 본격적인 매체서사로 정착한다. 전자에 해당하는 예로는 「피아노 결투」,[90] 「이부자와 김부자」,[91] 「경성 명물 남녀 신춘 지상대회」,[92] 「여장십년女裝十年」,[93] 「월하빙인月下氷人」[94] 등으로 매우 짧고 내용도 단편적이다.

그러나 「KKK단의 정체」[95]를 시작으로 「마술사를 부리는 마술사」,[96] 「금주국 괴현상 이약이」,[97] 「죽엇다가 다시 살아난 이약이」,[98] 「기괴한 공개도박장 이약이」,[99] 「여중의 노자」,[100] 「비밀의 흉가」,[101] 「남교원

---

89) 1931년 9월 16일자 『동아일보』는 야담대회가 사담(史談), 괴담(怪談), 만담(漫談)으로 구분해서 강연되었음을, 8월 25일자 『동아일보』는 납량특집으로 구성되기도 했음을 알려준다.

90) 「피아노 決鬪」, 『별건곤』, 1927.1.

91) 「李富者와 金富者」, 『별건곤』, 1927.2.

92) 「京城 名物 男女 新春 誌上 大會」, 『별건곤』, 1927.2.

93) 「女裝十年」, 『별건곤』, 1927.7.

94) 「月下氷人」, 『별건곤』, 1928.12.

95) ×=×생, 「KKK團의 正體」, 1927.7.

96) AS생, 「魔術師를 부리는 魔術師」, 『별건곤』, 1927.7.

97) 詠舞臺主人, 「禁酒國 怪現象 이약이」, 『별건곤』, 1927.7.

98) 헌용운, 「죽엇다가 다시 살아난 이약이」, 『별건곤』, 1927.8.

의 비화」,[102] 「친모가 시모되여」,[103] 「얼골 모르는 연애」,[104] 「전화로 삼년간 연애」,[105] 「넘으도 진기한 연애」[106] 등 진기한 사건이나 일화에 대한 서사화가 계속되면서 서사는 더욱 복잡해지고, 수적으로도 크게 성장한다.

그러나 괴담·기담이라는 명칭으로부터 알 수 있듯이, 서사의 형식적 특성과 관계없이 진기한 사건을 담고 있으면 괴담·기담으로 불리고 있어, 실화, 일화, 야담, 사화, 대화 등에 걸쳐 다양하게 적용된다. 이야기의 애상성哀傷性을 기준으로 명명된 애화가 다양하게 변주되는 것과 마찬가지이다.

만담漫談 혹은 한화閑話도 『별건곤』에 처음 모습을 보일 때는 서명조차 없는 단편적인 기사였다. 「미인관병식美人觀兵式」,[107] 「비밀한 이약이」,[108] 「마누라 갈보집」,[109] 「수박하고 여자하고」,[110] 「홀아비의 대액년大厄年」[111] 등은 단편 쪽기사로 출발한 만담의 예라고 할 수 있다. 그러나 만담 역시 점차 확장되면서 본격적인 매체서사의 모습을 띠게 된다.

「암실앵가暗室鶯歌」,[112] 「해외에서 도라온 인물평판기」,[113] 「우슴의 철

---

99) 한철주, 「奇怪한 公開賭博場 이약이」, 『별건곤』, 1927.8.
100) 代老子, 「旅中의 老子」, 1927.10.
101) 이유근, 「비밀의 흉가」, 『별건곤』, 1928.2.
102) 鳥耳生, 「男敎員의 秘話」, 『별건곤』, 1928.8.
103) 유도순, 「親母가 媤母되여」, 『별건곤』, 1928.8.
104) 석초생, 「얼골 모르는 戀愛」, 『별건곤』, 1929.1.
105) 龍塘浦人, 「電話로 三年間 戀愛」, 『별건곤』, 1929.1.
106) 쌍S생, 「넘으도 珍奇한 戀愛」, 『별건곤』, 1929.1.
107) 「美人觀兵式」, 『별건곤』, 1926.12.
108) 「秘密한 이약이」, 1926.12.
109) 「마누라 갈보집」, 『별건곤』, 1927.1.
110) 「수박하고 女子하고」, 『별건곤』, 1927.12.
111) 「홀아비의 大厄年」, 『별건곤』, 1928.7.
112) 속기자, 「暗室鶯歌」, 『별건곤』, 1926.11.

학」,[114] 「어엽븐 여학생의 신안 호신구」,[115] 「신혼살림들의 공동식당」,[116] 「답답한 어머니」[117] 등이 그 예가 될 수 있을 것이다.

1920년대 전반에 효율적 계몽을 위해 재창출된 매체서사는, 20년대 후반에 들어 취미의 영역이 독립하면서 새로운 전기를 맞게 된다. 이미 현실성과 서사성을 강화하며 유력한 서사로 인정받았던 매체서사는, '값 헐한 인쇄물'을 통한 대중의 취미 증진에 긴요한 역할을 담당하며 일약 전면에 나서게 된다. 대중적 취미 잡지를 표방한 『별건곤』의 창간은 한편으로 계몽의 시대가 기울었음을 보여주거니와 취미의 영역에서 '문학 외外 문학'이 제도로서 안착되는 과정도 드러낸다. 1920년대 초반의 기록서사는 수기, 실화, 애화, 비화, 정탐기 등으로 변이를 일으키며 확대되고, 사화와 야담을 비롯해 만담과 괴담 등이 추가되기도 한다. 매체서사는 미분화된 잡문이 아니라 독특한 갈래를 가진 독자적 영역으로 구축되었던 것이다. 그러나 문학과의 분리는 고급과 저급이라는 가치 평가를 동반하게 되었고 매체서사 일반은 저급 양식의 영역에 자리를 잡게 된다. 더 이상 '문학'과 상호 삼투하고, 교차 차용되는 수평적 지위에 설 수 없게 되었고 일방적 흡수의 대상으로서 문학의 보충적 지위를 갖게 된 것이다.

---

113) YYY, 「海外에서 도라온 人物評判記」, 『별건곤』, 1927.1.
114) 깔깔博士, 「우슴의 哲學」, 『별건곤』, 1927.8.
115) 박달성, 「어엽븐 女學生의 新案 護身具」, 『별건곤』, 1928.2.
116) 쌍S생, 「신혼살림들의 共同食堂」, 『별건곤』, 1928.2.
117) 방정환, 「답답한 어머니」, 『별건곤』, 1920.1.

읽을거리

「연애헌법」

(『별건곤』, 1929.1)

一. 이 헌법을 닑고 웃지 안는 자는 엄형嚴刑에 처함
二. 이 헌법을 준행遵行치 안는 남녀는 일년이상 연형戀刑에 처함
三. 이 헌법은 발표일로부터 시행함

제1장 연애

제1조 연애는 본능의 충동으로 발작하는 열병이다.
제2조 연애는 억조창생億兆蒼生의 자손이 차此를 후계後繼한다.
제3조 연애는 신성하야 제삼자가 침侵할 수가 업다.
제4조 연애는 차헌법此憲法에 준행遵行함으로써 이상적이라 한다.
제5조 연애는 결혼의 의무가 잇다.
제6조 연애는 일생에 한번에 한한다.
고양이의 연애도 일년에 두 번이라고 제정되여 잇는데, 사람의 연애가 만허서야 되겟는가 진실한 연애는 일생에 한번밧게 업는 것이다.
제7조 연애는 숙도熟度가 서로 비등하여야 함으로 외쪽사랑(편련片戀)은 하지마라 일신을 망친다.
제8조 연애는 침묵을 직혀야 은근한 맛이 잇다. 유리상자속에서 하는 것 갓흔 연애는 그 진미를 모른다.
제9조 연애는 이중매도二重賣渡를 못한다. 연애비극의 원인이 여기에 잇다.
제10조 연애의 가치는 정조로 정한다.
제11조 연애의 동기는 반듯이 청정한 것이 아니며 본능 그대로의 연애는 야비하다. 인내와 수양을 쌋코 시련을 바든 후에 존귀하여진다.
제12조 연애는 자유이다. 그러나 불자유라야 깁히가 잇다.
제13조 연애는 맹목이다. 그러나 이지理智가 잇서야 한다.

제14조 연애는 일생을 통하여야 한다.

제15조 연애는 동정이 아니다.

불상不祥하니 가련하니 하는 동정이 책격 연애로 변하기 쉬운 성질을 가젓다. 그러나 이러한 연애는 동안이 짧으니라. 결혼의 책임이 잇는 연애와 단순한 동정과 뒤석거서는 아니된다.

제16조 연애는 연령이 비등하여야 한다.

쎄테는 팔십여세에 소녀를 연애하엿다. 연애에는 연령이 업다. 그러나 행복된 연애는 나희가 서로 갓가워야 한다.

제17조 쉬웁게 성취된 연애는 쉬웁게 쌔여진다.

제18조 진실한 연애는 진실한 사람에게 잇다.

제19조 연애는 밋바닥 업는 함정이다.

제20조 연애는 맛은 꿀맛갓다. 그러나 몹시 쓰다.

제21조 초련初戀은 본능을 발휘할 춘기春期에 비로소 이성으로 하야 안타ㅅ가운 가슴을 태울 게이다.

제22조 연애병에는 한번 길니어도 면역은 안니 된다. 도리혀 여러번 길니기 쉬운 것이다. 연애병면역법이 발견되지 못한 금일에 잇서서 그 보균자인 이성에 함부로 접근하지 말 것이다. 위험천만!

제23조 연애는 더웁기도 쉬웁고 식기도 쉬웁다.

제24조 연애는 자미잇는 소설이고 결혼은 무미건조한 논문이다.

제2장 연인의 주의령注意令

제1조 말이 만흔 사람

연정의 진실을 말로 발표하는 사람일사록 말보다 마음이 적다. 말보다는 행동으로 탄복을 식힐만한 사람을 골으라. 그러나 가장假裝에 주의!

제2조 비위 잘 맛추어 주는 사람

연인이 치마끈동이에 돈지를 너어주며 트림을 하면 위산胃散을 주고 기침을 하면 등을 처주고 너모 비위를 맛추어 주는 것도 도리혀 실혀하는 것이다. 연인시대에 이러케 알뜰이 위해주는 사람이 결혼생활로 드러가서는 반듯이 폭군이 된다.

제3조 전과자

연애사회에는 전과수범前科數犯이라는 연애도적질 상습자가 만타. 나에게 허락한 것을 남에게도 허락한다. 나를 꾀인 수단으로 다른 사람도 유인한다. 나의 입술에 대엿든 것이 남의 입술에 대엿든 것이다. 사랑, 아니고 그보다도 귀한 것을 도적맛지 안토록 조심조심!

제4조 허ㅅ풍쟁이

솔직한 사람보다는 허ㅅ풍쟁이가 연애가로는 명망이 놉흘 것이다. 여자의 바람쟁이도 만치만 남자풍男子風쟁이에게는 못 당할 것이다. 신문삼면기사新聞三面記事의 재료가 되는 사람은 이러한 바람둥이를 관파觀破하지 못한 근시자류近視者流이다.

제5조 자존심이 만흔 사람

남에게 턱업시 굴종하는 사람은 치자痴者이다. 그러나 자존심이 만흔 사람은 그보다 또한 층우자層愚者이다. 말하면 나에게 우월감을 가지고 덤비는 사람과는 행복할 수가 업다.

제6조 너모 친절한 사람

남자의 친절과 복쟁이(하돈河豚)국은 나종이 겁이 난다. 그러나 남자의 친절에 비해서는 복쟁이국이 좀 안전한 편이다. 정말 친절한 남자이면 이성에 대해서는 도리혀 친절치 못하다. 연애기에 잇는 여자가 남자의 친절을 깃버하는 것처럼 위험한 일은 업다.

제3장 불가不可한 연애

제1조 무리한 연애

남편잇는 안해가 남편이외의 다른 남자의 용모나 재산이나 혹은 예술에 매혹되여서 아들쌀을 둘셋식 내여바리고 가정을 써나서 즐거운 쑴을 꾸어보러한다. 한째는 달콤하고 산뜻할 것이다. 그러나 양심에 바든 불치의 고통이 일생을 두고 고苦롭게 할 것이다. 연애의 힘은 위대하야 고통을 모르게도 한다. 그러나 일생을 통한 후회가 늘 압흘 막을 것이다. 후회막급!

제2조 써 맷기는 연애

함경도 벼장사는 북포北布 한필 맛겨놋고 추목秋牧째에 밧어간다. 외상이면 소도 잡아먹는데 안살수 잇나! 가을에 갑지 못하면 응솟을 일허바린다. 반애원 반협박으로 연애를 쎄여 맛기는 여자, 아니 남자도 만타. 일생을 불행의 반려가 될야면 모르거니와 그러치 안으면 그런 외상연애는 사지 안는 것이 제일안전.

제3조 보지도 못하는 연애

소문만 듯고 혹은 화가 혹은 문사의 예술에 매혹되야 마음 조리고 애태우는 사람은 연애의 싹이 눈틀 째에 흔히 잇는 일이다. 그를 연애하다가 희생된 불상한 미이라(목내이木乃伊)가 얼마나 만흔지 모른다. 전자의 기대와 후자의 결과는 반비례되는 것이다. 명심.

제4조 횡포橫暴한 연애

연애는 자유이다. 이론異論은 업다. 그 사람이야 나를 연모하건말건 함부로 덤벼서야 그게 어듸 연애이냐 폭행이지! 연애는 맹목이다. 그러나 물불 헤아리지 안코 남의 형편여하도 생각지도 안코 눈을 짝짝고 덤비는 것은 연애가 아니다.

제5조 너머 사랑을 밧는 것도 불행이다.

너와 나와 살게 되면 어듸드라도! 하는 노래와 갓치 감자먹고 조밥먹는 곳짜지라도 가서 사랑을 주어 보앗스면 밧아보앗스면 하는 것이 연애인戀愛人의 최대의 이상일 것이다. 그러나 그러ㅅ케 쓰겁게 사랑을 하드니하고 긴 한숨을 쉬일째가 잇슬 것이다. 지내치는 사랑을 바든 후에 실망은 엿곱이나 슯흐니라.

제6조 선생과 학생사이

연애에는 계급도 업고 상하도 업다. 그러나 정당한 연애가 아니면 사람은 용서하여도 하늘이 용서하지 안는다. 선생과 연애한 생도! 주인과 연애한 고용인! 길게 계속 된 것을 보앗는가?

제7조 연애는 결혼이 아니다.

꼿속에 잠든 나븨와 갓치, 꿀빠는 벌과 갓치 연애인들은 다시 못올 청춘을 마음껏 주무르고 십흔 것이다. 그러나 인내하여야 한다. 결혼하기 전에 쑥 김빠진 맥주맛 갓흔 연애를 하여서는 곳 권태가 생긴다. 결혼이란 감주甘酒의 미미美味가 정조라는 병막애 하나로 보전되는 것이다.

제8조 연애는 대담하게 말어라.

뱃사공이 물에서 죽드키고 연애에 대담한 자가 늘 실패하느니라. 지위나 명예 재산을 압새우고 나스지 말라. 호상연애互相戀愛에 소심한 자가 승리를 잇느니라.

제9조 연애는 꼿구경하듯 하지 말라.

제10조 연애는 경험이 만치 말라.

경험갓치 귀한 것이 업다. 인사백반人事百般이 경험으로 완성을 이룰 수 잇스나 오즉 연애에 잇서서만은 불행이 싸르나니 로마―ㄴ스 제조가製造家 이외에 무엇이 잇는가.

제11조 연정의 부도수형不渡手形을 발행치 말라. 업는 열熱과 정情을 잇는 체하고 주엇다가는 산기算期에 가서 큰 파멸을 당할 것이다.

제12조 연애에 중독되지 말라.

연애의 힘은 거룩하다. 그러나 인생에는 그보다 더 큰 힘이 잇다. 연애에만 충실한 사도使徒는 중년에 비참히 되리라. 아편중독자보다도 더 가련하고 가증한 자는 연애중독자이다.

제13조 연애를 경쟁하지 말라.

패하면 그 설움이 곱이나 되고, 승리를 하여도 그 저주가 깃븜에 몃곱이나 된다.

제4장 연애전戀愛典

제1조 연애는 만두먹듯 하여라.

감칠맛 잇고 달큼한 정열이란 속을 이성이란 밀가루썹풀이 싸고 잇다. 속부터 먹는 것이 만두를 먹는 것이 아니다. 연애자는 모름직이 속부터 먹지 말라.

제2조 연애는 청결한 길을 걸어라.

정욕에만 싸저서 허덕어리는 것은 참 연애가 아니다. 아들과 쌀에게도 일러 줄만한 『악름다운 연애』 이것이 이 헌법이 규정하고 바라는 바 상등上等 연애이다.

제3조 연애는 연(지연紙鳶)날이듯 하여라.

저 편에서 맹열하거든 연사戀糸를 늣구어 주고, 저 편이 느러지거든 연사戀糸를 켱기여라. 가을바람에 끈허지지 안토록 잘 조종하라.

제4조 연애는 비타산적非打算的으로 하여라.

이익을 목적한 연애는 그 목적물이 업서서는 동시에 사라진다.

제5조 연인의 장처長處와 단점을 미리 알아 두어라.

제6조 연애는 청구請求에 쌜리 응치 말라.

질쑥백이 하나를 사는데도 부르는 대로 밧고 팔면 도리혀 파손이나 되지 안엇나 하고 의심하는 것이다. 연애를 중히 넉이거든 경솔히 응치 말라.

제7조 연애는 생활력이 한가지 하여야 한다. 연애의 성부成否도 생활력 유무에

좌우되는 세상이다. 배가 곱하 가지고는 연애할 근력이 잇겟는가. 생활을 초월한 연애는 거룩한 시詩이다. 그러나 생활력生活力이 업는 연애는 몸을 망亡치 나니라.

제 8 조 연애는 항상열도恒常熱度가 가타야 한다.

인형과 갓치 귀염만 밧고 잇는 것이 행복이 아니다. 단순한 사랑만 밧고 잇는 안해가 남모르는 적막이 얼마나 만흔지 모른다. 바든 사랑을 돌녀 보내일만한 사랑의 힘이 핑々히 켱겨잇서야—더구나 부부에 잇서서 더욱 그럿타.

제 9 조 어린아희를 귀여워하는 사람을 연인으로 하라.

어린이를 귀여워하는 사람에게 악인은 업다. 그러나 환심을 사기 위한 수단으로 쓰는 자가 잇다. 엄밀한 감별이 필요하다.

제10조 연애인끼리도 체면은 차려다.

연정이 깁흘사록 체면업시 굴기 쉬웁다 한동안은 『사랑스러운 알미움』으로 용서할 수 잇스나 귀여운 숫헤 미워지나니라. 조심조심!

5
문학 아닌 문학들

우리 근대문학의 형성은 문학적 가능성을 지닌 적지 않은 유산을 배제하고 폐기하는 과정이었다. '문학'은 숱한 변화를 겪으며 면면히 이어오던 전통적인 문학을 버렸고, 근대에 적응하며 새롭게 전개되는 가능성도 백안시했다. 이광수와 백대진 등 1910년대 유학생 출신 문사들의 '문학'은 대부분 서구에서 이미 개념화되고 일본을 거쳐 들어온 '문학'만을 문학으로 간주하는 배타적 속성을 지녔던 것이다.

「문학이란 하오」에서의 '문학'은 당대의 문학을 귀납적으로 규정한 것이 아니라, 일본을 경유한 서구의 문학이었을 따름이며, 우리의 문학에 적용되는데 있어서도 무척 인색하여 사실상 조선의 문학은 없었던 것으로 간주된다. 문학사의 구성도 난항을 겪을 수밖에 없는 것이다. 개념상으로는 이광수 역시 역사적 소급의 가능성을 열어 놓지만, 그 가능성에 실체를 대입시키지는 못한다. 이 소급 적용의 포기는, '문학'을 'Literature'

로 확정함으로써 개념의 재창시를 통해 인식의 틀을 조정하는 의도를 넘어서는 문제를 담게 된다. 지시 대상의 재조정을 포기함으로써 '문학'의 지시 대상은 과거나 현재의 존재가 아니게 되었으며 또 지역적으로는 조선에 있지도 않았다. 왜냐하면 'Literature'는 다만 번역된 개념의 범주일 뿐 아니라, 끊임없이 근접하길 갈구하는 이상화된 모델의 지위도 포함하기 때문이다.

이에 따라 이광수의 문학은 실체를 갖지 못한 이념형으로 고립된다. 그리고 「문학이란 하오」에서 선택된 배제의 원리와 '문학'의 비실체성은 근대문학이 정착하는 전 과정에 걸쳐 지속되었다.

그러나 안확이 문학사를 구성하며 문학의 외연을 넓게 잡았던 예가 보여주듯, 근대계몽기에 문학을 상상하는 방식은 다양했다. 산문과 잡문까지를 포함하는 광범위한 문학의 개념도 공존했던 셈이다. 이광수와 안확 모두 '문학'을 'Literature'로부터 차용하고 있지만, 다른 한편으로는 배제의 원칙을 어떻게 적용하는가의 문제를 두고 갈라진다. 안확은 '정情'의 범주에서 향유되어 온 작품들을 역사적 실체로서 대입시키고 있고 또 '사전史傳, 일기, 수록隨錄, 교술적敎述的 문류文類' 등까지도 폭넓게 '문학'으로 간주했다. 실제로 그는 단군신화와 신가神歌, 그리고 공후인으로 시작하여 한시를 비롯한 한문학, 전설과 가요 및 시조, 심지어 한화閑話와 배해俳諧 등에 이르기까지 이광수가 부정했던 양식과 작품들을 고루 제시하였고 이 민족문학사적 계보는 신소설에까지 이른다. 그러나 흔히 고전으로 불리는 '문학 전前 문학'이나 근대계몽기의 격변 속에서 갱신을 거듭한 또 다른 문학적 가능성, 즉 '문학 외外 문학'은 근대열이 한창이던 1910년대 후반에서 1920년대 초반을 거치며 문학의 범주에서 밀려난다.

물론 허구적 실감을 획득하는데 성공하면서 '문학'은 급속히 보편화되고 관습화되기 시작했다. 소설에 있어서는, 서술자의 신빙성이 강화되고, 인물의 성격과 사건의 짜임은 독자들의 경험적 기대 지평에 접근하게 된다. 허구적 구조물이 그럴듯함을 얻게 되는 경로인 것이다.

그러나 허구적 작물 속에서 진실을 읽을 수 있는 사회적 규약은 확산되고 있었으나, 아직 완성되지는 않았던 1920년대 초반, 사실의 대칭항으로서 소설을 인식하던 당대의 작가들에게 이는 용이한 작업이 아니었다. 익히 알려진 동인지 작가들의 동인지 속 소설은 어설프고, 작위적이었다. 그것은 소설가 개인의 경험 부족 때문이라기보다, 근대소설의 허구적 실감이 독자들의 기대 지평과 괴리를 가졌기 때문이며, 공유할 수 있는 관습이 아니었기 때문이라고 봐야 할 것이다. 이때, 동인지 작가들은 각각 유사한 통과의례를 치르게 된다. 신변소설 · 체험소설로 불리는 경험 기록 방식의 소설을 내어놓는 것이다.

김동인 · 현진건 등이 경험의 기록을 차용한 예에서 간소하나마 그 자취를 확인할 수 있고, 최서해의 「탈출기」를 비롯한 체험소설에서는 기록을 소설화했던 경로도 파악할 수 있다. 또, 채만식은 기록서사와 근대소설이 상호 삼투하는 과정을 경과했을 뿐 아니라, 근대소설이 허구의 실감을 구축하고 난 후, 기록서사를 비롯한 매체서사를 저급의 하위 양식으로 제한함으로써 소설의 일방적 취재 영역으로 간주하게 되는 과정을 드러낸다는 점에서 주목의 대상이 되기에 족하다. 이들은 모두 기록서사의 흔적을 보여주는 예이자, 소설이 실감을 구축해 가는 과정의 예가 될 수 있을 것이다.

경험을 기록하는 방식에 의해 소설이 산출되는 과정을 거침으로써 작가들은 '나'를 근거로 신빙성 있는 서술자의 지위를 습득하게 되고, 더불어 인물의 성격과 사건의 짜임에 있어 독자들의 기대지평이 어디에 있는가를 인지하게 된다. 이 경험 기록을 통해 소설의 육체를 완성하는 과정에 기록서사가 개입하고 있었다.

소설이라고 할 수도 없고 소설이 아니라고 하기도 어려운 글들은 의외로 적지 않다. 이들은 대개 근대계몽기부터 보이는 매체서사 양식을 계승하고 있지만 적지 않은 변화를 동반했다는 점에서 근대계몽기의 그것과는 질적 차이를 갖는다. 「은파리」, 「서울쥐로부터 시골쥐에게」 등으로 대표되는 풍자우의형의 경우, 비판의 실제 대상을 은폐하면서 은유적 형태로 부정성을 드러내는 방법에서, 대상의 모습은 현실 그대로 드러내되 비판자의 실체를 은폐하는 방법으로 전환하면서, 형식에는 여전히 우의적 흔적을 남기지만 주제는 교훈과 계도와는 질을 달리하는 강력한 풍자로 전환될 수 있었다. 더불어 풍자의 대상은 우회적 비유의 공간이 아닌 직접적 현실의 공간에 위치하게 됨으로써 실감도 상당히 고조되는 경향을 갖는다.

또 다른 유형인 대화형 매체서사의 경우에는 장황한 연설과 문어체가 사라지고 실생활의 대화와 구어체가 그 자리를 대신하고 있다는 점, 서술자의 개입 없이 대화의 재현이 실현되고 있다는 점 등에서 공통된 진전을 드러내고, 특히 해설과 지문 · 대사에 있어 거의 희곡에 근접하고 있는 점 등에서 변모를 확인할 수 있다.

그러나 풍자우의형 매체서사와 대화형 매체서사보다 주목을 끄는 것은 기록서사이다. 이들은 모두 경험을 그대로 기록하는 취지와 방법을 견지하고 있고 서사적 형상화가 풍부할 뿐 아니라, 계몽과 계몽의 해체를 동시에 포유하고 있다는 점, 그리고 전문적 예술가 의식 혹은 작가 의식이 부재하다는 점, 소설에 비해 형상화와 구성력이 미숙하다는 점 등에서 공통된다. 이들이 주목되는 것은 앞서 말한대로 근대소설이 관습적 양식으로 정착하는 과정에 이들의 흔적이 남아있기 때문이다.

기록서사는 근대계몽기에 모습을 드러낸 기사체 매체서사의 후신이며, 근대적 제도, 특히 근대적 인쇄매체가 증가되면서 적극적인 서사의 확장을 통해 변모한 전통적 신흥양식이었다고 할 수 있다. 효과적 계몽의 차원에서 기록서사는『개벽』을 비롯한 1920년대 잡지에 자주 등장했고, 그 수는 동시대 소설의 산출량에 뒤지지 않는다. 대표적으로「희생된 처녀」, 「만길의 생활」, 「오호 지방농촌의 쇠퇴」, 「상오 구시로 하오 십시까지」, 「숙시숙비」, 「피의「공하신년」」 등을 들 수 있고, 서사적 수필과 기행문 등도 이에 포함된다. 이들은 두 가지 경향성을 띠는데, 「오호 지방농촌의 쇠퇴」, 「상오 구시로 하오 십시까지」 등의 경우는 외부세계에의 엄밀한 관찰을 기록하여 보고하는 경향을 보이고, 「숙시숙비」, 「피의「공하신년」」 등은 서사적 수필과 함께 감상과 내면의 기록에 치중하는 경향을 보인다.

기록서사는 허구적 작도를 용인하지 않는 글쓰기이다. 서술자는 곧 기록자이며 사건은 실재하는 것들이다. 따라서 소설이 '사실'의 대칭점으로 인식되던 1920년대, 기록서사는 소설과 상당히 먼 거리를 가질 수밖에 없었다. 기록과 소설은 상반된 지향을 현시하고 있었던 것이다. 이 상반된 지향을 중재하고 상호 접근을 가능하게 했던 것이 불확정적인 내면의 기록인 감상형 기록서사였다.

동인지 시대, 기록서사는 아직 정착하지 못한, 즉 권위를 획득하지 못한 근대소설과 비교해 큰 가치의 차이를 갖지 않았다. 동등한 지위에서 실감의 획득에 부심하던 근대소설과 '문학'의 바깥에 위치하고 있었지만 태생적 실감을 구축하고 있던 기록서사는 상호 삼투를 시도한다. 서술자의 신빙성을 비롯해 인물의 성격과 사건의 짜임에서 독자들의 기대지평과 적지 않은 괴리를 노정함으로써 실감의 축조에 어려움을 겪던 근대소설과, 계몽적 의도에 얽매어 서사의 확장에 한계를 보일 수밖에 없었던 기록서사는 각각의 잉여 영역을 교차 차용함으로써 완결성을 강화한다. 기록서사와 근대소설의 삼투·차용 과정을 통과하며, 김동인을 비롯한 동인지 작가들이 「감자」, 「B사감과 러브레터」, 「물레방아」 등 원숙한 작품을 내놓을 수 있었던 것이다.

허구적 실감이 관습화되면서 '문학'은 급속히 문학으로의 탈바꿈을 시도한다. 『조선문단』은 식민지 문학사에서 그 역할을 맡게 된다. 대중 속에서 '문학'의 관습에 익숙한 신진 작가들을 등용하고, 문학적 흥미를 다채롭게 개발하며 근대소설의 독자층을 확장시키는 것이다. 이른바, 문단의 생성인 셈이다. 재생산 구조를 안착시킨 '문학'은 '문학'의 바깥에서 여전히 문학적 가능성을 담지하고 있던 다양한 서사 양식들을 하위 영역으로 규정하며 고급과 저급의 이분법을 생성시킨다. 기록서사를 비롯해 문학적 가능성과 미학적 가치를 포유하고 있던 제반의 문학적 이야기들은 저급한 글쓰기, 하위의 양식으로 밀려나게 된다.

『별건곤』과 『신여성』 등의 매체서사는 다시 한번 적지 않은 변화를 보여준다. 풍자우의형 매체서사, 대화형 매체서사도 지속되기는 하지만 점차 희소해지는 경향이 있는 반면, 기록서사는 서사를 계속 확장하며 수기, 실화, 정탐기, 애화 등으로 분화된다. 새로운 매체서사도 모습을 드러내는데, 사화와 야담이 부활되고 괴담과 만담이 개발되는 등 적지 않은 영역의 확장을 시도했다. 1920년대 후반의 이러한 예는 비록 저급의 층위이긴 하지만, 매체서사의 독자적인 영역화가 진행되고 있음을 확인시켜 준다.

최서해와 채만식은 기록서사와 소설의 삼투, 차용관계를 설명해주는 예일 뿐 아니라, 문학의 대중화가 진행되는 와중에 작품활동을 함으로써 그 삼투의 결과가 우리 소설에 어떤 관습을 형성했는지를 드러낸다. 최서해의 작품은 기록이 소설로 탈바꿈하는 예를 확인시켜주고, 채만식이 남긴 사소설과 각종 매체서사들은 기록을 소설화함으로써 얻게 된 리얼리티가 근대소설의 정착과정에서 관행화되었음을 보여준다. 우리 소설이 여전히 선지하고 있는 완고한 리얼리티의 요구는 여기서 파생되었던 것이다.

부록
문학의 외부와 작가들

이광수와 근대 우화의 소설적 전유
「천안기千眼記」와 「사회풍자 은銀파리」

최서해와 기록된 소설

채만식과 사소설의 연원

이광수와 근대 우화의 소설적 전유

「천안기千眼記」와 「사회풍자 은銀파리」

1. 이광수 소설의 계보와 「천안기千眼記」

흔히 이광수는 한국 근대소설의 출발점으로 논해진다. 일문 단편소설 「사랑인가」(1909.12)를 발표한 이후 「어린 희생」, 「무정」, 「헌신자」 등의 단편을 내놓았고, 장편소설 『무정』, 『개척자』, 『재생』 등을 발표하여 젊은 학생들의 우상이 되었다. 특히 「문학이란 하오」와 『무정』은 우리 문학의 전변을 요구한 글로서 이광수의 정수를 보여주는 것이라 할 수 있다.

그런데 1920년대에 들어 「문학이란 하오」의 문학관은 물론 『무정』의 작품 경향과 현저한 차이를 갖는 작품들을 선보인다. 「가실」, 『허생전』, 『춘향전』, 『마의태자』로 이어지는 역사 이야기는 당대의 사랑과 사명을 설파하던 『무정』의 계보와는 이질적인 것이었다. 역사를 다룬 첫 작품인

「가실」을 두고 이광수 자신이 '이것은 처녀작이요 첫아들'[1]이라 했던 것은 그런 정황을 잘 보여준다. 「문학이란 하오」에서 『춘향전』조차 '조선 문학'의 범주에 넣지 않았던, 그리하여 '조선에는 문학이 없다'고 단언했던 것과는 전혀 다른 태도라 할 수 있다.

창작 방법으로 볼 때에도, 『무정』의 계보가 이광수 자신으로부터 시작한 당대 젊은이들의 이야기라면, 「가실」과 『춘향전』의 계보는 스스로를 역사적 교훈에 비유한 거울의 이야기이다. 적어도 방법론상으로는 상당한 변화를 엿볼 수 있다.[2]

1920년대 이광수 작품의 계보가 이러하다고 할 때, 어느 계보로도 포획할 수 없는 작품이 있다. 1926년 1월 5일부터 『동아일보』에 연재된 장편소설 「천안기千眼記」[3]는 이광수의 작품 계보 속에서 매우 특별한 존재이다. 항상 이광수를 의식하며 작품 활동을 전개했던 작가들도 「천안기」

---

1) 「첫번 쓴 것들」, 『이광수전집』 10, 504면.

2) 김윤식은 『이광수와 그의 시대』에서 단편소설 「가실」을 통해 이광수의 창작방법이 변화하는 이유를 설명하고 있다. 그에 따르면 「가실」의 단편 형식은 조선 현실에 대한 관찰의 필요성에서 나온 것이고, 역사물 형식은 귀국 후 자신에게 쏟아진 비난을 피하기 위해 선택한 방법이라고 평가했다. 이광수의 개인사에 무게를 실은 김윤식의 평가를 시대적 분위기와 연관짓게 되면, 역사에 비유하는 창작방법은 1922~3년부터 시작된 민족열民族熱과 가까운 관계에서 이해할 수 있을 것이다(김윤식, 『이광수와 그의 시대』 2, 솔, 1999, 94~107면).

3) 이광수, 「千眼記」, 『동아일보』, 1926.1.5~3.6; 「千眼記」, 『이광수전집』 3권, 삼중당, 1962.9; 「파리」, 『春園文庫－파리, 無明』 5권, 민음사, 1955. 『이광수전집』(삼중당)에 수록된 작품 해제에는 '이 작품은 1926년 1월 5일부터 동년 3월 6일까지 61회의 미완성으로 중단되었다. 중단 이유는 『동아일보』에 대한 총독부의 정간처분 때문이었다고 한다. 이어 「千眼記」는 뒤에 다시 일부는 개작하고 일부는 새로 써서 1927년 4월부터 동년 11월까지 8회에 걸쳐 『조선문단』에 재발표되었다'고 기록되어 있다. 그러나 확인 가능한 『조선문단』에서는 「千眼記」를 찾을 수 없었다. 나아가 작품이 미완으로 끝난 것은 정간처분이나 이광수의 와병보다도 서사의 내적 불일치, 즉 파리를 통한 풍자성의 획득과 '나'를 이용한 사건 생성력의 상호 억제에 기인했을 가능성이 크다. 여기서는 『동아일보』의 「千眼記」를 원본으로 하여 『이광수전집』(삼중당)의 「千眼記」 그리고 『춘원문고』 5권(민음사)의 「파리」를 비교 하였다. 『조선문단』에 수록되었다는 수정본은 찾지 못해 제외시켰다. 「파리」는 「千眼記」의 도입부와 종결부 일부가 삭제되어 있고 일부 수정한 흔적도 보이지만 내용과 구성은 거의 동일하다.

에 대한 평가에서는 확연히 갈려, 작품에 대해 극찬하는 문인에서부터 작품의 존재조차 모르는 작가들도 있으리만큼 편폭이 다양했다.[4] 나아가 이광수의 소설을 논하며 미완을 이유로 「천안기」를 제외시키는 관행은 지금도 지속되고 있다.[5]

사실 「천안기」는 치명적인 서사적 결핍을 드러내는 작품이다. 작가의 의도와 실현된 작품은 끊임없이 불화하고, 우화에 불과하다는 평가로부터 자유롭지 못하며, 결국 작품은 완결되지도 못했다. 그런 소설을 신문관의 최남선이 눈여겨보았던 이유는 무엇이었으며, 한사코 그런 소설을 다시 쓰지 않았던 이광수의 고집은 어디에서 나온 것일까. 쓰라는 요구와 쓸 수 없었던 거부 사이에, 말하자면 근대문학사의 첫머리를 장식하는 두 문사의 공방 사이에, 문학적 지형의 변화에 대응하는 첨예한 의식의 편린이 담겨 있다.

---

4) 삼천리사 주최의 「春園文壇生活 20年을 機會로 한 『文壇回顧』 座談會」에 「천안기」에 대한 간략한 평가가 있다. 이 좌담에서 양백화를 제외한 문인들은 작품의 존재를 아예 몰랐거나 적어도 평가의 대상에 올리지 않고 있다. 이 글은 회고에 의존하고 있어 『동아일보』의 연재나 검열문제 등 사실과 일치하지 않는 대목이 있으나 「千眼記」가 받았던 당대의 평가를 들여다보는 데는 도움을 준다.

梁白華—「파리」를 쓴 것은?

李光洙—그보다 조곰 뒤엇지요.

朴月灘—「파리」라니?

梁白華—春園이 單行本을 낼 作定으로 約200枚나 단꺼번에 「書卸し」하여 六堂이 하는 「新文館」에 주엇는데 그것이 檢閱에 드러가서 그만 警務總監部에서 한 장도 안 남기고 ××되어 버렷는데 그것이 크게 名文이엇더래요. 들니는 말에 警務總監部에서도 ××는 하면서도 참 잘 쓴 글이라고 稱讚하드래요.

李光洙—六堂은 그 뒤에도 늘 「파리」 가튼 글을 다시 쓰라고 작고 졸느지요.

(「春園文壇生活 20年을 機會로 한 『文壇回顧』 座談會」, 『삼천리』 6권 11호, 1934.11)

5) 「천안기」에 대한 해명의 곤란함은 이광수의 문학을 집대성한 것으로 평가받는 김윤식의 『이광수와 그의 시대』에서 이를 언급하지 않고 비껴갔다는 점에서 미루어 짐작할 수 있다. 그 이전과 이후로도 이 작품에 대한 본격적인 언급을 볼 수 있는 논문은 희소하다. 다만 소세키의 「나는 고양이로소이다」와의 영향관계를 비교한 연구가 최근 발표된 바 있다(이미정, 「漱石『吾輩は猫である』と春園「千眼記」—「猫」と「蠅」の役割と「文明開化」を巡る比較考察」, 『일본문화학보』 21권, 한국일본문학회, 2004).

2. 천 개의 눈으로 볼 수 있는 세계

「천안기」는 『춘향전』에 이어 『동아일보』에 연재한 이광수의 신문연재소설이다. 1인칭 서술자인 '나'와 세상 구석구석을 돌아다니며 인정세태를 '나'에게 들려주는 '파리'를 주 인물로 삼고 있다. '파리'가 먼저 인간인 '나'에게 다가왔고, '나'가 선의를 보이자 '파리'는 자신의 정체를 고백한다. '나'에게 다가온 '파리'는 인간처럼 생각하고 말하는 불가사의한 존재였다. 그리고 '파리'는 두루 세상을 살핀 결과를 '나'에게 전한다.

그의 다른 작품과 비교되는 가장 뚜렷한 구분점은 여기서 발생한다. '파리'라고 하는 존재를 중심인물의 하나로 설정함으로써 스스로를 재료로 한 『무정』의 계보에서 벗어났고, 사실史實의 영역에서 은밀히 자신을 비추어 냈던 「가실」의 세계에서도 이탈했다.

1900년대를 풍미했던 풍자우의형 서사는 신소설의 폭발적 진출과 함께 그 수명을 다한 것으로 평가되었다.[6] 이는 역사적 사명을 다한 양식이 별안간 새로운 역할을 부여받은 장르에 출현하는 현상에 해당한다. 「문학이란 하오」에서 보여준 바, 서구적 근대문학을 열망하던 이광수가 경

---

6) 1900년대 매체서사의 유형은 한기형(『한국근대소설사의 시각』, 소명출판, 2000)에 의해 시사토론체 · 우의체 · 기사체 · 풍자 등 4가지 형태로 제시된 바 있다. 매체서사(논설적 서사 혹은 단편서사물)의 향방을 두고 신소설의 직접적인 출현 동기로 간주하는 김영민(『한국근대소설사』, 솔, 1997)의 견해와, 영향과 경쟁의 관계가 얽혀 기반을 제공하는데 머물렀다는 한기형(『한국근대소설사의 시각』, 소명출판, 2000)의 견해가 엇갈리고 있으나 두 견해 모두 매체서사가 중세문학과 근대문학을 연결하는 서사양식이었음을 인정하고 있다. 다만 이들의 논의는 매체서사와 신소설과의 관계에만 한정되어 지속된 융합과 분열의 진화과정을 인식하지는 못한 것으로 보인다. 서구적 근대문학이라는 대항물의 존재는 상호침투에 따른 변모의 원리뿐 아니라 자기유지의 원리 또한 요구하기 때문이다. 계승과 지양은 다만 단일 양식(신소설)에 의해 온전히 완성되는 것이 아니라 전통과 근대가 길항의 여지없이 융합될 때까지 지속된다.

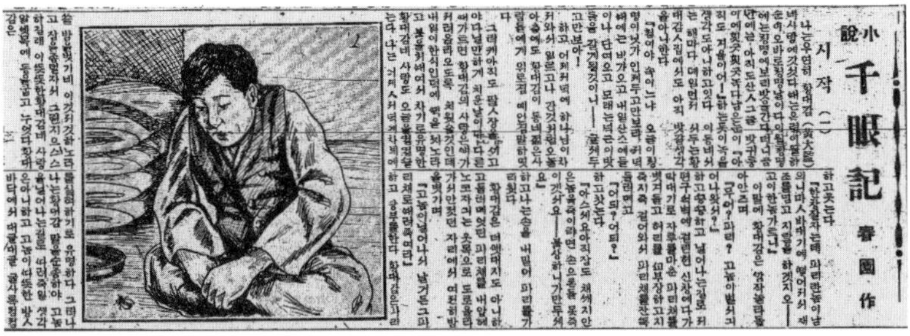
小說 千眼記 春園 作

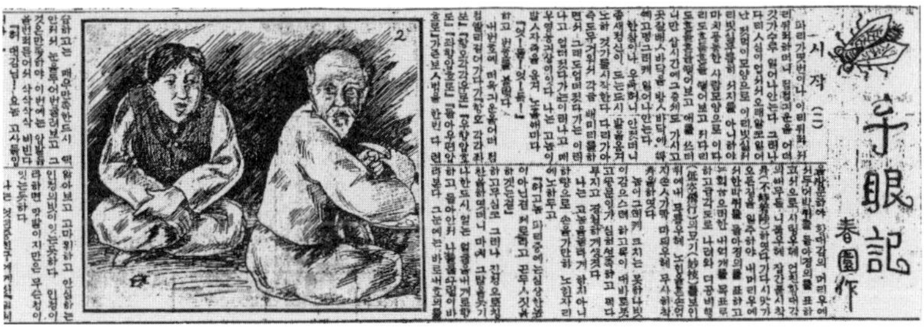
千眼記 春園 作

「천안기」 1회와 2회.

우에 따라 퇴행적 돌출로 간주될 수 있는 우화의 차용을 서슴지 않았던 이유는 '파리'로 하여금 이광수 자신의 모습을 대변시키기 위함이었다.

'파리'의 존재성은 무소부재無所不在로 현현한다. 제목의 '천안千眼', 즉 '천개의 눈'은 불교의 관세음보살이나 힌두교의 인드라 · 비슈누 · 쉬바, 그리고 희랍 신화의 아르고스 등에서 그 연원을 찾을 수 있는 메타포이다. '천수천안千手千眼'을 형상화하면서 천개의 얼굴과 천개의 손을 지닌 불상을 만들기도 하지만, '천수천안'의 본뜻은 세상 어디에나 미치는 '살핌'과 '어루만짐'의 상징으로 읽힌다. 희랍 신화에서 헤라의 명령으로 제우스의 연인인 이오를 감시했던 아르고스 역시 천 개의 눈을 가졌다고 하지만, 루벤스 · 벨라스케스 등의 화가들이 형상화한 작품 속의 아르고스는 두 개의 눈을 가진 인간의 형상을 하고 있다. 두 개의 눈과 천개의 눈이 동시적으로 존재할 수 있는 것은 숫자의 거대함으로 능력의 거대함을 치환시켰음을 뜻한다. 파리에게 부여된 천 개의 눈은 '세상 모든 것에 관한 인지認知'를 의미하는 것이다. 더구나 이 미물은 인간사에 개입할 수 없는 처지로부터 윤리적인 순결성도 부여받을 수 있는 유리한 입지를 갖는다. 신성의 주요 요건을 갖출 수 있는 것이다.

이렇게 파리가 전지성全知性과 순결성을 가졌다고 하더라도 인간사에 개입할 수 있는 파리의 힘은 극히 한정되기 마련이다. 소설의 초반부에 묘사된 것처럼 인간에게 자신이 관찰한 바를 전달해주는 것으로 파리의 역할은 소멸된다. 그러므로 「천안기」는 '파리'라는 보조적 존재를 통해 '나'가 세상에 대해 깨닫는 과정으로 읽힌다. 파리의 말은 소박한 계시이자, 온 세상의 소문이며, 매일의 신문이다.

그러나 뒤집어 보면, 파리와 나의 관계형성은 인지하지만 행동할 수 없는 '파리'가 '나'를 통해 자신의 인간성을 실현시키는 과정으로도 해석된다. 천 개의 눈을 가진 '파리'가 두 개의 손을 가진 '나'를 만남으로써 신성과 인간성의 결합이 일어나고 이 가운데 교화敎化의 힘도 나타나게 된다. 즉 소설 속에서 서사를 진전시킬 수 있는 힘은 둘의 결합을 전제한 가운데에서 생성되며, '나'와 파리의 존재는 어느 하나도 타자를 버리고는 자립할 수 없는 위치에 서게 된 셈이다. 따라서 파리의 존재는 결핍을 충족시켜 줄 또 하나의 '나'이며 '나' 역시 또 다른 파리라고 할 수 있다. '파리'는 세상의 모든 인간사를 인지할 수 있는 상상 속의 '나'를 현실화시킨 존재로 재림한다. 신성神性과의 관계가 '인생 구경을 함께 할 동무'로 드러나는 것은 그 때문이다.

나는 파리의 첫 번 보고에 깊은 흥미를 가질뿐더러 또 파리의 관찰력과 묘사력을 탄복하지 않을 수 없었다. 그는 다만 사실을 사실대로 잘 묘사하는 힘이 있을뿐더러 매우 유우머諧謔의 맛이 있다. 대단히 좋은 동무를 얻었다. 이 친구와 인생 구경을 같이하면 퍽 재미있겠다고 속으로 기뻐하면서 기쁜 김에 송편 한 그릇을 다 때려 누였다.

인간성의 담지자인 '나'와 신성의 대변자인 '파리'라는 이중 인물 구도를 통해 이광수는 흥미로운 효과를 거두게 된다. 이광수는 '나'에게 생활인으로서의 자신을 투영하고 '파리'를 통해 공적 인물로서의 사회적 역할을 표현했지만, 독자들은 작중인물 '나'에게 스스로를 이입시키고 '파리'를 통해 이광수의 존재를 확인하게 된다는 점이 그것이다.

『무정』을 발표한 후 이광수는 조선의 최고 엘리트로 평가를 받고 있었다. 그러나 상해에서의 전향적 귀국과 「민족개조론」 발표 이후 그는 극심한 배척을 받게 된다. 최남선과 진학문 조차 『동명』의 편집장으로 예정되었던 그를 제외시켰다면 그가 처했던 곤란은 어렵지 않게 이해할 수 있다.[7] 궁지에 몰린 이광수는 자신과 관련된 이야기보다는 자신의 이야기를 역사에 의탁하는 방법을 취택하기도 했다.[8] 그러나 『동아일보』에 장편소설 『재생』을 연재하고 난 후 이광수는 수세에서 공세로 전략을 조정했다. 적극적이지만 노련하게 조선에서 벌어지는 모든 일에 대한 비평자, 판단자

7) '세상의 내게 대한 비난이 육당의 용기를 꺾은 듯하여 마침내 내게는 아무 말도 없이 『동명』이 나왔다. 나는 이에 대해서 분개했으나 역시 당연히 받을 벌인가 하였다.' 「無情을 쓰던 때와 其後」에서 이광수는 이 사건으로 큰 충격을 받았음을 토로하고 있다(이광수, 『이광수전집』, 삼중당, 1962.9).

8) 김윤식, 『이광수와 그의 시대』 2, 솔, 1999, 94~107면.

로서 자신의 위치를 회복시키고 싶어 했던 것이다. 「천안기」는 그러한 작자의 입지와 처신을 보여주는 글이다. 「천안기」를 연재하기 전 스스로 내건 「작자의 말」은 이광수의 의도를 분명히 확인시켜준다.

> 내 몸이 파리 되어 / 삼천리 두루 돌아 / 큰사람 작은 사람 / 착한 사람 악한 사람 / 욕심구럭 심술구럭 / 장난구럭 불평구럭 / 애국자 비애국자 / 충직한 자 간사한 자 / 괴물 흉물 추물 / 기가 막힌 모든 망물 / 어여쁘고 얌전한 이 / 못나고도 유덕한 이 / 팔자 좋아 걱정인 놈 / 잘난 놈 / 못난 놈 / 살겠다고 애쓰는 치 / 곰바리 악바리 / 쪽진 머리 트레 머리 / 잘 웃는 류 잘 우는 류 / 훔치교의 교주 방주 / 사회주의 또 바리슈 / 대소 바보 고린 보 / 헐게 늦어 빠진 보 / 주정방이 간난방이 / 셋방 찾아 복덕방이 / 살인 강도 사기 절도 / 무당 판수 유도 불도 / 점잖으신 학교 선생 / 장난군이 남녀 학생 / 갈보와 기생이며 / 영미국에 유학생 / 땀 흘리는 농부 인부 / 무서웁다 순사 경부 / 지고 이고 서북간도 / 합비 입고 대판 광도 / 가는 이들 두루 찾아 / 이리 찾고 저리 찾아 / 한 이야기 지어 볼까 / 설은 대목 있거들랑 / 부대 울기 잊지 말고 / 웃은 대목 만나거든 / 마음 놓고 웃어 주고 / 괘씸한 것 고약한 것 / 염려 말고 호령하고 / 기특한 것 갸륵한 것 / 야낌없이 칭찬하고 / 얄망궂고 가증한 것 / 아니꼽고 숭한 것 / 모두 다 보아 두고 / 가다가 재미 없는 것 / 눌러보고 지나가고 / 혹시 제법 잘된 것 / '응 잘했군' 칭찬하게 / 어즈버 / 새해 된다 하니 / 새 이야기 할까나[9)]

「작자의 말」은 이광수가 왜 '파리'를 불러왔으며 그 미물에게 신성적

9) 이광수, 「作者의 말」, 『동아일보』, 1926.1.2.

新春本紙 連載小說 「千眼記」

—春園 李光洙氏 新作—

作者의말

내몸이 파쇄되야
삼천리 두루돌아
큰사람 적은사람
착한사람 악한사람
욕심스구럭 심술구럭

팔자조와 거칭인놈
팔자구켜 한탄인놈
잘난놈 못난놈
살겟다고 애쓰는치
애쓰는것 비웃는치
곰바리 악바리
쪽진머리 느려머리

무당판수 유도불도
점잔흔신 학교선생
작난군이 남녀학생
갈보와 기생이며
영미국에 류학생
떵흘리는 농부인부
무서웁다 순사경부

우순대목 만나거든
마음노코 우서주고
괘씸한것 괴악한것
넘려될고 흉령하고
긔특한것 갸륵한것
맛김웁시 칭찬하고
얄망굿고 가증한것
아니꼽고 숭한것

작난스구럭 불평하력
애국자 비애국자
충직한자 간사한자
괴볼 흉볼 추물
긔가막힌 모든망물
어엽부고 얌전한이
못나고도 유덕한이
잘나고도 박복한이

잘못는류 잘우는류
홍치교에 교주밥추
사회주의 또바리슈
대소바보 고린보
헐개느커 빠진보
주정빵이 가난빵이
샛방차자 복덕방이
살인강도 사긔절도

지고이고 쉬복간도
합비입고 대관광도
가는니들 두루차자
이리찻고 커리차자
한니야거 지어볼가
한니야거 지어볼가
쉰은데목 잇거들랑
부대울기 낫지말고

모도다 보아주고
가다가 재미업는것
놀러보고 지나가고
혹시쩨법 잘된것
「홍잘향춘」 칭찬하게
어즈버
새해되다하니
새니야기 할가나

비상한환영가운데서 련재하야오든 본지소설 「춘향뎐」(春香傳)은불일간으로쯧을맛치고뒤를이어역시춘원리광수(春園李光洙)씨의작인 「천안긔」(千眼記)를 시작하야 신춘뎨오일부터게재하기로하엿습니다 씨의솜씨는 위래뎡평이자재하더이라 새삼스러히소개할필요도업거니와 소설의내용에이르러는 다못「작자의말」로표현된 그륜곽만으로도 아미만던하애독세씨의긔대에차고넘을것을마더 의심치아니합니다

新年第五日부터 繼續揭載

「천안기」 예고

위상을 부여했는지를 확연히 보여준다. 첫머리에서부터 그는 스스로를 '파리'에 대입시켜 민족 전체에 대한 비평을 시도하겠다고 선언한다. 그리고 선과 악의 뚜렷한 대립구도를 설정하고 민족사회에 존재하는 인간군 전체를 소환하여 긍 · 부정으로 선별하겠다고 말한다. 나아가 이광수가 상상할 수 있는 수십 종에 이르는 인간의 면모를 낱낱이 지목하여. 다시 '울고', '웃고', '호령하고', '칭찬하고', '보아 두고', '눌러보'는 행위로까지 치닫는 의욕을 보여준다. 물론 그 선별과 단죄의 기준은 온전히 이광수의 그것으로 적용되었다. 칭찬을 하건 호령을 하건 행위의 주체는 이광수일 뿐이다. 조선의 모든 사람을 선악으로 나누고 평가할 수 있다는 것이다. 신성적 존재인 '파리'로 변신한 이광수의 강한 자신감이 그대로 노출되고 있다.

조선의 비평자 · 판단자로서 자신의 위치를 재조정하기 위해서 이광수는 '파리'를 선택했다. '모든 것'에의 관찰을 근대적 세계에서 어떻게 상상할 수 있을 것인가와 윤리적인 순결성을 획득하기 위해 무엇이 필요한가라는 문제에 답하기 위해서이다. 이광수는 무소부재無所不在의 신성神性을 충족시킬 수 있는 대상, 윤리적 순결성과 인격적 부정성이 제거된 존재로 파리를 선택했던 것이다. 인간의 생활이 있는 곳이면 어디에나 존재하는 파리를 통해 세상에서 벌어지는 온갖 사건을 인지할 수 있는 여지를 만들고, 인간사에 개입할 수 없는 미물을 통해 인격적 부정성을 제거함으로써 조선 사회의 비평가로서의 자신의 위치를 조정하고자 했던 것이다.

3. 1920년대 풍자우화와 「사회풍자 은銀파리」

최남선이 「천안기」와 같은 소설을 써달라고 요청했지만 이광수는 침묵으로 거부의 의사를 보냈다. 신문관을 운영하던 편집자 최남선에게 파리 이야기가 매우 매력적이었던 만큼 이광수 역시 '파리'를 소환하여 매우 유리한 전략을 택한 듯 보였다. 하지만 이광수는 「천안기」조차 완성을 보지 못했다. 그 이유를 살피기 위해서는 1920년대의 우화들의 특징에 주목하고자 한다. 특히 『개벽』에 실려 뜨거운 반응을 불러일으켰으며 「천안기」와 형태상의 유사성을 강하게 드러내는 풍자우의형 매체서사 「사회풍자社會諷刺 은銀파리」[10]에 주목하고자 한다.

「은파리」는 한 마리의 파리를 등장시켜 부도덕한 방법으로 재물과 권세를 얻은 대감을 비판하는 것으로 시작해, 공부는 하지 않고 계집질에 소일하며 부친의 재산과 작위를 상속하려는 첩의 자식, 거짓말로 모친을 속이고 없는 살림을 털어 놀러 다니는 신여성, 허위의식으로 가득 찬 자선가 · 교육자 · 연설가 같은 지식인들을 풍자의 표적으로 삼았다. 그리고 그 풍자의 수준은 전무후무하리만큼 직설적이고 강렬한 것이었다.

---

10) 목성, 「社會諷刺 銀파리」, 『개벽』 7~18호(총 7회 연재), 1921.1~11. 일반적으로 '목성'은 방정환의 별호로 알려져 있다. 그러나 주제의 연속성과 문체 등의 특성으로 보아 『개벽』의 필진 중 하나였던 박달성일 가능성도 배제할 수 없다고 본다. 그 이유는, 방정환 사후에도 『신여성』에 '은파리'이 「新聞記者 尾行記」가 게재되고 『혜성』에는 「은파리」이 이름만 바꾼 후 신인을 명기한 「금파리의 歲拜꾼 尾行記」가 게재되었다는 점에서 일단 필자를 방정환으로 판단하는 것은 문제의 소지가 있다. 또 『개벽』과 『신여성』을 통틀어도 신랄한 독설과 통렬한 풍자로부터 끌어내는 쾌미를 만들어 낼 수 있었던 사람은, 해학과 유머에 밝은 방정환보다는 박달성일 가능성이 높다는 판단 때문이다. 이 점은 『개벽』에서 '목성'과 함께 풍자와 독설, 해학으로 가득한 이야기를 발표한 '쌍S'도 마찬가지이다. '목성'이나 '쌍S'라는 별호를 여러 필자가 공유했다는 추정도 가능하다. 이하 「은파리」로 약칭.

날카로운 풍자와 비판에서 눈길을 끄는 이 글은, 그 신랄함을 가능하게 한 곳에 우의 형식의 전환이 있다는 점에서 더욱 주목을 요한다. 1900년대의 풍자우의형 매체서사가 그러하듯이 일반적으로 우화의 형식을 통해 교훈에 도달하는 경우, 그 등장인물들은 실제의 인물을 연상시킬 수 있는 특징적 동물들로 구성된다. 예컨대, 개구리 이야기[11]나 「호토상탄」[12] 등의 경우 등장인물은 모두 의인화된 동물들이며 이들은 먹이사슬 속에서의 위치를 중심으로 배역을 맡게 된다. 백로에게 속은 물고기 이야기[13]나 사슴과 나무꾼의 이야기[14]처럼 사람과 동물이 동시에 등장하는 경우에도 그 역할은 직업이나 먹이사슬에 의해 평면적으로 배치될 뿐이다. 우의적 요소들은 모두 현실과는 다른 세계에서 구현되고 있으며 우의세계寓意世界와 현실세계는 층위를 달리한 은유적 대응 양상을 보인다.

그러나 「은파리」의 경우에는 '은파리'를 비판자로 내세워 사회 곳곳의 부패와 부도덕, 위선과 가식을 풍자하는 방법을 씀으로써 '은파리'의 위치는 앞의 예와 달라진다. '은파리'를 매개로 우의세계와 현실세계가 통합되는 국면이 조성되는 것이다. 따라서 '은파리'의 이야기는 모두 현실세계의 이야기이며 현실세계에 대한 이야기는 다시 '은파리'를 통해 우의의 세계로 진입하게 된다. 1900년대의 우화가 2차원 세계에서 현실이라는 평면과 우의라는 평면이 대응되는 함수관계를 형성한다면, 1920년대의 우화는 현실세계와 우의세계가 직각으로 교차되며 통합 공간을 이루는 3차원 세계에 해당한다고 할 수 있다.

---

11) 「론셜」, 『믹일신문』, 1898.8.15.
12) 「호토상탄」, 『믹일신문』, 1898.9.23.
13) 「론셜」, 『독립신문』, 1898.2.5.
14) 「론셜」, 『뎨국신문』, 1900.6.28.

여기서 '은파리'의 존재는 매우 무거워진다. 우화세계의 '은파리'는 현실세계에 초대받으며 우의의 세계와 현실의 세계를 동일 공간 속에 몰아넣는 역할이 주어진다. 나아가 우의세계의 대표자로서 우의적 존재성도 여전히 유지해야만 했다. '은파리'가 유지한 우의적 존재성은 인간이나 인간을 비유한 존재가 아닌 신성적 인간성을 말한다. 현실세계에 진입함으로써 부각된 '은파리'의 신성은 종전의 우화와는 비교하기 어려운 효과를 거두게 된다. 우의세계 안에서의 초월적 능력은 현실세계로 옮겨올 때 훨씬 강력한 힘을 발휘하게 되는 비교 우위의 원리가 이용되는 것이다.

'은파리'는 인간 능력 이상의 능력, 즉 어디든 갈 수 있다는 파리의 특성을 이용해 무소부재無所不在의 신성을 유지하게 됨으로써 사회 곳곳에서 일어나는 모든 사건에 '전지全知'적 능력을 갖추었다. 또 온갖 비리와 부정이 저질러지는 현실세계의 외부인이라는 점에서 윤리적 순결성도 아울러 지니게 된다. 이로서 '은파리'는 비판받는 대상의 도덕성으로부터 자유로운 현실세계의 판단자, 즉 도덕적 기준점을 점유하게 된다. 이로서 풍자의 수위는 한층 끌어올려질 수 있게 된다.

나아가 풍자의 대상이 우회적 은유의 공간이 아닌 직접적 현실의 공간에 위치하게 된다는 점도 풍자의 강화에 일조하게 된다. 예컨대 『매일신보』에 실린 백로에게 속은 물고기 이야기의 경우, 물고기가 살고 있던 연못은 조선을, 어옹漁翁은 서구 열강, 백로는 일본을 빗댄 것이라고 할 때, 이들은 각각 비유된 다른 존재를 통해 우의의 세계를 펼쳐 보인다고 할 것이다. 그러나 「은파리」의 경우, 전형적이기는 하되 비유되지 않은 현실 속의 인물에 대해 풍자가 전개되는 것이다.

인간의 사회적 관계로부터 자유로운 '은파리'는 거리낌 없이 부정한 방법으로 재물과 권세를 얻은 현실 위의 '부자富者', '권자權者', '식자識者'를 향해 독설을 뱉는다. 사회적 관계 속에 있는 인물이었다면 권력을 손에 쥔 인물에게 '횡령'과 '약탈', '강도' 등의 직설적인 비판은 어려웠을 것이다. 또 은유와 비유의 지평에서 역시 이는 거의 불가능하다. 풍자하는 자와 풍자되는 대상의 변형된 위상이 이 신랄한 비판을 만든 것이다. 이에 따라 우의의 기능은 형식적 기제의 수준으로 축소되고 대신 풍자의 영역이 대폭 확대되었다고 할 수 있다.

이러한 경향은 「서울쥐로부터 시골쥐에게」[15]에서도 계속된다. 서울의 구석구석을 정탐한 서울쥐가 사람들의 '간교와 허위'를 시골쥐에게 고발하는 듯한 편지 형식의 풍자우의형 매체서사이다. 박달성은 갑자년 쥐의 해를 맞아 '밤말은 쥐가 듯고 낫말은 새가 듯는다'는 속담을 원용해 사회의 부도덕과 몰인정, 부정과 부패를 고발한다. 서두에서부터 경고는 삼엄하다. '주의. 큰일낫다. 쥐생원 아니 서정탐鼠偵探이 나서 인간의 내막을 모다 들춘다 한다. 그는 세계적 명정탐으로 인간의 최대비밀 심夜의 유방幽方 입울 속 일까지 드러내인다 한다. 그가 드러내는 대로, 세상에 공개한다고 체면도 용서도 업다고' 경고한 대로 서울쥐가 사는 자신의 집 주인을 비롯해 이웃에 사는 사람들에 대한 관찰과 평가는 역시 신랄하다.

이 글에서 사람들은 학살자이며, 거짓과 추악을 쏟아내는 강도이고, 간음과 사기 밖에 모르는 죄악의 무리이다. 그 비판의 화살은 가난하고 힘없는 민중을 비켜나가 부자와 권자와 식자들에 집중되고 나아가 일본인에 대해서도 '일본놈이 압즐너 가루채여 고놈들의 주머니에만 홀가　코 내놋치를 안으닛가 서울의 조선놈들은 다 죽는다고 썰썰 살코 지내오'라

15) 춘파(박달성), 「서울쥐로부터 시골쥐에게」, 『개벽』 43호, 1924.1.

고 빗대는 등 비판을 가한다.

이들은 모두 의인화된 등장인물을 중심에 세웠다는 점에서 우의적 성격에 비중을 두었지만 다른 측면에서 보면 대화체나 편지글 등 다양한 양식적 차용을 곁들이고 있어 이미 전형적 우화라고는 할 수 없다. 그러나 차용된 형식과 관계없이 '은파리'처럼 '서정탐' 역시 사회적 관계로부터의 자유로운 위치를 점유한 우의세계의 인물 덕에 강도 높은 비판을 가할 수 있게 된다. 물론 그 대상은 현실의 전형적인 인물로 채워진다. 따라서 「은파리」와 「서울쥐로부터 시골쥐에게」는 사실상 동일한 방법론의 지평 위에서 가능했던 1920년대의 풍자우의형 매체서사라 할 수 있다.

이러한 풍자우의형 매체서사는 주로 개벽사가 발행한 잡지에서 많이 발견된다. 『신여성』에도 풍사우의형 매체서사가 발견되는데, 그 대개는 『개벽』과 마찬가지로 목성의 「은파리」였다. 「은파리」는 『신여성』 2권 5호(1924.7) · 10호(1924.11) · 11호(1924.12), 3권 2호(1925.2)에 게재되었으며, 3권 6호(1925.6)의 「문란한 풍기 이꼴저꼴」도 필자가 '은파리'임을 감안하면 모두 「은파리」와 관련을 가진 셈이다. 『별건곤』에도 우화형 매체서사는 지속적으로 게재된다.

풍자우의형 매체서사는 1920년대 초반 「은파리」를 중심으로 풍자성이 매우 강했지만, 후반으로 넘어가면서 풍자의 수위가 낮아지고 대신 골계적 요소가 첨가되는 경향이 있고, 전체적으로 게재 빈도가 줄어드는 특징을 보이고 있다. 이러한 현상은 1920년대 중반, 계몽주의가 퇴조하고 대중에 대한 관심이 증폭되면서 '취미'의 영역이 상대적으로 부각되었다는 것[16]과, 타 매체서사에 비해 상대적으로 계몽성이 두드러지는 풍자우의

16) 취미와 이야기에 관련된 지점적 자료로는 이경돈이 「『별건곤』과 근대 취미독물」(『대동문화연

형 매체서사의 주 향유 계층이 어린이로 제한되는 등 독자의 계층 · 연령별 분화 현상이 나타나는 상황과 맞물려 있기 때문인 것으로 보인다. '취미'와 '홍미' 중심의 잡지임을 선언한 『별건곤』, 계층이나 연령층에 따라 내용도 구별하려는 시도, 즉 『신여성』, 『농민』, 『어린이』, 『학생』 등의 특정 독자를 겨냥한 잡지의 등장은 그러한 경향을 가속화시켰다. 1920년대 중반을 기점으로 점차 성인 독물讀物로서의 존립 기반이 흔들리기 시작했던 것이다.

비록 풍자우의형 매체서사는 취미 영역의 독립과 함께 신랄한 풍자가 약화되고 독자의 분화 경향에 따라 점차 미성년의 독물로 취급되게 되지만, 근대적 양식으로 변모하려는 시도가 실패한 것만은 아니다. 앞서 언급한 바, 이미 1920년대 풍자우의형 매체서사는 현실성을 강화하고 풍자성을 극대화하는 변화를 겪었다. 이 변화는 미성년을 대상으로 한 독물로서의 가능성뿐 아니라, 성인을 대상으로 한 근대소설로 진입하려는 시도로 이어진다.

구』 46, 성균관대 대동문화연구원, 2004.6)을 참조할 수 있고, 취미와 문화의 관계에 대해서는 천정환 · 이용남의 「근대적 대중문화의 발전과 취미」(『민족문학사연구』 30, 민족문학사학회, 2006)과 이현진의 「근대취미와 한국 근대소설 관련양상 연구」(경기대 박사논문, 2004) 또 유선영의 「한국 대중문화의 근대적 구성과정에 대한 연구」(고려대 박사논문, 1992) 등으로부터 도움을 받을 수 있다.

4. 소설 「천안기」와 비소설 「사회풍자 은파리」

'파리'라는 비인격적 인격체를 통해 신랄한 풍자를 자아낸다는 점에서 「천안기」는 「은파리」와 유사한 구성을 보인다. 두 작품 모두 '파리'라는 비인격적 인격체를 등장시키고 이 '파리'의 눈을 통해 풍자를 만들어낸다는 점에서 그러하다. 의인화된 '파리'의 등장과 권자, 부자, 식자에 대한 풍자가 두 작품의 핵심적 구성요소라는 점에서 「천안기」와 「은파리」는 동일한 서사적 양식이라 할 수 있다. 이들의 유사점은 다만 여기에 머물지 않는다. '파리'의 존재를 상상하기 어려운 겨울에 등장시킴으로써 오히려 '파리'의 신성성을 강조하는 것이나, 양 작품 모두 첫 풍자의 대상을 권력과 부를 동시에 소유하고 있는 '대감'과 여기에 근대적 지식의 세례까지 받은 그의 식솔들에 맞추었다는 점, 반대로 사회적 약자에 대해 존중과 동정을 부여하고 있다는 점, 풍자 인물의 이동에 따른 에피소드 형식을 취한다는 점 등에서 두 작품은 공통된다. 우의성과 풍자성을 중심에 놓고 작품의 초반부를 볼 때, 더불어 『동아일보』와 함께 이광수의 주된 활동무대가 『개벽』이었음[17]을 고려한다면, 1921년 『개벽』에 게재된 「은파리」와 1926년의 「천안기」는 차용관계가 성립하고 있음을 짐작할 수 있다. 나아가 근대소설의 형성과정에 우화라는 전통적인 이야기 방식이 개입하는 난적인 예이기도 하다.

17) 1920년대 「천안기」를 발표하기까지 『개벽』에 발표한 이광수의 글은 「민족개조론」을 비롯하여 10편을 상회한다. 시사종합지 『개벽』 외에도 이광수는 신문으로는 『동아일보』를, 문예지로는 『청조』, 『백조』, 『영대』, 『조선문단』 등을 주 활동 무대로 삼았다.

나는 편리를 위하여 파리가 자기 본 것을 직접 기록하는 모양으로 기록하려 한다.

(…중략…)

황 주사는 하도 기가 막혀 한참이나 입을 딱 벌리고 앉았더니,

"이놈! 아버지더러 황주사가 다 무에냐. 이놈, 사뭇 황 주사래. 어-고이한 놈."

"그저 황 주사만이면 좋게요, 못난이 황 주사."

하고 마누라가 웃으니,

"응! 액! 자식들을 그 모양으로 가르쳐서- 응! 액!"

부두놈도 아버지에게 대하여서는 어지간이 미안한 생각이 나던지,

"길에서 아이들이 다- 그러던데."

(…중략…)

여기까지 이야기를 하고는 파리도 여태껏 참았던 웃음을 한꺼번에 웃어 버리듯이 한없이 웃고, 나도 입에 물었던 떡도 채 다 못 삼키고 사래가 들도록 웃었다.[18)]

앞서 예시한 「은파리」의 첫머리를 통해 '대감'이 첫 풍자의 대상이었음이 확인되거니와, 「천안기」 역시 첫 비판의 대상은 이들이다. '파리'의 눈을 통해 본 상황을 '파리'의 입을 통해 말하게 함으로써 대감댁 아들이자 일본 유학까지 다녀온 지식인 '황주사'는 '건달', '못난이'라는 비난을 받게 된다. 별 볼일 없는 시골뜨기에 불과한 주 인물인 '나', 즉 '어물응魚勿應'[19)]

18) 이광수, 「千眼記」, 『이광수전집』 3권, 삼중당, 1962.9, 380~384면.

19) 주인공의 독특한 성명법은 몇 가지로 해석된다. 처음 성명이 기록되는 부분에서 '어물어물하다

의 위치에서 이러한 비난은 쉽지 않다. 반면 '나'에게 '우습게만 보'이던 '떡덩이 영감'은 '파리'에 의해 '눈에 보이지 않게 큰 은혜를 주고 큰 교훈을 주는 떡덩이 영감'으로 숭배의 대상이 된다. '파리'라는 신성적 인격체에 의해 사회적 위치의 제약을 받는 '나'를 뛰어 넘는 비판과 풍자가 산출되는 동일한 과정을 보여준다.

그러나 양 작품은 구성에 있어 결정적인 차이를 가지고 있다. 「은파리」에 비해 「천안기」는 직설적 비난이 적고 풍자 대상의 부정을 드러내는데 있어서도 단도직입적이지 않다. 비교적 사건이 풍부하고 인물들 간의 관계는 일상적이다. 전개 방식도 「은파리」가 대화에 의존하는 경향이 큰 반면, 「천안기」는 상황 묘사에 치중하는 바가 적지 않다. '파리'의 존재도 「은파리」에 비해 매우 인간적인 면모를 지녔다.

이러한 차이는 '나'의 개입으로 빚어진다. 「은파리」는 풍자의 대상과 풍자자가 대립적 위치를 고수하고 있다. 즉 '대감'과 '은파리', '여학생'과 '은파리'가 직접 대면하고 대화하는 방법이다. 그러나 「천안기」의 '파리'가 의인화될 수 있는 상황은 '나'를 전제하고 있다. 즉 「천안기」의 '파리'는 '나'에게만 말을 주고받을 수 있도록 제한되어 있다. '나'에게 '파리'는 사유하고 대화할 수 있는 인격체이지만, '황 대감'이나 '황 주사'에게 '파리'는 일개 곤충일 뿐인 것이다. 이런 까닭으로 사건은 '나'를 중심으로 전개되고 '파리'는 부차적 위치로 밀려나게 된다. 풍자 대상과 풍자 주체 사

가 겨우 정신을 차려 『저는 어 물읍시올세다』하고 대답을 하고'라고 쓰였기 때문에 '이물이물한다'는 뜻으로 조어했다고 추정할 수 있다. 한자어 '勿應'으로부터는 '남의 말 듣지 말라'는 의미를, 자신의 이름을 '勿應' 대신 '無能'이라고 적는 대목으로부터 비실천적 중립자로서 해석도 가능하다. 대개 비평자로서의 특징을 보여주는 공통점이 있다. 다른 하나는 『青邱野談』, 『海東野書』 등에 전해지는 이야기꾼인 오물음吳物音의 변형으로 추정할 수도 있다.

이에 사건 전개의 주도권을 쥐고 있는 '나'를 개입시킴으로써 그만큼 풍자는 약화되고 대신 사건은 풍부해진다.

'나'의 존재 여부는 다만 풍자의 강도나 서사의 주도성에 머무르지 않는다. 이 두 작품의 성격을 갈라놓는 요소이자, 또 「천안기」의 서사가 파국을 맞이하는 이유가 되기도 한다. 「천안기」는 '입사入社'편에 진입하면서 '파리'의 역할이 거의 사라지고 '부평초浮萍草'편에서는 거의 등장조차 하지 못한다. 그리고 작품은 미완으로 종결된다.

1926년 3월 7일 61회를 마지막으로 연재가 중단된 것은, 독립운동의 격려를 암시하는 러시아의 전문을 게재했다는 이유로 자행된 『동아일보』의 정간 때문이다.[20] 그러나 이는 표면적인 이유일 뿐이다. 이미 「천안기」는 「작가의 말」에서 주장한 애초의 목적을 잃어 버리고 전혀 다른 방향으로 진행되고 있었다.

변화의 조짐이 시작되는 것은 고향을 떠나는 부분부터이다. 나와 '파리'는 '떡덩이 영감'의 죽음으로 슬픔에 잠겨 그를 위한 비문을 지어주었고, 이에 글재주를 알아본 황주사의 권유로 서울행이 결정된다. '파리' 역시 '서울이나 가서 사람들의 사랑과 우정은 어떠한가 두루두루 구경'을 하기 위해 '나'와 함께 떠난다. 그런데 함께 구경을 하겠다는 '파리'는 이후로 모습을 드러내지 않는다. 서울로 가는 노정에서부터 파리의 등장이 점차 줄어들다가 신문사의 한 장면을 마지막으로 결국 사라지는 존재가 된다는 점이다. 이제 서사는 완전히 '나'에 의해 독점된다.

우화세계의 '파리'에 의존해 풍자의 목적을 성취하던 초반부에 비해, '파리'가 사라진 후반부는 풍자적 성격이 완연히 탈각되고 대신 인물과 인

---

20) 『東亞日報社史』 1, 동아일보사, 1975, 258면.

물 사이의 갈등으로 전환된다. 그렇다고 갈등의 근원을 심도 있게 파고들지도 않는다. 수많은 인간부류를 비평하겠다는 최초 목적의 잔여물이 여러 인간형을 평면적으로 조명하는 데 그치게 한 것이며, 또한 자임했던 조선의 비평자 역할이 한계에 도달했음을 보여주는 것이다. '부평초' 집에서 여러 종류의 당대적 인간부류를 만나는 대목에서 그러한 정황을 포착할 수 있다.

친구의 애인 격으로 처음 만난 '부평초'는 '나'를 초대했고 그녀의 집에는 이미 여러 사람들이 모여 있었다. 허무주의자 무명씨, 비관주의 시인 한상달, 말없는 철학자 강우덕, 사회주의자 마혁명, 그리고 사랑을 믿다가 남자들의 노리개로 전락한 부평초. 이들은 모두 자신의 주장을 강변하며 나름대로의 세계인식을 펼쳐놓는다. 그러나 '파리'와 동행하지 않은 '나'는 이들에 대한 어떤 비판적 준거점을 찾지 못한다. '나'는 그저 이들 속의 한 인물로 격하된다. 조선에 대한 비평자로서의 역할을 잃어버린 것이다.

우화세계로부터 현실세계로 소환된 '파리'를 놓친 '나'는 갈등 속에 존재하는 한 개인의 차원에 한정된다. 이때 개인으로서의 '나'는 소설의 근원적 힘이랄 수 있는 사건의 다양화에 기여하지만 '조선의 비평자'로 자임했던 최초의 목적으로부터 일탈할 수밖에 없었다. '파리' 없이는 비평자도 있을 수 없었던 것이다.

그러나 근대적 개인의 발견과 함께 찾아온 근대소설의 에크리튀르 속에 있던 이광수에게 '파리'의 존재는 무척 낯설고 또 이질적인 것이었다. 「인파리」를 통해 풍자의 힘을 보고 그 방법으로부터 자신의 현실적 입지를 재고하고자 했던 이광수는 흔들릴 수밖에 없는 위치에 서 있었던 것이다.

풍자 대상과 풍자 주체 사이에 사건 전개의 주 인물인 '나'를 삽입시킨 것은 사건 구성을 풍부하게 만들었지만 다른 한편으로는 '파리'를 통해 얻었던 애초의 풍자 목적을 상쇄시키는 이유가 되었다. 작품을 이루는 요소로서의 '나'와 '파리'는 이광수에게 모순적 위치에 있었었고, 결국 풍자에는 유리하지만 사건의 전개에는 아무런 역할을 하지 못하는 '파리'는 소설의 전개과정에서 애물단지가 되어버린 셈이다. 이렇게 본다면, 이광수의 소설 「천안기」는 「은파리」라는 풍자우의형 매체서사를 차용한 소설이었음을 보여주는 동시에, 그 차용이 실패한 예를 보여줌으로써, 근대소설의 바깥에 있던 우화가 다시 근대소설의 세계로 진입하는 것이 용이하지 않았음을 드러내는 대표적 예라고 할 수 있다.

5. 대중의 등장과 소설의 도전

「천안기」가 쓰일 당시는 유성기 · 영화 · 라디오 등의 미디어가 급격히 확산되며 대중문화가 등장하는 시점이었다. 대중의 등장과 대중문화 확산의 의미에 대해서는 논자에 따라 다양한 의견이 엇갈릴 수 있지만, 1920년 인쇄미디어에 이어 라디오라는 전파미디어가 생겨나고 음반의 윤심덕과 영화의 나운규 등 대중적 스타가 탄생하던 1926년이 그 새로운 기점이 되었다는 점은 부정하기 어렵다.

문제는 대중문화의 새로운 전개가 소설 독자의 성격을 급격히 변화시킨다는 점이다. 소설은 그때까지 볼 수 없었던 미디어의 생산물들과 경쟁해야 했으며, 다른 한편으로 대중의 취향을 소설에 반영해야만 했다. 따라서 이광수는 지식인의 이상과 엘리트의 근대상을 제시하는데서 한 발 물러나, 「문학이란 하오」에서 극구 배제했던 전통적 서사는 물론 근대적 갱신의 과정에 있던 인쇄미디어의 다양한 서사를 차용했던 것이다.

이광수는 이러한 문화적 지형의 변화를 이미 감지하고 있었다. 이광수는 동인지 시대를 마감하고 본격적인 문학잡지의 시대를 열었던 『조선문단』(1924.10~1926.6)의 주재를 맡은 경험이 있었다. 『조선문단』은 '이광수 주재主宰'를 전면에 내세우고 흥미 중심적 편집과 다채로운 기획기사를 내놓았을 뿐 아니라, 등단제도를 마련하여 독자들로 하여금 작가가 될 수 있는 길을 열어 놓았고 이로서 근대적인 작가의 재생산제도가 확립되었다.[21] 「천안기」라는 이광수의 이채로운 실험은 이렇게 대중문화와 대중의 전면적 등장이라는 시대적 정황의 산물이라고 할 수 있다.

나아가 이광수가 「은파리」를 차용한 것은 「민족개조론」이 극렬한 비난의 대상이 되고 민족 중심 담론이 득세했던 1920년대 중반의 시대적 조류와 관련이 있었음을 고려해야 한다. 「작자의 말」과 '떡덩이 영감'에 대한 조사弔詞를 가사의 형식으로 처리한 것에서도 드러나거니와, 「문학이란 하오」에서는 '문학'으로 간주하지 않았던 「허생전」, 「일설 춘향전」 등 전통적 서사의 차용은 물론, 「은파리」의 경우처럼 전통에 속하지 않으면서도 '문학'으로 간주할 수 없었던 소설 바깥의 소설에서도 '문학'적 가능성을 타진하려 했던 것으로 보이며, 이 경향은 「천안기」 직후 『동아일보』에 발표되는 「마의태자」를 비롯한 다수의 역사소설의 경우에도 마찬

21) 이경돈, 「『조선문단』의 재인식」, 『상허학보』 7, 2001.8.

가지라 판단된다. 「천안기」는 비난으로부터 벗어나 민족의 비평자로서 스스로를 위치 짓기 위한 시도였던 것이다.

이상에서 살펴본 바, 1920년대의 풍자우의형 매체서사는 풍자의 대상을 의인화된 동물이 아닌 현실적 인물로 교체함으로써 이야기의 현실성을 강화하고, 풍자 주체를 사회적 관계로부터 자유로운 동물로 설정함으로써 풍자성를 심화시켰다. 「은파리」는 그 대표작이라 할 수 있다. 그리고 이광수의 소설인 「천안기」와 「은파리」의 차용관계로 볼 때, 민족성을 긍정하는 사회적 분위기의 확산과 대중적 읽을거리에 대한 요청에 따라 관습적 양식을 소설에 도입하려는 시도가 실존했음도 확인할 수 있다.

그러나 서구적 문학의 이식과 더불어 성장하기 시작한 근대소설과 근대소설의 협소한 개념에 포괄되기 어려웠던 비소설의 서사들은 쉽게 융합되지 않았다. 「천안기」는 우화와 소설의 경계에 모호한 모습을 취하다가 결국 서사의 파탄에 이르게 된다. 「천안기」가 「사회풍자 은파리」를 차용하고, 결국 서사적 파탄에 이르는 과정은, 1926년의 문화적 지형에 따른 이광수 및 근대소설의 변화를 드러내는 대표적 사례가 아닐까 한다.

최서해와 기록된 소설

1. 동인지 소설과 기록서사

1920년대 중반을 경과하며 근대문학이 대중화 · 문단화에 성공하고 매체서사는 저급 양식의 영역을 독립적으로 구축함에 따라 근대소설과 기록서사의 관계는 확연히 달라졌다. 상호 삼투, 차용하던 관계가 일방적 흡수의 관계로 재조정된 것이다. 매체서사의 독립적 지위도 훼손되어 소설에 자양을 공급하는 보충적 지위로 격하되었다. 그러나 1920년대 초 · 중반을 거치며 여전히 형성 중이었던 근대소설은 차용되었던 기록서사의 특성을 빈영하였다. 관습화가 진행 중이던 근대소설에 기록서사의 특성이 관습의 일부로 남는 것이다.

1920년대 초반부터 신속神俗의 이분법에 의해 고급의 양식으로서의 '문학'을 부각시키려 했던 동인지 작가들의 언급으로부터 차용의 명징한 표현을 얻기는 쉽지 않다. 그러나 이광수가 「은파리」를 차용해 「천안기」를 창작했던 것처럼, 김동인 · 현진건 등에게서도 경험의 기록을 차용한 예를 간소하나마 확인할 수 있고, 최서해의 「탈출기」를 비롯한 체험소설에서는 기록을 소설화했던 경로도 파악할 수 있다. 또, 채만식은 기록서사와 근대소설이 상호 삼투하는 과정을 경과했을 뿐 아니라, 근대소설이 허구의 실감을 구축하고 난 후, 기록서사를 비롯한 매체서사를 저급의 하위양식으로 제한함으로써 소설의 일방적 취재 영역으로 간주하게 되는 과정을 드러낸다는 점에서 주목의 대상이 되기에 족하다. 이들은 모두 기록서사의 흔적을 보여주는 예이자, 소설이 실감을 구축해 가는 과정의 예가 될 수 있을 것이다.

김동인은 이미 「약한자의 슬픔」에서부터 근대소설의 그럴듯함을 주조하기 위한 실험을 보여주지만, 「감자」에 이르기까지의 본격적으로 소설다움을 획득하는 과정에는 「태형」의 관문이 있었다. 「태형」은 그 작품성을 크게 인정받지 못했지만, 장르표지에 '옥중기獄中記의 일절一節'이라는 부제[1]를 붙였다는 점만으로도 주목을 받기에 충분하다. 앞서 1920년대 초반에 존재하던 '작作'과 '기記'의 양식적 단절을 언급했지만, 「태형」이라는 소설에 '옥중기'라는 부재를 붙인 것은 일종의 경험담을 소설화했음을 뜻한다. 덕분인지 몰라도, 「태형」은 구성적 측면에서 짜임새는 엉성하지만 서술자의 신빙성을 중심으로 구체적 실감을 얻는데는 상당한 성공을 거두고 있다.

현진건의 경우에는 그 변화의 경로를 더욱 분명히 드러낸다. 처녀작

1) 김동인, 「笞刑(獄中記의 一節)」, 『동명』 16호, 1922.12.17.

「희생화」를 시작으로 신변소설로 잘 알려진 「빈처」와 「술 권하는 사회」, 「타락자」의 경우도 소설의 그럴듯함을 구축하는 과정에서 김동인의 「태형」과 유사한 위치에 있는 작품들이라고 할 수 있다.

현진건의 처녀작인 「희생회犧牲花」는 황석우의 전면적 비판을 받았다. '희생화는 물론 소설은 아닐다(작자는 무슨 예정으로 　 는지는 모르나) 이것은 하등 예술적 형식을 가추지 아니한 그저 사실이 잇는대로 그대로 기록한 소설도 아니고 독백도 아닌 일개 무명의 산문'이며, '급행적急行的, 광도적廣蹈的, 단편적'이고 심리적 필연성이 없는 외면묘사일 뿐이라는 것이다.[2] 연이어 그는 「희생화」를 허위로 가득한 사실 기록으로 보고 그 허위의 지점을 조목조목 지적한다. 현진건 역시 이 비판에 대해 가감없이 그대로 수긍한 바 있다.[3]

현진건의 수긍을 인정한다면, 황석우가 주장한 대로 「희생화」는 '사실이 잇는대로 그대로 기록'한 것에 가까웠으며, 이는 황석우나 현진건 공히 기록과 소설 사이의 대립적 관계를 인식하고 있었음을 드러낸다. 또 '급행적, 광도적, 단편적'이고 '심리(감정)의 필연성'이 없기 때문에 '사실의 기록'일 뿐이라는 지적은 기록과 소설 사이의 관계가 질적 차이가 아닌 양적 차이로 인식되고 있음을 드러내기도 한다.

기록과 소설에 대한 황석우의 주장과 현진건의 동의는, '사실 기록'으로서의 「희생화」에서 허위라고 지적한 부분이 사실상 부자연스러운 작도의 흔적이었음을 뜻하기도 한다. 경험된 사실을 허구적 구조물로 전환

2) 황석우, 「희생화와 신시를 읽고」, 『개벽』 6호, 1920.12, 88면. 이 비판에 대해 현진건 역시 동의했다.

3) 현진건, 「處女作 發表 當時의 感想 　 犧牲花」, 『조선문단』 6호, 1925.3.

하는 것 자체가 용이한 것이 아니었다는 것이다. 그러나 현진건은 「희생화」를 통해 적지 않은 성과를 얻게 되는데, 그것은 작가 자신인 '나'를 통해 안정적이고 신빙성 있는 서술자를 획득했다는 점이다. '사실 기록'인 「희생화」를 경험담이 아닌 소설로 발표할 때, '나'는 작가 자신의 지위와 서술자의 지위를 동시에 유지하게 된다. 소설이라는 장르표지에 의해 서술자와 작가는 분리되지만, 그것이 경험의 기록이었던 까닭에 서술자와 작가는 동일 존재이기도 하다. 소설로 발표하는 '사실의 기록'은 서술자의 지위에 이중성을 부여하는 것이다. 작가로부터 자유롭지 못한 서술자는 소설의 완숙도라는 측면에서는 분명 미숙함에 속하는 것이다.

그러나 서술자의 이중성은, 독자들의 기대지평에 부합하는 안정되고 신빙성 있는 서술자를 생성시키는 데 적지 않은 기여를 한다. 「희생화」를 통해 신빙성 있는 서술자로서의 '나'를 발견한 현진건은 「빈처」에서 상당한 진전을 보인다. 「빈처」 역시 화자는 '나'이지만 이 때의 화자는 작가로서의 '나'와 불완전한 분리 상태를 유지한다. 이 유격은 등장인물로서의 '나'와의 긴장을 유지하며 조작적 흔적을 소거하는데 기여하게 된다. 근대소설의 실감에 바짝 다가선 것이다.

이후 「빈처」는 「술 권하는 사회」로 전환되며 아내를 초점화자로 등장시켜 서술자와 작자가 완전히 분리된 상태에서 안정성을 유지하게 된다. 「술 권하는 사회」에서 아내의 시선을 통해 대상화 과정을 겪은 남편은 「타락자」에서 '나'로 환원되지만 「빈처」와 달리 더욱 분명한 서술자와의 거리를 확보하게 된다. 「빈처」에서의 '나'와 「타락자」의 '나'는 이미 서술자와의 관계를 놓고 볼 때, 상당한 차이를 갖게 되는 것이다. 「희생화」에서 「빈처」, 「술 권하는 사회」, 「타락자」로 이어지는 일련의 과정은 서술자와 등장인물 간의 거리를 조정하면서도 안정성을 확보해 가는 근대소설의 관습화 과정을 드러내는 것이다.[4] 현진건에게도 경험을 기록하는 방식은 근대소설의 관습을 형성하는 데 중요한 결절점이 되는 셈이다.

나도향도 예외는 아니다. '건반 우에 피곤한 손을 한가히 쉬이시는 만하晩霞 누님에게 한 구절 애닯은 울음의 노래를 들여 볼가 하나이다'라는 장르표지를 붙여 자신의 경험과 추억을 소설화했음을 알리는 「별을 안거든 우지나 말걸」과, 유년시절의 일화를 적은 「넷날 꿈은 蒼白하더이다」도 경험의 기록에 가깝다. 나도향도 경험의 기록을 통해 안정성과 신빙성을 갖춘 서술자를 산출했고 그것으로부터 그의 장편 『환희』가 가능했다.

대표적인 동인지 작가로 지목되는 김동인·현진건·나도향 등이 경험 기록의 소설을 산출한 후 대표작으로 거론되는 「감자」, 「B사감과 러브레타」, 「고향」, 「물레방아」, 「뽕」 등을 발표할 수 있었던 것은 경험 기록이 갖는 서술자의 안정성과 신빙성 때문이었다.

그러나 이들의 소설을 '사실 그대로를 기록'으로 간주하는 것에는 무리가 따른다. 우선 이 소설들의 대부분은 장르표지를 '소설' 또는 '작作'이라 하여 기록으로서의 의미를 일축하고 있기 때문이고, 또 소설화 된 작가들의 행적을 모두 밝히는 것도 불가능하기 때문이다. 이런 점에서 경험을 기록한 소설들을 '신변소설' 혹은 '체험소설'이라 불러왔다. 그러나 확인하기 어렵다는 의미에서 김동인과 현진건, 나도향의 예가 가능성으로만 해석되지만, 최서해의 예는 이념적 소설과 관습적 소설이 일치하지 않던

4) 박현수는 「두 개의 '나'와 소설적 관습의 주조」(『상허학보』 9집, 깊은샘, 2002.8)에서 현진건의 초기작을 중심으로 화자와 등장인물의 분리 과정을 탐색함으로써 근대소설의 관습이 주조되는 과정을 논했다.

시기, 즉 사실의 대칭항으로서의 소설이 독자들의 소설을 인식하는 관습과 괴리를 갖던 시기, 기록서사가 소설과 직접적으로 삼투하는 과정을 더욱 분명히 드러내는 경우라 할 수 있다.

2. 기록서사로서의 「탈출기」

최서해는 「탈출기」, 「기아와 살육」, 「박돌의 죽엄」 등을 통해 빈궁한 삶의 생생한 모습을 드러낸 리얼리즘의 작가, 나아가 이론뿐이던 프로문학을 형상화의 단계에 진입시킨 신경향파 작가로 알려져 있다. 그의 가난에 대한 실감나는 묘사는 서구 사조의 모방과 실험에 머물던 당대의 작가들에게 커다란 충격이었으며, 고단한 삶에 지쳐있던 민중들에게는 큰 환영을 받았다. 따라서 그가 '조선의 고리키'로 불렸던 것도 그리 과장된 평가는 아니라 할 것이다.

그의 핍진한 서사 뒤에 직접적인 체험이 있었음은 이미 널리 알려진 사실이거니와 그의 작품에서 체험을 배제한 평가는 당대에도 보기 어렵다. 이 절실한 체험의 효과는 최서해 소설의 전부라고 해도 지나치지 않다. 그만큼 최서해의 작품은 절실한 체험과 고통의 묘사를 통해 가치를 인정받고 있는 것이다. 그러나 그것은 다만 경험이 가지는 문학적 효과, 즉 절실함의 차원에 국한되는 문제가 아니다. 현실과 세계에 대한 탐색과 기록이라는 차원에서 현실을 경시하던 전 시대와 분명한 획을 그어내고 있기 때문이다.

최서해의 「고국」이 발표된 『조선문단』 창간호에는 풍년년豊年年의 이름으로 「탈출기」와 「여정에서」라는 작품이 선외 가작으로 뽑혔음을 알리는 기사[5]가 실려있다. 풍년년은 물론 최서해의 필명 중 하나이다. 그런데 흥미로운 것은 이 「탈출기」[6]와 「여정에서」의 당선 부문 즉 장르명이 '감상문'으로 표시되어 있다는 것이다.

당시 『조선문단』의 투고 모집 장르는 단편소설, 희곡, 시, 시조, 논문, 감상문, 소품문, 서간체, 일기문과 기행문 등으로 나뉘어 있었고[7] 이 규정에 따라 소설 두 편이 선외 가작으로 등재되어 있다. 따라서 최서해의 단편소설을 감상문으로 기록할 이유는 없었다. 입선의 장르명이 감상문이었다면 그 작품은 소설로서 인정받기 어려운 형태였음이 인정된다. 적어도 소설에 대한 당대적 기준을 만족시키지는 못했다는 것이다.

원본 「탈출기」의 장르명을 두고 숙고하는 데에는 선행되어야 할 문제가 있다. 『조선문단』의 모집 장르 구분이 보여주듯 문학의 갈래에 대한 인식이 그리 뚜렷하지는 못했다는 점이 고려되어야 하는 것이다. 이광수가 「문학이란 하오」에서 서구적 기준에 의해 시와 소설, 희곡과 논문을 문학의 범주로 획정했고 동인지 시대를 거치며 일정한 영향력을 확보하기는 했으나, 이 기준은 매우 단출한 것이어서 실제의 작품을 어느 장르에 귀속시킬 것인가라는 문제에 제대로 호응하지 못했다. 예컨대 『폐허』 창간호에 실린 민태원의 「어느 소녀」는 장르명이 누락되어 있는데, 감상문으로도 볼 수 있고 소설로도 볼 수 있는 글의 성격상 어느 장르에 귀속

5) 「佳作(選外)」, 『조선문단』 창간호, 52면.
6) 이하, 『조선문단』 창간호에 당선 사실만 기재된 「탈출기」를 '원본 「탈출기」', 6호에 전문이 실린 「탈출기」를 '단편소설 「탈출기」'로 구분한다.
7) 「每號 男女 投稿募集規定」, 『조선문단』 창간호, 72면.

시키지 못했을 가능성을 배제하지 못한다. 특히 서사성 짙은 수필의 경우 장르 귀속의 혼란은 더욱 가중되었던 것이다.

원본 「탈출기」의 경우도 이 같은 상황에 놓여 있었다고 할 수 있다. 이광수는 회고에서 무작정 상경하여 그를 찾아온 최서해의 손에는 이미 2,3편의 '소설'이 들려 있었고 그 중 하나가 「탈출기」였다고 적었다. 이 회고에 따르면 최서해는 단편소설 「탈출기」를 발표하기 오래 전에 이미 '소설'인 「탈출기」를 썼다고 할 수 있는데, 다른 한편으로 이광수는 그 원본 「탈출기」를 소설로서 부족하다고 생각하는 이중적 판단을 내렸다고 할 수 있다. 원본 「탈출기」에 감상문이라는 장르명을 붙인 것은 당시 『조선문단』의 투고 소설 선자選者인 이광수 자신이었던 것이다. 따라서 이광수의 시각에서 볼 때, 원본 「탈출기」는 소설이기도 했고 소설이 아니기도 했던 것이다. 더군다나 당시 '소설을 써 보라'는 당부와 함께 절로 들여보낸 사람도 그였음을 추가로 고려한다면, 『조선문단』 창간호의 선외 가작 「탈출기」와 「여정에서」는 소설이되, 소설과는 다른 어떤 것이었다고 볼 수 있다. 즉 체험의 기록을 소설의 범주에 포함시키느냐 마느냐의 문제가 걸려있었던 것이다.

또한 이광수는 최서해가 상경한 후 잠시 머물던 봉선사에서 이미 「탈출기」를 완성했다[8]고 회고하였고, 방인근은 최서해가 『조선문단』에 입사하여 동거하는 와중에 「탈출기」를 계속 쓰고 있었다고 했다. 이 두 사람의 회고를 종합하면, 이광수가 말한 「탈출기」는 감상문의 형식, 즉 체험과 느낌을 고스란히 기록한 형식의 원본 「탈출기」의 수정본이며, 방인근이 말하는 「탈출기」는 재수정되어 『조선문단』 6호에 발표된 단편소설

8) 이광수, 「문단생활 삼십년의 회고」, 『조광』 제2권 6호, 1936.6, 123~124면.

「탈출기」를 지칭하는 것임이 확인된다.

그러나 원본 「탈출기」의 형식을 감상문이라고 할 수도 없을 것으로 판단된다. 실제 단편소설 「탈출기」는 감상을 그리 많이 포괄하지 않는다. 총 6장으로 구성된 단편소설 「탈출기」는 표면적으로 단일한 구성에 의거한 듯 보이나 기실 이질적인 구성력이 혼합되어 작용하고 있다. '나'이기도 한 '박군'과 친구 '김군'이 주고받는 편지글이 이 글의 표면적 구성력을 갖는다. 소설 전부가 편지의 일부분으로 간주될 수 있는 것이다. 그러나 시작(1장)과 끝(6장)을 이루는 편지의 내용이 감정 서술 위주로 간략한데 비해 중간에 해당하는 부분은 분량도 많고 또 묘사를 중심으로 할 뿐만 아니라 문체도 달라진다. 전체적 구성의 일원화를 위해 간헐적으로 등장하는 '김군'이라는 호칭을 제외하면 서간체 문장을 찾기가 어렵다. 단적으로 1장과 6장의 상대 호칭은 각각 5회씩이지만 2~5장의 호명은 총 5회에 불과하다. 다시 말해 단편소설 「탈출기」의 구성은 1·6단락의 서간과 2~5단락의 서간화된 기록문으로 나뉠 수 있다.

그런데 『조선문단』의 모집장르에는 서간체가 명시되어 있지만 정작 서간체 형식을 취한 「탈출기」는 서간체로 취급되지 않았고, 반대로 감상에 해당하는 부분이 거의 서간체에 집중되어 있다는 사실은, 원본 「탈출기」가 서간체 형식을 취하지 않았음과 동시에 감상문도 아니었음을 뜻한다. 감상이 서간체에 집중되어 있기 때문에 서간을 제외하면 감상문이라는 분류도 정당성을 잃게 된다. 이런 정황에 비추어 볼 때, 익히 알려진 최서해의 단편소설 「탈출기」는 원래 서간문도 감상문도 아닌, 장르 규정을 하기 어려운 기록문을 원작으로 하여 개작된 소설이었다고 할 수 있다.

「탈출기」의 창작과정을 분석한 결과로서 얻게 되는 것은 그의 「탈출기」가 비허구적 경험의 기록이면서 동시에 소설이었다는 것이다. 최서해의 방식은 사실의 대칭항으로 이해했던 소설의 이념에 비추어 봤을 때, 상당한 일탈이라 할 수 있다. 비허구적 경험의 기록으로부터 실감을 획득한 「탈출기」가 독자들의 열렬한 지지를 받았다는 사실은 독자들의 기대지평에 최서해의 소설이 상당히 근접해 있었음을 드러내는 것이다.

3. 작품의 개작과 문학의 경계

개작된 작품들의 관계를 통해서도 최서해의 창작 방법의 원형을 들여다 볼 수 있다. 「기아와 살육」으로 개작된 「토혈」, 「돌아가는 날」의 원본인 「그 찰나」, 「부부」로 다시 쓰여진 「쥐 죽인 뒤」 등은 동일한 사건에 의한 동일 스토리를 지녔고 이미 발표된 작품임에도 다시 쓰여졌다. 더구나 이들의 개작 전 작품은 하나같이 기록의 1차적 규정인 1인칭 시점을 유지하고 있고 개작 후의 시점은 3인칭으로 변경되었다. 이 원본 기록과 그 개작 소설의 존재는 기록에서 소설로 전환되는 과정을 보여줄 뿐 아니라 전해지지 않은 원본 「탈출기」의 대략적 원형도 가늠할 수 있게 한다는 점에서도 직접 언급을 통한 기록성의 승인만큼의 의미를 지닌다.

『조선문단』 9호에 발표된 「기아와 살육」이 『동아일보』에 실린 처녀작 「토혈」[9]의 개작이었음은 이미 논의된 바[10] 있다. 이 개작의 과정을 살펴

9) 『동아일보』(1924.1.28, 2.4)에 게재된 「토혈」의 표제는 분명 소설로 소개되었다. 그러나 최서해가 이를 다시 개작하여 「기아와 살육」을 발표했다는 사실과 개작된 부분이 경험 기록을 소설

보면 이 두 글은 본질적으로 더 원숙하고 세련된 소설을 위한 퇴고 작업으로 이어진 관계가 아니었으며, 소설이 아닌 글을 소설적 형식으로 만들기 위한 작업이었음이 드러난다. 즉 소설과는 양식적 거리를 가진 경험의 기록을 소설화하는 과정에서 서사의 허구성을 보강함으로써 당대의 소설 인식에 부합할 필요에 의해 부가된 작업이라는 것이다. 또 이를 통해 「탈출기」의 개작 과정도 역추적할 수 있다.

「토혈」의 개작은 대개 지명의 삭제, 1인칭에서 3인칭 시점으로 변경, 인물명의 수정, 발작적 파괴 행위의 삽입으로 압축될 수 있다. 마지막 부분에서 가족을 몰살하고 파괴를 자행하는 부분만이 내용상의 변화일 뿐 인물의 성격과 사건의 전개 등 서사 구조의 주요 근간은 그대로 유지된다. 이 개작에 있어 주된 주목의 대상은 확연한 차이를 보이는 발작과 파괴의 결말부였으나, 개작을 문제삼고자 할 때 확인해야 하는 것은 오히려 시점과 배경, 인물명 등 사소한 부분으로 취급되던 부분이다. 왜냐하면 3인칭 시점으로의 수정과 구체적 배경의 삭제, 인물명의 변경 등은 작품의 완성도에 그다지 영향을 주는 요소가 아니라고 할 수 있기 때문이다.

표면적으로는 1인칭 화자를 3인칭 화자로 변경함으로써 객관적 시선을 강화하려는 의도로 읽을 수도 있을 것이다. 그러나 극한적 가난으로부터 오는 절망과 분노를 주제로 공감을 불러일으키는데 있어서 3인칭은 1

화하는 과정에 불과했다는 점 등으로 미루어 볼 때, 「토혈」의 장르를 소설이라고 할 수 있을 지는 의문이나. 소설로서 간주한다면 미숙한 작품이 될 것이고, 기록으로 본다면 소설적 구성법을 따른 기록이라고도 할 수 있기 때문이다. 개작 사실만이 아니라 「토혈」이 현상 모집에 당선된 작품이 아니고 개별 투고에 의해 게재되었다는 점에서도 의심을 살만하다. 즉 소설이라는 표제는 편집자의 임의에 의한 것일 가능성을 배제하지 못하는 것이다.

10) 김기현, 「최서해의 처녀작－단편 「토혈」을 중심으로」, 『국어국문학』 제61호, 국어국문학회, 1973.

인칭보다 결코 우월하지 못하다. 오히려 극단적인 내면의 불만과 증오를 표현하는 것은 1인칭 주인공의 시점이 통상적인 의미에서는 더욱 호소력을 갖을 수 있다. 작품의 완성도에 하등의 도움을 주지 못하는 시점의 변경이 퇴고로서 인정될 수 없음은 당연한 이유를 갖는다. 즉 비허구적 경험 기록을 허구로, 그래서 예술로 인정해 달라고 강변하는 외의 이유를 찾기 어렵다는 것이다.

지명을 삭제하여 배경을 모호하게 하는 것과 모든 인물에게 이름을 부여하는 것도 마찬가지다. 이 변형은 사소하게 취급됨이 당연할 만큼 소설의 완성도에 영향을 주지 않는다. 그럼에도 최서해가 개작을 감행했던 이유는 기록이 아닌 소설이어야 했기 때문이다. 이를 고려할 때, 기록을 소설화했다는 것 이외의 적절한 이유를 찾을 수 없다. 발작 행위의 삽입 역시 이 연장선에서 해석이 가능하다. 비현실적이고 과장된 상황을 제시함으로써 체험성은 희석되기 때문이다. 따라서 수정된 사소한 부분들은 소설의 완성도를 높이기 위한 작업이 아니라, 기록을 소설로 개작하겠다는 의도 하에 이뤄진 것이라는 결론을 얻을 수 있다. 즉 「토혈」은 소설로서 창작된 것이 아니라, 체험을 기록함으로써 얻어진 기록이었다고 할 수 있는 것이다. 역으로 「토혈」을 원본 「탈출기」와 같은 기록으로 간주해보면, 체험 기록의 첫 조건인 변형 없는 1인칭, 모호할 이유가 없는 지명이나 이미 잊혀져 버린 인물명 등 분명한 기록의 특징들을 고루 갖추고 있음을 확인할 수 있게 된다.

이에 비추어 볼 때, 「탈출기」 역시 기록에서 소설로의 개작 과정이 주를 이뤘을 것으로 보인다. 다만 단편소설 「탈출기」가 1인칭 시점을 유지하고 대략의 지명을 명기한 것으로 보아 시점이나 배경의 수정 대신 서간체 형식이라는 소설적 형식의 추가로 나타났다고 추정할 수 있다. 그 이유는 앞서 살핀 바, 단편소설 「탈출기」가 이질적인 두 개의 구조가 혼합되어 있고 장르 구분에 있어 '단편소설'이나 '서간체'가 아닌 '감상문'으로 표기되어 있기 때문이다.

한 걸음 더 나아가면 최서해의 초기작 중 유일한 여로형 소설인 「고국」의 원본이 「여정에서」였다는 추정도 불가능하지는 않다. 왜냐하면 「고국」의 구조가 「여정에서」라는 제목에서 유추되는 구성방식과 일치할 뿐 아니라, '나운심'이나 '그'를 모두 '나'로 대체해도 무방해 인칭 구분이 대명사로만 구분되고 있기 때문이다. 특히 이 추정은 시점의 모호성으로 뒷받침되는데, 마지막 대목에서 3인칭 '그'라는 대명사가 쓰여야 할 부분에 '나'라는 1인칭 대명사를 남겨 두었다는 점에서 그러하다.

이렇게 볼 때, 최서해가 「탈출기」만을 일호가차 없는 체험의 기록으로 인정했던 것[11]은 실제로는 체험과 기록을 도외시하던 당대의 문학 풍토 속에서 취해진 고육의 언급이었을 가능성이 높다. 적어도 이러한 언급 자체를 가능하게 했던 자의식은 자신의 작품이 체험과 동일하게 취급받는 것에 대한 불만을 드러내는 것이기 때문이다. 즉 체험 기록이 문학으로 인정받지 못하는 당대의 현실 속에서 실제로는 '기記'하였음에도 '작作'했다[12]고 할 수밖에 없었던 것이다. 실제로 그는 일기에서 '경험 없는 것은

11) 최서해, 「홍염과 탈출기」, 『최서해 작품 자료집』(곽근 편), 국학자료원, 1977, 19~20면.

12) 20년대 초반 잡지와 신문에는 종종 저자명 뒤에 '記' 혹은 '作'이라는 서술태도의 표기가 행해졌다. 문예 창작을 전제로 하는 동인지의 경우에는 번역의 경우에만 '譯'을 붙이고 대부분은 저자의 성명만을 기록했지만, 『개벽』과 같이 논설문과 잡문 창작 등 다양한 글을 싣는 경우 '○○○ 記', 혹은 '○○○ 作'이라는 구분을 통해 창작과 기록을 구분했음을 볼 수 있다. 이 경우 논설 등 비교적 글의 종류를 구별하는데 어려움이 없는 것은 성명만 싣고 혼동되기 쉬운 글에 집중적으로 분포해 있다. 예를 들어 『개벽』 7호 「사회풍자 은파리」에는 '목성 記'라고 적혀 있는데 반해, 『개벽』 30호, 「녯날꿈은창백하더이다」에는 '羅稻香 作'으로 되어 있다.

쓰지 않으려 한다'[13]는 입장을 분명히 하고 있어 그의 창작 방법이 경험을 기록하는, 또는 그 기록을 첨삭, 수정하는 것임을 재차 확인할 수 있다. 즉 체험을 그대로 옮긴 기록이 소설로 인정받거나, 사소한 첨삭을 거쳐 소설이라는 장르에 편입될 수 있다는 것을 그가 증명한다는 사실에 주목해야 한다는 것이다.

이렇게 접근하면, 「토혈」, 「고국」, 「탈출기」 등 초기 대표작들은 물론, 「그 찰나」(미완), 「5원 75전」, 「백금」, 「누가 망하나?」, 「만두」, 「8개월」, 「동대문」, 「무서운 인상」, 「쥐 죽인 뒤」, 「전아사」, 「낙백불우」, 「이중」, 「폭풍우시대」 등도 경험된 사실을 기록하는 방식으로 소설화된 작품들이라고 할 수 있다. 「탈출기」와 마찬가지로 이들 역시 이미 체험소설이라는 명칭이 붙어 있기는 하다. 그러나 문제는 경험에서 취재한, 즉 몇몇 경험적 사실을 원료로 상상의 가공을 가한 소설과 최서해의 창작방법은 판이하게 다르다. 그의 창작방법은 기록서사의 그것과 오히려 일치한다.

4. 장르표지라는 보호막

「탈출기」의 경우는 서지적 특징을 통해 그 기록적 특성을 살폈으나, 「탈출기」 같은 서지적 단서는 그리 흔한 것이 아니다. 기록적 특성을 판단할 수 있게 해주는 또 다른 요소는 작품 내부 혹은 작품 간의 관계에서

13) 최서해, 「?!?!?!」, 『조선문단』 통권 7호, 1925.4.1, 19면.

다양한 방법으로 드러날 수 있다. 위에 열거한 작품들은 대개 작중 화자의 말을 빌어 특정한 시 · 공간에서 최서해 자신이 경험한 것이라는 단서를 제공하고 있다. 물론 직접적 언급에 의한 것도 적지 않으나 시 · 공간적 배경을 현실 속의 구체적 위치에 고정시키는 방법이나, 최서해의 개인사에 의해 확인되는 것도 있다.

'이 이야기는 여러 해 전에 내가 북간도에서 겪은 일이다'(「만두」), '지금 여기 쓰는 것도 그렇게 돌아다니다가 목도한 사실인데'(「무서운 인상」), '그러므로 나는 이야기에 슬프지 않은 사실이 있다고 뽑아 버리거나 슬픈 사실을 더 고조하려고는 하지 않습니다. …… 내가 본 대로 들은 대로 느낀 대로 똑바로 적겠습니다'(「폭풍우시대」) 등의 경우는 직접적 언급의 대표적 예에 해당한다. 또 위병에 얽힌 이야기를 감상 위주로 시술한 「8개월」, 잡지사 기자 '최'라는 목격자로 자신을 등장시킨 「동대문」, 외사촌형에게 보내는 서간의 형식을 통해 스스로의 인생역정을 서술한 「전아사」 등은 후자의 예라 할 수 있다.

다만 주의할 것은, 「토혈」, 「고국」, 「탈출기」가 장르표지에 준하는 작품 외적 언급이나 흔적을 통해 비교적 분명한 기록의 소설화 과정을 드러내는 반면, 「만두」, 「무서운 인상」 등 작품 내의 언급을 통해 경험의 기록임을 내세우는 경우는 또 다른 해석의 여지가 남아 있다는 점이다. 일종의 액자소설 형식으로 파악하여 기록이 갖는 서술자의 신빙성을 획득하기 위한 위장으로 볼 수 있다는 점에서 작자의 경험과 서술자의 경험에 대한 언급을 동일시하는 데 한계가 존재하기 때문이다.

그러나 최서해가 작품 내 언급을 통해 소설의 기록성을 드러내는 경우를 액자소설로 간주하여 신빙성의 위장으로 보는 것은 무리가 따른다.

지금 여기 쓰는 것도 그렇게 돌아다니다가 목도한 사실인데 내가 본 여러 가지 인상 가운데서 가장 무서운 인상이라고 생각합니다. 이것은 나만 그런 것이 아니라 나와 같이 그때 그 광경을 목도한 친구들은 처음 보는 참혹한 일이요 지금까지도 잊혀지지 않는다고 합니다. (…중략…)

그것은 다른 일이 아니라 여러분도 아시는 일이라고 믿습니다. 작년 이때 함경북도 ××역에서 콩을 쓸던 늙은 부인이 기차에 치어서 죽었다는 보도가 신문 지상에 굉장히 났던 것은 여러분도 기억하실 것입니다. 여기 쓰는 것은 그것인데 그 광경을 나는 그 때 ××역의 노동자로서 친히 목도하였습니다.[14)]

작품의 서두에서 이후의 서술의 기억의 재생에 의한 기록임을 밝히고 있다. 여기서 액자를 구축하는 서술자는 상황의 재현을 통해 등장하지 않는다. 예컨대 김동인의 「배따라기」에서 서술자가 액자 내의 사건을 접하는 계기가 장황하게 재현되는 것과는 차이를 갖는 것이다. 서사적 재현을 동반하지 않는 액자 서술자는 액자 내부의 스토리에 대한 지배력을 현격히 상실한다. 더구나 액자 서술자와 액자 내부의 서술자가 생성해 내는 서술 상황이 동질적인 경우 더욱 그러하다.

말하자면 위의 인용에서 '그것은 다른 일이 아니라 여러분도 아시는 일이라고 믿습니다'는 액자 서술자와 내포 독자와의 관계를 명징하게 보여주는 서술이다. 이 때의 서술은 액자 서술자의 것이지만, 액자 내부 서술자와 내포 독자가 형성하는 관계도 이와 동일하게 설정되어 있음을 확인할 수 있다. '여러분도 아시는 바와 같이, ××역은 북조선 관문이 되어

14) 최서해, 「무서운 印象」, 『동광』, 1926.12.1.

서'라는 액자 내부 서술자의 서술은, 액자 서술자와 액자 외부의 서술자의 관계가 동일 세계, 동일 층위에 형성되고 있음을 확인시켜준다. 액자 서술자와 액자 내부의 서술자는 일관된 인격적 동일성을 유지하고 있으며 서술자의 인격적 지위만으로는 그 경계를 설정할 수 없다.[15] 서술자의 성격을 구별하는 것이 무의미함을 드러내는 것이다.

이러할 때, 이중의 담화 체계를 통해 서술상황을 창출하는 액자 형식[16]은 의미를 잃게 된다. 따라서 서술자의 위장 가능성 역시 현격히 감소한다고 할 수 있다. 액자적 특성을 도입하면서도 서술자의 동일성을 유지하여 그 효과를 다시 무화시키는 것은 이 소설의 서술자가 갖는 성격에 대한 의혹을 증폭시킨다. 액자 서술자와 내포 작가가 동일 세계에 존재하고 있다는 추정을 가능하게 한다는 것이다. 무의미한 액자 서술자를 통해 얻고지 했던 것은 이중의 담화 구조가 아니라, 서술자와 작가의 동일성을 강화하기 위한 장치일 가능성이 높다. 즉 서술자의 신빙성을 부각시키기 위한 첨가이자, 작자와 액자 서술자, 액자 내부 서술자의 동질성을 드러내는 것일 가능성이 높음을 말한다. 최서해의 작품에서 서술자의 경험을 부각시키기 위해 채택된 액자 형식의 대부분은 이러한 특징을 공유하고 있다.

액자 서술자가 무의미한 추가였음을 근거로 작가와 서술자와의 관계를 근접시켰으나, 그렇다고 작가와 서술자의 동일성이 자명한 것은 아니다. 무엇보다 소설이라는 장르표지는 이에 대한 강력한 지지대 역할을 하고 있다. 하지만 반대로 「탈출기」나 「토혈」의 예와 '경험에 없는 것은 쓰

15) '액자는 어떤 대상objects과 그것을 경계로 하고 있는 것what surrounds it이 있다면 그 존재가 밝혀질 수 있다'(Schellinger, Paul. Ed., *Encyclopedia of the Novel*, Fitzrory Dearborn Publisher, 1998, p.432).

16) C. Coste, *Narrative as Communication*, Minnesota UP., 1989, p.189.

지 않으려고 한다'[17]는 그의 신념을 덧붙여 생각할 때, 경험 기록 방식의 소설 창작 방법의 가능성은 무척 높다고 할 수 있다.

소설과 기록서사의 접점을 드러내는 예가 유독 최서해에게서 뚜렷이 발견될 수 있는 것은 김동인 · 염상섭 · 현진건 · 나도향 등 동인지 시대의 주역들이 일본의 경험에 바탕한 이념적 '문학'에의 신봉자였던 반면, 최서해는 정규의 근대적 교육으로부터 상대적으로 소원한 위치에 있었던 때문이다. 앞서 문학의 이념과 관습이 분열되어 있었음을 논급했거니와, 근대 교육의 세례를 받지 못한 최서해에게 '문학'은 관습적 영역에 더 근접해 있었음을 뜻하기도 한다. 특히 최서해가 관습적 문학을 자양으로 소설가의 지향을 형성했던 시기, 이미 관습적 문학도 신문 등의 매체를 통한 근대적 자가변모의 도중에 있었음을 고려한다면, 그가 오래된 관습이 아닌 근대적 서사 양식으로서의 기록서사를 소설화시켰던 것과, 소설의 이념을 내세우지 않고 오히려 자신의 소설을 사실 그대로의 기록으로 표방하는 이유도 설명된다.

5. 최서해와 기록서사

앞선 예를 통해 주목해야 할 것은 기록과 허구가 소설이라는 장르 내에서 삼투하고 있다는 사실이다. 현철이 「소설개요」에서 논한 방식에 따라

17) 최서해, 「?!?!?!」, 『조선문단』 통권 7호, 1925.4.1, 19면.

경험에서 취한 재료를 재구성한 소설이 아니라 체험 그대로를 기록한 실사實寫소설[18]인 것이다. 기존에 흔히 명명되던 체험 소설(신변소설 · 사소설 등을 포함한)이 일정한 경험적 사실에 근거한 것은 부정될 수 없지만, 반대로 허구성이라는 소설의 대전제와 충돌함으로써 허구의 범주를 넘어서지 않는 한계 내로 제한됨도 부정될 수 없다. 이야기의 대상(사건)이 상상의 산물일 경우는 말할 필요도 없겠지만, 사건이 사실일 경우라 하더라도 구성의 허구성은 여전히 넘기 어려운 규약이 된다. 즉 체험 소설이라 불리는 일군의 작품들은 허구와 비허구의 경계에 자리 잡고 있는 것이다. 그러나 최서해의 창작방법은 체험 허구적 재구성을 배제한 기록을 첨삭하는 형태를 띠고 있고 이 첨삭이 사건과 구조의 기록적 특성을 침해하지 않는다는 점에서 경험을 재구성한 소설과 구별된다. 이에 따라 경험으로부터의 취재를 강조하기 위해 설정된 체험소설이라는 개념은 최서해를 설명하는 데 있어 결코 가볍지 않은 누락을 범한 셈이다.

픽션과 논픽션, 소설과 수기, 실화를 동일 장르로 이해한다는 것은 소설의 개념과 관련된 매우 위험스런 일탈이자, 우리 소설의 형성과정이 창출한 독특한 일면이기도 하다. 즉 최서해의 문학사적 중요성은 비허구적 경험 기록이 소설로 인정받게 되었고 그것은 곧 우리 소설에 있어 허구와

---

18) 여기서 실사소설이라 함은 체험(신변) 소설과 사소설 등의 개념이 함유한 경험성과 차별을 두기 위한 개념이다. 이 두 개념은 각각 최서해와 채만식의 실사소설을 지칭하는 개념으로 애용되고 있다는 점에서 분명한 재인식을 필요로 한다. 체험 소설과 사소설은 공히 경험에 근거를 두고 있으나, 전자의 경우 사건의 사실성은 인정되나 허구적 구성의 한계를 넘지는 못하고, 후자의 경우는 우리와는 다른 독특한 일본 근대사의 자장 속에서 형성된 개념이라는 점에서 각각 차이를 갖는다. 채만식의 경우 스스로 자신의 실사소설을 '사소설'이라 명명한 바 있지만, 이는 개념으로서의 사소설이 갖는 지역적 의미망을 인식하지 못한 결과라고 본다. '실사소설'의 명칭은 이미 1900년대부터 등장하는 것이지만 문학사적으로 의미를 획득한 바 미약하고 '사실성'의 창출과정과 '신빙성' 여부의 문제 등에 비추어 볼 때, 동질적 개념으로 이해하더라도 큰 문제가 되지 않을 것으로 판단되어 차용했다. 실사소설을 기록소설이라 해도 뜻은 거스르지 않을 것으로 본다.

비허구, 픽션과 논픽션이 소설 장르를 구분짓는 전제로서의 역할을 하지 않는다는 것이다. 이 사실, 「고국」, 「탈출기」, 「기아와 살육」, 「돌아가는 날」, 「부부」 등의 작품들이 원래는 체험을 그대로 옮긴 기록 형식을 취하고 있었다는 것, 나아가 그의 작품 대부분이 상상에 의한 허구의 영역이 아니라 경험을 실사한 기록의 영역에 존재한다는 사실은, 프로문학을 설명하기 위한 과도적 형태라는 문학사적 의의를 재조정해야 함을 강변한다. 또 20년대 중반의 문학적 핵심을 관통하는 성격이자 우리 근대소설의 전통으로 자리잡은 리얼리티가 어디에 근원을 두고 창출되었는지 보여주는 것이다.

최서해를 통해 논급된 새로운 창작 방법, 즉 기록의 소설화는 '실사實寫'로 요약되는 리얼리티를 산출하게 된다. 소설의 대전제인 허구성의 규약은 인식적 층위, 개념적 층위로 후퇴하고 감각의 층위, 경험의 층위에서는 오히려 실감實感이 그 위치를 대신하게 된다. 실감을 확보하지 못한 소설은 이제 소설로 인식될 수 없었으며 이는 프로문학의 이론적 준거 중 하나인 리얼리티의 범주로 재인식된다.

이미 논한 바 있듯이[19] 최서해의 창작 방법은 다만 최서해의 것만은 아니다. 최서해의 등장에 힘입은 일군의 신진작가들이 그의 리얼리티와 동질적 방법에 입각하고 있기 때문이다. 20년대 중반의 신진작가들이 그의 영향 하에 작품을 산출했다고 말할 수는 없지만 최서해가 1920년대 중반 등장한 신진작가들을 대표한다고는 할 수 있다. 적어도 20년대 중후반의 신경향으로 논할 수 있는 작가는 최서해가 유일하고 또 그가 불러온 충격과 인기 역시 당대의 사건이었기 때문이다.

---

19) 이경돈, 「『조선문단』에 대한 재인식」, 『상허학보』 7집, 깊은샘, 2001.

최서해를 필두로 문학사의 전면에 등장하게 된 비허구적 경험 기록의 리얼리티, 곧 실사소설이 1920년대 중반 우리 소설의 본류였다. 그리고 김기진과 박영희에 의해 명명된 신경향(파)의 실제적 모습은 프로문학의 미달태가 아닌, 비허구적 경험 기록에 의한 새로운 리얼리티의 창출이었다. 조금 더 넓게 본다면, 우리 근대소설에 있어서 리얼리즘의 실제는 19세기의 서구소설이라기보다, 실감의 리얼리티에 있었다고 해도 과언은 아닐 것이다.

우리 소설에 있어 여전히 유효한 리얼리티의 전통을 최서해는 이렇게 말했다. '소설을 쓸때에 엇던 사실이나 인물을 한아 잡아 가지고 쓰면 붓이 그 사실이나 인물을 짜러가며 써야하지 사실과 인물이 붓을 짜러오게 하면 대개가 심각하고 실제화하지를 못하고 보노 공언공상으로 화하야 그만 실패가 되고 마릅니다.'[20] 경험된 사실이나 실제의 인물로부터 '실제화'와 '성공'을 논하는 그의 태도가 그만의 것이었다고는 할 수는 없을 것이다.

20) 최서해, 「나의 小說은 보기 어렵다고」, 『별건곤』 4권 1호, 1929.1, 118면.

채만식과 사소설의 연원

1. 채만식과 사소설

우리 문학사에서 채만식 만큼 많이 논의의 대상이 된 작가도 드물다. 그럼에도 그 귀결은 거의 고정되어 있는 듯 보인다. 풍자와 세태를 중심으로 한 리얼리즘이라는 것이다. 임화와 백철 이래로 풍부한 근거들이 지속적으로 보충되었지만 그에 대한 이 교과서적 이미지를 바꾸는데 성공하지는 못했다. 채만식은 근 50년 동안 풍자작가였으며, 세태소설가였고, 한때 카프에 몸담았던 경향작가였다.[1]

---

1) 이현식, 「채만식은 학문적으로 어떻게 인식되었나」(『채만식 문학의 재인식』(문학과사상연구회 편), 소명출판, 1999)는 근대문학 연구의 제도적 굴곡을 짚어가며 채만식의 연구사를 검토하여, 70년대 이후 급격한 양적 팽창에도 불구하고 채만식 연구가 정체를 면치 못했다는 결론을 내놓는다. 이 글은 채만식 연구의 현주소를 명료하게 보여준다는 점에서 주목할 만하다.

방대한 수량의 논문들과 그 결론들이 증명하듯이 장편 『태평천하』와 『탁류』, 그리고 단편 「명일」, 「치숙」, 「레디메이드 인생」, 「냉동어」 등을 중심으로 한 반복되는 해석은 그의 소설을 온전한 의미로 읽어내는 데 있어 이제는 오히려 장애가 되고 있다고 판단된다. 대표작으로서 이미 자리를 굳힌 이들 작품들은 채만식이 더 이상 길어낼 것이 없는, 너무나 자명한 작가임을 재확인하는 데는 요긴하겠으나, 정작 그의 또 다른 면모를 드러내는 데 있어서는 한계에 봉착했다는 것이다. 이러한 판단은 채만식을 다시 살려내기 위한 방법으로 우선 전체로서의 채만식에 대한 시각이 필요함을 뜻한다.

이 방법은 이미 시도된 바 없지 않다. 70년대 초반, 논의의 대상을 넓혀 풍자작가라는 한정된 평가만을 받았던 채만식을 역사적 맥락에서 리얼리즘의 범주로 해석하려는 시도[2]가 있었다. 하지만 작품성이라는 명목에 의존한 연구 대상의 선험적 재단이 사라진 것은 아니었다. 특히 「근일」, 「집」 등 1인칭 소설의 경우는 논의조차 거의 없었고 「민족의 죄인」 정도만이 정치적 층위에서 회자되었을 뿐이다. 작품의 문학성에 대한 선험적 평가와 그로부터 형성된 이미지를 염두에 두지 않고 취사선택을 배제하여 거의 전 작품을 논의의 대상으로 삼게 된 것은 최근의 일이다.[3]

2) 학위 논문으로 이주형의 「채만식 연구」(서울대 석사논문, 1973), 송하춘의 「채만식 연구」(고려대 석사논문, 1974)와 김현의 「식민지 시대의 문학—염상섭과 채만식」(『문학과지성』, 일조각, 1971 가을), 신동욱의 「채만식의 '레디메이드 인생'」(『한국현대문학론』, 박영사, 1972), 김치수의 「역사적 탁류의 인식」(『한국현대문학의 이론』, 민음사, 1972)와 홍이섭의 「채만식의 『탁류』」(『창작과비평』 72호, 창작과비평사, 1973) 그리고 홍기삼의 「풍자와 간접화법」(『문학사상』 15호, 문학사상사, 1973) 등이 그 예라 할 수 있다. 이들은 논의의 전개방식과 관계없이 고정된 텍스트의 경계를 넘어섬으로써 이해의 한계를 극복하고자 했던 시도였고 그 결과로서 채만식에 대한 이해의 폭도 확대되었다.

3) 방민호의 『채만식과 조선적 근대문학의 구상』(소명출판, 2001)은 작가의 전 작품 특히 논의의 주변으로 밀려났던 자전소설을 채만식 이해의 관건으로 복귀시키고 이와 대별되는 패로디를 대

채만식의 소설 대부분을 차별 없는 분석 대상으로 삼아, 더 이상 텍스트 확장에 따라 해석도 확장될 수 있는 여지가 있음을 보여 준 방민호의 글은 상대적으로 좌시되었던 1인칭 소설들을 의미화함으로써 전체로서의 채만식을 드러내는 데 기여한 바 적지 않다.

그러나 전체로서의 채만식에 대한 이해는 아직도 진행중이다. 관심의 주변에 있던 1인칭 소설들—채만식 스스로 '사소설'[4]이라 명명했던—이 채만식을 이해하는 첩경으로 주목되기 시작했으나 그의 '사소설'은 여전히 양식적 근원을 알 수 없는 정치성의 산물로 여겨지기 때문이다.[5] 창작방법상 전환의 원인을 정치적 이유에서 찾을 경우 그가 왜 『태평천하』와 『탁류』의 창작방법을 포기할 수밖에 없었는지를 밝힐 수는 있지만, 왜 그 대안이 '사소설'일 수밖에 없었는가는 오히려 은폐된다. 만약 '저항과 비판의 위기'가 필연적으로 '사소설'을 요구하는 것이었다면 당대의 소설은 모두 '사소설'이어야만 했을 것이며, 그 위기의 와중에 산출되었지만 '사소설'이라 할 수 없는 채만식의 작품들은 존재조차 부정되어야 한다. 또 해방 직후 여전히 유지된 채만식의 '사소설'에 대한 해명 역시 일관성을 결여하게 된다. 결국 정치적 상황으로부터 유추된 '사소설'론의 한계는 분명하다.

비시켜 작가의 문학적 태도 변화를 살핌으로써 그의 창작 방법이 식민지성에 대한 예민한 대응 양상이었음을 드러내었다.

4) 채만식의 일인칭 소설과 일본의 사소설이 창작방법은 물론 양식적 근원을 달리 한다는 가설을 전제로 ' '표를 사용해 표기를 달리했다.

5) 방민호(『채만식과 조선적 근대문학의 구상』)는 채만식의 '사소설'이 '"사회화된 나"의 존재를 의식하는' '고도의 사회적 행위'로서 '개인과 사회의 문제를 추상하는 힘을 결여한 것, 즉 "사회화한 나"에의 통찰이 결여된' 일본의 그것이 아니라는 점을 분명히 했으나, '사소설'을 선택할 수밖에 없었던 필연적 이유와 그 양식적 근원을 제시하지는 못했다. 다만 그의 '사소설'이 일본의 그것과 다를 수밖에 없었던 원인만이 식민지성과 관련되어 기술되었을 뿐이다.

이 글의 출발 지점은 여기다. 채만식이 창작 방법상의 전환을 꾀하게 되었을 때, 그것이 '사소설'일 수밖에 없었던 이유, 그리고 그 '사소설'이 일본의 사소설과는 다를 수밖에 없었던 이유를 묻는 것이다. 채만식이 창작방법의 한 축으로 선택했던 '사소설'의 양식적 근원으로부터 그 성격을 규정할 수 있을 때만이, 전체로서의 채만식도 제 자리를 잡을 수 있을 것으로 기대한다.

2. 신변잡기라는 이야기의 실제

단편 「근일近日」에서 채만식은 자신의 작품 중 「회懷」, 「집」, 「종씨宗氏」(미완), 「하중荷重」(미완)을 '사소설'로 규정했다. 더불어 '신변잡사의 사소설'은 문학의 정도가 아닌 사도邪道이며 길이 막힌 가운데 선택한 무의미한 작업이라고 자평했다.[6] 이 글은 비록 '소설'이라는 형식으로 발표되었지만 그의 '사소설' 중 하나라는 점에서 작가 자신의 언급이라고 해도 무방하다. 더군다나 '사소설'이라고 스스로 명명하고 평가한 거의 유일한 글이기도 하다는 점에서, 자신의 글에 대한 무자비한 혹평인 이 글로부터 채만식이 '사소설'을 쓸 수밖에 없었던 까닭을 찾아낼 수 있다.

이 글에서 그는 '신변잡사의 사소설'이 '문학의 정도가 아니'라고 말했지만 '사도'에 해당하는 작품은 다만 '사소설'에 머물지 않는다. 후에 자신

6) 채만식, 「근일」, 『채만식전집』 8, 창작과비평사, 1989, 23면.

의 풍자소설을 싸잡아 '정도가 아니'라고 말한 바[7] 있기 때문이다. 이 두 발언을 종합하면 채만식에게 있어 정도의 문학이란 그리 많지 않은 셈이다. 겸하여, 그가 나아가고 싶은 길이 있기는 하지만 그것은 '넘지 못할 준령'이며 이미 '누차 당해본 나머지'라고 언급한 부분[8]을 고려하면 사실상 그가 말한 '정도의 문학'은 적어도 현실적 지평에서 그에게는 없었다고 보아도 좋을 것이다.

이는 스스로 언급한 것과는 달리, '사소설'이 그에게 있어 특별히 무의미할 이유가 없었다는 것을 뜻한다. 1947년 '상길 가는 작품만 골라달라는' 출판사의 요청으로 『당랑의 전설』을 내면서 그 후기에 '퍽 사랑하는 작품'에 '사소설'인 「회」를 기재한 것은 그런 의미에서 오히려 당연하다고 할 것이다. 다만 문제가 되는 것은 막혀버린 길을 창작 방법상의 전환에서 찾은 이유일 것이며, '사소설'로의 전환을 필요로하게 된 까닭일 것이다.

창작방법의 전환을 검토하기 전에 채만식이 '사소설'이라 지칭한 소설들의 성격을 분명히 하는 작업이 필요하다. 사소설은 이미 일본의 문학사적 특색을 일컫는 개념으로 자리잡고 있기 때문이다. 사실 채만식이 '사소설'이라고 지칭한 일인칭 소설들은 일본의 사소설과는 상당한 거리가 있다.

그의 발언과는 관계없이 그의 작품 중 '사소설'로 분류될 수 있는 작품은 적지 않아 보인다. 위의 네 작품과 함께 「셰길로」, 「상경반절기上京半折記」, 「근일」, 「차중車中에서」, 「삽화」, 「처자」,[9] 「실實의 공功」, 「민족의

7) 채만식, 「後記」, 『잘난 사람들』, 민중서관, 1948.

8) 채만식, 「근일」, 『채만식전집』 8, 창작과비평사, 1989, 33면.

9) 채만식의 소설 중에는 「妻子」라는 제명이 2작품 있으나 내용은 판이하다. 여기서의 「처자」는 1944년 씌어져 유고遺稿로 1961년 7월 『자유문학』에 발표된 작품을 말한다.

죄인」 등이 그가 말한 '사소설'의 범주에 해당된다. 물론 개인적 경험을 일부분 담고 있다 하더라도 채만식의 '사소설' 개념에 부합하지 않는 작품들은 모두 제외한 것이다. 이들은 모두 '신변잡사'로서의 '시정적인 사실'이며 동시에 '나 혼자만의 진실'이라 할 수 있는 작품들이다. 더불어 그가 사로잡힌 요술, 즉 '도저히 같은 시공에는 용납이 되지 않는 실로 세계가 서로 다른 나 들'을 경험하는 매력을 지니고 있다는 점에서 그가 말한 '사소설'의 범주에 포함되는 것이다.

'사소설'이라는 채만식의 개념이 내포한 성격을 따지기 위해서는 그의 언술에 조금 더 유념할 필요가 있다. 우선 그의 사소설은 '신변잡사'를 다루고 있다. 이는 '신변', 즉 개인의 생활을 제재로 한다는 점과 동시에 '잡사', 즉 그리 특별할 것 없는 보편적 경험이라는 점을 말해 준다. 즉 누구나 공유할 수 있는 것이되, 정치 · 사회적 사건과 같은 집단적 경험이 아닌, 개별적 경험의 공통항에서 기인한 보편성이라는 것이다. 따라서 그가 들려주는 이야기는 그 자신만을 고립시키지도 않고 또 충격적 요소를 포함하지도 않는다. 읽는 행위만으로는 격정적 감동이나 전율이 수반되지 않는 것이다.

'신변잡사'를 다루는 채만식의 '사소설'은 그러므로 사소설이라고 하기 어렵다. 일본 문학의 역사로부터 개념화된 사소설은 '고독'에 기인한 '자기비판'과 그 '고백'을 요체로 한다.[10] 사회로부터 격리된 소설가는 고독으로부터 산출된 '비밀'을 '고백'함으로써 충격과 전율을 선사하는 것이다. 그러나 채만식의 '사소설'은 이 '비밀스런' '자기비판'이 존재하지 않는

10) 나카무라 미쓰오[中村光夫], 유은경 역, 「풍속소설론—근대 리얼리즘 비판」, 『일본 사소설의 이해』, 도서출판 소화, 1997, 48~51면.

다. 당연히 '고백'도 성립하지 않는다. 기록하되, 고백하지는 않는 것이다. 따라서 개인의 경험을 기록했다는 점에 한정했을 때에만 위에서 열거한 채만식의 소설은 '사소설'이라 할 수 있게 된다. 이런 측면에서 일부분만이라도 일본적 사소설에 근접한 소설은 「민족의 죄인」 한 편에 불과하다고 할 수 있다.[11)]

그렇다고 채만식의 '사소설'을 자서전이나 회고록의 범주에서 살피는 것도 그리 온당해 보이지는 않는다. 그의 '사소설'이 자서自敍임에는 분명하다. 그러나 '전傳'이라는 양식적 개념을 포유하게 되면 논의는 어긋나게 된다. 오히려 양식이라는 관점 하에서는 '록錄'에 가깝다고 할 수는 있으나 「회」와 「삽화」의 일부분이 '회고'에 의존할 뿐이다.

채만식의 '사소설'을 사소설로도 자서전으로도 논할 수 없다면, 그가 '사소설'이라 지칭했던 작품들의 귀납적 특성으로부터 '사소설'을 재론해야 함은 자명하다. 신변잡사를 다루었으며 일부 자전적 특성을 가질 수도 있고 일부는 사소설에 근접하기도 한다. 이러한 다층적 성격을 지닌 글을 지칭하는 일반적인 개념은 수필이다. 특히 개인적 기록인 일기의 경우가 이와 유사한 특성을 보유한다고 할 수 있다. 하지만 작자 스스로 소설이라고 규정한 만큼 수필로의 접근 또한 적절하다고는 할 수 없다. 무엇보다 채만식 스스로 수필과 소설의 경계를 분명히 하고 있기 때문이다.

---

11) 채만식의 '사소설'이 일본의 사소설과 구별된다는 점은 『채만식과 조선적 근대소설의 구상』에서 이미 지적된 바 있다. 사회와의 관계성 여부로 채만식의 '사소설'을 구별해낸 것이다. 물론 사회성의 담보 여부가 구별을 가능하게 하는 하나의 외연적 척도일 수는 있다. 그러나 위의 글이 차별성을 언급하면서도 정치 상황의 해석에만 연연한 것은, 문학의 자율적 특성을 묵과하는 것이며, 그 결과는 자칫 문학을 정치 · 사회에 귀속시키게 되는 위험을 안고 있다. 오히려 더욱 발본적 의미에서 일본의 사소설과 채만식의 일인칭 소설을 대비시킨다면 창작방법상의 상이점을 드러낼 수 있고 나아가 양식적 근원의 재고도 가능할 것으로 보인다.

'사소설'인 「집」의 한 대목에서, 그는 자신이 기고한 수필을 소설이라고 믿고 있는 '종씨'의 악의 없는 무지를 일소에 부치며, 그에게 있어 소설과 수필이 다른 것임을 보여주었다.

> 안양으로 이사한 수필 토막을 썼더니, 신문에서 그걸 보았든지 아무나 붙잡고는
>
> "아, 우리 종씨가, '안안양을 소설 썼어! 안양을 소설 써!' 목간집이 없구, 뿌우루에 가서 땔 씻는다구, '안양을 소설 썼어' 허어 허허허! ……"
>
> 하고, 내 직업도 선전을 해주고.[12)]

이 대목은 수필까지도 소설로 인식했던 당시 신문 독자들의 일면을 보여주는 동시에, 수필과 소설을 명확히 구분하는 채만식도 드러낸다. 실제로 그가 썼다는 수필은 「안양복거기安養卜居記」라는 제목으로 『매일신보』의 「수필문학(ESSAY)」 란에 기재되었다. 따라서 「안양복거기」는 저자와 신문 편집자에게는 수필이었고 독자에게는 일면 소설이기도 했음을 확인할 수 있다.

그러나 주목해야 할 문제는, 수필과 소설을 명확히 인식한 듯 보이는 채만식에게 있어서도 그 경계는 이념의 차원에 한정된다는 점이다. 소설을 소설로 인식하는 규범, 즉 허구는 개념과 당위의 차원에서 그를 소유하고 있었지만, 실제 경험과 관습의 차원에서도 그러했는지는 의문이다. 그의 '사소설' 「집」과 유사한 혹은 일부를 담고 있는 수필로 「안양복거기」와 「주택」이 있는데, 이들 수필의 내용은 「집」의 그것과 중첩된다.

12) 채만식, 「집」, 『채만식전집』 8, 창작과비평사, 1989, 113면.

「안양복거기」의 경우, 서간의 형식으로 「집」에서의 여러 사건이 분산되어 서술되었고, 「주택」의 경우에는 「집」의 주요 사건 대부분이 간략화되었다는 것 외에는 거의 차이가 없다. 특히, 「주택」의 특정 부분에서는 대화 내용까지 거의 일치해, 사실상 본문만으로는 소설과 수필을 구별할 수 있는 명쾌한 기준을 찾기 어렵다. 물론 섬세한 상황 묘사가 「집」의 완성도를 높이는데 기여하고 있다는 점에서 차이를 찾을 수 있지만, 이는 집필 태도를 가늠하게 하는 정도의 차이일 뿐, 소설과 수필의 질적 차이를 논하는데 긴요한 지표라고 할 수는 없다. 즉 '사소설' 「집」과 수필 「주택」은 장르 표지와 단편과 장편掌篇이라는 분량 차이 외에는 상이점을 논하기 어렵다. 이러한 예는 단편소설 「차중에서」와 수필 「귀향도중」의 관계에서도 마찬가지이다.

장르 표지를 달리하는 유사 작품과의 관계는 채만식의 '사소설'을 소설의 범주로 귀속시키는 것을 의심스럽게 한다. 적어도 이념적 층위에서의 소설은 허구의 굴레로부터 자유로울 수 없었기 때문이다. 상상력에 의해 가공되지 않은 사실을 소설이라는 장르명으로 발표했을 때, 그것을 과연 소설이라고 할 수 있을까?

「집」의 의도적인 실제 인물 은폐도 이러한 의심을 증폭시킨다. 채만식의 작품에서 실명 은폐는 '사소설'을 제외하면 좀체 보기 어려운 특징이다. 특히 자신과 가까운 인물 혹은 자신을 드러낼 수 있는 인물인 경우에는 더욱 두드러진다. 이 현상은 다만 「집」뿐 아니라 「세길로」, 「상경반절기上京半折記」, 「회」, 「근일」, 「삽화」, 「처자」, 「실의 공」, 「민족의 죄인」 등에도 그대로 적용된다. 이따금 실명이 등장하는 경우도 있다. 예컨대 「처자」에 등장하는 고유명사인 '윤동이'나 「실의 공」의 '실', 「집」의

'득수', 「삽화」의 '삼동이'—「처자」의 '윤동이'와 동일 인물로 간주됨—의 경우가 그러하다. 그러나 이들은 소설을 접할 기회가 없는 인물들이라는 점에서 익명화가 의미를 상실하는 경우라 할 수 있다. 대조적으로 작품 속의 위치로서는 별다를 것이 없지만 자신의 소설을 읽을 가능성이 있는 인물들인 구장 · 순사 · 종씨 등은 실명을 알고 있을 관계이면서도 고의적으로 은폐시킨다.

이때, 동인지 소설에 등장하는 인물명이 'K', 'P', 'H' 등 영자 이니셜을 중심으로 익명화된 것과 채만식의 '사소설'에서 자신을 비롯한 등장인물의 인물명을 감추는 것의 사이에는 적지 않은 차이가 존재한다. 전자가, 허구로서의 소설 이념이 불안정했던 시대[13]적 특성을 반영한 것이었다면, 즉 실세와 허구를 혼동하던 당내의 독자들을 허구적 진실의 세계로 진입시키기 위해 고안된 것이라면, 후자는 이미 허구의 기획이 궤도에 진입하여 사실과의 차이가 명백해진 상황에서 그 자체로 이율배반적인 '사소설'에 적용될 수 있는 최소한의 허구적 장치라 할 수 있다. 전자는 가상의 인물을 가상의 인물로 인정할 것을 요구하는 것이고 후자는 실제의 인물을 가상의 인물처럼 인식해 달라고 요구하는 것이다.

소설 이념의 층위에서 허구이어야만 한다는 개념적 구속력이 경험을 그대로 기록한다는 '사소설'의 취지와 충돌하게 되고, '사소설'이 소설로 인정받을 수 있는 최소한의 조건으로 인물의 실명을 은폐함으로써 주 인물, 화자, 작자로 이어지는 등식의 일부분을 훼손시키는 것이었다고 할

13) 『창조』 3호의 편집 후기인 「나믄말」은, 김동인의 「마음이 옅은 자여!」와 전영택의 「운명」이 실제의 인물을 모델로 한 것이기는 하지만 허구적으로 재탄생하였음을 강조하고 있다. 실제 인물과의 동일성 여부를 두고 왈가왈부하는 독자들의 소리를 염두에 둔 것으로 허구성의 이념이 여전히 불안정한 상태였음은 보여주는 단적인 예라 할 수 있다.

수 있다. 이 행위는 화자와 작자의 동일성을 감춤으로써, 인물들의 실제성을 은폐함으로써, 채만식의 '사소설'을 소설로 인식하도록 요구한다. 그러나 이러한 사실은 역설적으로 '사소설'이 이미 소설의 자기 구속력, 즉 허구성을 상실한 상태임을 더욱 선명하게 보여준다고 할 수 있다.

실제 인물의 익명화는 동인지의 소설보다는 오히려 수필의 그것과 유사한 특성을 지니고 있다. 이 시기 수필들도, 의도와는 관계없이 타인의 사생활을 공개할 위험을 줄이기 위해 자주 익명화를 시도한다. 그것은 채만식의 수필에서도 나타나며 '사소설'에서 실명을 거론하지 않는 것과 동궤에서 이해된다. '사소설'이라는 스스로의 장르 규정은 이미 실제와의 동일성을 전제하는 개념이고, 실명을 거론한다는 것은 '편협한 소견으로 남에게 인생을 감히 결론하려'[14]든다는 그의 우려를 현실화할 것이기 때문이다. 따라서 채만식 '사소설'의 고유명사는 특정 경우를 제외하면 나타나지 않는 것이다. 이는 유사한 내용을 담은 수필 「주택」의 경우에도 동일하다. 이렇게 볼 때, 등장인물과 지명 등을 익명으로 처리하는 것은 수필의 그것과 동일시될 수 있을 것처럼 보인다.

그러나 실명 은폐에서 무엇보다 주목해야 할 문제는 채만식 자신의 이름, 즉 서술자의 실명을 익명화[15]한다는 데 있다. 화자이자 동시에 주 인물인 '×××'는 '신변잡사의 사소설'이라는 채만식의 장르 규정에 의해 곧 채만식 자신이 된다. 그럼에도 불구하고 소설 속 채만식은 굳이 '××

14) 채만식, 「근일」, 『채만식전집』 8, 창작과비평사, 1989, 24면.

15) 「집」에서 자신에게 온 편지의 겉봉에 쓰인 자신의 이름을 '安養驛前陽智村 第一큰집 ××× 仁兄'으로 처리한 것이나 자신과 성이 같은 '종씨'를 '×주사'로 표기한 경우, 「삽화」에서 자신의 작품 「아름다운 새벽」과 「탁류」를 각각 '××××××', '××'로 기재한 경우 등이 이에 해당된다.

×'라는 익명화된 인물로 등장한다. 그가 언급한 모든 '사소설'은 이 규칙을 준수한다. 서술자의 실명이 등장하는 곳은 예외없이 '×××' 혹은 '××'로 표기되었으며, 자신의 소설은 제목의 글자 수만큼 ×를 반복했고, 심지어 자신의 성姓이 드러날 수 있는 선조와 '종씨'조차도 익명화 했다. 자신의 실체가 드러날 수 있는 모든 표기를 배제하였던 것이다.

소설은 허구성을 만족시켜야 한다는 구속에 의해 장르 표지부터 작자와 서술자가 분리된다. 그것은 허구의 제도가 성립한 상태에서의 규약[16]이라고 할 수도 있다. 반대로 수필을 비롯한 다양한 매체서사의 경우에는 작자와 서술자의 구분을 필요로 하지 않는 규약이 성립한다. 다시 말해, 장르 표지에서 이미 허구로 읽어줄 것, 즉 작가와 서술자를 서로 다른 존재로 인식해 줄 것을 요구하는 소설과 달리, 수필은 작자와 서술자의 동일성을 전제하는 것이다. 그렇다면 수필에서 서술자의 고유명사를 은폐하려는 시도는 무의미하다. 그러므로 채만식이 이 무의미한 작업을 선택한 것은 텍스트만으로는 구별할 수 없는 수필과 '사소설'의 경계를 구획짓기 위한 고육의 산물이었다고 볼 수 있다. 소설이 아님에도 소설이어야 했고 소설임에도 수필과 구별할 수 없었던 '사소설'을 소설로 인식시키기 위한 유일한 장치였던 것이다.

---

16) 필립 르죈은 자서전과의 대비를 통해 소설이라는 장르 표지가 곧 텍스트를 허구로 읽을 것을 약속하는 사회적 합의라고 주장했다. 즉 사실과 다른 부분이 있어 유사성이 훼손된다 하더라도 '자서전'이라는 장르 표시와 사실을 기록한다는 성실성만 인정된다면 자서전이 되고, 고도의 유사성을 지닌다 하더라도 '소설'이라는 장르 표지를 통해 허구로 읽을 것을 전제한다면 소설이 되는 자서전의 규약과 소설의 규약을 제시한다. 이 규약들은 자서전의 장르적 범주를 확정하기 위한 자서전의 예로서 제시되었다는 점에서 '소설의 규약'이 성립할 수 있을 지는 의문이나, 장르에 대한 사회적 합의, 특히 허구와 비허구를 공인하는 규약이 있음을 지적했다는 점에서 주목된다(필립 르죈, 윤진 역, 『자서전의 규약』, 문학과지성사, 1998).

3. 스스로를 관찰하는 작가의 시선

채만식 스스로는 '사소설'이라 했으나 사소설이 아니고, 자서전이나 회고록이라 할 수도 있지만 전傳 양식이나 회고와는 간극을 가지고 있다. 그렇다고 비교적 개방적 개념인 수필로 취급하는 것은 채만식 스스로가 거부하고 있다. 그러므로 '사소설'은 적어도 양식상으로는 사도邪道임에 틀림없다. '사소설'이 이처럼 여러 양식의 특성을 고루 함의하고 있는 것이라면 다시 그가 언급한 창작 방법으로 돌아가 '사소설'로 지목된 작품들의 최소공배수를 찾을 것이 요구된다.

채만식은 한심하고 무의미하다는 자조 속에서 '사소설'에 매달리는 이유를 '다른 나'를 경험하는 매력에서 찾고 있다. '도저히 같은 시공에는 용납이 되지 않는 실로 세계가 다른 나 들'을 볼 수 있다는 것이 그에게 충격적이었던 것이다. 그것은 「태평천하」나 「탁류」 등에서 경험할 수 없었던 '요술'같았기 때문이다. 지독한 회의 속에서도 '사소설'을 썼던 이유는 바로 이 '펴뜩 붓을 멈추고 나의 신경상태를 응시'할 수 있다는 것, 즉 자의식에 의한 '다른 나'의 관찰이 가능하다는 데 있다고 했다.[17]

그러나 「회」, 「집」 등 그의 '사소설'은 자신의 '신경상태'를 관찰하기보다는 오히려 주변의 상태를 관찰하는데 더 많은 할애를 하고 있다. 동시간적 의식의 분열도 존재하지 않는 것은 아니지만[18] 자신에 대한 이야기의 거의 대부분은 현재의 채만식과 시간적 의미에서 구별되는 과거의 채

17) 채만식, 「근일」, 『채만식전집』 8, 창작과비평사, 1989, 24면.
18) 자신의 언급에 부합하는 부분은 「근일」에서 이 언급을 예시하는 것에 한정된다.

만식이다. 이는 현재형 어미가 극히 제한적으로 사용되었다는 점에서도 드러난다.[19] 따라서 사실상 그가 말한 요술은 동시성에 의해 한정되는 자의식이라기보다는 현재로서 과거의 자신을 돌아보는 반성적 의미로 해석된다.

그가 「집」의 서두에서 삶에 대한 일종의 반성과 깨달음을 얻게 되었다는 언급은 '사소설'을 통해 얻게 되는 것에 대한 집약적 표현으로 보아도 무방할 것이다.

재물로 치자면야 그러니 지극히 약소한 것이면서 그러면서도 그는 그의 화폐가격만으로는 능히 환산을 할 수가 없는 다른 한 벌의 가치를, 직접 마음에 통하여 성을 지배하는 일종의 생명력을 가시고 있는 것인 줄은 몰랐었다.

다 늦게야 인생을 조그마한 또 한 과再一課 배웠다고 할는지. 비로소 집이라는 것을 발견한 셈이다.

채만식에게 「집」에 대해 쓰는 행위는 곧 발견이자 그 발견에 대한 기록이다. 스스로를 포함한, 정확히 말해 자신과 교호하며 자신의 일부가 되어버린 신변잡사를 다시 관찰하고 그 속에서 눈부신 생명력을 찾아내 기록함으로써 그는 자신을 포함한 세계에 대해 말하고자 한 것이다. 여기서 신변에 존재하는 소소한 일상은 이부세계에 대한 메타포가 된다.

---

19) 회상 형식을 취하는 「회」를 제외하더라도 「근일」, 「집」, 「삽화」 등에서 사용된 어미의 절대 다수가 과거형 어미이다. 현재형 어미가 사용된 예가 없는 것은 아니지만 이는 시간적 제약을 갖지 않는 설명에 해당하는 부분이거나 그 특유의 구술적 특성으로부터 연유한 부분으로 분열된 자의식을 논할 수 있는 현재형 어미는 아니라고 할 수 있다.

그에게 새로 얻은 집은 울타리조차 없을 정도로 초라하고 옹색할 뿐 아니라 완전히 자신의 소유도 되지 못하는 곳이었다. 그러나 그곳에서 채소를 심고 노동을 하면서, 자신이 만들어 가는 자신의 세계를 경험하게 된다. 그는 조금씩 그 집의 주인이 되어가는 것이다. 뜻하지 않은 물난리의 연속으로 집은 허물어지고 자랑삼던 울타리와 우물마저 흔적 없이 사라졌지만, 그는 끝내 남겨진 아사가오 한 뿌리를 정성껏 다시 묻는 아내의 손길에서 삶의 가치를 확인하게 된다.

어렵사리 마련한 집이 시련으로 허물어지는 과정을 확대하면 험난한 세파 속에서 자신의 터를 닦는 과정이 되고, 그 풍파를 헤쳐가며 이웃을 만나고 가족을 되새기게 된다. 삶이 형성되는 것이다. 따라서 집을 잃었다는 사실은 화폐가격으로 환산되지 않는다. 가치는 남겨진 한 포기 '아사가오 뿌리', 희망을 길러내는 정성 속에 있는 것이다. 집이라는 신변의 존재를 둘러싸고 벌어지는 사건들을 기록하며, 그는 신변잡사가 아닌, 세상만사를 논하는 것이라 할 수 있다.

금광 채굴을 둘러싼 가족 간의 애환과 역경을 기록한 「근일」이 그러하고, 학창시절의 회상과 입학 청탁을 중심으로 세태와 그 세태의 변화를 넌지시 보여준 「회」도 그러하다. 「집」의 연작이라 할 수 있는 「삽화」는 말할 것도 없고, 「처자」, 「실의 공」, 「상경반절기」, 「민족의 죄인」까지도 신변잡사를 통해 사회를 투사하는 방법은 동일하게 적용된다. 다만 「세길로」만이 예외적인 경우라 할 것이다.

군국주의의 득세로 더 이상 사회에 대한 풍자와 비판이 불가능해졌을 때, 채만식의 시선은 거대한 외부세계로부터 단절되었고, 외부로 향하던 시선이 급격히 자신의 주변과 내부로 회귀했다. 사회에 대한 풍자와 비판이 더 이상 불가능해졌을 때, 그는 주변사에 대한 기록으로 작품을 대신했다. 물론 날카로운 비판은 거세되었지만 여전히 그는 사회와 세계에 대해 관심을 놓지 않았으며 또 다른 방법으로 소설의 사회적 책임을 짊어졌다고 할 수 있다. 더구나 은유의 내용뿐 아니라, 그 창작 방법이 민족적 고유성을 전유한 것이었다면 말할 나위가 없을 것이다.

신변사를 통해 사회를 보여주는 비유의 방법이 하나의 공통항이라면, 작위적 짜임을 기피하고 실재했던 사건들을 기록한 방법은 또 하나의 공약수라 할 수 있다. 이미 살핀 대로 채만식의 '사소설'은 양식적 측면에서 좀처럼 규정내리기 어려운 위치에 있다. 그 스스로 언명한 사소설조차도 그의 '사소설'을 설명해주지는 못한다. 그의 '사소설'에 가장 가까운 명칭은 기록문이라고 할 수 있다.

채만식의 언급을 다시 보자. 그는 여러 형용을 통해 자신의 글이 부질없는 것이라고 밝히면서 그 사이마다 자신이 '사소설'이라고 부르는 창작 방법을 기입해 놓았다. '시정적인 사실'을 '그대로 갖다가' '문학 속에 담아서' 내놓는다는 것이다. 사실일지라도 '시정적인' 것에 불과했기 때문에 '진실'이라고 할 수 없었고 사실을 '그대로 갖다가' 놓았지만 소설이라는 장르명으로 발표했기에 '문학 속에 담'았다고 말한 것이다. 이 언급은 그의 '사소설'이 사소설이나 자서전, 수필이 아닌, 다른 한편으로는 사소설과 수필이기도 한, 하나의 기록이었음을 보여준다.

실제 그의 '사소설'은 사실과의 유비성이 뛰어나다. 수필과 중복되는 내용뿐 아니라 알려진 여러 사건과도 일치한다. 문제는 '소설'이라는 장르명일 터인데, 이 역시 소설이라 말하지 않고 '사소설'이라고 비틀어 규정하는 그의 언급으로부터 사소설의 기록성을 두고 하는 말임을 확인할 수 있는 것이다. 사실을 기록했다고 작자가 언급하고 또 그 기록된 사건이 실제의 사건과 유비적 관계에 있다고 할 때, 소설의 범주와 그의 소설 인식이 의문에 휩싸이게 됨은 당연하다. 소설을 소설로서 규정할 수 있는 일차적 준거는 허구성에서 찾아지거니와, 허구를 부정하는 기록을 소설로 볼 수 있을 것인가라는 발본적 문제가 노출되는 것이다.

그러나 경험을 그대로 기록함으로써 소설을 산출한 경우가 그에게만 한정되는 것은 아니다. 대표적인 예로 최서해를 지목할 수 있다. 「토혈」, 「고국」, 「탈출기」 등 초기 대표작들은 물론, 「그 찰나」(미완), 「5원 75전」, 「백금」, 「누가 망하나?」, 「만두」, 「8개월」, 「동대문」, 「무서운 인상」, 「쥐 죽인 뒤」, 「전아사」, 「낙백불우」, 「이중」, 「폭풍우시대」 등은 기록을 소설화한 경우에 해당한다고 할 수 있다. 이들 작품들은 서지적 측면이나 작자의 언급을 통해서 혹은 개작의 과정에서 기록을 소설로 전환시킨 예임이 확인된다. 또한 20년대 중반에 등단한 신진 작가들의 초기작들에서도 이러한 경향은 확인되며, 그 중 한 편이 채만식의 「세길로」이다.

그렇다고 최서해의 돌출적 작업에 의해 기록이 소설로 재창출될 수 있었던 것은 아니다. 이미 기록은 소설화의 가능성을 충분히 담지할 정도의 형상화 수준을 습득하고 있었다. 1900년대~1910년대, 매체서사에 대해 실증적인 근거가 속속 밝혀지고 있음은 이를 뒷받침한다.[20] 나아가 20년대에 들어서면서 그 수준은 폭발적으로 성장해, 비허구성을 제외하면 소설에서 크게 벗어나지 않는 독특한 서사양식인 기록서사가 등장하게 된

---

20) 비교적 최근의 논의를 대표하는 것으로 김영민의 『한국근대소설사』(솔, 1997), 한기형의 『한국근대소설사의 시각』(소명출판, 1999), 정선태의 『개화시 신문 논설의 서사 수용 양상』(소명출판, 1999) 등이 있다.

다. 특히 『개벽』, 『신여성』, 『별건곤』 등을 중심으로 한 박달성 · 차상찬 · 방정환 · 김기전 등의 기록서사는 소설과의 경계가 거의 해체되었음을 보여주는 실례라 할 수 있다.

문제가 되는 것은 도입된 소설의 개념과 조선의 소설 관습이 달랐고 그에 따라 근대적 소설과 실제 향유되는 작품도 달랐다는 것이다. 동인지의 저조한 판매 실적, 그 보다도 못했던 작품집에 비해 여전히 인기를 누리고 있었던 신 · 구소설은 이 괴리를 드러내 주는 증표라 할 것이다.[21)]

4. 사소설, 잡문, 그리고 기록서사

기록이 소설로 전환될 수 있었던 것은 소설의 개념이 형성되는 과정과 함께 논해져야 한다. 이광수가 소설을 이야기(신소설을 포함한)와 구분하여 상상의 산물로 규정했을 때, 이광수가 논했던 소설의 의미를 충족시키는 조선의 소설은 없었다. 인식틀로서의 풍경이 발견—식민지 조선의 경우에는 '발견'이라기 보다는 '학습'이 더 적절한 표현일 것이다—되면서 이념과 실제가 급격히 괴리되었던 것이다. 소설의 이념과 경험된 소설은 분열되었고 이 분열을 일치시키려는 다양한 시도와 실험이 이어졌다. 동인지의 소설이 이념에 뿌리를 두고 경험적 소설의 지평을 넓히려는 실험이 있다면, 기록을 소설로 전환시켰던 것은 경험적 이야기의 저변을 근대소

21) 천정환, 「한국 근대 소설 독자와 소설 수용 양상에 대한 연구」, 서울대 박사논문, 2002, 24~47면.

설에까지 확대하려는 시도였다고 할 수 있다. 이러한 문학사적 저변의 임계점이 최서해와 채만식을 통해 드러나는 것이라 보아도 좋을 것이다.

따라서 '사소설'이 그 본질상 서구적 의미의 소설 개념에서 벗어난 것이라고 해서 소설이 아니라고 할 수는 없다. 소설의 개념은 결코 19세기 서구적 의미로만 고정되어 있지는 않기 때문이다. 또 양식은 시대를 대변하고 시대의 변천과 함께 그 모습을 일신한다. 양식은 하나의 관습이라고 할 수 있기 때문이다. 이는 양식으로서의 소설 또한 역사적 개념으로 취급되어야 함을 말해주는 동시에 조선이라는 지역적 특색에 의해서도 소설 개념이 달라질 수 있음을 뜻한다.

채만식의 '사소설'이 다만 채만식에게 한정되지 않고 최서해를 비롯한 20년대 중반의 경향적 유사성을 동반하는 것이라면, 오히려 1920~30년대 조선에 있어서의 소설은 허구라는 구속에서 비교적 자유로웠다고 할 것이다. 비록 허구의 당위는 지속적 위력을 발휘하고 있었고 그에 따라 그 영역도 확장되었지만, 근대소설은 아직도 형성 중이었기 때문에 허구가 아니라고 해서 소설로서도 부정되는 것은 아니었다. 이념으로서는 소설이 아니되, 경험으로서는 충분히 소설이 될 수 있었던 것이다. 이념적 층위의 소설 개념과 경험적 층위의 소설 개념이 분열되어 공존하고 있었던 셈이다. 이 분열의 틈에서 생장한 것이 기록서사이며 그 소설적 존재 중 하나가 채만식의 '사소설'인 것이다.

결국 채만식에게 있어 '사소설'이란 개인적 경험을 기록하고 그 기록의 도정에서 개인의 삶을 넘어선 사회적 은유를 실현하는 것이었다고 볼 수 있다. 더구나 그의 소설인 '사소설'과 동일한 유형의 기록이 소설 외 양식에서도 출현됨을 볼 때, '사소설'의 기록성, 나아가 비허구적 서사의 소설화 가능성은 더욱 자명해진다.

'사소설'의 장르를 소설로 인식할 수 있다면 잡문으로 구분된 채만식의 글 대부분도 소설이 아니라고 할 수는 없게 된다. 그의 매체서사 다수가 실화나 일화의 차원에서 보고들은 바를 그대로 기록한 것이며 그것은 창작 방법만을 문제삼을 때 소설의 그것과 구별될 수 없는 까닭이다. 이미 「주택」, 「귀향도중」 등 그의 소설과 동일한 내용을 담은 수필들을 언급했거니와 실제로 적지 않은 수필이 장편掌篇의 소설에 육박한다. 이러한 상황은 비단 수필뿐 아니라 잡문으로 분류된 글로도 파생된다. 즉 채만식의 '사소설'을 소설의 범주로 인식하게 될 때, 그의 수필과 잡문 다수도 이 범주에서 이해될 수 있다는 것이다.

『별건곤』의 기사로 실린 「동팔호실 잠입기東八號室 潛入記」의 경우는 대표적 잡문이지만, 장르표지가 없는 이 글에 '사소설'이라는 명칭을 붙인다고 해도 양식과 창작방법의 측면에서는 무리가 없다. 채만식은 개벽사의 기자로서 두 차례에 걸쳐 정신병동을 찾았고 그곳에서 겪은 자질구레한 사건들과 느낌을 고스란히 기록했다. 주변의 사물에 대한 관찰과 그에 대한 기록이라는 측면에서는 그의 '사소설'과 동일한 양식적 범주에 해당되는 것이다.

물론 이 잡문은 작품에 이르지는 못하고 있다. 애초 집필 의도부터 대중의 흥미를 자극하기 위한 읽을 거리에 불과했으며, 그에 따라 진지한 성찰의 모습도 갖추지 못했다. 간단히 말해 문학성을 인정받을 수 없는 것이다. 그러나 이 글의 양식적 특성을 규정하는데 있어 문학성이나 작품성 등의 개념은 적절치 못하다. 선행되어야 할 것은 과연 소설이라 할 수 있는가의 문제인 것이다. 실제 이 글은 그의 소설 『염마艶魔』로 재생되기도 한다. 만약 그의 '사소설'을 소설이라 할 수 있다면 이 글이 소설이 아닌 이유는 무엇일까? 다음 글은 이 질문에 대한 단서를 제공한다.

「초특투빈술超特鬪貧術」[22]은 이미 '꽁트 형식을 빌어서'라는 부제를 달고 있다. 부제의 내용에 걸맞게 이 글은 단편소설의 기본적 규칙을 준수한다. 일상적이지만 평범하지 않은 사건과 반전의 묘미를 살렸다는 점이 두드러진다. '개벽사'의 C로부터 「투빈술」에 대한 원고를 청탁 받은 P는 새로 잉크를 사다가 흥미로운 사실을 깨닫는다. '가난뱅이 개벽사에서 원고료를 받지 못할 것'은 '명확관화'했고, 정력과 시간은 고사하고 잉크와 펜 그리고 원고지 값을 들여 가난과 싸우는 방법에 대해 쓴다는 사실의 모순됨을 느끼게 된 것이다. 투빈술에 대한 원고를 쓰는 행위 자체가 투빈술을 정면으로 위배하고 있다는 것이다.

이 글은 채만식의 '사소설'을 염두에 둘 때, 극히 짧은 소설이라고 할 수도 있겠지만 다른 한편으론 소설이라고 할 수 없기도 하다. 채만식이 개벽사의 기자[23]로 일하면서 경험한 사건을 서사화 했지만 시점을 변경하여 자신의 존재까지도 은폐시킴으로써 허구적 서사로서의 요건을 갖추었다. P와 채만식 자신의 객관화 된 인물인 C 등 익명화된 고유명사를 사용했고 '개벽사'라는 실제의 공간을 제시함으로써 체험임을 보여주기는 하지만, 이는 장르 표지에 기인한 가정일 뿐이다. 사실 기록이긴 하되 소설의 특정 형식을 염두에 두고 있다고 할 수 있다. 그래서 스스로도 '꽁트의

22) 채만식, 「초특투빈술」, 『별건곤』, 1930.5.

23) 채만식은 1925년 동아일보사에 입사했으나 이듬해 그만 두었고, 1930년 개벽사에 입사하여 1933년 조선일보사로 자리를 옮긴다. 1936년 개성으로 이주하며 퇴사한다. 그의 잡문은 주로 개벽사와 『조선일보』 시절에 씌어졌으며 글의 게재도 『별건곤』, 『혜성』, 『신여성』, 『조선일보』 등 개벽사와 조선일보사의 간행물에 집중되었다.

형식을 빌'었다고 부제를 단 것이다. 결국 이 글이 소설이 아닐 수 있는 이유는 장르 표지와 결여된 완성도뿐이다.

위의 「동팔호실 잠입기」가 '사소설'의 방법론을 그대로 복사하고 있다면 「초특투빈술」은 시점의 변경을 통해 허구의 외피를 두른 경우에 해당한다고 할 수 있다. 제목에서 시사받을 수 있는 것처럼 사실로서의 '기記'와 사실에 허구를 가미한, 빌려온 '꽁트' 형식이 나뉘는 것이다. 전자의 경우로 「이것도 한 실수」, 「고운 수감에 빠졌다가」, 「출범전야」, 「인간하경 수제」, 「신변잡초身邊雜草」, 「내 만화漫畵」, 「봄의 현미경적 검사」 등이 있고, 후자의 예로는 「연분홍 나체」, 「자정 뒤의 괴여자」, 「신청주유죄新淸酒有罪」 등을 들 수 있다.

사실 기록과 사실을 가공한 장편掌篇뿐 아니라 완진한 허구의 산물도 적지 않다. 「넌센스 인간」, 「기생집에서 맴돌이 하던 이야기」, 「여자의 일생」, 「밥이 사람을 먹다」, 「백만원 원탁몽圓卓夢」, 「조선문단의 황금시대」, 「괴담」 등이 그에 속하는 데, 앞의 잡문에 비해 한층 흥미 위주로 씌어져 작품성은 더욱 떨어지는 특징이 있다.

이 글들은 잡문으로 분류되고는 있지만, 창작방법과 양식적 특질에서 현저한 차이를 보이고 있으며 오히려 그 차이는 '사소설'과 소설간의 차이와 동질적이다. 경험된 혹은 관찰된 사실을 기록한 잡문은 '사소설'의 창작방법과 일치하며, 그 외 잡문들은 허구적 지향을 드러낸다. 다만 집필 취지의 차이에서 기인한 완성도의 차이가 소설 작품과 비소설 잡문을 구별하게 할 뿐이다.

이렇게 볼 때, 완성도의 결여로 인해 소설로 취급받지 못했던 그의 잡문들은, 소설과 구별되는 '사소설'의 창작 방법이 어디에 기인하고 있는지를 선명하게 드러낸다. 채만식의 등단작인 「세길로」 이후 '사소설'이라 불릴 수 있는 작품은 한동안 보이지 않았지만, 그의 잡문들은 '사소설'적 창작 방법이 등단 이후 꾸준히 지속되었음을 보여준다. 이는 '사소설'이 다만 정치적 상황에 따라 선택된 것이 아니며 그의 창작 초기부터 공존하던 두 개의 지향 가운데 하나였음을 확인할 수 있다.

또 그의 잡문 대부분이 30년대에 국한된다는 사실도 주목할 만하다. 30년대의 많은 부분을 그는 개벽사와 조선일보사의 기자로 보냈으며 잡문의 대부분이 이 시기에 집필되었다. 특히 개벽사에서 사회부 기자로 활동했던 경험은 사회의 이면적 풍경을 보여주기에 부족함이 없었을 것이다. 그의 잡문들이 경찰서와 병원 등 사회부 기자의 출입처에서 취득될 수 있는 사건들을 다루고 있는 것은 이를 방증한다.

그러나 사회부 기자로서의 취재보다 더 큰 의미를 지니는 것은, 기자로서의 객관적 사건 기록과 서사적 형식을 일치시키는 개벽의 독특한 기사 작성 양식에 있다. 『개벽』과 『혜성』, 『별건곤』, 『신여성』 등 개벽사의 잡지들은 신문들의 기사 작성 양식과 상당한 차이를 가지고 있었다. 신문의 기사들이 6하 원칙에 입각한 간략한 사건 개요의 형식을 띠는 반면 개벽사의 잡지들은 개요를 넘어 읽을 거리로서의 이야기 형식을 자주 사용했다. 『개벽』, 『신여성』, 『별건곤』을 장식하고 있는 박달성이나 방정환, 김기전, 차상찬 등의 글들은 그 대표적 예이다.[24] 이 개벽사의 전통은 후속 기자인 채만식, 이정호 등에게도 대물림된다. 따라서 채만식의 잡문이

24) 1920년대 기록의 서사화 양상에 대해서는 「기록서사와 근대소설」(이경돈, 『상허학보』 9집, 2002)을 『개벽』과 기록서사의 연관에 대해서는 「1920년대 문학과 『개벽』의 위상」(최수일, 성균관대 박사논문, 2001, 4장) 참조.

사회면 말단에나 실릴 사소한 사건을 취재한 것임에도 소설의 형상화 원리를 구현할 수 있었던 것으로 판단된다. 이렇게 보면, 채만식의 잡문과 '사소설'의 연원이 잡지 기자들의 사건 기록 방식, 그것도 개벽사로 상징되는 기록의 서사화 방식에 있었다고 볼 수 있다.

채만식의 잡문과 관련된 이러한 결론은 그의 '사소설'에 대한 이해를 돕는다. 1924년 12월 '사소설' 「세길로」로 등단한 그가 40년대에 들어서야 다시 '사소설'을 복권시킨 이유를 찾을 수 있는 것이다. 「세길로」를 '사소설'로 인식하지 않았던 것으로 보아, 이 시기를 경과한 후에야 그는 소설과 구별되는 '사소설'의 관념을 습득할 수 있었으며, 20년대 후반의 「세길로」, 30년대의 기록적 잡문 그리고 40년대 초중반의 '사소설'로 이어지는 창작 방법의 연속성을 지니고 있었다.

그의 기록적 잡문을 통해 볼 때, 채만식이 '사소설'과 소설을 구별하지 못했던 것(「세길로」의 경우), 또 기록이라는 창작 방법을 발견하고도 완성도가 현저히 떨어지는 잡문에만 적용했던 것, 그리고 '사소설'을 쓰면서도 자책에서 자유로울 수 없었던 것과 굳이 '사소설'이라 명명했던 것은, 그가 서사적 관습을 익힌 식민지 조선과 소설의 이념을 학습한 일본의 지역적, 문화적 차이에 기인했던 것으로 생각된다. 그가 소설과 '사소설'을 구별하지 못했던 것은, 당대 일본에서 씌어지던 소설과 소설에 대한 이념이 명쾌한 구분점을 갖고 있지 못했기 때문이며, 구분할 수 없는 사소설과 소설의 학습 속에서도 전범으로서의 서구문학[25] 지향은 지속되었기 때

25) '내가 읽은 小說을 따지어 본다면 露西亞 作家의 것이 第一 만코 그 중에도 「투르게넵흐」의 소설이면 거진 다 읽은 듯합니다'라고 한 「무의식적 영향」(『조선일보』, 1933.8.26)의 언급을 비롯해 톨스토이 · 발자크 · 체홉 · 도스토예프스키 등을 전범으로 여기는 언급은 그의 평론과 수필에 지속적으로 나타난다.

문이다. 이는 서구적 전범을 조선에서도 만들고 싶다는 욕망이 끊임없이 사소설적 지향을 억압했음을 말하거니와, 기록에 바탕을 둔 창작방법이 잡문이나 '사소설'이라는 주변적 형태로 드러났다고 할 수 있다.

그러나 채만식의 '사소설'은 최서해의 체험소설과 동일한 의미를 갖지는 않는다. 양자 모두 기록서사에 근간을 두고 있지만, 기록서사의 지위와 역할에 상당한 변화가 일어나는 1920년대 중·후반을 두고 최서해와 채만식의 작품들은 서로 다른 의미망에 귀속되기 때문이다. 기록서사와 근대소설이 동등한 지위에서 상호 삼투하고 교차 차용될 수 있었던 시기, 최서해의 작품은 기록서사와의 삼투와 차용에 의해 근대소설이 관습적 장르로 안착되는 경로를 뜻한다. 그러나 고급 문학과 저급 서사 양식이 뚜렷한 위상의 차이를 드러내기 시작한 20년대 후반에서 30년대에 걸치는 시기, 채만식의 매체서사는 소설 창작에 도움을 주는 보충적 지위에서 인식되어야 하며 이미 기록서사를 포함한 매체서사가 소설의 저변으로부터 상당한 거리를 두고 있었음을 뜻한다. 채만식의 처녀작 「세길로」를 그의 다른 기록서사와 분리해서 논했던 이유가 여기 있으며, 「동팔호실 잠행기」와 「염마」를 동일 층위에서 비교하지 못하는 까닭도 여기에 있다. 최서해에게 기록서사는 그 자체로 소설이 될 수 있었지만, 채만식에게 있어서는 소설의 재료였을 뿐인 것이다.

그러나 채만식에게 '사소설' 또는 기록에 바탕을 둔 창작방법은 '소설의 정도가 아니'라는 관념으로 그를 지배했지만, 그는 창작의 초기부터 이 방법을 지속해왔으며, 그의 작품 세계를 떠받치는 두 개의 기둥 중 하나였다고 할 수 있겠다. 더불어 그것은 기록을 소설화했던 근대 초기의 대표적 창작 방법이기도 했다.

참고문헌

1. 자료

『대한매일신보』, 『매일신보』, 『동아일보』, 『조선일보』, 『시대일보』

『학지광』, 『신여자』, 『개벽』, 『창조』, 『백조』, 『폐허』, 『동명』 『신여성』, 『조선문단』, 『별건곤』, 『혜성』, 『제일선』, 『동광』, 『삼천리』

『이광수 전집』, 삼중당, 1966.

『최서해 전집』, 문학과지성사, 1987.

『채만식 전집』, 창작과비평사, 1989.

『이태준 전집』, 깊은샘, 1994.

2. 논저

강내희, 『문화론의 문제설정』, 문화과학사, 1996.

강만길, 『일제시대 빈민생활사 연구』, 창작과비평사, 1987.

강명관, 「근대 계몽기 출판운동과 그 역사적 의의」, 『민족문학사연구』 14호, 민족문학사연구소, 1999.

강상중, 이경덕 외역, 『오리엔탈리즘을 넘어서』, 이산, 1997.

강심호, 「유행, 대중적 감수성, 문학의 변모」, 『현대문학연구』 12집, 한국현대문학회, 2002.

강옥희, 『한국 근대 대중소설 연구』, 깊은샘, 2000.

강인철 외, 『근대를 다시 읽는다』, 역사비평사, 2006.

강준만, 『대중매체 이론과 사상』, 개마고원, 2001.

______, 『세계의 대중매체』, 이석미디어, 2001.

______, 『한국대중 매체사』, 인물과사상사, 2007

강진호, 『한국문단 이면사』, 깊은샘, 1999.

강현구, 『대중문화와 문학』, 보고사, 2004.

강현구 · 김종태, 『대중문화와 뉴미디어』, 월인, 2003.

강현두 편, 『대중문화의 이론』, 민음사, 1986.
강희일, 『한국 출판의 이해』, 다산출판사, 2007
구인환, 『한국근대소설연구』, 삼영사, 1977.
______, 『근대문학의 형성과 현실인식』, 한샘, 1983.
______, 『이광수 소설 연구』, 삼영사, 1983.
권보드래, 『한국 근대소설의 기원』, 소명출판, 2000.
권보드래, 『연애의 시대』, 현실문화연구, 2004.
권순긍, 「1910년대 활자본 고소설 연구」, 성균관대 박사논문, 1990.
권영민, 『한국민족문학론 연구』, 민음사, 1988.
______, 『서사양식과 담론의 근대성』, 서울대 출판부, 1999.
권태억, 「근대 · 동화 · 식민지유산」, 『역사학보』 165, 2000
권태철, 「일제하 한국방송의 전개과정과 성격에 관한 연구」, 서울대 석사논문, 1996.
기호학연대, 『기호학으로 세상읽기』, 소명출판, 2002.
김강호, 『1930년대 한국 통속소설 연구』, 부산대 박사논문, 1994.
김경용, 『기호학이란 무엇인가』, 민음사, 1994.
김경일, 「1920~30년대 인쇄출판업에서의 노동운동」, 『한국사회사연구회 논문집』, 문학과지성사, 1989.
______, 『한국의 근대와 근대성』, 백산서당, 2004.
김광해 · 윤여탁 · 김만수, 『일제 강점기 대중가요연구』, 박이정, 1999.
김규환, 『일제의 대한언론 · 선전정책』, 이우출판사, 1978.
김근수 편, 『일제치하 언론출판의 실태』, 영신한국학아카데미, 1974.
김근수, 『한국잡지개관 및 호별목차집』, 한국학연구소, 1973.
______, 『한국잡지사』, 청록출판사, 1980.
김남석, 『일제하 공공도서관의 사회교육활동』, 계명대 출판부, 1991.
김동식, 「한국의 근대적 문학 개념 형성과정 연구」, 서울대 박사논문, 1999.
김만수, 「유성기 음반에 수록된 '영화설명 대본'에 대하여」, 『한국극예술연구』 6집, 태학사, 1996.
김민환, 『동아시아의 근대신문 지체요인』, 나남, 1999.
김병익, 『조선문단사』, 일지사, 1973.

김병철, 『한국 근대 서양문학 이입사 연구』, 을유문화사, 1980.
김복순, 『1910년대 한국문학과 근대성』, 소명출판, 1999.
김상태 편, 『윤치호일기』, 역사비평사, 1988.
김상환 외, 『매체의 철학』, 나남, 1998.
김상환, 「매체와 공간의 형이상학」, 『언론과 사회』 9호, 나남, 1995.
김석봉, 「신소설의 대중적 성격 연구」, 서울대 박사논문, 2003.
김성곤, 「'미디어 문화연구'를 통한 미국연구」, 『국제지역연구』 10권 3호, 국제지역학회, 2001.
김성일, 『대중의 형성과 문화적 실천의 고원들』, 로크미디어, 2007.
김성재, 『매체미학』, 나남, 1998.
김소희, 「일제시대 영화의 수용과 전개 과정」, 서울대 석사논문, 1994.
김열규, 신동욱 편, 『현진건 연구』, 새문사, 1981.
______, 『김동인 연구』, 새문사, 1982.
김영민, 『한국문학비평논쟁사』, 한길사, 1992.
______, 『한국근대소설사』, 솔, 1996.
김영범, 「망탈리테사—심층사의 한 지평」, 『사회사연구와 사회이론』(한국사회사연구회논문집 31집), 문학과지성사, 1991.
김영순 외, 『인문학과 문화콘텐츠』, 다할미디어, 2006.
김영준, 『한국 가요사 이야기』, 아름출판사, 1994.
김영희, 「일제시기 라디오의 출현과 청취자」, 『한국언어학보』 46호, 2002.
김영희, 「한국의 라디오시기의 라디오 수용현상」, 『한국언론학보』 47권 1호, 2003.
김예림, 「1920년대 초반 문학의 상황과 의미」, 『1920년대 동인지 문학과 근대성 연구』(상허학회 편), 2000.
김외곤, 『한국 근대 리얼리즘문학 비판』, 태학사, 1995.
김우종, 『한국현대소설사』, 성문각, 1977.
김원용 · 김광옥 · 노영서, 「한국방송편성론」, 『한국방송총람』, 나남, 1991.
김윤식, 『한국근대문학비평사연구』, 일지사, 1976.
______, 『김동인 연구』, 민음사, 1987.
______, 『이광수와 그의 시대』, 솔, 1999.

김윤식, 『한국 근대문학 양식 논고』, 아세아문화사, 1980.
______, 『한 · 일 근대문학의 관련양상 신론』, 서울대 출판부, 2001.
김윤식 · 김현, 『한국문학사』, 민음사, 1994.
김윤식 · 정호웅, 『한국소설사』, 예하, 1994.
김은규, 『미디어와 시민참여—시민미디어(Civic media)론』, 커뮤니케이션북스, 2003.
김재용 외, 『한국근대민족문학사』, 한길사, 1993.
김정기, 『한국 시청자의 텔레비전 이용과 효과 연구』, 커뮤니케이션북스, 2004.
김정기 외, 『매스미디어와 수용자』, 커뮤니케이션북스, 1999.
김정인, 「일제 강점기 천도교단의 민족운동 연구」, 서울대 박사논문, 2002.
김준형, 「야담운동의 출현과 전개 양상」, 『민족문학사연구』 20호, 2002.
김지운 · 방정배 · 정재철, 『비판 커뮤니케이션—정치경제 문화연구 미디어 비판』, 커뮤니케이션북스, 2000.
김지훈, 「1920년대 전후 유럽 영화와 시각문화의 미디어 고고학」, 중앙대 석사논문, 2004.
김진균 · 정근식 외, 『근대 주체와 식민지 규율권력』, 문화과학사, 1997.
김진송, 『현대성의 형성—서울에 딴스홀을 허하라』, 현실문화연구, 1998
김창남, 『대중문화와 문화실천』, 한울아카데미, 1995.
김치수, 『현대기호학의 발전』, 서울대 출판부, 1998.
김태수, 『꽃가치 피어 매혹케 하라』, 황소자리, 2005.
김학동, 『한국문학의 비교문학적 연구』, 일조각, 1982.
김현숙, 『식민지 근대의 내면과 매체표상』, 깊은샘, 2006.
김현실, 「1910년대 단편소설 연구」, 이화여대 박사논문, 1989.
김현주, 『이광수와 문화의 기획』, 태학사, 2005.
김홍규, 「1920년대 초기시의 혼돈과 환상」, 『문학과 역사적 인간』, 창작과비평사, 1981.
노병성, 「1980년대 한국 출판산업의 산업조직론적 특성에 관한 연구」, 서강대 박사논문, 1992.
노영택, 「일제시기의 문맹률 추이」, 『국사관논총』 51, 국사편찬위원회, 1994.
노정팔, 「일제하의 방송, 그 특징과 기능」, 『방송연구』, 1986.

노지승, 「1920년대 초반, 편지 형식 소설의 의미」, 『민족문학사연구』 20호, 2002.
대중문학연구회 편, 『대중문학이란 무엇인가』, 평민사, 1995.
______________, 『신문소설이란 무엇인가』, 국학자료원, 1996.
______________, 『연애소설이란 무엇인가』, 국학자료원, 1998.
동아일보사 편, 『일정하의 금서 33권』, 동아일보사, 1976.
류준필, 『형성기 국문학 연구의 전개양상과 특성』, 서울대 박사논문, 1998.
_____, 「'문명'·'문화' 관념의 형성과 '국문학'의 발생」, 『민족문학사연구』 18호, 민족문학사학회, 2001.
문영진, 『한국 근대산문의 읽기와 글쓰기』, 소명출판, 2000.
문학과사상연구회, 『염상섭 문학의 재조명』, 새미, 1998.
______________, 『채만식 문학의 재인식』, 소명출판, 1999.
문학사와비평연구회, 『한국문학과 계몽담론』, 새미, 1999.
미디어문화교육연구회, 『문화콘텐츠학의 탄생』, 다할미디어, 2005.
민병덕, 「한국 근대 신문연재소설 연구」, 성균관대 박사논문, 1998.
민인철·반형, 『프로슈머로서(prosumer)의 수용자와 문화적 창조성』, 한국학술정보, 2007.
민족문학사연구소, 『근대계몽기의 학술 문예 사상』, 소명출판, 2000.
박경련, 「일제하 출판검열에 관한 사례연구－신득구(1850~1900)의 『농산선생문집』을 중심으로」, 『서지학연구』, 서지학회, 2002.
박광현, 「언어적 민족주의 형성에 관한 再考－'국문'과 '조선어'의 사이」, 『한국문학연구』 23, 동국대 한국문학연구소, 2000.
박기성, 『문화커뮤니케이션과 대중문화』, 평민사, 1983.
박남훈, 『광고와 매스미디어』, 세종출판사, 1999.
박명규·서호철, 『식민권력과 통계』, 서울대 출판부, 2003.
박명진, 『비판적 커뮤니케이션 연구의 성과와 그 쟁점』, 서강대 언론문화연구소, 1989.
박몽구, 「잡지의 대중화와 민중의 카니발」, 『한국출판학연구』 45호, 한국출판학회, 2003.
박봉성, 『대중예술의 미학』, 동연, 1996.
박상준, 『한국근대문학의 형성과 신경향파』, 소명출판, 2000.

박상진, 『에코 기호학 비판』, 열린책들, 2003.
박성봉, 『대중예술의 미학』, 동연, 1995.
박신홍, 『출판매체론』, 경인문화사, 2001.
박여성, 『미디어 인식론 : 인지-텍스트-커뮤니케이션』, 까치, 1996.
박용규, 「일제하 민간지 기자집단의 사회적 특성의 변화과정에 관한 연구」, 서울대 박사논문, 1994.
_____, 「일제하 언론의 자본과 경영」, 『한국 언론산업의 역사와 구조』, 연암사, 2000.
박용수, 「미디어 수용자 참여모델에 관한 일 연구」, 『사회과학연구』 38집, 강원대 사회과학연구소, 1999.
박은경, 『일제하 조선인관료 연구』, 학민사, 1999.
박재환 외, 『근대 사회와 여가 문화』, 서울대 출판부, 1997.
박종린, 「김윤식 사회장 찬반논의와 사회주의 세력의 재편」, 『역사와 현실』 38호, 한국역사연구회, 2000.
박주영, 「대중문화의 저항성에 관한 일고찰」, 부산대 석사논문, 1997.
박찬승, 『한국근대정치사상사연구』, 역사비평사, 1991.
박헌호, 『이태준과 한국근대소설의 성격』, 소명출판, 1999.
_____, 「'문화정치기' 검열과 그 대응의 논리」, 『식민지검열체제의 역사적 성격』, 성균관대 동아시아학술원, 2004.
_____, 『식민지 근대성과 소설의 양식』, 소명출판, 2004.
_____, 「문화정치기 신문의 위상과 반일검열의 내적논리」, 『대동문화연구』 50집, 성균관대 대동문화연구원, 2005.
박현수, 「1920년대 초기 소설의 근대성 연구」, 성균관대 박사논문, 1999.
_____, 「두 개의 '나'와 소설적 관습의 주조」, 『90년대 한국문학연구의 동향』, 깊은샘, 2002.
_____, 「잡지 미디어로서 『어린이』의 성격과 의미」, 『대동문화연구』 50집, 성균관대 대동문화연구원, 2005.
방기중 편, 『일제하 지식인의 파시즘체제 인식과 대응』, 혜안, 2005.
방민호, 『채만식과 조선적 근대문학의 구상』, 소명출판, 2001.

배성준, 「'식민지 근대화'논쟁의 한계 지점에 서서」, 『당대비평』 13호, 삼인, 2000.
배영달 편저, 『보드리야르의 문화 읽기』, 백의, 1998.
백낙청, 『민족문학과 세계문학』, 창작과비평사, 1978.
백승국, 『문화기호학과 문화콘텐츠』, 다할미디어, 2004.
백운관 · 부길만, 『한국출판문화변천사』, 타래, 1992.
백철, 『신문학사조사』, 수선사, 1948.
부산대 언론정보연구소 편, 『21세기 미디어 연구의 패러다임』, 한나래, 2000.
사진실, 『공연문화의 전통』, 태학사, 2002.
상허학회 편, 『1920년대 동인지 문학과 근대성 연구』, 깊은샘, 2000.
__________, 『1920년대 문학의 재인식』, 깊은샘, 2001.
__________, 『90년대 한국문학연구의 동향』, 깊은샘, 2002.
__________, 『희귀 잡지로 본 문학사』, 깊은샘, 2002.
서경석, 『한국근대 리얼리즘 문학사 연구』, 태학사, 1998.
서영채, 「1930년대 통속소설의 존재방식과 그 의미」, 『민족문학사연구』 4호, 민족문학사학회, 1993.
서재길, 「한국 근대 방송문예 연구」, 서울대 박사논문, 2007.
서중석, 「한말 일제침략하의 자본주의 근대화론의 성격」, 『한국 근현대의 민족문제 연구』, 지식산업사, 1989.
손상익, 「1920年代 民間紙에 나타난 新聞漫畵의 役割 연구」, 중앙대 박사논문, 1997.
손정목, 『일제 강점기 도시사회상 연구』, 일지사, 1996.
손정수, 「한국 근대 초기 소설 텍스트의 자율화 과정 연구」, 서울대 박사논문, 2001.
손정업, 『극장과 숲—한국근대문학과 식민지 근대성』, 월인, 2000.
송민호, 『한국개화기 소설의 사적 연구』, 일지사, 1975.
송해룡 · 김원제 엮음, 『위험커뮤니케이션과 위험 수용』, 커뮤니케이션북스, 2005.
송효섭, 『문화기호학』, 아르케, 2001.
신기욱, 「식민지의 사회운동과 역사운동」, 『현대 한국사회의 성격논쟁』, 전통과현대, 2001.
신명선 · 박재영, 『신문 기사의 텍스트언어학적 분석』, 미디어연구소, 2004.
신용하, 『한국근대사와 사회변동』, 문학과지성사, 1980.

신용하, 『한국근대사회사상사 연구』, 일지사, 1987.
안대회 편, 『조선 후기 소품문의 실체』, 태학사, 2003.
안재현, 『독일의 텔레텍스트』, 세계로미디어, 2003.
안종화, 『한국영화측면비사』, 춘추각, 1963.
안춘근, 『한국서지의 전개과정』, 범우사, 1994.
안함광, 『최서해론』, 조선작가동맹출판사, 1956.
양건열, 『비판적 대중 문화론』, 현대미학사, 1997.
양승국, 「1910년대 한국 신파극의 레퍼터리 연구」, 『한국극예술연구』 6집, 한국극예술학회, 1998.
양평, 『베스트셀러 이야기』, 우석, 1985.
엄경섭, 「한국 근대 미디어 텍스트와 극양식 연구」, 성균관대 박사논문, 2005.
여건종, 「공공영역의 수사학―근대 시민사회의 형성과 소설의 발생」, 『안과 밖』, 1997.
역사문제연구소, 『한국의 근대와 근대성 비판』, 역사비평사, 1996.
연세근대한국학연구소, 『한국 근대 서사양식의 발생 및 전개와 매체의 역할』, 소명출판, 2005.
오성철, 「1930년대 한국 초등교육 연구」, 서울대 박사논문, 1996.
오종환, 「재현과 허구의 관계에 대한 고찰」, 『미학』 22집, 한국미학회, 1997.
______, 「대중 매체의 발전과 문화 및 예술의 변모―매체 본질주의와 문화연구의 주장에 대한 비판」, 『미학』 36집, 한국미학회, 2003.
오천석, 『한국신교육사』, 현대교육총서출판사, 1964.
우쾌제, 『한국 가정 소설 연구』, 고려대 민족문화연구소, 1988.
유민영, 『한국 근대 연극사』, 단국대 출판부, 1996.
______, 『한국근대극장변천사』, 태학사, 1998.
유봉규, 「일제말기 초중등학교 교육과정 연구」, 『논총』 39집, 이화여대 한국문화연구원, 1982.
유선영, 「한국 대중문화의 근대적 구성과정에 대한 연구」, 고려대 박사논문, 1992.
유현목, 『한국영화발달사』, 한진출판사, 1980.
윤경원 · 나미수, 「문화지역화와 미디어 수용자 하위문화」, 『한국언론학보』 49권 1호, 한국언론학회, 2005.

윤병로, 『한국 현대 비평 문학론』, 청록출판사, 1982.
_____, 『한국 근현대 문학사』, 명문당, 1991.
_____, 『한국 근현대 작가 작품론』, 성균관대 출판부, 1993.
윤상인, 「근대문학과 독자」, 『근대문화와 역사 그리고 한국문학』, 푸른사상, 2003.
윤석진, 「1930년대 한국 멜로드라마 연구」, 서강대 석사논문, 1997.
윤선희, 「학문 담론의 포스트 식민주의적 권력과 한국 미디어 문화연구의 메타 분석」, 『한국방송학보』 17권 2호, 2003.
윤영민, 『정보공간론』, 전예원, 1996.
윤해동, 『식민지의 회색지대』, 역사비평사, 2003.
_____, 「식민지 근대와 대중사회의 등장」, 『국사의 신화를 넘어서』(임지현 · 이성시 편), 휴머니스트, 2004.
이강수 편, 『대중문화와 문화 산업론』, 나남, 1997.
이강수, 『수용자론』, 한울, 2001.
이경돈, 「『조선문단』에 대한 재인식」, 『상허학보』 7집(상허학회 편), 깊은샘, 2001.
_____, 「기록서사와 근대소설」, 『상허학보』 9집(상허학회 편), 깊은샘, 2002.
_____, 「『별건곤』과 근대 취미독물」, 『대동문화연구』 46호, 2004.
_____, 「1920년대 단형서사의 존재양상과 근대소설의 형성과정 연구」, 성균관대 박사논문, 2004.
이광린, 『한국개화사상연구』, 일조각, 1974.
이기현, 『미디올로지』, 한울아카데미, 2003.
이기훈, 「청년, 근대의 표상」, 『문화과학』 37, 문화과학사, 2004.
_____, 「1920년대 사회주의 이념의 전개와 청년담론」, 『역사문제연구』 13, 역사문제연구소, 2005.
이만규, 『조선교육사』, 거름, 1988.
이만열, 「한말, 일제 강점기의 지식인」, 『한국의 지성 100년』(장회익, 임현진 외), 민음사, 2001.
이범경, 『한국방송사』, 범우사, 1994.
이병혁, 「일제하의 언어생활」, 『일제의 식민지배와 생활상』, 정신문화연구원, 1990.
이보경, 『文과 노벨의 결혼』, 문학과지성사, 2002.

이상길, 「유성기의 활용과 사적 영역의 형성」, 『언론과 사회』 9권 4호, 성곡언론문화재단, 2001.
이수정, 「'믿을 수 없는' 일인칭 서술」, 『현대소설 시점의 시학』, 새문사, 1996.
이승원, 『소리가 만들어낸 근대의 풍경』, 살림, 2005.
이영일, 『한국영화전사』, 삼애사, 1969.
이오현, 「미디어 텍스트에 대한 수용자의 힘과 그 한계」, 『한국방송학보』 16권 4호, 한국방송학회, 2002.
이원주, 「고전소설 독자의 성향」, 『한국학논집』 1 · 5합집, 계명대 한국학연구소, 1980.
이은숙, 『신작 구소설 연구』, 국학자료원, 2000.
이임자, 『한국 출판과 베스트셀러 : 1883~1996』, 경인문화사, 1998.
이재선, 『한국개화기소설연구』, 일조각, 1972.
_____, 『한국현대소설사』, 홍성사, 1979.
이정춘, 『출판사회학』, 타래, 1992.
이종국, 「특수잡지로서의 『동광』 창간호에 대한 연구」, 『출판학연구』 29(한국출판학회 편), 범우사, 1987.
이주영, 『구활자본 고전소설 연구』, 월인, 1998.
이준우, 「한국신문의 문화적 기능 변천에 관한 연구」, 연세대 박사논문, 1988.
이중연, 『'책'의 운명』, 혜안, 2001.
이중한 외, 『우리 출판 100년』, 현암사, 2000.
이지훈, 「1930년대 후반기 한국 대중소설 연구」, 서울대 박사논문, 2003.
이충우, 『경성제국대학』, 다락원, 1980.
이태훈, 「1920년대 전반기 일제의 '문화정치'와 부르주아정치세력의 대응」, 『역사와 현실』 47, 한국역사연구회, 2002.
이현식, 「문학의 자율성, 주체의 발견, 근대라는 미망」, 『문학과 사회』 11권 3호, 문학과지성사, 1998년 가을.
이혜령, 「한국 근대소설의 섹슈얼리티 연구」, 성균관대 박사논문, 2001.
_____, 「한글운동과 근대 미디어」, 『대동문화연구』 47, 성균관대 대동문화연구원, 2004.
이화여대 한국문화연구원, 『근대계몽기 지식 개념의 수용과 그 변용』, 소명출판, 2004.
이효인, 『한국영화역사강의』, 이론과실천, 1992.

임경석,「3 · 1운동 전후 한국민족주의의 변화」,『역사문제연구』4, 역사문제연구소, 2000.
임규찬,「1920년대 소설사 연구」, 성균관대 박사논문, 1994.
______,『한국근대소설의 이념과 체계』, 태학사, 1998.
임상원,『매체 역사 근대성』, 나남, 2004.
임정택 외,『기술매체 시대의 텍스트와 미학』, 연세대 출판부, 2005.
임형택 외,『한국근대문학사론』, 한길사, 1982.
임형택,「야담의 근대적 면모」, 한국한문학회,『한국한문학연구』특집호, 1996.
임 화, 임규찬 · 한진일 편,『신문학사』, 한길사, 1993.
______,『문학의 논리』, 학예사, 1940.
전석호,『정보사회론』, 나남, 1997.
전영태,「한국근대소설의 대중성에 대한 고찰」,『한국학보』33집, 일지사, 1983.
정선태,『개화기 신문 논설의 서사 수용 양상』, 소명출판, 1999.
정신문화연구원 편,『일제의 식민지배와 생활상』, 한국정신문화연구원, 1990.
정재철,『일제의 대한국식민지교육정책사』, 일지사, 1985.
정재형,『한국 초창기의 영화이론』, 집문당, 2002.
정진석,『한국현대언론사론』, 전예원, 1985.
______,『한국언론사』, 나남, 1990.
______,「잡지 변천사」,『신문연구』68호, 1998년 가을.
정창렬,「근대 국민국가 인식과 내셔널리즘의 성립과정」,『한국사』11권, 한길사, 1995.
정출헌,『조선 후기 우화소설 연구』, 고대 민족문화연구원, 1999.
정호근,「정보통신문명과 사회구조의 변동」,『근대성과 한국문화의 정체성』(이명헌 외), 철학과현실사, 1998.
조성면,『대중문학과 정전에 대한 반역』, 소명출판, 2003.
조성출,『한국인쇄출판 백년』, 보진재, 1997.
조연현,『한국신문하고』, 문화당, 1966.
______,『한국현대문학사』, 성문각, 1969.
조용만,『일제하 한국신문화운동사』, 정음사, 1975.

조창희, 「미디어 문화의 국제적 확산 요인에 관한 연구」, 성균관대 박사논문, 2005.
주종연, 『한국소설의 형성』, 집문당, 1987.
지수걸, 『일제하 농민조합운동 연구』, 역사비평사, 1993.
차배근, 『매스 커뮤니케이션 효과이론』, 나남, 1999.
차봉희, 「문학텍스트의 구체화와 수용미학」, 『수용미학』, 문학과지성사, 1985.
차혜영, 「1920년대 한국소설의 형성과정 연구」, 한양대 박사논문, 2001.
______, 「1930년대 『월간야담』과 『야담』의 자리」, 『상허학보』, 2002.
채 백, 『현대사회와 매스커뮤니케이션』, 한울아카데미, 1990.
______, 『한국 언론 수용자 운동사』, 한나래, 2005.
천도교청년회중앙본부, 『천도교청년회 80년사』, 글나무, 2000.
천정환, 「한국 근대소설 독자와 소설 수용양상에 대한 연구」, 서울대 박사논문, 2002.
______, 『근대의 책읽기—독자의 탄생과 한국 근대문학』, 푸른역사, 2003.
천정환 · 이용남, 「근대적 대중문화의 발전과 취미」, 『민족문학사연구』, 2006.
철학과현실연구회, 『근대성과 한국문화의 정체성』, 철학과현실사, 1998.
최덕교, 『한국잡지백년』, 현암사, 2004.
최동현 · 김만수 편, 『일제 강점기 유성기 음반 속의 대중 희극』, 태학사, 1997.
최민지 · 김민수, 『일제하 민족언론사론』, 일월서각, 1977.
최병우, 「한국근대 일인칭 소설 연구」, 서울대 박사논문, 1993.
______, 『다매체 시대의 한국문학 연구』, 푸른사상사, 2003.
최수일, 「『개벽』의 출판과 유통」, 『민족문학사연구』 16호, 민족문학사학회, 2000.
______, 「1920년대 문학과 『개벽』의 위상」, 성균관대 박사논문, 2001.
______, 「『개벽』 유통망의 현황과 담당층」, 『대동문화연구』 49집, 성균관대 대동문화연구원, 2005.
______, 「근대문학의 재생산 회로와 검열—『개벽』을 중심으로」, 『대동문화연구』 53집, 성균관대 대동문화연구원, 2006.
최양호, 「매스 미디어 수용자의 능동성과 수동성에 관한 이론적 고찰」, 『사회과학연구』 23집 1호, 조선대 사회과학연구소, 2002.
최원식, 『민족문학의 논리』, 창작과비평사, 1982.

최원식, 『한국근대소설사론』, 창작과비평사, 1986.
최유리, 『일제 말기 식민지 지배정책연구』, 국학자료원, 1997.
최인진, 『한국신문사진사』, 열화당, 1992.
최정호 · 강현두 · 오택섭, 『매스미디어와 사회』, 나남, 1990.
최준, 『한국 신문사』 신보판, 일조각, 1997.
최창섭, 『방송원론』, 나남, 1986.
최혜실, 『신여성들은 무엇을 꿈꾸었는가』, 생각의나무, 2000.
_____, 『디지털 시대의 문화 읽기』, 소명출판, 2001.
피종호, 『디지털 미디어와 예술의 확장』, 아카넷, 2006.
하동호, 「박문서관의 출판서지고」, 『출판학』 10호, 한국출판학회, 1971.
_____, 『한국근대문학의 서지연구』, 깊은샘, 1981.
한국고음반연구회 편, 『유성기 음반 가사집』, 민속원, 1995.
한국교육개발원, 『한국근대 학교교육 100년사 연구』, 한국교육개발원, 1997.
한국문학연구학회, 『다매체 시대의 한국문학』, 국학자료원, 2002.
한국미디어문화학회, 『소리』, 커뮤니케이션북스, 2005.
한국방송개발원 편, 『방송과 타매체간 상호관련성 및 수용방안 연구』, 한국방송개발원, 1993.
한국방송공사, 『한국방송육십년사』, 1987.
한국사회사연구회 편, 『현대 한국의 종교와 사회』, 문학과지성사, 1992.
한국역사연구회 편, 『일제하의 사회주의 운동사』, 한길사, 1991.
한국정신문화연구원 편, 『경성방송국 국악방송곡목록』, 민속원, 2000.
__________________, 『한국유성기음반 총목록』, 민속원, 2000.
한국출판학회, 『한국출판학의 사적 연구(한국출판학회30년사)』, 2000.
한기형 외, 『근대어 · 근대매체 · 근대문학』, 성균관대 출판부, 2006.
한기형, 「1910년대 신소설에 미친 출판유통 환경의 영향」, 『한국학보』 84, 일지사, 1996.
_____, 「신소설의 근대문학적 위상」, 성균관대 박사논문, 1997.
_____, 「근대어의 형성과 매체의 언어전략—언어 · 매체 · 식민체제 · 근대문학의 상관성」, 『역사비평』, 2005.
_____, 검열체제와 식민지 미디어」, 『대동문화연구』 51집, 성균관대 대동문화연구

원, 2005.
한만수, 「식민지시대 출판자본을 통한 문학검열에 대하여」, 『국어국문학』 131권, 국어국문학회, 2002.
한명환, 『한국 현대소설의 대중미학 연구』, 국학자료원, 1994.
한원영, 『한국현대신문연재소설연구』, 국학자료원, 1999.
_____, 『한국신문 한세기-근대편』, 푸른사상, 2004.
한은경 · 이동후 편, 『미디어의 성과 상』, 나남, 2003.
한점돌, 『한국 근대 소설의 정신사적 이해』, 국학자료원, 1993.
현길언, 『문학과 사랑과 이데올로기』, 태학사, 2000.
현길언, 『현진건, 식민지시대와 작가정신』, 건국대 출판부, 1982.
현택수 편, 『문화와 권력』, 나남, 1998.
황문수, 「야뢰에 있어서의 인내천 사상의 전개」, 『최수운연구』(한국사상연구회 편), 원곡문화사, 1974.
황민호, 『일제하 식민지 지배권력과 언론의 경향』, 경인문화사, 2005.
황종연, 「한국문학의 근대와 반근대」, 동국대 박사논문, 1992.
_____, 「문학이라는 역어」, 『한국문학과 계몽담론』, 새미, 1999.
황호덕, 『한국 근대 형성기의 문장 배치와 국문 담론』, 성균관대 박사논문, 2002.

3. 외서

Aarseth, E. J., 류현주 역, 『사이버텍스트』, 글누림, 2007.
Arnold Hauser, 백낙청 · 염무웅 역, 『문학과 예술의 사회사』, 창작과비평사, 1974.
Ashis Nandy, 이옥순 역, 『친밀한 적』, 신구문화사, 1993.
Baudrillard, J., 이상률 역, 『소비의 사회』, 문예출판사, 1991.
Bell, D., 서규환 역, 『정보화사회와 문화의 미래』, 디자인하우스, 1992.
Benedict Anderson, 윤형숙 역, 『상상의 공동체』, 나남, 2002.
Benjamin, W., 반성완 편역, 『발터 벤야민의 문예이론』, 민음사, 1990.
Bourdieu, P., 장일준 역, 『상징폭력과 문화재생산』, 새물결, 1997.
__________, 하태환 역, 『예술의 규칙』, 동문선, 1999.

Chomsky, N., 박수철 역, 『노암 촘스키의 미디어 컨트롤』, 모색, 2003.
Courant, M., 이희재 역, 『한국서지』, 일조각, 1994.
Croteau, D., 외, 전석호 역, 『미디어 소사이어티』, 사계절, 2001.
Curan, J., 외, 서경주 역, 『미디어와 권력』, 한울아카데미, 1997.
Dalrymple, T., 채계병 역, 『브레이크 없는 문화—문화 엘리트와 대중』, 이카루스미디어, 2007.
Debray, R., 정진국 역, 『이미지의 삶과 죽음』, 시각과언어, 1996.
Dharles E. May, 최상규 역, 『단편소설의 이론』, 예림기획, 1997.
Dizard, W., 이민규 역, 『올드 미디어 뉴 미디어』, 나남, 1997.
Eaglton, T., 유희석 역, 『비평의 기능』, 제3문학사, 1991.
Eco, U., 김운찬 역, 『대중의 수퍼맨』, 열린책들, 1994.
______, 김운찬 역, 『소설 속의 독자』, 열린책들, 1996.
______, 조형준 역, 『대중의 영웅』, 새물결, 1994.
Ernst Cassirer, 오향미 역, 『인문학의 구소 내에서 상징 형식 개념』, 책세상, 2002.
Escarpi, R., 임문역 역, 『책의 혁명』, 보성사, 1985.
________, 민병덕 역, 『출판 문학의 사회학』, 일진사, 1999.
Fairclough, Norman, 이원표 역, 『대중매체 담화 분석』, 한국문화사, 2004.
Flusser, V., 윤종석 역, 『디지털시대의 글쓰기』, 문예출판사, 1998.
________, 김성재 역, 『커뮤니콜로기』, 커뮤니케이션북스, 2001.
Foster, E. M., 이성호 역, 『소설의 이해』, 문예출판사, 1991.
Foucault, M., 이정우 역, 『담론의 질서』, 새길, 1993.
Frye, N., 임철규 역, 『비평의 해부』, 한길사, 2000.
Fuchs, E., 이규현 외역, 『풍속의 역사 4—부르주아의 시대』, 가치, 1986.
Gans, H., 강현두 역, 『대중문화와 고급문화』, 나남, 1998.
Gasset, O., 심일섭 역, 『대중의 반란』, 근역서재, 1979.
Georg Lukács, 반성완 · 심희십 역, 『영혼과 형식』, 심설당, 1988.
Giddons, A., 배은경 · 황정미 역, 『현대사회의 성 · 사랑 · 에로티시즘』, 새물결, 1996.
Gramsci, A., 조형준 역, 『그람시와 함께 읽는 문화』, 새물결, 1992.

Gunter, B., 나은영 역, 『미디어 연구 방법』, 한나래, 2004.
Habermas, J., 한승완 역, 『공론장의 구조변동』, 나남, 2001.
Hall. S., 김수진 외역, 『현대성과 현대문화』, 현실문화연구, 1996.
Hartmann, N., 전원배 역, 『미학』, 을유문화사, 1983.
Heim, M., 여명숙 역, 『가상현실의 철학적 현실』, 책세상, 1977.
Holub, R. C., 최상규 역, 『수용미학의 이론』, 예림기획, 1999.
Hunt, L., ed., 조한욱 역, 『포르노그라피의 발명』, 책세상, 1996.
Ian Reid, 김종운 역, 『단편소설』, 서울대 출판부, 1979.
Ian Watt, 전철민 역, 『소설의 발생』, 열린책들, 1988.
Jensen, K. B. 외, 김승현 외역, 『미디어 연구의 질적 방법론』, 일신사, 2005.
Jeremy Tambling, 이호 역, 『서사학과 이데올로기』, 예림기획, 2000.
Komhauser W., 홍순옥 역, 『대중사회의 정치』, 제민각, 1990.
Lasn, K. 외, 길예경 · 이웅건 역, 『애드버스터－상업주의에 갇힌 문화를 전복하라』, 현실문화연구, 2004.
Lefebvre, H., 박정자 역, 『현대세계의 일상성』, 세계일보사, 1990.
Long, E., 고영복 편역, 『문화사회학』, 사회문화연구소, 1997.
Lu, Xiao-peng, 조미원 외역, 『역사에서 허구로』, 길, 2001.
Lyle, L. 외, 강남준 · 강태영 역, 『커뮤니케이션 혁명과 뉴미디어』, 한나래, 1996.
Martin, W., 김문현 역, 『소설이론의 역사』, 현대소설사, 1991.
Max Horkheimer · Theodor W. Adorno, 김유동 외역, 『계몽의 변증법』, 문예출판사, 1995.
Mayne, J., 류제홍 · 강수영 역, 『사적 소설, 공적 영화』, 시각과언어, 1994.
McChesney, R., 외, 김지운 역, 『커뮤니케이션 기술혁명의 정치경제학』, 커뮤니케이션북스, 1999.
Mccracken, G., 이상률 역, 『문화와 소비』, 문예출판사, 1997.
__________, 박정규 역, 『미디어의 이해』, 커뮤니케이션북스, 2001.
Mcluhan, M., 임상우 역, 『구텐베르크 은하계』, 커뮤니케이션북스, 2001.
Mcquail, D., 오진환 역, 『매스커뮤니케이션 이론』, 나남, 1994.
__________, 박창희 역, 『수용자 분석』, 커뮤니케이션북스, 1999.

Mieke Bal, 한용환 · 강덕화 역, 『서사란 무엇인가』, 문예출판사, 1999.
Moscpvici, S., 이상률 역, 『군중의 시대』, 문예출판사, 1996.
Neuman, W. R., 전석호 역, 『뉴미디어와 사회변동』, 나남, 1995.
Newhall, B., 정진국 역, 『사진의 역사』, 열화당, 1987.
Nightingale, V., 박창희 외역, 『수용자 연구』, 커뮤니케이션북스, 2001.
Ong, W. J., 이기우 · 임명진 역, 『구술문자와 문자문화』, 문예출판사, 1995.
Paech, H., 임정택 역, 『영화와 문학에 대하여』, 민음사, 1997.
Philippe Lejeune, 윤진 역, 『자서전의 규약』, 문학과지성사, 1998.
Pierre Bourdieu, 하태환 역, 『예술의 규칙』, 동문선, 1999.
Poster, M., 김성기 역, 『뉴미디어의 철학』, 민음사, 1994.
Robert Escarpit, 민회식 · 민병덕 역, 『문학의 사회학』, 을유문화사, 1983.
Robert Sholes · Robert Kellogg, 임병권 역, 『서사의 본질』, 예림기획, 2001.
Robison, M., 김민환 역, 『일제하 문화적 민족주의』, 나남, 1999.
Rushkoff, D., 방재희 역, 『미디어 바이러스!』, 황금가지, 2003.
Schramm, W., 외, 최윤희 역, 『인간 커뮤니케이션』, 나남, 1990.
Severin, W. J., 외, 박천일 외역, 『커뮤니케이션 이론』, 나남, 2004.
Sheldon Hsiao-Peng Lu, 조미원 외역, 『역사에서 허구로』, 길, 2001.
Shlmith Rimmon-Kennen, 최상규 역, 『소설의 시학』, 문학과지성사, 1985.
Sombart, W., 이상률 역, 『사치와 자본주의』, 문예출판사, 1997.
Spring, M. B., 노용덕 역, 『가상현실과 사이버 스페이스』, 세종대 출판부, 1994.
Stanzel, F. K., 김정신 역, 『소설의 이론』, 탑출판사, 1990.
Storey, J., 박모 역, 『문화연구와 문화이론』, 현실문화연구, 1999.
Storey, J., ed., 백선기 역, 『문화연구란 무엇인가』, 커뮤니케이션북스, 2000.
Sturken, M., 외, 윤태진 외역, 『영상문화의 이해』, 커뮤니케이션북스, 2006.
Theodor W. Adorno, 홍승용 역, 『미학이론』, 문학과지성사, 1997.
Todd, G., 남재일 역, 『무한미니어-미니어 독재와 일상의 종말』, 휴먼앤북스, 2006
Vincent, A., 이자경 역, 『눈물의 역사』, 동문선, 2000.
Weimann, G., 김용호 역, 『매체의 현실 구성론』, 커뮤니케이션북스, 2003.

Weimann, G., 이일환 역, 『이념과 문학』, 문학과지성사, 1990.
가라타니 고진, 박유하 역, 『일본근대문학의 기원』, 민음사, 1997.
스즈키 사다미, 김채수 역, 『일본의 문학개념』, 보고사, 2001.
야나기 무네요시, 심우성 역, 『조선을 생각한다』, 학고재, 1996.
야나부 아키라, 서혜영 역, 『번역어 성립사정』, 일빛, 2004.
요시미 슌야, 송태욱 역, 『소리의 자본주의』, 이매진, 2005.
__________, 안미라 역, 『미디어 문화론』, 커뮤니케이션북스, 2006.
이토 세이 외, 유은경 역, 『일본 사소설의 이해』, 소화, 1997.
이토 세이, 고재석 역, 『근대 일본인의 발상형식』, 소화, 1996.
이효덕, 박성관 역, 『표상 공간의 근대』, 소명출판, 2002.
히야마 시사오, 정선태 역, 『동양적 근대의 창출』, 소명출판, 2000.

기타

3·1운동 70, 71, 73, 98, 115, 132, 134, 136, 308, 316, 350

「B사감과 러브레터」 282~284, 446, 479

Literature 17, 18, 35, 37~42, 44~46, 49, 51~56, 59, 62~64, 72, 97, 98, 106, 441, 442

ㄱ

「감자」 282, 284, 446, 476, 479

『개벽』 31, 43, 45, 46, 60, 70, 71, 74, 79, 80, 89, 95, 98, 109~111, 113~115, 123, 125, 129, 131, 135~137, 150, 159, 163, 172, 175, 188, 197, 198, 200, 228, 229, 232, 253, 266, 268, 270~272, 316, 317, 368, 411, 445, 461, 465, 467, 513, 518

개벽사 70, 90, 95, 99, 153, 159, 245, 316, 317, 349, 421, 465, 515, 516, 518, 519

「개설신문학사」 64

「개성과 예술」 60, 64

개조론 81

경성방송국 309~311, 313, 316

경험담經驗談 19, 20, 142, 151, 186, 197, 219, 220, 360, 369, 370, 375, 376, 476, 478

계몽독물啓蒙讀物 20, 247, 359

계몽주의 80, 88, 105, 112, 126, 127, 137, 154, 160, 465

계용묵 261, 274, 275, 278, 284

「고학苦學의 로路」 164~167, 170~176

공통감각 137, 143, 217, 303, 304, 346~348

공통인식 143, 303, 304

과학 18, 53, 54, 93, 95~97, 109, 132, 183, 313

관습 45, 49, 55, 65, 72, 86, 87, 89, 91, 97, 100~102, 105, 111, 116, 145, 146, 154, 163, 188, 220, 222, 223, 230, 288, 289, 307, 344, 362, 371, 443, 445~447, 474, 475, 479, 480, 492, 503, 513, 514, 519, 520

괴담怪談 19, 370, 429

구소설 148, 149, 495, 513

근대계몽기 80, 146, 150~152, 154, 168, 170~172, 185, 192, 193, 218, 442, 444, 445

「근대문예」 46

기담奇談 19, 370, 429, 430

기록서사 20, 152, 172, 186, 187, 192~194, 196~202, 215, 216, 223~233, 251, 288, 289, 360, 362, 369~371, 375, 393, 397, 399, 402, 411, 413, 431, 443~447, 475, 476, 480, 488, 492, 512~514, 520

기행紀行 90, 99, 114, 142, 228, 366, 370

기호嗜好 247, 303, 304, 306, 309, 315, 346~350

김기전 82, 175, 201, 513, 518

김기진 175, 268, 271, 306, 495
김동인 17, 75, 76, 146, 148, 149, 218, 224, 250, 264, 268, 281~284, 287, 289, 322, 376, 420, 443, 446, 476, 477, 479, 490, 492
김동환 419, 422
김억 46, 100, 268
김우진 318, 319
김진구 413, 416, 421
김태수 225, 261, 274, 275, 278
김환 89, 228

ㄴ

나도향 17, 222, 268~270, 281~284, 289, 479, 492
나운규 319, 322, 472
『농민』 160, 466

ㄷ

「대경성 백주암행기」 198, 392, 397~399
대중 18, 21, 22, 72, 78, 113, 129~131, 148, 154, 160, 172, 202, 225, 230, 252, 253, 256, 261~264, 270~274, 280, 284~289, 304~307, 312, 319, 323, 327, 328, 345, 349~351, 357, 358, 360, 362, 367, 368, 431, 446, 447, 465, 472~475, 515
대중문예지 251, 256, 260~262, 266, 268, 270, 285, 287, 362
대중문화 322, 323, 472, 473
『대중시보』 133, 135
『독립신문』 80, 165
『동광』 79, 80
『동명』 71, 79, 80, 83, 102, 105~107, 109, 110, 113, 115, 123, 125, 136, 412, 457
동아부인상회 325, 326, 327
『동아일보』 31, 70, 74, 79, 106, 110, 111, 161, 163, 318, 319, 326, 452, 454, 457, 467, 470, 473, 484
동인제 256~258, 260, 261
동인지 46, 64, 74, 75, 89, 146, 149, 218, 223, 228~230, 248~256, 258~262, 273~275, 280~289, 362, 367, 443, 445, 446, 473, 476, 479, 481, 492, 505, 506, 513
「드면록」 416, 418

ㄹ

라디오 141~144, 304, 308~313, 315, 323, 328, 350, 472
르포 184, 186, 198, 232, 357, 369, 399
리얼리티 20, 153, 183, 184, 231, 233, 447, 494, 495

ㅁ

만문漫文 370
『만세전』 91
『매일신보』 73, 80, 342, 344, 345, 348, 463, 503
매체서사 148~155, 158~161, 163, 164, 166~168, 170~176, 185~188, 191~193, 231, 251, 359~363, 365, 366, 368~371, 377, 392, 393, 397, 402, 412~415, 429~431, 443~447, 461, 462, 464~466, 472, 474~476, 507, 512, 515, 520
무산자 72, 132, 136, 137, 304, 363
무정부주의 132, 396
『무정』 29~31, 33, 34, 64, 70, 318, 451, 452, 454, 457
문답 150~152, 164~166, 171, 172, 175, 176, 415
문학 외外 문학 45, 58, 63, 106, 154, 163, 431, 442
문학 전前 문학 45, 58, 63, 106, 154, 163, 442
문학개론 46, 52, 53, 63
「문학文學이란 하何오」 31~34, 37~46, 49, 52, 54, 60, 64, 65, 145, 163, 441, 442, 451, 452, 454, 473, 481
문학사 17, 18, 29, 33, 34, 37, 38, 41, 42, 46, 49,

51~53, 55, 56, 58~60, 63, 107, 115, 147, 149, 230, 248~250, 253, 264, 286, 441, 442, 446, 453, 493~496, 500, 514
「문학의 가치」 38~42, 44
「문학의 본체」 60, 64
문화운동 71, 85, 124
문화주의 81~83, 85~87, 92, 93, 99
문화주체 72, 73, 137, 307, 308, 312, 315, 350
「물레방아」 282~284, 446, 479
미디어 5, 19~21, 71, 73, 74, 106, 109, 110, 125, 142, 144, 182, 245, 247, 248, 304, 305, 307~313, 316, 317, 323, 351, 357, 358
미디어텍스트 248, 304, 357, 358, 359
민영순 95, 96
「민족개조론」 70, 71, 83, 85, 162, 457, 473
민족국가 87
민족담론 71, 72
민족문학 33, 38, 40, 42, 44, 51~56, 59, 60, 62, 64, 126, 307, 442
민족성 71, 85~88, 90, 99, 102, 114, 115, 124, 126, 163, 474
민족의식 88, 105, 124
민족주의 70, 83, 99, 112, 125, 256, 286, 351, 412
민중 71, 78, 86, 88, 103, 113, 123, 126, 127, 132~137, 158, 199, 281, 307, 313, 315, 324, 350, 365, 366, 421, 422, 464, 480
민태원 229, 481

ㅂ

박달성 90, 98, 99, 158, 159, 194, 200, 464, 513, 518
박물관 327, 328, 364, 365
박영희 268, 276, 366, 495
박은식 106, 134, 135
박화성 274, 275, 277, 284
방인근 148, 255, 258~262, 265~268, 274, 482
『백조』 74, 148, 149, 229, 249, 254, 258, 367
백화점 308, 323, 325~327, 329, 346
변희용 133, 134
『별건곤』 98, 114, 153, 154, 160, 174, 175, 198, 218, 232, 245, 252, 316, 317, 326, 349, 359~365, 367~371, 393, 412, 413, 416, 422, 429, 430, 431, 446, 465, 466, 513, 515, 518
비화秘話 357, 370, 393, 396

ㅅ

사실 19, 32, 42, 45, 55, 64, 82, 95, 96, 110, 111, 126, 131, 148~153, 159, 161, 167, 171, 172, 175, 176, 182~188, 190~195, 197, 202, 216~225, 229, 231, 246, 255, 256, 270, 367, 374, 395, 477, 492, 500, 516
사실담事實談 151, 186, 369, 375
사실성 19, 152, 153, 187, 188, 192, 193, 217, 222, 225, 231
〈사의 찬미〉 317~319
사진 143, 321, 331, 342, 356, 364, 365
사화史話 19, 153, 349, 360, 362, 366, 369, 396, 411, 413
사회주의 72, 87, 114, 124, 125, 132, 133, 135, 136, 188, 275, 351, 471
사회진화론 81, 82, 91, 92
『삼천리』 126, 317, 320
「서울쥐로부터 시골쥐에게」 155, 158, 159, 444, 464, 465
설태희 85, 105
설화說話 19, 369
소설 14, 15, 18, 20, 23, 27, 31, 35, 38, 45, 46, 70, 87, 90, 111, 141, 143, 146, 148, 149, 151~153, 163, 174, 186~190, 192, 194~197, 199~202, 214~220, 222~227, 229~232, 245, 246, 251, 274~284, 288, 289, 356, 357, 360~362, 364, 366, 368, 369, 371, 376, 393, 395~397, 413, 443~445, 447, 453, 456, 461, 471~489, 491~495, 497, 498, 500~507, 511~

517, 519, 520
「소설개요」 45, 46, 492
「소작인小作人 만길의 생활」 188, 194, 196, 215, 216, 225
속문주의 38, 42, 53
수기手記 19, 153, 186, 360, 362, 370
수필 18, 27, 28, 145, 186, 187, 227, 229, 232, 263, 364, 372, 413, 445, 482, 502~508, 511, 515
순문학 56, 57, 60
『시대일보』 102, 106
『시사신문』 74
시스템 72, 73, 136, 142, 310, 358, 366, 368
신경향파 248~253, 276, 284, 287, 480
신문 19~21, 28~31, 45, 74, 80, 141~144, 151, 154, 182, 183, 185, 187, 192, 231, 311, 316, 319, 356, 359, 456, 492, 503, 518
『신민』 324, 325, 327
신빙성 217, 218, 220~223, 230, 288, 443, 444, 446, 476, 478, 479, 489, 491
『신생활』 70
신소설 31, 49, 53, 75, 147~151, 218, 318, 442, 454, 513
신식 60~64, 326
『신여성』 98, 159, 160, 175, 198, 252, 360, 446, 465, 466, 513, 518
실감 141, 152, 164, 166, 167, 176, 185, 193, 195, 199, 216~218, 220, 222, 223, 230, 231, 275~277, 372, 443, 444, 446, 476, 478, 480, 484, 494, 495
실력양성론 81~83, 85~87, 92, 99, 124
실사정신 233, 289, 377, 392, 393, 397
실화實話 19, 153, 186, 360, 370
쓰보우치 쇼요坪內逍遙 63

ㅇ

〈아리랑〉 319, 320, 321, 322
아사카와 노리다카淺川伯教 106
안확 23, 29, 34, 35, 49, 51~60, 62, 63, 72, 87, 100, 106, 111, 145, 442
애화哀話 19, 360, 370, 393
야나기 무네요시柳宗悅 106
야담野談 19, 145, 153, 360, 362, 366, 369, 411
야담대회 429
야담소설 360
야담운동 369, 421, 422, 429
야화野話 369
양건식 268
양백화 102, 274
『어린이』 160, 163, 360, 369, 402, 466
엘리트 88, 91, 101, 109, 112, 126, 131, 137, 289, 304, 312, 313, 315~317, 345, 346, 349, 351, 457, 473
역사소설 20, 163, 396, 473
역사주체 72, 135~137, 308, 313, 350
염상섭 17, 62~64, 90, 91, 146, 148, 250, 256, 268, 270, 281, 283, 289, 492
영화 141, 143, 144, 308, 309, 315, 319~323, 328, 344, 350, 357, 363, 366, 472
예술 14, 20, 21, 23, 27, 28, 45, 60, 62, 64, 72, 74~76, 81, 114, 137, 148, 194, 228, 248, 258, 281, 289, 306, 318, 328, 445, 477, 486
예술대중화논쟁 306
외外 문학 64, 77
우승열패 81, 93
우의 151, 152, 154, 155, 158, 159, 162, 176, 360, 369, 371, 444, 462~465, 467
「위인투표偉人投票」 109, 111, 112, 412
윤백남 322, 421
윤심덕 317~319, 472
「은銀파리」 154~157, 159, 160, 162, 163, 172, 176, 444, 461~463, 465, 467~474, 476
의사擬似 플롯 152, 191, 197, 199, 215, 230, 231
이가라시 치카라五十嵐力 63
이광수 13, 17, 23, 29~35, 37, 38, 41~44, 46, 49, 51~60, 62~64, 70~72, 83, 85, 87, 97, 107,

111, 115, 126, 145, 146, 147, 161~163, 226, 228, 250, 255, 260, 262, 268, 441, 442, 451~455, 457, 458, 460, 461, 467, 471~474, 476, 481, 482, 513
이기영 366
이돈화 82, 96, 98, 99
이상화 366
이야기 14, 19, 20, 35, 74, 142~145, 149, 155~157, 163, 182~184, 195, 217, 218, 276, 277, 282, 283, 287, 302, 309, 315, 356, 358, 371, 375, 393, 395, 396, 414, 416, 421, 430, 446, 451, 452, 457, 461~463, 467, 474, 489, 493, 501, 508, 513, 517, 518
이영섭 275, 276, 278
이태준 17, 261, 274, 275, 278, 284
인민 72, 113, 132~137, 304, 307, 350
인쇄미디어 307, 308, 312, 350, 472, 473
일화逸話 370, 393
임순영 277
임영빈 225, 261, 274, 275, 277, 278
임화 17, 23, 29, 45, 64, 126, 256, 259, 260, 276, 306, 496

ㅈ

자율성 74~76
잡문 20, 56, 57, 58, 60, 145, 148, 187, 228, 229, 372, 431, 442, 515, 517~520
잡문학 56~60
잡지 15, 19~21, 31, 45, 71, 74, 80, 94, 109, 110, 133, 142, 144, 150, 151, 153, 159, 160, 163, 183, 187, 192, 196, 245, 252, 254, 255, 262, 264, 266, 284, 285, 289, 311, 316, 317, 324, 326, 344, 345, 349, 359, 363, 368, 420, 431, 445, 465, 466, 473, 489, 518, 519
장르론 46, 57, 146, 147, 149
장르표지 163, 174, 175, 220, 221, 224, 369, 372, 375, 376, 377, 392, 393, 395, 413, 418, 476, 478, 479, 489, 491, 515
재담才談 35, 145
전기 145, 148, 364, 413, 431
전前 문학 63, 64, 77, 98, 148
전설傳說 38, 53, 59, 107, 129, 142, 183, 369, 376, 411, 412, 418~421, 442
전파미디어 304, 307, 308, 311, 312, 350, 472
정탐기偵探記 19, 153, 360, 366, 370
정태신 133, 135
『제국신문』 80
『조선문단』 224, 225, 252~256, 258~268, 270~275, 283~289, 327, 362, 367, 368, 446, 473, 481~484
「조선문단합평회」 260, 268, 271, 275
「조선문사투표」 263, 265
조선문학 32, 35, 37, 38, 40, 41, 44, 49, 55, 59, 64, 72, 126, 452
『조선문학사』 34, 49, 51, 52, 55, 57, 59, 60, 106
「조선문화의 기본조사」 113, 129, 131, 137, 289, 365
「조선민시론朝鮮民是論」 102, 105, 107, 114, 124, 125, 136, 365, 412
「조선역사통속강화」 106, 411
「조선은 오즉 조선인의 조선」 85, 105
「조선의 문학」 34, 49, 51, 52, 56, 60, 106, 145
「조선의 자랑」 114
『조선일보』 31, 74, 79, 106, 110, 310, 313, 319, 322
「조선자랑호」 114
『조선중앙일보』 106
『조선지광』 74
주류主流 중심주의 250
『중앙일보』 106
『중외일보』 106

ㅊ

차상찬 413, 416, 513, 518

창경원 327, 328, 329
『창조』 46, 74, 89, 148, 149, 218, 228, 255, 258, 260, 266, 322
채만식 17, 152, 225, 232, 261, 274, 275, 278~281, 284, 285, 289, 443, 447, 476, 496~509, 510~512, 514~516, 518~520
천도교 70, 82, 95, 96, 266, 316
「천안기千眼記」 161~163, 452~454, 456, 458, 461, 467~470, 472~474, 476
『청춘』 94, 110, 111
체험소설 226, 229, 230, 443, 476, 479, 488, 493, 520
최남선 17, 23, 29, 94, 102, 106, 110, 114, 264, 411, 453, 457, 461
최서해 17, 152, 220, 224, 225, 229, 232, 260, 261, 268, 270, 274~277, 280, 281, 284, 285, 289, 306, 323, 324, 443, 447, 476, 479, 480~484, 486~489, 491~495, 512, 514, 520
최소월 228
축음기 142, 318
취미 14, 20, 21, 153, 154, 160, 245, 247, 302~309, 315, 316, 322~324, 326~329, 342~351, 359~366, 368, 369, 371, 392, 399, 415, 422, 429, 431, 465, 466
취미독물趣味讀物 20, 21, 247, 349, 359, 368, 369
『취미지세계趣味之世界』 344, 348
취향趣向 288, 302~306, 309, 315, 329, 346, 347, 348, 350, 473

ㅌ

「탈출기」 224, 225, 274, 275, 277, 289, 443, 476, 480~489, 491, 494, 512
탐정소설 360, 402
『태서문예신보』 46
텍스트 31, 74, 75, 141~144, 182~184, 245~248, 304~359, 498, 507
토론 150~152, 164, 165, 171, 172, 176, 268~270

ㅍ

『폐허』 46, 74, 148, 149, 229, 254, 481
풍자 19, 20, 150~152, 154~164, 176, 185, 187, 188, 349, 364, 369, 370, 373, 374, 402, 413, 415, 444, 446, 454, 461~472, 474, 496, 497, 500, 510
프로문학 137, 248~250, 253, 256, 259, 275, 284, 286, 287, 307, 480, 494, 495
프롤레타리아 72, 132, 136, 275, 276, 350
「「피의 공하신년」」 201, 215, 216, 229, 445

ㅎ

『학생』 160, 466
『학지광』 100, 107, 148, 228
한담閑談 370
한설야 274, 278, 280, 284, 306
『한성순보』 80
허구성 215, 217, 221, 226, 232, 485, 493, 494, 506, 507, 512
「현당독폐」 46
현상문예 110, 111
현상윤 100, 101
현진건 146, 219, 224, 268, 270, 281~284, 289, 443, 476~479, 492
현철 45, 46, 172, 492
화가투花歌鬪 324, 327
화신상회 325~327
황석우 219, 257, 477
『황성신문』 80
희곡 18, 27, 28, 45, 46, 57, 171, 172, 174, 175, 188, 270, 277, 318, 369, 444, 481